W0237657

1682 J.B. METZLER

Eduard Schönstedt/Thomas Breyer-Mayländer

Der Buchverlag

Geschichte, Aufbau, Wirtschaftsprinzipien, Kalkulation und Marketing

3., vollständig überarbeitete und erweiterte Auflage

Verlag J. B. Metzler Stuttgart · Weimar

Die Autoren:
Eduard Schönstedt ist Professor em. für Verlagswesen der Hochschule der Medien, Stuttgart. Thomas Breyer-Mayländer ist Professor für Medienmanagement und leitet als Dekan die Fakultät Medien und Informationswesen an der Hochschule Offenburg.

Bibliografische Information der Deutschen Nationalbibliothek
Die Deutsche Nationalbibliothek verzeichnet diese Publikation in der Deutschen Nationalbibliografie; detaillierte bibliografische Daten sind im Internet über http://dnb.d-nb.de abrufbar.

Gedruckt auf chlorfrei gebleichtem, säurefreiem und alterungsbeständigem Papier

ISBN: 978-3-476-02258-5

Dieses Werk einschließlich aller seiner Teile ist urheberrechtlich geschützt. Jede Verwertung außerhalb der engen Grenzen des Urheberrechtsgesetzes ist ohne Zustimmung des Verlages unzulässig und strafbar. Das gilt insbesondere für Vervielfältigungen, Übersetzungen, Mikroverfilmungen und die Einspeicherung und Verarbeitung in elektronischen Systemen.

© 2010 J.B. Metzler'sche Verlagsbuchhandlung und Carl Ernst Poeschel Verlag GmbH in Stuttgart

www.metzlerverlag.de
info@metzlerverlag.de

Einbandgestaltung: Willy Löffelhardt/Melanie Frasch
Satz: DTP + TEXT Eva Burri, Stuttgart · www.dtp-text.de
Druck und Bindung: CPI – Ebner & Spiegel, Ulm
Printed in Germany

Mai 2010

Verlag J. B. Metzler Stuttgart · Weimar

Vorwort zur dritten Auflage

Eduard Schönstedt gibt in seinem Vorwort zur zweiten Auflage bereits den Ausblick, dass »Der Buchverlag« im neuen Jahrtausend in einer neuen überarbeiteten Auflage erscheinen würde, wenn der eine oder andere Trend daraufhin überprüft werden konnte, ob er kurz- oder langfristige Auswirkungen hat. Die vorliegende dritte Auflage ist daher eine überarbeitete und aktualisierte Version des Buches, das in den ersten beiden Auflagen positiv im Markt aufgenommen wurde. Da ich als Student in Stuttgart bei Eduard Schönstedt ganz wesentliche inhaltliche Impulse bekommen habe, ist es für mich eine Freude, Ehre und Verantwortung zugleich, dass ich in Absprache mit dem Erstautor diese Aktualisierungsarbeit vornehmen durfte.

Welche Veränderungen lassen sich nun in der dritten Auflage feststellen? Die Ausführungen zur Verlagsgeschichte der BRD und DDR im Systemvergleich wurden in der dritten Auflage im Umfang reduziert, da die Auswirkungen auf das heutige Wirken der Verlage abgenommen haben. Neu dazu gekommen sind grundlegende Ausführungen zum Internet als Handels- und Marketinginstrument der Buchbranche sowie einige weitergehende Ausführungen in den Bereichen Organisations- und Marktstruktur. Es ist der Versuch, ein gelungenes Werk der ersten und zweiten Auflage mit neuen Blickwinkeln und mitunter neuen Beispielen zu versehen. Als Dekan der Medienfakultät der Hochschule Offenburg ist mir aufgrund meines Lehrgebiets Medienmanagement der direkte Vergleich der Buchbranche zu anderen Segmenten der Medienbranche vertraut, so dass einige grundsätzliche Analogien in das Werk Eingang gefunden haben. So ist es bei der gegenwärtigen Diskussion um Leistungsschutzrechte und den urheberrechtlichen Schutz digitaler Werke notwendig, auf die Erfahrungen der Pressebranche oder der Musik- und Filmindustrie zurückzugreifen.

Durch meine Tätigkeit im Aufsichtsrat eines kleinen Buchverlags ist mir bewusst, dass der Strukturwandel der Branche noch keineswegs abgeschlossen ist und die Marktvielfalt, die insbesondere durch viele kleinere und mittelgroße Buchverlage zustande kommt, zunehmend unter Druck gerät. Ich hoffe, dass auch künftig die Innovationskraft der Verlage ausreicht, um auch weiterhin eine wichtige Rolle im kulturellen, sozialen, wirtschaftlichen und wissenschaftlichen Leben in Deutschland spielen zu können. Das vorliegende Werk wird damit hoffentlich stets eine spannende Branche begleiten können.

Ich danke meinem akademischen Lehrer Eduard Schönstedt für das Vertrauen und die Unterstützung, sowie seiner Lebenspartnerin Ulrike Killer für die Übernahme des Zweitlektorats. Ganz besonderer Dank gilt der Lektorin des Werks, Ute Hechtfischer, Programmleiterin des J.B. Metzler Verlags, Stuttgart, für die konsequente und kompetente Begleitung des Projekts. Darüber hinaus möchte ich mich bei meiner Familie bedanken, die mir den notwendigen Freiraum für dieses Projekt eingeräumt hat.

Ettenheim, Januar 2010 Thomas Breyer-Mayländer

Vorwort zur zweiten Auflage

»Der Buchverlag« ist ausverkauft und verlangt seine zweite Auflage. Was ist über die erste zu berichten und was über die neue zu sagen?

Zunächst zur Rezeption der Erstauflage. Die Presse hat mit einer Fülle von in der Fachliteratur erschienenen Rezensionen positiv reagiert – aus der Vielfalt der zitierbaren Stimmen sei allein eine Überschrift aus der Besprechung im »Börsenblatt für den Deutschen Buchhandel« herausgegriffen: »In kurzer Zeit schon fast zum Standardwerk geworden.« Ähnlich reagierten die Verlage. Es gibt kaum ein Kapitel dieses Buchs, für das nicht Verlage eine komprimierte oder erweiterte oder sogar unveränderte Fassung für eine eigene Ausgabe hätten haben wollen. Die Fachautoren »orientieren« sich in gekennzeichneter, aber auch ungekennzeichneter Form (speziell im Teil Marketing) an dem Buch und sogar Unternehmensberatungen für Verlage greifen für ihre Klientenberatungen auf das in »Der Buchverlag« Dargelegte zurück. So darf man zusammenfassend wohl annehmen, dass die Rezeption der ausverkauften Auflage positiv war und die Produktion einer neuen Berechtigung hat.

Damit zur zweiten, vorliegenden Auflage. Kein Buch, so sagen geflügelte Worte aus der Druck- und Verlagswirtschaft, sei ohne Druckfehler – auch »Der Buchverlag« war ein Beispiel dafür; in dieser Ausgabe sind (hoffentlich!) alle Druckteufeleien beseitigt. Dann zum Inhaltlichen. Die zweite Auflage ist keine inhaltlich aktualisierte und vollständig überarbeitete Neuausgabe. Dafür sprechen zeitliche Gründe, denn das Buch hätte sonst über mehrere Jahre vergriffen sein müssen, aber andererseits auch sachliche. Wir stehen 1999 in der Endphase der Diskussion um die Preisbindung, direkt vor der Einführung des Euro, die seit Jahrzehnten beobachteten Entwicklungen zum Strukturwandel erhalten im Zug der jetzt begonnenen Globalisierung mit ihren massenhaft vorangetriebenen nationalen und internationalen Aufkäufen und Fusionen eine Dimension niemals gekannten Ausmaßes. Daneben stehen so »kleine« Innovationen wie das Soft- oder Rocket-eBook, das Publishing-On-Demand für das Buch mit der Auflage 1 Exemplar, die ebenfalls Revolutionierungen einleiten können sowie – last, aber keinesfalls least – der aufschießende Internet-Buchhandel. Es geht also um mehr als nur die nicht mehr neuen Neuen Medien und Multimedia, es geht um Veränderungen, deren Folgen erst im neuen Millennium absehbar sind – und danach wird »Der Buchverlag«, in welcher Form auch immer, vollständig erneuert erscheinen.

Stuttgart, im Dezember 1998 — Eduard Schönstedt

Vorwort zur ersten Auflage

»Die Buchhändler sind alle des Teufels, für sie muß es eine eigene Hölle geben.« Keinem geringeren als Johann Wolfgang von Goethe entfuhr dies als Fluch in einem Gespräch im Jahre 1829, aber gemünzt war die zitierwürdige Äußerung nicht auf die Sortimenter, sondern auf Johann Friedrich Cotta, seinen *Verleger.*

Verteufelt werden die Verleger in diesem Buch *nicht,* auch wenn es seit Goethe nicht aufgehört hat, dass Autoren, Buchhändler und Leser Verleger verteufeln: Bei Goethe speziell war der Grund Cottas Zaudern bei der Herausgabe der Goetheschen Werke, bei Autoren schlechthin ist es (zum Beispiel) notorisch der zu geringe Einsatz des Verlags für die Werbung, beim Buchhändler der Rabatt, der zu niedrig, und beim Leser der Ladenpreis, der zu hoch ist. Unter Insidern haben Verleger zuweilen sogar ein Image, das nachträglich die Gestalten der Bibel verändert. Wie schreibt doch Lord Byron an einschlägiger Stelle? »Barabbas aber war ein Verleger.«

Genau dem ökonomischen, kommerziellen, nicht dem geistig-ideellen Aspekt, sondern der »Ware« Buch ist dieses Buch gewidmet – genauso, wie es Döblin (siehe das Motto zu diesem Buch) in seinem Bonmot formuliert hat. Es wird gezeigt, wie Verleger wirtschaftlich handeln müssen, um ihre kulturelle Aufgabe erfüllen zu können. Der Leser wird dabei nicht nur erfahren, wie es zur Entwicklung der Verlage in unserer heutigen Form kommen musste, sondern auch, was der moderne Verlag von der Akquisition der Autoren bis zur Durchführung des Absatzes konkret zu tun hat. Produktionsrisiken, Buchhandelsrabatte, Ladenpreise wie aber auch Wirtschaftsphilosophie oder Marketing der Verlage werden dadurch verständlich.

Die Branche, um die es hier geht, ist einerseits von beeindruckender Größe. Etwa 2000 Buchverlage sind Mitglied im Börsenverein. Etwa 3000 Verlage kommen hinzu, wenn man auf Presseverlage erweitert. Geht man wieder auf die Buchbranche zurück, stehen neben den Mitgliedsverlagen über 3500 Mitgliedsbuchhandlungen. Zählt man auch diejenigen Verlage von Büchern, die nicht Mitglied im Börsenverein sind, entstehen nach dem Verzeichnis lieferbarer Bücher (VLB) über 8500 Firmen, nach dem Adressbuch für den deutschsprachigen Buchhandel kommen über 12.000 zusammen und die Gesamtheit aller Händler im herstellenden und verbreitenden Buchhandel bringt es inklusive Zwischenbuchhandel auf 17.200 Adressen. Die Buchtitelneuproduktion belief sich zur Buchmesse 1990, das noch nicht einmal ein Titelrekordjahr darstellte, auf 62.500, was auf den Arbeitstag umgerechnet über 200 Titel täglich neu bedeutet. Neben diesen neuen stehen über 500.000, die nach dem VLB lieferbar sind, obwohl längst nicht alle Verlage ihre Titel dort sigeln. Die Umsätze mit Büchern belaufen sich (1990 für das Vorjahr erhoben) mit den Fachzeitschriften der Buchverlage auf 12 Milliarden Mark auf allen Vertriebswegen, nimmt man die Verlage der Presse wieder hinzu, entstehen zusätzliche 36 Milliarden oder 48 total. Und genauso beeindruckend ist der Blick auf die Beschäftigtenzahlen, insbesondere im verlagsnahen Branchenvergleich. Für die Verlage arbeiteten im Erhebungszeitraum für Buch und Presse in allen Arbeitsstätten zusammen über 270.000 Beschäftigte – für die Druckindustrie waren es 180.000, die etwa 33 Milliarden umsetzten und in der Werbewirtschaft knapp 100.000 mit etwa 24 Milliarden Mark Jahresumsatz.

Die beeindruckende Bilanz der Verlagswirtschaft ändert sich aber bzw. wird erst dann einschätzbar, wenn man sie mit »fremden« Branchen oder der Gesamtwirtschaft in Vergleich setzt. Der Handel mit Büchern beträgt dann, gemessen am Gesamteinzelhandel (mit Lebensmitteln, Textilien, Radio und TV etc.) gerade ein Hundertstel, und der Anteil am Bruttosozialprodukt (2.260 Milliarden) beträgt für die Buchverlage 0,53 Prozent. In absoluten Zahlen entspricht das dem Umsatz eines einzigen Kaufhauskonzerns oder den Kontoführungsgebühren, welche die Banken in der BRD gegenüber ihren Kunden erheben.

Innerhalb dieses einerseits großen, andererseits minimalen wirtschaftlichen Rahmens erscheint *Der Buchverlag* zu einem für die Entwicklung des Verlagswesens brisanten Zeitpunkt. Der »Strukturwandel« liegt (aber bis zu welchem Teil?) hinter uns, das »Gemeinsame Deutschland« (mit seinen Chancen) konstituiert sich, der »EG-Binnenmarkt« (mit seinen Unsicherheiten und sicher Gefahren) ab 1993 liegt vor uns. Aber nicht nur die wirtschaftlichen Umbrüche werden die Verlagswirtschaft ändern, sondern auch die technologischen, die gerade nach 1990 auch für das Buch zu neuen Medien führen. Vom gedruckten Produkt, der Grundlage für die Buchverlagswirtschaft, hieß es schon vor zehn Jahren, dass es in Zukunft als buchgroßer Körper mit Flüssigkristallbildschirm erscheine, in dem man, je nach Bedarf, literarische, wissenschaftliche und sogar farbbildfähige ganze Verlagsprogramme/Programmbibliotheken einspeisen könne. Auf der Buchmesse 1990 haben – nach Mikrofiches, PC-Kassetten, Disks und CD-ROMs europäischer und amerikanischer Provenienz – Japaner ihren nur postkartengroßen » Electronic Book Player« von erstaunlicher Speicherkapazität und mit, für ein Druckprodukt, unerreichbarem Benutzerkomfort vorgestellt, dies »Buch« steht also vielleicht bald neben den anderen Formen, die wir bereits aus dem Electronic Publishing kennen. »Der Buchverlag« versucht zusammenzufassen, was sich im Bereich des gedruckten Produkts tun lässt, aber manches wäre schon übertragbar.

Ein paar Bemerkungen sind noch für das Lesen des »Buchverlags« nötig. Er beginnt wie ein Lesebuch, wird dann zum Sachbuch, und ist am Ende beinahe ein Lehrbuch. Er greift dabei auf über sechs Jahre eigener praktischer Tätigkeit in Verlagen und nahezu zehn in Lehre und teilweiser Forschung zurück. Er verarbeitet ferner Gespräche mit Verlegern, Autoren, Herstellern, Vertriebs- und Werbespezialisten, dazu die auf Branchenseminaren, Verlagsexkursionen und Buchmessen des In- und Auslandes gewonnenen Informationen, Sendungen aus Hörfunk und Fernsehen und Zufallsfunde aus Zeitungen und Zeitschriften – neben natürlich *Börsenblatt, BuchMarkt, Buchreport* sowie der »eigentlichen« Literatur. Für den Leser ergibt sich vor diesem Hintergrund positiv, dass dies Buch fast ohne Anmerkungen auskommen muss, nur das Notwendigste (wie zentrale Zitate) wird nachgewiesen. Die Leserschaft für das Buch müsste vielfältig sein. An den Universitäten ermöglicht es allen mit der Materie Buch und Verlag besonders verbundenen Studierenden einen Einblick in den verlegerischen bzw. kaufmännischen Literaturbetrieb. Im Ausbildungswesen für den Buchhandel fundiert oder erweitert es für Verlagsbuchhändler, Verlagskaufleute, Sortimenter und Bibliothekare die Fachausbildung. In Verlagen kann es Lektoren, Herstellern, Werbern, Vertriebs- und Marketingkräften, Kalkulatoren und Verlegern zum Nachschlagen darüber dienen, was gegenüber den im eigenen Verlag realisierten Modellen anders sein könnte. Für direkt das Buch- oder Verlagswesen Studierende dürfte es ein Baustein im Rahmen des Fachstudiums sein, Autoren (nicht nur potentielle) dürften als Leser in Frage kommen, sowie der von den Buchhändlern und Verlegern seit Gutenberg gesuchte »am Buch allgemein Interessierte«. Fachlesern sei aber vorab erklärt, dass sie nicht immer das ihnen Vertraute vorfinden. Lücken mussten angesichts des thematischen Umfangs oft bleiben, Abweichungen geschahen immer wider besseren Wissens, für die echten Irrtümer bin ich natürlich selbst verantwortlich und bedanke mich für eine Belehrung.

Stuttgart 1990 Eduard Schönstedt

Inhaltsverzeichnis

Der Verleger schielt mit einem Auge nach dem Schriftsteller, mit dem anderen nach dem Publikum. Aber das dritte Auge, das Auge der Weisheit, blickt unbeirrt ins Portemonnaie.

Alfred Döblin

I. Verlagsgeschichte

1. Vorgeschichte: Relativierung heutiger Grundvorstellungen

»Buch«, »Druck«, »Verlag« – drei Begriffe, drei Phänomene, die zusammengehören – untrennbar, komplexartig. So sah es jahrhundertelang das lesende Publikum, und so sahen es auch die professionellen Verlagsspezialisten. Dabei ist es ein Irrtum. Es gibt mehr Verlagssysteme als die, die zu Buch und Druck gehören, und ursprünglich hatten Buch, Druck und Verlag überhaupt *nichts* miteinander zu tun.

Für diesen Irrtum nicht nur einer teilgebildeten Allgemeinheit, sondern durchaus auch einer ungebildeten Fachwelt gibt es eine Erklärung; am Anfang dieses Buches bezeichnen wir sie zunächst als »Verlags-Syndrom«. Es ist eine Folge der automatischen Erinnerung an jenen bekannten Erfinder, auf den man das Drucken von Büchern gemeinhin zurückführt – an Gutenberg also – und von dessen Erfindung an es das Verlegen gedruckter Bücher gibt. So steht hinter dem Verlags-Syndrom, genauer gesehen, ein weiteres, das es erklärt: Die wahre Wurzel des Irrtums ist in dem »Gutenberg-Syndrom« zu entdecken.

Von einem Syndrom zu reden empfiehlt sich, da in einem Syndrom – wie in dem einer Krankheit – stets mehrere Merkmale zusammenkommen, deren gemeinsames Auftreten auf eine sachimmanente Verkettung hinweist – dies gilt auch für unser Denken. Buch, Druck und Verlag sind die drei zentralen Vorstellungen, die schon beim Laien in einem Assoziationskomplex verschmelzen. Würde man die wenigen noch einfachen Elemente aus der Sicht eines speziellen Kenners der Branche präzisieren und differenzieren, könnte man den gleichen Komplex professioneller wie folgt beschreiben:

> Verlage sind Gewerbebetriebe, die Bücher hervorbringen, und zwar als identische Vervielfältigungstücke (Kopien) aus einer Auflage, die mittels Druck produziert wird.

Dieser Satz, exakt, rational – eventuell aber auch als trivial oder als Binsenweisheit ansehbar (doch somit als »wahr«) – war über Jahrhunderte in allen zentralen Einzelbegriffen sowie als Ganzes vollständig »falsch« und ist es von der allgemeinen betriebswirtschaftlichen sowie volkswirtschaftlichen Systematik aus auch in der Gegenwart. Er dient deswegen als Leitsatz, um über die Relativierung geläufiger Grundvorstellungen in die eigentliche Geschichte von Buch, Druck und Verlag einzuführen.

1.1 Verlag

»Verlag« hatte nichts mit Druck und mit Buch zu tun; das kann man gleich auf drei Ebenen belegen: etymologisch, semantisch und kultur- oder wirtschaftsgeschichtlich.

Die etymologische Analyse zeigt, dass das erste Verlegen weit vor dem Beginn des Drucks lag, denn die Sprache der ersten Drucker in Deutschland war – sofern nicht Latein, wie in den Fachtermini – das Frühneuhochdeutsche, der älteste Nachweis des Verbs »verlegen« ist aber bereits im Althochdeutschen als »farlegjan« gesichert. Aus ihm entwickelte sich durch Sprachverschiebung und Umlautung im Mittelhochdeutschen »verlegen« (mit »verleger« und »verlegunge«) sowie im Mittelniederdeutschen »vorlegen« (mit »verleger« und »verlac«).

Die semantische Analyse ist noch erhellender, denn sie zeigt, dass dies »verlegen« nicht – im lokalen Sinn – mit »etwas von einem Ort nach einem anderen« verlegen zu tun hat, sondern – wie die Lexika zeigen – den Bedeutungsumfang »etwas hingeben an einen anderen«, »wofür aufkommen«, »für einen Geldausgaben machen« etc. hat, zusammenfassend: »Kosten vorstrecken für jemanden oder eine Sache« bzw. in Anlehnung an das genaue Wort des Niederdeutschen gesagt: verlegen heißt vorlegen. Druck und Buch aber kommen auch in der Semantik von »vorlegen«/»verlegen« nicht vor.

Am aufschlussreichsten schließlich ist die wirtschafts-, nämlich **handelsgeschichtliche Recherche**, weil sie ein Ergebnis liefert, das gleichfalls nicht mit dem Syndrom von Verlag übereinstimmt, aber an das wortgeschichtliche Ergebnis anknüpft. In Helmut Hillers *Wörterbuch des Buches* (dem kleineren der beiden traditionellen Fachlexika für die Branche Verlag) ist unter dem Stichwort »Verlag« zu lesen:

> »Der ›Verleger‹ war schon im 14. und 15. Jahrhundert derjenige, der aufgrund intensiver Marktkenntnisse und seiner Kreditierfähigkeit Handwerker und Heimarbeiter mit der Herstellung verschiedener Erzeugnisse beauftragte, ihre Arbeit finanziell bevorschußte und für den Verkauf der fertigen Produkte sorgte.« (Hiller 1991, S. 321–322)

Eine ganz gleichartige Auffassung gibt auch Joachim Kirchners *Lexikon des Buchwesens* (das umfassende traditionelle Nachschlagewerk für Buch und Verlag) von Verlegern:

> »Die bekanntesten ›Verleger‹ des Mittelalters waren die Fugger, die z. B. das Eisenerz der österreichischen Hütten in die oberdeutschen Hütten beförderten und für den Absatz des Erzes sorgten oder für die oberdeutschen Weber einheitlich Maß und Qualität festlegten und die so marktfähig gemachten Tuche exportierten.« (Kirchner: Lexikon des Buchwesens, S. 832 f.)

Die nicht buch- oder druckbezogene Herkunft des ursprünglichen Verlegers rundet sich zu einem abgeschlossenen Eindruck, wenn man als drittes die nicht buchhandelsbezogene allgemeinwirtschaftliche, beispielsweise betriebswirtschaftliche Literatur hinzuzieht. In der allgemeinen Betriebswirtschaftslehre wird klargestellt:

> »Der Verlag. – Beim Verlag wird zwar ebenfalls handwerklich produziert, doch erfolgt im Gegensatz zum Handwerksbetrieb die Anfertigung von Erzeugnissen durch Heimarbeiter aus vom Unternehmer gelieferten Material unter Verwendung von möglicherweise ebenfalls durch den Unternehmer gestellten Werkzeugen oder Maschinen. Der Arbeitsplatz wird vom Unternehmer sozusagen in die Wohnung der Heimarbeiter verlegt. Der Unternehmer befaßt sich somit im wesentlichen nur mit der Materialbeschaffung, läßt die Produkte extern in Lohnarbeit anfertigen und übernimmt dann wieder den Vertrieb.« (Thielmann 1978, S. 145)

Der Buchverlag steht dabei weder im Zentrum, noch ist er ein Beispiel am Rande, er kommt gar nicht vor! Er ist eine Ausnahme, von der es in den Kultur- und Handelsgeschichten heißt, dass sich seltsam genug das Wort Verlag »nur für die Buchverlage erhalten« habe (Döbler 1978, S. 60).

Im Rahmen der allgemeinen Wirtschaftslehre wird das Verlagssystem also abstrakt gesehen und hat einen bestimmten Stellenwert innerhalb der historischen Nacheinanderentwicklung der vier möglichen **gewerblichen Betriebssysteme**. Aufeinander folgen in Stufen, wieder nach der Betriebswirtschaftslehre (Thielmann 1978, S. 142):

- Handwerksbetriebe
- Verlag (nicht zu verwechseln mit Buch- oder Zeitschriftenverlag)
- Manufaktur
- Industrieunternehmen

Beim Verlag kann dann noch einmal differenziert werden: der Verlag

- nach dem **Lohnsystem** (der Verleger entlohnt die von ihm Beschäftigten durch ein Entgelt),
- nach dem **Kaufsystem** (der Verleger kauft dem an sich Selbständigen die Ware zu einem vereinbarten Preis ab) und
- nach dem System der gewerblichen **Zwischenmeister** (die Produkte werden von Selbständigen bezogen, die sich ihrerseits – in einer Werkstatt – Beschäftigte halten).

Diese Positionierung liefert die wirtschaftlich allgemeine, ursprüngliche – und noch heute gültige – Definition von Verlag. Die Fugger, die im Erzabbau die historischen sogenannten Gewerken oder Gewerkschaften (Grubenarbeiter) bevorschussten, waren die ersten Großverleger in einem »Montan«-Verlag. Bei den Webern lag ein »Textil«-Verlag vor. Der historische Weberaufstand – dokumentiert in dem Schauspiel von Gerhart Hauptmann – ist tatsächlich ein Verleger-Aufstand (nämlich gegen die Verleger), der zeigt, bis zu welchen sozialen Ausbeutungen das Verlagssystem pervertiert werden konnte. Nach dem Verlegersystem wurden auch Böttcher, Seiler, Drahtzieher, Instrumenten-, Uhren-, Kleineisen- und Waffenmacher beschäftigt. Im 17. und 18. Jahrhundert war der Verlag das »beherrschende« Betriebssystem, das zu dieser Zeit zugleich seine Grenzen erreichte:

> »Aber selbst das Verlegersystem genügte den steigenden Anforderungen des 17. und 18. Jahrhunderts nicht mehr, als zum Beispiel große stehende Heere mit Waffen und Kleidung versorgt werden mußten.« (Döbler 1978, S. 60)

Diese Bewertung belegt noch einmal in historischer Sicht den Verlag als »Übergangsform vom Handwerk und Hausgewerbe zur Manufaktur und Fabrik«. Aber auch in der Gegenwart sind Verlage in dem ursprünglichen Sinn wirtschaftlich tätig: als thüringischer Spielzeug-Verlag, österreichischer Tabak-Verlag, als italienischer Pelzmode-Verlag, als deutscher oder amerikanischer internationaler mehrere Hundert Mitarbeiter beschäftigender Teppich-Verlag usw. – um nur einige Formen zu nennen. Die einzige Ausnahme, die nicht in den Kreis echter Verlagssysteme gehört, ist der Bier-Verlag – weil er einen puren Zwischenhandel für die Brauereien auf Kommissionsbasis darstellt. Warum sich der Name »Verlag« heute dennoch fast ausschließlich auf dem mit Herstellung und Vertrieb beschäftigten Verlag von Büchern oder Presseprodukten erhalten hat, konnte die Forschung bis heute nicht befriedigend klären.

Für unseren Untersuchungsgegenstand sind – heute – alle Verlage relevant, die sich als Teil der Medienbranche verstehen. In der Praxis werden diese Verlagsunternehmen nach den Produktformen, die im Unternehmen dominieren, systematisiert. Einen kurzen Überblick über die Verlagsarten in der Gliederung nach Hauptprodukten liefert die nachfolgende Tabelle (nach Bramann/Münch 2000, S. 147):

1. Presseverlage:
- Anzeigen- und Offertenblattverlage
- Zeitungsverlage
- Zeitschriftenverlage

2. Buchverlage
- Belletristische Verlage
- Fachverlage (Naturwissenschaften, Geisteswissenschaften)
- Kinder- und Jugendbuchverlage
- Ratgeberverlage
- Verlage für Hobby-, Freizeit-, Reiseliteratur
- Taschenbuchverlage
- Schulbuchverlage
- Sachbuchverlage

etc.

Wer aus dieser Darstellung die Schlussfolgerung zieht, dass damit eine klare Abgrenzung aller Verlagskategorien möglich wird, täuscht sich, denn es handelt sich dabei um eine Zuordnung nach den dominierenden Produktbereichen und keine disjunkte Gliederung. Die meisten größeren Verlage sind ohnehin in mehreren, wenn nicht gar in allen Produktkategorien aktiv. Aber auch viele kleine Verlage lassen sich nicht lediglich einer Kategorie zuordnen. Kleine Zeitungsverlage haben häufig auch Anzeigenblätter in ihrem lokalen oder regionalen Markt, so dass die Zuordnung zwischen den einzelnen Unterkategorien der Presse nicht immer eindeutig ist. Die Trennung zwischen Presseverlagen und der für uns relevanten Kategorie der Buchverlage ist jedoch ebenfalls keine einfache Angelegenheit. Denn auch kleine und mittelgroße Zeitungsverlage haben Tochtereinheiten, die als Buchverlag zumindest Regionalliteratur verlegen. Dieses Geschäft, das meist aus den sogenannten »Treuebüchern« für langjährige Abonnenten entstanden ist, hat zwar eine nachrangige Umsatzbedeutung, zeigt jedoch die enge Verbindung zwischen den Geschäftsfeldern.

In der Praxis noch stärker verzahnt sind die Geschäfte zwischen Presse- und Buchgeschäft bei den Fachverlagen. Die Fach(buch)verlage haben neben dem klassischen Fachbuch für thematisch eng umgrenzte Themenbereiche in der Regel eine passende Fachzeitschrift, die unter anderem auch als Kommunikations- und Vertriebskanal in die Fachzielgruppe fungiert, um das Buchprogramm zu verkaufen. Darüber hinaus sind diese Verlage auch im Bereich der Fachkongresse, Messen und Ausstellungen, d.h. dem fachlich spezialisierten Event-Sektor aktiv. Diese enge Kopplung von Verlagen die ihre primären Wurzeln entweder im Buchgeschäft oder im Pressemarkt haben, die für Fachverlage typisch ist, zeigt sich auch in den dazugehörigen Verbandsstrukturen. Die Standesvertretung »Deutsche Fachpresse« wird von der Buchseite (Börsenverein des Deutschen Buchhandels) und der Presseseite (Verband Deutscher Zeitschriftenverleger, VDZ) gemeinsam getragen.

Wie eng die einzelnen Geschäftsfelder in Unternehmen selbst miteinander vernetzt sein können, zeigt eine Darstellung der Verlagsgruppe Georg von Holtzbrinck (Stand: 2009):

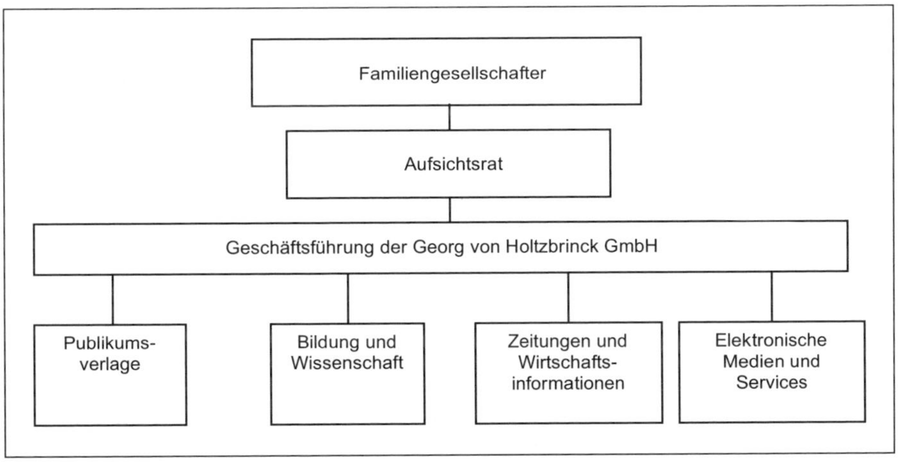

Überblick über die Geschäftsfelder eines Medienunternehmens anhand der Darstellung der Struktur und Führung der Verlagsgruppe Georg von Holtzbrinck
(Quelle: http://www.holtzbrinck.com/artikel/779894&s=de; Stand 18.10.2009)

Hier sind typische Geschäftsfelder der Buchverlage (Publikums- und Fachverlage) mit Zeitungen und Internet-Geschäftsfeldern unter einer Holding zusammengefasst. Als typischer Gleichordnungskonzern konzentriert sich die Dachgesellschaft zwar auf Fragen der überbetrieblichen Koordination und des

Controllings, dennoch zeigt dieses Beispielunternehmen in seiner Organisationsstruktur, wie eng die einzelnen Verlagsgeschäftsfelder ineinander wirken.

1.2 Buch

Nachdem wir für unsere Abgrenzung schon Produktbezeichnungen der Gegenwart benutzt haben, lohnt sich nun ein Blick auf die Inhalte, die mit diesem Produktbegriff verbunden sind. War der Weg vom Verlagssystem zum Buchverlag weit, so ist es auch der zum heutigen »Buch«, und der Begriff verlangt seinerseits Relativierungen. Wenn wir von »Büchern« reden und sie besitzen, dann wegen der hinter dem Buch stehenden Idee, seiner Ökonomie und einer besonderen Sprachgebung.

Von der Idee her oder dem Prinzip beginnt das Buch beim griechischen Diptychon. Unter einem Diptychon hat man zwei hölzerne, metallene oder auch elfenbeinerne Tafeln zu verstehen, die durch Ringe miteinander verkettet, auf ihren Außenseiten gelegentlich mit Dekor, innen aber mit einer glatten Beschichtung aus Wachs versehen waren. Aufgeklappt konnten die »Zweiklappler« auf dem meist weißen Wachs (»album« d.h. das Weiße, daher unser heutiges »Album«) mit dem Griffel (»stylos«, daher unser heutiger »Stil«) beschrieben werden. Der Ausgangspunkt ist die nur einseitige Notiztafel, der das Diptychon folgte. Aber durch das Hinzufügen weiterer Tafeln entstanden das »Triptychon«, »Tetra-«, »Penta-« und allgemein das »Polyptychon«. Im Prinzip des Polyptychons ist das Buch von Idee und Funktion her zum ersten Mal realisiert. Die Diptychen und ihre mehrseitigen Varianten tragen zwar einen griechischen Namen, sind aber hauptsächlich im römischen Kulturraum und dort bis in die christliche Zeit belegt.

Die Römer unternahmen auf dem Weg zum Buch den nächsten Entwicklungsschritt, indem sie den Kodex (lat. »codex«) entwickelten. Ein Kodex hat mit Büchern zunächst gar nichts zu tun. Wir finden die ursprüngliche Bedeutung in heutigen Begriffen wie Ehren-, Moral- oder Verhaltenskodex, für die Bücher lediglich dann die materiellen Träger zur Aufzeichnung wurden. Die Kodizes hängen mit den Di- oder Polyptychen aber dennoch direkt zusammen, was schon aus der älteren – erhaltenen – Form »caudex« (was »Holzblock« oder »Holzdeckel« bedeutet) hervorgeht, nur dass man die Holztafeln durch Pergament ersetzte. Das hatte wichtige Hintergründe. Denn die Wachstafelbücher hatten zwar den funktionalen Nutzen, durch Erhitzen immer wieder geschmolzen, geglättet und damit einer neuen Benutzung zugeführt werden zu können, und dies sprach auch ökonomisch für sie, abgesehen davon, dass die Kosten für Holz und Wachs niedriger waren als die für Pergament. Aber die Holztafelseiten waren zu unhandlich, zu voluminös und ihr Format zu begrenzt. Beides reichte nicht zur Aufzeichnung so langer Texte, wie es das Buch forderte.

Bei Pergament ist das anders. Es entsteht durch eine besondere Behandlung ungegerbter Haut von beispielsweise Kälbern, Ziegen oder Schafen, ist also praktisch eine Art Leder. Das größte vorgeschnittene Format führte nach einmaliger Falzung zum Format »Folio« (deswegen später »Foliant«), das damit zwei Blätter oder vier Seiten enthielt. Die vierseitigen Falze konnten ineinandergelegt und zu Lagen geheftet, die gehefteten Lagen in oder zwischen hölzerne, oft lederüberzogene Deckel gebunden werden. Die Idee und das Prinzip des Buches haben wir daher, wenn man von dem noch nicht erfundenen Druck, vom Papier und weiteren unten genannten Parametern absieht, im Kodex somit vollständig vorliegen.

Was die Idee des »Kodex« bedeutet, erkennt man erst dann, wenn man bedenkt, dass er den klassischen Informationsträger der Antike, die Rolle, ablöste. Die Rolle, ob Quer- oder Längsrolle, war zur Aufzeichnung umfangreicher Texte sehr geeignet. Man kennt Rollen, die eine Länge von 20 Metern erreichten, was immerhin der Textmenge eines modernen Taschenbuchs von etwa 100 Seiten entspricht. Aber die Rolle war unhandlich, das Finden von Textstellen mühsam. Außerdem war eine Beschriftung nur auf einer Seite, der Innenseite, die Regel und eigentlich möglich. Hinzu kamen Nachteile, die sich aus dem hauptsächlich verwendeten Schreibmaterial, dem Papyrus (aus »pa-p-uir«, die »Pflanze des Stroms«), ergaben. Die Ägypter fertigten nach einer alten Flechttechnik zu einem Teil ihre Schiffe, leichte Flussboote, aus Papyrus, doch die Pflanzenfasern ließen sich auch zu einem Beschreibstoff verarbeiten – der älteste, der »industriell« hergestellt wurde. Durch Klopfen, Verkleben und Pressen der überkreuz geschichteten Pflanzenfasern entstanden unterschiedlich große Blätter, die wie unser heutiges Papier beschrieben werden konnten. Die Produktion geschah fabrikmäßig, und mindestens seit dem 3. Jahrhundert vor Christus sind Massentrans- und -exporte des Papyrus in Form von »Ballen« belegt.

Allerdings hatte dieses Schreibmaterial einen ökonomischen Nachteil: Auf Papyrus ließ sich einmal Geschriebenes nicht wieder tilgen, man konnte nicht radieren oder schaben. Bei Pergament hingegen war dies möglich. Pergament lässt sich sogar bei Bedarf nähen. Und auf Pergament konnte man ferner Texte vollständig tilgen, so dass es, wie seinerzeit die Wachstafeln, erneut beschrieben werden konnte. »Palimpseste« heißen derartige Handschriften, auf denen die erste oder vielleicht zweite und weitere (bis zu acht) Beschriftungen wieder entfernt wurden, um neu beschrieben zu werden (von »palimpsestos«, »wieder abgeschabt«). Papyrus gestattete dies nicht. Außerdem ließ sich Papyrus kaum falzen, so dass er, soweit es längere Texte betraf, allein für die Schriftrolle geeignet war, deren bereits erwähnte Nachteile nun noch zu denen des Materials hinzukamen, also: Schwierigkeiten bei der Findung von Textstellen (ein Buch kann man durchblättern, auf einer Seite aufschlagen, die Rolle muss gerollt werden), dadurch Zeitverlust (eine Rolle muss ja auch noch zurückgerollt werden) und größerer, nämlich der doppelte Materialbedarf, weil nur eine Seite beschrieben wurde (vgl. dazu den von den Römern verwendeten anderen Namen für die Rolle neben »rotulus«: »volumen«), während die Blätter eines Kodex beidseitig zu beschreiben waren. Es sind also ökonomische Kriterien – funktionelle wie materielle –, die die mehrtausendjährige Tradition der Schriftrolle abbrechen ließ zugunsten einer neuen Erfindung, dem Kodex, die dann zum Buch in unserem Sinn führt.

Aber wieso *heißt* das Buch, dessen Idee und Prinzip im Kodex realisiert wurde, »Buch«? Unsere Sprache kennt viele Lehnwörter, also eingedeutschte Begriffe, die auf beispielsweise lateinische Wurzeln zurückgehen: Fenster (»fenestra«), Nase (»nasa«) etc. Aber wir kennen keines, das analog zu lateinisch »codex« gebildet wäre. Die Erklärung ist einfach. Die Germanen bedienten sich nur ausnahmsweise einer Schrift, der Runenschrift, wie sie etwa auf den Grabsteinen der nordischen Hünengräber erhalten ist und deren einzelne Zeichen »buochstaben« genannt wurden (hergeleitet von den Stäbchen aus ursprünglich Buchenholz, den ersten germanischen Symbolen zur Darstellung und Fixierung von Information, sei sie konkret wie bei Handelsgeschäften erforderlich, sei sie symbolisch, wie sie bei magischen oder religiösen Riten nötig war). Dieses Alphabet bzw. diese Runenzeichen hatten Ähnlichkeit mit den römischen Schriftzeichen der Kodizes und wurden einfach mit dem vertrauten Ausdruck aus der eigenen Sprache benannt. Interessant ist dabei, dass erst das mittelhochdeutsche Wort »buoch« einen Singular darstellt, während die althochdeutsche Form »buoh« noch einen Plural (der Singular fehlte) bezeichnete und damit auf die zusammengehefteten Holztafeln des »caudex« verweist (Deckel und später die Seiten), über die das Buch, vom Diptychon ausgehend, sich entwickelt hat.

Seit der Einführung des Kodex hat »das Buch« seinen Charakter nicht mehr verändert. Man erkennt das an den Definitionen, die vom heutigen modernen Standort aus das Buch so zu definieren versuchen, dass sie allen bekannten Varianten gerecht werden sollen. Nach dem zitierten *Wörterbuch des Buches* etwa ist ein Buch

> »Eine in einem Umschlag oder Einband durch Heftung zusammengefaßte, meist größere Anzahl von leeren, beschriebenen oder bedruckten einzelnen Papierblättern oder Lagen bzw. Bogen.« (vgl. Hiller 1991, S. 58)

Die Form ist geblieben, neu sind vor allem das Material (Papier) und das Verfahren (Druck). Eine international gültige Definition gibt die UNESCO, wobei es heißt:

> »The United Nations Educational Scientific and Cultural Organization (UNESCO) has defined a ›book‹ as being ›a nonperiodical printed publication of at least 49 pages excluding covers‹. This may be the best definition we have.« (zitiert nach einem Prospekt des Verlages Freeman, New York)

Hier werden, wenn man von der Abgrenzung gegen die (periodische) Presse die hier nicht interessiert, einmal absieht, Druck und Umfang als auffälligste Definitionskriterien hervorgehoben: Alles, was gedruckt über drei Druckbogen (mit je 16 Seiten) hinausgeht, darf Buch genannt werden. Die häufigste Anwendung ist naturgemäß die auf Verlagsprodukte. Die Definition entspricht daher sehr genau den drei Grundvorstellungen (Buch, Druck, Verlag), wie sie sich im eingangs erwähnten »Gutenberg-Syndrom« äußerten. Es ist jedoch noch den anderen Vorstellungen nachzugehen (wie Vervielfältigung, Kopie oder Auflage). Und über die Person Gutenbergs selbst, der Drucken, Verlegen und Bücher miteinander in Zusammenhang brachte, wurde noch gar nicht gesprochen.

Die zitierte Definition ist heute natürlich begrenzt, da sie neuere Diskussionen im Rahmen der Digitalisierung der Märkte noch nicht aufnehmen konnte und eine Bindung des Buchbegriffes an ein gedrucktes Endprodukt vorsieht. Einige heute typische Verlagsprodukte der Branche können daher nicht unter der damaligen Definition des Begriffs »Buch« selbst subsumiert werden, z. B. die sogenannten Hörbücher und die elektronischen Bücher, deren Bedeutung in Kapitel I.5 gesondert dargestellt wird.

1.3 Vervielfältigungsstück, Kopie, Auflage

Den gerade zitierten um größtmögliche Allgemeinheit bemühten klassischen Definitionen ist eines gemeinsam: Sie beschreiben das Buch wie ein Einzelstück. Um Buch und Verlag miteinander zu kombinieren, reicht das nicht aus. Der Weg zum Verlag und Büchern im heutigen Sinne verlangt Vervielfältigungsstücke.

Die Vervielfältigung (»multiplicatio«) konnte im Prinzip auf zwei Weisen geschehen, als Einzelvervielfältigung (Abschrift) durch einzelne, also nacheinander, wie sie in den Klöstern dominierte, oder nach der vom Staat und gewerblich praktizierten Methode, der Mehrfachvervielfältigung durch mehrere Schreiber gleichzeitig nach dem Diktat eines »Diktators«.

Jede Abschrift war zeitaufwendig. Die Einzelabschrift einer Bibel etwa brauchte zwei Jahre. Entsprechendes hätte für die einfache Abschrift profaner Texte gegolten. Das Vervielfältigungssystem mit Diktator und Hörschreibern war aber nicht nur deswegen vorteilhafter, weil es bereits im ersten Vervielfältigungsschritt eine mehrfache Anzahl von Exemplaren hervorbrachte, es erwies sich vor allem bei wiederholter Anwendung als viel effizienter: Durch die Einzelabschriften des Originals der Bibel hätten beispielsweise – wenn nach jeder fertiggestellten Abschrift die Vervielfältigung sofort an den nächsten Abschreiber weitergegeben worden wäre und man auch von allen anderen »multiplicationes« sowie dem Original erneut abgeschrieben hätte – nach drei Perioden maximal sieben Exemplare hinzukommen können; ein gleichlanger Text hätte es in Diktierstuben mit dem Einsatz von jeweils vier Schreibern dagegen auf zusätzliche 125 gebracht! Das Diktieren war damit das erste System einer wirklichen Massenvervielfältigung. Doch diese Massenvervielfältigungsstücke unterschieden sich von den heutigen durch zweierlei. Erstens war jedes aufgrund seiner Handschriftlichkeit und Individualität seines Abschreibers ein Einzelstück. Hätte etwa Justinian, der Begründer des Römischen Rechts, von seinem Reformwerk 10.000 Exemplare anfertigen lassen, er hätte 10.000 Unikate erhalten. Und zweitens konnten sich im Prozess von Diktat und Niederschrift Hör- und Schreibfehler einschleichen, die der Methode entsprechend auch massenhaft multipliziert wurden. So entstanden in jedem Fall Stücke, die vom Original abwichen und nicht miteinander identisch waren – noch keine »Kopien«.

Vervielfältigungsstücke dieses Sinns waren also der nächste Schritt zu einer Verlagsproduktion (vgl. den englischen Ausdruck für das Exemplar »copy«). Was für eine Zäsur und ein welcher Fortschritt sich nach dem Ende der schriftlichen Vervielfältigung anbahnte, kann man aus einem historischen Dokument herauslesen, das vielleicht deswegen relativ oft zitiert wird, weil es einen Schlüsseltext darstellt. Als in Regensburg 1485 zum ersten Mal ein handschriftliches Messbuch durch Druck vervielfältigt wurde und die massenhaften Stücke der Auflage jedes einzelnen durch geistliche Experten überprüft waren, da, so die authentische Quelle

> »... ergab es sich [...] wie durch ein Wunder Gottes, daß in den Buchstaben, Silben, Wörtern, Sätzen, Punkten, Abschnitten und anderem, was dazu gehört, der Druck bei allen Exemplaren und in jeder Hinsicht mit den Vorlagen [...] unseres Doms übereinstimmte. Dafür danken wir Gott.« (Nach Widmann 1973, S. 15 f.)

Der Text verdeutlicht, dass die Zukunft des Buches beim Druck lag, weil dieser identische Vervielfältigungsstücke, Kopien, gewährleistete. Und Bücher stammen seitdem aus einer Auflage, deren einzelne Kopien mit den früheren Vervielfältigungsstücken nicht mehr vergleichbar sind. So wird oft der Beginn des modernen Verlagswesens grundsätzlich mit dem Beginn einer gedruckten Auflage verbunden (vgl. hierzu den »Beginn des Verlagswesens« mit der »Produktion einer Auflage« in Uhlig 1953, S. 15, 18, 21, 24 und 33).

Die Rolle der Auflage war in ihrer Bedeutung eng mit dem gedruckten Buch verknüpft. Heute, bei den elektronischen und digitalen Buchvarianten ist die Auflage die identische Kopie der Abfolge von digitalen Codierungen. Wenn es keinen eigenen Produktionsgang für die Vervielfältigung mehr gibt, wie das Abschreiben oder Drucken, so ändert sich auch die Kostenstruktur. Es gibt lediglich die auflagenfixen Kosten, da die auflagenvariablen Kosten gegen Null tendieren (s. Kap. IV: Controlling). Mit dem Aufkommen neuer Drucktechniken gibt es die Möglichkeit, statt einer klassischen Auflagenproduktion lediglich ein Buch auf Abruf bereitzuhalten. In diesem Fall wird das Buch erst gefertigt, wenn eine Bestellung vorliegt. Mit diesem Printing-on-Demand-Verfahren wurde in den 1990er Jahren das Books-on-Demand-Angebot des Buchgroßhändlers Libri gestartet. Diese Bücher werden nur digital gefertigt und nicht als gedruckte Version an den Handel ausgeliefert. Bestellt ein Kunde ein neues Buch, wird es ausgedruckt und als gebundenes fertiges Buch dem Kunden zugestellt. Gerade für kleinauflagige Titel in unsicherem Marktumfeld ist dies eine Alternative zur risikoreichen Vorabproduktion größerer Mengen. In diesen Fällen wandelt sich auch die Rolle des Verlags, der nicht mehr die Vorabfinanzierung der gesamten Produktion als Kernfunktion übernimmt, sondern mit dem Marketing und dem Vertrieb dafür verantwortlich ist, dass der Titel im Markt ausreichend wahrgenommen wird und damit eine Chance hat, gekauft zu werden.

Statt der Auflage ist für diese alternativen Produktformen die Absatzmenge die maßgebende Größenordnung, die über den Erfolg oder Misserfolg eines Produkts entscheidet.

1.4 Druck

Waren die bei Buch und Verlag durchgeführten Revisionen der geläufigen Vorstellungen dadurch gerechtfertigt, dass jenes als Gutenberg-Syndrom bezeichnete Phänomen heute andere als die landläufigen Vorstellungen gar nicht mehr zulässt, so ist eine Revision in dem Bereich besonders nötig, der sich mit dem »Druck«, der Person Gutenbergs selbst und den von ihm gedruckten Werken beschäftigt. Denn Gutenberg war sozusagen nicht Gutenberg, zweitens trifft unsere Vorstellung, er sei der Erfinder des Drucks, nicht zu, er war – drittens – auch nicht der erste Drucker von Büchern, daneben ferner nicht, wie Spezialisten oft vermuten, wenigstens der Erfinder des Satzes und Drucks mit den beweglichen Typen, fünftens war die berühmte *Gutenberg-Bibel* nicht Gutenbergs Bibel, und sechstens sah dieses Buch – wie alle seine sonstigen Drucke – nicht »wie gedruckt« aus.

In der Reihenfolge der Thesen hier nun die Belege. Nur beiläufig sei erwähnt, dass Gutenberg eigentlich anders hieß: Johannes »dictus« (mit Namen) »Gensfleisch«, und zwar »zur Laden« (d.h. auf dem Gehöft) »zum Gutenberg« (bei Mainz). Aber Gensfleisch war auch nicht der Erfinder des Druckens: Araber kannten den »Zeugdruck« (mit hölzernen Modeln auf Stoff), Chinesen und Koreaner druckten schon im 7. und 8. Jahrhundert Bücher von Holztafeln auf Papier (die asiatischen »Blockbücher«), und die Tatsache, dass sie 600 bis 700 Jahre älter sind als die frühesten Beispiele aus Europa, mag auf die frühere Erfindung des Papiers zurückgehen. Gutenberg war aber auch in Europa nicht der erste Buchdrucker gewesen, denn dort existierte schon seit dem 13. Jahrhundert das europäische Blockbuch und war noch in der Generation vor Gutenberg und während seiner eigenen Lebenszeit populär (der Name dieser Bücher erklärt sich durch die spezielle Technik des Druckens: Es wurde nach Art unserer Holzschnitte »vom Block« gedruckt und nicht mit beweglichen Lettern). Gutenberg war, wenn man allein auf die Technik abhebt, schließlich nicht einmal der Erfinder des Typendrucks mit einzelnen Buchstaben und anderen Lettern, auch nicht der hölzernen. In seiner Zeit benutzte schon der Holländer Janszon Coster, der auch Blockbücher gedruckt hat, metallische Einzeltypen; kupferne und zuvor hölzerne Einzeltypen waren in Korea im frühen 15. Jahrhundert und im 8. Jahrhundert in Gebrauch. Und die früheste – nachweisbare – Anwendung des Letterndrucks ist auf dem kretischen »Diskus von Phaistos« dokumentiert, der minoische Hieroglyphen enthält, die von Typenstempeln stammen – datiert auf mindestens 1650 vor Christus – also über 3000 Jahre vor Gutenberg!

Wenn Satz und Druck dennoch auf Gutenberg zurückgeführt werden, dann aus berechtigten, anderen Gründen. Beim Diskus von Phaistos wurden die hieroglyphischen Stempel in den noch weichen Ton der etwa handtellergroßen Scheibe gedrückt, bevor man sie brannte. Das Material bot nicht die Voraussetzungen für die Aufnahme größerer Textmengen. Beim koreanischen Verfahren wären etliche Tausend Zeichenarten für Silben und Wörter zu bewältigen gewesen, zudem war diese Produktion auch deswegen zu aufwendig, weil die kupfernen Drucklettern im Sandgussverfahren entstanden, so dass jede Gussform (als »verlorene« Form) nach ihrem Gebrauch auch verloren war. Der Holländer Coster schließlich hatte seine metallischen Stempel nur für den Druck von Initialen in Handschriften verwendet, nicht aber für den Text selbst. Es existieren weder gedruckte Wörter, noch Zeilen, noch Seiten.

Gutenberg hingegen profitierte von der geringeren Anzahl der »buochstaben« des Alphabets in Europa und schuf sich ein Handgießinstrument, das immer wieder verwendbar war, mit dem jede beliebige Type in jeder beliebigen Menge herstellbar war, die ihrerseits wiederverwendet werden konnten und den Druck umfangreicher Texte erlaubten. Das Handgießinstrument ist seine eigentliche und erste Erfindung. Sie ermöglichte und ökonomisierte, von heute aus gesprochen, den »Satz«. Seine zweite Erfindung betrifft den Druck selbst. Bei den Blockbüchern hatte der Druck noch daraus bestanden, dass man die erhabenen Stellen des Holzblockes mit zwei Reiberballen (»Tampons«) zunächst einfärbte, das Papier dann darauflegte und mit einer Bürste reibend und drückend darüberfuhr. Bei diesem mechanisch strapaziösen Verfahren (den »Reiberdrucken«) konnte Papier aus einleuchtenden Gründen nur einseitig bedruckt werden. Entsprechend bestehen die Blätter aller Blockbücher aus zusammengeklebten einseitig bedruckten einzelnen Seiten. Gutenberg ersetzte die Technik des Abreibens durch eine Presse, bei der die Papier- und Pergamentblätter auf einer planen, unnachgiebigen Platte (Deckel) auflagen, wodurch die erhabenen Lettern sich beim eigentlichen Druckvorgang nicht durchdrücken konnten, und sparte dadurch – außer der Vorderseite (ab da: heutige »Schöndruckseite«) konnte auch die Rückseite bedruckt werden (ab da: die »Widerdruckseite«) – die Hälfte des Papier- oder Pergamentbedarfs. So ist Gutenberg zwar nicht der Erfinder des Buchdrucks und Drucks mit einzelnen Lettern gewesen, hat aber mit seinen Erfindungen die teils älteren Ideen in diejenige Form umgesetzt, die sie ökonomisch zum Tragen brachte. Seine eigentliche Genialität bestand nicht in jeder Erfindung (Lettern, Gießinstrument, Presse) als einzelner, sondern in ihrer Kombination. Jede Erfindung für sich allein hätte wenig bewegt, zusammen verursachten sie das, was man später die *Gutenberg-Revolution* nannte. Zur Vervollständigung sei noch erwähnt, dass für die Forschung auch Gutenbergs Druckfarbe eine eigene Erfindung darstellt.

Um nach der Würdigung wieder mit der Revision fortzufahren, geht es nun um die Ansicht, dass die legendäre erste gedruckte Bibel der Welt, die nach ihm benannte 42-zeilige »Gutenberg«-Bibel (»B 42«) – sein Werk – auch sein eigen gewesen sei. Gutenberg war der Produzent – er konnte sie aber niemals besitzen. Von der ganzen Auflage gehörte ihm nicht ein Exemplar. Die Geschichte dazu liest sich wie die eines kaltschnäuzigen Betrugs oder wie ein Beispiel von Wirtschaftskriminalität in der Geschichte.

Um die Erfindung umzusetzen und die Bibel drucken zu können, war die Errichtung einer Werkstätte erforderlich, die Beschaffung von Material, die Beschäftigung von Gesellen u. a. Zur Finanzierung nahm Gutenberg – hauptsächlich – ein Darlehen des Mainzer Rechtsanwalts und Kaufmanns Johannes Fust in Höhe von 800 und später noch einmal 800 Gulden auf, eine Summe im Wert von jeweils etwa zehn Mainzer Stadthäusern. Beide Darlehen forderte Fust nach mehreren Entwicklungsjahren, als die Produktion vor dem Abschluss stand, gerichtlich zurück – sei es, dass ihm die Zeit zu lange wurde, sei es, dass ein persönliches Zerwürfnis mitspielte, sei es, dass er die Chance sah, das Geschäft alleine zu machen – und erhielt neben der fast vollständig gedruckten Bibel die Werkstatt samt Inventar (dem gesamten Typenvorrat), aus der er – gemeinsam mit dem langjährigen Gesellen Gutenbergs, Peter Schöffer, der zu Fusts Schwiegersohn wurde – die »Offizin« (Druckerei und Verlag) Fust und Schöffer machte. Fust hat zwar vor Gericht geschworen, sich das geliehene Geld selbst gegen die Zahlung von Zinsen besorgt haben zu müssen, aber bis jetzt hat nichts in der Forschung belegt, dass er aus Not sein Geld einforderte – Gutenberg hingegen wurde als Betrüger verurteilt. Allein der Reingewinn aus dem Verkauf der Bibel wird auf 5000 bis 6000 Gulden geschätzt, eine gute Basis für die Entwicklung der Firma. Die Gutenberg-Bibel war auch sozusagen deswegen nicht »Gutenbergs« Bibel, weil er am Schluss kein Kolophon hinterlassen hat, das über seinen Namen Auskunft gegeben hätte. Dies taten bei allen nachfolgenden Drucken dann Fust und Schöffer, die auch die ersten waren, die sich ein solches Druckzeichen schufen. Es wird wohl erst die spätere Leistung der Offizin gewesen sein und nicht die unrühmliche Entstehung, die den neugegründeten westdeutschen Börsenverein dazu bewegte, das Zeichen von Fust und Schöffer – die Raubmarke – nur leicht modifiziert bis 1986 als sein eigenes Signet für den Bundesverband des deutschen Buchhandels zu führen.

Die letzte der im Assoziationsfeld von Druck und Gutenberg genannten falschen Vorstellungen muss noch revidiert werden, dass nämlich Gutenbergs Buch »wie gedruckt« aussah. Der Druck, den Gutenberg machte, nach der heutigen Terminologie ein Pilot-Projekt, war so vollendet, dass Fachleute noch heute diese *erste* als *schönste* Bibel der Welt bezeichnen, und auch die Technik war so perfekt, dass sie sich praktisch über Jahrhunderte nicht änderte. Aber alles, was er und seine nachahmenden Zeitgenossen gedruckt haben, sah aus »wie geschrieben«. Die Formulierung klingt nur auf Anhieb frappant. Auch Gutenberg konnte nur nachahmen, was Vorbild war, nämlich Schrift. So war das Druckbild perfekt, wenn es wie Schriftbild aussah. Schriftarten verschiedener Schönheit und Lesbarkeit waren bekannt, die Kunst des Schreibers trug gleichfalls zu beiden Kriterien bei. Gutenberg wählte sich eine Textur, eine gebrochene, gotische Schriftart, die eine der schönsten Schriften des Mittelalters gewesen sein soll, und schnitt sich nach ihr *seine* »buochstaben«. Um als Letter verwendet werden zu können, musste jeder einzelne Buchstabe perfektioniert, idealisiert, typisiert sein – den Anklang an diese Leistung haben wir in unserem Ausdruck der »Type«. Die Nachahmung der Schrift erforderte neben den Einzelbuchstaben des Alphabets auch noch die Übernahme von Sonderzeichen wie Abbreviaturen (Abkürzungen) und Ligaturen (der Verbund von zwei Buchstaben auf einer Type zu einer Einheit, wie z. B. ch, ck, ff, ft, st), Logotypen (Silben) und Polytypen (ganze Wörter). So bestand die Gutenbergsche Druckschrift aus 290 verschiedenen Zeichen, die im Druck die Techniken wiederholten, mit denen die mittelalterlichen Schreiber den Aufwand an Schreibarbeit wie Schreibmaterial zu minimieren trachteten.

Es bedurfte weiterer »Schrift«-Entwicklungen, bis die Bücher auch »wie gedruckt« aussahen. Für die Zeitgenossen war der Druck Schrift [sic !]: Gutenberg hatte die »ars artificialiter scribendi« vollbracht, die Kunst und mittelalterliche Utopie, »künstlich zu schreiben«.

Der vorherige Abschnitt hat die Verbindung zwischen Buch und Druck deutlich gemacht, und zwar mittels des klassischen Hochdrucks. Auch Jahrhunderte nach Gutenberg wird ein Großteil der Buchproduktion noch mit verschiedenen Mitteln des Drucks realisiert. Die **Druckverfahren**, die beim Bücherdruck zum Einsatz kommen, hatten sich in der Vergangenheit immer wieder den neuen technischen und wirtschaftlichen Entwicklungen angepasst. Der klassische Buchdruck war das Hochdruckverfahren, bei dem die zu druckenden Anteile über der Druckplatte stehen und mit Farbe eingefärbt werden, um anschließend gedruckt zu werden. Dieses Druckverfahren wurde dann in vielen Bereichen des Buchdrucks durch das Offset-Druckverfahren ersetzt, das ein Flachdruckverfahren ist, bei dem zum Druck die Tatsache ausgenutzt wird, dass Fett und Wasser trennscharfe Konturen bilden können. Tiefdruck, ein Verfahren, bei dem Zylinder graviert werden, deren Näpfe Farbe abgeben, wird nur bei extrem hohen Auflagen wirtschaftlich für die Buchproduktion eingesetzt. Von zentraler Bedeutung ist der Druck im Zusammenhang mit der Produktausstattung, z. B. der Farbigkeit von Abbildungen. In Konkurrenz zu den digitalen Medien sind insbesondere bei den nicht stark textorientierten Büchern, seien es nun Bilderbuch, Fachbuch oder Bildband, die Anforderungen an die zu Grunde liegenden Druckverfahren stark gestiegen. Die Tatsache, dass auf einer CD oder DVD oder einem Internetauftritt kein Farbzuschlag berechnet wird, hat hier die Erwartungen des allgemeinen Publikums erhöht.

Waren früher die organisatorische Nähe von Druckerei und Verlag oft ein Wettbewerbsvorteil, weshalb viele Druckereien über eigene Verlage und viele Verlage über eigene Druckereien verfügten, ist dies zu Beginn des 21. Jahrhunderts nur noch bedingt der Fall. Auch eine größere geografische Nähe zwischen Druck und Verlag ist nicht mehr unbedingt ein Thema im Buchgeschäft. In den 1990er Jahren wurde mit der Grenzöffnung in Osteuropa ein Großteil der Buchproduktion deutscher Verlage in die jungen unabhängigen Staaten im Osten Europas ausgelagert. Die niedrigeren Kosten des Drucks glichen dabei die höheren Transportkosten aus. Seit dem Jahrtausendwechsel drucken zahlreiche Verlage, um die Produktionskosten möglichst niedrig zu halten, bereits in China. In diesen Fällen ist der größte Nachteil die lange Vorlaufzeit, die erforderlich ist, um die Schiffsladung an Büchern rechtzeitig zur Vermarktung des Programms im Frühjahr oder Herbst in Deutschland zu haben.

Gleichzeitig hat sich vor Ort im deutschsprachigen Markt die Produktion von Klein- und Kleinstauflagen über die bereits dargestellten **Printing-on-Demand-Verfahren** etabliert. Weitere alternative Verfahren zum klassischen Auflagendruck sind elektronisch distribuierte Bücher, die von den Lesern vor Ort als PDF auf dem eigenen Drucker ausgedruckt werden, oder digital am PC, Notebook oder auf einem klassischen »mobile device«, wie einem Organizer, genutzt werden. Findet im ersten Fall noch eine Art »Druck« eben mit heimischem Equipement statt, ist Druck in den anderen Fällen keine notwendige Bedingung für das Produkt Buch. Hier hat sich vor allem im Fachbuchsektor auch die digitale serverbasierte Nutzung etabliert. Bücher werden in diesen Fällen von Bibliotheken oder Firmen nicht mehr gekauft und physisch ins Regal gestellt, sondern die Nutzungsrechte an diesem Text werden lizenziert. Damit haben die Leserinnen und Leser als Bibliotheksnutzer oder als Firmenangehörige das Recht, auf eine Kopie dieses Titels zuzugreifen, die auf einem zentralen Server hinterlegt ist. Gerade im Fachbuchsektor, wo die Recherche von Texten ein wesentliches Element der Nutzung von Büchern ist, kann dies sehr vorteilhaft für den Leser bzw. Nutzer sein.

Auch beim Hörbuch geht es nicht um klassischen Druck und in vielen Fällen auch nicht um die Vervielfältigung digitaler Daten. Mit dem Aufkommen sogenannter Podcasts, einem Kunstwort bestehend aus dem Audio-Abspielgerät »I-Pod« des Herstellers Apple und dem Wort »Broadcast« gibt es die Möglichkeit, Audio- und Videodienste über das Internet als Abonnement anzubieten. Damit lassen sich als typische Produkte des »Buch«-Verlags Fremdsprachenkurse genauso als Produkt distribuieren wie beispielsweise Krimiserien, ohne dass hier das Thema Vervielfältigung, geschweige denn Druck eine Rolle spielt.

2. Entstehungsgeschichte: Der Weg zum »reinen« Verlag

In der Phase der Vor-Geschichte waren Verlag, Buch und Druck voneinander getrennt zu behandeln, weil Verlag nichts mit Buch, das Buch nichts mit Druck und Druck wieder nichts mit Verlag zu tun hatte. Mit den Erfindungen Gutenbergs und ihren Anwendungen ändert sich alles. Buch, Druck und Verlag gehören von da an zusammen. Zu beachten ist jedoch zweierlei. Erstens, noch einmal im Blick auf eine Fortschrittsgeschichte: Dieser Wechsel mit dem ihm zugrundeliegenden revolutionären Veränderungen geht nicht auf die originären Ersterfindungen selbst zurück, sondern die nachträgliche Ökonomisierung der Ursprungserfindungen, sei es nun beim Buch (von der Tontafel über die Rolle, das Polyptychon und den Kodex), sei es beim Druck (vom Reiberdruck und Blockbuch zur dann Jahrhunderte unverändert gebliebenen Gutenberg-Technik), welche die Revolutionen hervorgerufen haben. Und zweitens: Bei dieser Innovation entsteht eine *neue* Art von Verlag, der mit dem am Anfang entwickelten »Verlagssystem« nichts gemein hat und dem die erwähnten Ökonomisierungen die Grundlagen für eine Verlagswirtschaft eigener Art schafften.

Da dieses, das »neue«, Verlegen das Buch zum Gegenstand hat, kann man es auch als »literarisches«, wissenschaftliches, philosophisches u. a. Verlegen bezeichnen; wenn man will auch: das von Informationen, von Texten. Da diese in Büchern vorliegen, aber schon gezeigt wurde, welchen Wandel z. B. das Buch in seinen Vorformen gemacht hat, ist anzunehmen, dass auch das »neue« literarische Verlegen weit vor Gutenberg beginnt und es eine entsprechende Verlagswirtschaft weit vor ihm gegeben hat.

2.1 Handschriften-Verleger

Das Gutenberg-Syndrom, das sich nach seinem historischen Entstehungsprozess bis in die Gegenwart auswirkt, verstellt uns also den Blick für den Verlag auch nach rückwärts bis zu den Anfängen.

Für die abendländische Kultur allgemein liegen die Anfänge meistens in **Griechenland** – was für eine Einrichtung wie den Verlag keineswegs auch so sein müsste, weil man bis in die griechische Klassik in Dichtung und Wissenschaft dem gesprochenen Wort gegenüber der schriftlichen Aufzeichnung den Vorzug gab. Noch Sokrates hat nur mündlich gelehrt. Alle Aufzeichnungen stammen von seinem Schüler Platon, der auch in Bezug auf seine eigene Lehre der Meinung war, das Beste könne nur gesagt, aber niemals geschrieben werden. Jedoch schon von Euripides geht die Kunde, er habe sich einen Sklaven zum Abschreiben von Büchern gehalten (vgl. Uhlig 1953, S. 15). Statt einer einzigen Abschrift (»autograph«) für den privaten Gebrauch konnten so mehrere (im Plural: »polygraph«) eines einzelnen Autors entstehen, der Beginn einer Auflage. Händler (»bibliopoles«) taten dies zu damaliger Zeit bereits gewerbemäßig: »Die Geburtsstunde des abendländischen Buchhandels fällt damit in das 5. Jahrhundert v. Chr.« (ebd.). Wenn man bedenkt, dass die Buchhändler zumeist Verkäufer und Abschreiber in Personalunion waren, also die Kosten der Produktion und das Risiko des Vertriebs auf sich nahmen, kommt dies einem Verlag schon sehr nahe. Sogar die Entstehung des wirklichen Verlags wird in Athen angenommen, und zwar in Form eines Staatsverlags: Dies geht auf den Tyrannen von Athen – Peisistratos – zurück, der die über 300 Jahre nur mündlich tradierten Epen Homers um 550 vor Christus sammeln, schreiben und in Buchform veröffentlichen ließ, »und zwar von Staats wegen« (Popper 1984, S. 119).

In Rom ging man noch weiter. Man ließ gleichfalls abschreiben, hier von den gebildeten Sklaven. Den »servi litterati« sind dann später die Lohnschreiber gefolgt, und ein Handschriftenbuchhandel ist für das Jahrhundert vor Christus bekundet. War das Verlegen bei den Griechen noch eher die Ausnahme, wurde in Rom eine Dimension neuer Art erreicht: »Ein Zeitgenosse Cäsars und Freund Ciceros, der reiche Handelsherr und Bankier Atticus, gilt als der erste Unternehmer auf dem Gebiet des Buchhandels. Er baute einen Verlag auf, dessen lateinische Abteilung Cornelius Nepos und dessen griechische Abteilung der Dramatiker Tyrannio leitete. [...] Man spricht in Zusammenhang mit seiner Tätigkeit von der Geburtsstunde des Verlagswesens« (Uhlig 1953, S. 18). Horaz, Quintilian und Martial fanden bereits viele Verleger. Für die Verbreitung ihrer Handschriften sind Beispiele bekannt, dass die Distribution die Donaugebiete, England und Afrika erreichte. Der wirtschaftliche Weg vom Autor zum Leser bestand darin, dass der Autor dem Buchhändler oder Verleger eine »Urschrift« zur Vervielfältigung gab, dieser nach Zeilen die Schreiber sowie danach die Korrektoren bezahlte und die Auflage in Rom selbst oder über reine Buchhändler in den Provinzen verkaufte. Ein Honorar als Entgelt für seine eigene Arbeit erhielt und forderte der Autor nicht, da dies als unehrenhaft galt. Er konnte es lediglich als Ehrengeschenk (wie auch die wörtliche Übersetzung von *honorarium* lautet) erhalten, wenn es ihm gelang, für seine Urschrift einen »Patron« zu finden, dem er sie dedizierte (dem römischen Kodex entsprechend »si dedicatio, si honorarium«): Nahm dieser die »Dedikation« an, war er zur Publikation verpflichtet. Nach dem Patron des Horaz – Maecenas – der viele Dichter und damit das römische Verlagswesen gefördert hat, sprechen wir heute vom »Mäzenatentum«.

In Deutschland führte das Vervielfältigen von Texten noch das ganze Mittelalter hindurch nicht zu »Verlags«produkten. Die Vervielfältigungen waren in den Klöstern Einzelabschriften für privaten Gebrauch und Tausch mit anderen Klöstern; man spricht in diesem Zusammenhang lediglich von einer »geistlichen Verkehrsbibliothek« (z. B. Uhlig 1953, S. 21). Mit dem Aufkommen der Universitäten gab es Ansätze, die aber auch nicht einer Vervielfältigung im Maßstab von Auflagen und einem echten Buchhandel entsprachen: »stationarii« veranlassten Abschriften von Texten, die den Studenten als Lehrmittel dienten. Erst im 15. Jahrhundert kann man gewerblichen Handel systematischer Art und mit größeren Mengen verzeichnen. Deutschlands prominentester Verleger ist Diebold Lauber, der in der elsässischen Stadt Hagenau zwischen 1425 und 1467 einen geradezu firmenmäßigen Betrieb zur Produktion weltlicher und geistlicher, deutscher und lateinischer Bücher führte, die auf der Burg Hagenau gesammelt, gezeigt und veräußert wurden. Mit Diebold wurde in Deutschland erstmals etwas dem römischen Verlagshandel Entsprechendes erreicht. »Durch die werkstattmäßige Vervielfältigung [...] wird der Begriff der ›Auflage‹ wieder lebendig, so daß Diebold Lauber als der erste deutsche Verleger bezeichnet werden kann« (Uhlig 1953, S. 21).

Das Verlegen von Texten vor Gutenberg ist also kontinuierlich von der Antike bis zu seiner Zeit und in drei Kulturkreisen belegbar. Weitere Beispiele, auch für andere »Firmen« oder »Gesellschaftsformen« ließen sich hinzufügen. Sozusagen genossenschaftlich betrieben diesen Handel zeitgleich mit Diebold die »Fratres vitae communis« aus Holland, die ihr gemeinschaftliches Leben mit kollektivem Abschreiben geistlicher Texte sowie deren Verbreitung finanzierten, bis sie den Handschriftenverlag wegen der Neuerung Gutenbergs aufgaben und sich gleichfalls der Vervielfältigung durch den Druck zuwandten.

2.2 Drucker-Verleger

Die neue Kunst, künstlich zu schreiben, haben die Zeitgenossen »von den Anfängen an als eine Gabe [...] Gottes« (zitiert nach Widmann 1973, S. 9, dort mehrfache Beispiele) empfunden, aber auch als »schwarze« Kunst – *schwarz* nicht wegen der Druckerschwärze, sondern weil man eine Vervielfältigung in diesem Ausmaß für schwarze Magie hielt. In dieser »Magie« liegt nichtsdestoweniger die Wurzel für die weitere Entwicklung von Druck und Verlag. Wenn ein Zeitgenosse berichtet, dass in Deutschland jetzt »in einem Monat von einem einzigen Manne so viel [...] wie sonst in einem Jahr« (Kapp 1886, Bd. 1, S. 294, zitiert nach Bücking 1931, S. 47 f.) produziert werde, ist das gewiss eine Untergrenze, und über die Gewinnmöglichkeiten gibt das Geschäft Auskunft, das Fust mit der – noch mit allen Anlaufkosten belasteten – Bibel von Gutenberg machte. Bis 1500, dem Ende der Inkunabel- oder Wiegendruckzeit, entstanden in Europa über tausend Druckereien, die über 10 Millionen Bücher (!) verkauften.

Hätte Gutenberg seine Bibel verkaufen können, er wäre zugleich der erste Verleger der Welt für (nach der neuen Methode) *gedruckte* Bücher geworden. Durch seine Erfindungen hervorgerufen, hätten sich in ihm zusätzlich sämtliche innovativen Fähigkeiten vereinigt. Diese Zusammenfassung der Techniken und Tätigkeiten in einer Person ist für die Frühzeit des Drucks typisch und wichtig. Der »Schweizerdegen« war ein Fachmann, der – wie Gutenberg – setzen und drucken konnte, ein technischer Universalist, was über die Sprichwörter von damals noch bis in die Gegenwart nachklingt: »Ein Schweyzerdegen ist eyn Mann, der setzen und auch drucken kann.« In den frühen Druckstuben liegen Satz und Druck stets in demselben Haus. Auf der ältesten erhaltenen Abbildung einer Druckwerkstätte kann man im gleichen Haus sogar eine Ladentheke mit Büchern sehen. Satz, Druck und Verkauf, die – heute wieder getrennten – Funktionen sind damals vereint und befinden sich sogar konkret unter einem Dach.

Druck und Verlag – Darstellung aus dem Totentanzgedicht (Danse Macabre) von Matthias Huss, Lyon 1499 (Quelle: Dilba ^{2}2008, S. 200)

Wir sprechen in diesem Zusammenhang vom Universalismus der Frühdruckzeit. Er ist geprägt von weitgehender Personal- sowie vollständiger Betriebsunion. Die Verleger sind hier Universal- oder Drucker-Verleger. Der Fachterminus »Drucker-Verleger« bezeichnet die Einheit von Druck und Verlag, weil der Drucker das, was er selbst produziert hat, auch selbst verkauft. Den »reinen« (ausschließlichen) Verleger gibt es noch nicht.

Die frühesten Drucker-Verleger hatten einen hervorragenden Markt. Die Produkte waren konkurrenzlos und knapp. Die Zielgruppe – Gelehrte, Geistliche, Institutionen, Herrscher – verfügte über genügend Kaufkraft. Ein »psychologischer« Preis brauchte nicht anvisiert werden, da er in jedem Fall weit unter dem einer Handschrift lag. Dagegen waren alle Pioniere von Anfang an mit den drei folgenden Wirtschaftsproblemen beschäftigt, die aus der Natur des Universalverlags stammten und ihn allmählich veränderten: dem Vertriebsproblem, dem Finanzierungsproblem für eine Druckereiwerkstätte und die Auflagen, sowie dem Problem des sich wandelnden Marktes. Sie sollen der Reihe nach vorgestellt werden.

Um einen optimalen oder befriedigenden Gewinn oder wenigsten Kostendeckung zu erhalten, war von der Absetzbarkeit einer großen Anzahl von Exemplaren aus einer um ein Vielfaches größeren Auflage auszugehen, denn Produktion und Verkauf einer einzigen Vervielfältigung oder auch relativ weniger wie in der handschriftlichen Zeit war in dem neuen Verlagssystem nicht mehr denkbar. Das Problem hätte im Fall einer reflektierten Verlagsgründung bereits Einfluss auf die Wahl des Standorts gehabt, denn nur solche Städte waren möglich, die aufgrund der Zahl ihrer eigenen Bürger, aber besonders der Durchreisenden, für den Absatz ein ausreichendes Potenzial boten. Ob frei gewählter oder vorgegebener Verlagsort, klar war, dass eine Stadt allein zum Erreichen der Deckung »am Platze« nicht ausreichte. So bekam der überregionale Vertrieb, die Verbreitung, eine zentrale Bedeutung. Dies Geschäft konnte der Verleger selbst besorgen, indem er mit seinen lateinischen Drucken zu Gelehrten und Geistlichen, Höfen, Städten und Messen reiste. Sofern man nicht selbst reiste oder man eine zusätzliche Hilfe brauchte, konnte man »Buchführer« beauftragen, was schon für Fust und Schöffer mit dem fest angestellten Gesellen Konrad Henliff dokumentiert ist.

In den Knotenpunkten des Handels ließen sich Faktoreien als Lager errichten, deren Verwalter, Bürger mit Stadtrecht, den Verkauf auch zwischen den Messen erlaubten. Die Buchführer, die nicht nur exklusiv reisten, sondern auch die Produkte anderer Drucker-Verleger mitführten, waren die Vorläufer der späteren Sortimenter, die Faktoreiverwalter die Vorläufer der buchhändlerischen Kommissionäre. Neben den genannten Vertriebsformen stand noch, für Gebrauchsartikel (kleinere Drucke wie Kalender, Broschüren) der allgemeine hausierende Warenhändler, der das Buch als einen Artikel neben dem anderen mitnahm und darüber gegebenenfalls auch den Weg zum Beruf des Buchhändlers einschlug. Zu sehen ist aber vor allem, dass für die Drucker-Verleger der Verlag zum Reise-, Wander- und Fernhandel wurde, der den Verleger zum überregionalen Verkauf hindrängte, ihn zeitlich fixierte, vom Druck- und Verlagsort fernhielt, und so zur Abspaltung der Funktion »Handel« bewegte.

Die Produktion, der Druck, war das zweite Problem, denn für die Drucker-Verleger bedeutete Drucken nicht einfach das Produzieren, sondern die Unterhaltung eines funktionsfähigen Druckereibetriebs. Probleme bei der betrieblichen Symbiose von Verlag und Druck sind bis heute noch typisch, doch niemals waren sie finanziell so gravierend wie in der Frühzeit und dort in den Anfängen. Die frühesten Drucker-Verleger hatten sich ja ihre Druckmaterialien noch selbst herzustellen: Eine Schrift musste geschnitten, die Stempel graviert und ein erheblicher Vorrat an Typen gegossen werden – das dauerte beträchtliche Zeit und war eine größere Investition. Danach kam die eigentliche Druckerei mit Gebäude, Pressen und laufenden Kosten. Beide Investitionen (für den Druck) waren zu leisten, bevor es erst um die dritte, die Investitionen für die herzustellenden Auflagen (die Verlagsinvestition) ging. Wenn man nur die verlegerische Komponente betrachtete, war also eine Abspaltung der produzierenden Funktion geraten aufgrund der Verringerung der Kapitalinvestition im Bereich Druck. Wenn man nur die druckbezogene Komponente ansah, war es ähnlich, denn die Wirtschaftlichkeit einer Druckerei verlangt eine möglichst vollständige Auslastung und einen schnellen Kapitalrückfluss; die verlegerische Betätigung hingegen bedeutete wegen des langsamen Bücherumschlags einen langsamen und gegebenenfalls unsicheren Kapitalrückfluss, und die Produktion des Verlags war zusätzlich zu unregelmäßig für eine gleichmäßige Ausnutzung der Druckerei. Folgerichtig verlangte die Ökonomie der Druckerei ihrerseits eine Hinwendung zum »Lohndruck«.

Die Abspaltung der Handelsfunktion und die Hinwendung zum Lohndruck entwickeln so aus ökonomischen Zwängen einen neuen, den »reinen« Verleger. Bei ihm allein liegt dann auch das die Auflage betreffende Finanzierungsmoment. Wenn der »reine« Verleger sozusagen zwangsweise entsteht, so zeigt sich das auch an den Mischformen, die auf dem Weg dahin existierten. Neben dem Universalisten, der alles auf eigenes Risiko druckt und verlegt und selber verkauft, stand der Verleger, der druckt, aber seine Produktion fast ausschließlich über Distributoren (wie die »Buchführer«) verkauft; der Verleger, der teilweise oder überwiegend Lohndruckaufträge ausführt; der Verleger, der nicht mehr druckt, aber ein Agenturnetz von Händlern über Europa ausbreitet; und der Verleger, der Großprojekte mit anderen im Verbund finanziert. Das sind also *fünf* Varianten, die aber auch zeitgleich von *einem* Verleger je nach Fall praktiziert werden konnten. Ein typisches Beispiel ist das des gelehrten Drucker-Verlegers Johannes Froben aus Basel, dessen verlagswirtschaftliche Strategie Erasmus von Rotterdam (der bei ihm als Textkritiker für Editionen arbeitete) 1523 mit seinen Worten wie folgt sozusagen nach »Geschäftsarten« aufgliederte:

> »Es gibt eine dreifache Art der Herstellung des Drucks. Bisweilen unternimmt Froben das ganze Geschäft auf eigene Gefahr. Dies thut er zu zeiten bei kleinern Werken, bei welchen das Risiko weniger gefährlich ist. Bisweilen besorgt er das Geschäft auf fremde Gefahr und bedingt sich für seine Mühewaltung nur eine Vergütung aus. Bisweilen aber wird das Geschäft auf gemeinsame Gefahr der Gesellschaft unternommen.« (Zitiert nach Presser 1967, S. 123)

In Personalunion haben wir damit den Drucker-Verleger (s. o.), den Lohndrucker (s. u.) bzw. den Verleger in Kommission (s. Kap. II.1.6), und im Verbund der Verlagsgesellschaft sogar ein modernes »Joint Venture«.

Die »reinen« Verleger sind nur in wenigen Fällen dokumentiert, aber alle beginnend am Übergang des 15. zum 16. Jahrhundert. In Wien hatten 1498 die Brüder Leonhardt und Lucas Alantsee von ehemaligen Buchführern zu »Nur«-Verlegern gewechselt, im württembergischen Öhringen und später in Augsburg war Johannes Rynmann ein Verleger, der von Anfang an (1497) keine Druckerei besaß, Anton Koberger, der »Fürst der Buchhändler«, nämlich Drucker, Verleger und Buchhändler in Augsburg, ging von 1504 an zum reinen Verlag über.

Dass die Entwicklung zum reinen Verleger führt, ist letztlich durch einen Wandel des Marktes bedingt, der seinerseits durch eine kulturelle Entwicklung bestimmt ist. Als die Drucker-Verleger in der Nachfolge Gutenbergs ihr Geschäft aufnahmen, verlegten sie kirchliche und überkommene klassische Schriften der griechischen und danach der römischen Antike, deren Absatz unkritisch war. Mit dem Aufkommen des gelehrten Humanismus verlangten die Werke aber nicht nur einen immer größeren redaktionellen und textkritischen Bearbeitungsaufwand (die ersten »Editionen« entstanden), sondern wollten auch die Gegenwartsautoren verlegt werden. Dadurch entstanden größere Kosten für die Werke der Alten sowie ein unabsehbares Verlagsrisiko für die Werke der Neuen – was die nicht ideell und kulturell, sondern eher kommerziell Engagierten unter den Jüngern der Schwarzen Kunst, die zuvor gern Verleger waren, in den reinen Lohndruck zurücktrieb. Von daher lässt sich der sonst kulturell gemeinte Satz einer Buchhandelsgeschichte auch ökonomisch verstehen: »Das Verlagswesen im heutigen Sinn hat seinen Ursprung in der Zeit des Humanismus« (Uhlig 1953, S. 33).

2.3 Sortimenter-Verleger

Die Entwicklung zum reinen Verlag wird in der Folgezeit unterbrochen. Denn während die Wirtschaft – gemeinhin – vom Tauschhandel zum Kaufhandel »fortschreitet«, entsteht für die Verlagswirtschaft die Rückkehr von der Barzahlung zum Tausch. Der Tauschhandel von Büchern hielt sich mehr als zweihundert Jahre!

Der Buchtausch war vereinzelt schon zuvor praktiziert worden, sogar vom »Fürsten« der Buchhändler (Koberger); nun aber kam es zu seiner völligen Etablierung auf den Frankfurter Messen. Die beiden Frankfurter Messen – die zur Fastenzeit und die im Herbst – waren für Verleger schon vorher wichtig gewesen, nicht nur wegen des Kaufhandels (gegenüber dem Publikum), sondern weil dort die Drucker erschienen und der Zahlungsausgleich geschah. Desgleichen reisten die Buchhändler an, denen man, weil man über sie alle Länder und Städte erreichte, die Bücher in immer größerem Maß zum Weitervertrieb verkaufte, so dass der Besuch der Messe die langwierigen Fernreisen ersetzte. Dass diese *drei* buchhandelsbezogenen Gruppen einen beständigen Kreis von Messeteilnehmern bildeten, geht sogar aus einem amtlichen Frankfurter Ratsprotokoll von 1569 hervor, das schon zu dieser Zeit genau zwischen »Typographis« (Lohndruckern), »Buchhändlern« und »Verlegern« differenziert. Das Buchangebot auf der allgemeinen Frankfurter Messe war um diese Zeit so bedeutend, dass bereits 1564 der Augsburger Großsortimenter Georg Willer, wenn auch zu eigenen Zwecken, ein Verzeichnis der Novitäten druckte, den ersten buchhändlerischen »Messkatalog«, den Anfang der späteren »Mess-Relationen« oder großen deutschen Buchtitelverzeichnisse. Wenn man den Beginn des Tauschhandels auf dieses Jahr datiert, dann nur deswegen, weil Willers Verzeichnis erstmals den Umfang der (sei es nun Kauf- oder Tausch-) Messe dokumentiert. Die Zuordnung ist aber willkürlich und im speziellen Fall sogar sachlich nicht zutreffend, weil Willer seine Novitäten noch kaufte.

Für das Prinzip des Tauschs hat aus der Sicht der Verleger eine Reihe von Gründen gesprochen. Allen voran stand die Verringerung ihres Verlagsrisikos.

Statt für eines oder nur wenige Produkte jeweils eine große Auflage verbreiten und verkaufen zu müssen, konnte man sich durch Tausch ein breites Sortiment mit unproblematischen Kleinmengen verschaffen (ein »hundertprozentiger« Sortimenter-Verleger tauschte fast die gesamte Eigenauflage gegen andere Bücher). Die mit dem uneinheitlichen Münzverkehr verbundenen Erschwernisse und Unsicherheiten der Abrechnung wurden vermieden. Landesfürsten sahen es gerne, wenn die eigene Währung im Land verblieb. Die Sicherheit auf dem Weg zur und zurück von den Messen war ein zusätzlicher Faktor. Der »universale« Verleger allerdings, der dem Prinzip des Tauschs folgte, wandelte sich dadurch. Je mehr er sich von seinen eigenen Produktionen entlastete und die Palette durch fremde Titel erweiterte, desto mehr wurde er zum »Sortimenter-Verleger«.

Die Technik des Tauschs war das »Stechen« (nach der Stichprobe einzelner Körner aus einem Sack bei der Getreideprobe) oder »Changieren«, wobei man im Prinzip Druckbogen gegen Druckbogen eintauschte, nach dem sogenannten »Baratto«-Prinzip. Ein Buch wurde damit unabhängig von Auflage, Druckqualität, Inhalt und Autor rein materiell gehandelt. Das barg die Gefahr, gute gegen schlechte Ware zu tauschen – und legte umgekehrt die Versuchung nahe, Minderes zu produzieren, einfach um Tauschgut zu haben – eine Gefahr, der die deutschen Verleger gleich scharenweise erlagen:

> »In Deutschland aber, weil das sog. Stechen, Tauschen oder Changieren aufgekommen, so soll und muß etwas gedrucket seyn. Sie schleppen sodann ihre, auch noch so liederliche Waare auf die Messen; da heißet es, man müsse Novitäten mit nach Hause zurücke bringen. Und da werden gute Sachen gegen schlechte und liederliche vertauschet und umgesetzet.« (Albrecht Kirchhoff: Beiträge zur Geschichte des deutschen Buchhandels, zitiert bei Bücking 1931, S. 52)

Der »Schofeldruck«, von dem das zeitgenössische Dokument redet, betraf nicht mehr allein die universalen und die Sortimenter-Verleger, sondern auch die Sortimenter selbst, die ja drucken lassen mussten, um tauschen zu können, und dadurch gleichzeitig auch zu Verlegern wurden – »Verleger-Sortimenter«, in Entsprechung zu den Sortimenter-Verlegern. Die Folge war eine Zunahme der Produktion beliebiger schlechtgängiger Titel, die die Lager verstopften und zu spektakulären Verramschungen in einer berüchtigten »Bücherauktion« oder »Buchlotterie« führten. Franzosen, Engländer und Holländer, die damals die besten Drucke lieferten, reagierten auf diese Zustände mit der Einschränkung des Tauschhandels, indem man die »Change« von 1:1 nur den Vertrauensverlegern gewährte, für die übrigen Artikel die »Bogenrelation« 1:3 einführte oder von vornherein Bücher nur als bar zu bezahlendes »Kontant«- bzw. »Komptant«-Gut (von »compter«, »prix comptant« d.h. zählen, berechneter Preis) verkaufte oder erwarb. So entstand durch den internationalen Handel ein Nebeneinander von Tausch und von Preis; vielleicht davon sensibilisiert, bildete sich auf der Messe als Übergangsform für jedes Buch ein individueller »Tauschpreis«, wobei sich die Summen miteinander verrechnen ließen und nur die Differenz bar zu bezahlen blieb, zusätzlich reduziert um einen Messe- oder Händlerrabatt, meist ein Drittel des Verkaufspreises gegenüber dem Leser. In dieser Form ist das »Tauschprinzip« zwar schon der Anfang des späteren

»Ordinär-« und »festen Ladenpreises«. Aber das Tauschprinzip und mit ihm der Sortimenter-Verleger mit seinem Pendant und dem tauschenden Drucker-Verleger haben den Verlagshandel von der ersten großen Dokumentation der Frankfurter Buchmesse 1564 bis zu ihrem vollständigen »Begräbnis«, das im Jahr 1764 dokumentiert wird, bestimmt – nach diesen Zahlen genau zwei Jahrhunderte, in Wirklichkeit sogar darüber hinaus.

2.4 Der »reine« Verlag

Die Entwicklung zum »reinen« Verlag, der nicht selbst druckt und der den Verkauf dem Sortiment überlässt, das nicht selbst verlegt, war durch den Tauschhandel im Rahmen von Buchmessen, für die der erste Druck eines Bücherverzeichnisses und das Ende der Frankfurter Buchmesse die Eckpunkte waren, unterbrochen worden. Dafür, dass erstens: diese Messe nach ununterbrochenen 200 Jahren für die nächsten zwei Jahrhunderte aufhörte, zweitens: das Tauschsystem abgelöst wurde und drittens: der Verlag und das Verlagswesen sich zu seiner heute gewohnten Form konstituierten, war Leipzig – die Konkurrenzstadt – verantwortlich. Im Prinzip des Zeitraffers hier die drei zentralen Stationen:

1. Leipzig statt Frankfurt: Leipzig, im Schnittpunkt der Handelsstraßen nach Norden und Osten, mit einer Messe wie Frankfurt im Frühjahr und Herbst, konkurrierte von Anfang an auch als Buchstadt. Schon seit der Herbstmesse 1594 erschienen wie in Frankfurt Novitätenverzeichnisse. Aber Frankfurt, zuerst das »Teutsch Athen« (nach einem Gedicht eines Frankfurter Stadtpfarrers von 1597 auf die Buchmesse, der seinerseits das Gedicht eines französischen Verlegers zitiert), blieb zunächst führend. In dem wechselvollen Auf und Ab, das sich zwischen den beiden rivalisierenden Städten im Lauf der Jahrhunderte ergab, war wohl ausschlaggebend, dass die Bedeutung Frankfurts, die ihm aufgrund seiner für den internationalen (europäischen) Verkehr günstigeren Lage (in der Mitte Europas) zukam, durch die neue, oft ungute Tauschpraxis zurückging; dass der internationale Handel (mit ehemals lateinischen Drucken) durch erst das Emporkommen und schließlich die Dominanz deutschsprachiger Werke stagnierte; dass die deutsche Reformation von Wittenberg (bei Leipzig) ausging; dass die kaiserliche Bücherkommission in Frankfurt bei der Katalogerstellung und für die Messe Zensur ausübte – sowie nicht zuletzt jene undiplomatischen Maßnahmen wie speziell die von 1710, als der Frankfurter Rat beschloss, seine Frühjahrsmesse direkt vor den Beginn der Messe in Leipzig zu legen, eine Provokation, die sich schließlich als tödlich erwies. So kam es zum Ende der Frankfurter Buchmessen, das gern in der prägnanten Formulierung von 1764 des Philipp Erasmus Reich, dem berühmtesten Leipziger Verleger und Buchhändler des 18. Jahrhunderts, zitiert wird, als er mit einer Vielzahl anderer Verleger damals sein Frankfurter Lager auflöste, nämlich er habe »von Franckfurth am Mayn Abschied genommen und die Buchhändlermessen, sozusagen, daselbst begraben« (zitiert z. B. bei Hiller/Strauß 1975, S. 37 f.). Und im Gegenzug dazu erklärte er Leipzig zur »Hauptstadt des deutschen Buchhandels« (zitiert gemäß Pressemitteilungen zur Leipziger Buchmesse 1985–1990).

2. Das Ende des Tauschs: Reich war bereits einer der schärfsten Gegner des Tauschhandels gewesen. Er verkaufte nur bar, »fest« (ohne Rückgaberecht) mit einem Rabatt zwischen 25 und 16 Prozent des Ordinärpreises und war damit der radikalste Exponent des »Nettohandels«. Auf dem Weg zum Nettoverkehr war der »Tauschpreis« bereits ein Anfang gewesen, weil in ihm schon gegenüber der alten Handelsform des Stechens die Bögen nach individuellem Wert – der erwähnten Relation – »geschrieben« wurden; das Prinzip des Tauschs, weil man nur eine Differenz – also den Rest – bar beglich, war aber erhalten geblieben. Der Übergang zum reinen Nettoverkehr bestand darin, vom Tausch völlig Abstand zu nehmen, d.h. die Verleger nahmen weder von anderen Verlegern noch von Buchhändlern Ware entgegen: So entwickelten sich die Verleger, die zu Sortimenter-Verlegern geworden waren, zu den reinen Verlegern zurück, und solche, die als Sortimenter-Verleger begonnen hatten, auf reine Verlage hin.

Das Nettoprinzip fand, von Leipzig ausstrahlend, vor allem im Norden Deutschlands Aufnahme, bei den süddeutschen Verlegern aber nur zaghaft. Den heftigsten Widerstand entfalteten die Verleger-Sortimenter, also eigentlich Buchhändler, die wie die echten Verleger nun bar vorlegen sollten. Im Süden hatte sich als Handelsform zuvor fest eingebürgert, dass man sich, nach dem Prinzip des Tauschs, die Neuerscheinungen »pro novitate« von Haus zu Haus umsonst zuschickte mit dem Recht, das nicht Verkaufte zurückzusenden: Anstelle des baren Fest-Geschäfts stand damit ein unbares Bedingtgeschäft. Am Rückgaberecht hielten die Süddeutschen fest, weil sie nicht einsahen, dass sich das Risiko des Verkaufs vom Verleger auf den Händler verlagern sollte; an der unbaren Lieferung, weil sie nicht in eine schlechtere Liquidität für ihr eigenes Geschäft manövriert werden wollten. Sie forderten für sich den buchhändlerischen Verkehr nach der »Handlungsart der Reichsbuchhändler« (dem süddeutschen Verfahren) statt nach der (norddeutschen) »Leipziger Handlungsart« und drohten massiv, der Leipziger Buchmesse fernzubleiben (die Frankfurter Buchmesse wurde, s.o., nicht lange vorher, durch das Wegbleiben der Leipziger Händler 1764 »begraben«). Sie drohten darüber hinaus, die norddeutschen Bücher im Süden für den Nachdruck (Raubdruck) zu öffnen, und tatsächlich hatte es im »Hanauer Bücherumschlag« von 1777 sogar eine Nach- und Raubdruckmesse gegeben. 1788 verdichteten sie ihre Forderungen in ihrer »Nürnberger Schlussnahme« zu einem Kompromiss, den die norddeutschen und Leipziger Nettohändler annehmen konnten: Es wurde der Bedingtverkehr mit Rückgaberecht eingeführt, die Abrechnung erfolgte jährlich zur Ostermesse, und auf das zum Ordinärpreis Verkaufte gab es einheitlich einen Durchschnittsrabatt von einem ganzen Drittel des Ordinärpreises. Mit dieser neuen Verkehrsform wurden die Grundlagen des bis heute gültigen Konditionensystems gelegt. Sie führten dazu, dass auch die Verleger-Sortimenter ihre Verlags- und Tauschtätigkeit einstellten und wieder zu reinen Sortimentern wurden und die Neugründungen des Sortiments heutigen Buchhandlungen entsprachen. Die Gründung der ersten Buchhandlung in unserem modernen Sinn – ohne angegliederte Druckerei oder Verlag – wird im Jahr 1796 durch den »ersten« (»reinen«) Buchhändler Justus Perthes in Hamburg gesehen.

3. Der »reine« Verlag: So haben wir, nach den Problemen, die schon im Kapitel über die Drucker-Verleger (vor der Tauschzeit) darauf hindeuteten, dass die Entwicklung zum reinen Verlag führen musste, den Nettohandel (nach der Tauschzeit) mit dem erzwungenen Konditionensystem als zweite Erklärung dafür, dass der moderne Verlag ein prinzipiell von Druck und Sortiment getrennter Betrieb ist (Ausnahmen bestätigen damals und heute die Regel). Im Grunde darf man auch erst von dieser Zeit an, wenn man vom Wort ausgeht, von einem »Verlag« und dem Verlag als »Gewerbebetrieb« reden. Denn schon das Wort als solches taucht – buchhandelsbezogen – erst spät auf und hat dann zunächst einen anderen Sinn. Das unterscheidet »Verlag« von »vorlegen« und vom »Verleger«, der mit genau diesem Wort und in unserem Sinn schon für den Frühdruck in den zeitgenössischen Texten belegt ist. Aber die frühen – und späteren – Verleger hinterließen in ihren Werken als Verlagsnachweis noch keinen Eintrag, der »Verlag« lautete. Die ersten Schriften verschweigen eine Verlegerschaft völlig (ganz im Gegensatz zu den *Druckern* mit ihrem Kolophon). Die späteren Schriften tragen auf ihrer Titelseite stereotyp nur Formulierungen wie »in Verlegung« oder »verlegt hats« – was in der Regel eher auf eine Einzelaktivität hindeutet und nicht auf eine wie immer geartete »Firma« Verlag. Wie ungewöhnlich sogar »Verlag« noch im 18. Jahrhundert ist, wenn es um den *Buchverlag* geht, zeigt auch die größte damalige Enzyklopädie, das *Universal-Lexikon Aller Wissenschaften und Künste* von Johann Heinrich Zedler, das im Jahre 1746 unter dem Stichwort »Verlag« sechs verschiedene Arten nennt, von denen sich nur eine *einzige* auf Bücher bezieht und dieses eher am Rande. »Verlag« meint in dieser Enzyklopädie dann aber die Bücher selbst:

> »Verlag oder Verlags = Bücher heissen bey denen Buchhändlern diejenigen Bücher, so sie auf ihre Kosten zum Verkauff in Menge haben drucken lassen.«

»Verlag« bezeichnet somit Produkte, so wie vorher die »Verlegung« der Name für die Tätigkeit war. Die von Zedler genannte Bedeutung von »Verlag« lässt sich auch noch Jahrzehnte später nachweisen. Der Titel für den Katalog, den der Verleger und Buchhändler Philipp Erasmus Reich für die Ostermesse 1782 veröffentlicht hat, lautet: »Verzeichnis der Herren Buchhändler, so die Leipziger Messe besuchen oder deren Verlag hier zu bekommen ist.« Und noch Kant definiert 1797: »Die Summe aller Kopien der Urschrift (Exemplare) ist der Verlag« – für uns also die Auflage(n).

Der Name »Verlag« für eine Firma entsteht erst, als (bzw. wenn) nach den universalistischen Anfängen und der Unterbrechung durch den Tauschhandel das »reine« Verlagssystem fest etabliert wird. Vom Namen wie von der Wirtschaftsform her ist die Gründerzeit des modernen Verlags also das späte 18. Jahrhundert, nachdem sich die Veränderungen, markiert durch die Daten 1764 und 1788, durchgesetzt haben. Die moderne Verlagsgeschichte umfasst somit (1990) nur rund 200 Jahre, was auch statistisch belegt werden kann, da in Deutschland kaum 15 Verlage bekannt sind, die auf eine ältere Geschichte zurückblicken. Und auch erst seit dieser Zeit ist das Bild oder der Komplex des Verlages als Gewerbebetrieb vollständig, der Bücher (s. S. 2) als identische Vervielfältigungsstücke (Kopien) aus einer Auflage hervorbringt, die durch Druck produziert wird.

3. Die Verlagssysteme im politischen Wechsel

Verlage als Teile der Kulturwirtschaft und des öffentlichen Lebens waren zu allen Zeiten in ihrer Arbeitsweise durch die politischen Systeme geprägt. Zu Zeiten der deutschen Teilung wurden zwei parallele Verlagsysteme betrieben, die sich mit den beiden Messestädten Leipzig und Frankfurt kennzeichnen lassen.

3.1 Das Leipziger System

Leipzig hatte seit dem 18. Jahrhundert die alte Konkurrenzstadt vollständig verdrängt und wurde zur zentralen Buchstadt ganz Deutschlands. In Leipzig konzentrierten sich die reinen Sortimente, die Verlage, der Zwischenbuchhandel, konstituierte sich 1825 der Börsenverein (als gemeinsames Organ der gesamten Branche), entstand ab 1912 die deutsche Nationalbibliothek und wurde die deutsche Buchmesse zur Weltbuchmesse.

Für die Messe ergaben sich zunächst Änderungen, die eine Folge des nach der Nürnberger Schlussnahme vereinbarten Konditionensystems waren. Da der Bedingtverkehr eingeräumt war und die Händler das nicht verkaufte Bedingtgut zurückgaben, wurde zu Ostern nur über das tatsächlich Verkaufte abgerechnet. Die Messe entwickelte sich dadurch von der Kauf- oder Verkaufs- zur Abrechnungsmesse, wenn auch nicht in gleichem Maß zur Bestellmesse, da Bestellung und Lieferung sich über das Jahr verteilten. Für die Verleger hatte das wieder Einfluss auf ihre Verlagswirtschaft, weil sie nicht mehr auf die Messetermine Ostern und Herbst hin zu produzieren brauchten. Sie konzentrierten die Produktion ab da auf das Weihnachtsgeschäft, mit dem auch die Buchhändler ihre größten Umsätze machten, und entsprechend entwickelte sich aus der Abrechnung von Ostern zu Ostern nun die nach dem Kalenderjahr, während der Ausgleich aber weiterhin im Frühjahr erfolgte.

Die für Deutschland und Leipzig wichtigste Veränderung ergab sich gleichfalls aus dem Konditionensystem. Es war nämlich vereinbart worden, dass die Lieferungen über die in Leipzig tätigen Kommissionäre der Verleger erfolgten. Zu der Vereinbarung gehörte die Kondition »franco Leipzig«, die beinhaltete, dass von den Verlegern alles frei nach Leipzig hin- und von den Händlern alles wieder gratis nach Leipzig zurückgeschickt werden konnte, was seinen Grund darin hatte, dass fast alle Verleger in Leipzig Kommissionäre besaßen. Leipzig war damit der zentrale deutsche Kommissionsplatz, der »Weg über Leipzig« die Verkehrsform für den herstellenden und verbreitenden Buchhandel. Dieser Weg hatte für beide erhebliche Vorteile. Da die Kommissionäre nicht nur einen, sondern mehrere Verlage vertraten, konnten die Buchhändler bei ihnen gebündelt bestellen. Was bei einem Kommissionär nicht vorhanden war, ließ sich am Ort bei einem zweiten beschaffen. Umgekehrt profitierten die Verlage von der Bündelung, weil sie nicht diverse Buchhandlungen an diversen Orten, sondern nur ihren Kommissionär in Leipzig belieferten. Einmal pro Woche gingen die Sammelbestellungen als »Leipziger Ballen« an die Sortimenter hinaus. Hatte bereits der Aufbau des Postsystems dazu beigetragen, einen regelmäßigen Bestellverkehr über das Jahr hinweg zu fördern, so steigerte sich das mit dem Hinzukommen der Reichsbahn. Im direkten Bücherwagenverkehr der Reichsbahn gingen Spezialwagen, die den Schnell- oder den D-Zügen angehängt wurden, täglich von Leipzig in alle Richtungen. Es ist einleuchtend, dass diese Kommissionsgeschäfte nicht mehr von den »Factoren«, den Verwaltern der Verlagslager, ausgeübt wurden, sondern dass die neuen Kommissionäre selbständige Geschäftsleute auf einem eigenen Dienstleistungsbereich wurden; ihre Firmengründungen (wie K. E Koehler 1789 und F. A. Brockhaus 1790) direkt nach 1788 zeigen, dass sie eine unmittelbare Folge der Einführung des Konditionensystems darstellen.

Eine logische Folge aus dem Kommissionshandel war auch, Bücher nicht nur in fremdem Namen für fremde Rechnung zwischen Verlag und Sortiment zu vermitteln, sondern das Geschäft unter eigenem Namen auf eigenes Risiko und für eigene Rechnung zu betreiben, als »Barsortiment«. Im Barsortiment wurde ein umfangreiches Lager gebundener Bücher verschiedenster Verlage bereitgehalten, um Sortimenterwünsche umgehend ohne Zwischenstufen erfüllen zu können, zum Original-Verlegerrabatt, aber mit Kauf, der fest war. Damit hatte sich die neue Handelsstufe des Zwischenbuchhandels neben Verlagen und Sortimenten mit dem Zentrum in Leipzig gebildet, Leipzig war der Hauptumschlagsplatz für Bücher in Deutschland geworden. Dies gipfelte 1842 in der Errichtung der »Zentralen Bestellanstalt«. Die Idee dazu wird gern in einer Anekdote erzählt, die aber schon ihren Sinn verdeutlicht: Die Markthelfer der Kommissionäre, welche die Bestellzettel der Sortimenter für die von der eigenen Firma nicht vertretenen Verlage zu deren Kommissionären expedieren sollten, erfüllten diese Aufgabe nicht durch Arbeit (per pedes), sondern durch einen gemeinsamen Frühschoppen in einer Kneipe im Leipziger Buchhändlerviertel, wobei dann die »Zettel« ausgetauscht wurden – damit war im Prinzip der Gedanke realisiert, den die Bestellanstalt in ihrer »Zettelbörse« verwirklichte, die freilich schon eine Gründung des Vereins der Buchhändler zu Leipzig war.

Auch die weiteren Gründe, aus denen Leipzig schließlich zu einem Synonym für Verlag und Buchhandel in Deutschland wurde, hängen mit dem Vertrieb und der Organisation des Buchhandels zusammen. Da in Leipzig, auf dem Abrechnungsplatz, die Währungen und Ladenpreise aller deutschen Staaten zusammenkamen, wurden Ausgleichsrechnungen wie an sonstigen Börsen erforderlich – aus diesem Gedanken entwickelte sich die »Buchhändler-Börse« und 1825 der »Börsenverein« (die Vereinfachung der Abrechnung hat die Verleger und Sortimenter noch bis 1923, zur Gründung der »BAG« – Buchhändler-Abrechnungs-Genossenschaft – beschäftigt). Doch schon vor der Gründung des Vereins hatte es Bestrebungen zu einem ständischen Zusammenschluss gegeben, die von Leipzig ausgingen, nämlich in der Bekämpfung des oben erwähnten »Nachdrucks«, für den die staatlichen Maßnahmen sich als nicht wirksam erwiesen hatten, so dass man ihn aus der Branche selbst heraus abwehren wollte. Nach dem Ende des Nachdruckunwesens bekämpfte der Verein die gleichfalls erwähnte »Buchschleuderei«. Hinter ihr stand die Praxis von Leipziger Großsortimentern, die nach dem Prinzip »franco Leipzig« die Bücher gratis vor Ort bekamen, sie über Mengenrabatt billig erwarben und in der Regel als einfache Versandbuchhandlungen mit minimalen Gemeinkosten im deutschen Sprachraum zu Preisen verbreiteten, die dem Sortimenter am Ort und mit Handlung unmöglich waren. Er bekämpfte ferner den »Kundenrabatt«, den ansässige Sortimenter Lesern gewährten, um durch Verzicht beim Preis zu höheren Absätzen zu kommen, oder weil sie, aufgrund geringerer Liefer- oder Betriebskosten, billiger anboten. Die Argumente von heute gegen den »freien Ladenpreis« – das Ende der Garantie eines umfassenden, auch die kleinen Orte erreichenden Buchhandelssystems – sind die gleichen wie die damaligen, auch wurden sie wie heute von Verlegern hervorgebracht. Der Verleger und Vorsteher des Börsenvereins Adolf Kröner erreichte 1888 (als Krönersche Reform) die verbindliche Festlegung des Ladenpreises und das Verbot des Kundenrabatts, bei Androhung des Ausschlusses von der Insertion im Börsenblatt und der Benutzung der Bestellanstalt.

Auf die Initiative des Börsenvereins geht schließlich auch die Gründung einer bis dahin nicht vorhandenen Nationalbibliothek zurück, zu deren direkten Initiatoren die Dresdner Verleger E. Ehlermann und A. Brockhaus gehörten. Die »Deutsche Bücherei«, gegründet 1912, erbaut 1916, erhielt den Sammelauftrag, die gesamte deutsch- und fremdsprachige Literatur des Inlandes sowie die gesamte deutschsprachige des Auslands zu archivieren und zu dokumentieren. Nach dem Grundsatz »Das erste Exemplar an die Deutsche Bücherei!« schickten die Verleger unaufgefordert ein freiwilliges Pflichtexemplar. Vor ihrer Gründung wurden die deutschen Verlagsprodukte in Katalogen zweier Buchhändler verzeichnet. Diese Kayser- und Hinrichsschen Dokumentationen übernahm die Deutsche Bücherei und führte sie fort als »Deutsche Nationalbibliographie«, die sämtliche Publikationen innerhalb, aber auch außerhalb des Buchhandels festhält. Es ist bezeichnend, dass auch die Gründung der Nationalbibliothek nicht in der Hauptstadt des Kaiserreichs, Berlin, sondern in Leipzig erfolgte. Weitere Einrichtungen wie die »Buchhändler-Lehranstalt« – später die »Fachschule für den Buchhandel«, später das »Institut für Buchhandelsbetriebslehre« an der Universität Leipzig – rundeten das Bild ab. Leipzig war somit nicht nur Verlags- und Buchhandlungszentrum, zentraler Abrechnungs-, Kommissions- und Umschlagsort, Sitz der Organisation der gesamten Branche und ihrer Ausbildungsstätten, Ort der Nationalbibliothek und Träger der internationalen Messe: Leipzig war »der Platz« oder »zentrale Platz« oder der »Platz« schlechthin.

Wenn ein Oberstudiendirektor der Deutschen Buchhändler-Lehranstalt in Leipzig über das deutsche Verlagswesen einst urteilte, dieses System sei die »Organisation, die von den andern Kulturnationen bewundernd anerkannt wird, ohne daß sie bisher etwas ihr Gleichwertiges zu schaffen vermochten« (Pfeiffer 1928, S. 3), so klingt dies auf Anhieb nationalistisch, muss aber doch zum Nachdenken veranlassen, wenn man die Bemerkung von Sir Stanley Unwin danebenstellt, der wegen seiner Verdienste für das englische Verlagswesen geadelt worden war und der als Präsident der Internationalen Verleger-Union über Vergleiche verfügte: Denn nach Unwins Urteil war damals »die deutsche Buchhandelsorganisation das Vollkommenste, was je erreicht wurde« (hier zitiert nach Unwin 1950).

3.2 Die Lizenz-Zeit unter den Alliierten

Das ›Dritte Reich‹ hat den Sortiments- und Verlagsbuchhandel zwar politisch beeinflusst (zu den Eingriffen ausführlich vgl. Schönstedt 1999, S. 463 f.), aber nicht hinsichtlich seiner Organisation und Wirtschaftsprinzipien oder der Stellung von Leipzig. Hingegen waren die Folgewirkungen der nationalsozialistischen Ära auf den Nachkriegsbuchhandel so verändernd, dass man seitdem von der *Vor-* und *Nach*-Leipziger Zeit sprechen kann. Die Ursache liegt in dem Verhalten der alliierten Besatzungsmächte gegenüber den Deutschen und untereinander.

Zur »Stunde Null« (im Mai 1945 nach der Kapitulation) lag die gesamte verlegerische Betätigung in Deutschland in den Händen der Alliierten. Zeitungen waren von der Besatzung herausgegebene Nachrichtenblätter. Buchverlage, seien es reine Verlage oder solche mit Druckereibetrieb, existierten nicht, entweder physisch aufgrund von Zerstörung, Beute, Beschlagnahme, Reparationsverwendung oder, wo die Verlage noch hätten arbeiten können, wegen des Gesetzes Nr. 191 der Militärregierung-Deutschland zur Kontrolle über Druckschriften vom 24. November 1944. Nach Maßgabe von § 191 war

> »verboten: Das Drucken, Erzeugen, Veröffentlichen, Vertreiben, Verkaufen und gewerbliche Verleihen von Zeitungen, Magazinen, Büchern, Broschüren, Plakaten, Musikalien und sonstigen gedruckten oder (mechanisch) vervielfältigten Veröffentlichungen.« (zitiert nach dem Faksimile des Originals, in: Umlauff 1945, Sp. 1490)

bis hin zu Rundfunk, Film und (dem in Deutschland erfundenen) Fernsehen.

Die Zeit der Publikation ausschließlich durch die Alliierten war, ob aus Absicht oder Einsicht, aber begrenzt. So erschien das zitierte Militärgesetz, zuerst ausgegeben zum obigen Datum, schon am 12. Mai 1945 mit dem Vermerk »Abgeändert« und der einleitenden Klausel: »Vorbehaltlich anderer Anordnungen oder sonstiger Ermächtigung«, und am selben Tag wurde mit einer *Nachrichten-Kontroll-Vorschrift* Nr. 1 »das Veröffentlichen von Zeitungen, Zeitschriften und Büchern« unter bestimmten Bedingungen wieder erlaubt. Mit ihr wurde die Zeit der »Lizenzträger« eröffnet.

Lizenzträger waren die Verleger der »Stunde Eins« im Nachkriegsdeutschland. Die Lizenzen wurden in den jeweiligen Besatzungszonen an Personen gegeben, die nach Ansicht der Alliierten politisch unvorbelastet waren, so dass sie Gewähr für den Aufbau einer neuen Verlagskultur boten. Bei der Lizenzvergabe waren die Russen die ersten, die Amerikaner und übrigen westlichen Alliierten folgten aus besatzungs- und informationspolitischen Gründen nach. Jeder Besatzer wollte sein eigenes, von den Deutschen gemachtes Organ. Dabei wurden von allen politisch unterschiedliche Tendenzen verfolgt: »In der Sowjetzone wurden ausgesprochene Parteizeitungen ins Leben gerufen, die Engländer lizenzierten meistens Parteirichtungszeitungen, wohingegen die meisten in der amerikanischen und der französischen Besatzungszone lizenzierten Zeitungen überparteilich waren« (ebd.). Der wirtschaftliche Start war einfach, denn die Lizenzträger der Alliierten brauchten praktisch kein Kapital, sie erhielten es aufgrund von Verfügungen der Alliierten und allein nach Vorlage der Lizenzurkunde von den Banken. Henry Nannen erinnert sich, dass »damals eine Zeitungslizenz so gut war, wie die Erlaubnis, Geld zu drucken«

(Henry Nannen in der Sonderausgabe des *Stern* anlässlich des 40-jährigen Jubiläums der Erstausgabe vom 1.8.1948), nach Rudolf Augstein kostete die Gründung einer GmbH »den Gegenwert einer Leica« (persönliche Mitschrift des Verfassers nach einer Fernsehdokumentation zum Thema »Aufbau der Presse im Nachkriegsdeutschland«). Die Alliierten, im Gegenzug, wollten Einfluss auf Auswahl und Inhalt nehmen.

Insbesondere gab es zum Anfang Weisungen, was auf Seite eins einer Zeitung zu stehen hatte. Das Ziel war, die Deutschen umzuerziehen (in der britischen Zone: »reeducation«), wobei man symbolische Akzente setzte: Gerd Bucerius erhielt seine Lizenz für *Die ZEIT* als explizites Pendant zu der englischen *TIMES*, das eingeschmolzene Blei von Hitlers *Mein Kampf* wurde für den Druck der ersten *Süddeutschen Zeitung* verwendet. Die Buchverlage wurden wie die Presse behandelt. In Bayern wurde der Verleger Kurt Desch, dessen Bücher vom Propagandaministerium als staatsgefährdend bezeichnet worden waren und der von der Reichsschrifttumskammer ausgeschlossen worden war, von den Amerikanern mit dem Wiederaufbau des bayerischen Verlagswesens betraut. Für Buch und Presse ergab es Probleme, sofern dies die traditionellen »Altverleger« betraf, die in Deutschland geblieben waren und sich durch die nationalsozialistische Herrschaft laviert hatten. Denn da sie sich zumeist dem Druck des ›Dritten Reichs‹ hatten anpassen müssen (sofern sie nicht ständigen wirtschaftlichen und politischen Pressionen, Beschlagnahmungen, Enteignungen ausgesetzt sein oder in die Emigration gehen wollten), galten sie nun als politisch vorbelastet und kamen dadurch geradezu vom Regen der Nationalsozialisten in die Traufe der Alliierten. Neben das Lizenzprinzip trat in solchen Fällen das »Zwangspachtverfahren«, mit dem der zunächst von den Alliierten beschlagnahmte Verlag an einen Lizenzträger verpachtet wurde, während der Altverleger verlegerisch deaktiviert blieb. Beide Verfahren waren politisch und wirtschaftlich nicht dauerhaft haltbar. Eine Lizenz konnte ja jederzeit gelöscht oder nicht weiter verlängert werden, sie bot somit keine marktwirtschaftliche Grundlage auf Dauer. So hob man schon 1949 den Lizenzzwang auf (was also nicht auf zeitgleiche Gründung der BRD zurückgeht), nachdem bereits 1948 das Zwangspachtprinzip durch marktwirtschaftliche Verträge ersetzt wurde. Dadurch ergibt sich jedoch eine noch heute bestehende Struktur der Verlage der Bundesrepublik. Sie setzen sich zusammen aus reinen Lizenzverlagen der Besatzungszeit, die neu sind, aus der Übernahme von Traditionsverlagen durch anfängliche Lizenzträger und gegebenenfalls deren Zusammengehen mit den Altverlegern, aus der Wiederfortführung verlassener Betriebe emigrierter Verleger oder deren Neugründung durch sie, sowie – nach 1949 – den Neugründungen nach der Aufhebung des Lizenzzwangs. Für die entstehende DDR liefen die Entwicklungen anders.

Mehr als durch das Lizenzgebaren gegenüber neuen und alten Verlegern wurden Wirtschaft und Organisation der deutschen Verlage durch den politischen Umgang der Siegermächte in ihren Besatzungszonen und untereinander verändert. Aufgrund der Zonenhoheiten und nicht wegen der verkehrstechnischen Möglichkeiten fiel Leipzig als zentraler Umschlagplatz und Kommissionsort aus (aber nach dem Krieg war eine zentrale Buchauslieferung auch schon deswegen illusorisch, weil die Besatzer überhaupt keine Zentralisierung mehr zuließen). Da der Börsenverein eine nationale Gesamtorganisation war (aber auch wegen seiner Eingliederung in die berüchtigte Reichsschrifttumskammer nach 1933 und seiner Gleichschaltung), musste er seine Arbeit einstellen. An eine Messe war zunächst nicht zu denken. Als Verlagsstadt erlebte Leipzig einen Exodus, nachdem im August 1945 die Amerikaner das zuerst von ihnen besetzte Sachsen und Thüringen aufgrund der Verträge von Jalta an die Sowjets abtraten – schon zuvor hatte sich gezeigt, dass diese ihre Lizenzen eher für volkseigene Betriebe als an private Verleger vergaben. Bereits im Monat vorher war durch eine Übereinkunft in Leipzig zwischen Vertretern des Börsenvereins und den Amerikanern verabredet worden, in deren Hauptquartier in Wiesbaden bzw. Frankfurt eine Zweigstelle des Börsenvereins neu einzurichten. Gleichfalls im August 1945 lizenzierten die Amerikaner eine westliche Ausgabe des *Börsenblatt für den Deutschen Buchhandel*, das im Oktober erschien, parallel zum gleichfalls erscheinenden Leipziger Blatt. Dies sollte jedoch keiner Spaltung Vorschub leisten, sondern der Fortführung und Ergänzung dienen (für die drei Westsektoren), wenngleich es die Trennung schon andeutete. Buchhändler und Verleger bemühten sich vereint um eine gesamtdeutsche Lösung. Als sich ab 1945 die in den jeweiligen Hoheitszonen in Form von Landesverbänden wieder erlaubten Buchhändler- und Verlegervereinigungen konstituiert hatten und miteinander verständigten, lagen auch die Berichte aus Leipzig vor.

Als sich 1947 die verschiedenen Landesverbände der einzelnen Besatzungszonen bereits zu Zonenverbänden zusammengeschlossen hatten, tagten bei einer Versammlung für den britischen Sektor Vertreter der britischen, amerikanischen und französischen Zone mit Vertretern des Leipziger Börsenvereins gemeinsam. Eine übergreifende Versammlung des gleichen Jahres in Berlin wurde »ein Bekenntnis zur deutschen Einheit« (Uhlig 1953, S. 98). Zuvor und danach (1946–1948) waren die Westdeutschen auf die – wiedergegründete – Leipziger Messe gekommen. Es waren die politischen Zwiste der Alliierten und nicht die Brancheninteressen, die auch einen gesamtdeutschen Buchhandel verhinderten. Die Trennung kam wirtschaftlich, als 1948 mit der Währungsreform zwei unterschiedliche deutsche Währungen eingeführt wurden. Der »Börsenverein der Deutschen Buchhändler zu Leipzig« konnte zwar im selben Jahr unter dem alten Namen seine Tätigkeit wieder aufnehmen, aber nicht mehr als integrierendes Gesamtorgan, sondern nur für die sowjetische Besatzungszone.

In Westdeutschland verwandelte sich der bisherige größte Zusammenschluss (aus der amerikanisch-britischen »Bi«-Zone, der sich der französische Sektor später anschloss) von der »Arbeitsgemeinschaft Deutscher Verleger- und Buchhändler-Verbände« gleichfalls 1948 in den neuen »Börsenverein Deutscher Verleger und Buchhändler-Verbände« – nach dem Willen der Gründer wieder nicht aus separatistischen Motiven, sondern um unter diesem Namen eine Klammer für den östlichen und westlichen Handel zu bilden »so daß nunmehr in allen deutschen Zonen die Buchhandels-Organisationen als Börsenvereine zum Wohle des gesamten deutschen Buchhandels arbeiten, mit dem Ziel, zu einem einheitlichen deutschen Börsenverein zu kommen, sobald die politischen Verhältnisse dies zulassen« (Uhlig 1953, S. 100). War dies die erklärte Absicht, so waren doch damit zwei deutsche Buchhandelssysteme voll konstituiert – ein Jahr vor der Gründung der Bundesrepublik Deutschland und (nachfolgend) der Deutschen Demokratischen Republik, also der politischen Teilung. Das System war auch insofern vollständig, als schon 1946, als Pendant zur »Deutschen Bücherei« in Leipzig, mit der Gründung der »Deutschen Bibliothek« in Frankfurt eine zweite Nationalbibliothek aufgebaut wurde und von 1949 an die Veranstaltung westdeutscher Buchmessen gleichfalls in Frankfurt begann.

3.3 Das Verlagssystem der DDR

Für die DDR ergab sich die Entwicklung ihres Verlagswesens sehr folgerichtig aus den Anfängen der Übergangszeit. Bereits in ihrer Zeit als »SBZ«, als sie noch über keine eigene Souveränität verfügte, waren die Verlagslizenzen ja weniger an private Eigner als im Sinne der Bildung staatlicher und volkseigener Betriebe an andere Träger erfolgt. Mit dem Rückzug der Amerikaner 1945 verband sich der besagte Exodus auch unbelasteter Altverleger, die ihre Stammhäuser verließen. Für Leipzig waren dies so bekannte Verlage wie die Akademische Verlagsgesellschaft, Johann Ambrosius Barth, das Bibliographische Institut, der Musikverlag Breitkopf & Härtel, F. A. Brockhaus, der S. Hirzel Verlag, Insel, List, Reclam, Teubner, Thieme u. a., in anderen Verlagsstädten beispielsweise G. Fischer, Kiepenheuer und Niemeyer. Alle genannten Verlage wurden im Westen wiedergegründet, was einen erheblichen Verlust an Verlagssubstanz für den Stammort bedeutete, selbst wenn die hinterlassenen Betriebe unter alten Namen als VEB-Verlage reaktiviert wurden und bis 1990 eine west-östliche Doppelexistenz führten. Die Bedeutung von Leipzig als Verlagsstadt war unglaublich gesunken, wenn man etwa bedenkt, dass den 38 Leipziger Verlagen aus den 1980er Jahren – etwa nach dem hier willkürlich gewählten, aber repräsentativen Beispiel etwa des Jahres 1928 – 561 gegenüberstanden; 38 waren allerdings wiederum relativ viel, betrug doch die Gesamtzahl der Verlage der DDR nach 40 Jahren Republik 78 (so jedenfalls nach den offiziellen Selbstdarstellungen der ehemaligen DDR, nach anderen Zählungen ergaben sich verschiedentlich bis zu etwa 90 Verlage).

Leipzig als Kommissionsort erlangte zwar ebenfalls wieder eine zentrale Funktion, weil, ab 1959, die Belieferung für die gesamte DDR durch den »LKG« (Leipziger Kommissions- und Großbuchhandel) erfolgte. In Leipzig wurde ferner die Tradition der Buchmesse fortgesetzt, bis 1972 sogar mit zwei Messen jährlich. Doch fand die Messe nur auf vier Stockwerken des Messehauses am Markt, einem Nachkriegsbau, statt, bestand ihre Internationalität in der Konzentration auf Länder des Ostens und war sie nicht Weltmesse, wie in der früheren Zeit. Auch der Börsenverein wurde weiter durch die »Buchhändler zu Leipzig« repräsentiert, und die »Deutsche Bücherei« konnte, im Krieg fast unbeschädigt, bereits ab 1945 ihre Aufgabe als Nationalbibliothek wieder aufnehmen.

Trotz dieser Zentralisierungen, die der alten Struktur glichen, entsprach das DDR-System aber keineswegs dem vor den beiden Weltkriegen mit seinem Modellcharakter. Abgesehen von der räumlichen Begrenzung auf den Zonenbereich und der Koexistenz zweier deutscher Staaten war vielmehr ausschlaggebend, dass ein anderes Modell der Buch- und Verlagswirtschaft übernommen wurde entsprechend zur Planwirtschaft.

> »In den sozialistischen Staaten wird das Verlagswesen zentral geleitet; die Verlage sind verantwortlich für die thematische Planung und den Inhalt [...]. Seine Aufgaben ergeben sich aus den Beschlüssen der kommunistischen Arbeiterparteien und der Regierungen der sozialistischen Länder.«

Gemäß diesen Prinzipien gestaltete sich auch die Verlagswirtschaft der DDR. Die Grundlagen waren die Beschlüsse des »Zentralkomitees der SED« und des Ministerrats. Auf ihrer Basis wurden vom Ministerium für Kultur die Aufgabengebiete der Verlage formuliert bzw. bestätigt. Die Verlage legten daraufhin ihre »Perspektiv-« oder »Jahrespläne« vor, die anschließend in der »Hauptverwaltung Verlage und Buchhandel« im Ministerium für Kultur zu bestätigen waren. Da auch die Manuskripte nach Abfassung geprüft wurden, war die zentrale Lenkung global wie im Einzelnen festgelegt. Die Zentralisierung war in der Gründungsphase der DDR auch auf dem räumlichen Sektor vorgesehen. So sollten nach einem ursprünglichen Plan sämtliche Verlage der DDR in Leipzig in dem neuen Hochhaus der (jetzt ehemaligen) Karl-Marx-Universität zusammengefasst werden, das man, 27 Stockwerke hoch, symbolisch in der Form eines aufrecht stehenden und aufgeklappten Buches errichtete. Im Gegensatz zur BRD trugen Bücher der DDR wie in der Zeit direkt nach dem Krieg auch bis 1990 noch im Impressum den Eintrag ihrer Lizenz, sowohl für den Verlag als solchen wie den einzelnen Titel, nur dass die Vergabe nicht mehr bei den sowjetischen Besatzern lag, sondern im eigenen Ministerium. Das gebündelte Aufgaben- und Pflichtpaket der Hauptverwaltung verdient, aus dokumentarischen Gründen, im Originaltext zitiert zu werden. Dieser Abteilung oblag es gesetzlich:

> »die Verlage zu lizensieren, die unterstellten Verlage anzuleiten und für eine zweckenentsprechende Arbeitsteilung zwischen den Verlagen Sorge zu tragen; die thematische Jahres- und Perspektivplanung der Verlage anzuleiten, zu koordinieren und ihre Erfüllung zu kontrollieren; die Manuskripte und die Erzeugnisse der nicht lizensierten Verlage (Gelegenheitspublikationen, lokale Festschriften, Heimatblätter usw.) zu begutachten und Druckgenehmigungen zu erteilen.« (Stichwort »Verlagswesen«. In: DDR-Handbuch. Hg. vom Bundesministerium für innerdeutsche Beziehungen. Köln: Verlag Wissenschaft und Politik ^{3}1985, S. 1430)

Eine Darstellung der Verlagswirtschaft der DDR wäre wegen der Veränderungen 1989 und der Wende 1990 nicht mehr rechtfertigbar, wenn der relativ nüchternen Darstellung nicht auch eine kritische Bewertung folgte, die für die Geschichte noch einmal die Zustände und Praktiken hervorhebt, die in der Nach-DDR-Zeit überwunden sind. Die Tatsache, dass kein Verlag seine Programme autonom selbst gestaltete, wurde früher verleugnet, kaschiert oder dialektisch zurückgewiesen – nach der Wende sprach man offen von einer Befreiung. Die von der zentralistischen Steuerung als nächste Betroffene waren naturgemäß alle Autoren – meist gestehen sie offen die staatliche Zensur ein, die Anpassung und die Selbstzensur. Nicht linientreue Autoren wurden durch die behördliche Zensur oder bereits im Vorfeld durch die Verlage selbst unterdrückt – wodurch über Jahrzehnte Autoren der DDR in ihrem eigenen Land nicht verlegt wurden. Das Angebot eines Manuskripts im westlichen Ausland, speziell Westdeutschland, war ohne vorheriges Angebot in der DDR nicht gestattet. Es bedurfte der Freigabe durch das staatliche Urheberrechtsbüro Ostberlins und endete im Fall der Zuwiderhandlung mit persönlichen und gerichtlichen Restriktionen (Stefan Heym wurde deswegen der Devisenprozess gemacht, neben ihm litten aber auch alle DDR-Autoren, die dazu, 1977, eine Protestunterschrift abgaben). Maßnahmen wie diese sowie andere von der Einkerkerung bis zur Ausbürgerung haben den allseits bekannten, unfreiwilligen Exodus der Autoren »von Bahro bis Biermann« verursacht. Einfach »frei« in den Westen zu reisen, war dagegen nur vom Staat anerkannten Autoren gestattet, ein Privileg für Künstler zudem, das die gesamte Bevölkerung nicht hatte.

Von besonderer Art war auch das finanzielle Gebaren, wenn es um verlagswirtschaftliche Beziehungen zwischen der DDR und der BRD ging. Kam ein Lizenzvertrag zustande, durch den ein ostdeutscher Autor in einem westdeutschen Verlag erschien, so gingen die Gebühren nicht an den Verlag oder Autor, sondern an das zentrale Urheberrechtsbüro, das den Betrag in Westmark entgegennahm, einen Teil davon einbehielt und von dem Rest Westmark jeweils zirka die Hälfte in Ostmark an den Autor weitervermittelte, die andere in Form von Gutscheinen zum Einkauf im »Intershop« oder zur Finanzierung westlicher Bildungs- und Lesereisen vorsah. Die Ursache des Verhaltens war der Devisenmangel. Diese Art des Geschäfts mit Lizenzen konnte allenfalls durch den staatlichen Buchexport reglementiert werden: Der VEB Buchexport Leipzig, hervorgegangen aus der enteigneten traditionellen Kommissions- und Barsortiments-Großhandelsfirma Koehler & Volckmar in Leipzig und anschließend mit dem Außenhandelsmonopol der DDR ausgestattet, hatte im Zweifelsfall immer deswegen das Sagen, weil sich mit dem Verkauf von Büchern größere Devisen verbanden als mit Lizenzgeschäften. Nicht selten verursachte der bevorzugte Export in das Ausland (»BRD«) eine Verknappung der Literatur im Inland, so dass, bedingt durch das kontingentierte Papier und die begrenzten Auflagen, im »Leseland« DDR die eigene Literatur nicht mehr greifbar war.

Von besonderer Problematik war auch der Bücherverkehr, sofern er sich in Richtung von Westen nach Osten bewegte. Schon der private, nicht gewerbliche Bücheraustausch war dadurch erschwert, dass der einzelne Bürger westdeutsche Literatur nur bei nachgewiesenem Bedarf für Fachgebiete oder Literaturgattungen und per Sondergenehmigung über das Ministerium für Kultur gesetzlich beziehen durfte. Für den gewerblichen Bücheraustausch war ein Geschäft nach dem Kompensationsverfahren oder dem Clearing zu tätigen. Beim »Kompensationsverfahren« handelte es sich um einen direkten Tausch von Verlagserzeugnissen jedwelcher Art auf der Grundlage 1:1 (Westmark zu Ostmark) bewerteter »Verrechnungseinheiten« (VE), wobei ein Saldo der DDR durch die Vergabe westdeutscher Druckaufträge kompensiert wurde. Das Pikante an dieser Verrechnungsform bestand darin, dass – wie im innerdeutschen Handel allgemein – einer Forderung in D-Mark West höchstens ein Viertel ihres Realwertes gegenüberstand, während eine Forderung in östlicher Mark, 1:1 beglichen, mit praktisch dem vierfachen Gegenwert abschnitt. Beim »Clearing« handelte es sich zwar um echte Käufe zwischen den individuellen

Verlagen und Grossisten der BRD einerseits und der zentralen Einkaufsstelle von Leipzig andererseits, aber die ostdeutschen Salden wurden nicht in einer vereinbarten Währung (Devisen oder Gold) ausgezahlt, sondern in einer vom Westpartner gewährten zinsfreien Verkehrsform (»Swing«) kreditiert. Vom Einzelvertrag für eine Lizenz bis zum strategischen Gesamtverhalten erhellen deswegen die ausgewählten Beispiele die dunklen Beziehungen auch im »innerdeutschen Buchhandel«, die alle daraus resultierten, dass sich die sozialistisch abgeschottete Planwirtschaft mit einer nicht konvertiblen Binnenwährung ausstattete.

Die Verlagsproduktion der DDR konzentrierte sich während der Zeit ihres Bestehens auf die Städte Leipzig (38 Verlage, noch 1990 kamen fast 25 Prozent aller Titel aus Leipzig) und Berlin (vor der Wende auch 38 Verlage, aber mehr Titel als Leipzig), der gesamte Rest ging auf Dresden, Halle, Jena, Weimar und einige kleinere Verlagszentren. Die Zahl der Titel ist von ca. 2000 im Jahr 1950 auf ca. 6000 im Jahr 1980 gestiegen und 1990 bei dieser Größenordnung geblieben (die westdeutschen Verlage produzieren ca. das Zehnfache). Die Durchschnittsauflage lag für die DDR mit ca. 23.000 Exemplaren mehr als deutlich über der in der Bundesrepublik (geschätzte ca. 5000 Stück) und hätte bei nicht kontingentiertem Papier ein Mehrfaches betragen. Der Umsatz der Verlage der DDR lag bis zum Schluss in der Größenordnung von ca. 500 Millionen Mark, rein rechnerisch bei ca. einem Zwanzigstel von dem aus der BRD, war aber mit diesem aufgrund der sehr viel niedrigeren »sozialistischen« Preise nicht zu vergleichen.

Eine Erwähnung verdient noch die Leistung der DDR auf dem Bereich der nicht- gewerblichen und nicht-politischen Buchkunst. Die »Internationalen Buchkunstausstellungen« (Kurzformel »iba«), organisiert vom Börsenverein und dem Rat der Stadt Leipzig, die etwa alle sechs Jahre stattfanden, dokumentierten nationale und internationale Tendenzen. In der Zwischenzeit wurden, von den gleichen Veranstaltern organisiert und unter dem Patronat der DDR-UNESCO-Kommission, in der Ausstellung »Schönste Bücher aus aller Welt« internationale Leistungen jährlich prämiert. Daneben standen die »Schönsten Bücher der DDR« bzw. ab 1982 die »Schönsten Bücher des Jahres«, in deren Wettbewerb man jeweils zu Beginn der Leipziger Buchmesse im Frühjahr die besten Leistungen des Vorjahres auszeichnete.

3.4 Das Verlagssystem der Bundesrepublik

Zur Kennzeichnung des Verlagssystems, wie es sich in der Bundesrepublik herausgebildet hat, eignen sich die Abgrenzungen, wie sie im Osten aus zeitgenössischer Perspektive erfolgten:

> »Der Charakter des Buchhandels richtet sich nach der sozial-ökonomischen Struktur des betreffenden Landes. Im Kapitalismus dient der Buchhandel, der in der Hand der Bourgeoisie liegt, der Erzielung von Gewinnen und der Verbreitung von Schriften, die den Interessen der herrschenden Klassen dienen.«
>
> »In der kapitalistischen Gesellschaft ist die verlegerische Tätigkeit vorwiegend Angelegenheit privater Verlage, d. h. bürgerlicher, nach kaufmännischen Gesichtspunk-

> ten aufgebauter Unternehmungen [...]. Profitstreben, Konkurrenzkampf und Käuflichkeit sind für sie kennzeichnend.«
> »Der Niedergang der kapitalistischen Kultur zeigt sich besonders kraß im Verlagswesen, das der Propagierung der imperialistischen Aggression, der Rassenhetze und dem Obskurantismus dienstbar gemacht worden ist.« (Große Sowjet-Enzyklopädie 1955, S. 67, 21 und 46)

In ähnlicher, wenn auch geminderter Formulierung erfolgten solche Abgrenzungen noch bis 1989. Die Verleger hatten sich, wie an dem Exodus aus Leipzig und anderen Städten zu sehen war, allerdings bereits selbst entschieden (in der DDR gab es nur 20 Verlage, die ganz oder teilweise in privatem Besitz waren), teils aufgrund ihrer Erfahrung mit der ideologisch gelenkten Verlagswirtschaft nationalsozialistischer Prägung, teils weil sie im »kapitalistischen« System die Form der freien Marktwirtschaft zur Fortführung ihrer Verlage sahen, nach deren Prinzipien sie schon vor allen Veränderungen verlegt hatten und die auch nun wieder privaten unternehmerischen Initiativen ihre Chance gab.

Ein hervorragendes Beispiel ist das des jungen Heinrich-Maria Ledig-Rowohlt, eines der ersten Buchverleger, die 1945 eine Lizenz erhielten. In dieser Zeit war der Lesehunger unglaublich groß, das Papier aber knapp und extrem holzhaltig – Zeitungspapier –, so dass sich keine schönen, sondern nur »sehr häßliche Buchgebilde« fertigen ließen. Ledig-Rowohlt löste das Problem auf seine Weise: »Wenn schon schlechtes, holzhaltiges Zeitungspapier, warum lassen wir unsere Bücher dann nicht gleich im Zeitungsformat über die Rotationsmaschinen laufen und geben sie als eine Art literarischer Zeitungen heraus?« So entstanden 1946 Rowohlts-Rotation-Romane (»rororo«), die nach den zwölf Jahren »tausendjähriger« Unterbrechung den Deutschen die Deutschen Kästner, Tucholsky zurück – oder ausländische Autoren wie Hemingway und Steinbeck erstmals in deutscher Sprache nach Deutschland brachten, den Lesehunger befriedigten, den Verlag Auflagen von 50.000 Exemplaren im Nu ausverkaufen ließen und bei den Druckereien dafür sorgten, dass die Rotationsmaschinen für die Zeitungen, die sonst nur in der Nacht ausgelastet waren, auch tagsüber zum Einsatz kamen. Die »rororo«-Zeitungsromane wurden erfolgreich gedruckt bis 1948, als sich die Wirtschaft zu erholen begann und wieder besseres Papier lieferte. Da ging man vom Zeitungsformat ab und versuchte den gleichen Erfolg im Buchformat: Auf diese Weise entstand im Nachkriegsdeutschland zum ersten Mal – in unserem modernen Sinn – das Taschenbuch (vgl. das Vorwort »Die Taschenbuch-Story« von Heinz Friedrich in Gent 1982, S. 9–19).

Wie Helmut Schmidt in seiner autobiographischen Rückschau *Außer Dienst* beschreibt, war es für viele junge Erwachsene der Nachkriegszeit die erste Möglichkeit, zeitgenössische Werke der jüngeren zurückliegenden und der gegenwärtigen (Welt-)Literatur und die geistigen Strömungen, die zuvor nicht zugänglich waren, kennenzulernen. Nicht nur der spätere Bundeskanzler hatte diese verlegerische Leistung als prägend erlebt (vgl. Schmidt 2008).

Insgesamt entwickelte sich das Verlagssystem der entstehenden Bundesrepublik gegenüber dem Leipziger gesamtdeutschen und dem zentralistischen der ehemaligen DDR völlig anders.

Eine zentrale Verlagsstadt bildete sich nicht mehr. Stattdessen entstand eine Verteilung auf einige Hochburgen: München (früher im Vergleich eher unbedeutend) mit 317 Verlagen war die größte Verlagsstadt (und sogar nach New York die zweitgrößte der Welt), Berlin (früher nach der Zahl der Titel und Verlage vor Leipzig) folgte (für West, 1989) mit 176 Verlagen, Stuttgart verzeichnete 142, Hamburg 135, Frankfurt brachte es mit 131 auf Platz fünf der Verlagsorte, und Köln war mit 90 Verlagen das sechste und damit letzte größere Zentrum.

Auch von einem zentralen Kommissionsplatz war nicht mehr zu sprechen. Die dezentralisierten Zwischenbuchhandelsorte waren für den Norden Hamburg (Lingenbrink), den Westen Köln (Koehler & Volckmar), die Mitte Frankfurt (Lingenbrink, Wegner), den Süden Stuttgart (Koch, Neff und Oetinger) und mit einer Sonderstellung Gütersloh (Bertelsmann). An die Stelle der organisatorischen Zentrale Leipzig war Frankfurt getreten, mit dem westdeutschen Börsenverein, dem westdeutschen *Börsenblatt* und den unten besprochenen Einrichtungen. Die wichtigste, weil normsetzende Funktion war die Wiederkonstituierung der Buchmesse, mit einem zaghaften Beginn als »Bücherschau« von etwa 200 Verlagen 1948 in der Frankfurter Paulskirche, 1949 vom Hessischen Verlegerverband als »Produktionsschau« für westdeutsche Verlage veranstaltet, heute vom (west-)deutschen Börsenverein als Weltmesse anstelle von Leipzig. Die Buchmesse war für Frankfurt dabei damals so neu wie die gesamten heutigen Frankfurter Messen. Der Anfang fast aller dieser Messen fällt in die Nachkriegszeit, und noch 1947 hatte man überlegt, ob man dem Messeplatz Leipzig überhaupt etwas Gleichwertiges entgegenstellen könnte, aber Frankfurt, ursprünglich ältester Messeplatz Deutschlands (in Wirklichkeit ist Frankfurt sogar die älteste Messehochburg Europas), sollte wieder Messestadt werden. So entstand vor der ersten »Buch-«Messe die erste »D-Mark-Messe« mit der Eröffnung am 3. Oktober 1948. Welchen Stellenwert die voll etablierte Buchmesse unabhängig von ihrer internationalen wirtschaftlichen Bedeutung genießt, kann man der Anfrage eines amerikanischen Verlages an den Börsenverein entnehmen, der sich erkundigte, ob der ihm unerklärliche Termin für die deutsche Wiedervereinigung zum 3. Oktober 1990 deswegen gewählt worden sei, weil er den Termin des Beginns der Buchmesse darstellte.

Die Unterschiedlichkeit und Gegensätzlichkeit des westdeutschen im Vergleich zum vergangenen ostdeutschen Verlagssystem zeigt sich am deutlichsten, wenn man die Zahl der Verlage vergleicht. Den 78 (offiziell dokumentierten) Verlagen der DDR standen nach der Mitgliedschaft im westdeutschen Börsenverein ca. 2000 Verlage gegenüber, im VLB (»Verzeichnis lieferbarer Bücher«) wurden zum Ende der deutschen Teilung 1989 über 8500 gezählt; 2009 waren es dann schon 19.000 Verlage. Im »Adressbuch für den deutschsprachigen Buchhandel« befanden sich zur Wende 1989 für die Bundesrepublik über 10.000 Eintragungen, und das Verlagsverzeichnis der Deutschen Bibliothek, das jede Einsendung verzeichnet, kam auf über 52.000 Nachweise! Dies dokumentiert, egal welche Zahl man als maßgeblich ansieht, zugleich die Unterschiedlichkeit des plan- und marktwirtschaftlichen Systems und zeigt die Abhängigkeit der beiden praktizierten deutschen Verlagswirtschaften von ihrem jeweiligen politischen Umfeld.

Die »alte« Bundesrepublik war damit, pro Kopf umgerechnet, das verlagsreichste Land der Welt. Ihre Titelproduktion ergab, gemittelt von ca. 14.000

(aus Erst- und Nachauflagen) im Jahre 1951 bis ca. 50.000 im Jahre 1984, einen Durchschnitt von ca. 36.000 Neuerscheinungen jährlich, wobei für die Jahre 1985 bis 1990 z. B. Werte zwischen 60.000 und 68.000 erreicht wurden.

Der Umsatz der Buchbranche betrug nach den Angaben des Börsenvereins des Deutschen Buchhandels 2007 rund 9,6 Milliarden Euro. Davon wiederum entfielen 1,7 Milliarden Euro auf die Verlage selbst, während 5,1 Milliarden Euro beim Sortimentsbuchhandel erzielt wurden. Die volkswirtschaftliche Bedeutung der Buchbranche ist verglichen mit dem Straßenfahrzeugbau, der im selben Zeitraum einen Umsatz von 290 Milliarden Euro erzielte, bescheiden, dennoch besitzt die Buchbranche durch die Auftraggeberrolle für viele Druck- und Vorstufenbetriebe auch wirtschaftlich eine Bedeutung, die über den reinen Kernumsatz hinaus geht. Dass im Zuge der Globalisierung diese Aufträge jedoch keineswegs nur national oder gar regional vergeben werden, erschwert die direkte Zurechnung der Auswirkungen auf die deutsche Volkswirtschaft. Die Dienstleistungsfunktion für bezahlte Werbung und Zulieferfunktion für den Zwischen- und Einzelbuchhandel runden diese volkswirtschaftliche Dimension ab. Dabei darf nicht übersehen werden, dass die *materielle* Nutzenstiftung nur die vordergründige ist und die Verlage ihren hauptsächlichen Nutzen *immateriell* stiften. Es ist der Nutzen, der indirekt entsteht, in Form von Wissen, Information, Schulung, Weiterbildung, von Forschung, Kunst, Kultur, ohne die die heutigen Bildungs- und Wirtschaftssysteme nicht denkbar wären.

Der »Börsenverein des Deutschen Buchhandels e. V.« ist nicht nur die Dachorganisation des westdeutschen Verlagshandels, sondern auch des Zwischen- und Einzelbuchhandels. Er umfasst damit gleichberechtigt sämtliche an der Produktion und Verbreitung beteiligten Handelsstufen, womit er sich gegen andere Dachorganisationen europäischer Länder, die fast alle dies nicht tun, abgrenzt. Die Mitgliedschaft ist nicht Pflicht, hat aber die Mitgliedschaft in einem der Landesverbände zur Voraussetzung (und umgekehrt hat jedes Mitglied des Landesverbandes auch Mitglied des Börsenvereins zu sein). Der Verein tritt zunächst nur als »e. V.« auf, d. h. als Organisation ohne eigene wirtschaftliche Tätigkeit, allein zur Interessensvertretung der Mitglieder. Zu den *gemeinnützigen* Mitglieder-Einrichtungen gehören eine Rechtsabteilung (mit z. B. den Schwerpunkten fester Ladenpreis), die Beratung in Wirtschaftsfragen, Public-Relations für die gesamte Branche, Berufsbildung, eine eigene Bibliothek u. a.

Daneben stehen die *wirtschaftlichen* Einrichtungen, die gleichfalls ab 1947 gegründet wurden und alle in Form der GmbH arbeiten. Die »Buchhändler-Vereinigung GmbH« ist der Verlag des Börsenblattes, des »VLB«, gedruckt und als Datenträger, für die »Deutsche Bibliographie«, das »Adressbuch für den deutschsprachigen Buchhandel«, verlegt für Auftraggeber in Kommission, führt einen eigenen Adressenverlag und produziert buchhandelsbezogene Werbung vom Plakat bis zur Plastiktüte. Daneben ist sie die wirtschaftliche Trägerin der Schulen des deutschen Buchhandels, die Nachwuchs ausbilden und Mitarbeiter der Verlage auf allen Bereichen weiterbilden. Die »Ausstellungs- und Messe-GmbH« erwies sich als notwendig, als die Buchmesse 1964 eine solche Größe erreicht hatte, dass sie nicht mehr vom Verleger-Ausschuss allein organisiert werden konnte. Die »BAG Buchhändler-Abrechnungs-

Gesellschaft mbH« ist ein westdeutsches Pendant der bereits 1922 in Leipzig errichteten BAG; sie erleichtert nach der traditionellen Idee den Zahlungsverkehr zwischen den Verlagen und Sortimenten durch Bündelung der Einzelrechnungen und Addition zu nur einer Gesamtsumme, die zu zahlen oder zu kassieren ist, heute mit elektronischen Mitteln. Neben der BAG steht als wirtschaftliche Hilfe die »BKG Buchhändlerische Kredit-Garantiegemeinschaft GmbH & Co KG«, die Buchhändlern Kredite für und Verlagen Vorschüsse auf die Abrechnungen aus der BAG gewährt. Eine zur Gründungszeit 1972 innovative Einrichtung haben sich Börsenverein, Buchhändler-Vereinigung und BAG zusammen in einem eigenen Rechenzentrum geschaffen (»RZB Rechenzentrum Buchhandel GmbH«), das nicht allein der BAG zuarbeitet, sondern an der Produktion des Adressbuches für den deutschsprachigen Buchhandel und des Verzeichnisses lieferbarer Bücher u. a. beteiligt ist. Die 1947 gegründete »Buchhändler-Vereinigung« wurde in der Folgezeit unter dem Namen »MVB Marketing- und Verlagsservice des Buchhandels GmbH« im Markt aktiv und kümmert sich beispielsweise um die Recherchierbarkeit der Literatur im Internet.

Wurden mit diesen Beispielen die Arbeit des Börsenvereins als Wirtschaftsverband und als Verein deutlich, ist abrundend sein kulturpolitisches Engagement zu nennen. Mindestens die beiden wichtigsten sollen deutlich genannt sein. Der »Friedenspreis des Deutschen Buchhandels«, jährlich am Messesonntag in der Paulskirche verliehen, ist eine Reaktion direkt auf den Weltkrieg und geht auf die Stiftung einiger deutscher Verleger 1950 zurück. Seit 1951 trägt sie der Börsenverein. Gleichzeitig 1951 begann der Börsenverein einen jährlichen Wettbewerb: »Die schönsten Bücher der Bundesrepublik Deutschland«. In ihm wurden unter den Kriterien Ästhetik, Funktion, Qualität die von den Verlagen eingeschickten Neuerscheinungen von einer Jury bewertet und auf einer Feier während der Buchmesse mit einem Preis der »Stiftung Buchkunst« prämiert. Die »Stiftung Buchkunst«, hervorgegangen aus der »Sammlung Buchkunst« der Deutschen Bibliothek, gegründet 1965 und getragen vom Börsenverein, der Deutschen Bibliothek, der Stadt Frankfurt u. a., organisiert neben Wander- und Spezialausstellungen nationaler Art auch die Sonderschau »Buchkunst International«, auf der in Frankfurt zur Messe die prämierten Bücher aus aller Welt vorgestellt werden. Der ursprüngliche Nationalwettbewerb West und sein ostdeutsches Pendant wurden ab 1990 ersetzt durch »Die schönsten deutschen Bücher«.

4. Trends für die Zukunft: Die Verlagswirtschaft im Umbruch

Nachdem die Geschichte der Verlage von ihren Anfängen bis zu den Wirtschaftssystemen in der DDR und BRD vor der Wiedervereinigung knapp skizziert worden ist, müssen zum Abschluss Stichworte zu dem entscheidenden Phänomen folgen, das unsere Zukunft nachdrücklich bestimmt: der Strukturwandel der Medien- und Verlagswirtschaft im Zusammenhang mit der Digitalisierung der Produkte und die Wandlung der Märkte.

4.1 Strukturwandel

Vor der Beschreibung des Wandels einer Struktur muss man sie selbst beschreiben. Dies ist im Fall des Buchhandels einfach, da man auf über 160 Jahre Tradition des Börsenvereins zurückblicken kann, der seit 1825 die drei Sparten »Herstellender Buchhandel« (Verlage), »Vertreibender Buchhandel« (Sortimente) sowie Zwischenbuchhandel als übergreifende Spitzenorganisation unter seinem Dach vereinigt. In dieser Organisationsform ist die Struktur der Branche widergespiegelt, das Stichwort heißt *Dreistufigkeit.* Durch sie unterscheidet sich der deutsche Buchhandel strukturell von fast dem gesamten ausländischen Buchhandel, der wegen des Fehlens eines vergleichbaren Zwischenbuchhandels, den man neidisch vermisst, zumeist zweistufig ist. Am Prinzip der Dreistufigkeit selbst ist kein Wandel zu erkennen und auch nicht zu erwarten, dass sich die Grundstruktur ändert. Aber: Es ist ein Wandel in allen Stufen zu sehen.

1. Der **Verlagsbuchhandel** besitzt eine charakteristische Struktur, da es viele Klein- und Mittelbetriebe gibt und somit ein Wandel naheliegend ist. Die gängige Definition der Europäischen Union [EU 2008] sieht Unternehmen bis 10 Mitarbeiter und bis zu einem Umsatzerlös von 2 Mio. Euro als Kleinstbetrieb an. Dies ergibt für den Kleinstverlag als 1-Mann-Betrieb eine Schwelle von rund 250.000 Euro pro Jahr an Jahresumsatz. Wir haben im Jahr 2006 noch 57 Prozent der Verlage, deren Umsatz unterhalb dieser Schwelle liegt, die also nicht das Potenzial für einen Vollerwerbsbetrieb besitzen. Dies schließt natürlich auch Unternehmen ein, deren Hauptgeschäftszweck nicht nur der Buchverlag ist. Wir sehen im Zeitablauf verglichen mit früheren Werten einen Rückgang der Kleinstunternehmen, dennoch ist die Struktur noch stark durch kleinere und mittlere Unternehmen geprägt. Das Substantielle an dieser Strukturverschiebung wird sichtbar, wenn man außer der Zahl der Verlage in ihren Größenklassen auch ihren Anteil am Umsatz hinzunimmt, bei dem die wenigen großen Verlage schon immer den Hauptanteil auf sich konzentrierten. Heute können z. B. nur 1,2 Prozent (die 29 größten Verlage) der Branche 62,6 Prozent des Umsatzes auf sich vereinen, während die 57 Prozent der Kleinen nur 1,3 Prozent umsetzen. Rein bildlich entspricht die Struktur der Verlage damit seit Jahren einer Pyramide, die auf dem Kopf steht.

Der Strukturwandel ist das Ergebnis von über Jahrzehnte getroffenen Entscheidungen der Verlage im freien Marktwirtschaftsprozess. Das skizzierte Bild beschreibt aber noch längst nicht die Wirklichkeit vollständig, da in dem statistisch erfassten Material zwar Zahl und Umsatz der Verlage verzeichnet sind, hingegen nicht ihre Zugehörigkeit zu Konzernen. Gerade hinter mittelgroßen Verlagen stehen aber oft die Namen von Bertelsmann (Random House), Fleissner, von Holtzbrinck und anderen Gruppen. Gesamtwirtschaftlich hat sich eine »Konzentration« ergeben, wie im Wirtschaftslexikon definiert, nämlich eine »Ballung ökonomischer Größe [...] durch Zusammenschluss mehrer Unternehmen [...] verbunden mit abnehmendem Wettbewerb« (Woll 2008, S. 452 f.).

Auf der betrieblichen Ebene vollzieht sich die Konzentration entweder freiwillig oder gezwungenermaßen, entweder durch Einbettung in einen Konzern oder durch die Fusion. Ein Beispiel für die durch wirtschaftlichen Zwang verursachte Fusion war die zwischen dem Bibliographischen Institut Mannheim (z. B. *Duden, Meyers Enzyklopädie*) und der Wiesbadener F. A. Brockhaus A. G. 1984 zu einer neuen AG, weil diese beiden größten Verlage von Lexika mit je über 150-jähriger Tradition nicht mehr glaubten, als selbständige Firmen in Konkurrenz gegeneinander bestehen zu können, sondern nur in Form einer Verschmelzung. Angesichts des Wettbewerbs mit elektronischen Nachschlagemedien wurde jedoch ein Verkauf der Marke Duden an Cornelsen notwendig. Ein Beispiel für die vorwärtsagierende Konzentration aus der Position der Stärke sind etwa die Konzernkäufe der Verlagsgruppe Georg von Holtzbrinck in Stuttgart, die erst über Minderheitsbeteiligungen, dann Mehrheitsbeteiligungen und schließlich totalen Erwerb zwischen 1963 und 1984 allein auf dem Taschenbuchsektor die Verlage Droemer-Knaur, Fischer, Kindler und Rowohlt erwarb – mitsamt ihren Mutterverlagen und neben anderen Käufen. Wegen der Globalisierung der Medienmärkte und dem Strukturwandel der Medienbranche insgesamt (s. u.) werden die Konzentrationen im deutschen Verlagswesen noch zunehmen.

2. Das **Sortiment** hat den Strukturwandel in weit stärkerem Maße als die Verlage erfahren, an ihm wurde auch der Strukturwandel mit seinen Konsequenzen überhaupt zuerst sichtbar. Interessant ist auch im Bucheinzelhandel die Frage, wie sich die Umsätze auf die einzelnen Unternehmenstypen und Betriebsgrößen verteilen. Hier waren nach der Statistik von 1985 bereits fast zwei Drittel aller Buchhandlungen erfasst, wenn man die Grenze bei 500.000 DM Umsatz ansetzte, ihr Anteil am Umsatz betrug knappe 14 Prozent. Ihnen gegenüber standen die größten Buchhandlungen, die mit nur 0,2 Prozent der Firmen (oder einem Fünfhundertstel) jedoch schon einen Anteil von 15 bis 16 Prozent ausmachten. War die Millionengrenze das Ziel, waren bereits neun Zehntel erfasst und bei der Umsatzklasse bis 5 Millionen 97,6 Prozent – genau dieser Umsatz wurde von den Betriebsberatern aber als durchschnittlicher Mindestumsatz ermittelt für die erfolgreiche Betreibung eines Sortiments – und diesen erreichten folglich gerade 2,4 Prozent der (Groß-)Buchhandlungen, die aber volle 40 Prozent des Umsatzes der gesamten Branche einnahmen.

Nicht viel anders ist die Situation heute (2008). Die kleineren Sortimente sind wirtschaftlich nur unter einer Grenzkostenbetrachtung überlebensfähig, bei der meist kalkulatorische Kosten wie kalkulatorische Miete bei Eigennutzung von Immobilien oder kalkulatorische Unternehmerlöhne nicht oder nicht in vollständiger Höhe mit einbezogen werden. Die Konzentration auf Filialisten ist das Phänomen, das in den 1980er und 1990er Jahren alle Handelssysteme geprägt hat und trotz zahlreicher Schutzmechanismen auch vor dem Buchhandel nicht Halt gemacht hat. Verlierer sind die Buchhandlungen mittlerer Größenordnungen. Gewinner sind dagegen zunächst die beiden Konzernketten DBH (Weltbild/Hugendubel) und Thalia, während jedoch auch regionale Filialisten wie Meyersche und Osiander von den Konzentrationsprozessen profitieren, so dass die fünf größten Buchhandlungen mittlerweile 24 Prozent des Umsatzes auf sich vereinen können. Gerade in schwierigen Zeiten mit Umsatzrückgängen ist es typisch, dass die größeren Buchhandlungen mit mehr als 50 Beschäftigten in der Lage sind, die negative Konjunktur durch Rationalisierungsmaßnahmen und Kostensenkungen aufzufangen, während mittlere und kleinere

Buchhandlungen mit einem negativen Betriebsergebnis zurechtkommen müssen. Für die Verlage als Hauptgegenstand unserer Darstellung hat der Trend zu großen Nachfrageeinheiten klare Konsequenzen. Die gestiegene Nachfragemacht des Sortiments gegenüber Verlagen zeigt sich beispielsweise auch im Bereich der Konditionen. So konnten die Großen 35,5 Prozent Durchschnittsrabatt aushandeln, was deutlich über dem Branchenschnitt von 31,8 Prozent liegt und auch gegenüber dem Wert aus dem Jahr 2000 (32,5 %) eine deutliche Steigerung innerhalb von sechs Jahren darstellt. Die Konzentration im Sortiment wird sich auch im Zusammenhang mit der zunehmenden Internationalisierung und mit dem Wettbewerb mit Online-Vertriebssystemen weiter fortentwickeln.

3. Auch der **Groß- oder Zwischenbuchhandel**, die dritte Stufe im Buchhandelsgesamtsystem, ist vom Strukturwandel betroffen. Ohnehin auf nur ca. 60 Firmen begrenzt, wenn man alle Kommissionäre und Barsortimenter zusammenzählt, schrumpfen diese auf vier Oligopolisten (Koch, Neff & Volckmar GmbH (KNV), Lingenbrink (Libri), Umbreit und Könemann), wovon wieder zwei (KNV und Libri) die Hauptkonkurrenten darstellen. Wegen der hohen Wachstumsraten des Online-Buchhandels haben die großen Barsortimente KNV, Libri, Könemann und Umbreit eigene Internetplattformen eingerichtet. Mit diesem Angebot können kleinere Sortimentsbuchhandlungen auch gegenüber dem Endkunden als Online-Buchhändler auftreten. Die Kombination aus Dienstleister im Internetumfeld und wichtigem Partner für das Kerngeschäft über den stationären Buchhandel hat die Marktmacht des Zwischenbuchhandels ausgedehnt.

Durch die über die Jahre immer wieder erfolgten Aufkäufe innerhalb der Branche konzentrierten sich die Umsätze seit den 1980er Jahren mehr und mehr auf die Marktführer. Die Konzentration ist also auch hier zu verzeichnen. Experten befürchteten bereits vor Jahren: »Die beiden Marktführer haben sich einen so hohen Anteil an Distribution gesichert, daß sie Verlagen massiv in ihre Vertriebspolitik hineinregieren können« (Bez 1988, S. 2719). Genauso haben sie eine entsprechende Marktmacht auch gegenüber dem Sortiment. Aber Verlagskonzentration durch Fusion und Konzernmitgliedschaft einerseits, sowie Sortimentskonzentration durch Groß-, Filial- und Warenhausbuchhandel andererseits weichen die Marktmacht des Großhandels von zwei Seiten auf, während gleichzeitig die elektronischen Bestellsysteme und schneller gewordenen Bücherwagendienste den Vorsprung der Barsortimenter aufzehren. Gerade die Barsortimenter, Kommissionäre, Grossisten im mittelgroßen Bereich fürchten daher, der deutsche Zwischenbuchhandel würde zwischen starken strukturverwandelten Verlagen und Sortimentern zerrieben. Das Zerfallen dieses weltweit bewunderten Distributionssystems würde bei uns allerdings zu einem grundsätzlichen Wandel der Struktur der Dreistufigkeit zur Zweistufigkeit führen.

Als im Jahr 2001 die Blase der Internet-Spekulation platzte, löste dies in Verbindung mit den Ereignissen des 11. Septembers 2001 nicht nur ein weltweit kritisches Wirtschafts- und Konjunkturklima aus, sondern führte insbesondere zu einem deutlichen Rückgang der Umsätze in der Medien- und Kommunikationsbranche. Dies allein muss noch nicht zwangsläufig direkte Auswirkungen auf die *Buch*branche haben, jedoch führte die Umfeldverschlechterung bei den großen *Presse*verlagen in Deutschland zu dramatischen Umsatz- und Gewinneinbrüchen. Hier zeigte sich, dass der zunehmende intermediale Wettbewerb durch das Internet und eine Fülle neuer Medienformen sich in diesen Jahren auch im Umsatz bemerkbar machte. Überregionale Tageszeitungen verloren beispielsweise signifikant Anzeigenumsätze im sogenannten Rubrikengeschäft, d.h. bei den Immobilien-, KfZ- und vor allem Stellenanzeigen, die bislang zu den großen Umsatzbringern gehörten. Aber auch Publikumszeitschriften kämpften gegen ein schwierigeres Anzeigenklima und stagnierende Leser-Reichweiten, so dass sehr bald deutlich wurde, dass die Verlage sich hier um neue Geschäftsfelder bemühen mussten.

Dies wiederum führte sehr bald zu den ersten Auswirkungen auf den Buchmarkt. Die *Süddeutsche Zeitung*, die in der Folge der Erlöskrise auch existenziell gefährdet war, begann damit, die Potenziale ihrer Marke neu zu erschließen, indem ein Programm mit »Klassikern« des Buchmarktes ausgewählt und unter dem Label einer eigenen SZ-Bibliothek auf den Markt gebracht wurde. Zahlreiche andere Marken der Publikumspresse zogen hier nach. *Die ZEIT*, die *Frankfurter Allgemeine Zeitung*, *Bunte*, *Spiegel* und *Focus* hatten dabei unterschiedliche redaktionelle Konzepte der Presseprodukte und damit die Markenpositionierung, aber ähnliche Aktivitäten im Segment der »Nebengeschäfte«. Buchreihen, Hörbücher gesprochen von Prominenten zeigen, wie breit die Aktivitäten der Pressebranche hier waren. Für den Buchmarkt bedeutete es eine gestiegene Konkurrenz durch die Zusatzverkäufe, die die Presseverlage durch ihren Kommunikationsdruck, ihre hohe Markenidentität und die ihnen zugeschriebene redaktionelle Kompetenz erreichen konnten. Es handelte sich um ein klassisches Lizenzgeschäft, das meist zentral unter der Pressemarke beworben wurde.

Welch dramatischer Wandel sich hier vollzogen hat, wurde Ende des Jahres 2008 sichtbar, als die Lexikonreihe Brockhaus an Bertelsmann (Random House) verkauft wurde (»Brockhaus knickt vor Wikipedia und Google ein«. In: *Welt Online*, 17.12.2008). Eine zuvor geplante Online-Edition war aufgrund der rasanten Marktentwicklung im Internet zunächst auf Eis gelegt worden. Der Verkäufer Bibliographisches Institut & F. A. Brockhaus AG kam jedoch damit nicht zur Ruhe und wurde im Laufe des Jahres 2009 von der Langenscheidt-Gruppe an den Cornelsen Verlag verkauft (vgl. Roessler-Graichen 2009). Derartige Veränderungen in den Märkten haben ihre Konsequenzen für die Aufbauorganisation von Verlagen und damit auch für die dort beschäftigten Mitarbeiterinnen und Mitarbeiter. Im Fall des Bibliographischen Instituts war es eine komplette Lexikonredaktion aus Leipzig, die sich als Komplettteam oder als Einzelkämpfer als Dienstleister für Dritte anbot (vgl. Website: »Redaktion sucht neue Herausforderung«, www.was-spricht-dagegen.de, Stand: 22.3.2009).

4.2 Globalisierung

Seit den 1990er Jahren haben die meisten Wirtschaftsbranchen in Europa einen tiefgreifenden Wandel erfahren. Wie schon am Beispiel der Druckdienstleistungen für Buchverlage gezeigt, sind in vielen Bereichen die reinen Produktionsdienstleistungen aufgrund der hohen Personalkosten nicht mehr in

Deutschland wirtschaftlich durchführbar. Produktionsverlagerungen ins Ausland und damit eine Veränderung der weltweiten Arbeitsteilung sind die Folge. Die Regelungen über den internationalen Austausch von Waren und Dienstleistungen sind in diesem Zusammenhang von grundlegender Bedeutung und kein Nischenthema. Daher hat die Liberalisierung der Märkte dazu geführt, dass auch neue Regelungen für traditionell stark geschützte nationale Märkte definiert werden mussten. Im Buchmarkt hat die erste Trendwende im Zusammenhang mit der Ausgestaltung nationaler Märkte im Zusammenhang mit den Regelungen des EU Binnenmarkts in den 1990er Jahren begonnen. Das Buch, bis dahin im Rahmen der Kultur- und Wirtschaftspolitik in hohem Maße geschützt, wurde dann laut EG-Vertrag (Artikel 36 EWGW und bisherige Auslegung) nur noch »Ware«, da Bücher – wie andere Verlagsprodukte auch – nicht zu »nationalen Kulturgütern« zählen.

Der **feste Ladenpreis** oder die Preisbindung der zweiten Hand war damit auf internationaler Ebene hinfällig und konnte nur noch als nationale Regelung im Rahmen des eigenständigen Buchpreisbindungsgesetzes erhalten werden. Geblieben sind Sondertarife beim Postversand (in erster Linie eine Regelung, die über die Pflichtdienstleistungsverordnung der Post geregelt wurde), sowie ein Mehrwertsteuerprivileg, das in den nationalen Märkten unterschiedlich ausgelegt wurde. Die internationale Marktverflechtung ist im Medienmarkt insgesamt durch die Sprachbindung der meisten Produkte begrenzt. Englischsprachige Erfolgsmedien, ob Kinofilme oder Bücher, werden häufig mit deutschen Versionen versehen, während die deutschen Originalprodukte zunächst nur für den deutschsprachigen Markt nutzbar sind, so dass die Schweiz und Österreich die Hauptabnehmer für deutsche Bücher darstellen. Außer den USA sind die weiteren TOP 10 der Hauptabnehmer für Bücher alle aus dem europäischen Markt.

Interessanter ist im Zusammenhang mit der Globalisierung die Bildung großer Medienketten, die unterschiedliche Produkte der Wertschöpfungskette im eigenen Unternehmen abbilden können und diese Produkte international möglichst kostengünstig produzieren und weltweit vermarkten. In diesem Sinne hat Bertelsmann (Random House) schon früh durch die Integration von Musik- und Filmindustrie sowie Presse- und Buchverlagsgeschäft in Verbindung mit Direktversand und Buchhandelskauf eine Basis für die übergreifende Vermarktung von Themen und Stoffen geschaffen. Große Themen und Erfolgsgeschichten sind bereits seit den 1960er Jahren immer als internationales Phänomen entwickelt worden.

Die Erfolgsgeschichte von *Harry Potter* hätte ohne ausländische Lizenznehmer nicht geschrieben werden können. Es ist eine typische Entwicklung, wenn unterschiedliche Mediengattungen am Ende in einen solchen Erfolg einbezogen werden. Ein attraktiver Stoff wird zunächst als Buchmanuskript auf den Markt gebracht. Hier muss sich zeigen, ob er im Buchmarkt akzeptiert wird und ob eine Internationalisierung und damit eine zusätzliche Refinanzierung durchführbar ist. Bei einem ausreichenden Erfolgspotenzial kommt die audiovisuelle Vermarktung über Kino- und TV-Filme, das alles begleitet von der Berichterstattung in den aktuellen Massenmedien, die eine wichtige Voraussetzung für den letztlichen Markterfolg darstellen. Die Refinanzierung großer

Projekte wird durch das Lizenzgeschäft für Merchandising-Produkte verstärkt, die im Falle von *Harry Potter* von Lego bis zu Süßwarenherstellern reichten.

Gleichzeitig ergab sich auch seit 1980 eine zunehmende Spezialisierung und Konzentration in den einzelnen Themenfeldern. Sowohl bei Buchverlagen als auch bei Plattenlabels zeigt sich das Phänomen, dass die kleineren Unternehmen, die meist durch eine starke Inhaberpersönlichkeit in ihrem inhaltlichen Arbeiten bestimmt werden, in der Lage sind, neue Impulse und Themen für den Markt zu setzen. Hier werden junge Autoren – oder im Falle des Musikgeschäfts junge Künstler – entdeckt, entwickelt und gefördert. Nach den ersten erfolgreichen Büchern und Platten kommen dann jedoch häufig die großen Konzerntöchter aus dem Buch- oder Musikgeschäft und bieten den Autoren und Künstlern die lukrativeren Verträge an, die zu dem Phänomen der Megastars und Bestseller führen. Daher herrscht bei den kleineren und mittelgroßen Buchverlagen oftmals Unzufriedenheit mit der Arbeit der Kollegenunternehmen, denen vorgeworfen wird, die Hauptarbeit den anderen zu überlassen und bei sehr begrenztem Risiko die großen Gewinne bei den kalkulierbaren Erfolgen der bereits entdeckten und entwickelten Künstler einzustreichen (vgl. Schiffrin 2000).

4.3 Digitalisierung und Medienkonvergenz

Ein Element, das bereits bei der kurzen Darstellung der Globalisierung erwähnt wurde, ist das Zusammenwachsen der Produkte und Märkte im Mediengeschäft. Ausgangspunkt ist hier die Digitalisierung, d. h. die einheitliche digitale Datenbasis für völlig unterschiedliche Medienformen. Die erste Stufe der Digitalisierung war eine Veränderung der Prozesstechnologien, als beispielsweise die Satzarbeit im Bereich der Buchherstellung auf Desktop-Publishing (DTP) umgestellt wurde. Dabei wurden in den 1980er Jahren Rechnersysteme erstmals als Speichermedien im Publikationsprozess eingesetzt, und die Ausgabe erfolgte über Laserbelichtung (vgl. Breyer-Mayländer 2001, S. 1751 ff.). Die dabei mögliche Text- Bildintegration am Bildschirm veränderte die Art der Leistungserstellung von gedruckten Verlagsprodukten und ermöglichte qualitative Verbesserungen des Druckprodukts und betriebswirtschaftlich attraktive Rationalisierungsschritte. Dies war ein Schritt, der zwar die Arbeitsabläufe, die Prozessorganisation von Verlagen und Zulieferbetrieben veränderte, die Produkte und Märkte jedoch jenseits der Kostenstrukturen und Rationalisierungseffekte und den damit verbundenen unterschiedlichen Möglichkeiten der besonders günstigen Preisgestaltung unbeeinflusst ließ. Erst als über die Medienintegration zunehmend Produkte entstanden, bei denen die unterschiedlichen digital gespeicherten Einzelmedien wie etwa Bilder, Texte, Töne oder Filme zu einem neuen Gesamtprodukt zusammengefügt wurden, konnten auf Produktebene Innovationen entstehen.

Mit dem Aufkommen des Internets als digitaler Querschnittstechnologie für neue Medienformen hat sich dieser Innovationsprozess auf Ebene der Produkte verstärkt. Das Phänomen der Medienkonvergenz (konvergieren = zusammenlaufen) beschreibt das Zusammenwachsen der einzelnen Medienformen, die ursprünglich noch getrennt waren. Lexika stehen in direktem Wettbewerb zu Offline-Medien wie CD-ROMs oder zu Online-Plattformen. Fachzeitschriften und Lose-Blatt-Werke werden ebenfalls durch fachspezifische Online-Angebote ergänzt oder ersetzt. Dieses Zusammenwachsen von Produktformen hat auch zu einer Konvergenz der unterschiedlichen Teilmärkte des Mediengeschäfts geführt. Medienmarken werden von der einen Mediengattung in die andere überführt und längst haben wir uns daran gewöhnt, dass Verlagsmarken auch in angrenzenden Märkten zum Einsatz kommen. Die Krise der Massenmedien durch den zunehmenden intermedialen Wettbewerb und geringere Erlöse im Werbegeschäft führen zur Notwendigkeit, auf Basis der Kundenbeziehungen und der Markenpositionierung neue Erlösquellen zu erschließen. Bekannte Pressemarken aus dem Zeitschriften- und Tageszeitungssegment konnten mit Sondereditionen von Lizenzpublikationen große Auflagen im Buchmarkt platzieren, was durch die hohe Quote des Direktgeschäfts und die niedrigen Einzelpreise nicht unbedingt zur Freude des Sortimentsbuchhandels geschieht. Für die (Presse)-Verlage selbst waren diese Aktionen jedoch sehr erfolgreich, was beispielsweise bei der *Süddeutschen Zeitung* sehr stark zum Konsolidierungsprozess des gesamten Verlags beitragen konnte. Für die Buchverlage ist die Konkurrenz durch neue Wettbewerber, die einen erheblichen Preisdruck in einzelnen Bereichen der Belletristik auslösen können, ein zusätzlicher Indikator für das stärkere Zusammenwachsen unterschiedlicher Medienmärkte im Buchgeschäft.

5. Über das gedruckte Buch hinaus

Das Internet hat in seiner Eigenschaft als Distributionsmedium und Kommunikationskanal nicht nur das Marketing der Buchverlage beeinflusst, sondern es hat mit den neuartigen Recherche- und Download-Möglichkeiten auch die Produkte des Buchhandels geprägt. In diesem Abschnitt werden daher einige exemplarische Entwicklungen vorgestellt, die zeigen, wodurch künftige Marktentwicklungen bestimmt sein könnten. Dabei ist es sinnvoll mit denjenigen bereits nicht mehr gedruckten Buchformen zu beginnen, die schon vor dem Aufkommen der Internet-Innovationen den Buchmarkt veränderten.

5.1 Hörbuch

Das Hörbuch ist eine typische Produktkategorie der Buchverlage, die jedoch nicht in den normalen Buchbegriff passt. Unter Hörbüchern versteht man Audioaufnahmen, bei denen Texte vorgelesen und entsprechend mit Begleitgeräuschen aus dem Tonstudio vertont werden, wie dies bei der schon etwas in die Jahre gekommenen Produktform des Radio-Hörspiels der Fall ist. War das Hörbuch ursprünglich bei seiner Markteinführung ein Buchersatz für Blinde (Fey 2003, S. 231; vgl. hierzu auch Bramann/Münch 2000, S. 78 f.), die zwangsweise auf das auditive Medium zurückgreifen mussten, so konnten die deutschen Buchverlage seit 1990 eine eigene Produktkategorie etablieren, die stark an Bedeutung gewonnen hat. Durch die gestiegene Nutzung von Hörbüchern als Begleitmedium, beispielsweise auf Autofahrten, konnten auch unterschiedliche fiktionale und non-fiktionale Stoffe für diese Produktform erschlossen werden.

Frage: „Wie stark interessieren Sie sich für unterschiedliche Arten von Hörspielen oder Lesungen auf Kassetten oder CDs (Hörbücher)?“, in %; Rangreihe nach „Gesamt“

Ich interessiere mich sehr stark/stark für ...	Gesamt n=127	Männer n=54	Frauen n=73	14-29 J. n=22	30-49 J. n=60	50 J.+ n=44
Kriminalhörspiele	62	69	58	61	60	66
Hörspielklassiker	58	56	58	39	56	69
Hörbücher literarischer Neuerscheinungen	58	47	66	58	56	61
Literarische Hörspiele	55	48	59	45	51	65
Romanklassiker als Hörbücher	55	46	63	62	41	73
Kinderhörbücher	54	45	60	62	59	44
Thriller bzw. Krimis als Hörbücher	49	51	49	49	52	47
Jugendhörbücher	41	34	46	50	47	27
Akustische Reise- oder Stadtführer	40	38	41	30	29	60
Gesprochene Ratgeber	34	39	30	23	27	48
Gedichte bzw. Lyrik als Hörbücher	31	34	30	26	26	43
Dokumentationen auditiver Kunstwerke	19	19	20	4	19	27

Interesse an ausgewählten Hörbuchgenres nach Alter und Geschlecht (Quelle: Fey 2003, S. 233)

Antje Fey verweist in ihrem grundlegenden Artikel zur Hörbuchnutzung auf die Heterogenität dieser Produkte. Geht es um für Hörspiele aufbereitete Literatur, um klassische Hörspiele oder um gesprochene Literatur? Seit der Jahrtausendwende haben sich von Kriminalhörspielen über Kinder- und Jugendbücher, Sprachlehrkassetten, Sachbücher und Ratgeber jedoch eine ganze Reihe von unterschiedlichsten Produkten im Markt etabliert.

Eine weitere Belebung des Marktes entstand durch den Vertriebskanal Internet, wo es über Download-Plattformen einfache Vermarktungs- und Distributionsmöglichkeiten gibt. Dennoch zeigt sich hier auch gleichzeitig eine Schwäche des Mediums, da, ähnlich wie bei der Musikindustrie, die Gefahr von Raubkopien besteht.

Das breite Interesse an der Gattung und die Marktbelebung haben dazu geführt, dass sich 1993 »der Hörverlag« (DHV) gründete, der ähnlich wie der Deutsche Taschenbuch Verlag (dtv) als Kooperationsunternehmen mehrerer etablierter Verlage fungiert, die auch eine Gesellschafterrolle einnehmen. Gesellschafter des Marktführers im Hörbuchsektor sind: Der Carl Hanser Verlag, Klett-Cotta, Schott Musik International, Suhrkamp Verlag, Verlag der Autoren, Verlag Kiepenheuer & Witsch. Auch auf Verbandsebene konnte sich mit zunehmendem Markterfolg die Zunft der Hörbuchmacher etablieren, indem 1999 eine eigene Unterabteilung des Arbeitkreises Elektronisches Publizieren

(AKEP) des Börsenvereins ins Leben gerufen werden konnte. Die erreichten Käuferschichten sind dabei keinesfalls auf Zielgruppen begrenzt, die wenig Anbindung an das Thema Lesen und Bücher haben, sondern auch im Milieu der »klassisch Kulturorientierten« und bei den »neuen Kulturorientierten« findet das Hörbuch Anklang, so dass sich die Produkte eben nicht auf Einzelfälle wie die Autobiographie von Dieter Bohlen begrenzen.

Aber auch das Hörbuch ist keine homogene Produktkategorie, sondern umfasst höchst unterschiedliche Produktvarianten wie zum Beispiel:

- Autorenlesung: Der Autor liest sein eigenes Buch als Audio-Version.
- Autorisierte Lesung: Ein oftmals prominenter Schauspieler liest mit Zustimmung des Autors eine gesonderte Version des Verlags.
- Hörspiel: Ursprünglich eine Variante, bei der man Literatur im Hörfunk umsetzen wollte. Neben den unterschiedlichen Sprechern sind auch Geräuschemacher aktiv.
- Kabarett: Humoristisch, oftmals satirische Darbietung, die es unter Umständen auch als Live-Mitschnitt gibt.

Das Hörbuch war zunächst eine Buchform, die nichts mit dem Internet zu tun hatte und in den 1960er und 70er Jahren entwickelt wurde. Dabei zeigte dieses Produkt bereits sehr früh eine gewisse Abhängigkeit von der Technik. Die früher entwickelten Audio-Casetten konnten nur in begrenztem Umfang Käufer finden.

Seit den 1990er Jahren erlebte diese Produktform jedoch mit der CD einen enormen Aufschwung. Die Zuwachsraten lagen deutlich über dem normalen Branchendurchschnitt. Als dann das Internet neue Distributionsmöglichkeiten der Audiofiles gestattete, entstand aus dem einstigen Nischenmarkt ein breites Produktfeld. Seit der Jahrtausendwende zeigt sich, dass die Hörbücher, die mittlerweile höchst gegensätzliche Genres und Produkte vereinen, eine sehr breite Akzeptanz finden. Anhand ihrer Erfolgsgeschichte lassen sich einige grundsätzliche Innovationsstrukturen des Buchmarkts feststellen:

Die technologische Innovation kann Teil der Produktinnovationen sein. Entscheidend für den Produkterfolg ist jedoch der Produktnutzen. Die zunehmende Mobilität der Leser/innen, die während des Autofahrens beispielsweise die Zeit nutzen wollen, führt zu einer neuen Bewertung des Produkts. Es geht hierbei um den subjektiven Nutzen des Produkts.

Produkte, denen man aus früheren Entwicklungen schon abgeschlossene Lebenszyklen attestierte, können unter veränderten Bedingungen einen neuen Aufschwung erfahren. In diesem Zusammenhang spielen Themen- und Gesellschaftstrends eine wesentliche Rolle. Neue Sachbücher wie Biographien, die sich sehr gut als Hörbuch vermarkten ließen, aber auch Neuauflagen von belletristischen Klassikern als Hörbuch gelesen von prominenten Stimmen ergaben eine solide Wachstumskurve im Absatz.

5.2 Shortbooks

Mit dem zunehmenden Wandel der Gesellschaft zur sogenannten Informationsgesellschaft haben sich die Rezeptionsgewohnheiten im Mediensektor verändert. Der Burda Verlag startete in den 1990er Jahren das Nachrichtenmagazin *Focus* mit dem Anspruch, einer sogenannten Info-Elite die Möglichkeit zu geben, sich in kurzer Zeit über die wichtigsten Entwicklungen zu informieren. »Schneller auf den Punkt« war Teil der Kampagne zur Markteinführung des neuen Produkts, das weniger durch lange Textpassagen als durch Infografiken überzeugen wollte.

Der Erfolg bei der Markteinführung zeigte, dass es sich dabei keineswegs um ein Konstrukt handelte, und entsprechend ist es nicht erstaunlich, dass dieser Trend auch am Buchmarkt nicht spurlos vorüberging. Hier gibt es zwei Buchformen, die ihre Wurzeln letztlich in dieser Entwicklung haben. Es sind die grafisch aufbereiteten Bücher, wie sie etwa von Verlagen wie Gerstenberg hergestellt und international vertrieben werden. Dabei wird das Prinzip der Visualisierung und Zusammenfassung als Kernnutzen des Produkts herausgestellt. Eine weitere Folge dieses Trends der kürzeren Information, die im Wettbewerb der unterschiedlichen Medien ihren Stellenwert hat, sind Buchzusammenfassungen. Diese Produkte gab es bereits seit einigen Jahrzehnten, jedoch waren sie eher im Nischenbereich angesiedelt. Der Verlag Readers Digest, der mit seiner Monatszeitschrift *Das Beste* über eine starke Versandhandels- und Direktmarketing-Tradition verfügt, hat seine Kundenbasis dazu benutzt, bekannte Bestseller als Sammelreader zu vermarkten. Ähnliche Formen der Produktzusammenfassung gibt es im Fachbuchsektor, wo beispielsweise Ratgeber und Wirtschaftsliteratur als Zusammenfassungen vermarktet werden. Der Ansatz war hier die Rücksichtnahme auf die gestresste Klientel der Führungskräfte in der Wirtschaft, die aufgrund ihres Zeitbudgets keine Möglichkeit haben, den Volltext der Fachbücher zu lesen.

Bei allen diesen Produktformen der gekürzten Buchfassungen besteht ein nicht unerhebliches urheberrechtliches Problem. Es gilt in der Rechtsprechung als unstrittig, dass erfolgreiche Buchzusammenfassungen dazu führen, dass das Absatzpotenzial des Originaltitels leidet. Gleichzeitig erwirbt der Autor der überarbeiteten Fassung mit seiner »persönlichen geistigen Schöpfung« selbst wiederum Urheberrechte an der neuen Fassung.

Mit der Möglichkeit des Verkaufs von kurzen Downloadfassungen über das Internet hat auch dieses Produktsegment durch die steigenden Nutzerzahlen des Internets an Bedeutung gewonnen. Ähnlich wie beim Segment der Hörbücher oder Audio-Books geht es nicht um ein Produkt, das nur durch das Internet möglich wurde, sondern um eine Produktkategorie, die im Umfeld des Internets eine völlig neue Marktbedeutung erlangen konnte. Auch in diesem Fall war es eine wichtige Voraussetzung, dass die neue Produktform den gesellschaftlichen Trends entgegenkam und somit auch eine sinnvolle Marktentwicklung möglich wurde.

5.3 Neue Verlagsprodukte im Verlag für Fachinformationen

Wie unterschiedlich die Nutzung des Internets für neue Verlagsdienstleistungen aussehen kann, zeigt ein Vergleich zwischen Publikums- und Fachverlagen. Publikumsverlage sprechen mit ihren Produkten die breite Öffentlichkeit an und bieten gerade mit dem belletristischen Programm die Kernfunktion Unterhaltung. Fachverlage hingegen haben ein teilweise hoch spezialisiertes Zielpublikum, bei dem die Information im Vordergrund steht. Entsprechend hat sich in der Informationswirtschaft auch eine komplementäre Situation zwischen Informationsdienstleistungen von Infobrokern und Bibliotheken auf der einen und Informations- und Publikationsdienstleistungen von Verlagen auf der anderen Seite gebildet. Für Fachverlage ist es daher notwendig, einerseits mit der schnell und überall verfügbaren Information des Internets Schritt zu halten und andererseits jedoch weiterhin Geschäftsmodelle zu realisieren, bei denen für hochwertigen Inhalt auch tatsächlich Geld bezahlt wird.

Der wissenschaftliche Springer Verlag (Berlin/Heidelberg) hat Online-Varianten seiner Fachbücher und Fachzeitschriften im Angebot, die unter der Marke »Springer-Link« die Online-Nutzung als Downloadversion gestatten. Der Vorteil, ein immaterielles Gut über das Internet verbreiten und ausliefern zu können, wird genutzt, gleichzeitig schützen die Preismodelle, die beispielsweise für einen einzelnen Zeitschriftenartikel durchaus Downloadgebühren von über 30 Euro vorsehen, den Verlag vor einem Ausverkauf seiner Kernressourcen.

Dass es für die Fachverlage immer entscheidender wird, Volltexte nicht nur durchsuchbar, sondern auch abrufbar anzubieten, zeigen auch wissenschaftliche Untersuchungen zur Zukunft des Buchmarkts (vgl. Picot/Janello 2007). Die Ausgestaltung der Volltextsuche kann ähnlich wie die Aufbereitung des Online-Angebots eines Verlags nach unterschiedlichen Qualitätskriterien näher untersucht werden:

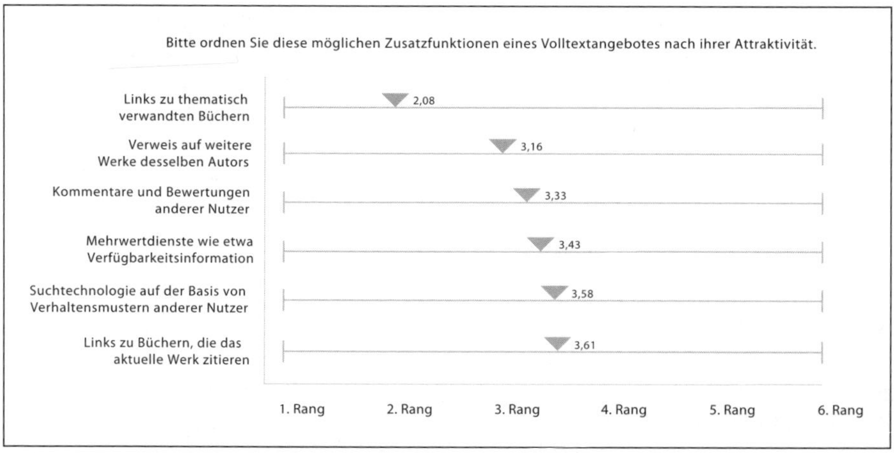

Rangfolge der unterschiedlichen Zusatzfunktionen nach Sicht der befragten Experten (Quelle: Picot/Janello 2007, S. 14)

5.4 E-Books

Mit dem Aufkommen digitaler Speichermedien begann das Experimentieren mit elektronischen Buchvarianten. Sowohl Player aus dem Segment der Unterhaltungselektronik, wie z. B. Sony, als auch Medienkonzerne mit einem starken Verlagsanteil begannen damit, auf kleinen CDs oder eigenen Speicherkarten Bücher zu digitalisieren, um sie als solche elektronischen Versionen im Markt zu etablieren. Mit eigenen Abspielgeräten, die mit den Displays nur eine begrenzte Flexibilität ermöglichen, sollten diese elektronischen Bücher vor allem dann einen Vorteil bringen, wenn damit z. B. auf Reisen größere Textmengen ohne zusätzliches Gewicht zu transportieren sind. Die Beschränkung auf eine eigene Abspielhardware war jedoch für die Marktentwicklung ein großes Hindernis, zumal wesentliche haptische Eigenschaften, die den Gebrauch eines solchen Mediums bestimmen, von den elektronischen Varianten nicht erreicht wurden.

Auch bei den elektronischen Büchern ist das Internet – ähnlich wie bei Hörbüchern – nicht die notwendige technologische Voraussetzung für deren Entwicklung, Betrieb und Vermarktung, es kann aber den Nutzen des Produkts sehr stark steigern.

5.4.1 E-Book-Reader: Hardware-Innovation als Voraussetzung

Interessant für alle, die sich intensiv mit dem Thema der Marktperspektiven von E-Books befassen, ist die Tatsache, dass unter diesem Sammelbegriff keineswegs einheitliche Dinge verstanden werden (vgl. die Übersicht bei Teufel 2009, S. 15). Während die einen in diesem Zusammenhang an Softwarelösungen denken, die das Lesen von digitalisierten Buchseiten auf Laptops und anderen Hardwareeinrichtungen gestatten, gehen andere davon aus, dass es sich bei E-Books um digitalisierten Text und bei den dazugehörigen E-Book-Readern um die dazugehörige spezifische Hardware handelt. Folgt man den aktuellen wissenschaftlichen Darstellungen, ist es sinnvoll, unter »E-Book« das elektronisch aufbereitete Buch und unter einem »E-Book-Reader« das entsprechende Hardware-Lesegerät zu verstehen.

Besonders in den 1990er Jahren führte die Digitalisierung der Produktionsprozesse als Prozessinnovation dazu, sie im Sinne einer Produktinnovation auch dem Buch zu Gute kommen zu lassen. Unterschiedliche Varianten von elektronischen Büchern wie beispielsweise das »Rocket E-Book« und proprietäre Abspielgeräte wurden auf den Markt gebracht und mit dem Hinweis, wie viele Bücher auf einen, kleinen Hardwaredatenträger passen, angeboten. Es fehlte jedoch zu dieser Zeit der konkrete Mehrwert (außer dem Argument, dass man so 400 Bücher in den Urlaub mitnehmen könne), und die Technologie der Abspielhardware war nicht ausgereift. Neben der Haptik war eines der großen Gegenargumente die Lesbarkeit, da stets LCD-Bildschirmvarianten im Einsatz waren, die kein besonders angenehmes Lesen am Bildschirm gestatteten und zudem die Laufzeiten eines auf Akkubetrieb eingestellten Lesegeräts begrenzten.

Einen großen Aufschwung erfuhr die Diskussion über E-Books durch die Möglichkeit, elektronische Bücher über das Internet zu verbreiten. Jetzt war lediglich die mangelhafte Technologie der Reader noch ein Hindernis, zu dem jedoch aus unterschiedlichen Richtungen des Verlagswesens geforscht wurde und wird (vgl. Pauker 2009, S. 46). Die internationale Forschungsorganisation für Zeitungstechnik IFRA hatte beispielsweise die Forschungsprojekte von Sony und IBM aufmerksam begleitet, um mit Hilfe der sogenannten elektronischen Tinte Abspielvarianten für Periodika zu entwickeln.

Dass die Zeiten der flimmernden Bildschirme überwunden sind, zeigte sich auf der Frankfurter Buchmesse 2008, als Amazon seinen Reader »Kindle« vorstellte und damit massentaugliche Geräte mit neuer Technologie präsentiert wurden. Bei den Lesegeräten neuerer Generation wird lediglich ein Ladungsbild angeordnet (eInk-Prinzip), mit dem die Schrift wiedergegeben wird. Es gibt somit bei einer Buchseite keine Bildwiederholfrequenz oder einen fortgesetzten Stromverbrauch (vgl. Riedl 2009, S. 18). Diese Art von Endgeräten wird von unterschiedlichsten Herstellergruppen entwickelt, produziert und angeboten, so dass die Technologie insgesamt als »state-of-the-art« angesehen werden kann, auch wenn in den Details Unterschiede zwischen den Anbietern auszumachen sind. So sind zwar alle Reader auch in der Lage, Informationen im Internet abzurufen, ob gleichzeitig jedoch eine Einwahl ins Telefonnetz möglich ist und wie stark die Vernetzung von Seiten der Hardware unterstützt wird, ist unterschiedlich. Solange proprietäre Formate eingesetzt werden, bestehen indirekte Netzeffekte bei der Vermarktung von E-Readern. Ein Kunde wird sich nach Möglichkeit für ein System entscheiden, für das auch ausreichend Literatur angeboten wird. Somit bietet das System, dass am meisten Literatur aufweist, den höchsten Nutzen im Lesermarkt. Die Entscheidung eines Verlags, für welchen Reader man die Inhalte aufbereitet, wird wiederum dadurch geprägt, dass man vor allem die gängigen Speicherformate bedienen möchte. Diesen Zusammenhang zwischen »Hard-« und »Software« der E-Books bezeichnet man als Netzeffekt.

5.4.2 Welche Produkte eignen sich für E-Books?

Nachdem zahlreiche frühere Versuche, E-Books im Markt zu etablieren, gescheitert waren, stellt sich bei dem neuen Trend die Frage, welche Bereiche für ein solches Produkt in Frage kommen. Wo könnten die künftigen Märkte für E-Books liegen? Die Delphi-Studie der Ludwigs-Maximilians-Universität München unter Federführung des bekannten Managementwissenschaftlers Arnold Picot ergab in den Augen der Experten eine klare Prioritätenliste (vgl. Abbildung auf Seite 53 oben).

Aber deckt sich diese Einschätzung der Experten auch mit der Sicht der Konsumenten? Schließlich haben Fehlplanungen, z. B. bei der eher zufälligen Einführung des SMS-Dienstes im Bereich der mobilen Endgeräte, gezeigt, dass Expertenwissen bei wirklich neuen Medienformen keinesfalls immer zu verlässlichen Prognosen führt. Eine Studie des Börsenvereins des deutschen Buchhandels, bei der Leser/innen befragt wurden, bestätigt jedoch die Einschätzung der Experten (vgl. Abbildung auf Seite 53 unten).

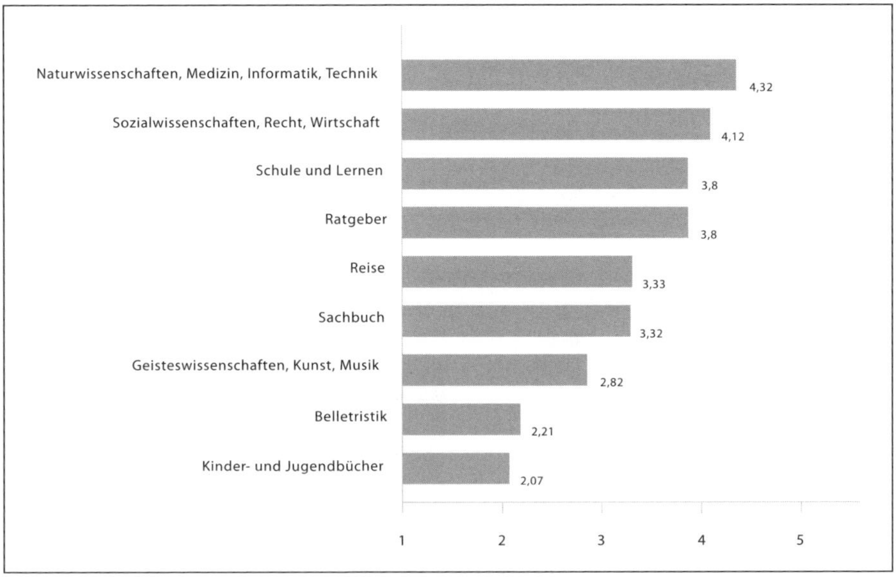

Eignung unterschiedlicher Warengruppen zur Publikation als elektronisches Buch nach Sicht der befragten Experten (1= gering; 5= hoch) (Quelle: Picot/Janello 2007, S. 17)

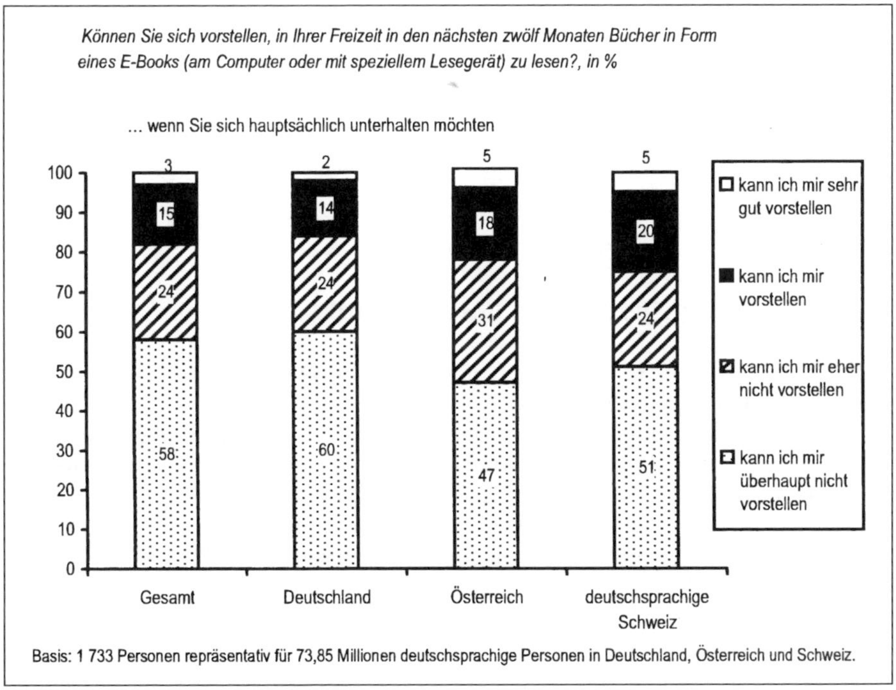

Einstellung zu unterhaltenden E-Books als Freizeitlesemedium (Quelle: Kochhan/Patzig 2009, S. 317)

Im Bereich der Publikumsverlage und der unterhaltenden Buchhandelsprodukte besteht insbesondere in Deutschland noch eine deutliche Zurückhaltung gegenüber elektronischen Produkten. Anders sieht dies aus, wenn man statt nach unterhaltenden Büchern nach informationsorientierten Produkten fragt.

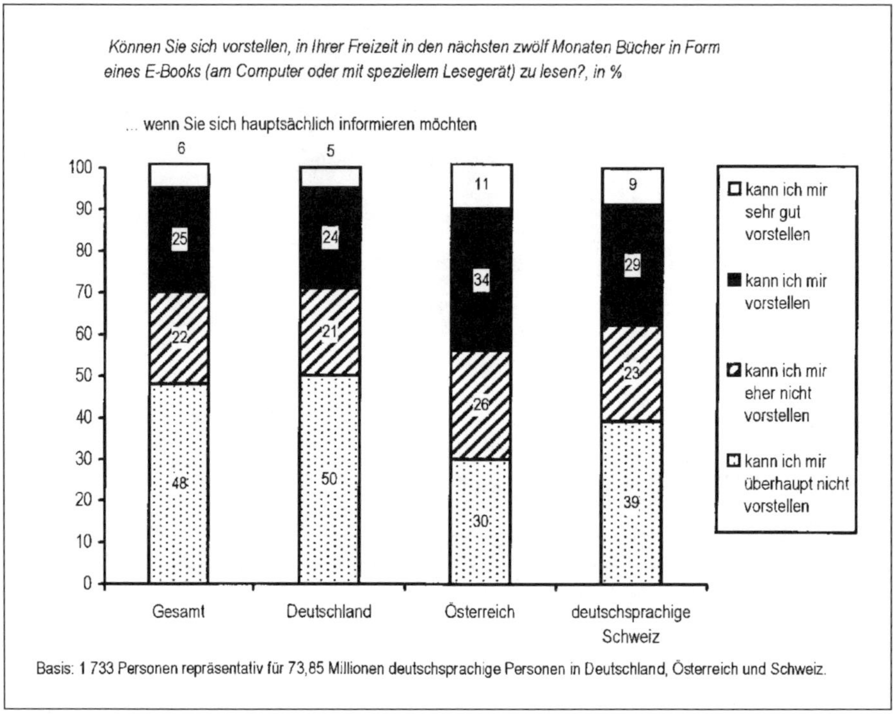

Einstellung zu informationsorientierten E-Books (Quelle: Kochhan/Patzig 2009, S. 317)

5.4.3 Marktverschiebungen durch E-Books?

Aktuell werden zwar noch sehr moderate Marktanteile für E-Books prognostiziert, da der Nutzertypus des »E-Book interessierten Internet-Freaks« in Deutschland noch unter 15 Prozent der Nutzerschaft ausmacht (vgl. Kochhan/Patzig 2009, S. 323). Im Zuge der Medienkonvergenz bleibt es jedoch offen, ob wir tatsächlich künftig mit einem Zusammenwachsen von Smartphones (z. B. Blackberry oder Apple i-Phone) zu rechnen haben und somit ein rasantes Marktwachstum entsteht, das weit über den derzeit gesteckten Rahmen hinausgeht. Selbst bei den noch recht eingeschränkten Möglichkeiten der Reader des Jahres 2010 gab es jedoch schon erste Erfolge. So vermeldete Amazon zum Jahreswechsel 2010, dass erstmalig während der Weihnachtsfeiertage in den USA mehr E-Books als konventionelle Bücher geordert wurden. Bei den Verlagen ist eine gewisse Verunsicherung spürbar, ob die Hinwendung zu digitalen Produkten den Urheberrechtsangriff über das Internet genauso wahrscheinlich macht wie in der Musikindustrie (vgl. Evers/Müller 2009, S. 102 f.). Befürchtungen gibt es aber auch auf Seiten des Buchhandels. Wenn Bücher künftig als E-Book aus dem Internet heruntergeladen werden, dann verliert der stationäre Buchhandel, dessen Rolle eng mit dem materiell greifbaren, haptischen Buch verbunden ist, zusätzlich an Bedeutung. Die bereits erfolgte Marktkonzentration im Handel und auch auf Verlagsseite könnte sich durch elektronische Buchvarianten noch verstärken.

Ein weiteres Moment im Zusammenhang mit E-Books ist die Furcht vor verstärkter Content-Piraterie im Internet. Schließlich gibt es auch eine Reihe von Autoren, die eine große Offenheit gegenüber neuen Rollenverteilungen im Rahmen des Publikationsprozesses signalisieren. Dies würde langfristig zu einem neuen Kräfteverhältnis der Verlagswirtschaft führen. Beispielhaft kann hier ein Statement des Autors Paulo Coelho herangezogen werden: »Wenn man mich heute vor die Wahl stellte, entweder für 3 Millionen Dollar ein Buch zu schreiben, das von drei Leuten gelesen wird, oder ein Buch zu schreiben, für das ich nur drei Dollar bekomme, das aber von 3 Millionen Menschen gelesen wird, dann würde ich mich für letzteres entscheiden« (Paulo Coelho am 29.12.2009 auf fr-online.de, auf Basis eines Berichts der New York Times).

5.5 Google und die normative Kraft des Faktischen

Ein Beispiel für die tiefgreifenden Veränderungen, die aufgrund geänderter Technologien und Lese- und Lebensgewohnheiten für die Buchbranche anstehen, ist die Auseinandersetzung zwischen Autoren und Verlagen auf der einen und dem Suchmaschinenbetreiber Google auf der anderen Seite. Betroffen sind dabei sowohl die Presse- als auch die Buchverleger, wobei es sich um getrennte Auseinandersetzungen handelt. Die Belange der Pressebranche sollen hier zumindest kurz erwähnt werden, damit die gesamte Dimension der Auseinandersetzung sichtbar wird. Den Presseverlagen geht es um die Frage, wie Presseinhalte im Internet kommerzialisiert werden. Presseverlage mit eigenen Online-Angeboten sind auf »Traffic«, d. h. auf Zugriffe durch Internet-User, angewiesen, die meist über Suchmaschinen zu ihnen gelangen. In Deutschland besitzt Google einen Marktanteil von über 80 Prozent und kann damit eine zentrale Stellung bei diesem Steuerungsprozess beanspruchen. Gleichzeitig sind die Verlage mit ihren Angeboten für Google Content-Lieferanten, die es Google wiederum erst gestatten, die eigene Plattform mit Werbung zu vermarkten. Die Zeitungs- und Zeitschriftenverlage in Deutschland versuchen seit 2009, von Google Zugeständnisse zu bekommen, um anteilig am Werbeerlös der Suchmaschinen beteiligt zu werden. Die Diskussion um einen »Fair Share« (gerechten Anteil) aus den digitalen Erlösen hat im Pressebereich zu einer weitergehenden Diskussion geführt. Fotografen und vor allem freie Journalisten sehen auch in der Vertragsbeziehung zwischen Verlegern und Dienstleistern den Fair Share für die eigentlichen Urheber gefährdet, da digitale Zweitverwertungen meist in der Pauschale mit abgegolten werden.

Im Buchsektor geht es bei der Auseinandersetzung zwischen Verlegern und Google um eine klare Verletzung des Urheberrechts durch Google. Der

Suchmaschinenanbieter hat seit 2004 damit begonnen, Bücher im großen Stil zu scannen und in eine Datenbank einzugeben, so dass ein riesiger Literatur-Datenpool entstand. Google ist nun in der Lage, diese Datenbank bei Suchen mit anzubieten und sogenannte »snippets« (Textauszüge) zu zeigen. Bei den rund 7 Millionen Büchern, die bis 2008 von Google gescannt wurden, sind auch zahlreiche deutsche Werke und Autor/innen betroffen, wie die Verwertungsgesellschaft VG Wort im Jahr 2009 in einem Schreiben an ihre Autoren mitteilte. Die Google-Aktion hat jedoch nicht nur die Verwertungsgesellschaft des Literaturbetriebs auf den Plan gerufen, sondern im Lauf des Jahres 2009 haben auch alle größeren deutschen Verlage ihre Autoren angeschrieben und sie über die Probleme mit Google informiert. Hintergrund dieser Aktion war eine Sammelklage, die amerikanische Autoren und Verlage gegen Google eingereicht hatten, und der daraus resultierende Vergleichsvorschlag, wonach jeder Autor 60 Dollar pro Buch erhalten sollte. Dieser Vergleich, dem sich innerhalb einer engen Frist bis 5. Januar 2010 alle zustimmenden Partner anschließen sollten, stieß jedoch auf ein geteiltes Echo.

Der Börsenverein des Deutschen Buchhandels lehnte den Vergleich ab, und auch die deutsche Justizministerin verwies darauf, dass ein rechtswidriges Handeln, wie es von Google vorgenommen wurde, nicht dazu führen dürfe, dass das Unternehmen nun Vorteile im Markt habe. Google selbst hatte sich in den USA auf die Urheberrechtsschranke des »Fair Use« berufen, das eine Nutzung von urheberrechtlich geschützten Werken im Umfeld von Lehre und Wissenschaft gestattet. Mit dem gesetzeswidrigen Vorpreschen versuchte das Unternehmen, Fakten zu schaffen, die am Ende von den Marktpartnern nur noch anerkannt und mit einer Gebühr versehen werden sollten. Dass nicht jeder Marktpartner für ein Ausbremsen von Googles vorschnellen Aktivitäten ist, zeigte eine Stellungnahme von Fachautoren der Wissenschaft, die in einem Aktionsbündnis »Urheberrecht für Bildung und Wissenschaft« nicht der Position der VG Wort zuneigten, sondern eine rasche Lösung anstrebten, um die Verfügbarkeit der deutschen Forschungsergebnisse in der Scientific Community zu gewährleisten.

Für einige Verlage steht weniger die Verteidigung der eigenen Rechte als die Kooperation mit Google im Vordergrund. Beispielhaft hierfür ein Autorenrundschreiben des Oldenbourg Verlags, München vom 16. September 2009, das dokumentarischen Charakter hat:

Wie sieht die Oldenbourg Verlagsgruppe die Aktivitäten von Google?
Oldenbourg arbeitet seit 2007 im Rahmen des Google Buchsuche Partnerprogramms mit Google zusammen. Um es ganz kurz zusammenzufassen: Diese strategische Partnerschaft hilft uns dabei, mehr gedruckte Bücher zu verkaufen. Google Buchsuche ist ein außerordentlich wertvolles Marketinginstrument, und wir sind überzeugt, dass es in unserem wie im Interesse unserer Autoren liegt, dieses Instrument zu nutzen, um die Verbreitung von Oldenbourg-Inhalten zu fördern und Bücher durchsuchbar zu machen.

Google ist die bei weitem am häufigsten genutzte Suchmaschine. Mit Google Buchsuche können Leser Buchtitel leicht ausfindig machen und dann über den stationären Buchhandel, über Online-Händler oder von Oldenbourg selbst beziehen. Auch wenn wir keine genauen Zahlen feststellen können, haben wir doch sehr starke Hinweise, dass Google Buchsuche und ähnliche Programme (zum Beispiel »Blick ins Buch« von Amazon) unseren Absatz gesteigert haben. Wir bleiben von den Vorteilen der Google Buchsuche überzeugt – das Programm bedeutet für unsere Bücher und Autoren größere Sichtbarkeit und Vertriebschancen und trägt so zur Absatzsteigerung bei.

Autoren können sich auch auf der Webseite über den Google Buchsuche Vergleich weitergehend informieren: www.googlebooksettlement.com

II. Verlagsformen und Wirtschaftsprinzipien

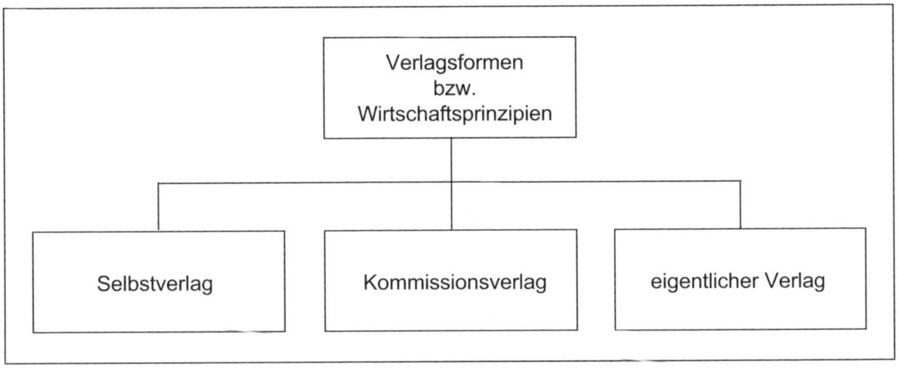

»Klassische« Dreiteilung der Buchverlage nach Wirtschaftsprinzipien

Die Verlage gliedert man klassischerweise in drei Arten: den Selbstverlag, das Verlegen in Kommission und den »eigentlichen« Verlag, meist als Firma, mit eigenem Risiko (vgl. Bücking 1931, S. 29 ff.). In dieser Dreiteilung kommt gleich eine Menge von Wirtschaftsformen und -prinzipien zusammen. So ist der Selbstverlag keine Firma, noch nicht einmal ein Handelsgewerbebetrieb, sondern nur ein Gewerbe, und dies braucht noch nicht einmal angemeldet zu werden. Unter den beiden Handelsbetriebsformen liegt beim Kommissionsverlag, weil er nur Dienste leistet, ein gewinnorientiertes Unternehmen ohne das typische verlegerische Risiko vor. Über das verlegerische Risiko ist der »eigentliche« Verlag wieder mit dem Selbstverlag verbunden, kann aber außer als »Profit«- auch als »Non-Profit«-Unternehmung geführt werden. Die alte Dreiteilung von Selbst-, Kommissions- und normalem Verlag findet ihre Ausformungen auch in der Verlagswirtschaft. Es ist jedoch zu beobachten, dass sich das Spektrum von z. B. dem die alten Traditionen wieder aufnehmenden Autorenverlag bis zum modernen »Producer«-Verleger um vielfältige Verlagsformen und damit auch Wirtschaftsprinzipien erweitert hat.

1. Einzelwirtschaftliche Formen

1.1 Selbst- oder Eigenverlag

Im Selbst- oder Eigenverlag ist der Autor zugleich der Verleger. Verlegen nach diesem Prinzip bedeutet zunächst, dass er (und nicht ein Dritter) die Beschaffung des Kapitals zu besorgen hat, genau wie ein entstehender Gewinn ihm zufließt oder er (und kein Dritter) den Verlust voll trägt. Über das Finanzierungsproblem hinaus ist für diese Wirtschaftsform problematisch, dass Selbstverleger auch die übrigen Verleger- oder Verlagsfunktionen übernehmen müssen: Herstellung, Werbung, Vertrieb. In der Herstellung muss – auch bei Vergabe der technischen Arbeiten an Setzereien u. a. – der Selbstverleger in der Regel unbeholfen und inkompetent bleiben, aus Mangel an Kenntnis, Erfahrung und Ausbildung. Das wirkt sich auf die Gestaltung aus, von Typographie bis Papier, Bindung bis Einband, und entsprechend beim Verhandeln mit den einschlägigen Auftragsbetrieben, also letztlich auf die Kosten. Bei der Werbung haben nur echte Verlage die Möglichkeit, Buchhandelswerbung im Börsenblatt über ihre Mitgliedschaft im Börsenverein zum halben Preis zu lancieren, für Leserwerbung besitzen ohnehin fast nur solche Verlage die Mittel. Die Vertriebsfunktion ist die schwierigste, sei es der Vertrieb direkt an die Sortimente oder den Zwischenbuchhandel, weil es keine Vertreter-»Mannschaft« gibt, der Selbstverleger in der Regel nicht eingeführt ist und nur minimalen Umsatz anbietet. Die Technik des DTP (»Desktop-Publishing«) hat dem Selbstverlagswesen auf dem Gebiet der Produktion wertvolle Hilfen gegeben, die übrigen Probleme machen jedoch einen wirtschaftlichen Erfolg schwer.

Dennoch darf man die Möglichkeiten im Selbstverlag nicht unterschätzen. Manche Bücher im Selbstverlag, wie etwa das Kochbuch einer Hamburger Hausfrau von 1910 über die hanseatische Küche – allerdings gestützt auf die Mitarbeit eines Typographen –, waren so hervorragend gestaltet, dass sie Jahrzehnte später (1980) bibliophil faksimiliert wurden. Selbstverlegte Schriften in mehreren Auflagen lassen sich auch in der jungen Vergangenheit finden. Manche Verlage, die zu den großen gehören, begannen als Selbstverlag, wie etwa die Oldenbourg-Gruppe und Langenscheidt. Nur dürfen diese Beispiele nicht darüber hinwegtäuschen, dass sie spektakuläre, aber untypische Ausnahmefälle darstellen, gerade wenn man nicht nur den punktuell erreichbaren Einzelerfolg anstrebt, sondern einen permanenten Verlag. Denn der Start im Buchhandel wird dadurch erschwert, dass der Selbstverlag in der Regel ein singuläres Produkt anbietet und kein Programm.

Wer trotzdem mit dieser Wirtschaftsform seinen Erfolg versucht, erhält vom Staat einige Vorteile. Er entrichtet nicht die sonst übliche Umsatz- oder Mehrwertsteuer, wenn der Verlag nicht angemeldet ist (was der Gesetzgeber duldet). Er zahlt – auch im Fall einer Gewerbeanmeldung – keine Gewerbesteuer, wenn der Gewerbeertrag, was wahrscheinlich ist, pro Jahr 24.500,– Euro nicht überschreitet (weil das Finanzamt zum Stand von 2010 soviel als Freibetrag anrechnet). Erscheint ein Werk im Selbstverlag, so verlangt der Gesetzgeber allerdings einen entsprechenden Hinweis darauf im Impressum. Dieser signalisiert gleichzeitig den gegenüber dem normalen Verlag abweichenden Rechtsbesitz der Verfasser: Die Rechte verbleiben beim Autor. Gerade der letzte Aspekt trägt mit dazu bei, dass die Wirtschaftsform Selbstverlag von vielen Autoren gesucht wird. Sogar auf der Frankfurter Buchmesse sind Selbstverlage mit eigenen Ständen vertreten. Hier wird, unter Einsatz z. T. moderner Marketingansätze, versucht, die Schwelle zum Buchhändler zu überbrücken, zum Publikum und zu potenziellen Autoren. Das systematische Verlegen mehrerer Autoren (statt nur eines, nur sich selbst) belegt zugleich den in der Gegenwart vollzogenen Übergang des Selbstverlags von unkoordinierten Einzelbemühungen zu systematisch betriebenen Verlagen in einer der üblichen Rechts- und Gesellschaftsformen unter einer für die Autoren günstigeren Rechtssituation. Eine günstige Rechtssituation hat ein Autor zwar auch, wenn ein literarischer Agent ihn vertritt. Dieser gewährt dem Verleger nur die Erlaubnis zur Herstellung und Verbreitung einer einzigen Ausgabe, und der Autor behält alle Rechte. Doch hat diese Praxis ihren Platz im harten literarischen Geschäft. Diese Autoren sind aber anderer Art als die typische Klientel des Selbstverlags, und die kommerziell motivierten Agenten vertreten auch keine solchen Autoren, wiewohl ein Blick in die Geschichte dazu anhalten könnte:

Die **Geschichte des Selbstverlegens** ist wahrscheinlich so alt wie das Verlegen selbst. Der *Meistersinger* Hans Folz (1450–1515), der für seine Fastnachtspiele zum Selbstverleger wurde, ist nur ein frühes Beispiel dafür. Schiller war Selbstverleger der Erstausgabe seiner *Räuber*. Gleim, Klopstock, Leibniz, Lessing und Winckelmann waren Selbstverleger im 18. Jahrhundert. Goethe verlor Geld, als er den Selbstverlag seines *Götz* unternahm. Die einzige historische Unterbrechung erfolgte wahrscheinlich erstmals im ›Dritten Reich‹ durch ein Verbot der damaligen Reichsschrifttumkammer, die damit »literarisch wertlose« und »für das Volkswohl […] entbehrliche Literatur« unterbinden wollte. Im Selbstverlag erscheinen noch heute so unterschiedliche Produkte wie die Jahrbücher der angesehenen, konservativen Gutenberg-Gesellschaft, »linke« Bücher aus den 1970er Jahren oder 1989 und 1990 beispielsweise die neuen Bücher des aus der damaligen DDR abgewanderten Autors und Übersetzers Erich Loest, der sich trotz oder wegen vorliegender West-Angebote, die er als Formen der Ausbeutung durch die Verlage unter nicht genügendem Eingehen auf den Autor betrachtete, mit seinem Selbstverlag in der BRD (Linden Verlag in Künzelsau) gegen kapitalistische Tendenzen wendet. Dieser Verlag ist gleichzeitig ein Beispiel dafür, welche Erfolge ein Selbstverlag haben kann. Denn schon vom Ansatz her nicht aus der sonst üblichen Position der Schwäche (keinen Verleger zu finden) gegründet und von Anfang an in Form einer Firma (nämlich einer im Handelsregister eingetragenen GmbH), hatte der Linden Verlag (übrigens: Künzelsau und Leipzig, da Erich Loest aufgrund seiner alten Staatsbürgerschaft schon vor der Vereinigung auch in der DDR einen Verlag anmelden konnte), der bisher nur die Schriften des Verlegers selbst verlegte (das letzte Bestimmungsstück eines »Selbstverlags«), von Anfang an die Chancen auf eine Entwicklung im literarischen Sektor, wie ihn seinerzeit z. B. die erwähnten im Selbstverlag startenden heutigen Traditionsverlage Langenscheidt oder Oldenbourg auf ihrem Gebiet hatten. Durch die neuen Möglichkeiten des Verlegens ohne Drucken einer kompletten Auflage, die durch die bereits dargestellten Printing-on-Demand-Verfahren entstanden sind, hat der Selbstverlag an Bedeutung gewonnen. Aber auch hier gilt der Grundsatz, dass ein erfolgreiches Produkt im Regelfall durch die Betreuung eines professionellen Verlags entsteht, der sich um die Produktgestaltung ebenso kümmert, wie um das gezielte Marketing und aufgrund seiner Marke und seiner Vertriebsorganisation auch einen Zugang zum Markt schaffen kann.

1.2 Selbstkosten-, Herstellkosten-, Druckkosten(zuschuss)-, Privatverlage

Dem Begriff des Selbstverlages nahe verwandt ist der Selbstkostenverlag, der jedoch eine ganz andere Wirtschaftsform darstellt. Er ist, nach einer eigenen Werbeanzeige, »Die Alternative zum Selbstverlag« (so in der Broschüre von Frieling (o. J.) sowie in einschlägigen Anzeigen), nach Analysen durch seine Kritiker handelt es sich hingegen um »Die Haie des Buchmarkts« (so in dem Schriftsteller-Gewerkschaftsblatt *Die Feder* Nr. 4 (1982) sowie in Arnold 1971). Im Groben beruht sein Wirtschaftsprinzip darauf, dass ein Autor einem bestehenden Verlag als Voraussetzung für die Publikation einen Teil oder die gesamten Kosten der Herstellung erstattet (daher Herstellkostenverlag), oder sogar die darüber hinausgehenden, die auch die Gemeinkosten einschließen (Selbstkostenverlag). Auch der Begriff des »Privat«verlags wurde dafür eingeführt, wobei die Formulierung »privat« dafür steht, dass man für Geld publizieren lässt – statt durch das verlegte Buch Geld zu verdienen. Die Geschichte des Prinzips reicht in die Leipziger Zeit zurück und hat vor dem Ersten Weltkrieg einen Höhepunkt verzeichnet. Generell müssen diese Verlage in eine seriöse und andererseits in eine eher kritisierbare Gruppe geteilt werden.

Der seriöse Fall findet sich, heute wie in der Vergangenheit, in der wissenschaftlichen Literatur. Dissertationen, sogar Habilitationen und abgeschlossene Monographien können aufgrund ihres Spezialcharakters oft nicht kommerziell verlegt werden, weil ihre Zielgruppe minimal ist. Im Interesse der Erzielung eines vertretbaren Ladenpreises verlangen die Verlage dann einen teilweisen oder vollständigen Druckkostenzuschuss, dessen Rechtfertigung auch dadurch dokumentiert wird, dass er, statt von den Autoren, teilweise von staatlichen Instanzen oder Instituten aufgrund des wissenschaftlichen Werts dieser Arbeiten bezahlt wird. Wissenschaftsverlage der verschiedensten Arten verlegen auf diese Weise einen Teil ihrer Publikationen, einige haben einen separaten Publikationsbereich darauf gegründet, einige leben sogar davon, nur subventionierte Wissenschaft zu verlegen (s. Kap. II.1.6: Kommissionsverlag und Subventionsprinzip). Alle diese gehören aber zu dem eher seriösen Lager, obwohl sie den Autoren teils schwer aufzubringende Beihilfen aufnötigen, und sind bis auf die beiden letzten Fälle (Kommission und Subvention) traditionelle Verlage mit sachbedingter teilweiser oder vollständiger Druckkostenzuschussforderung und nicht solche, die nach der eigentlichen Philosophie des Selbstkostenverlegens oder sogar der Ausbeutung verfahren. Die Möglichkeit, Abschlussarbeiten mit Publikationspflicht über Printing-on-Demand-Verfahren anzubieten oder gar lediglich eine im Internet öffentlich zugängliche Version des Buches nachzuweisen, wie es von vielen Promotionsordnungen heute vorgesehen wird, hat diesen Markt seit den 1990er Jahren stark verändert.

Die oben zitierten Prinzipien der Ausbeutung finden sich in der Hauptsache auf dem Gebiet der Belletristik. Um gleich vorweg Klarheit zu schaffen: Es handelt sich nicht um die belletristischen Werke, die von den einschlägigen Verlagen verlegt werden und einen professionellen Anspruch besitzen. Es geht vielmehr um die Produkte, die auf dem Gebiet von Lyrik, Prosa und anderen Gattungen entstehen, ohne dass sie die Chance hätten, je von den eingeführten Verlagen angenommen zu werden. Diese nicht akzeptierte Literatur zu verwerten, ist das Prinzip der belletristischen Herstell- oder Selbstkostenverlage. Sie erhalten deswegen die Manuskripte auch nicht unaufgefordert in den Verlag geschickt (zum Vergleich: in einem Verlag wie S. Fischer sollen pro Jahr bis zu tausend unverlangt eingesandte Manuskripte eintreffen), aus denen sie eine Auswahl treffen; sie agieren vielmehr, indem sie ihre Autoren über Inserate in den überregionalen Tages- und Wochenzeitungen suchen: »Schreiben Sie? Wir sind Ihr Verlag!«, »Sind Sie kreativ in Ihrer Freizeit und schreiben Sie Prosa oder Lyrik? Dann kann Ihr Wunschtraum vom eigenen Buch in Erfüllung gehen« oder »Texte, Melodien können auch Anfänger einreichen«. So und ähnlich lauten die Kleinanzeigen in den Kulturteilen der *ZEIT*, der *FAZ* und der *Welt* seit Jahren, und nur ein anderer Teil offenbart, was dahintersteht. »Ihr eigenes Buch. Eingeführter Verlag veröffentlicht Ihr eigenes Buch bei Kostenbeteiligung«, »Schriftsteller/Autoren: Manuskripte [...] können gegen Kostenbeteiligung in unserem Verlagsprogramm veröffentlicht werden«.

Wer auf diese Annoncen antwortet, erhält – zum Teil sogar gedruckte – Informationsbriefe und Veröffentlichungsangebote der verschiedensten Art, deren Seriosität nur ein Verlagsfachmann – und meistens nicht einmal dieser – prüfen kann. Die Leistungen, die diese Dienstleister anbieten, umfassen nach ihrem eigenen Wortlaut das Spektrum der Bearbeitung durch ein Lektorat, die fachmännische Herstellung, Ausstattung des Titels mit einer ISBN (International Standard-Book-Number), Eintrag und Meldung im buchhändlerischen Verzeichnis lieferbarer Bücher (VLB), Rezensionsstückversand, Werbung, eigene Vertreter und Auslieferung, Unterstützung von Lesungen, den Bezug von eigenen und anderen Titeln des Verlags zum Autorenrabatt sowie ein bis zu 25 Prozent reichendes Autorenhonorar. Die Leistung des Autors ist zunächst nur die erwähnte Übernahme der Kosten, dabei hat jedoch die Möglichkeit der Publikation von Büchern auf Publishing-on-Demand-Plattformen dazu geführt, dass die Zahl der unentgeltlichen bzw. preisgünstigen Angebote stark zugenommen hat.

Das verlagswirtschaftliche Prinzip der vom Autor finanzierten Literatur ist aber so fruchtbar, dass die Verlage auch von sich aus zur Produktion von bei ihnen zu veröffentlichenden Sammelbänden jeglicher Art einladen. Das Stichwort hierzu ist die – neu zu verstehende – Anthologie, und die entsprechenden Kleinanzeigen in der Presse lauten dazu: »Lyrik – Novellen. Welcher Autor beteiligt sich an Anthologie?«, »Autoreninformation. Wir laden ein zur Beteiligung an unserer Anthologie« oder »Der X-Verlag startet zum Jahr Y eine Anthologie unter dem Titel Z«. Genauso formuliert sind die Inserate für den Bereich scheinbarer Wissenschaft oder dem Sachbuch, z. B. »Einladung zur Beteiligung an unserem Reader Biologie«. Die gesuchte Literatur ist ebensowenig ernstzunehmende Literatur wie wirkliche Wissenschaft. Die Wahrnehmer solcher Einladungen bezahlen den Verlagen Druckkostenzuschüsse pro Seite des Sammelbandes. Anhand der bereits erschienenen Anthologien, bei denen die Anzahl von Autoren und Seiten der Bände bekannt sind, kann man ermitteln, dass die Summe der Zuschüsse hier die bei den Einzelwerken geforderten nicht nur erreichen, sondern weit übersteigen. Deshalb auch das Engagement der Verlage, die mit der geringeren Forderung an die Einzelbeiträger ein umso größeres Gesamtgeschäft machen. Das Geschäft mit der Einladung zur Teilnahme an Werken kennt noch eine zusätzliche Variante. Sie operiert nicht über die Zahlung von Zuschüssen, sondern über die Abnahme der Druckprodukte. Eingeladen wird etwa zu einer oder zu mehreren Seiten in einem Lyrik-Kalender oder einem Jahrbuch oder wieder zu einer Anthologie. Als Entgelt erhält der Autor bei Aufnahme ein Exemplar frei als »Honorarausgleich« und Gegenleistung. Für seine Aufnahme hat er eine Festbestellung von mindestens fünf bis sieben weiteren Exemplaren zu einem nur um 10 Prozent Autorenrabatt verminderten Ladenpreis zu machen. Durch diese vom Verlag vertraglich geforderte, weil unvermeidliche »Mithilfe beim Verkauf« durch die Autoren, entsteht etwa bei einem Jahrbuch, für das ein aufgenommener Autor seine Mindestbestellmenge von fünf Exemplaren zu 10 Prozent Rabatt beim Ladenpreis von 22,– Euro ordert im Fall der geplanten Aufnahme von 370 Beiträgen ein »Druckkostenzuschuss« in Höhe von (370 x 5 x 22,00 x 90/100 =) 36.630,– Euro. Aber auch die übrigen nachkalkulierbaren Objekte enden bei Mithilfen in dieser Dimension und meist oberhalb der Summen, welche die Einzelverfasserschriften einbringen.

Zieht man zu den Herstell- und Selbstkostenverlagen sowie den neuen »Privatverlagen« in wenigen Worten verlagswirtschaftlich Bilanz, so sind diese Verlage, wenn auch wachsend, am Umsatz der Branche gemessen ein bescheidener Faktor. Es darf aber nicht übersehen werden, dass das zugrundeliegende Wirtschaftsprinzip – ob seriös oder unseriös betrieben – ein Bedürfnis und die Nachfrage von Autoren diversester Art stillt, und dass es für Verlage wie die behandelten *reinen* Varianten (Herstellkosten-, Druckkosten-, Selbstkosten- u. a. Verlage) zur hundertprozentigen, sowie über deren relativ kleine Anzahl hinaus für die vielen wissenschaftlichen Verlage zur partiell ausgeübten normalen Geschäftspraxis gehört.

1.3 Autoren- und Autoren-Selbstverlage

Standen die Selbstkostenverlage begrifflich den Selbstverlagen nahe, so haben beide Gemeinsamkeiten zu den Autoren- und den Autoren-Selbstverlagen. Der reine Autorenverlag ist in Deutschland alt. Seine Idee beruht darauf, zu hohen Verlegergewinnen entgegenzuwirken zugunsten einer gerechteren Verteilung an den Autor. Erste Beispiele sind die »Societas subscriptiorum« von Leibniz (1716), entsprechende Pläne Lessings, Gleims, Bachmanns und Bodes, »Die deutsche Gelehrtenrepublik« Klopstocks (1774) oder im 20. Jahrhundert Wieland Herzfelde, Gründer des Malik Verlages (1917), mit seinem Aurora Verlag.

Die Gegenwart verzeichnet nicht nur den klassischen Autorenverlag, sondern im ganzen deutschsprachigen Raum eine Reihe von Modellen mit unterschiedlichem Aufbau, Wirtschaftsprinzipien sowie teils konträren Zielvorstellungen.

Als erstes sind – oder waren teils auch – Unternehmen zu nennen, die z. B. unter folgenden Namen firmieren: »Verlag der Autoren« (vgl. aber den »echten« Verlag der Autoren, unten), »Autoren-Edition« im XY-Verlag (vgl. aber die »AutorenEdition«, unten). Doch sind diese sämtlich den Selbstkostenverlagen zuzurechnen, die ihr Geschäft nach den oben behandelten Bedingungen mehr oder weniger seriös kommerziell eher zum Nutzen des Verlags als der Autoren abwickeln. Die zweite Gruppe bilden Verlage, die das ideelle Ziel offenbar über den kommerziellen Nutzen gestellt haben, etwa die »Autoren-Selbstverlag GmbH«. Sie versuchen, unter Verrechnung eines »Werklohns«, professionell zu produzieren und zu distribuieren. Zu einer absolut uneigennützigen Gruppe gehört z. B. die »Autoren-Edition wider besseres Wissen«, ein Teamwork aus Autoren und Verlag mit Experimentalcharakter, ihr Platz ist in der »Szene« zu suchen.

Die genannten drei Gruppierungen hatten bzw. haben eine z.T. mehrjährige Verlagsgeschichte und durchaus Zukunftsaussicht, jedoch kaum Publizität. – Die Publizität hat sich auf drei besondere Typen von Autoren-Modellen konzentriert, den heutigen »Verlag der Autoren«, die eigentliche »AutorenEdition«, sowie den Verlag mit Buchgesellschaft »Syndikat«.

Bei der AutorenEdition handelte es sich nicht um einen Verlag, auch ging es nicht um das Verlegen unbekannter »sogenannter« Autoren nach den Prinzipien des Selbstkostenverlags. Vielmehr erhielten bekannte wie auch anerkannte unpublizierte Autoren die Gelegenheit, nach der Auswahl durch *Autoren*, die als Herausgeber- oder Beiratsgremium fungieren, in literarisch wie wirtschaftlich fest etablierten Verlagen der Branche ediert zu werden. Es handelte sich also um eine Sammlung, in der die Autoren die Entscheidungen über die Inhalte, d. h. das Verlagsprogramm treffen, während der Verlag das wirtschaftliche Risiko trägt. Die Idee eines solchen verlegerischen Modells (Slogan: »Autoren edieren Autoren«) entstand im Konzern Bertelsmann 1973, wohl um der Verlagsgruppe ein literarisches Flaggschiff zu schaffen. Die Edition hielt bis 1979, als mit dem Roman-Fragment *Die Herren des Morgengrauens* von Peter O. Chotjewitz, das Vorstellungen der Terroristenszene umsetzte, die Zurückweisung eines unter Vertrag befindlichen, bereits abgeschlossenen Projekts durch den Verlag erfolgte. Der Roman selbst erschien daraufhin spektakulär im damaligen Rotbuch Verlag von Klaus Wagenbach, die AutorenEdition insgesamt ging »über Nacht« (so die Fachpresse) an den bis dahin in der zeitgenössischen Literatur überhaupt nicht engagierten, aber links stehenden wissenschaftlichen Athenäum Verlag, der sich dadurch ein literarisches Standbein erkaufte. Das wirtschaftliche Schicksal der AutorenEdition blieb auch unter dem neuen Verlag kritisch, und das Ausbleiben eines literarischen Durchbruchs unter der neuen gewährten Freiheit führte zu ihrem Ende.

Noch spektakulärer waren die Gründung und der Untergang des Verlags mit angeschlossener Buchgemeinschaft, des »Syndikats«. 1976, nach einem Zerwürfnis mit Siegfried Unseld, dem Leiter des Suhrkamp Verlages, gründeten zwei seiner bedeutendsten Lektoren (Karl Markus Michel und Axel Rütters) diese »Autoren- und Verlagsgesellschaft« in Form einer GmbH, bei der die Autoren Gesellschafter-Anteile zwischen 5.000 und 30.000 DM einzahlten und die beiden Lektoren als neue Geschäftsführer jährlich auf der Mitgliederversammlung Programm und Erfolg vor den Gesellschaftern verantworteten. Dieses Experiment bestand zehn Jahre.

Bis heute hingegen besteht der »Verlag der Autoren«. Seine ersten Anfänge gehen auf das Jahr 1969 zurück. Im Bereich Buch bilden das Theater und das Verlegen von Stücken das Zentrum. In Bezug auf die Mitbestimmung, Rechts- oder Gesellschaftsform lautet seine Formel: »Der Verlag der Autoren gehört den Autoren des Verlags«. In Bezug auf das Programm (Schwerpunkt ist das Theater der Gegenwart) lautet das Motiv: »Dramatische Literatur ist ein Stiefkind der verlegerischen Arbeit. [...]. Entweder gibt es die aktuelle Gegenwartsliteratur nur in teuren Einzel- oder Sammelbänden oder [...] nur als unveröffentlichte Bühnenmanuskripte vervielfältigt«, was der Verbreitung gegenüber dem Publikum nicht angemessen sei. Die Klage ist berechtigt, wenn man in Rechnung stellt, dass es zur Praxis etablierter Verlage gehört, neben dem eigentlichen literarischen Verlag einen gesonderten Theaterverlag zu führen, der personell kaum ausgestattet sein muss und auch weniger nach den herkömmlichen Methoden gesetzte Bücher druckt und vertreibt, sondern (bisher) fotomechanisch reproduzierte und vervielfältigte Typoskripte (juristischer Fachterminus: »gegenüber den Bühnen als Manuskript gedruckt«), um mit geringem Aufwand von der Vergabe der bei ihnen liegenden Aufführungsrechte zu leben. Der Verlag der Autoren füllt also mit seinen gedruckten Stücken eine Lücke, welche die kommerziell ambitionierten Verlage lassen. In Bezug auf die Wirtschaftlichkeit gelingt das Unternehmen seit Jahren. Denn war der Anfang nur eine Theaterbibliothek, nämlich deutschsprachiges Gegenwartstheater für Erwachsene, so stehen heute daneben Kinder- und Jugendtheater, Klassiker-Ausgaben in neuen Übersetzungen sowie Essays, und es gibt sogar eine mit einem nicht unbedeutenden Preis operierende »Autorenstiftung des Verlags der Autoren« in der Theater- und Hörspieldramatik. Von Interesse ist ferner, dass der »Verlag der Autoren« im Bereich Buch erst ein junges (seit 1981 existierendes) Kind einer weit länger bestehenden Verlagsform ist, die Funk, Film und Fernsehen umfasst (vgl. den »Filmverlag der Autoren« 1971, der aber nach seinem idealistischen genossenschaftlichen Start schon 1983 zu einem »knallharten Geschäft« wurde und nun unter der Inhaberschaft von Leo Kirch einen kommerziellen Medienkonzern aus Print- und Nonprint-Medien ansteuerte). Nach Aussagen von heute (2010) ist der Verlag wirtschaftlich unabhängig, gehört nach wie vor den Autoren, die Gesellschafter sind, und die ihren Verlag wirtschaftlich und programmatisch prägen.

1.4 Kollektivverlage oder Verlage in Selbstverwaltung

Die letzten beiden Varianten der Autorenverlage hatten eine Gemeinsamkeit: In einem freien Verbund, genossenschaftlich oder in einer nach rechtlich und steuerlichen Gesichtspunkten ausgeklügelten Konstruktion sollte eine optimale Lenkung des Verlags durch die Autoren garantiert sein. Im Kollektivverlag findet sich der gleiche Gedanke wieder, nur dass die Lenkung des Verlags nicht bei Autor/innen oder einem Verleger liegt, sondern bei der Gesamtheit der Mitarbeiter, unabhängig von deren Qualifikation, Funktion und Position.

Der Gedanke zu einem Verlag solchen Typs ist nicht so alt wie der zum Autorenverlag. Vorläufer oder erste Anfänge dazu liegen wahrscheinlich im 18. Jahrhundert, in der sogenannten »Verlags-Compagnie«. Zu einer solchen schlossen sich Privatpersonen zusammen, um durch die Vorlage von Kapital die Finanzierung von ihnen gewollter Verlagswerke zu ermöglichen, doch entsprach die Compagnie eher einer Subskriptionsgemeinschaft. Virulent wurde der Gedanke erst wieder in den 1960er und 70er Jahren der Bundesrepublik, in etwa zeitgleich mit der Gründung der Autorenverlage: der Heine Verlag (1968), März Verlag (1969), Rotbuch Verlag (ab 1973, der Abspaltung vom Wagenbach Verlag) – auch der »Verlag der Autoren«, bis 1976 noch reine Theateragentur ohne gedruckte Bücher, war kollektiv organisiert. Das kollektive Prinzip der »roten« 1960er und 70er, mit dem Zytglogge Verlag in der Schweiz auch außerhalb der Bundesrepublik etabliert, ist nicht ohne Faszination: »Kollektiv«, so schreibt das Kollektiv des 1973 gegründeten Rotbuch Verlags, »das hieß und heißt immer noch: kein individueller Besitz am Verlag, kein Anspruch auf Pfründe und, was wichtiger ist, keine Möglichkeit, daß bei Auseinandersetzungen die Besitzverhältnisse entscheiden« (Nachwort im Almanach des Rotbuch Verlags anlässlich des zehnjährigen Bestehens 1983, S. 60). Er blieb über zwanzig Jahre lang ein reiner Kollektivverlag, bis er 1993 nach Hamburg zog, weil er von der Europäischen Verlagsanstalt aufgekauft wurde. Seit 2007 ist Rotbuch wieder in Berlin und kooperiert mit der Eulenspiegel Verlagsgruppe. So blieb es auch das nächste Jahrzehnt. Dem Kollektiv gehörte der Verlag nur gemeinschaftlich. Gemeinschaftlich trug das Kollektiv im Fall negativen Verlagserfolgs auch die Schulden. Zur monatlichen Honorierung gehörte, dass ein Geschäftsführer (wie im zitierten Buchverlag) in etwa das gleiche Entgelt erhielt wie alle übrigen Mitarbeiter. Der Rotbuch Verlag war zwar nicht, wie nach eigener Aussage, »der einzige je kollektiv geführte Verlag in Deutschland«, jedoch der bedeutendste.

1.5 Universitätsverlage

Beim Selbstverlag war jeweils ein einzelner Autor an die Stelle des Verlegers getreten, zur Realisierung mindestens, aber meistens auch nur eines Projekts; bei den Autorenverlagen war es eine Autorengemeinschaft, der es schon um das dauerhafte Betreiben eines Verlages ging; beim Kollektivverlag ersetzten den Verleger Verlagsmitarbeiter – das Prinzip der Selbstbestimmung dessen, was verlegt werden sollte, war das Verbindende und Durchgängige. Der Universitätsverlag realisiert eine vierte Form dieses Prinzips. An die Stelle des Verlegers tritt die Universität selbst. Es handelt sich sozusagen um einen auf Dauer ausgerichteten Selbstverlag der Universität – nur im Firmengewand.

Der Gedanke dazu ist ebenso alt wie einleuchtend und von der handschriftlichen Zeit vor Gutenberg bis heute aktuell. Die Universität ist diejenige Instanz, die Wissen, insbesondere Forschungsergebnisse, mit System produziert;

also gehört dazu auch die Verbreitung. Die Idee des Universitätsverlags beruht darauf, diese Verbreitung mit finanziellen Mitteln der Universität zu besorgen.

Der Verlag durch die Universität statt durch Verleger mit kaufmännisch geführten, d.h. dauerhaft auf Gewinn zielenden Unternehmen hat auch eine ökonomische Wurzel. Zumeist werden Schriften zu speziellen Themen verlegt, häufig in erschwertem (»wissenschaftlichem«) Satz, oft in mehreren neuen wie auch alten Publikationssprachen und meistens entsprechend der Thematik und Zielgruppe nur in sehr kleinen Auflagen. Es handelt sich damit um Projekte, welche die kommerziellen wissenschaftlichen Verlage nur oberhalb akzeptierter oder der Kaufkraft angepasster Ladenpreise veröffentlichen könnten, sofern dies nicht nach Prinzipien des Kommissions- oder des Subventionsgeschäfts geschieht (s. Kap. II.1.6: Kommissionsverlag). Die Universitätsverlage verlegen solche Schriften zu noch als marktgerecht zu bezeichnenden Preisen. Im Einzelfall oder auch permanent erforderliche Zuschüsse werden aus den Fonds der Universität selbst oder – wie besonders in den USA – über ihre Sponsoren finanziert. Die Grundphilosophie besteht darin, dass Publikationswürdigkeit vor Wirtschaftlichkeit rangiert. Gewinne aus erfolgreichen Titeln müssen dazu dienen, Verluste aus defizitären auszugleichen, aber niemals darf ein kommerzieller Verlag entstehen. Der Universitätsverlag ist damit der erste Typ einer auf Dauer ausgelegten Non-Profit-Verlagsunternehmung, der einen gewissen Balance-Akt ausführen muss zwischen einerseits nicht zu großen Gewinnen (damit er nicht seine Förderung verliert) und nicht zu großen Verlusten andererseits (um nicht unterzugehen).

In Aufbau und Organisation ähnelt der Universitätsverlag dem normalen Verlag und grenzt sich von ihm wiederum ab. Gesellschafter, also Inhaber, ist die Universität oder eine oder mehrere ihrer Einrichtungen. Die Verlagsleitung obliegt dem Rektor, dem Kanzler, der Bibliothek oder Gremien. Das Lektorat wird von Wissenschaftlern der einschlägigen Fachdisziplin übernommen; es wird von vielen als kritischer (gründlicher) angesehen als das in kommerziellen Verlagen (vgl. dazu ausführlich z.B. Bernhard Fabian: »Öffnung zur Kultur. Das Vorbild der angelsächsischen Universitätsverlage«, in der *FAZ* vom 1.10.1986). Die Herstellung (Produktion) wird in Auftrag gegeben. Die Werbung stellt einen problematischen Faktor dar, insbesondere, was den Buchhandel betrifft. Für den Vertrieb sorgt eine beauftragte Distributionsfirma, manchmal aber ist auch nur die Bibliothek zuständig. Autoren müssen sich – in Deutschland aufgrund der unten beschriebenen Verhältnisse weniger, aber z B. in den angelsächsischen Ländern sehr oft – frei und zugleich unter Zugzwang entscheiden, wo sie publizieren wollen, wenn ihre Universität einen Verlag besitzt. Etablierte Autoren können unter einen gewissen moralischen Druck geraten, nicht »außerhalb« zu veröffentlichen. Nachwuchsautoren haben oft schlechtere Konditionen als bei kommerziellen Verlagen, da der Verlag in der Regel zwar einerseits subventioniert wird, aber andererseits an den Autorenhonoraren spart – was er auch muss, da der Vertrieb schwach, die Werbung begrenzt, die Thematik speziell, der Autor noch unbekannt und damit das ganze Geschäft eingeschränkt ist. Deswegen werden von den Autoren oftmals auch Druckkostenzuschüsse verlangt. Neben dem Verlag der Universität als Ganzer stand und steht der einzelner Seminare, Institute und Fachbereiche. Zählt man diese mit, kommt man schon für die Bundesrepublik spielend auf hundert und mehr solcher Verlage. Dabei zeigt die Marktentwicklung zwei gegensätzliche Bewegungen. Einerseits wandeln sich gut eingeführte Universitätsverlage zu rein kommerziellen Unternehmungen, die nur noch in ihrem Namen an die Wurzeln erinnern, und andererseits gibt es auch im neuen Jahrtausend immer wieder Neugründungen von Universitätsverlagen, wie dies beispielsweise an der Universität GHS Siegen der Fall war, wo seit 2001 ein Universitätsverlag besteht, der in seinem Programm die wesentlichen Forschungsrichtungen der Hochschule widerspiegelt.

Die Grenzen zwischen dem Non-Profit-Verlag und dem kommerziell-gewinnorientierten Handel erwiesen sich in der Geschichte der Universitätsverlage als fließend, je nach den verlegten Produkten und deren Marktfähigkeit. Es müssen ja nicht nur kleinauflagige, wenig spektakuläre Spezialtitel für einen eingeschränkten Kreis von Wissenschaftlern verbreitet werden – die USA bilden dafür ein Beispiel. Auch braucht die Produktpalette nicht auf Bücher begrenzt zu sein – das erfolgreichste Verlagsprodukt der Yale University Press war lange Jahre hindurch ein menschliches Skelett (für den Unterricht). Ein eindeutig kommerzieller Einschlag zeigte sich auch, als bestimmte amerikanische Universitätsverlage dazu übergingen, einschlägige Lehrbücher und wissenschaftliche Mass-Market-Paperbacks in ihr Programm aufzunehmen, was weder den Intentionen der privaten Sponsoren entsprach noch denen des Staates, der in den USA die Universitätsverlage aufgrund ihrer Gemeinnützigkeit von Steuern befreit. Eine ebensolche Tendenz verzeichnete der französische Verlagsmarkt, wo der Staat die »Presses Universitaires de France« (PUF) subventionierte. Aber auch in anderen Ländern und teils weit früher haben sich aus ehemaligen reinen Non-Profit-Verlagen kommerziell arbeitende Wissenschaftsverlage gebildet von teils erheblichem Ausmaß.

Die weltweit bekanntesten und beeindruckendsten Beispiele bilden wohl die heutige Oxford University Press (mit ersten Anfängen um 1478) und Cambridge University Press (mit seit 1584 bestehender kontinuierlicher Druckproduktion der unter diesem Aspekt älteste Universitätsverlag der Welt), die heute international agierende Großverlage darstellen, wenngleich auch weiterhin als Einrichtung der Universität. Hierzu hat beigetragen, dass in England der Staat die University Presses zwar auch von Steuern befreit, aber ihnen, anders als in den USA, die Herausgabe von Lehrwerken gestattet.

Italien, Frankreich, Großbritannien und Skandinavien sind die klassischen Universitätsverlagsländer Europas. Überseeisch sind es klassischerweise die USA, Australien und Japan. Im deutschsprachigen Bereich gibt es den Universitätsverlag weniger, zumindest vordergründig. In Wien publiziert der »Verlag der Österreichischen Akademie der Wissenschaften«, im schweizerischen Freiburg/Fribourg existiert der entsprechende dreisprachige Universitätsverlag. Alle wirtschaften bis heute zum Teil oder völlig auf Non-Profit-Basis, nehmen aber auch durch Vertretung auf den nationalen Buchmessen sowie in Frankfurt an der internationalen Konkurrenz teil. Im deutschen Bereich sind die unter diesem Namen firmierenden Universitätsverlage gemeinhin kommerziell ausgerichtete reine Wissenschaftsverlage, so etwa der Carl Winters Universitätsverlag in Heidelberg, in privatem Besitz, der alte Bertelsmann Universitätsverlag Düsseldorf in der Verlagsgruppe Bertelsmann (Random House)oder der Deutsche Universitätsverlag in Wiesbaden, der gleichfalls eine hundertprozentige Tochter von Bertelsmann (Random House) ist. Letzterer ist in den Konzernverlagen Verlag für Sozialwissenschaften, Vieweg/Teubner, Gabler Verlag aufgegangen, denen die einzelnen Publikationen seit 2008 zugeordnet sind. Eine bekannte Größe ist der Universitätsverlag Konstanz (UVK), der 1963 noch vor der Universität gegründet wurde, jedoch immer wirtschaftlich und organisatorisch unabhängig war. Durch die Konzentration des Programms auf wenige Schwerpunkte und die Übernahme des Ölschläger Verlags 1994 gelang eine klare Profilierung als Fachverlag, z. B. für den Bereich der Kommunikationswissenschaften und Publizistik. Seit dem Aufkommen des Electronic Publishing ist dieses Verfahren an den Universitäten ein verlegerischer Schwerpunkt geworden.

1.6 Kommissionsverlag und Verlag subventionierter Literatur

Der Autor, dessen Manuskript ein Verleger nicht auf sein eigenes Risiko publiziert, muss deswegen nicht den Selbstverlag wählen. Autoren, die ein Programm selber bestimmen wollen, müssen dazu keinen Autorenverlag gründen. Universitäten oder Institute, Gesellschaften und Verbände, die ihre eigenen Publikationen anstreben, müssen dazu nicht selbst als Verleger auftreten. Statt zu verlegen, können sie alle auch verlegen *lassen*. Das Wirtschaftsprinzip dieses Verlegens ist das Verlegen »in Kommission«.

Das **Kommissionsprinzip** ist im Buchhandel kein Sonderfall. Es existiert im Verlag selbst, im Groß- oder Zwischenbuchhandel und schließlich im Sortiment, durchzieht also gleich alle drei vorkommenden Handelsstufen. Für den Verlag stehen hier zwei Begriffspaare am Anfang: der *Verlaggeber* – der etwas in Verlag gibt – und der *Verlagnehmer* – der etwas in Verlag nimmt – davon ist der Verlaggeber (gewöhnlich ein Autor) der Kommittent und der Verlagnehmer (der Verlag selbst) der Kommissionär. Das Geschäft zwischen den beiden ist auf das Handelsgesetzbuch und das Bürgerliche Gesetzbuch gestützt: Es ist – allgemein – »die geschäftliche Betätigung eines Kaufmanns im eigenen Namen für fremde Rechnung« entsprechend den §§ 386 bis 406 des HGB, und rechtlich eine Geschäftsbesorgung im Sinne des § 675 des BGB. Daraus ergeben sich schon wichtige Charakteristika für den Kommissionsverlag. Er wird zwar die Bücher unter seinem Namen, dem Verlagsnamen, veröffentlichen, aber die Auflage ist rechtlich das Eigentum des Verlaggebers, der auch das Copyright hält und über die Rechte verfügt. Ein Verleger kann Titel nur verschiedentlich in Kommission übernehmen, er kann aber auch sein gesamtes Programm darauf abstellen. Dieser Verlagstyp ist so bedeutend, dass sogar ein allgemeines Wirtschaftslexikon einen Eintrag für ihn bereithält. Ein »Kommissionsverlag« heißt danach »ein Verlagsunternehmen, das in eigenem Namen für Rechnung des Verfassers tätig wird, indem es entweder dessen Werke vervielfältigt und verbreitet oder nur verbreitet« (Gablers Wirtschaftslexikon ^{10}1980, S. 2341).

Daraus kann man erkennen, dass die Dienstleistungspalette des Verlags weit mehr als nur das Prinzip des »committere« (etwas »mitschicken«, Vertrieb) umfasst, nämlich auch das Angebot des verlegerischen Know-hows bei der Produktion, der Herstellung und Gestaltung von Büchern und Zeitschriften. Weit wichtiger ist jedoch prinzipiell, dass beim Verlegen in Kommission das ursprüngliche Wirtschaftsprinzip des Verlags, nämlich des Vorlegens beim Produzieren und der nachfolgenden Übernahme des Risikos für den Verkauf aufgehoben bzw. auf den Kopf gestellt wird. »Anders als beim Verlagsvertrag trägt der Verfasser (Autor) das Risiko für Gewinn und Verlust. Der Kommissionsverlag erhält als Kommissionär Ersatz für seine Auslagen und eine Vergütung für seine Tätigkeit« (ebd.). Zu ergänzen ist lediglich, wie schon erwähnt, dass an die Stelle des Autors auch eine Gesellschaft, Firma, Universität etc. treten kann oder beispielsweise auch ein zweiter Verlag. So übergibt eine Reihe von Verlagen die von ihnen produzierten Bücher anderen Verlagen in Kommission zum Vertrieb und könnte auch die Umsetzung der Manuskripte in die fertigen Auflagen an den Verlagskommissionär delegieren.

Das Verlegen in Kommission wirkte in der Geschichte natürlich nie so publikumswirksam nach außen wie der eigentliche Verlag, es ist aber beinahe so alt wie die ersten Verlage – was schon das Zitat über die drei Arten verlegerischer Tätigkeit des Frühverlegers Froben aus dem Jahr 1513 zeigte. Der Wegfall des Verlagsrisikos war das Verlegermotiv, aber auch die Autoren haben im Kommissionsprinzip so viele Vorteile gesehen, dass sie dieses Verlegen durch die Jahrhunderte brachten. In einer der historischen Quellen heißt es, dass allein im Stuttgart des Jahres 1837 gut 15 Kommissionäre 306 Kommittenten verlegten, also 15 Verlage ein Jahresvolumen von im Schnitt 20 Kommissionstiteln hatten. Für das dem Wirtschaftslexikon entnommene Zitat zu den Kommissionsvereinbarungen (Erstattung der Herstellkosten durch den Verfasser und eine absatzbezogene Gebühr für den Vertrieb) lassen sich historische Bräuche finden, die belegen, wie natürlich das Kommissionsprinzip für die Autoren war, und es lassen sich sogar noch die alten Konditionen festhalten. Die Autoren bestellten nach dem »klassischen« Prinzip zunächst ihre Bücher beim Drucker. Anschließend übergaben sie sie zur Verbreitung (»committere«) dem Verlag. Dieser nahm 6⅓ Prozent Kommissionsgebühr. 27 Prozent waren Buchhandelsrabatt. Autoren verlegten also zu ähnlichen Konditionen wie die Verleger in ihrer traditionellen »Drittelkalkulation« (s. Kap. IV.3: Verlagskalkulation). Ein Drittel (27 % + 6⅓ %) der Gesamteinnahme entfiel auf die Kosten des Absatzes, ein weiteres, als statistisches Mittel, auf die Produktion, die Deckungsauflage betrug nach dem obigen Muster deshalb (weil der Rabatt und die Kommissionsgebühr für den Autor keine Kostenbelastung darstellen) genau 50 Prozent, und das restliche Drittel des Erlöses wurde bei vollständigem Verkauf der Auflage zu Autorengewinn!

Für gegenwärtige Verhältnisse sind derartige Einnahmeperspektiven utopisch. Der durchschnittliche Buchhandelsrabatt liegt oberhalb 35 Prozent. Die Geschäftskosten schon des nur mittleren Verlags verlangen auf den Ladenpreis bezogen meist mehr als 25 Prozent. Die Mehrwertsteuer wird fällig. Schon im normalen Verlag bleibt für ein Hardcover keine höhere Basis vom Ladenpreis für den Gewinn als die »klassischen« 10 Prozent, im Taschenbuch nur etwa die Hälfte. Auch das Verlegen in Kommission nach dem obigen Modell bietet Autoren daher nicht mehr die Chancen von früher. Andererseits ist zu bedenken, dass – realistischerweise – der prozentual hohe Gewinn auch damals nur in dem Ausnahmefall des Auflagenausverkaufs in barem Geld wirklich entstand. Schon bei Erreichen von nur der Deckungsauflage war er für den Autor gleich Null, darunter entstand Verlust, während jedoch dem Verlag, der nichts vorschoss, vom ersten Stück des Absatzes an in jedem Fall die Kommissionsgebühr zufloss. Die Kalkulation war also in Wirklichkeit für den Verlag als Nehmer viel erfolgversprechender als für den Geber, und in dieser Kalkulation lag und liegt das Motiv für den Verleger, auch in der Gegenwart, entweder von Zeit zu Zeit oder immer wieder Bücher in Kommission zu verlegen. Zudem kann es für den Verleger geraten sein kann, neben oder anstelle des traditionellen Kommissionsgeschäfts das moderne Subventionsgeschäft anzustreben.

In der *Normalkalkulation* eines Buchs ergibt sich im Regelfall eine Gewinnchance, die typischerweise eher im einstelligen Prozentbereich angesiedelt ist. Eine Normalkalkulation mit einem Gewinn von 5 Prozent ist aus Verlagsperspektive zufriedenstellend.

In der klassischen *Kommissionskalkulation*, die hier in zwei Varianten vorgeführt wird, ist aus einfach erkennbaren Gründen vom Verlag in der Regel kein Honorar zu veranschlagen. Desgleichen entfällt das vom Kommittenten finanzierte Herstellungsgeld von im Durchschnitt 20 Prozent. Das Ergebnis erhöht sich damit um 30 auf die angegebenen ca. 35 Prozent. Diese fließen natürlich keinesfalls dem Verlag alleine zu, sondern es kommt zu einer fairen Gewinnteilung zwischen Verlagnehmer und Verlaggeber, gewöhnlich im Verhältnis

Normalkalkulation		**Kommissionskalkulation**		
1. Brutto-Ladenpreis (Lp)	100 %	100 %	oder	100 %
2. ÷ Mehrwertsteuer 7 %	6,54 %	6,54 %		6,54 %
3. = Netto-Ladenpreis	93,46 %	93,46 %		93,46 %
4. ÷ Rabatt 35 % vom Lp	35 %	35 %		25 %
5. = Nettopreis (Np)	58,46 %	58,46 %		68,46 %
6. ÷ Honorar 10 % vom Lp	10 %	÷		÷
7. ÷ Gemeinkosten 40 % vom Np	23,38 %	23,38 %		11,69 %
8. ÷ Herstellkosten 20 % vom Lp	20 %	÷		÷
9. = Verlagsanteil/Gewinn	5,08 %	35,08 %	bis	56,77 %
			bzw. bei Teilung 50 : 50 zwischen den Partnern:	
		17,54 %	bis	28,39 %

Gewinnerwartung beim Verlegen im Kommissionsverlag im Vergleich zum normalen Verlag (Schema-Rechnung)

50:50. Bei dem erreichten Gewinn muss es für den Verlag nicht bleiben. So ist beispielsweise keinesfalls anzunehmen, dass ein in Kommission verlegtes Buch die gleichen Gemeinkosten wie ein Originalwerk verursacht. Setzt man hier nur die Hälfte an (wegen des Wegfalls von Akquisitionskosten, Redaktionskosten, Spesen und zum Teil Werbung), und berücksichtigt man ferner, dass für die Buchhändler auch ein um 10 Prozent verminderter Rabatt angesetzt werden kann (weil in Kommission verlegte Bücher in der Regel einen hohen Ladenpreis haben und auch ein prozentual verminderter Rabatt für den Händler einen absolut hohen Betrag abwirft), so entsteht ein aufzuteilender Betrag zwischen rund 35 und 55 Prozent. Auch bei einer hälftigen Teilung ergibt das erheblich mehr, als ein Verlag nach einer Normalkalkulation erwarten kann, nämlich das Drei- bis fast Sechsfache, und der Verlaggeber kann bei optimalem Erfolg über das vorgelegte Kapital hinaus sogar zu Gewinn kommen.

Auch wenn der Verlag damit eine prozentual überdurchschnittliche und real fast risikofreie Rendite erzielen kann, ist sein Geschäft als Kommissionär dennoch mit Nachteilen behaftet. Die absoluten Gewinne sind wegen der geringen Auflagen (in der Regel unter 1000) klein. Die Verkäuflichkeit der Auflage ist ein kritischer Faktor. Der Verlag ist nicht Eigentümer der Auflage, er ist nicht Inhaber des Copyright, er muss sie, falls Exemplare der Auflage etwa durch Mängel ausfallen, komplettieren, darf ferner im eigenen Verlag kein Werk herausgeben, das dem Kommissionswerk Konkurrenz macht, und sieht sich im schlimmsten Fall durch das Kündigungsrecht des Verlaggebers in der Situation, vor einem eigenen befriedigenden Erfolg für seine Tätigkeit die Kommissionsstücke zurückgeben zu müssen. Daher ist der Verlag dazu motiviert, das gleiche Geschäft unter für ihn günstigeren Bedingungen anzustreben. Zu diesem Zweck wird statt eines Kommissions- oder Dienstleistungsvertrags ein Verlagsvertrag abgeschlossen und anstelle der Erstattung der Herstellkosten sowie einer Kommissionsgebühr die Zahlung eines Zuschusses vereinbart.

Das Kommissionsgeschäft wird damit durch die Variante des Subventionsgeschäftes erweitert. Damit, wie beim Kommissionsgeschäft, der Geber die Gelegenheit zur Zurückerstattung des von ihm zugeschossenen Kapitals erhält, vereinbart man – in einer ersten Variante des Subventionsgeschäftes – den Zuschuss als *rückzahlbar*. Derjenige, der den Zuschuss gibt, kann wieder eine private Person sein, also der Autor, aber auch – wie beim Verlegen in Kommission – eine Gesellschaft, Firma, Behörde, ein Land, der Staat, die EU etc.

Neben dem rückzahlbaren Zuschuss steht der *verlorene*. In der Regel werden die Verlage vor die Wahl gestellt, entweder einen relativ hohen Druckkostenzuschuss anzufordern, der aber zurückzahlbar ist, oder einen nicht rückzahlbaren, dafür aber geringeren. Da hier die Rückzahlpflicht vollends erlischt, bleiben alle Erlöse voll beim Verlag.

Sowohl das Verlagskommissionsgeschäft als auch der Subventionsverlag sind in der Verlagswirtschaft in Deutschland nach Art und Umfang relativ unbedeutende Faktoren, was beides plausibel ist, wenn man bedenkt, dass in beiden Fällen oft nur 50 (fünfzig!), manchmal 300, im Durchschnitt 800 und nur selten 1000 oder mehr Exemplare als Auflage produziert werden. Durch geänderte Regelungen im Bereich der wissenschaftlichen Publikationen (teilweise Wegfall der Pflichtexemplarregelungen in Promotionsordnungen) und der Möglichkeit der Publikation »on-Demand« hat sich auch das Kommissionsgeschäft gewandelt. Dennoch hat das Prinzip nach wie vor seine spezifische Bedeutung. Da es sich um eine auf Dauer angelegte verlegerische Tätigkeit handelt, wird man auch eine gegenüber den Partnern faire, kontrollierbare Geschäftsbasis unterstellen müssen. Verlage dieser Art sind also zu empfehlen, wenn es um eine Alternative zum Selbstverlag oder die sogenannten Selbstkostenverlage geht, zumal nur die professionellen Verlage auch eine verlässliche Werbung und Distribution garantieren.

Früher war die öffentliche Hand im Bereich der Wissenschaftsförderung (z. B. die Deutsche Forschungsgemeinschaft, DFG) ein wesentlicher Sponsor für wissenschaftliche Buchpublikationen. Heute jedoch sind andere Prinzipien vorherrschend. Unter dem Schlagwort *Open Access* haben sich führende deutsche Forschungsgesellschaften und Wissenschaftsorganisationen (z. B. DFG, Hochschulrektorenkonferenz, Max-Planck-Gesellschaft, Fraunhofer-Gesellschaft) zu einer Kooperation zusammengefunden, um die Publikation von Forschungsergebnissen nicht über die Verlage, sondern stärker über die Forschungsorganisationen und Universitäten selbst abzuwickeln. Mit dieser Initiative werden nicht nur die wissenschaftlichen Fachzeitschriften in ihrer bisherigen Rolle in Frage gestellt, sondern die Publikation von Monographien über den selbstkontrollierten digitalen Weg wird befürwortet. Die Vertreter der *Open Access*-Bewegung kritisieren die mehrfache staatliche Subvention von Forschungsergebnissen im traditionellen System der Wissenschaft. Die staatlichen Forschungseinrichtungen würden mit Hilfe der Steuergelder Ergebnisse produzieren, die dann (zumindest im Bereich der Buchpublikationen) teilweise mit Steuergeldern publiziert würden, um anschließend durch die steuerfinanzierten Bibliotheken zurückgekauft zu werden. Kritiker aus den Reihen des Börsenvereins sehen in der *Open Access*-Bewegung jedoch keinen Ersatz für traditionelle Publikationsweisen (Sprang 2007), und Wissenschaftler wie Roland Reuß wehren sich gegen die befürchtete Bevormundung durch die Hochschulen, die im Extremfall dieses Ansatzes den Wissenschaftler/innen den Weg des Publizierens vorschreiben könnten. In seinem »Heidelberger Appell« beschreibt er die Furcht um die Verletzung der Persönlichkeitsrechte der wissenschaftlichen Autoren als Urheber (Reuß 2009).

1.7 Gesponsorte und scheinbar gesponsorte Literatur

Die obigen Kapitel hatten gezeigt, dass manche Publikationen nur dann entstehen, wenn man die Verlage von Kosten befreit oder zumindest bezuschusst, so beim Selbstkosten-, dem Kommissionsverlag und der subventionierten Literatur. Egal um welche Art es sich handelte, waren die Auflagen und damit die Zuwendungen relativ gering. Das analoge Phänomen findet sich noch einmal – mit entgegengesetzten Vorzeichen –, nämlich bei Büchern, die von vornherein in Massen verlegt werden und mit entsprechend gesteigertem Aufwand: Es handelt sich um die Formen »gesponsorter« Literatur.

Formen des Sponsoring sind außerhalb von Literatur und Verlag ständig präsent. Fußballveranstaltungen und andere im Sport, aber auch im Kulturleben (»Kultursponsoring«) sollen ohne sie nicht mehr möglich sein. Ähnlich ist es mit der hier vorgestellten Literatur hinsichtlich des hinter ihr stehenden Wirtschaftsprinzips. Gemäß der ursprünglichen Bedeutung von Sponsor (etwa »Taufzeuge« oder »Pate«) entstehen Verlagsprodukte, die – im Bilde gesprochen – nie aus der Taufe gehoben worden wären, wenn es den Sponsor nicht gegeben hätte.

Es handelt sich um Objekte, für die, als Beispiel für »echte« gesponsorte Literatur, zunächst die »Baedeckers Allianz Reiseführer« und für die nur »gesponsort erscheinende« der »HB-Bildatlas« stehen sollen. Wie man sieht, ist in beiden Fällen der bis dato eingehaltene Rahmen der Branche Verlag gesprengt, indem ein Branchen-Outsider in die Buchbranche eindringt.

Liegt echte Sponsorschaft vor, ist das Verhältnis zwischen dem Verlag und dem Branchenfremden eine Kooperation. Der Sponsor bezuschusst das Verlagsobjekt in der Regel mit einem für den Verlag überdurchschnittlichen Werbeetat, der indirekt den Ladenpreis senkt. Dafür erhält er das Recht, dass sein Name auf dem Cover der Objekte erscheint, eventuell zu einem Bestandteil des Namens des gesponsorten Objektes wird und im Innern des Buchs – gegebenenfalls für ihn exklusiv – Werbung platziert wird. Beispiele für echte Sponsoren, ihre Verlage und die gesponsorten Objekte finden sich in einer populären Auswahl in der folgenden Tabelle.

Das Ziel des Sponsors ist dabei eindeutig: Er wirkt nicht als stiller Mäzen unerkannt aus dem Hintergrund. Es geht ihm um die Werbung für sich: als Öffentlichkeitswerbung (PR) zur Erhöhung seines Bekanntheitsgrades, zur Aufwertung des Images allgemein und gegebenenfalls zur Produkte- oder Dienstleistungswerbung. Verlagsobjekte werden gewählt wegen der hohen Verbreitung der Auflagen und dem mit Verlagsartikeln verbundenen Imagewert, an den der Sponsor sich koppelt. Die Wahl von Verlagsobjekten als Medien ergibt sich dabei zu einem Teil auch aus dem Verbot, für Tabakprodukte im Funk und im Fernsehen zu werben. Hier wird durch das Sponsoring versucht, sowohl den Ausfall zu kompensieren wie auch das positive Image der Produkte oder Objekte der Branche »Verlag« auf das eigene Produkt zu übertragen. Die Ziele der Verlage sind ebenso eindeutig, nämlich nicht ideell-kulturell, sondern rein kommerziell ausgerichtet. Ihnen geht es um die Erzielung einer gewinnbringenden, via Sponsorship weit über dem Verlagsdurchschnitt befindlichen Auflage zu einem für das Publikum überraschend niedrigen Preis, wobei die Voraussetzung für beides durch die Werbung des Sponsors geschaffen wird. So sicher sich bei einzelnen Titeln hierzu verschiedentlich Ausnahmen finden oder bei Reihen für die Verbraucher ein Nutzen entsteht, sind die wahren Motive der Kooperation damit eindeutig getroffen.

Die Praxis der Kooperation wird von den beiden Partnern professionell durchdacht. Die Idee kann beim Sponsor liegen und von dessen Werbewunsch ausgelöst sein – oder liegt beim Verlag. Ist der Suchende der Sponsor (Paradebeispiel der 80er Jahre: »In Zukunft Philip Morris« als Slogan der Raucherwerbung), investiert er viel Zeit in die Auswahl eines zu seinem eigenen Programm passenden Verlags (in dem damaligen Fall Heynes Sciencefiction) – entsprechend gezielt sucht ein Verlag, der eine Konzeption beispielsweise für eine populäre Reihe hat, aber nicht über genügend Mittel zur eigenen Realisierung verfügt. Handelt es sich tatsächlich um die Etablierung einer Serie im Verlag, stehen am Anfang auch Tests: Beispiele hierzu sind der damals 75.000,– DM teure empirische repräsentative Konzeptionstest vor dem Start der »Baedekers Allianz Reiseführer« (Pretest) oder als Markttest die Testauflagen der beiden ersten Bände der Reihe »Lord Extra Freizeitführer« vor deren endgültiger Fortsetzung. Die Herstellung erfolgt beim Verlag, hier erhält er nur verschiedentlich Hilfe. Die Werbung ist das Bedeutendste. Sie liegt so gut wie vollständig in den Händen des Sponsors, weil er die gesamte Publikumswerbung (u. U. auch die des Verlages) besorgt. Weil hier die gewohnten Dimensionen der Verlage gesprengt werden, seien die entsprechenden Zahlen genannt.

Bei den »Chroniken [später »Welten«] der Zukunft« von Philip Morris bei Heyne stand für die zwölf, in vier »Omnibus«-Bänden (je drei in einem vereint) zusammengefassten Sciencefiction-Romane eines Jahres ein Etat von einer Million Mark zu Verfügung, rein rechnerisch 83.333,– DM pro Roman oder 250.000,– DM pro »Omnibus«-Band. Vom gesponsorten Ladenpreis von 7,80 DM (!) ausgehend sowie vom üblichen Mehrwertsteuersatz, dem Durchschnittsrabatt für Sortiment und Barsortiment sowie einem durchschnittlichen Werbeansatz von 8 Prozent des Nettopreises hätte pro Stück ein Betrag von ca. 0,30 DM als Werbeetat zur Verfügung gestanden – um den über den normalen Verkauf wieder einzuspielen, hätte es eines Absatzes von fast einer Million Exemplaren bedurft – rein rechnerisch (250.000 : 0,30 =) über 800.000 Exemplaren. Die Startauflage normaler Taschenbücher lag aber in den 1980er Jahren bei etwa 10.000 und liegt zu Beginn des neuen Jahrtausends um ca. die Hälfte niedriger.

Für die in Mairs Geographischem Verlag herausgegebenen »Baedekers Allianz Reiseführer« stand im Jahr der Einführung sogar ein Etat in Höhe von 6 Millionen Mark zur Verfügung. Man versteht diese Etats erst, wenn man bedenkt,

Sponsor	Verlag	Produkt
Allianz Versicherungen	MairDuMont	Baedekers Allianz Reiseführer
Deutsche Shell AG	Mairs Geographischer Verlag/MairDuMont	Der große Shell-Atlas
Ferrero	Bibliografisches Institut & F. A. Brockhaus AG	Kinder Schokolade »Schoko + Buch« Der Kinder Brockhaus
Maggi	Tre Torri Verlag	50 Jahre Maggi Kochstudio
Mars	Companion Verlag (spezialisiert auf Corporate Publishing)	Action Kids Serie
Nestlé	S. Karger Verlag	Wissenschaftliche Schriftenreihe zu diversen Ernährungsthemen
Varta	Nomos Verlagsgesellschaft	Varta Hotelführer

Beispiele »echter« gesponsorter Produkte, Verlage und Sponsoren

dass sie nur nebensächlich dem Buch und in der Hauptsache dem Sponsor dienen. Ist der Vertrieb angesprochen, können die Funktionen geteilt sein. Oft ist nur eine Schiene der Buchhandel, die andere ist die des Sponsors. Da der Sponsor die ganze Werbung finanziell übernimmt, fällt sie im Prinzip aus der Verlagskalkulation heraus; durch die außerordentliche Werbeaktivität des Sponsors wird aber die erreichbare Auflage erhöht und kann das Buch dadurch abermals billiger gemacht werden, wodurch dann erneute Nachfrage entsteht. Um auch hier mit einem Beispiel eine konkrete Vorstellung zu schaffen: »Der große Shell Atlas« erreichte zu Anfang der 80er Jahre mit dem Werbeeinsatz seines Sponsors eine Durchschnittsauflage von jährlich 120.000 Stück; ohne dessen Aufwand, bei nur den eigenen Mitteln, hätte der Verlag sich gerade 40.000, die Startauflage eines Bestsellers (!) zugetraut, was aber zu einer Erhöhung des Verkaufspreises von 36,– DM auf 68,– DM geführt hätte.

Diversifikator	Verlag	Produkt
ADAC	ADAC Verlag GmbH	Reiseführer, Reiseführer plus, Bildreiseführer, Bildreiseführer Spezial, Reiseführer Audio, Sonderedition, Camping & Caravaning, Wander-, Fahrrad-, Motorradführer etc.
Aral AG	Kartografischer Verlag Busche	Aral Auto-Atlas, Aral Deutschland-Atlas, Aral Kartensatz
BAT Cigaretten-Fabrik	HB Verlags- und Vertriebsgesellschaft	HB Bildatlas, HB Bildatlas Special
R. A. Oetker KG	Oetker Verlag	Kochbücher

Beispiele gesponsort scheinender Produkte, Verlage und Diversifikatoren

Literatur wie die beschriebene ist »echte« gesponsorte Literatur. Sie ist es deswegen, weil der Sponsor das gesamte Geld hingibt und nicht etwa über den Verkauf etwas zurückerhält: Er ist am Erlös nicht beteiligt. Dies unterscheidet sie grundsätzlich von der gesponsort »scheinenden« Literatur, für deren Typ mit dem »HB-Bildatlas« das wichtigste Beispiel bereits eingangs genannt wurde. Auch sie verwendet auf dem Cover oder in der Bezeichnung den Namen bzw. das Markenzeichen etc. eines Branchenfremdlings, und rein äußerlich ist es unmöglich, eine Unterscheidung zu treffen. Im Gegensatz zu den obigen Formen handelt es sich aber nicht um die *Kooperation* eines Verlages mit einem Branchenfremden, sondern um die Diversifikation eines Branchenfremden in den Buchmarkt, und zwar entweder generell (ohne Anbindung an das eigene Markenprogramm) oder nach dem Modell eines das angestammte Programm abrundenden und unterstützenden Regieverlags.

»HB« (BAT) verkörpert darin das Modell der »generellen« Diversifikation. Gegründet als »HB Verlags- und Vertriebsgesellschaft«, danach als »HB Verlag«, war die Wirtschaftsform von Anfang an eine selbständige Firma, jedoch als Tochter, die gewinnorientiert arbeiten muss und ihre Gewinne an die Mutter BAT-Cigarettenfabrik abführt. Zur Rechteausstattung der Firma gehört die Verwendung des Markenemblems, von dem der Verlag mitteilt, dass nach Marktuntersuchungen die Verwendung des Zeichens »nicht unerheblich zum Erfolg der Produkte beiträgt«. War der Verlag also von der Idee her als Promotion für die Zigarettenmarke gedacht, macht deren Emblem auch Promotion für den Verlag. Ursprünglich nur mit dem Bildatlas präsent, dessen Bände aber ein ganzes Programm bilden, wurde die Palette um das Naturmagazin *draußen*, sowie um Kunst- und Reiseführer und Spezialbände zu den Atlanten erweitert. Gegenwärtig ist die HB Verlags- und Vertriebs-Gesellschaft mbH & Co. KG in Ostfildern der herausgebende Verlag für die nach wie vor im Markt befindlichen HB-Bildatlanten, die mit Specials und Sondereditionen als Teil des Programms von MairDumont in einen großen Buchverlag integriert wurden.

Bei der Kooperation wie bei der Diversifikation liegt das Agieren eines Branchenfremden auf dem Verlagsmarkt vor. Gemeinsam ist beiden die Verwendung eines Emblems oder eines für den Verlag fremden Markennamens auf den Verlagsprodukten. Gemeinsam ist ferner das Ziel, für die verlagsfernen Firmen damit Nutzen zu stiften. Für die Verlage sind solche Aktivitäten, auch wenn die Zahl dieser Verlage und die verlegten Objekte klein sind, ein nicht unwesentlicher Faktor. Sie führen zu überdurchschnittlichen Auflagen, Umsätzen und Gewinnen, die zudem nicht einmalig sind, sondern sich in zwei- bis dreistelligen Nachauflagen wiederholen, und dies zu einem für das Publikum attraktiven Preis. Das Publikum schließlich kauft nicht nur wegen eines betont niedrigen Preises, sondern auch – keine Marke könnte sich das Gegenteil leisten – wegen einer in der Regel hervorgehobenen Qualität des Produkts. Geht man von dem Wettbewerb der Markenartikel aus und der Konzentration in der gegenwärtigen Wirtschaftsentwicklung, so ist denkbar, dass in dem markenfernen Werbe- und PR-Markt »Verlag« in Zukunft weitere Kooperationen und Diversifikationen entstehen.

Bei allen Kooperationsformen vom gemeinsamen Joint Venture bis hin zum Sponsoring ist die gute Abstimmung zwischen den Markenwerten und -images der beteiligten Partner entscheidend. Es löst Verwunderung und meist einen Glaubwürdigkeitsverlust beider Marken aus, wenn Partner sich zusammenfinden, die von der Positionierung der Marke her nicht so zusammenpassen, wie man sich das bei einem Co-Branding von Verbraucherseite vorstellt. Dabei gibt es in der Buchbranche immer wieder die Gelegenheit, Kooperationen mit Branchenfremden einzugehen. Zum Schulbeginn 2009 entwickelte der Cecilie Dressler Verlag gemeinsam mit Haribo eine Sonderverpackung in limitierter Auflage, die über die Discount-Kette »Penny« vertrieben wurde. In diesem Paket war ein Buch *Das fliegende Klassenzimmer* von Erich Kästner und eine Packung Haribo-Saftbären enthalten. Diese Aktion war Teil einer großangelegten Radio-Kampagne mit der Haribo-Werbeikone Thomas Gottschalk, der für ein Preisausschreiben warb, mit dem *Das Fliegende Klassenzimmer* für den Gewinner Realität werden kann. Auch hier wiederholt sich das Prinzip, dass die Kooperation mit Branchenfremden aus dem Bereich der Fast-Moving-Consumer-Goods (schnelldrehende Konsumgüter: FMCG) dazu führt, dass

Buchwerbung mit Marketingbudgets gemacht werden kann, die in anderen Dimensionen liegen.

1.8 Verlage als Regiebetriebe

»Regie« verbindet der Laie mit Film. Sie ist aber auch ein Begriff aus der Wirtschaftslehre und bezeichnet dort ein Wirtschaftsprinzip. Der Ausgangspunkt ist der »Regiebetrieb« allgemein. Es handelt sich dabei um einen Betrieb der öffentlichen Hand (Woll 2008, S. 658), der zwar gewerblich orientiert sein soll, aber anderen wirtschaftlichen und sozialen Ausrichtungen folgt als private Betriebe – ein Beispiel aus dem öffentlichen Bereich sind die städtischen Verkehrsbetriebe. Neben den öffentlichen stehen aber auch private, also Eigenbetriebe. Und schon in den allgemeinen Wirtschaftslexika spricht man von Regie »auch«, wenn sich die Industrie- oder Handelsbetriebe »in dem Bestreben nach abgerundeten Wirtschaftseinheiten Handwerksbetriebe und dgl. angliedern; z. B. Großbrauereien stellen Reklameschilder in eigener Werkstatt her [...]; große Werke [...] haben eigene Druckereien und Buchbindereien usw. [...]« (Gablers Wirtschaftslexikon [10]1980, S. 956). Die Abrundung mit einem eigenen Verlag steht dann nicht mehr fern, sondern liegt nah. Für die Verlage muss die Palette der Regiearten aber noch weiter gefasst werden.

Diese »Abrundungen« sind nach ihrer Zahl, der Art ihrer Betreiber, ihrer Produkte und ihrem Wirtschaftsumfang erheblich größer, als Laien, aber auch den eigentlichen Verlegern bewusst ist. Die Produktpalette erstreckt sich auf Bücher, Zeitschriften, Zeitungen sowie andere Publikationen und ist damit umfassend. Verlegt wird entweder in dem der übergeordneten Einheit angegliederten eigenen Verlag oder als Herausgeber, der nur die Redaktion innehat und Agenturen, Producer, Book-Packager oder Druckereien beauftragt, oder in einem fremden Verlag, der aber, anders als beim Kommissionsverlag, auch im Namen des Regieführers (und nicht seinem eigenen) arbeitet: Initiator und Herkunft werden beispielsweise beim Buch in jedem Fall auf dem Schutzumschlag, dem Buchdeckel, im Impressum, auf der Titelseite sowie im Titel selbst als Marke mit Werbecharakter vermerkt. Die Arten des Regiebetriebs sind im Verlag zahlreicher als der zitierte Betrieb der öffentlichen Hand oder beim Eigenbetrieb; diese sind vielmehr nur zwei Varianten innerhalb eines Spektrums, das sich für die Verlage wie folgt gliedern lässt und mit den hier dokumentierten Beispielen alter und neuer Art nicht nur den Wirtschaftsumfang, sondern auch den Aufbau und die Eigentümlichkeiten von Regieverlagen verdeutlicht:

1. Regieverlag in der Privatwirtschaft: Ein erstes Muster ist ein Hersteller von physikalischen Geräten für den Schulunterricht. Er produziert nicht nur diese samt den fachmännischen Bedienungsanleitungen, sondern nutzt sein Knowhow zur Produktion eines vollständigen Lehrbuchprogramms. Die Autoren sind die Physiker, die vorher als Konstrukteure fungierten (und schon die Betriebsanleitung verfassten). Ein zweites Muster liefern die Elektrokonzerne. In ihnen entsteht praktisches Wissen und Forschungswissen, das sich in Ratgeber, Fachbücher und Forschungsliteratur umsetzen lässt. Allein das *AEG-*

Hilfsbuch des ELITERA Verlags von AEG-Telefunken hatte nach relativ kurzer Verkaufszeit einen Verkaufserfolg von über 500.000 Exemplaren. Die Autoren waren wieder die Werksangehörigen. Als drittes lassen sich wegen ihrer vermehrten Aktivitäten die Geldinstitute anführen. Fast jede Zentralbank führt ihren eigenen Verlag, der Deutsche Sparkassenverlag (DSV) – als Zentralverlag aller Sparkassen neben Fachliteratur für alle Drucksachen zuständig – hatte einen Umsatz von (2007) über 750 Millionen Euro bei heute über mehr als 1.600 Mitarbeitern. Kerngeschäft eines solchen Verlags sind jedoch keineswegs nur klassische Verlagspublikationen aus dem Zeitschriften- oder Buchsektor, sondern EC-Karten und Abrechnungssysteme sowie Kommunikationsdienstleistungen aller Art. So nennt der DSV beispielsweise mit der AM-Kommunikation eine eigene Werbeagentur sein eigen.

In Regieverlagen bilden – wenn auch keinesfalls ausschließlich – Spezialisten des eigenen Unternehmens die Verfassermannschaft. Verschiedentlich hat man solchen Betrieben mit der Zeit den Mantel einer wirtschaftlichen selbständigen Verlags-GmbH gegeben, dies ändert jedoch nichts an dem Regiecharakter, da der Verlag im Kern nur als Dienstleister für den übergeordneten Partner auftritt, der meistens auch sein Inhaber ist. In allen Fällen wird durch die Zuschaltung einer abrundenden Wirtschaftseinheit »Verlag« vorhandenes Potenzial zum Nutzen dieser und zusätzlich der Hauptunternehmung eingesetzt. In Beispielen wie den genannten arbeitet der Regieverlag als Fachbuch- und als Fachzeitschriftenverlag. Daneben und weit öfter tritt er als Populärverlag für zwei verschiedene Arten von Öffentlichkeit auf. Er erstellt die diversen Zeitungen, Zeitschriften und Illustrierten für die interne Information der Mitarbeiter (House-Publicity), sowie die entsprechenden nach außen gerichteten Blätter (Public-Relations) für die Zielgruppe Publikum. Gerade auf letzterem Gebiet verlegen seit den 1980er Jahren neben Sparkassen und Banken immer stärker Versicherungen, Krankenkassen, Kaufhäuser, Kaffeeröster, die Handelsketten im Lebensmittelbereich, Restaurant- und Fast-Food-Ketten, Fluggesellschaften und Automobilhersteller, Clubs und Kreditkartenanbieter – dies sind nur einige der wichtigsten Belege aus einer überströmenden und deswegen unüberschaubaren Flut, wenn die Tendenz weiter anhält. Da mit der Zunahme der Produkte eine Verbesserung in Ausstattung und Design einherging, halten viele Regieschriften dem Vergleich mit den Presseerzeugnissen mehr als nur stand. Sowohl der Quantitäts- wie Qualitätsanstieg haben ihre Ursache in der Konzentration und damit in dem stärker gewordenen Konkurrenzdruck in der Privatwirtschaft. In dem Maße, wie Regieschriften sich denen der Presse angleichen, wird ihre wirtschaftliche Bedeutung sich steigern.

2. Regieverlag von Verbänden, Parteien und Kirchen: Auch nichtkaufmännische und daher nicht auf den kommerziellen Erfolg ausgerichtete Organisationen und Einrichtungen können in der Absicht der Abrundung ihrer Tätigkeit und Sicherung des Erfolgs einen Regieverlag anstreben. Anstelle der Interessenverfolgung der Anbieter und Arbeitgeber stehen hier z. B. durch Verbände initiierte Arbeitnehmer-, Verbraucher- und Mieterschutzblätter, Sozial-, Beamten- und Gewerkschaftsverlage. Als Beispiel für die Abrundung parteipolitischer Ziele stehe symbolisch der Hinweis auf den (1989 eingestellten) *Vorwärts* und den (noch bestehenden) *Bayernkurier*, im kirchlichen Bereich ist das herausragende Beispiel sicherlich der *Osservatore Romano*, bei dem gleichsam der Papst selbst als Verleger auftritt. So wie vorher der kaufmännische wird hier der der jeweiligen weltanschaulichen Prägung entsprechende Nutzen verfolgt.

3. Regieverlag der Kommunen, der Länder, des Staates und internationaler Regieverlag: Da die privatwirtschaftliche Sphäre hier nun vollends verlassen wird, fällt dieser Verlag am stärksten unter den traditionellen Regiebegriff. Allgemein ist die Rede von der »verlegerischen Tätigkeit der öffentlichen Hand«. Auf der untersten Stufe stehen z. B. die Amtsblätter der Gemeinden und Städte (Kommunen), darüber die von den Ministerien der Länder veröffentlichten Schriften und über ihnen die Veröffentlichungen der Bundesminister. Letztere u. a. erscheinen damit im von der Regierung betriebenen nationalen Staatsverlag. In internationaler Regie publiziert die Europäische Gemeinschaft mit einem eigenen Amt für das ausschließliche Verlegen und den Vertrieb dieser Schriften, inzwischen mit jährlich über 1000 Titeln in allen sieben Arbeitssprachen. Auch die OECD, die UNESCO sowie eine Mehrzahl internationaler Großorganisationen produziert die von ihnen verbreiteten Schriften über eigene Regieverlage, die auch auf den internationalen Buchmessen weltweit präsent sind. Der Gesamtumfang der diesem Bereich zuzuordnenden Publikationen wird abermals größer, wenn man bedenkt, dass neben der verlegerischen Betätigung der öffentlichen Hände im engeren Sinn und den weiteren Beispielen in der Bundesrepublik u. a. auch noch sämtliche Schriften der Deutschen Post, Deutschen Bahn und anderer staatlicher, den Ländern und Städten gehörenden Betriebe hinzukommen.

Regieverlage sind also vielfältige Unternehmen, die sich als Fach- oder PR-Verlage hinsichtlich ihrer Wirtschaftsprinzipien von den übrigen Verlagen abheben. Das Hauptziel ist, wiewohl Wirtschaftlichkeit wünschenswert ist (besonders als selbständige Firma), nicht ein direkter kommerzieller Erfolg für den Verlag, sondern der indirekte durch den Verlag gestiftete Erfolg für die Hauptunternehmung. Für die Produkte – auch für das Buch – entfallen fast alle preispolitischen Überlegungen, da die Bücher oft – und die Zeitschriften generell – kostenlos abgegeben werden (Kalkulationen der übrigen Verlage, wie etwa die Errechnung der Deckungsauflage, werden nicht fällig, es entfällt ferner das sonst typische Verlagsrisiko). Die Werbung für die Verlagsprodukte entfällt oder ist anders, da sie ja selbst Werbemittel (für den Hauptbetrieb) darstellen, oder ist wie im Fall staatlicher Regie sogar fast völlig verboten. Die Distribution erfolgt für die Bücher nur zu einem Teil über den Buchhandel (dann natürlich zu Ladenpreisen, Sortimenterrabatten und Distributionsgebühren für Dienstleister) und für die Blätter generell nicht über den Pressegroßhandel (was die Kalkulationen von Sortimenter- und Grossorabatten entlastet) sondern im Eigenvertrieb. Die wirtschaftliche Bedeutung ist, wegen der fehlenden Ladenpreise, umsatzmäßig meist nur außerhalb des Buchhandels messbar, erreicht aber dort beträchtliche Größen; Absätze bzw. Auflagen liegen beim Fachbuch (Untergrenze) wie beim normalen Verlag, in den werbenden PR-Blättern der privatwirtschaftlichen Unternehmen (Obergrenze) jedoch oberhalb der einer

Ausgabe von *BILD*. Im Bereich der Verlagspublikationen als Regie-Produkte haben sich auch zahlreiche Dienstleister etabliert, die ihre Firmenkunden mit sogenannten Corporate-Publishing-Dienstleistungen versorgen. Diese Dienstleister sind oftmals Tochterfirmen etablierter Verlage, die sich auf Corporate-Publishing-Zeitschriften, Bücher und Online-Plattformen spezialisiert haben. Es gibt darüber hinaus seit den 1990er Jahren auch zahlreiche Neugründungen für Corporate Publishing.

2. Zwischenbetriebliche Kooperationen (Strategische Allianzen)

Alle bisher angesprochenen Verlags- und Wirtschaftsformen hatten eine Gemeinsamkeit: Es handelte sich um die Aktivitäten eines jeweils einzelnen Verlags, nie war eine wirtschaftliche Betätigung mit einem zweiten Verlag Thema. Solche Aktivitäten des Handelns der Verlage mit anderen Verlagen sollen sich anschließen, vom Lizenzhandel und Imprintprinzip über Vertriebs- und Koproduktionsgemeinschaften bis zum Gemeinschaftsverlag und zur Buchgemeinschaft. Da immer mindestens zwei Verlage kooperieren, ist als Dachbegriff »zwischenbetriebliche Kooperationen« gewählt worden, dieser eher betriebswirtschaftliche Terminus wird heute geläufiger marketingorientiert durch die »strategische Allianz« ersetzt. Die Buchgemeinschaften fallen aus dieser Systematik im Grunde heraus, da sie keine Verlage darstellen. Sie sind aber dennoch aufgenommen, weil sie ohne die Kooperation mit den – zum Teil sogar in ihrem Konzern befindlichen – Verlagen keine Wirtschaftsgrundlage besäßen, und bilden das die Wirtschaftsformen abschließende Kapitel.

Dabei darf man an dieser Stelle nicht den Blick davor verschließen, dass Verlagskooperationen nur eine spezifische Form der Unternehmenskooperation darstellen. Seit Mitte der 1980er Jahre hat die Tendenz der Wirtschaft, sich unternehmensübergreifend in Netzwerken zu organisieren und gemeinsam wirtschaftlich aktiv zu werden, deutlich zugenommen. Die Motive lassen sich mit unterschiedlichen Theoriemodellen beschreiben (vgl. Theling/Loos 2004). In der Praxis des Mediengeschäfts ist oftmals der Kernressourcenansatz hilfreich (vgl. Breyer-Mayländer 2004, S. 120 ff.), denn bei den betroffenen Unternehmen geht es um die Kombination unterschiedlicher Kernkompetenzen, die im Rahmen der unterschiedlichen Formen der Unternehmenskooperation klare betriebswirtschaftliche Vorteile bringen sollen. Dabei zeigt sich jedoch stets, dass eine Kooperation nur dann sinnvoll funktionieren kann, wenn die Unternehmen die theoretisch möglichen Synergien, die beispielsweise durch komplementäre Kompetenzen entstehen sollen, auch wirklich umsetzen können. Vieles steht und fällt in diesem Zusammenhang mit der richtigen Organisationsform, insbesondere der Aufbauorganisation und dem richtigen Kooperationsmanagement. Auch die Intensität, mit der die unterschiedlichen Partner aneinander gebunden sind, muss auf den Kooperationszweck abgestimmt werden. Ein einmaliges Zusammenarbeiten für die Produktion eines kartographischen Werks setzt noch keine gemeinsame Unternehmensführung voraus, während dies bei einem dauerhaften Zusammenarbeiten und einer engen Verschmelzung der kooperierenden Unternehmen eine Grundvoraussetzung darstellt.

Transaktionsform
Nichtvertraglich
Lizenzvereinbarung
Managementvertrag
Franchisingvertrag
Joint-Venture-Vertrag
Mergers & Acquisitions/Fusionsvertrag

Bindungsintensität

Unterschiedliche Bindung der Partner in Kooperationen

Der Großteil der Kooperationen im Buchmarkt ist in wesentlichen Teilen als Marketingkooperation ausgestaltet. Hier kommt der Vertrauensbasis zwischen den Kooperationspartnern und der Suche nach dem richtigen Partner (Partner-Fit-Analyse) eine zentrale Rolle zu (vgl. Branz 2009, S. 34, 44).

Entsprechend der unterschiedlichen Systematik von Kooperationen lassen sich auch die im Geschäftsfeld der Buchverlage entwickelten Kooperationsformen analysieren und zuordnen.

2.1 Lizenzhandel und Imprintgeschäft

Das **Lizenzgeschäft** ist vom Prinzip her das einfachere. Ein Verlag, der die Originalrechte besitzt, vergibt diese an einen Taschenbuchverlag oder eine Buchgemeinschaft und teilt seinerseits die Lizenzeinnahme mit dem Autor. Die Lizenzvergabe kann schon in Form der »Hauslizenz« erfolgen, wenn der Originalverlag einen Taschenbuchverlag besitzt oder eine Buchgemeinschaft im Konzernhintergrund hat. Geht die Lizenz ins Ausland, sind sowohl die Hardcover- wie auch die Taschenbuchrechte zu verhandeln (die weiteren Nebenrechtsverwertungen seien hier außer Acht gelassen). Die Geschäftsgrundlage ist im Durchschnitt eine Lizenzgebühr von 5 bis 7, aber auch bis zu 12 Prozent vom Ladenpreis in Bezug auf den erwarteten Absatz. Üblich sind auch Pauschalen für erwartete Mindestabsätze und Staffelgebühren nach Überschreiten dieser. Im Inlandsgeschäft kooperieren die Verlage direkt miteinander, im Auslandsgeschäft ist oftmals ein Agent, oft aber auch eine Agentur auf der deutschsprachigen sowie der ausländischen Seite dazwischengeschaltet.

Das **Imprintgeschäft** ist gegenüber dem klassischen Lizenzhandel neu und komplizierter. Es kann auch gar nicht von dem Imprint»verlag« alleine gesprochen werden, sondern nur, übergreifend, von einem Imprintprinzip, das einzelne Titel, Titelgruppen und Reihen, und schließlich ganze Programme umfasst. »Imprint« heißt dabei zunächst nur »Aufdruck« und entspricht damit unserem Pflichteindruck und Impressum. Gemeint sind aber beispielsweise die alten »SPIEGEL-Bücher« bei Rowohlt oder die von »Klett-Cotta im dtv«, bei denen der Imprintgeber auf dem Cover des Buches des Imprintnehmers erscheint. Andere, vielleicht weniger spektakuläre Beispiele sind etwa der »Damnitz Verlag im Verlag Plambeck & Co«, der »Poller Verlag im Verlag Bonn aktuell« oder der »Lexika Verlag im Max Hueber Verlag«, die belegen, dass das Imprintprinzip auch bei kleinen Verlagen, beim Hardcoververlag und bis ins Lexikonwesen hinein praktiziert werden kann.

Da das Imprint im Taschenbuch das bekannteste und das wirtschaftlich bedeutendste ist, wird es hier an den Anfang gestellt. Die Benutzung des Verlagsnamens und, sofern dies einen hohen Bekanntheitsgrad aufweist, auch seines Verlagssignets, sind das Prägende und neben den Inhalten die Wurzel des Wirtschaftsprinzips für den (Imprint-)Nehmer. Er schließt keinen normalen Lizenzvertrag, bei dem der Name des Gebers nur für die ganz interessierten Leser im Impressum sichtbar ist, der Name des Gebers wird vielmehr im Sinn einer Marke, nämlich auf dem Umschlag, herausgehoben. Der Imprintnehmer verspricht sich dadurch einen größeren Absatzeffekt, als er bei einer reinen Lizenznahme erhielte. Für den gebenden Originalverlag sind die Motive auf diesem Sektor dieselben, zusätzlich spekuliert er auf den rückwirkenden Werbeeffekt, der vom bedruckten Taschenbuchcover auf den Verlag der Originale zurückweist. Originalverlage mit taschenbuchfähigen Hardcovern verzichten deswegen oft auch auf die Etablierung einer eigenen Taschenbuchproduktion und eines Taschenbuchvertriebs, nicht nur wegen des Mangels an Know-how und an Manpower, sondern auch, weil ihr Image durch die Kooperation mit einem populären Taschenbuchpartner gewinnt.

Verlage, die von Haus aus zwar die Erfahrung für die Erstellung von Texten besitzen, aber keine auf dem Gebiet von Produktion und Absatz auf dem Buchsektor – wie etwa die Presseverlage, sind vollends auf Kooperationsformen angewiesen. Die Partner erstreben also ein Zusammengehen, nur in Ausnahmefällen auf einzelne Titel beschränkt, vielmehr in der Regel auf Dauer geplant, und regeln die Aufgabenverteilung in einem Kooperationsvertrag. Die Aufgaben und Pflichten orientieren sich an den Wünschen und Fähigkeiten von Geber und Nehmer. Im Fall der zitierten »Spiegel-Bücher« bei Rowohlt etwa lagen Auswahl und Redaktion bei dem Presseverlag, Herstellung, Werbung und Vertrieb hingegen beim Taschenbuch. Hier hatte der Nehmer das Recht, bei der Titelauswahl eine prinzipielle Negativoption auszuüben (d.h. der Nehmer kann einen Vorschlag des Gebers von sich aus zurückweisen). Im Modell »Klett-Cotta im dtv« mussten nicht Texte erst zu einem Buch zusammengestellt werden, sondern eine bereits vorliegende Originalausgabe wurde vom Taschenbuchverlag redigiert, produziert, beworben und abgesetzt. Hier hatte der Geber das Recht, durch Negativoption Titel erst nach einer bestimmten Laufzeit für das Taschenbuch freizugeben. In einem dritten Fall kooperieren Taschenbuchverlage z.B. mit Fernsehanstalten. Dann obliegt dem Sender nur die Überlassung des Text- und des Bildmaterials, der Rest liegt beim Taschenbuch-Verlag.

In allen Fällen ist das Gemeinsame: Verwendung des Gebernamens und seines Markenemblems (wie bei der gesponsorten Literatur, jedoch ohne Sponsorenzuwendungen oder Diversifikationsversuche), Besorgung von Werbung, Distribution und in der Regel auch Produktion durch den Nehmer (wie vom Verlagnehmer im Kommissionsgeschäft, aber hier nicht als Dienstleistung),

Imprint-Geber	Imprint-Nehmer	Imprint-Produkt
ARD	Rudolf Haufe	ARD-Ratgeber Geld bei Haufe
Beck	dtv	dtv Beck, div. Ratgeberreihen
Bild	Weltbild	Bild Bestseller Bibliothek
Rowohlt	Baltica Verlag	Rowohlt Bildmonographien im Baltica Verlag
Spiegel Verlag	Hoffmann und Campe	Spiegel Buch
SWR	Nomos	SWR Schriftenreihe Medienpolitik
WDR	Goldmann	Goldmann-WDR-Kriminalhörspiel
Zeit Wissen	Edel edition	Zeit Wissen Krimi Edition

Beispiele für Imprintgeschäfte bei Reihen- und Einzeltiteln

kein normaler Lizenzhandel (also der reine Verkauf der Rechte für die Vervielfältigung und die Verbreitung unter dem Namen des Nehmers) und schließlich keine Singularität eines Einzeltitels, sondern die Vielzahl und die auf Wiederholung gerichtete, Gebern wie Nehmern nützende Dauerkooperation. Zum besseren Verständnis sind ausgewählte wichtige Formen des Imprintgeschäfts zwischen Gebern und Nehmer sowie deren Aufgabenteilung in der oben stehenden Tabelle zusammengestellt. Das Imprintgeschäft hat seit der Jahrtausendwende geradezu einen Boom erlebt. Die Presseverlage mussten Verluste im Stammgeschäft ausgleichen und drängten nicht nur mit Hilfe von eigenen Verlagen in das Buchgeschäft, sondern fanden sich häufig auch als Imprintgeber. Die *Brigitte*-Buchreihe bei Gräfe + Unzer konnte mit zwölf Bänden das Knowhow der *Brigitte*-Versuchsküche an den Ratgeberpartner übertragen und dabei den Vertrauensbonus der eingeführten Marke nutzen. *Bild* kooperierte bei der Herausgabe seiner Comic-Bibliothek mit dem Weltbild Verlag. Der Grund, weshalb nicht alle Presseverlage mit eigenen Buchverlagen in den Markt eingestiegen sind, liegt in der Nutzung etablierter Vertriebs- und Marketingstrukturen durch die Kooperation mit einem Partner aus dem Buchgeschäft.

2.2 Arbeitsgemeinschaften

Ein frühes, heute klassisches Beispiel sind die inzwischen historischen »Bücher der 19«, eine auf Dauer angelegte Kooperation der wohl 19 bedeutendsten Belletristik- und Sachbuchverlage des deutschsprachigen Raumes. Rein äußerlich spiegelte sich bei diesen Publikationen eine Marketingidee ab: Ausgewählte Verlagstitel wurden, mit der entsprechenden Banderole umlegt, in gebundener Form, aber als Sonderausgabe, zum Sonderpreis an den Buchhandel geliefert, wobei die Bezeichnung »Bücher der 19« gleichzeitig als Marken- und Garantiesignal für die Qualität fungierte. Das Verfahren hatte natürlich nicht nur den Zweck, die Verwertung bereits erfolgreich verlegter Titel erneut anzukurbeln. Das tiefere Interesse bestand vielmehr darin, den von den Buchgesellschaften unter Lizenz genommenen und massenhaft zu Billigpreisen verlegten Ausgaben im Club Vergleichbares im Verlags- und Sortimentsmarkt entgegenzuhalten. Die damalige Arbeitsgemeinschaft erfolgte also aus Not und mit unverkennbaren PR-Absichten für Verlage und Buchhandel, die Kooperation hingegen beschränkte sich auf die Programmauswahl und den Werbebereich, denn jedes der »Bücher der 19«, die immerhin mehr als 200 Titel erreichten, trug als deutliches, aber einziges Kennzeichen die umgelegte Banderole und war hinsichtlich Satz, Druck und Einband das unveränderte Originalprodukt. Aus den 1970er Jahren stammt auch das Pendant auf Handelsseite, die »Buchwerbung der Neun«, die von neun Sortimentern als Marketingkooperation gegründet wurde, der im Gegensatz zum Verlag der »Bücher der 19« noch fortbesteht und sich auch im Jahr 2009 schwerpunktmäßig mit Prospektwerbung befasst.

Arbeitsgemeinschaften bestehen nicht nur im Bereich von Belletristik und Sachbuch. Beispielhaft steht hier »UTB«, die »Universitätstaschenbücher«. Von UTB wird oft, auch in der Buchhandelspresse, als einem »Verlag« gesprochen, es ist jedoch keiner. UTB belegt vielmehr eine zweite Kooperationsform in der Verlagswirtschaft, den als Arbeitsgemeinschaft deklarierten Zusammenschluss von Verlagen in Form der Vertriebsgemeinschaft. Ursprünglich war dies ein Weg, erfolgreiche Hardcover im Wissenschaftssektor den Studierenden als Taschenbuch zugänglich zu machen. Das Wirtschaftsprinzip dieser Vertriebsgemeinschaft ist wie folgt aufgebaut: Die wissenschaftlichen Originalverlage sind die Geber. Sie wählen nach eigenem Urteil aus, welcher Titel für die Publikation als UTB-Taschenbuch geeignet ist. Ursprünglich ging es dabei um die Vermarktung von Hardcover-Titeln als Taschenbuch, mittlerweile starten die UTB-Titel jedoch direkt ausgehend vom Originalverlag als Geber in einer Erstveröffentlichung als Taschenbuch. Dieser Titel erscheint, in einer Auflage zwischen 1000 und 10.000 Stück, unter dem einheitlichen roten oder blauen Cover, das außer den Namen von UTB auch den des Gebers enthält, während die inneren Titelseiten auf die übrigen Partner der Arbeitsgemeinschaft verweisen. Der Erfolg oder Misserfolg des Titels wird nicht von der Arbeitsgemeinschaft getragen, sondern vom jeweiligen Originalverlag. Die Arbeitsgemeinschaft berechnet die Kosten des Vertriebs und zusätzlich einen Regieaufschlag und steht somit dem Kommissionsgeschäft eines Verlegers nahe. Ein wirtschaftliches Risiko ist daher für sie kaum gegeben, während die beteiligten Verlage über die gemeinsame Vertriebsschiene (Corporate Design) sowie die Anzahl der Titel über eine überdurchschnittliche Buchhandelspräsenz, ein einheitliches Erscheinungsbild sowie kumulierten Programmumfang verfügen.

Diese Vertriebsarbeitsgemeinschaft, aus der Not geboren und die Kleinen vereint stark machend, ist so beständig, dass sie bald ihr vierzigjähriges Bestehen feiern kann. Die Kooperationspartner sind ihrer Gründungsphilosophie treu geblieben: »Mitglied konnten nur Verlage werden, die keinem Großverlag angegliedert waren. Mitgliedsverlage, die später an einen Konzern verkauft wurden, mussten aus der Uni-Taschenbücher GmbH ausscheiden.« Erfolg, Bestand und die speziellen Eigentümlichkeiten der Kooperation (fast alle Verlage der Bundesrepublik Deutschland sind mittelständisch) rechtfertigen für sie den Modellcharakter. Eine Erweiterung erfuhr die Kooperation im Jahr 2007 durch die Gründung von »UTB forum«, einem Vertriebszusammenschluss von 12 Wissenschafts- und Fachbuchverlagen aus dem deutschsprachigen Raum.

2.3 Koproduktionsgemeinschaft und Joint Ventures

Kooperationen unter den Verlagen brauchen sich nicht auf den Bereich Werbung und Vertrieb zu beschränken. Neben ihm und ihm übergeordnet steht die Koproduktion, weil sie erheblich größere Investitionsmittel verlangt und, nachdem diese geleistet sind, die Kooperation im Bereich Werbung und Vertrieb allgemein nach sich zieht.

Bei den Kooperationen auf dem Produktionssektor wird in der Fachliteratur allgemein zwischen der einmaligen, begrenzten – weil auf ein Projekt bezogenen Koproduktion einerseits – und der langfristigen – auf die Produktion vieler Projekte bezogenen – Kooperation, dem Joint Venture, unterschieden. Die Verlagspraxis zeigt hingegen, dass Koproduktionen langfristig und wiederholt und dass Joint Ventures zeitlich befristet und auf ein Projekt beschränkt sein können.

Koproduktionen erscheinen zunächst als die einfacheren. **Joint Ventures** heben sich gegenüber ihnen spektakulär ab. Handelt es sich um ein Joint Venture im klassischen Sinn, liegt in der Regel ein Großprojekt vor, das ein Verlag aus eigener Kraft nicht finanzieren kann. Hinzu kommt, dass der eigene nationale Markt nicht ausreichend ist, so dass fremde hinzukommen müssen – mithin Verlage des Auslands. Zum Dritten ist das entstehende Produkt oft so gestaltet, dass es z. B. zu 80 Prozent seiner Substanz nicht national, sondern international verbreitbar ist. Beispiele sind etwa internationale Atlanten. Entsteht ein neuer Typ eines Atlas, können durchaus Vorkosten in Höhe von deutlich fünfstelligen Euro-Summen pro Seite vor (!) dem technischen Produktionsbeginn liegen, die ein einzelner Verlag weder aufbringen noch umlegen könnte. Die internationale Koproduktion, bei der alle farbigen Druckvorlagen gemeinsam benutzt werden (und man lediglich die Schwarzplatte für die nationale Produktion auswechselt), macht solche Produktionen erst möglich. Die Produkte können Atlanten sein, aber auch aufwendige »Katalogbücher« internationaler Ausstellungen aus Kultur, Kunst und Wirtschaft, Bildbände und international verbreitbare Faksimiles. In diesen Fällen wird die Kooperation auf dem Gebiet der Koproduktion geschlossen, wobei dann bestimmte Partner aufgrund ihres besonderen Know-how, z. B. auf dem Gebiet der Kartographie oder Reprographie für die Faksimilierung mittelalterlicher Handschriften, eine gewisse Priorität besitzen, die Kooperation ist jedoch hinsichtlich ihres Umfangs und ihrer Zeit auf die Realisierung des Koproduktionsprojekts beschränkt, und keiner der beteiligten Partner verliert seine rechtliche oder wirtschaftliche Selbständigkeit. Das bedeutet, dass diese Unternehmen in anderen Märkten problemlos im Wettbewerb zueinander stehen können.

Ganz anders als das Joint Venture verstehen die Verlage hingegen das meist inländisch beschränkte **Koproduktionsgeschäft**. Mindestens zwei Verlage kooperieren hier, nicht um einmalige Großprojekte erheblichen Aufwands unter Beteiligung internationaler Partner auf den entsprechenden Märkten unterzubringen, sondern kleinere, in Serien fortsetzbare auf dem deutschen Markt. Die Beispiele dazu sind dann z. B. Taschenbuchserien wie »dtv/Thieme« oder »Goldmann/Schott«, wobei rein äußerlich ein ähnlicher Effekt wie im Imprintverlag entsteht. Koproduktionen zielen auf die Gemeinschaftsherstellung eines oder mehrerer Projekte, aber sind mit ihrer Realisierung erfüllt.

Koproduktionen kann man, wie Taschenbuchbeispiele zeigen, zeitlich unbegrenzt planen. Joint Ventures bedürfen nicht, wie Joint-Venture-Zusammenschlüsse zwischen Buch- und Presseverlagen in der Bundesrepublik zeigen, ausländischer Partner und Märkte. Gemeinsam ist wieder das jeweils dahinterstehende Wirtschaftsmotiv. Kein Partner alleine hätte die finanzielle Potenz, oder die technische, oder bei der Neuschöpfung von Produkten das geistige und schließlich das vertriebsmäßige Potenzial, um die verkaufbaren Produkte ohne die Mithilfe von Partnern zu schaffen. Deswegen die als Joint Venture oder Koproduktion geartete zwischen- oder überbetriebliche Kooperation, begrenzt oder dauerhaft, national oder international: als horizontale, wenn ein Verlag mit einem oder mehreren anderen Verlagen kooperiert, als vertikale bei der Kooperation mit einer der vor- oder nachgeschalteten Produktions- oder Handelsstufen, als wettbewerbsneutrale oder branchenunabhängige, wenn Verlage mit branchenfremden Unternehmen kooperieren (wie etwa Buchverlage mit »Tchibo«), oder als konglomerate, wenn die Partner wie im Fall der zitierten »Katalogbücher« Bibliotheken, Galerien, Museen oder, entsprechend zu den Engagements in der elektronischen Kommunikation, »Neue Medien« sind. Ein typisches Joint Venture im Auslandsgeschäft entstand 2002 durch die Gründung der Bauer-Weltbild-Media in Warschau, die als gemeinsame Tochter von Weltbild und Heinrich-Bauer Verlage entstand.

2.4 Gemeinschaftsverlage

Die Gemeinschaftsverlage in Deutschland konzentrieren sich auf die Herstellung und Verbreitung relativ preiswerter Produkte, nämlich Taschenbücher; diese jedoch meist in Serie. Die Dauerhaftigkeit und die Tatsache einer Firmengründung legen hingegen eher eine enge Verbindung mit dem Joint Venture nahe. Tatsächlich sind bei ihm die Existenz eines ausländischen Partners und die Herstellung und der Vertrieb einer fremdsprachigen Ausgabe ja nicht notwendig erforderlich, somit können die Gemeinschaftsverlage als Spezialfall der Joint Ventures gelten.

Die Gemeinschaftsverlage in der Bundesrepublik unterscheiden sich u. a. nach Gründungsmotiv, Größe und Ziel, und verschiedene geben sich nach außen auch gar nicht als Gemeinschaftsverlag zu erkennen. Die folgenden Beispiele liefern aber Modelle, wie die Kooperierenden auf den verschiedenen Stufen vorgehen. In dem ersten denkbaren Fall ist es so, dass ein einzelner Verlag wissenschaftlicher oder belletristischer Originale mit einem einzelnen Taschenbuchverlag kooperiert, der klassischerweise ein Lizenznehmer ist. Die Gemeinschaftsgründung hat zum Motiv, dass der Originalverlag über einen hervorragenden Autorenstamm und taschenbuchfähige Titel verfügt, nicht aber über die Möglichkeiten der Werbung und des Vertriebs, um dieses Potenzial auszuschöpfen: Dies ist das Problem des Hardcoververlags. Beim Taschenbuchverlag hingegen bestehen nach der klassischen Aufgabenteilung Stärken auf dem Gebiet des Vertriebs und der Werbung, aber Schwächen auf dem Gebiet der Akquisition, weil er aufgrund der für ihn notwendigen Breite des Programms und des dominierenden Lizenznahmeprinzips kein wissenschaftliches oder belletristisches Lektorat unterhalten, das entsprechende Programm aufbauen und die Originalautoren binden kann. Hier haben sich allerdings seit den 1990er Jahren Veränderungen ergeben, da viele belletristische Titel direkt als Taschenbuch veröffentlicht wurden und somit der Taschenbuchverlag auch dieselben Strukturen aufbauen konnte bzw. musste wie ein Hardcoververlag.

Im Gemeinschaftsverlag versucht man, durch die Kombination der jeweiligen Stärken unter Eliminierung der Schwächen einen Verlagstyp zu konstituieren, der beiden Verlagen neu ist und beiden nutzt. Natürlich wird das im Prinzip mögliche Verfahren normaler Lizenz vermieden. Auch wird nicht nach dem Prinzip des Imprint als »Verlag im Verlag« firmiert. Es wird vielmehr zur Hervorhebung der doppelten Kompetenz die Namenskombination der beiden selbständigen Verlage benutzt. Das konkrete Vorgehen und organisatorische Muster geschieht nach dem folgenden Ablauf: Beide Partner zahlen ihre Anteile in die zukünftige gemeinsame Firma ein. Die Programmabstimmung erfolgt einvernehmlich. Das Lektorat liegt beim Originalverlag, Werbung und Vertrieb bei dem Taschenbuchpartner; die Herstellung orientiert sich an dem Schwierigkeitsgrad der zukünftigen Projekte. Einmal im Jahr wird abgerechnet, und die Mutterverlage erhalten eine ihren Einlagen entsprechende Gewinn- oder Verlustzuweisung.

Beispiele aus der Vergangenheit waren auf dem wissenschaftlichen Sektor etwa die Gemeinschaftsverlage zwischen dem Hardcover-Verlag Athenäum und dem Fischer Taschenbuch Verlag (»Fischer-Athenäum«) und den Verlagen Vieweg und Rowohlt (»rororo-vieweg«). Ein zweiter Modellfall für diese Kooperationsform ist »dtv«, der größte im deutschsprachigen Gebiet existierende echte Gemeinschaftsverlag. Er ist eine Gründung der 1960er Jahre. Das Gründungsmotiv enthält mehrere Wurzeln. Einerseits das schon allgemein bekannte, dass Originalverlage in der Regel kaum in der Lage sind, für ihre taschenbuchgeeigneten Originale auch eine eigene Taschenbuchschiene zu schaffen. Andererseits fürchten sie, durch die Lizenzvergabe an die Taschenbuchverlage in eine allmähliche Abhängigkeit der Sekundärrechtsverwerter zu fallen. Deswegen erfolgte 1960 die neue Konstruktion des Deutschen Taschenbuch Verlags »dtv«, in dem zunächst elf führende deutsche Verlage aus allen Gebieten (Artemis, Beck/Biederstein, Deutsche Verlagsanstalt, Hanser, Hegner, Insel, Kiepenheuer & Witsch, Kösel, Nymphenburger Verlagshandlung, Piper, Walter) und Heinz Friedrich als Gesellschafter zeichneten. Anders als in den Gemeinschaftsverlagen mit nur wenigen Partnern ergaben sich jedoch von vornherein aus der andersgearteten Konstruktion herrührende Unterschiede: zunächst keine Verwendung der Namen der Partner in der Verlagsbezeichnung zwecks Hervorhebung der kooperativen Leistung des Gemeinschaftsverlags, keine gemeinsame Programmarbeit unter den Partnern, auch wurden Lizenzen anderer Verlage und Originale gestattet, sowie schließlich keine offene Dokumentation des Typs Gemeinschaftsverlag nach außen (auch im Impressum), so dass der erste Schritt zum »verdeckten« Gemeinschaftsverlag (statt des die Namen wie oben nennenden »offenen« Gemeinschaftsverlags) vorliegt.

Die wirtschaftliche Organisation des Gemeinschaftsverlags ist so, dass er in allen Situationen, sei es die Wahrnehmung von Gesellschafterlizenzen, der anderer Verlage, bei den erwähnten Imprints bzw. Koproduktionen und Originalen, autonom handelt, entsprechend seiner Konstruktion als rechtlich und wirtschaftlich selbständige Firma. Das Risiko für Gewinn oder Verlust, das noch nach dem Modell der Vertriebskooperation für Taschenbücher z. B. bei UTB voll bei den Gebern lag, liegt hier voll bei den Nehmern. Auch die Gesellschafterverlage tragen ein Produktions- oder Vertriebsrisiko also niemals direkt. Sie sind lediglich von der jährlichen Abrechnung des Gemeinschaftsverlags gegenüber seinen Betreibern zu dem jeweiligen Schlüssel betroffen. Die Größe des Verlags bzw. sein wirtschaftlicher Umfang übertrifft natürlich schon wegen der umfassenden Thematik das erste Modell (in obigen Beispielen: jeweils zwei Gesellschafter), hinsichtlich der Zielsetzung hat er, wenn der Verbrauchernutzen gemeint ist, dem »demokratischen Buchtypus« (Samuel Fischer) Formen und Verbreitung gebracht, die ein einzelner oder einzelne Taschenbuchverlage kaum schaffen könnten. Der Wirtschaftserfolg kann so groß sein, dass die Branche flüstert, wie schon ein geringer Anteil am »dtv« Originalverlage saniert habe und zur Existenzsicherung beitrage.

Für vollkommen entgegengesetzte Modelle existieren ebenfalls gute Beispiele. Im britischen Verlag Viking veröffentlichte im Jahr 1988 der Pakistaner Salman Rushdie sein Buch *The Satanic Verses*. In ihm wurden Allah und sein Prophet in einer Weise dargestellt, die den Vorstellungen der strenggläubigen Muslime nicht entsprach, etwa ein Besuch des Propheten Mohammed in einem Freudenhaus. Aus dem iranischen Lager des Islam verkündete deswegen der Ayatollah Khomeini, dass der Autor von jedwedem Muslim ermordet, »hingerichtet« werden dürfe und müsse: Nach der »fatwa« des Islam wurde sein »Todesurteil« verkündet. Der Autor tauchte daraufhin unter und lebte lange im Untergrund. Der Penguin Verlag, der sich die Rechte für eine Ausgabe im Taschenbuch gesichert hatte, musste unter Polizeischutz gestellt werden und hatte schließlich auf eine Veröffentlichung verzichtet. Die große englische Buchladenkette W. H. Smith stoppte aus Furcht vor Anschlägen – die auch stattfanden – einen offenen Verkauf in all ihren Filialen, der Vertrieb erfolgte – wenn überhaupt – »unter der Ladentheke«. Im deutschsprachigen Raum verzichtete der Verlag Kiepenheuer & Witsch in einem bis dahin einzigartigen Akt auf die exklusive Ausnutzung seiner Rechte an den *Satanischen Versen* und überschrieb sie, völlig unkommerziell, aber politisch völlig durchdacht, dem neu gegründeten Verlag »UN-Charta Artikel 19«, in dem über fünfzig Verlage aus Deutschland, aus Österreich und der Schweiz sowie Organisationen, Buchhandlungen, Autoren und Privatpersonen zusammengefasst waren. Der einzige Zweck des Verlags »UN-Charta Artikel 19« (nach dem Artikel der Charta über die Freiheit der Meinung und des Wortes so benannt) war die Publikation dieses Werkes, die 1989 erfolgte. Gewinne hat der Verlag (der im Impressum keinerlei Ortsangabe nennt) an die gemeinnützige Organisation »Writers in Prison« überwiesen.

3. Die Buchgemeinschaften

Alle Gründungsideen von Buchgemeinschaften, alle Vorläuferformen und ersten Gründungen selbst datieren aus der Zeit, als gedruckte Bücher knapp, ihr Erwerb teuer und ihre Verfügbarkeit als Leseprodukt sowie erst recht als Besitz ein Privileg der Vermögenden waren. Diesem Mangel versuchten erst »Lesegesellschaften« und dann »Clubs« Abhilfe zu schaffen, indem sie entweder Werke zur leihweisen Lektüre oder für den eigenen Erwerb zum verbilligten Preis zur Verfügung stellten. Bezeichnend ist, dass weltanschauliche Motive dabei den Ausgangspunkt bildeten und sich teils bis in das ausgehende 20. Jahrhundert hineinziehen. So ist einer der frühesten Ansätze der 1829 gegründete »Verein zur Verbreitung guter katholischer Bücher«, der einen ideellen Nachfolger in der 1952 (wieder-)gegründeten katholischen »Herder-Buch*gemeinde*« (nicht: Buch*gemeinschaft*) besitzt oder, als moderne Variante auf protestantischem Sektor, in der seit 1959 (neu) bestehenden »Evangelischen Buchgemeinde«. Ein Beispiel aus dem – einstmals ständischen, dann gewerkschaftlichen, heute privatwirtschaftlichen – Bereich ist die »Büchergilde Gutenberg«, durch die früher die Setzer und Drucker in den Genuss ihres »Endprodukts« kommen sollten und deren Gründung nach den Aussagen der Mitarbeiter direkt im Gefolge der russischen Revolution zu sehen ist. Sie steht hier zugleich exemplarisch für weitere frühere Ansätze des Arbeiterbildungsgedankens. Ein dritter Fall ist die »Wissenschaftliche Buchgesellschaft« in Darmstadt, die gleichfalls eine homogene »Gemeinde«, nämlich im Bereich der Wissenschaft, anvisiert. Allgemeine Interessensverfolgungen ergaben sich in allen Clubs erst allmählich, obwohl der Volksbildungsgedanke auch von den Anfängen an zur festen Idee der Buchgemeinschaft gehört.

Bei den heutigen Buchgemeinschaften handelt es sich um Neugründungen direkt im Gefolge der Nachkriegszeit oder der 1950er Jahre. Genau wie die ersten Verlage hatten sie sich die Lizenz (für die Firma) von den alliierten Besatzern zu holen. Anders als die Verlage begannen sie ihre Tätigkeit erst bzw. sobald die Verlage genügend Substanz für sekundäre bzw. tertiäre Verwerter aufgebaut hatten. Gemeinsam war zum Teil das Motiv des Wiederangebots der im ›Dritten Reich‹ verbotenen Literatur, was wirtschaftlich gesehen eine Marktlücke darstellte, zum Zweiten ging es von vorneherein um den anderen, wesentlich größeren Markt: »… auch dem minderbemittelten Leser die Welt der Bücher erschließen …« (zitiert nach Beinsen-Ruf 1979/80, S. 13). Buchgemeinschaften finanzieren, produzieren und verbreiten Bücher, genau wie Verlage, sind aber keine, obwohl sie selber vielfach als Verlage und Verlagsgemeinschaften firmieren oder Verlage besitzen. Von den Verlagen unterschieden sind sie durch ihr grundsätzlich anderes Wirtschaftsprinzip. Sie entwickeln weder Nachwuchsautoren noch im größeren Maßstab neue literarische oder wissenschaftliche Programme. Sie veranstalten keine eigenen Übersetzungen, wenn es um die Einführung neuer oder klassischer Literatur des Auslands in das Deutsche geht. Sie tragen nicht das den Verlagen typische Verlagsrisiko, sondern leben von dem bei den Verlagen Erfolgreichen und Erprobten. Das kulturschöpferische Element der Verlage, die Innovation, tritt hinter der kommerziellen Lizenzverwertung zurück. Ausnahmen bestätigen diese sehr harte Regel.

Es sind hier besonders die Namen der wissenschaftlichen, konfessionellen oder bibliophil engagierten Gemeinschaften zu nennen, die jedoch im Gegensatz zu den populären nach Mitgliedern und Umsatz die kleinsten darstellen.

Buchgemeinschaft	Mitglieder	Konzern
Bertelsmann Club	2.700.000 (Ende 2009)	Bertelsmann AG
Büchergilde	100.000	Unabhängig
Wissenschaftliche Buchgesellschaft	140.000	Unabhängig

Zur Struktur der Buchgemeinschaften in Deutschland

Deutschland galt als Land der Buchgemeinschaften, aber seit den 1970er Jahren stagnierten die Mitgliederstände und Zuwächse und hätten sich ohne die Wiedervereinigung in der alten Bundesrepublik auf maximal 7 Millionen Mitglieder als Sättigungsgrenze eingependelt – weil dann fast jeder dritte Haushalt der BRD Mitglied gewesen wäre und mehr sich nach Marktforschungsdaten wohl nicht hätte erzielen lassen (vgl. Beinsen-Ruf 1979/80, S. 37ff.). Um diese Mitgliederzahlen zu erreichen, hatten die populären Gemeinschaften schon früh ihr Sortiment um buchnahe und buchferne Produkte erweitert (Hörbücher, Musik-CDs, Film-DVDs, Buchmöbel, elektronische Geräte) und auf die inzwischen seit Jahrzehnten absehbare Tendenz zur Vergrößerung der Massenfreizeit mit Mitgliedsangeboten für die Freizeit geantwortet (u.a. Ferienwohnungen, Fernreisen, Kreuzfahrten oder einfach nur Lesereisen). Um das Potenzial voll auszuschöpfen bzw. neue Zielgruppen zu erschließen, wurde über Jahrzehnte auch mit den großen Versandhäusern kooperiert (Otto-Freizeit-Club im Otto-Versand, Schwab-Freizeit-Club im Schwab-Versand), so bei der Konzerngruppe Georg von Holtzbrinck. Weitere Wachstumsmöglichkeiten boten sich durch die Internationalisierung des Geschäfts an, das auf Europa und die USA ausgedehnt wurde.

Um auf das gedruckte Buch zurückzukommen und die Arbeit einer Buchgemeinschaft konkreter zu zeigen, ist von der erwähnten Lizenz auszugehen. Handelt es sich um eine der populären Gemeinschaften, so besteht hier (aber auch in den meisten kleineren) für die Auswahl der Titel ein den Verlagen durchaus entsprechendes Lektorat. Die Auswahl selbst orientiert sich an Bestsellerlisten (Novitäten), Berichten der Fachpresse (Börsenblatt, Buch-Markt, Buchreport) sowie der allgemeinen Presse, an »stillen« Erfolgen (Karl May, Kochbücher) als Steadysellern und schließlich der Bildung eines Anteils von Imagetiteln. Die Ausstattung ist klassischerweise das Hardcover (aber in einer anderen Gestaltung als das Original des Verlags) und gegenüber der Originalausgabe, um dem Verlag einen ausreichenden Verkauf zu ermöglichen, früher (aber heute nicht mehr) zeitlich um ein- bis zweieinhalb Jahre versetzt. Für beides gibt es jedoch Wandlungen (Zeitkontraktion bis zur Parallel-, d.h. Simultanpublikation).

Um das Programm attraktiv zu halten, agiert man nach dem Prinzip der Programmrotation, d.h. ein bestimmter Prozentsatz kommt als Novität ins Programm, während ein entsprechender alter Anteil ausscheidet. Der Anteil der Novitäten wurde über die Jahre hinweg erhöht. Die Auflagen sind so kalkuliert, dass sie in der Regel nach einem Quartal wieder ausverkauft sind. Vorbereitet werden kann dieser Erfolg mit Testkatalogen, die in Auflagen von mehreren 10.000 Stück an eine repräsentative Auswahl von Mitgliedern versandt werden; die Information über das endgültige Programm erfolgt dann später über die Mitgliederzeitschrift. Die Feststellungen dieser Art zur Produktpolitik werden unten noch ergänzt. Der wichtigste Unterschied gegenüber dem Wirtschaftsprinzip eines Verlags ist aber der Vertrieb. Er erfolgt nach dem Grundgedanken der Buchgemeinschaft nicht über den Buchhandel. Nach dem klassischen Muster unterhält sie unter seiner Ausschaltung die direkte sowie einzige Beziehung zu ihren Mitgliedern, daher auch die oft zitierte Bezeichnung »Tod des Sortiments«. Diese Art ist eine *einstufige* Vertriebsform. Neben sie trat die *zweistufige*, die den Buchhandel von vornherein einbezieht. Die Wende von der einstufigen zur zweistufigen Vertriebsform liegt direkt in der Nachkriegszeit, als Bertelsmann anbot, dass »niemand beim Verlag [bzw. der Buchgemeinschaft], aber jeder bei der Buchhandlung Mitglied im Bertelsmann Lesering werden« konnte (Gööck 1968, S. 115). Der Buchhändler trat hier zugleich als Betreuer wie auch als Akquisiteur auf und war an dem Erfolg der Gemeinschaft beteiligt. Die Konzeption entwickelte sich zu »shop in the shop« und Gemeinschaftsläden sowie andererseits eigenen Club-Centern oder Vertriebsläden. Diese hohe Präsenz im Ladenverkehr war erforderlich, weil die Kaufhäuser mit einem ähnlichen Billig- und Breitangebot die gleiche Zielgruppe wie die Gemeinschaften ansprechen – der Kaufhausbuchhandel erreichte in etwa denselben Umsatz wie alle Gemeinschaften zusammen – und einen entsprechenden Umsatzanteil an sich zogen. Vom shop-in-the shop-Prinzip ist man heute abgekommen, und es besteht die Zweistufigkeit fast ausschließlich im Betreiben von eigenen Filialen, die z. B. bei der Büchergilde Gutenberg sogar als Galerien auftreten.

Der Direktversand ist natürlich erhalten geblieben. Die Werbung der Buchgemeinschaften ist gegenüber der der Verlage grundsätzlich einseitig, weil sie sich in keinem Fall an das Sortiment (Buchhandelswerbung) richtet, sondern nur an die Leser. Dafür erfolgt sie aber gleich auf vier Ebenen: der in den Vertriebsstellen vor Ort, die aber nur einen geringen Anteil ausmacht; der Freundschaftswerbung neuer durch alte Mitglieder; einer Vertreterwerbung z. B. für den werbenden und reisenden Buchhandel; sowie einer vom Verlag bzw. der Gemeinschaft direkt ausgeübten schriftlichen Zeitungs- und Zeitschriftenwerbung und Mailings – die genannte Mitgliederzeitschrift war nur ein Aspekt. Ein Motiv für die Mitgliedschaft ist der gegenüber den Originalen niedrigere Mitgliedspreis. Er gestattet auch heute im Durchschnitt eine Ersparnis zwischen 30 und 40 Prozent. Die Bezugsbedingungen haben sich seit der Konstituierung der ersten Gemeinschaften erheblich zugunsten der Abnehmer verändert. Stand am Anfang noch ein Abonnement von einzelnen Pflichtbänden, so liberalisierte sich dies über das Angebot aus einer vorgeschlagenen Auswahl bis zum heutigen sogenannten Abnahmesoll von nur einem Produkt pro Quartal als Buch oder als Musiktitel oder einem anderen Produkt unabhängig vom Preis. Das eigentliche Geheimnis des Wirtschaftserfolges der Gemeinschaften besteht aber nicht in dem günstigen Mitgliedspreis, sondern in der gegenüber den Verlagen anderen Buchkalkulation (kein Buchhandelsrabatt und niedrige Lizenzgebühr) und der durch die Mitglieder möglichen Auflagenhöhen.

Ein Blick auf die Kalkulation zeigt die Unterschiede zwischen einer klassischen Verlagspublikation und der Veröffentlichung in einer der größten agierenden Buchgemeinschaften. Die Lizenzgebühr, die Buchgemeinschaften zu zahlen bereit sind, sind mit z. B. 4 Prozent vom Buchgemeinschaftspreis eher niedrig, werden aber akzeptiert, weil die Buchgemeinschaften auf dieser Basis oft auch Paketeinkäufe mit weniger lukrativen Titeln abschließen. Ist eine Buchgemeinschaft *einstufig*, d. h. sie verkauft nur im Direktversand, entfallen die Kosten für die Handelsspanne in der Verlagskalkulation. Stattdessen müssen die Kosten für das Direktmarketing berücksichtigt werden: Die Datenpflege der Adresspools, die Kosten für den Komplettbereich des CRM (Customer-Relationship-Management), bei dem insbesondere die Mitgliederbetreuung und -akquisition eine wichtige Rolle spielen, um nicht durch die Mitgliederfluktuation einen Substanzverlust zu verzeichnen. Der danach verbleibende Gewinn ist bereits prozentual und, trotz des geringeren Buchgemeinschaftspreises, auch absolut höher als bei einer klassischen Verlagskalkulation. Reduziert man, was realistisch ist, die Herstellstückkosten bei den Buchgemeinschaftsauflagen auf die Hälfte (wegen der Übernahme des Satzes bis hin zum fertigen Buchblock), liegen die prozentualen Gewinne beim Fünffachen, der absolute Gewinn pro Stück ist sogar mehr als drei Mal so hoch wie bei einer klassischen Verlagskalkulation.

Beim *zweistufigen* »modernen« Modell, das den Buchhandel einbezieht, entfällt der Rabatt im Gegensatz zum einstufigen nicht. Dafür liegen hier die Gemeinkosten aber deutlich niedriger, und es entfällt der Posten für die Mitgliederwerbung vollständig, weil Verwaltungs- und Werbeaufgaben an den Vertriebspartner delegiert sind. Aber auch hier liefert die Kalkulation einer Buchgemeinschaft mehr als das Fünffache im prozentualen Ergebnis und trotz des Ausgehens von einem niedrigeren Abgabepreis einen um ein Mehrfaches höheren Absolutgewinn. Es ist davon auszugehen, dass im Fall populärer Gemeinschaften die Durchschnittsauflagen im Gesamtprogramm im hochauflagigen Bereich, durchaus bei 100.000 Exemplaren, liegen können (Beinsen-Ruf 1979/80, S. 79). Das Beispiel belegt neben den Gewinnmöglichkeiten die finanzielle Absicherung und Potenz einer Buchgemeinschaft für Aktivitäten im Geschäft mit Verlagen, die schon aus einem einzigen Projekt hervorgehen können.

Buchgemeinschaften haben, mit Ausnahme der kleinen, seit ihrer Gründung teils deswegen auch immer wieder Kritik erfahren, die von der Verlagsseite, dem Sortiment aus und unter dem ideell-kulturellen Aspekt allgemein geäußert wurde. Eine eindeutige Bewertung lässt sich aber schlecht abgeben. Einerseits verfolgen viele Buchgemeinschaften klar kommerzielle Interessen, andererseits kaufte zumindest jedes Mitglied einer Gemeinschaft im Durchschnitt mehr Bücher pro Jahr und besitzt auch mehr Bücher pro Haushalt, was immerhin eine kulturelle Anreicherung bedeutet. Für das Sortiment sind Gemeinschaften gerade nicht die Todbringer, da sich einerseits die Theorie des Zwei-Märkte-Prinzips erhärtet hat, wonach sich Gemeinschaftskäufer (Bertels-

Verlagskalkulation

1.	Brutto-Ladenpreis (Lp)	100 %	oder:	38,00 €
2.	Mehrwertsteuer 7 %	6,54 %		2,49 €
3.	Netto-Ladenpreis/Warenwert	93,46 %		35,51 €
4.	Rabatt 35 % vom Lp	35 %		13,30 €
5.	Nettopreis (Np)	58,46 %		22,21 €
6.	Honorar 10 % vom Lp	10 %		3,80 €
7.	Gemeinkosten 40 % vom Lp	23,38 %		8,88 €
8.	Herstellkosten 20 % vom Lp	20 %		7,60 €
9.	Verlagsanteil (Gewinn pro Stück)	5,08 %		1,93 €

oder

10.	Verlagsanteil (Gewinn für Auflage 5.000)	9.650,00 €

		einstufige Buchgemeinschaft			zweistufige		
1.	Brutto-BG-Preis	100 %	oder:	24,70 €	100 %	oder	24,70 €
2.	Mehrwertsteuer	6,54 %		1,62 €	6,54 %		1,62 €
3.	Netto-BG-Preis	93,46 %		23,08 €	93,46 %		23,08 €
4.	Rabatt						
	einstufig: 0 %	÷ %		÷			
	zweistufig: 30 %				30 %		7,41 €
5.	Nettopreis	93,46 %		23,08 €	63,46 %		15,67 €
6.	Lizenz	4 %		0,99 €	4 %		0,99 €
7.	Gemeinkosten						
	einstufig: 40 % von 5.	37,38 %		9,23 €			
	zweistufig: 25 % von 5.				15,87 %		3,92 €
8.	Herstellkosten	»30,77%«		»7,60 €«	»30,77%«		»7,60 €«
9.	BG-Anteil vor 10.	21,31 %		5,26 €	12,82 %		3,16 €
10.	Mitgliedswerbung						
	einstufig: 10 %	10 %		2,47 €			
	zweistufig: 0 %				÷		÷
11.	Gewinn pro Stück	11,31 %		2,79 €	12,82 %		3,16 €
	bei halbem Anteil von 8.:						
12.	Gewinn pro Stück	26,70 %		6,59 €	28,21 %		6,96 €

Kalkulationsschemata der Typen von Buchgemeinschaften im Vergleich zum Schema der Verlagskalkulation mann: »... auch dem minderbemittelten Leser die Welt der Bücher erschließen«) von denen des Sortiments unterscheiden und ihm also keine Käufer abziehen, und andererseits die von den populären Buchgemeinschaften beauftragte Marktforschung gezeigt hat, dass die ehemaligen Gemeinschaftsmitglieder nach ihrem Ausscheiden den Weg in die Buchhandlungen finden – wo sie überdurchschnittlich kaufen.

Für die Verlage ist schließlich zu sehen, dass sie von jedem Geschäft mit der Buchgemeinschaft eine risikofreie Einnahme erhalten, welche die verlegerische Tätigkeit absichern und manche eigenen Projekte überhaupt erst ermöglichen. Dies gilt nicht nur für Massentitel, sondern zum Beispiel auch für bibliophile Ausgaben, bei denen eine kleine Gemeinschaft und ein Verlag koproduzieren. Schließlich ist sogar zu bedenken, dass Buchgemeinschaften mit eigenen Verlagen diese zu bestimmten Projekten erst anregen, was einen so konservativen Verleger wie Witsch in einer Rede einmal zu der Formulierung brachte, dass die Gemeinschaften »Schneisen in das Dickicht der Apathie« schlügen. Allerdings darf man diese Bedeutung nicht überschätzen. Denn gesamtwirtschaftlich macht der Buchgemeinschaftsumsatz mit 285 Millionen Euro (2007) oder 3 Prozent des Buchhandelsgesamtumsatzes einen eher bescheidenen Posten aus, von dem, wenn man sich an den gemeinhin gezahlten 4 Prozent Lizenzgebühr orientiert, den Verlagen insgesamt nur 11,4 Millionen Euro zufließen. Dieser Mittelfluss kann die Konzern-Hardcoververlage, die in der Regel auch Mutter eines Taschenbuchverlags oder von mehreren sind, stärken und die Konzentration in der Verlagslandschaft fördern.

Es wird langfristige Auswirkungen geben. Im Jahr 2009 wird das Buchgemeinschaftsgeschäft durch zahlreiche rechtliche Restriktionen erschwert, die neuerdings bei der Direktansprache von Privatpersonen gelten. Denn eine der Kernkompetenzen, die sich die großen Player im Geschäft der Buchgemeinschaften erworben haben, ist das crossmediale Direktmarketing. Es bleibt abzuwarten, ob im Zeitalter der Internet-Communities eine Neubelebung des Buchgemeinschaftsgedankens gelingt oder ob sich die Annäherung an den stationären Handel und den Internet- und Katalogversand fortsetzt.

Wie fließend der Übergang von der Buchgemeinschaft zum Versandhandel sein kann, zeigt das Beispiel von Weltbild. Weltbild hat mit dem Buch- und allgemeinen Warenversand eine starke Marktposition im Versandhandel, der auch über die entsprechenden Online-Plattformen des Konzerns und die Tochtermarken, wie etwa »Jokers«, auf unterschiedliche Zielgruppen ausgedehnt wird. Die Eigenproduktion von Hardcovern und Taschenbüchern entsprechen dabei dem Prinzip der Buchgemeinschaft und gestatten eine Verlagskalkulation mit den oben geschilderten Besonderheiten. Da diese Produkte jedoch ohne Abnahmezwang und Mitgliedschaft allen Käufern über den stationären Handel (Weltbild-Filialen) und den Versandhandel zur Verfügung stehen und mit einem breiten Handelssortiment (inklusive einem breiten Nonmedia-Angebot) kombiniert werden, geht dieses Modell über das Prinzip der klassischen Buchgemeinschaft hinaus.

III. Organisation im Buchverlag

Entwicklung, Aufbau und Organisation der frühen Verlage wurden bereits in dem historischen Kapitel beschrieben. All diesen frühen Formen ist jedoch gemeinsam, dass es sich nicht um Modelle heutiger Verlage mit den für sie typischen differenzierten Abteilungen handelte. Das Kapitel über die Wirtschaftsprinzipien enthielt mit seinen Bemerkungen zu Programm, Produktion, Kalkulation, Werbung und Vertrieb bereits wichtige Charakteristika, die zu Aufbau und Organisation gegenwärtiger Verlage gehören. Das Ziel war jedoch die Herausarbeitung von Wirtschaftsweisen, wobei die Darstellung des Spektrums samt seiner Sonderformen wohl schon ein Hinweis darauf gewesen sein dürfte, dass Verlage auch unterschiedlich aufgebaut und organisiert sein müssen. In diesem Kapitel wird es um Aufbau und Organisation eines normalen, des »eigentlichen« Verlags gehen. Doch »die« Aufbauorganisation »des« Verlages zu beschreiben, ist unmöglich; dies ergibt sich allein aus der Vielfalt der heutigen Verlagsunternehmen auch im »normalen« Verlag. Der Wissenschaftsverlag ist anders aufgebaut und organisiert als schon der (ihm nur scheinbar verwandte) für Schulbücher, dieser unterscheidet sich grundsätzlich von dem für das Kinderbuch, von allen verschieden ist ein Belletristik-Verlag.

Wenn man sich mit dem Aufbau eines Buchverlags intensiver beschäftigen will, so muss man zunächst das Thema der Unternehmensorganisation insgesamt analysieren. Daher werden wir nicht nur versuchen, ein idealtypisches Bild der allgemeinen Struktur »des« Verlages zu zeichnen, indem wir typische Aufbauformen skizzieren, sondern im ersten Abschnitt des Kapitels beschäftigen wir uns mit der Frage, nach welchen Prinzipien man Unternehmen organisieren kann und welche Vor- und Nachteile einige typische Organisationsformen besitzen.

1. Grundlagen der Organisation

Buchverlage sind Wirtschaftsunternehmen, die im Wettbewerb zu anderen Buchverlagen, aber auch zu anderen Unternehmen der Medien- und Unterhaltungsbranche stehen. Um ein Unternehmen erfolgreich zu führen, muss man darauf achten, die Ressourcen möglichst sinnvoll einzusetzen. Ob dies gelingt, hängt nicht nur von den Fähigkeiten und der Motivation der einzelnen Mitarbeiterinnen und Mitarbeiter ab, sondern ist sehr stark von den Rahmenbedingungen abhängig, die im einzelnen Unternehmen herrschen. Die Abläufe innerhalb eines Unternehmens sind häufig entscheidend für den späteren Markterfolg. Der Streit um die richtige Organisationsform eines Unternehmens hat im Regelfall eine lange Tradition und ist nie zu einem befriedigenden Ende zu führen, denn jede Organisationsform besitzt Vor- und Nachteile, die es gegeneinander abzuwägen gilt. Daher finden gerade organisatorische Umstrukturierungen in der Verlagsbranche häufig großen Widerhall. Beispielhaft sind die Konzentrationsschritte, die seit der Jahrtausendwende verstärkt die komplette Verlagsbranche erfasst haben. Der Süddeutsche Verlag war im Jahr 2005 das typische Beispiel eines Fachverlags, der die Aufbauorganisation aus Gründen der Kosten und Synergien straffte. Die Fachbuch-Verlage »verlag moderne industrie« (vmi, Bonn), Hüthig Technik (Heidelberg) und Redline (Frankfurt) wurden zusammengelegt, wobei Redline und vmi Buch auch rechtlich fusionierten. Die unterschiedlichen Unternehmenskulturen müssen bei solchen Zusammenlegungen aufeinander abgestimmt werden, damit die ursprünglich geplanten Vorteile auch in der Praxis realisiert werden können. Dass diese Veränderungen auch zu direkten Verlusten an Vielfalt in der Verlagslandschaft führen können, zeigt der Fall des Fachverlags Haufe, der 2008 den »Verlag praktisches Wissen«, Offenburg, aufgelöst hatte.

1.1 Aufgabenbereich der Organisation

Organisation ist einer der Begriffe der Management- und Betriebswirtschaftslehre, die neben ihrer fachlichen Definition auch mit einem Alltagsverständnis belegt sind (vgl. Menschen & Medien 2008). Dieses Alltagsverständnis von Organisation ist jedoch keineswegs einheitlich. Aber auch bei den Fachdefinitionen gibt es zahlreiche konkurrierende Ansätze. Organisieren als Tätigkeit wird bei einigen Festlegungen in den Vordergrund gerückt, während bei anderen das Organisationsgebilde als Objekt dieser Tätigkeit die Verwendung des Organisationsbegriffs prägt. Die Parallelität zwischen Alltagsdefinition und unterschiedlichen Fachdefinitionen führt in der Praxis zu sehr heterogenen Vorstellungen von Organisation, so dass wir zu Beginn unserer Diskussion die Grundlagen nochmals klären wollen.

Für einen Verlag geht es letztlich darum, die bestmögliche Erfüllung der betrieblichen Ziele (die meist mit Fremdbedarfsdeckung an Produkten, die als Kernkompetenz mit Information und Unterhaltung beschrieben werden können) zu erreichen. Hierfür ist es notwendig, dafür zu sorgen, dass die Aufgaben und Teilaufgaben innerhalb des Verlags nicht unkoordiniert wahrgenommen werden. Deshalb wird im Regelfall die Schaffung einer Organisationsform angestrebt, die aufgrund der Anordnungs- und Kontrollbeziehungen sowie der Kommunikationsbeziehungen die Erreichung dieser Unternehmensziele begünstigt.

Allgemein versteht man unter Organisationen »soziale Gebilde, die dauerhaft ein Ziel verfolgen und eine formale Struktur aufweisen, mit deren Hilfe Aktivitäten der Mitglieder auf das verfolgte Ziel ausgerichtet werden sollen«

(vgl. Menschen & Medien 2008). Es geht also dabei um eine Ausrichtung der Unternehmensstruktur an den Unternehmenszielen. Diese Ziele sind keineswegs über die lange Lebenszeit eines Unternehmens stets identisch, sie werden vom Wandel der betrieblichen Umwelt beeinflusst. Eine Änderung der Ziele kann aber auch eine Anpassung der Organisationsstruktur bedingen, so dass die Organisation im Zeitablauf unterschiedliche Ausprägungen annehmen kann.

Ziel der Organisation ist eine sinnvolle und konfliktarme Koordination der Aufgabenträger (vgl. Breyer-Mayländer/Werner 2003, S. 246). Wie dies erreicht wird, ist dabei vom Einzelfall abhängig, so dass die Lösungen keine Allgemeingültigkeit beanspruchen können. Neben allgemeinen Prinzipien gibt es daher individuelle Lösungen für einzelne Unternehmen. Zum Beispiel gibt es hinsichtlich der Starrheit bzw. Flexibilität der Organisation große Unterschiede, die den jeweiligen Unternehmens- und Marktbedürfnissen angepasst werden sollten. Die Organisation lässt sich in diesem Zusammenhang von der Improvisation und Disposition unterscheiden (vgl. Jung 2000, S. 242). Im Unternehmensalltag der Verlage wird von vielen Verlagsmitarbeitern Organisation auch mit Schwerfälligkeit und einschränkenden Rahmenbedingungen assoziiert, so dass sich die Frage stellt: Wie viel Organisation braucht ein Verlag eigentlich?

Organisation: Die Organisation legt Struktur und Ablauf der Unternehmensprozesse fest und ist zumindest mittelfristig auf Dauer angelegt. Hier kann man aus Sicht der Unternehmensführung lediglich die Probleme lösen, die in dieser oder ähnlicher Form immer wieder anfallen. Es ist kaum sinnvoll, eine Organisation so aufzubauen, dass auch jede noch so unwahrscheinliche Situation erfasst und geregelt wird.

Disposition: Für alle Fälle, die nicht als typisch für den Geschäftsverlauf anzusehen sind, gibt es die Möglichkeit, auf Basis der Einzelfallentscheidung, der Disposition, Lösungen zu suchen. Oftmals ist es in der betrieblichen Praxis nicht absehbar, ob ein Fall wirklich einmalig ist oder später nochmals in ähnlicher Form auftritt. Sobald bei einer Managementfunktion, z. B. als Herstellungsleiter in einem Fachbuchverlag, der Anteil der Einzelfallentscheidungen sehr stark ansteigt, lohnt es sich, nach neuen Organisationsmodellen zu suchen. Der Großteil der täglichen Arbeit lässt sich in vielen Fällen durch Organisation abdecken. Dies hat gegenüber der Disposition den Vorteil, dass die Entscheidungen verlässlicher sind und Außenstehende, im Fall eines Herstellungsleiters könnten dies z. B. Dienstleister aus dem Herstellungssektor sein, klar wissen, was sie erwarten können.

Improvisation: Wenn die Organisation für ein Problem noch keine Lösung bietet, kann man über eine vorläufige Struktur den ersten Engpass überbrücken. Die Improvisation schafft so Lösungen, die im Gegensatz zur Organisation noch nicht den Anspruch haben, dauerhaft zum Einsatz zu kommen.

Es leuchtet sofort ein, dass es für die Handlungsfähigkeit eines Verlags ganz entscheidend ist, die richtige Mischung zwischen den drei Komponenten Organisation, Disposition und Improvisation zu finden. Ein neu gegründeter Verlag oder ein Internet-Start-Up, das Hörbücher vermarktet, werden deutlich geringere Anteile im Bereich Organisation besitzen als ein etablierter Fachbuch- oder ein großer Belletristikverlag. Während der neu gegründete Verlag und das Start-Up versuchen, die Organisationsanteile zu erhöhen, um weniger Energie und Aufwand in typische Probleme zu investieren, die mit einer ausgefeilten Organisation einfach lösbar sind oder erst gar nicht entstehen, ist bei einem bereits seit längerem etablierten Verlag die Problemstellung häufig anders gelagert. Gerade dann, wenn das Unternehmen schon eine Zeit lang am Markt existiert, geht es hier häufiger darum, starre organisatorische Strukturen aufzubrechen und in Frage zu stellen und Mitarbeiter/innen wie Unternehmen dazu zu ermuntern, mehr Improvisation zu wagen und damit mehr Flexibilität zu realisieren.

1.1.1 Aufbauorganisation im Verlag

Die Aufbauorganisation ist der Teil der Unternehmensstruktur, der für die folgende branchentypische Diskussion die größte Bedeutung besitzt. »Die Aufbauorganisation als Teil der Betriebsorganisation hat nun die Aufgabe, die verschiedenen betrieblichen Funktionsträger derart aufeinander abzustimmen, daß eine sinnvolle Kooperation der arbeitenden Menschen und deren betrieblichen Tätigkeiten auf das zu erreichende Unternehmensziel gewährleistet wird« (Meyer/Stopp 1991, S. 22).

Im Gegensatz zur Ablauforganisation steht hierbei nicht der Arbeitsvorgang und die Aneinanderreihung von Arbeitsabläufen im Vordergrund, sondern die Gestaltung des Unternehmensaufbaus, d.h. die Gestaltung der Produktivfaktoren. Damit die Abgrenzung zwischen Aufbau- und Ablauforganisation deutlich wird, wollen wir hier zunächst kurz die Ablauforganisation beschreiben:

Die Ablauforganisation ist die sogenannte Prozessorganisation und beschreibt den Ablauf der einzelnen Arbeitsschritte, die ein Produkt oder ein Produktionsschritt im Unternehmen durchlaufen muss. Es geht dabei um die zeitliche und örtliche Anordnung der Arbeitsbeziehungen. Ziel ist es, Kosten, Durchlaufzeiten und die Prozessqualität in ein günstiges Verhältnis zu bringen. Wie lange braucht beispielsweise ein Belletristik-Verlag von der Manuskript-Akquisition bis zur Auslieferung der fertigen Exemplare in den Buchhandel? Wovon hängt es ab, wie lange und wie teuer dieser Prozess im Unternehmen ausfällt? Hier werden in der Praxis die einzelnen Schritte durch sogenannte Workflow-Analysen unter die Lupe genommen und in ihrem Zusammenspiel bewertet.

Die Aufbauorganisation hingegen bestimmt die Struktur des Unternehmens und ist daher gerade für Verlage von großer Bedeutung. Wenn es darum geht, ob einzelne Produkte z.B. E-Books eines Print-Verlags als eigenständige Unternehmenseinheit (neudeutsch meist Unit) geführt werden sollen, entscheidet die Organisationsstruktur über die Quersubvention zwischen Produkten bzw. die Transparenz innerhalb der Unternehmung. Bei eigenständigen Tochtergesellschaften sind für die neuen Produktbereiche größere Entwicklungsspielräume gegeben, da man nicht ständig auf die Belange und Befindlichkeiten der anderen Produkte Rücksicht nehmen muss.

Die Aufbauorganisation, dargestellt im Regelfall durch ein Organigramm, regelt den Aufbau der Hierarchie und damit auch die Entscheidungsgeschwindigkeit eines Verlags. Die Zuständigkeiten innerhalb eines Unternehmens sollten klar definiert sein, so dass im Zweifel rasch reagiert werden kann. Bei großen Unternehmen regelt die Aufbauorganisation auch die Frage, ob zentral oder dezentral gearbeitet wird. Zentral aufgebaute Unternehmen haben häufig Vorteile im Bereich des Kostenmanagements, da viele Synergien genutzt werden können. Als Nachteil kann man jedoch in vielen Fällen die Marktferne des Managements spüren und Schwerfälligkeit bei den Entscheidungen ausmachen.

Die Aufbauorganisation beschreibt auch die hierarchische Über- und Unterordnung von Bereichen, Funktionen und Stellen und legt damit deren formale Kommunikationsbeziehung fest. Die Anordnungslinien und Kommunikationskanäle werden ebenfalls daraus ersichtlich. Mediengruppen und Verlage als arbeitsteilige Einheiten haben einzelne Untereinheiten, wie z. B. Bereich, Hauptabteilung, Abteilungen, Gruppe, Untergruppe und Stelle. In dieser durch zahlreiche grafische Darstellungen der Aufbauorganisation (Organigramme) bekannten Untergliederung werden alle Funktionsträger mit Anordnungsbefugnis als »Instanz« bezeichnet. Ihnen kommt vor allem bei der Entwicklung der Führungskultur eine zentrale Bedeutung zu (s. S. 108).

In der Praxis kann man bei Führungsseminaren mit Verlagsführungskräften immer wieder die Diskussion ausmachen, ob es nicht sinnvoll sein könnte, die Aufbauorganisation der jeweiligen Abteilung an die Persönlichkeiten, Potenziale und Talentstrukturen der vorhandenen Mitarbeiter/innen anzupassen. Schließlich erhalte man so eine Struktur, die die Stärken des Einzelnen ideal berücksichtige. Die Vertreter der Gegenposition verweisen in diesem Zusammenhang jedoch auf die Probleme, die bei solchen Anpassungen entstehen, da eine Veränderung der Zusammensetzung des Teams gleichzeitig eine Veränderung der Organisationsstruktur bedeuten würde. Daher sieht man im Regelfall von einer zu großen Individualisierung der Aufbauorganisation ab. Allenfalls bei seltenen Kombinationen von Fähigkeiten ist es legitim, eine Stelle an zukünftige (oder existierende) Stelleninhaber anzupassen. Letzteres ist bei Führungspositionen im Verlagsbereich immer wieder der Fall.

Dies demonstriert das Spannungsverhältnis zwischen der Struktur auf der einen und den persönlichen Qualifikationen der Mitarbeiter und Führungskräften auf der anderen Seite. Letztlich soll die Stabilität gewährende Organisationsstruktur nicht dazu führen, dass die individuellen Voraussetzungen und Motivationen von Mitarbeiterinnen und Mitarbeitern ignoriert werden. Jedoch kann nur eine starke Organisationsstruktur ein koordiniertes Zusammenarbeiten ab einer bestimmten Größenordnung des Unternehmens sicherstellen und dadurch ein sinnvolles und motivierendes Arbeiten ermöglichen.

Die kleinste organisatorische Einheit der Aufbauorganisation, die Stelle, beschreibt das Aufgabenpensum, das bei normalem Leistungsvermögen durch eine nur gedachte und nicht bereits bestimmte Person erbracht werden kann. Hier stellt sich die Frage, welche Informationen über eine Stelle im Buchverlag für die Unternehmensorganisation vorliegen. Dabei hat sich in Deutschland die Nutzung von Stellenbeschreibungen durchgesetzt, die wiederum in einem Stellenplan zusammengefasst sind. In der Stellenbeschreibung werden Aufgabengebiete, Grad der Anforderungen, Entscheidungs- und Ausführungskomponenten etc. aufgeführt. Da dies im Laufe der Entwicklung von Verlag und Mitarbeiter nicht starr bleiben wird, muss eine solche Beschreibung regelmäßig auf den neuesten Stand gebracht werden. So sind in der Verlagsherstellung heute deutlich andere Kompetenzen erforderlich, als dies zu Zeiten des Klebeumbruchs noch Ende der 1980er Jahre der Fall war. Ein anderes Beispiel für die Verschiebung einmal festgelegter Anforderungen ist die sukzessive Ausweitung von Einflussmöglichkeiten durch einen Mitarbeiter im mittleren Hierarchiebereich, der sich mittlerweile z. B. als Vertriebsleiter einen Status erarbeitet hat, der es ihm ermöglicht, bereits bei der Neukonzeption von Programmlinien frühzeitig mit einbezogen zu werden, wenn es um deren Vermarktbarkeit geht. Hier können Kompetenzausdehnungen stattfinden, ohne dass dies jemals formal vermerkt wird. Daher sei an dieser Stelle bereits angemerkt, dass man es im Management von Buchverlagen stets mit zwei Organisationsebenen zu tun hat. Der formalen Organisation, wie sie geplant und formal festgeschrieben wurde, und der informellen Organisation, die dadurch entsteht, wie im Unternehmensalltag die Kommunikations- und Informationsbeziehungen gelebt werden.

Ein zentrales Element bei der Ausgestaltung der Aufbauorganisation ist das Wechselspiel zwischen schlanken Organisationsstrukturen, d. h. dem Streben nach möglichst flachen Hierarchien und der Größe der Leitungsspanne. Die Leitungsspanne beschreibt, wie viele Mitarbeiter einem Vorgesetzten zugeordnet sind. Dieser Wert (engl. »span of control«) kann stark schwanken. Dabei hängt er natürlich von den Umständen innerhalb des Betriebs ab. Eine hohe Leitungsspanne im Buchverlag ist dann möglich wenn (vgl. Breyer-Mayländer/Werner 2003, S. 249):

- das Arbeitsumfeld der Mitarbeiter stabil ist (Routinetätigkeiten),
- die Mitarbeiter ähnliche Tätigkeiten ausführen,
- Mitarbeiter an einem Ort gut gebündelt sind,
- die Mitarbeiter gut qualifiziert sind für ihre Aufgaben,
- das Management über Infrastruktur (Assistenten etc.) verfügt.

Diese abstrakten Ausführungen lassen sich an verlagstypischen Beispielen verdeutlichen. Bei Mitarbeitern, die mit klarer Anweisung einer Routinetätigkeit nachgehen, lassen sich hohe Leitungsspannen umsetzen, beispielsweise bei Hilfstätigkeiten in der Druckweiterverarbeitung einer Buchproduktion. Ein Lektorat eines Buchverlags lässt sich nicht mit derselben Struktur führen. In diesen Fällen, in denen die Leitungsspanne geringer sein muss, ergibt sich automatisch eine Zunahme der Hierarchieebenen (vgl. Daft 1999, S. 312). Hierarchieebenen sind jedoch sehr kostspielig (Führungsaufgaben werden im Regelfall höher dotiert als vorwiegend operative Tätigkeiten), und die Entscheidungsgeschwindigkeit leidet durch eine Zunahme der Hierarchiestufen. Daher hat sich in den 1990er Jahren der Trend zum »Lean Management« entwickelt, bei dem der Abbau der Hierarchieebenen oberstes Ziel war. Die Folge war eine Zunahme der Leitungsspanne. Dies war aber nur dadurch möglich, dass Verantwortung von den Instanzen (Leitungsstellen) auf die Mitarbeiter überging, so dass hier mehr Mitarbeiter mit eigenständiger Arbeitsweise gefragt waren.

Stab-Liniensystem: Wie in der Diskussion um das Problem der »richtigen« Leitungsspanne schon deutlich wurde, besteht im Management eines Verlags stets die Gefahr, dass die Führungskräfte, die sogenannten Instanzen, durch eine zu große Aufgabenfülle nicht mehr handlungsfähig sind. Gleichzeitig möchte man deren Aufgabenbereiche möglichst groß definieren, damit man die Ressource Management entsprechend gut nutzen kann. Dies führt auf Basis der Führungstheorie von Henri Fayol (vgl. Breyer-Mayländer 2004, S. 22) zu der Überlegung, wie man Instanzen am besten entlasten könnte. Er war ein klarer Verfechter des Einlinien-Systems, wonach die Aufbauorganisation so gestaltet werden muss, dass eine einheitliche Auftragserteilung vorliegt (es gibt nur einen Vorgesetzten), aber er sah auch die Notwendigkeit, diesen einen Vorgesetzten zu unterstützen.

Die Lösung war die Ergänzung der Linienorganisation durch Stabsstellen. Ein Verlagsleiter kann beispielsweise in spezifischen Funktionsbereichen (»Rechte und Lizenzen« oder »Personal«) von einem Spezialisten unterstützt werden, der ihm direkt unterstellt ist. Ein solcher Experte ist dann gegenüber den übrigen Mitarbeitern und Führungskräften der Linienorganisation nicht weisungsbefugt, sondern er kann nur koordinierend tätig sein. Es erfordert daher einiges an diplomatischem Geschick, in diesen Positionen nicht nur als lästiges Anhängsel der Unternehmensführung der zugeordneten Instanz wahrgenommen zu werden. Neben fachlich spezialisierten Stabsstellen zur Entlastung der Instanzen gibt es auch die generelle Entlastung in Form von »Assistenten«, die einer Instanz direkt zugeordnet sind. Im folgenden Beispiel gibt es einen Geschäftsführer des Buchverlags, dem in der Linienorganisation als nächste Instanz die Abteilungsleiter des Lektorats und des Marketing zugeordnet sind. Als Stabsfunktion wird die Instanz Verlagsgeschäftsführung durch die Stabsstelle »Rechte und Lizenzen« entlastet:

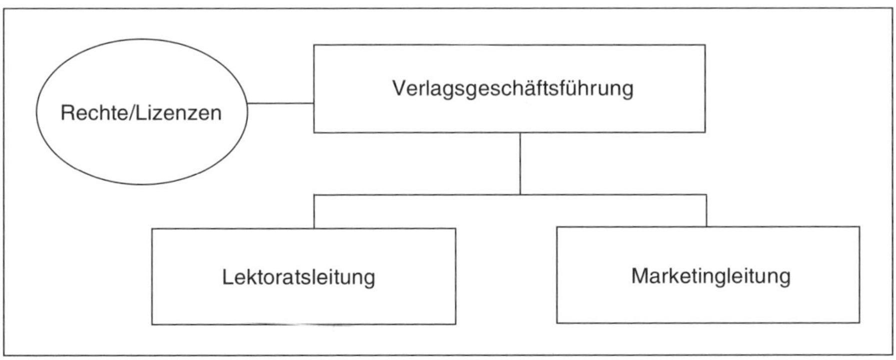

Typisches Stab-Linienmodell eines Buchverlags (Quelle: eigene Darstellung)

Eine gängige Organisationsform besteht in der Stabs-Projektorganisation (vgl. Wicher 2003, S. 73), bei der das Projektteam direkt über eine Stabsstelle an die Unternehmensleitung angekoppelt ist. Typisch für solche Organisationsformen sind interne Veränderungsprozesse in größeren Verlagen:

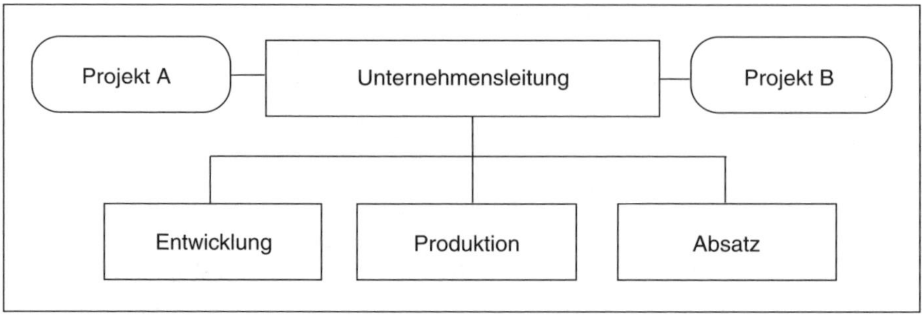

Stabs-Projektorganisation (Quelle: Wicher 2003, S. 73)

Die Projektgruppe kann bei einer solchen Organisationsform unabhängig von den Interessen der einzelnen Abteilungen arbeiten, was im Regelfall eine größere Objektivität mit sich bringt, da die Interessen einzelner Divisionen oder Funktionsbereiche nicht das Projekt dominieren. Allerdings handelt man sich bei dieser Organisationsstruktur die üblichen Konflikte ein, die zwischen Stab und Linie bestehen. Stabsabteilungen stehen häufig im Ruf, keine praktische Erfahrung vom »richtigen Geschäft« mitzubringen und nur am Schreibtisch aktiv zu sein. Diese Spannungen wurden beispielsweise bei zahlreichen New Media-Projekten sichtbar, die in Verlagen durch Stabsabteilungen (Assistenz der Geschäftsführung) durchgeführt wurden. Erst mit dem Wandel vom Stabsprojekt zum eigenständigen Profit Center kam hier häufig die Anerkennung für den gesamten Themenbereich, der zuvor als Sandkastenspiel der Stabsabteilungen abgetan wurde. Da Stabsabteilungen grundsätzlich keine Befugnis gegenüber der Linie besitzen, sondern nur mit »geliehener Macht« durch die Nähe zur Unternehmensführung arbeiten, können diese Vorurteile und Widerstände nur durch geschickte Kommunikationsarbeit der Projektleitung begrenzt werden. Dabei ist entscheidend, dass stets ein gewichtiges Mitglied der Unternehmensführung als Macht-Promotor dem Projekt zugeordnet ist und das Projekt intern und extern vertritt.

1.1.2 Klassische Formen der Aufbauorganisation

Die Formen der Aufbau- oder Strukturorganisation unterscheiden sich nach dem Grad der Zentralisierung von Aufgaben und Themen. Zentralisation in einem Verlag bedeutet, dass gleichartige Aufgaben zusammengefasst werden, während bei der Dezentralisation gleichartige Aufgaben auf mehrere Stellen verteilt sind.

Dabei gibt es unterschiedliche Ansätze, eine Zentralisation von Aufgaben vorzunehmen, die auch direkt die dazu gehörigen Unternehmensformen erklären. Bei der räumlichen Zentralisation werden bestimmte betriebliche Funktionen räumlich konzentriert, um vor allem den Personalaufwand (z. B. bei der Produktion) zu vermindern und die Kontrolle zu erleichtern. Bei der funktionsmäßigen Zentralisation werden beispielsweise gleichartige Verrichtungen bzw. Unternehmensfunktionen gebündelt, um eine höhere Spezialisierung zu ermöglichen.

Bei der Bildung der Aufbauorganisation gibt es zwei grundsätzliche Gliederungsprinzipien: Einerseits die Gliederung nach Produktgruppen, Regionen etc. im Rahmen einer *divisionalen* Organisation. In diesem Fall werden die Abteilungen auch als Division bezeichnet. Andererseits die Gliederung nach Funktionsbereichen (Verrichtungen) im Rahmen der *funktionalen* Gliederung. Die Abteilungen können für dieses Gliederungsprinzip auch als Funktionsbereiche bezeichnet werden. Diese beiden Prinzipien schließen sich nicht aus. Natürlich kann bei großen Unternehmen die Gliederung nach Divisionen z. B. durch eine funktionale Untergliederung einer jeden Division ergänzt werden, ausschlaggebend für die Zuordnung ist dabei das Gliederungsprinzip, das bei der obersten Gliederungsebene eingesetzt wurde. Anhand der folgenden Beispiele aus dem Medienbereich werden die wichtigsten Vor- und Nachteile dieser Organisationsformen dargestellt.

Divisionale Organisation: Größere Medienunternehmen haben das Problem, dass sie eine sehr große und komplexe Organisation aufbauen müssen, aber der Markt kleine und flexible Einheiten erfordert. Das bedeutet, dass ein Medienkonzern, der eine Reihe unterschiedlicher Geschäftsfelder parallel betreibt, darauf achten sollte, dass nicht die Probleme eines Teilbereichs die Arbeit des gesamten Unternehmens beeinflussen können. Daher haben größere Verlage und Medienunternehmen häufig als oberstes Gliederungsprinzip die sogenannte »divisionale Gliederung« für sich entdeckt, wie wir in Kapitel I anhand der Georg von Holtzbrinck GmbH aufgezeigt haben.

Bei Medienkonzernen stehen meist die einzelnen Produkte im Vordergrund. Großunternehmen nutzen diese Gliederungsmöglichkeit, um ihre Topebene zu strukturieren und haben meist darunter jedoch die ressourcenschonende funktionale Gliederung angesiedelt. Alternativ zu einer Gliederung nach Produkten sieht man bei der divisionalen Gliederung häufig eine Gliederung nach Regionen. Wovon hängt es nun ab, welches Gliederungsprinzip zum Einsatz kommt? Hier gilt der Grundsatz, dass das Gliederungsmerkmal benutzt wird, das dazu führt, dass sich die einzelnen Divisionen am deutlichsten in ihrer Arbeits- und Wirtschaftsweise unterscheiden. Sind daher die Vertriebsgebiete und Märkte so unterschiedlich, dass eine einheitliche Bearbeitung nicht sinnvoll erscheint, wird man dieses Merkmal nutzen. In vielen Fällen im Verlags- und Medienbereich ist der Unterschied im Produktspektrum das zunächst hilfreiche Trennungskriterium. Selbstverständlich ist die Koordination über die Divisonsgrenzen ebenfalls ein Schlüsselfaktor für den Erfolg oder Misserfolg des Unternehmens. Wenn der Bereich der Publikumsverlage neue elektronische Angebote plant, muss eine Unterstützung aus dem Bereich der Elektronischen Medien und Services möglich sein.

Funktionale Gliederung: Wie in vielen Branchen hat sich auch in der Verlags- und Medienbranche bei zahlreichen Unternehmen zunächst eine Gliederung des Unternehmens nach dem »funktionalen« Prinzip durchgesetzt. Das bedeutet, dass die oberste Gliederungsebene des Unternehmens sich anhand der sogenannten »Verrichtung«, d. h. der auszuführenden Tätigkeiten orientiert und somit funktionsbezogene Fachabteilungen entstehen. Ein derartiges Unternehmen kann beispielsweise in der Verlagsbranche folgende Struktur besitzen:

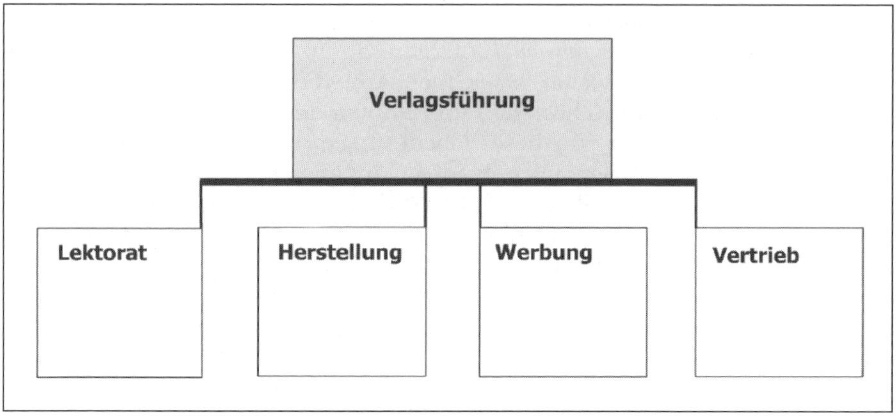

Funktionale Gliederung im Buchverlag

Der Vorteil dieser weit verbreiteten Lösung besteht darin, dass man mit weniger Personal erfolgreicher arbeiten kann, als dies in anderen Organisationsformen der Fall ist. Es sind damit sehr kostengünstige Verlagsunternehmen gestaltbar. Neue Mitarbeiterinnen und Mitarbeiter können einfach in die Fachabteilungen integriert werden, da es Ansprechpartner mit ähnlichem Aufgabenfeld innerhalb der Abteilung gibt. Aber wir hatten ja bereits zu Beginn dieses Kapitels angekündigt, dass es nicht die ideale Organisationsform gibt, sondern immer eine Abwägung der Vor- und Nachteile stattfinden muss. Denn auch diese Organisationsform besitzt zahlreiche Nachteile. Die Kommunikation und Koordination über die Fachabteilungen hinweg ist eher schwierig. Was bei technologieabhängigen Industriebetrieben sehr einfach anhand der schwierigen Zusammenarbeit von Marketing und »Forschung und Entwicklung« im Sinne eines gemeinsamen Innovationsmanagements deutlich wird, kann im Verlagsbereich sehr einfach anhand der Abteilungen Lektorat und Vertrieb erlebt werden. Häufig hatten sich hier sehr starre Vorurteile verfestigt, die eine Art »Stammessozialisation« innerhalb der Abteilung ergab. Die Denk- und Ausbildungsstrukturen innerhalb der Abteilung als Funktionsbereich sind vergleichsweise homogen und unterscheiden sich stark vom Denk- und Wertemuster der Kollegenabteilung. Insbesondere dann, wenn im Rahmen von veränderten Marktumgebungen eine schnelle und innovative Zusammenarbeit der unterschiedlichen Funktionen erforderlich wird, kommt es dazu, dass neue Organisationsformen gefunden werden müssen.

Matrixorganisation: Bei dieser Organisationsform wird das Einlinienprinzip aufgegeben, wonach nur ein Vorgesetzter für einen Mitarbeiter zuständig ist. Stattdessen gibt es die Fachvorgesetzten der jeweiligen Funktion/Verrichtung wie z. B. Redaktion oder Anzeigen und die Vorgesetzten der Leistungsfunktion für bestimmte Produkte. In vielen Verlagen werden solche Organisationsformen in jüngster Zeit immer häufiger für Projekte eingesetzt. Der Vorteil der funktionsübergreifenden Kommunikation und Kooperation gleicht in diesen Fällen die Nachteile des höheren Abstimmungsbedarfs und des höheren Kommunikationsaufwands im Regelfall aus.

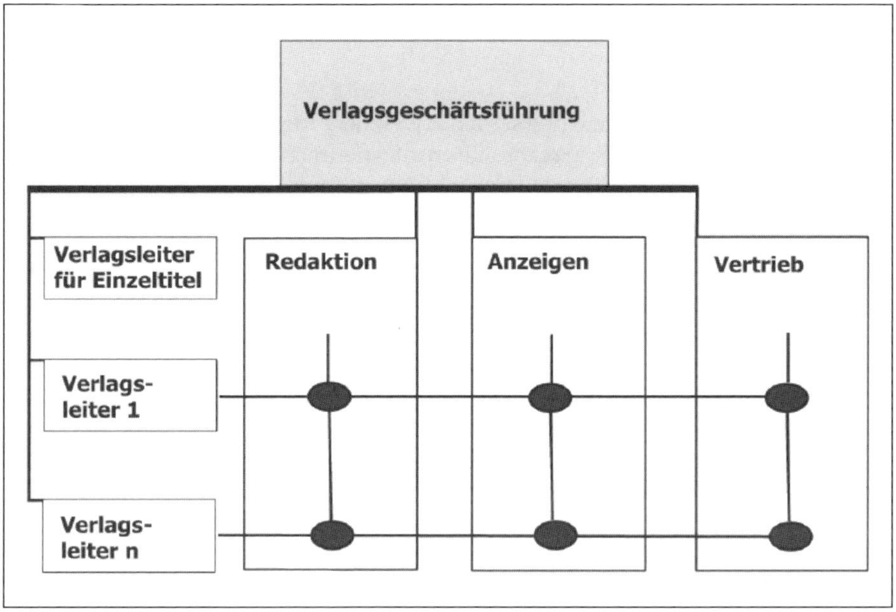

Matrixorganisation am Beispiel Zeitschriften-Verlag (Quelle: Breyer-Mayländer/Werner 2003, S. 253)

Welche typischen Formen (die divisionale, die funktionale oder die Matrix) sich bei den Buchverlagen und bzw. bei den einzelnen Subtypen durchgesetzt haben, stellen wir im Folgenden ausführlich dar.

Die typische Aufbauorganisation eines Buchverlags ist eine Organisation nach der horizontal funktionalen Gliederung. Der Aufbau konstituiert sich aus: erstens der Führung, zweitens dem Lektorat, drittens der Herstellung, viertens der Werbung und fünftens dem Vertrieb. Angeschlossen sein können als eigene Abteilungen oder integriert in eine der fünf genannten: der Bereich Presse, Lizenzen und Rechte, Kalkulation, Verkaufsförderung u. a. Weitere Abteilungen wie Rechnungswesen, Personalwesen und noch weitere kommen entsprechend zur Betriebsgröße natürlich hinzu, sind aber hier, weil nicht verlagsspezifisch, nicht aufgenommen (s. S. 106). Damit hätte der durchschnittliche mittelständische Verlag graphisch die in der Abbildung dargestellte Organisationsform, die gleichzeitig darauf hinweist, dass im normalen Fall nur eine einzige hierarchische Beziehung vorkommt (die von der Führung zu den Abteilungen – Lektorat, Herstellung, Werbung und Vertrieb sind also gleichgeordnet) und das Schema hinsichtlich der personellen Besetzbarkeit und der für die Abteilungen typischen Aufgaben und Ziele sowie für verschiedene Verlagstypen zu konkretisieren sein wird. Nach diesem Muster mit der Beschreibung von **Aufgaben**, **Anforderungen** und **Aufbau** der Abteilungen sind die folgenden Einzeldarstellungen einer jeden Abteilung gegliedert.

1.2 Unternehmenskultur und mittelständische Buchverlagsstrukturen

Um den grundsätzlichen Unterschied zwischen mittelständischen Eigentümerverlagen und einem Konzerntochterunternehmen nachvollziehen zu können, lohnt sich ein Blick auf die Unternehmensgrundsätze. Es gibt in der Praxis große Unterschiede darin, wie viel Freiheit der einzelne Verlagsmitarbeiter seine Rolle im Unternehmen wahrnehmen kann. Ein wichtiger Punkt in diesem Zusammenhang ist die sogenannte Unternehmenskultur, die gerade bei Medienunternehmen eine immens wichtige Rolle spielt. Seit den 1970er Jahren hat in der Managementlehre der Anteil der weichen Faktoren stark zugenommen. Mehr und mehr haben diese Erkenntnisse auch zur Führungskultur in Buchverlagen beigetragen. Zu diesen weichen Faktoren, die indirekt das Verhalten der Mitarbeiter/innen beeinflussen, gehört auch die Unternehmenskultur, die Teil des sogenannten »normativen Managements« ist. Sie ist ein »System von Wertvorstellungen, Verhaltensnormen, Denk- und Handlungsmustern, welches von einem Kollektiv von Menschen erlernt und akzeptiert worden ist« (Bleicher 2002, S. 6).

Bei der Unternehmenskultur handelt es sich klar um einen weichen Aspekt der Unternehmenspolitik. Die Unternehmenskultur wird durch betriebliche Sozialisationsprozesse, die beispielsweise durch Kollegen, Vorgesetzte und Mitarbeiter stark beeinflusst werden, aber auch durch die Führung und damit verbundene symbolische Handlungen, Visionen, Leitbilder etc. geprägt. Das bedeutet, wenn Führungskräfte Verantwortung im Unternehmen tragen, sollten sie sich Gedanken machen, was ihr Beitrag zur Unternehmenskultur ist bzw. was er sein könnte.

Die Unternehmenskultur ist vor allem im Hinblick auf die Attraktivität eines Verlags als Arbeitgeber und vor dem Hintergrund der Motivation der bereits beschäftigten Mitarbeiter/innen und Führungskräfte immer wieder Gegenstand der öffentlichen Diskussion. So bemüht sich der Bertelsmann-Konzern auch durch die Aktivitäten der Bertelsmann-Stiftung um die Manifestierung bestimmter Vorstellungen von Unternehmenskultur. »Die wirkliche Identifikation der Mitarbeiter mit ihrem Unternehmen ist die wohl letzte und damit entscheidende Chance, den Standort Deutschland wettbewerbsfähig zu erhalten. Gelingen kann uns dies nur mit unternehmerisch denkenden und handelnden Menschen« (Reinhard Mohn, Gesellschafter des Medienkonzerns Bertelsmann/Random House, Quelle: www.unternehmenskultur.org, 6.6.2003).

1.2.1 Normatives Management im Buchverlag

Damit das Wesen der Unternehmenskultur nachvollziehbar wird, muss man es als Teil des umfassenden Managementkonzepts betrachten. Beim St. Galler Managementkonzept wird Management als »Gestaltung, Lenkung und Entwicklung sozialer Systeme verstanden« (Bleicher 2002, S. 3). Dabei wird eine Systemsichtweise entwickelt, die nach den drei Ebenen des normativen, strategischen und operativen Managements differenziert. Für die Unternehmenskultur ist das normative Management maßgebend (vgl. Breyer-Mayländer 2004, S. 28 ff.), so dass wir uns im Folgenden auf diese Ebene beschränken.

Unter dem normativen Management werden die generellen Ziele der Unternehmung, Normen und Spielregeln zusammengefasst, die die Lebens- und Entwicklungsfähigkeit des Unternehmens beeinflussen. Die unternehmerische Vision wird auf dieser Ebene in einen allgemeinen Rahmen der Unternehmensentwicklung transformiert.

Der erste Baustein des normativen Managements ist die **Unternehmenspolitik**, die dafür Sorge trägt, dass ein Buchverlag in der Lage ist, in unterschiedlichem Ausmaß der Unternehmensumwelt (Konsumenten, Kapitalgeber, Mitarbeiter, Kommunen, Fiskus etc.) Rechnung zu tragen. Neben den selbstgesetzten unternehmerischen Zielen ist eine Reihe von externen Rahmenbedingungen zu berücksichtigen. Die Aufgabe der Unternehmenspolitik besteht darin, die künftige Entwicklung unter Berücksichtigung der externen Randbedingungen und Einflüsse so vorzubereiten, dass das Unternehmen möglichst viel Handlungsspielraum besitzt. Die Ausformung dieser allgemeinen Verhaltensweisen in konkrete Planschritte ist wiederum eine Aufgabenstellung auf der Ebene des strategischen Managements.

Ein typisches Beispiel für unternehmenspolitische Themen ist die Autonomie von inhaltlich tätigen Mitarbeiter/innen im Verlag. Hier ist es Aufgabe des Managements, einen Ausgleich zu finden zwischen den Vorstellungen der Lektorate, in möglichst großer Unabhängigkeit wirken zu können, und den Erwartungen von Seiten des Unternehmens. Es geht also einerseits um eine ausreichend freie Entfaltung der künstlerischen und politischen Ausdrucksmöglichkeiten der kreativen Mitarbeiter und andererseits um die Erwartungshaltungen der Gesellschaftervertreter, bestimmte Inhalte oder künstlerische Ausdrucksmöglichkeiten zu forcieren, und der unternehmerischen Zielsetzung, Produkte in planbarer und nachvollziehbarer Qualität entsprechend der Kundenbedürfnisse zu gestalten und zu vermarkten. Dies ist typisch für die Vernetzung unterschiedlicher Anforderungen (hier von Seiten der Interessengruppen: Mitarbeiter, Gesellschaft, Gesellschafter des Unternehmens und Unternehmensleitung), die bei vielen Fragen im Verlag sehr komplex sein können. Entsprechend trägt dieser Spannungsbogen auch zur Rechtfertigung des bei Verlagen besonderen Tendenzschutzes bei.

Der nächste Baustein im Rahmen der normativen Managementebene ist die **Unternehmensverfassung**, die den generell zu respektierenden Verhaltensrahmen vorgibt und damit »als Grundsatzentscheidung über Inhalt und Form der gestaltenden Ordnung der Unternehmung« (Bleicher 2002, S. 5) verstanden werden kann. Hier geht es im Wesentlichen um die Erstellung rechtlich-orientierter Rahmenbedingungen für die unternehmerische Tätigkeit. Dieser Part muss natürlich ebenfalls zur Unternehmenspolitik passen.

Bei der Unternehmensverfassung geht es um weitere konstitutive Entscheidungen für das Unternehmen, die über die klassischen konstitutiven Entscheidungen im Rahmen der Betriebswirtschaftslehre hinausgehen. Hierzu gehören:

- Satzungen, Statute,
- Geschäftsverteilungsplan,
- Geschäftsordnung,

mit denen die grundsätzliche Zusammenarbeit zwischen Organen und Gremien festgelegt werden kann.

1.2.2 Stakeholder-Konzepte und Verlagsorganisation

Um im Buchverlag einen Ausgleich zwischen den unterschiedlichen Interessengruppen innerhalb und außerhalb des Verlags schaffen zu können, kann man auf bewährte Konzepte der normativen Unternehmensgestaltung zurückgreifen, die etwa auch im Rahmen der Unternehmenskommunikation häufig zum Einsatz kommen. Eines dieser Konzepte ist das sogenannte »Stakeholder-Konzept«.

Auf Basis des Stakeholder-Konzepts kommt Gronstedt (1996) zu einem Modell, bei dem die einzelnen Bezugsgruppen in Verbindung mit der Organisation gesetzt werden. Dabei ist es eine der Aufgaben im Rahmen der Unternehmensführung, den Bedarf der Bezugsgruppen nach Information und Kommunikation zu definieren. Hierzu werden mit Hilfe der sogenannten »Empfangenden Instrumente«, d. h. mit Marktforschung im Sinne von Primär- und Sekundäranalyse, Informationen über die Zielgruppe erhoben und systematisiert. Mit Hilfe der »interaktiven Instrumente«, d. h. elektronischer Kommunikation und direktem Austausch mit den Bezugsgruppen, können die gewonnenen Erkenntnisse noch weiter verfeinert werden, die den Teilbereichen der Kommunikationspolitik im klassischen Marketingmix entsprechen. Für die sinnvolle Integration der Kommunikationsbotschaften muss im Rahmen der integrierten Kommunikation die »Corporate Identity« (s. u.) geklärt werden. Gronstedt greift diesen Aspekt unter den »Integrativen Elementen« mit auf.

Dieser Ansatz beschreibt die Idee der integrierten Unternehmenskommunikation, die auch für Buchverlage das Ergebnis eines solchen Managementansatzes sein kann. Als Globalziel der integrierten Unternehmenskommunikation kann die Positionierung des Verlags sowie der Autoren und Titel in der Öffentlichkeit verstanden werden. Dabei sind in der konkreten Umsetzung Teilziele notwendig, die in ihrer Koordination auf das Globalziel hin ausgerichtet werden sollten. Typische Teilziele des Kommunikationsprozesses sind:

Image: Hier muss zunächst zwischen dem Verlags- und dem Buchimage differenziert werden. Es geht beim Image um die Einstellungen, Meinungen, Gefühle und Bewertungen, die bei den unterschiedlichen Teilzielgruppen gegenüber einem Unternehmen oder einem Produkt vorherrschen. Die Images

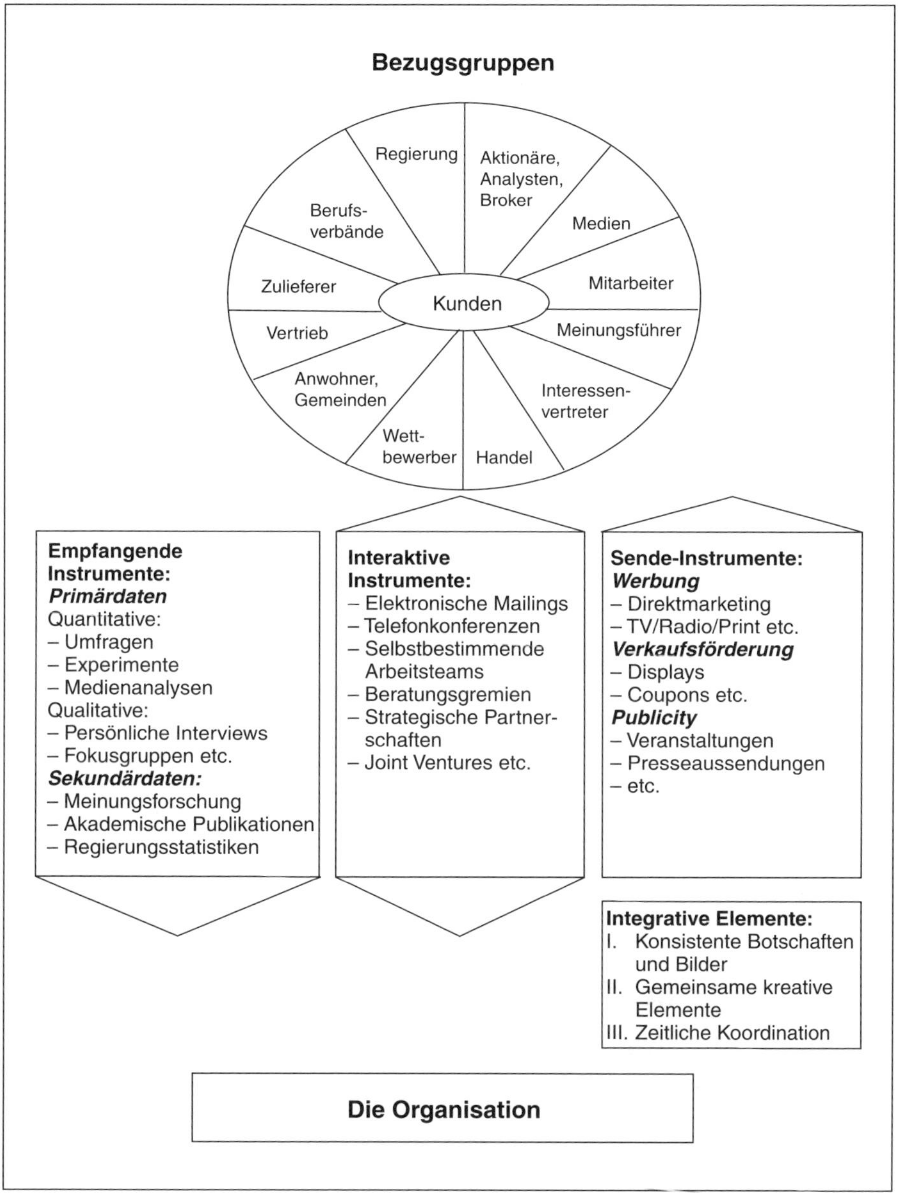

Modell der Integrierten Kommunikation (Quelle: Gronstedt 1996, S. 291 nach Kirchner 2002, S. 140)

werden in der Evaluation der Kommunikationsprozesse untersucht, indem die Wertungen und Einstellungen abgefragt werden (Zerfaß 2004, S. 338). Es ist ein vorrangiges Ziel der Unternehmenskommunikation, das Image positiv zu beeinflussen und zu gestalten. Dadurch werden die anderen Marketingziele erst erreichbar.

Markenwert: Die Marke besteht aus »Name, Begriff, Zeichen, Symbol bzw. [...] Gestaltungsform oder eine[r] Kombination aus diesen Bestandteilen zum Zwecke der Kennzeichnung« (Kotler/Bliemel 1999, S. 689) von Produkten oder Unternehmen. Marken haben in den letzten Jahren im Buchmarkt zunehmend Anwendung gefunden, da es notwendig wurde, das eigene Produkt und den eigenen Verlag zu positionieren. Die Marke wird umgesetzt durch den Markennamen als verbale Repräsentation des Buches, der Buchreihe oder des Verlags. Ergänzt wird diese Kennzeichnung durch die Wortmarke und durch das Markenzeichen, das eine eindeutig erkennbare und dadurch kennzeichnungskräftige grafische Gestaltung besitzt.

Glaubwürdigkeit: Glaubwürdigkeit von Aussagen und öffentlichem Auftreten sind eine Voraussetzung für erfolgreiche Unternehmenskommunikation. Insbesondere für Buchverlage, deren Aussagen als Teil der Medienbranche selbst hinterfragt werden, spielt Glaubwürdigkeit eine entscheidende Rolle. Daher ist es bei der Wahl der Medien entscheidend, auf Akzeptanz und Glaubwürdigkeit bei den Nutzern zu achten. Nur so kann sichergestellt werden, dass die Botschaften auch eine nachhaltig positive Wirkung bei den Adressaten hinterlassen.

Öffentliche Meinung: Ein weiteres Ziel ist die Beeinflussung der öffentlichen Meinung. Ein positives Meinungsklima ist notwendig, um im Leser- und Autorenmarkt bestehen zu können. Dadurch wird das Akzeptanzrisiko von Verlagen gemindert.

Durch die stärkere Internationalisierung der ganz großen Erfolge verliert die eigenständige kulturfördernde Arbeit deutscher Buchverlage bei deutschsprachigen Autor/innen an Wert und Aufmerksamkeit, solange die neuen Produkte nicht selbst das Potenzial haben, auf Basis der internationalen Wertschöpfungskette vermarktet zu werden.

2. Führungsebene

Die wichtigste – weil grundsätzlichste – Unterscheidung ist hier, ob es sich bei einem Verlag um einen Inhaber- oder Managementverlag handelt (alle Verlage sind entweder Inhaber- oder Managementverlage). Bei einem *Inhaberverlag* ist der Verleger noch als natürliche Person existent und übt seine Tätigkeit bei Programmgestaltung und kaufmännischer Geschäftsführung aktiv aus. Beim *Managementverlag* hat er diese Aufgabe aus Kapazitäts- oder Altersgründen teilweise oder vollständig an leitende Angestellte – Manager für die Geschäfts- oder/und die Verlagsleitung – delegiert oder ist als natürliche Person gar nicht vorhanden, weil die Inhaber des Verlags ihrerseits Gesellschaften sind.

Beim **Inhaberverlag** steht also an der Spitze der Verleger, der den Verlag nicht selten gegründet hat, ihn besitzt, entweder als Alleininhaber oder zusammen mit Teilhabern oder Mitgründern. Inhaberverlage sind keineswegs selten. Wenn man bedenkt, dass der Börsenverein allein mehr als 2000 freiwillige

Mitgliedsverlage verzeichnet und diese überwiegend mittelständisch strukturiert sind, so dass »der Alte« die Führung persönlich ausübt, muss dies ein erheblicher Anteil sein. Wenn man bedenkt, dass das VLB (*Verzeichnis Lieferbarer Bücher*) über 20.000 Verlage nennt (Stand 2009), kommen aus dem Bereich Bibliophilie, Firmenschriften, Minipresse und »Szene« Tausende von Inhaberverlagen hinzu. Der Börsenverein spricht daher von rund 22.000 zumindest gelegentlich als Verleger tätigen Einrichtungen (Stand 2009).

Inhaberverlage sind aber keineswegs auf die kleine Größenordnung beschränkt. Beispiele bilden etwa die Stuttgarter Klett-Verlage, die zugleich ein Paradigma für die Inhaberschaft durch eine Familie darstellen, oder die Frankfurter Fischer-Verlage, die alle auf den ursprünglichen Gründer Samuel Fischer zurückgehen und heute noch von Monika Schoeller als Eignerin geführt werden. Die Tochter von Georg von Holtzbrinck hat sich jedoch aus dem operativen Verlagsgeschäft zurückgezogen. Dennoch ist das Unternehmen als typisches Eigentümerunternehmen in die gesamte Mediengruppe eingebunden, die vom Halbbruder von Monika Schöller, Stefan von Holtzbrinck, geleitet wird. Die Familie Mohn ist prominentester Inhaber bei Bertelsmann (Random House). Unabhängig davon, ob sich der Inhaberverlag in der kleinen oder großen Dimension darstellt, hat er ein Typikum: Egal, wie die Meinungsbildungen in Lektorat, Werbung, Vertrieb und anderen Abteilungen ablaufen, es existiert am Ende ein Letztentscheider, von dem ev. schon zu Beginn einer Diskussion der erste Impuls ausgeht. Die Entscheidung über die Aufnahme oder Ablehnung eines Titels, die Tendenz eines Programms, die Auflagen, Ladenpreise, der Einsatz und die Höhe von Werbung, aggressive oder zurückhaltende Marktpolitik, Verlagsstrategien, alles verlegerisch Substantielle wird im Zweifelsfall, letztendlich oder ausschließlich vom Inhaberverleger entschieden, dem der Gesetzgeber aufgrund der Inhaberschaft die beiden grundsätzlichen verlegerischen Freiheiten auf dem Gebiet der Leitung einräumt: die publizistische und die kaufmännische Führung. Dies ist ein wesentliches Merkmal von inhabergeführten Unternehmen im Vergleich zu Managementunternehmen. Die Person des Inhabers prägt das Unternehmen meist sehr viel stärker als ein angestelltes Management. Dies kann in Verbindung mit einem patriarchalischen oder gar autoritären Führungsstil zu erheblichen Einschränkungen der Gestaltungsmöglichkeiten von Führungskräften führen. Positiv ist jedoch die Möglichkeit der klaren und auch raschen Entscheidung durch den Verleger als Inhaber, der letztlich auch mit seinem eigenen Vermögen für diese Entscheidung gerade stehen muss.

Verleger haben aufgrund dieser Freiheiten schon immer die Möglichkeit besessen, Verlage nach ihrem Willen zu prägen. Wo dies publizistisch zu einem Programm führte, das derart von der Person des Verlegers geprägt war, dass Name und Programm eine unlösbare Einheit bilden, spricht man deswegen vom »Individualverlag«. Um die Programmfreiheit zu schützen, hat der heutige Gesetzgeber Verleger und Verlag von Buch, Zeitschriften und Zeitungen, sowie seit 1989 auch die Buchgemeinschaften, mit in die Reihe solcher Betriebe integriert, für die er »Tendenzschutz« gewährt (s. Kap. V.1.5). Damit wird die oben zitierte Freiheit in der publizistischen und kaufmännischen Führung abgesichert.

Managementverlag: Sobald der Verleger in den Hintergrund tritt oder sich vollends zurückzieht, verwandelt sich der Inhaberverlag in den Managementverlag. Kapitalbesitz und Leitung sind dann nicht mehr vereint, sondern getrennt. Nicht einer, sondern zwei Typen von Managern sind für die Wahrnehmungsfunktionen die Regel: für die geschäftliche Leitung der kaufmännische Geschäftsführer, für die publizistische oder das Programm der Verlagsleiter. Geschäftsführer vertreten die Verlage gesetzlich nach außen. Sie sind deswegen mit größeren Handlungsvollmachten und Kompetenzen ausgestattet als die Verlagsleiter, etwa mit der Einzelprokura (die eigene Unterschrift unter einem Verlagsvertrag reicht, um ihn rechtskräftig zu machen) anstelle der Gesamtprokura (erst die Unterschrift eines Zweiten macht den Vertrag rechtskräftig). Obwohl der Geschäftsführer vom kaufmännischen Bereich herkommt und häufig nicht aus der Verlagsbranche stammt, wird dennoch die Identifikationsmöglichkeit mit dem Verlagsprogramm verlangt (so fordern religiöse Verlage als Voraussetzung für die Bewerbung als Geschäftsführer gegebenenfalls aktiv praktizierendes Katholikentum). Für die Verlagsleiter ist eine Identifikation mit dem Programm und der Tendenz selbstverständlich. Von ihrer Laufbahn her kommen sie in der Regel vom Lektorat über das Cheflektorat. Ihre Arbeit erschöpft sich aber nicht im Inhaltsbereich, sondern umfasst auch die Kontrolle der Titelkalkulation, Produktion, der Werbung und des Absatzes, nur das Rechnungswesen und die jährliche Abrechnung liegen wieder bei der Geschäftsleitung. Beiden Managertypen ist gemeinsam, dass der Unternehmer die Verantwortung für das Kapitalrisiko trägt und das Management die Verantwortung für die Führungsentscheidungen. Fehlentscheidungen führen – während die Inhaber bleiben – für beide Managertypen zu gleichartigen Konsequenzen.

Für die Führung von Verlagen gibt es deswegen in der Hauptsache drei Arten von Leitenden. Am Anfang steht der Inhaberverlag, in dem der Verleger noch alle substantiellen Funktionen selbst übernimmt; dies dürfte bei den meisten kleineren Verlagen der Fall sein. Daneben steht der Verlag, bei dem neben dem Inhaber Geschäftsführer oder/und Verlagsleiter als Manager angestellt sind. Teilweise können sie dabei in wirkliche Verlegerfunktionen eintreten, indem sie wie etwa durch den Erwerb von Firmenanteilen zu Gesellschafter-Geschäftsführern werden. Am Ende steht der Verlag, der keinen Verleger mehr hat, sondern nur noch von Managern geführt wird.

Um die Vorteile des selbständigen Verlegers mit den Anforderungen an ein Managementunternehmen zu verbinden, gibt es in der Buchbranche zahlreiche Varianten, die Zwischenformen darstellen. So gibt es mittelständische Verlage, bei denen die Eigentümerfamilie sich aus dem operativen Geschäft zurückgezogen hat, gleichzeitig jedoch eine enge Bindung der angestellten Geschäftsführer angestrebt wird. In solchen Fällen wird dem Management die Möglichkeit zu einer gesellschaftsrechtlichen Beteiligung (z. B. fünf oder 10 Prozent der Anteile) eingeräumt, so dass aus dem angestellten Manager ein Mit-Unternehmer und somit Mit-Verleger geworden ist. Alternativ kann dann, wenn die Eigentümerfamilie einen Verlag nicht mehr fortführen möchte, das Management durch einen sogenannten Management-Buy-Out selbst die Stellung der Gesellschafter übernehmen.

Bei der Analyse der Führungsstruktur in Verlagen fällt auf, dass es unterschiedliche Profile der Führungsebene gibt, die bei den einzelnen Verlagen dominieren. Dies sind meist inhaltliche Profile, die von der Frage des Managementstatus (angestellt oder Eigentümer) weitgehend unabhängig sind. Bei Fachverlagen dominiert häufig eine kaufmännische Sichtweise der Führung, die ein medienaffines Produktmanagement betreibt. Besonders ausgeprägt ist dieser Unternehmer-Verleger in Konzernstrukturen, wo es sich um die Verantwortung eines einzelnen Profit-Centers handelt. Der Hintergrund dieser Führungskräfte ist im Regelfall im Umfeld der Betriebswirtschaft (Marketing und Controlling) zu finden. Unterhalb dieser Ebene finden sich dann meist die Führungskräfte, die von den Inhalten kommen und Programmverantwortung tragen. Bei belletristischen Verlagen sieht dies oftmals anders aus. Hier gibt es meist den Programmgeschäftsführer als Leitfigur, der einen stärker kaufmännisch orientierten Kollegen zur Seite hat.

Oftmals entscheidet man sich beim Aufbau eines Verlags für eine Zweiteilung der operativen Führungsstrukturen, was in folgendem Schema deutlich wird:

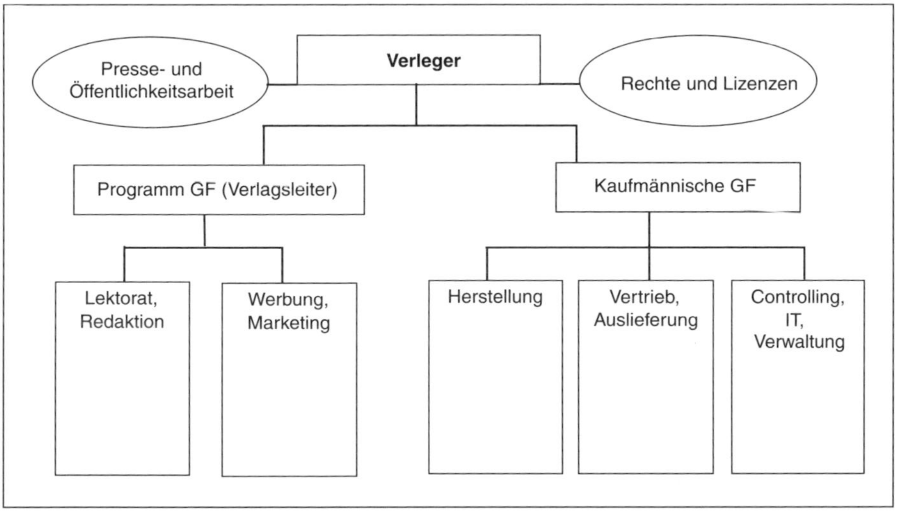

Struktur einer zweigeteilten Verlagsgeschäftsführung (Quelle: nach einem Beispiel von Heinold 2009, S. 12)

In einigen Konzernen legt man Verlagsorganisationen bewusst nach diesem Schema der doppelten Geschäftsführung aus, um gewissermaßen eine doppelte Kontrolle und damit auch eine doppelte Sicherheit für die Funktionsfähigkeit der Geschäftsführung zu bekommen. Leider haben diese Strukturen jedoch den Nachteil, dass sich die beiden Geschäftsführer entweder ihr Arbeitsgebiet so aufgliedern, dass sie reibungslos miteinander arbeiten können (die gegenseitige Kontrolle ist in diesem Fall stark reduziert), oder sich gegenseitig das Leben schwer machen und damit die Organisation insgesamt lähmen. Die sorgfältige Auswahl einer solchen Doppelspitze bedarf daher in der Praxis einer guten Vorbereitung und oftmals auch einer externen Beratung durch eine Personalagentur bzw. einen Headhunter.

Wohin die Entwicklung geht, ist uneindeutig. Einerseits können sogar Konzerne noch persönliche Inhaber und somit Verleger aufweisen. Andererseits fehlen bei Traditionsverlagen aller Richtungen aus Presse und Buch für die ursprünglichen Gründer oder Inhaber persönliche Erben, oder diese sind nicht bereit, die verlegerische Nachfolge anzutreten (Axel Caesar Springer, Gerd Bucerius bei der Presse, Rowohlt und Droemer beim Buchverlag). Viele Inhaber-Verleger, die aus Altersgründen zwangsläufig ihre Führungsrolle abgeben müssen, versuchen daher, die Zukunft der von ihnen nach dem Krieg (oft wieder-) gegründeten Verlage zu sichern, indem sie diese an Großverlage und Konzerne verkaufen, die diese, auch wenn der Konzern selbst im Familienbesitz geführt wird (bei Rowohlt von Holtzbrinck, bei Bertelsmann/Random House Mohn), nur als Managementverlage fortführen können. Persönliches Altern, das Fehlen von Erben, die wachsenden Betriebsgrößen und die Tendenz zur Konzentration führen also dazu, dass die Zeit der klassischen Individualverleger vorbei zu sein scheint. Die Geschichte des Rowohlt Verlages zeigt dieses gleichsam exemplarisch und mit Symbolcharakter: 1887 die Geburt von Ernst Rowohlt, 1987 das hundertjährige Geburtstagsjubiläum des Verlags für den Gründer – 1988 Verkauf der letzten Anteile des Verlags an den Verlagskonzern Georg von Holtzbrinck. Im Gegensatz dazu dürfte aber die erfolgreiche Gründungswelle seit Mitte der 1980er Jahre zu einer Renaissance des Individualverlags durch Jungverleger geführt haben, es gibt neue Persönlichkeiten darunter. Auf den grundsätzlichen Unterschied in der Programmpolitik und im verlegerischen Selbstverständnis zwischen kleineren, unabhängigen meist inhabergeführten oder -dominierten Kleinverlagen und den mittleren und kleineren Buchverlagen als Töchter größerer Konzernorganisationen sind wir bereits eingegangen. Dies spielt bei der Analyse der Führungsfunktion in Verlagen ebenfalls eine Rolle.

3. Das Lektorat

Lektor/innen in Deutschland sind selten. Ihre Gesamtzahl wird für die Buchverlage auf höchstens 3000 geschätzt. »Lektor« kommt, wie allgemein bekannt, von »legere«, eine der – nach gängiger Meinung – beruflichen Haupttätigkeiten des Lektors ist also das Lesen. Er soll den Verleger über Annahme oder Ablehnung eines Manuskriptes beraten und gleich in zweierlei Hinsicht: einmal durch sein Urteil über die Qualität, zum Zweiten durch sein Wissen über eventuelle Werke der Konkurrenz. Genauso zentral ist die Bedeutung des Lektors auch für den Autor, für den der Lektor den ersten Leser – seinen Testleser – darstellt, der korrigierend ins Manuskript eingreift, bevor es an die allgemeinen Leser gelangt. Diese Funktion ist bis heute erhalten geblieben, doch hat sich der Beruf des Lektors stark geändert. Nach wie vor existiert vom Lektor ein Bild in der Öffentlichkeit, das sehr stark auf das Lesen Bezug nimmt, während die entscheidenden Qualifikationen eines Lektors, der die inhaltliche Entscheidungskompetenz für einen Programmbereich beansprucht, weniger im Fokus der Wahrnehmung steht. Neben die inhaltlichen Ansprüche sind kommerzielle getreten, was sich darin dokumentiert, dass sogar konfessionelle Verlage bei ihren Stellenausschreibungen für Lektorate die Beherrschung betriebswirtschaftlicher Faktoren und unbedingte Marktorientierung fordern.

Die alten und neuen Aufgaben des Lektorats kann man chronologisch in drei Hauptphasen ordnen. Die erste beginnt mit der Findung von neuen Ideen (Originaltitel), übersetzbaren Büchern des Auslandes (Lizenzen) oder der Gewinnung von Autor/innen von bereits begonnenen Büchern oder für erst zu planende Projekte; hier fungiert der Lektor als Akquisiteur. Die zweite Phase setzt nach dem Eintreffen der Manuskripte ein und betrifft deren Bearbeitung; hier wird er zum Redakteur. Die letzte zielt auf den zukünftigen Absatz des über Fahne und Umbruch zum Buch werdenden Manuskripts; hier ist er mindestens in Ansätzen Produktmanager, wobei marktorientierte Überlegungen schon die Planungsphasen durchziehen und eine kommerzielle Idee fast in der Regel am Anfang steht. Eine Detailbeschreibung des Lektorats ist, wie auch die Veranstalter der im Auftrag des Börsenvereins durchgeführten Lektorenseminaren zu Recht bemerken, nicht ratsam, weil die Funktion des Lektors zu stark vom jeweiligen Verlag und seinem Programm geprägt wird, zudem besteht kein einheitliches bzw. überhaupt kein »Berufsbild« des Lektors. Dennoch lassen sich nach dem obigen Rahmen einige durchgängige Charakteristika anführen.

Die Idee zu einem neuen Projekt entsteht nicht immer durch systematische Suchansätze mittels moderner Kreativtechniken wie etwa dem Brainstorming (zu den Kreativitätstechniken s. Kap. VI.7.2). Anregungen aus der Fachwelt, Internetrecherchen oder Impulse auf Kongressen und Fachtagungen können im Fachbuchsektor Auslöser für ein neues Projekt sein. Im Bereich der Belletristik ist es die Analyse von Trends, der Gedankenaustausch (auch mit Autoren, Beiräten, Herausgebern) oder auch die Ideenentwicklung in der Freizeit allein und eher intuitiv. Die Idee ist anschließend darauf zu prüfen, ob sie für den Verlag gewinnbringend sein kann (zur Kalkulation s. Kap. IV.3). Führt die Idee zu einem im Prinzip gewinnverheißenden Projekt, ist dafür der Autor zu suchen. Ist der neue Titel eine Übersetzung aus der ausländischen Literatur, sind die Agenturen anzusprechen, weil das Copyright bei den angloamerikanischen und romanischen Autor/innen selten beim Verlag, sondern meistens beim Autor liegt, der sich vertreten lässt.

Im ökonomischen Bereich der Lektorate besteht dann auch die Aufgabe der Überprüfung, ob auf der Kostenseite die Produktion einer marktgerechten Auflage zu einem marktgerechten Preis genug Spielraum lässt, um die Kosten der Lizenzen plus zusätzlich der Übersetzungskosten zu decken und dabei auch noch ein Spielraum für die Gewinnerzielung bleibt. Für die »Gewinnung« von lukrativen Autoren mit geplanten, begonnenen und vor dem Abschluss stehenden Projekten sind auch Kongressbesuche, Autorenreisen, auf intensiver Beobachtung beruhende telefonische und briefliche Kontakte erforderlich. Alle diese Bemerkungen betreffen nur den Bereich der Akquisition.

Nach abgeschlossener Akquisition von Autor oder Herausgeber beginnt im Fall wirklich neuer Projekte oft eine Zeit von durchaus zwei bis zu zehn Jahren der Arbeit des Autors am Manuskript, in vielen Fällen eine Kooperation zwischen Autor und Lektor bei der Arbeit am Text. Die Autorenbetreuung ist gerade bis zum Abschluss des Manuskripts ein wichtiger Faktor. Ist der neue Titel keine Monographie, sondern ein Sammelband und verfügt der Verlag über keine eigene Lizenzabteilung, kann das Lektorat für das Einholen der Rechte ausländischer Texte bis zum Eintreffen der letzten Lizenz durchaus ein halbes Jahr oder mehr ansetzen. Danach beginnen die redaktionellen Arbeiten. Das nach einer Idee unter Vertrag genommene, gemeinsam entwickelte Konzept für ein Buch muss noch nicht zu einem Manuskript führen, das »endgültig« ist, noch weniger ist dies bei Übersetzungen der Fall. Es sind eine inhaltliche, die sprachliche und formale Redaktion erforderlich, die sich gegebenenfalls gleichfalls über Monate hinzieht. Während dieser sind bereits die absatzbezogenen Maßnahmen vorzubereiten: Kurz- und Langtext für die Vertreterinformation und später den Buchhandel, Klappentext für das Buch, Bestimmung von Auswahl und Umfang der Belegung in Werbeträgern, Ermittlung und Ansprache von Rezensenten u. a.

Der Lektor übernimmt also Verlegeraufgaben, indem er Ideen entwickelt, Autoren akquiriert, fördert und bindet, ist Einkäufer gegenüber Agenturen und lizenzgebenden Verlagen, Mittler zwischen Autor und Herstellung (Gestaltungsfragen) sowie zwischen Autor und Führung (Honorarkonditionen) und schließlich Verkäufer seines Produkts, zunächst gegenüber den Verlagsvertretern in der Abteilung Vertrieb, durch Steuerung von Maßnahmen der Werbung und gegebenenfalls Übernahme von Aufgaben der Pressearbeit. All dies steht neben der ursprünglichen Hauptaufgabe als »Leser«. Diese Beispiele sind einigermaßen repräsentativ für Ausschnitte im wissenschaftlichen, belletristischen und Sachbuchverlag und sind für andere Verlage zu differenzieren.

Entsprechend zu obigen Aufgaben sind die Anforderungen an ein modernes Lektorat zu verstehen. Ein Hochschulstudium mit überdurchschnittlichem Abschluss dürfte in der Regel Voraussetzung sein, schon damit der Lektor vom wissenschaftlichen oder belletristischen Autor als adäquater Gesprächspartner akzeptiert wird, erst recht als Programmgestalter. Rhetorische Begabung und ein nicht nach innen gerichtetes Temperament sind für die Akquisition mindestens hilfreich. Die Fähigkeit, Manuskripte zu beurteilen, darf sich nicht auf das eigene Fach beschränken, sondern muss auch die angrenzenden Gebiete umfassen, wobei generell das Erkennen von Trends eine Hauptfähigkeit sein muss. Neben die an den Universitäten erworbenen oder aus der Persönlichkeitsstruktur stammenden Qualifikationen, die man in die Verlagstätigkeit einbringt, treten die im Verlag zu erwerbenden Grundvoraussetzungen:

- Redaktionskenntnisse, um ein Manuskript entweder nach Duden oder nach Maßgabe von Autorenvorschriften für die Herstellung satzreif zu machen.
- Herstellungskenntnisse, um in der Lage zu sein, Autoren auch über adäquate oder die technisch möglichen Publikationsformen zu beraten.
- Kalkulationskenntnisse, damit schon ein Lektor einem Autor überschlägig Ladenpreise entwickeln kann oder begründen, warum ein Hardcoverhonorar anders als das für ein Taschenbuch aussieht (und für den Autor manchmal trotzdem mehr Geld abwirft) oder bei beiden die Kalkulation nur bestimmte (aber vorrechenbare) Honorarsätze gestattet.
- Marktkenntnis wird gleich in zweierlei Hinsicht verlangt, als Buchmarktkenntnis, um auch inhaltlich hochgeschätzten Manuskripten eine realistische Auflage zuzuweisen, und als Autorenmarktkenntnis, um durch

Absprache und Akquisition einen Stamm von Autoren zu schaffen, der Verlagssubstanz wird.

- Jede dieser Fähigkeiten für sich wäre aber wenig erfolgreich, wenn immer nur erfolgreiche Einzeltitel entstünden. Die wichtigste Anforderung an ein Lektorat ist daher die Befähigung zur Planung: Aus der Vielfalt der Titel müssen erkennbare Programme entstehen.

Es wurde bereits eingangs bei der Darstellung der Grundlagen der Unternehmensorganisation darauf verwiesen, dass sich Organisationsstrukturen immer an die Verlagsumwelt anpassen müssen. Dies bedeutet, dass ein einmal entwickelter Unternehmensaufbau keineswegs für alle Zeiten als fix anzusehen ist. Stattdessen werden Unternehmens- und Abteilungsstrukturen an die aktuellen Gegebenheiten angepasst. Die Integration der Lektoratsfunktion in den Unternehmensprozess des Buchverlags ist ein Beispiel hierfür. War es bei einer rein auf die Titel- und Programmakquisition bezogenen Funktion noch angemessen, das Lektorat neben die übrigen Verrichtungen und Funktionen zu stellen, so muss – es wurde schon angesprochen – bei einer kompletten Betreuung der Buchprojekte auch eine Koordination über die anderen wesentlichen Funktionen (Kalkulation, Herstellung, Werbung, Vertrieb) hinweg erfolgen. Im Sinne des Marketing erfüllt ein Lektor somit die Aufgaben eines Produktmanagers, wie wir sie aus dem Bereich der Fast-Moving-Consumer-Goods (FMCG: schnelldrehende Konsumgüter, z. B. Schokolade oder Müsliriegel) kennen.

Hier wird von den Vorteilen der Matrix-Organisation Gebrauch gemacht.

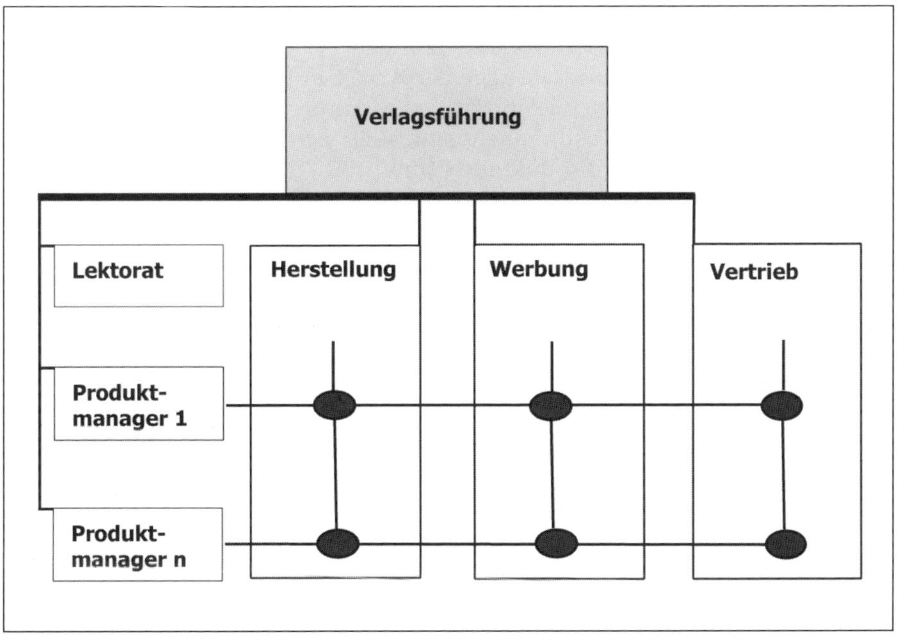

Lektoren als Produktmanager im Rahmen einer Matrix-Organisation (Quelle: Breyer-Mayländer/Werner 2003, S. 65)

Bei einer Organisation des Lektorats als Produktmanagement kommen neben den zitierten Aufgaben noch zusätzliche hinzu. Um die Erfolge der eigenen Projekte beurteilen zu können, muss der Lektor den Titel nicht nur bis zum Vertrieb in den Handel mitbetreuen, sondern auf Basis der Abverkaufs- und Vertriebsdaten muss ein Lektor in der Lage sein, als Produktmanager den erzielten Erfolg zu beurteilen und dadurch Erfahrungen zu sammeln, die in die Bewertung der Marktchancen neuer Projekte einfließen. Das Erkennen von echten oder vermeintlichen Trends wird damit nicht nur von externer Marktforschung abhängig gemacht, sondern mit eigenen Zahlen und Erfahrungen im Sinne eines »lernenden Unternehmens« gestützt. Dies setzt neben Kenntnissen der klassischen Verlagskalkulation auch ein Bewusstsein für Controlling als Steuerungsprozess voraus.

Da es keinen klassischen Berufsweg als Ausbildung zum Lektor gibt, dominieren in der Praxis unterschiedliche Wege, wie qualifizierte und begabte Persönlichkeiten ihren Weg in diesen Beruf finden. Seit der Neuorganisation der Fachschule des Börsenvereins des Deutschen Buchhandels in Frankfurt-Seckbach im Jahr 2008 gibt es hier auch gezielte Weiterbildungsprogramme, mit denen interessierte Akademiker auf den Beruf des Lektors vorbereitet werden. Ein klares Berufsbild lässt sich aber auch heute kaum darstellen. Neben der jüngeren Form der Ausbildung über berufsbegleitende Programme des Börsenvereins gibt es seit längerem Ansätze wie das Aufbaustudium »Buchwissenschaft«, das die Universität München anbietet, und auch an den Hochschulen in Bamberg, Berlin, Hamburg, Köln, Leipzig, München, Mainz, Stuttgart und Wuppertal gibt es ein Vorlesungs- oder Lehrveranstaltungsangebot, das auf die Ausbildung für Presse- und Buchverlag zielt.

An den eingangs zitierten Voraussetzungen für den Lektoratsberuf kann man auch bereits eine Grundsatzfrage der Arbeitsanforderungen der Medienbranche erkennen. Bei sehr vielen Positionen, in denen es um die Schaffung und Produktion von Medieninhalten geht, stellt sich die Frage, nach welchen Gesichtspunkten hier die Produktgestaltung und -entwicklung erfolgen soll. Die Anforderung, dass eine Marktorientierung vorausgesetzt wird, klingt zwar selbstverständlich, ist aber für den Erfolg eines Buchverlags entscheidend. Medienschaffende müssen in der Lage sein, die eigenen Vorstellungen über gute und relevante Inhalte mit den jeweiligen Marktgegebenheiten ihres Segments zu verbinden. Die Qualität von Medienprodukten wie Büchern und Zeitschriften ist in diesem Sinne nicht ein absolut zu setzender Maßstab im Sinne von Niveau oder Güte. Die Qualität beschreibt die Fähigkeit, mit dem Produkt den Kundenbedürfnissen und -erwartungen zu entsprechen. In diesem Qualitätsverständnis geht es bei einem guten Buch nicht um die Erfüllung eigener Geschmackserwartungen, sondern die eigenen thematischen Vorstellungen werden dazu eingesetzt, ein Buch zu entwickeln, das dem Bedarf der Zielgruppe entspricht.

Wie die Verlagsarten und ihre Programme, so ist auch der Aufbau der Lektorate verschieden, zumal er von der Betriebsgröße abhängt. In kleinen Verlagen übernimmt der Verleger die Aufgabe selbst. Im mittleren Verlag kann es Lektoren geben, darüber – programmverantwortlich – den Cheflektor, darunter – nicht mit sprachlichen, inhaltlichen oder strukturellen Eingriffen in die Texte beschäftigt, sondern deren formaler, orthographischer und satztechnischer Auszeichnung – als Bindeglied zwischen Lektorat und Herstellung den Buchredakteur oder die Lektoratsassistenz. In Großverlagen treffen alle Formen zusammen, wobei die Grenze zwischen Verlagsleitung und Cheflektorat oft fließt und je nach Bedürfnis neue Formen (wie Lektoratsassistenz) hinzutreten. Eine Besonderheit liegt vor in Taschenbuch-, Lexikon-, Schulbuchverlagen und den Verlagen von Kinderbüchern.

Der klassische Taschenbuchverlag besitzt oder besaß eigentlich kein Lektorat, weil er von seinem Gründungsgedanken her nur Sekundärverwerter ursprünglicher Originalausgaben war und somit ein Lektorat, das den Autor und sein Werk erst entwickelt, nicht benötigte. Heute hingegen hat sich die Situation verändert, da der ungeheure Titelbedarf der Taschenbuchverlage ein Wirtschaften nur mit Lizenzen gar nicht mehr zulässt; sie gehen zwangsläufig immer häufiger auf das risikoreichere Verlegen von Originalen über und damit vom Redakteur auf den Lektor. Kleinere und mittelständische Verlage haben oftmals nicht die Möglichkeit, ihr Lektorat personell so aufzustocken, wie dies für die Programmentwicklung und Titelbetreuung wünschenswert wäre. Hier haben sich Lösungen bewährt, bei denen neben dem Team der fest angestellten Lektoren oder Produktmanager (s. u.) Nachwuchskräfte als Volontäre zum Einsatz kommen, die nach einiger Einarbeitungszeit auch substanzielle Leistungen erbringen können. Nicht selten führt dieser neue Blickwinkel von jungen Mitarbeitern zu einer Belebung der Programm- und Titeldiskussion, die der gesamten Verlagsorganisation gut tut. Da das Verlagsgeschäft sehr personalintensiv ist und in Zeiten immer engerer Märkte auch die Spielräume für hohe Gemeinkosten im Rahmen der Verlagskalkulation nicht vorhanden sind, versuchen viele Buchverlage, ihre Personalstruktur flexibel zu gestalten. Um nicht unnötig Know-how im Lektorat vorzuhalten und damit hohe Fixkosten zu erzeugen, werden seit den 1990er Jahren zunehmend Aufgaben an freie Außenlektoren gegeben. Dies ist jedoch – ähnlich wie die Auslagerung von Zeitschriftenredaktionen auf freie Mitarbeiter/innen – ein Risiko. Trotz der gelegentlichen Vorteile der Flexibilität muss sich ein Verlag stets bewusst sein, dass sich sein Unternehmenswert – neben seinem Fundus von Verlagsrechten – im Wesentlichen aus seiner Markenbekanntheit und dem Know-how der Mitarbeiter/innen zusammensetzt. Hier spielt das Lektorat mit dem Fachwissen und den Beziehungen zu den Autor/innen eine wichtige Rolle.

Grundsätzlich lässt sich bei der Arbeit im Bereich der Werkinhalte zwischen Redaktion und Lektorat unterscheiden. Dabei können die Redaktionsarbeiten beispielsweise bei Presseverlagen in Abhängigkeit von den jeweiligen dahinterstehenden Medien sehr differenziert ausgestaltet sein. Diese spezifischen Tätigkeiten sind notwendig, da die Redaktion in diesem Fall originär Inhalte erarbeiten muss. Dies ist ein Anforderungsprofil an Redaktionsarbeit, das wir auch im Buchsektor antreffen können. Denn auch im Buchverlag gibt es Verlagstypen, bei denen Inhalte durch eigene Mitarbeiter generiert werden. Im Lexikonverlag ist der Redakteur typisch, weil er die Lexikonbeiträge nicht nur managt, sondern – anders als der Lektor – die zu veröffentlichenden Texte teils selber schreibt, er ist also Autor; Lexikonredaktionen treten deswegen z. B. im Impressum als verantwortliche Urheber auf. Im Schulbuchverlag arbeiten

Redakteure mit Autoren an Formulierung und Layout zusammen. Auch der Kinder- und Jugendbuchredakteur ist an Konzeption, Text und Gestaltung wie ein Miturheber beteiligt. Die textschaffenden und graphischen Funktionen machen diese kreativen Redaktionsarten so attraktiv wie die Arbeit des Lektors.

Im belletristischen Verlag, der mit einem klassischen Lektorat ausgestattet ist, kommt der Redaktionsarbeit meist jedoch keine eigenschöpferische Aufgabe mehr zu. Hier versteht man unter dem selben Begriff die formale Korrektur und Überarbeitung von bereits vordefinierten Inhalten. Diese Aufgaben wurden jedoch in den vergangenen Jahren personell stark reduziert, um sich einerseits dem Kostendruck anzupassen, und andererseits sind mit modernen Softwarelösungen einige Basisprobleme der Korrektur bereits gelöst.

Im Sinne der Prozessorganisation ist es spannend, nicht nur die typische Aufbauorganisation eines Lektorats zu analysieren, sondern anhand der Ablauforganisation einen Projektablauf zu skizzieren, bei dem die Kooperation mit den Nachbarfunktionen verdeutlicht wird (vgl. Schickerling/Menche 2008, S. 67).

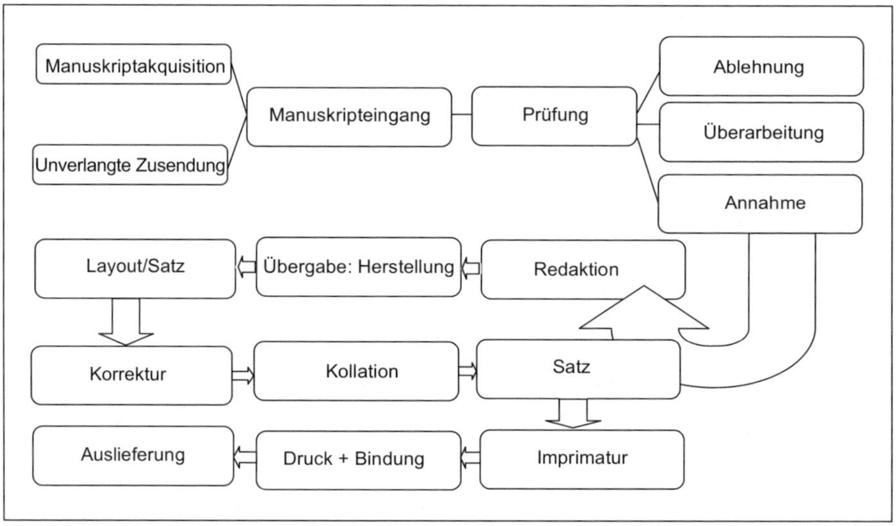

Prozessorganisation eines Lektoratsprojekts (nach Schickerling/Menche 2008, S. 67)

4. Die Herstellung

Die Vorstellungen, die außerhalb der Buchbranche vom Aufgabengebiet der Verlagsherstellung existieren, sind selbst bei Medienunternehmen aus angrenzenden Branchensegmenten oftmals so diffus wie falsch. Dabei hat, bedingt durch die Weiterentwicklung der Technologie, die Kernkompetenz der Hersteller in den vergangenen Jahren immer mehr an Bedeutung für die Verlage gewonnen. Die Herstellung umfasst nicht nur wie häufig erwartet die technische Produktion, sondern es geht bei der Verlagsherstellung im Buchverlag um Konzeption und Kalkulation der Buchprojekte, wobei sich der Hersteller in Abgrenzung zum Lektor auf den Blickwinkel der Projektkosten und der Produktgestaltung konzentriert.

Bereits bei dieser groben Beschreibung des Aufgabenspektrums wird eine enge inhaltliche Verzahnung zwischen der Arbeit der Verlagsherstellung und des Lektorats deutlich. Lektorat und Herstellung werden daher in Organigrammen für die Verlagsstruktur oft – anders als anfangs dargestellt – auch zusammengefasst, weil sie beide der Produktion dienen – beim Lektorat eben der inhaltlichen, bei der Herstellung der technischen. Aus Manuskripten Bücher zu machen, ist die alte und auch heutige Aufgabe der Herstellung.

Es gäbe keinen Sinn, in einem Buch wie dem vorliegenden sämtliche Techniken der Herstellung explizit darstellen zu wollen; dafür gibt es eine Reihe einschlägiger Fachbücher (vgl. z. B. Blana 1998; Plenz 1989; Stiehl 1989; Böckmann/Hauser 2002; Brunold/Störrle 2007). Dennoch sind einige Konstanten und auch Neuerungen festzuhalten, die für das Verständnis des Produzierens von Büchern durch Verlage heute wesentlich sind.

Gleich eingangs ist deswegen hervorzuheben, dass der klassische Buchverlag nicht selbst produziert: Er ist Auftraggeber und arbeitet mit Dienstleistern (Satz-, Druck- und z. B. Bindebetrieben) zusammen. Die Herstellung erhält das vom Lektorat bzw. von Lektorat und Redaktion vorbereitete Manuskript, das sie nach der Bearbeitung ihrerseits mit der Satz-, Druck- und Bindeanweisung dem Satz-, Druck- oder Weiterverarbeitungsbetrieb zuführt. Ihr Aufgabenbereich umfasst damit alle Entscheidungen, die dem geistigen Informationsträger Manuskript seinen Buchkörper und damit seine gestaltete Form geben. Auch das vorliegende Buch könnte in einem anderen (z. B. Längs-)Format, mit einem entsprechenden (»queren«) Satzspiegel, mit z. B. zwei Kolumnen (statt einer), engerer oder weiterer Zeilenbreite, mehr oder weniger Abstand zwischen den Zeilen, in einer anderen Schriftgröße oder aus einer anderen Schriftart gesetzt sein. Kopf-, Fuß-, Bund- und Außenstege (normaldeutsch: die »Ränder«) könnten splendider oder knapper aussehen. Die Pagina oder der tote Kolumnentitel (die bloße Seitenziffer) könnten über dem Satzspiegel, darunter, dort außen, auf Mitte oder theoretisch sogar innen stehen, lebende Kolumnentitel (über der jeweiligen Seite) aus Komfort oder Funktionsgründen gemacht oder aus ökonomischen weggelassen werden. Als Papier könnten Dünndruck, ein auftragendes, größeren Umfang vortäuschendes voluminöses, normales Werkdruckpapier oder vornehmes Bütten gewählt werden, die Bindung könnte geleimt, fadengeheftet, der Einband fest oder flexibel, etwa als kartonierte Broschur (aber damit anfällig gegen Verschmutzung) oder abwaschbar sein. Diese Beispiele sollen nur sinnlich veranschaulichen, wie wichtig und unterschiedlich die Entscheidungen sind, die aus dem »Geist« Manuskript einen »Körper« Buch machen, und stellen aus dem Gesamtaufgabengebiet des Herstellers nur ein Segment dar, hier das Gestalterische – der technische und kaufmännische Part kommen hinzu. Insgesamt ist der Hersteller Partner des Lektors, des Autors (insbesondere bei schwierigen Manuskripten mit hohem Bildanteil und Layout-Ansprüchen), er beauftragt, wo dies erforderlich wird, auch Grafiker und

Designer, ist der Kopf für die Verhandlungen mit den Satz-, Druck- und Bindebetrieben sowie im Fall der Bebilderung auch Reproduktionsanstalten, dazu schon bei mittleren Verlagen oft auch der Papiereinkäufer und in technisch-innovatorischer Sicht Spezialist bei der Einführung elektronischer Verlagssysteme für die Text- und seit einiger Zeit Bildverarbeitung.

Konkrete Aufgaben der Verlagsherstellung im Projektablauf können wie folgt aussehen:

- Vorkalkulation eines durch das Lektorat geplanten Titels. Hierfür müssen gemeinsam wesentliche Elemente der Ausstattung der Bücher (Einband, Layout, Umfang etc.) definiert werden.
- Abstimmung der Buchausstattung auf die Zielgruppe in Zusammenarbeit mit Lektorat, Marketing und Vertrieb.
- Nach der grundsätzlichen Entscheidung für ein Buchprojekt: Festlegung der Gestaltung und Ausstattung der Titel.
- Festlegung der Produktionsweise und Einholung der Kostenvoranschläge von Lieferanten und Dienstleistern.
- Kalkulation des Titels und Hinweis auf die Ladenpreisgestaltung.
- Durchführung oder Beauftragung der Satz- und Layoutarbeiten.
- Auftragsvergabe und -überwachung für Druck und Weiterverarbeitung.
- Controllingfunktionen: Qualitätskontrolle, Lieferantenbewertung und Nachkalkulation.
- Disposition von Auflagen und Bindequoten.
- Verfolgung der Wirtschaftlichkeit von Titeln in Abstimmung mit der Verlags- und Lektoratsleitung.

Die Anforderungen an eine solche Stelle korrespondieren mit den oben genannten Aufgaben. Als erstes braucht ein Hersteller Gestaltungstalent. Er muss in der Lage sein, dem »Inneren« eines Buches ein zu ihm passendes »Äußeres« zu verleihen – und dazu bedarf es der Bereitschaft und Fähigkeit, sich mit dem Inhalt des Manuskriptes auseinanderzusetzen. Man braucht nicht die Forderung eines der bedeutendsten Umsetzers von Manuskripten in Bücher voll zu stützen: »Der Hersteller sollte über künstlerisches Einfühlvermögen verfügen« (Jürgen Seuss, ehemals Buchhersteller und Gestalter z. B. in der Büchergilde Gutenberg) – denn in ihr steckt sowohl ein Understatement als auch eine Überforderung –, doch ein Hersteller, der über keine Vorstellung vom Inhalt des Buches verfügt oder sie nicht beachtet, ist genauso wertlos wie ein Lektor, der keine Vorstellung von seiner Gestaltung besitzt.

Zum Zweiten braucht der Hersteller das Talent eines technischen Kaufmanns. Zu den Anforderungen bei den Techniken bzw. jetzt auch den Technologien gehört das Wissen über die praktische Einsetzbarkeit der Verfahren von der Erfassung des Textes bis zur Buchweiterverarbeitung, weil nur so für die Dienstleister ein kompetenter Auftraggeber bereitsteht, mit dem sie für den Verlag Produkte herstellen können, die sich in Bezug auf die Gestaltung, Fertigung und schließlich den Preis vorzeigen lassen. Die kaufmännischen Anforderungen reichen von der Kalkulation jedes Titels, von den Herstellkosten oft bis hin zum Ladenpreis (s. Kap. IV.3: Buchkalkulation) über die Ermittlung des Gesamtherstelletats bis hin zur Rechnungsprüfung.

Als drittes ist der Hersteller Koordinator. Dies bedeutet sachlich natürlich die Steuerung, Abstimmung und Kontrolle der auf die breite Palette verteilten Funktionen, doch hat dieser Beruf eine Besonderheit, welche die gemischte Autorenschaft aus Wissenschaftlern, Verfassern, Verlegern und Herstellern wie von selbst unisono hervorhebt und in ein besonderes Licht stellt: Der Hersteller wird in Bezug auf die Anforderungen an ihn, seine Tätigkeit und seine Arbeitsergebnisse mit dem Dirigenten eines Orchesters verglichen (vgl. Blana 1998, wörtlich im Vorwort, S. XVIII).

Der Beruf des Herstellers ist erlernbar, hat aber wie der des Lektors kein eigenes Berufsbild. Wie beim Lektorat übernimmt der Verleger im Kleinverlag während der Gründungszeit oft Herstellungsfunktionen, früher z. B. den Satz auf Composer mit oder ohne Randausgleich oder – heute – z. B. die gesamte Texterfassung bis zu umbrochenen Seiten auf einem DTP-System, bevor die nur von der Technik erbringbaren Leistungen (Satz, Druck, Weiterverarbeitung) beginnen. Innovationen wie »Desktop-Publishing« (DTP) mit seinen WYSIWYG (»What you see is what you get«)-Techniken beförderten dabei alle Aktivitäten vor dem Druck. Neue Varianten bei der Wirtschaftlichkeitsbetrachtung und Umsetzung gestatten Neuerungen wie das POD (»Publishing-on-Demand«), bei dem keine Auflage mehr vorfinanziert wird, sondern lediglich die im Markt sicher absetzbare Menge digital produziert und direkt verkauft wird. In mittelgroßen Verlagen ist nur ein Hersteller beschäftigt, in größeren Häusern sind mehrere, sind Herstellungsassistenten, Zeichner – und ein oder mehrere Leiter möglich.

Der Hersteller stammte früher zumeist aus den Satz- und Druckbetrieben, oder es handelte sich um gelernte Buchhändler und Verlagskaufleute. Dies veränderte sich durch die Absolventen von druck- bzw. sogar verlagsbezogen ausbildenden Hochschulen (z. B. in Stuttgart oder Leipzig), die als spezifisch geschulte Wirtschaftsingenieure in Herstellungsabteilungen arbeiten oder sie leiten. Auch der Börsenverein führt eine außerbetriebliche Weiterbildung von Herstellern im Abendstudium durch, die dabei zum Verlagsfachwirt fortgebildet werden. In den großen Verlagen, Konzernen und Verlags-Gruppen erweitern sich die Funktionen nach oben bis zur Leitung der Herstellung Buch oder Presse oder der Gesamtproduktionsleitung in Form eines Verlagsdirektors, nach unten bis zur Wahrnehmung einer (statt vertikalen, d. h. vom Manuskript bis zum fertigen Buch führenden Betreuung) horizontalen Funktion (die den Hersteller im schlimmsten Fall auf die ausschließliche Gestaltung von Titeleien festlegt). Unabhängig von der Betriebsgröße ist die Tätigkeit in der Herstellung wie beim Lektorat je nach der Verlagsart sehr unterschiedlich; der eher seriellen Produktion eines Taschenbuchs stehen sehr differenzierte im wissenschaftlichen Verlag und beim Kinder- und Kunstbuch sogar künstlerische Anforderungen gegenüber. Machten früher die Hersteller über die von ihnen gestalteten Bücher zugleich oft die beste Werbung für ihren Verlag (das hervorragendste Beispiel hierfür sind die Bände der Insel-Bücherei aus der Leipziger Zeit, deren Rechte fast sämtlich gemeinfrei waren und ihren legendären Erfolg über ihre Gestaltung erreichten), so steht heute, je mehr die Gestaltungskomponente in den Vordergrund tritt, daneben der externe, künstlerisch ambitionierte Spezialist für das Book-Design.

Die Verlagsherstellung ist eine betriebliche Funktion im Buchverlag, die besonders durch die beiden Meta-Trends der wirtschaftlichen Entwicklung geprägt wird: Die Globalisierung und die Zunahme der Wettbewerbsintensität.

Beginnen wir mit der Zunahme des Wettbewerbs in unterschiedlichen Marktsegmenten. Dieser verschärfte Wettbewerb hat dazu geführt, dass in vielen Buchsegmenten nicht nur ein intensiver Wettbewerb um inhaltliche Konzeptionen, sondern zudem ein starker Wettbewerb um das jeweilige Preisniveau geführt wird. Aufwendig ausgestattete Bildbände zu Discount-Preisen und Geschenkbücher in Taschengeldkategorie gestatten, im Markt neue Zielgruppen anzusprechen. Gleichzeitig führt eine solche Entwicklung jedoch dazu, dass die etablierten Anbieter bei den eher hochpreisigen originären Zielgruppen zunehmend unter Druck geraten. Um dieser Entwicklung begegnen zu können, müssen diese ebenfalls eine Absenkung des Preisniveaus vornehmen. Dies verändert jedoch die Kalkulation (s. Kap. IV.3: Verlagskalkulation), so dass signifikante Kosteneinsparungen vorgenommen werden müssen. Die Buchverlage können im Bereich der Herstellkosten jedoch meist davon profitieren, dass der Preiswettbewerb auch bei ihren Partnern und Dienstleistern vorherrscht, so dass zumindest ein Teil des Preis- und Kostendrucks weitergegeben werden kann.

Hier kommt dann der zweite Trend zum Zug: die Globalisierung. Waren es nach dem Fall des ›eisernen Vorhangs‹ vor allem Druckdienstleister aus dem Osten Europas, die einen intensiven Wettbewerb unter den Akzidenzdruckereien ausgelöst hatten, hat sich dieses Szenario weiter verändert. Verlag und Druckerei, bei vielen traditionsreichen Verlagen ursprünglich zwei Geschäftsfelder, die in enger Abstimmung aus einem Haus heraus bedient wurden, wandelten sich in strikt getrennte Bereiche. Die Druckereien in Deutschland mussten sich auf spezielle Auftragsfelder konzentrieren oder gerieten zusehends unter Kostendruck. Die Verlagerung nach Osten ist heute jedoch nicht nur bei aufwendigen Druckerzeugnissen einer Verlagerung nach Fernost gewichen. So werden gerade bei kleinen, kostenbewussten Verlagen oftmals die kompletten Frühjahrs- und Herbstneuerscheinungen in China gedruckt. Dem Vorteil der moderaten Zahlungstermine und der wesentlich geringeren Kosten steht hier der Nachteil der früheren vorausschauenden Planung entgegen. Da der Transportweg per Schiff auch im Internetzeitalter Wochen erfordert, lassen sich die klassischen »Schnellschüsse« nicht auf diesem Wege abwickeln. Zudem machen die meisten Verlage die Erfahrung, dass zumindest zu Beginn der internationalen Kooperation der Betreuungs- und Koordinationsaufwand steigt.

Ein weiterer Entwicklungsschritt im Bereich der Herstellung kommt seit Jahrzehnten aus dem Bereich der Technik. Neue Technologien, die bei den Lieferanten und Dienstleistern eingesetzt werden, verändern auch die Arbeitsweise in den Herstellungsabteilungen. Durch die Verfügbarkeit der Hard- und Software zur Layoutgestaltung werden mehr und mehr Gestaltungsarbeiten auf den Autor und in die Herstellungsabteilung verlagert. In der Herstellungsabteilung findet nach klaren Vorgaben die abschließende Gestaltung des vom Autor erfassten Manuskripts statt. Ob dies ein festangestellter Verlagshersteller oder ein Freelancer als Dienstleister übernimmt, ist lediglich eine Frage des Auftragsvolumens und der Flexibilität innerhalb der Verlagsorganisation. Durch den hohen Innovationsdruck im Bereich der Layoutgestaltung und der eingesetzten Software ist der Schulungs- und Personalentwicklungsbedarf in Herstellungsabteilungen stets als »hoch« einzustufen, so dass ein Augenmerk der Abteilungsleitung und der Personalabteilung auf werterhaltende Qualifizierungsmaßnahmen gelegt werden muss. In diesem Umfeld konnten sich daher einige Dienstleister etablieren, die nicht nur Auftragsspitzen abfedern, sondern darüber hinaus eine Weiterqualifikation der angestellten Hersteller anbieten.

5. Die Werbung

So wie das Lektorat mit der Herstellung (weil beide eine produzierende Funktion ausüben), wird die Werbung in Organigrammen für die Struktur eines Verlags oft mit dem Vertrieb kombiniert: weil beide sich mit dem Absatz beschäftigen. Die Werbung hat dabei die Funktion der Absatzanbahnung, während dem Vertrieb die Absatzdurchführung obliegt.

Verlagswerbung folgt allgemein der »AIDA«-Formel der Werbepsychologie:

- **A** für Erweckung der Aufmerksamkeit, *attention* (die Werbung muss auffallen),
- **I** für Verdichtung zu echtem Interesse, *interest* (aufgefallene Werbung darf nicht wieder versinken),
- **D** für *desire* (sie muss den Wunsch wachsen lassen) und
- **A** für *action* (den Kauf) – für spezielle Zwecke im Verlagsmarketing kann sie manchmal erweitert werden (s. S. 292).

Verlagswerbung ist von der Zielgruppe her in zwei Arten gegliedert: in die *Leser-* und *Händler*werbung; beide Zielgruppen haben derart unterschiedliche Interessen (der Leser will lesen, der Händler verkaufen), dass oft Überlegungen geäußert werden, in Verlagen statt einer zwei Abteilungen für Werbung zu führen – die für den Leser und die für den Buchhändler. Dabei liegt der Handelswerbung das Push-Prinzip zu Grunde, da Produkte in den Handel hineinverkauft werden, während die Endkundenwerbung für die Leser nach dem Pull-Prinzip funktioniert, d.h. der Kunde soll zur Nachfrage im Handel aktiviert werden (vgl. auch den Hineinverkauf in den Handel am Beispiel des Vertriebs).

Bei der **Pull-Werbung** ist die Zielgruppe für die Bücher klar umrissen und kann beispielsweise bei Fachverlagen gut beschrieben werden. Hier wird der Käufer und Leser direkt angesprochen. Die Pull-Werbung bezieht sich daher auf Produkte, bei denen keine klare Zielgruppenbeschreibung oder gar eine Adress-Datenbank oder Ähnliches vorhanden ist. Der Leser und Verwender wird direkt angesprochen, um eine Nachfrage im Handel zu erreichen.

Anders verhält sich dies bei der **Push-Werbung**. Hier muss der Verlag versuchen, direkt in den Handel hineinzuverkaufen, da er keine genaue Zielgruppeninformation hat, sondern allenfalls eine soziodemografisch schwer bestimmbare themenorientierte Zielgruppe im Visier hat. Dies ist auch der Grund, weshalb im Internet-Marketing Communities für Verlage von Interesse sein können. Da bei den meisten Titeln größere Werbekampagnen in den Massenmedien kaum finanzierbar sind (*Harry Potter* bildet sicher eine Ausnahme), konzentriert sich im Rahmen des Push-Marketing der Buchverlag darauf, den Titel in die Läden zu bringen, um eine möglichst große Präsenz im Markt zu erzielen.

Bei der Kombination aus Push- und Pull-Marketing richtet sich die Werbung an die Leser *und* den Handel. Der möglichst gezielte und hohe Werbedruck beim Leser sorgt für Nachfrage im Handel (Pull) und die Vorabinformation des Handels über Anzeigenschaltungen (für populäre Titel z. B. in *Bild*, *FAZ*, *Spiegel* und *Stern*, für wissenschaftliche in den Fachmagazinen) macht diesem klar, dass er entsprechende Mengen an Exemplaren ordern muss (Push).

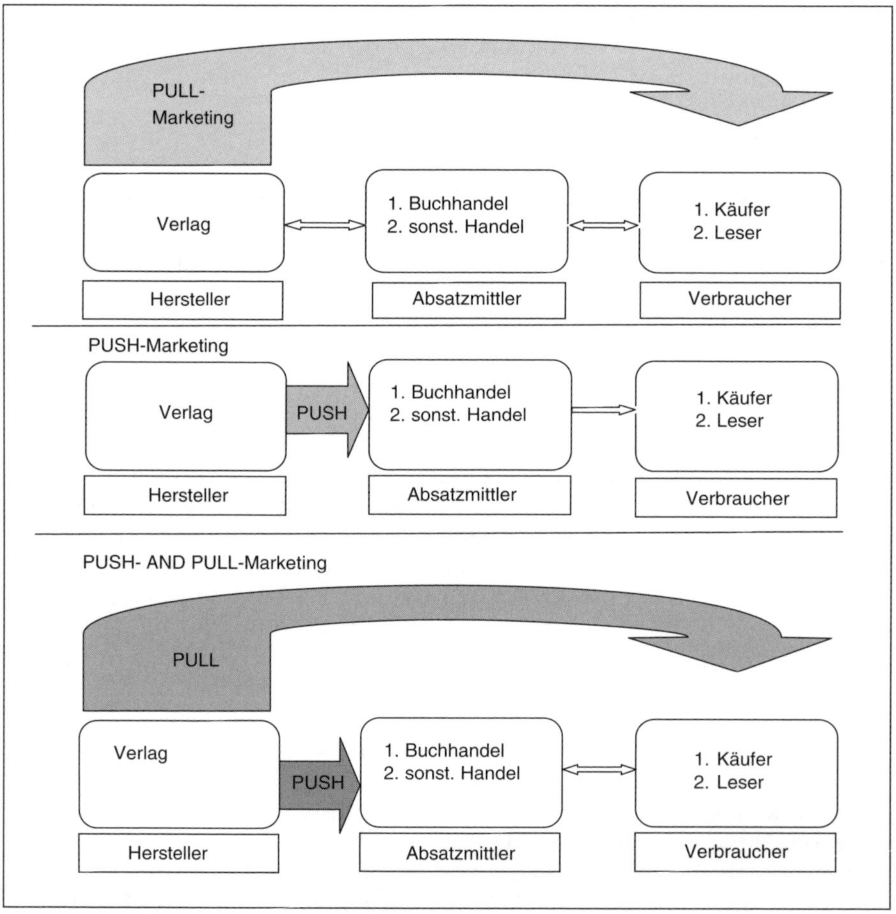

Push- und Pull-Marketing im Buchverlag (Quellen: eigene Darstellung analog zu Heinold 2009, S. 32 f. und Lucius 2005, S. 172)

Verlagswerbung besteht, von der Aktualität aus betrachtet, aus Novitäten- und Backlistwerbung; die Novitätenwerbung ist notwendige Einführungswerbung, die für die Backlist die wichtige Erhaltungs- oder Reaktivierungswerbung (weil ein Verlag selten nur von seinen Novitäten lebt).

Verlagswerbung reicht, von der Produktzahl gesehen, von der Einzeltitel- über die Reihen- und Themenwerbung bis zur umfassenden, ganzheitlichen Verlagswerbung: Weil die Relevanz bestimmter Titel Individualwerbung verlangt, andere vom finanzierbaren Etat oder Inhalt her den Kontext der Gruppe erfordern oder der Verlag zum Zweck der Öffentlichkeitsarbeit Gesamtprogrammwerbung treiben muss.

Der Verlagswerbung ist vom Budget her fast immer ein enger Rahmen gesetzt: Sie findet deswegen ihren preiswertesten und zugleich zielgenauesten Träger in Füllanzeigen in den eigenen Büchern (wo keine Schaltkosten anfallen), betreibt Tauschwerbung mit anderen Verlagen und verrechnet akquirierte Fremdwerbung gegen die Kosten der selbstfinanzierten.

Daneben bzw. eher überwiegend steht die Gestaltung und Produktion der vom Verlag oder einer beauftragten Agentur entworfenen Werbemittel. Sie reichen von einfachen, einfarbigen, einseitigen Prospekten z. B. als Beileger im Briefformat über die Reihen-, Halbjahres- und Jahresprospekte sowie den Gesamtkatalog bis zu Buttons, Postern, Displays zur Verkaufsförderung im Laden des Buchhändlers oder auf den Messen, die Grenze wird nur vom Etat gesetzt.

Für die Bestimmung des Etats von Verlagswerbung konkurrieren zwei grundsätzliche Prinzipien. Das erste ist das umsatzproportionale Prinzip. Nach ihm werden 5 oder 7 Prozent (als Durchschnitt) vom erwarteten Nettoumsatz der Titel für Werbung veranschlagt. Das zweite geht nicht von dem Umsatz, sondern dem Werbeziel aus, es ist deswegen das eher und eigentlich marketingorientierte. Ein nach dem Umsatzprinzip ermittelter Werbeetat wird oft nachträglich aufgestockt, wenn die Ziele mit ihm nicht erreichbar waren – der Verlag praktiziert dann die »kombinierte Methode«.

Für die Werbewirkung und Werbeerfolgskontrolle bestehen zwar allgemeine Wissenschaftsansätze, eine problemlose durchgängige Dokumentation des Werbeerfolgs ist jedoch bei komplexeren Werbekampagnen kaum möglich.

Die Aufgaben der Werbung bestehen damit im Entwurf der Gestaltung und Produktion der obengenannten Werbemittel, dem Entwurf und der Schaltung der vorher selbst produzierten Anzeigen sowie der Herstellung der Verkaufsförderungsmittel intern oder extern durch Agenturbeauftragung, inklusive aller Messe- und außergewöhnlichen Aktivitäten im nach betriebswirtschaftlichen Marketingzielen gesetzten Finanzrahmen, so dass eine Kombination aus Herstellungs- und Marketingwissen für (Be-)Werber und Verlag eine erfolgreiche Basis schaffen. Dies ist besonders dann zu spüren, wenn in mittelständischen Verlagen auch die Öffentlichkeitsarbeit aus der Abteilung Werbung erfolgt, und die Werbung zugleich Aufgaben der der Abteilung Vertrieb zugeordneten Verkaufsförderung übernimmt. Im Kapitel VI zum Verlagsmarketing werden wir ausführlich auf das Zusammenwirken von Marketing und PR im Rahmen der Unternehmenskommunikation eingehen und auch die Teilelemente des Verlagsmarketing analysieren, so dass die in diesem Abschnitt aufgeführten Kernelemente Werbung und Vertrieb, die häufig in der Praxis als einzelne Fachabteilungen die Aufbauorganisation prägen, in den Gesamtkontext eingebettet werden.

Auch für die Werbung besteht im Verlag kein einheitliches Anforderungsprofil und kein Berufsbild. Verlagswerber brauchen aber weniger eine die Buch-Branche betreffende Vorbildung als die Lektoren und Hersteller. So stammen sie oft aus »Werbe«-Agenturen oder verlagsfremden Firmen, bringen jedoch aufgrund ihres Studiums wichtige Kenntnisse aus Design und Marketing mit, die sie den speziellen Erfordernissen des Verlags anpassen. Kreativität war eine Anforderung schon an das Lektorat und die Herstellung, in der Werbung ist sie besonders gefordert: Verwechselbare Werbung kann man vergessen. Diese nicht lernbare Fähigkeit durchzieht alle Funktionen. Sie beginnt bei der Anregung werbewirksamer Formulierungen für die bis dahin nur unter Arbeitstiteln vereinbarten Bücher (in größeren Verlagen: bei »Titelsitzungen«), betrifft die im Hause gestalteten oder an Grafiker vergebenen Umschlagentwürfe (in größeren Verlagen: auf der »Umschlagkonferenz«) und endet letztlich – bei allen erfolgreichen Großverlagen ist dies bereits geleistet, aber auch die mittleren und kleinen brauchen es – bei der Schaffung eines Corporate Design des Verlags in der Werbung.

Der Aufbau von Werbeabteilungen ist natürlich abermals ganz nach Größe und Art des Verlags verschieden. Während ein Verleger jedoch über lange Zeit sein einziger und bester Lektor sein kann und auch Engpässe auf dem Gebiet der Herstellung selbst überbrückt, hat er selten die Intuition und das Knowhow für die Entwicklung einer den Verlag von Anfang an prägenden Werbung. Er sollte sich, sofern sein Verlag nicht ein Nebenerwerbsbetrieb bleiben, sondern ein Vollerwerbsbetrieb mit Gesicht und Profil werden soll, schon für die Startwerbung nach Partnern umsehen, die auf der Grundlage eines wirklichen Verständnisses des Programms ein künstlerisches Design liefern. In mittleren Verlagen wird neben dem Werbeleiter der Werbeassistent eingesetzt, in größeren arbeiten der Grafiker, Texter, Designer, der Werbemittelhersteller, der ein Bindeglied zwischen Werbung und Herstellung darstellt (Produktioner) und schließlich der Art-Direktor u. a. Für größere Programme im Publikumssegment gilt der Grundsatz der überbetrieblichen Arbeitsteilung. So wie im Konsumgütersektor etwa ein Schokoriegel-Hersteller im Regelfall nicht die komplette Werbung selbst plant und organisiert, sondern für die Konzeption mit einer Kreativagentur, für die Werbemittelgestaltung mit einer Designagentur und für die Werbeschaltung mit einer Media-Agentur zusammenarbeitet, gelten auch für Buchverlage professionelle Anforderungen. Im Regelfall wird durch eine Fullservice-Agentur das komplette gewünschte Spektrum abgedeckt oder eine Lead-Agentur wird beauftragt, das Leistungsspektrum der Agenturen zu koordinieren und auch zu überwachen (zum Online-Marketing s. Kap. VII).

6. Der Vertrieb

Der Vertrieb ist für viele Verlage einer der erfolgskritischen Faktoren. Wenn ein Verlag über den Vertriebsapparat wenig Zugang zum Buchhandel besitzt, führt dies dazu, dass selbst bei einem überzeugenden Leistungsspektrum kein ausreichender Markterfolg machbar ist: Der Kunde hat in diesen Fällen kaum eine Chance, die Produkte des Verlags kennenzulernen. Hier hat zwar das Internet neue Möglichkeiten der Information über die eigenen Produkte geschaffen, dieser informations- und rechercheorientierte Weg zu Büchern ist jedoch allenfalls bei Fachthemen von größerer Bedeutung. Bei Publikumstiteln führt nach wie vor kein Weg am Handel vorbei.

Die Problematik entsteht heute dadurch, dass Bücher nicht mehr knappe und teure, sondern massenhafte und überproduzierte Güter darstellen (um es anschaulich zu machen: bei den über 96.000 jährlichen Novitäten, die im Jahr 2007 erschienen, waren dies über 260 Titel pro Wochentag), und weil sie, gemessen an anderen Preisen und Dienstleistungen, zu wenig kosten. Die Dominanz der Abteilung Vertrieb über andere, die man in vielen Verlagen verzeichnet, ergibt sich aus einer Konzentration auf das Absatz- und Marketingdenken, das von dieser Sättigung des Marktes ausgeht, sich aber in der Maxime verdichtet, dass nur produziert werden darf, was verkauft werden kann – wobei das entscheidende Kriterium über Verkäufliches oder Verkaufbarkeit beim Vertrieb liegen soll. Der Vertrieb dominiert auch außerhalb des Programmsektors gern tendenziell im Verlag. So werden in manchen Verlagen Vertrieb und Werbung, da sie beide dem Absatz dienen, nicht nur auf den Organigrammen zusammengefasst, sondern ist die Werbung sogar nur ein Teil des Vertriebs und ihm untergeordnet. Das gesamte Spektrum der Einsatzmöglichkeiten des Vertriebs im Buchverlag werden wir im Rahmen des Verlagsmarketing aufzeigen.

Für die Darstellung des Vertriebs im Verlag kommen aber auch gegenüber den Abteilungen, die zuvor dargestellt wurden, zwei neue Dimensionen ins Spiel. Denn er hat neben den *im* Verlag beschäftigten Mitarbeitern einen Außendienst zur Auftragseinholung und besorgt, falls dafür nicht ein fremdes Unternehmen beauftragt wird, die firmeneigene Auslieferung. Die Beschreibung der jeweiligen Aufgaben, der jeweiligen Anforderungen an die Stelle und des Aufbaus der eigentlich *drei* Abteilungen (Innendienst, Auslieferung, Außendienst) macht die Darstellung des Vertriebs hier also komplexer.

Zunächst kann es für den Vertrieb keine so einfache bzw. einheitliche typische Tätigkeitsbeschreibung geben wie etwa für den Hersteller und Lektor, denn bereits im Innendienst arbeiten Mitarbeiter in ganz verschiedenen Funktionen unter einem Organisator (oft Manager) als Leiter. Dieser selbst wird sehr unterschiedlich etwa als Vertriebschef, Verkaufschef, Leiter des Absatzes bezeichnet, wobei die Tätigkeiten identisch sein können, der Vertrieb manchmal auf Auslieferung beschränkt ist (neben einer zusätzlichen Abteilung für Verkauf oder Marketing) oder, wie erwähnt, zusätzlich die Werbung umfasst. Weder besteht ein einheitlicher Gebrauch bei den Verlagen, noch – wie schon bei den vorherigen Verlags»berufen« auch – ein einheitliches bzw. überhaupt ein von der Branche entwickeltes Berufsbild. Die drei genannten Aufgabenbereiche verlangen unterschiedliche Ausbildungen. Im Innendienst von der allgemeinen Fakturkraft (Sachbearbeiter) bis zum Spezialisten für den Marketingplan. Eine ähnliche Situation besteht für den Außendienst, in dem z. B. Vertreter und Reisende arbeiten. Für die Anschaulichkeit lassen sich die beteiligten Gruppen vielleicht unter der sehr unorthodoxen, aber einprägsamen Klammer eines »Rein-Raus«-Prinzips integrieren:

Der Außendienst, d. h. die Vertreter und Reisenden, holen Aufträge (Bestellungen) immer nur »rein« (im Marketingdeutsch: Auftrags-»Akquisition«, z. B. »Hineinverkauf«, allgemein: »akquisitorische Distribution«). Die Auslieferung, für den physischen Transport verantwortlich, bringt Bücher immer nur »raus« (»Logistik« der Waren oder »physische Distribution«). Der übrige Innendienst, vom Bestelleingang bis zur Order des Lagers, übernimmt eine papierene und EDV-gestützte »Rein-und-Raus«-Aufgabe (administrative Verwaltung) und mit der Vertriebsmarketingleitung die koordinierende Funktion. Jedoch nun die Einzelaufgaben:

6.1 Die Innenaufgaben

Noch heute ordern die Buchhändler den Großteil ihrer Bestellungen (65 % im Jahr 2007) direkt beim Verlag; was auf diesem Weg beim Verlag eingeht, ist also ein Hauptgeschäft, die umgehende Bearbeitung zwar eine Routine oder Alltagsarbeit, aber von entscheidender Wichtigkeit.

Um seine Bestellungen auf einfache Weise schnell und ökonomisch an den Verlag zu bringen, verwendete der Buchhandel klassischerweise den gemeinsam für Verlag und Sortiment seit den 1920er Jahren bestehenden traditionellen »Bücherzettel«, eine standardisierte Postkarte zum vom Staat verbilligten Posttarif mit dem Eindruck der Firma des jeweiligen Sortimenters, der auf ihr seine Wünsche für Versandweg und Konditionen ankreuzen kann, und die der Vertrieb im Fall der Notwendigkeit einer direkten Antwort (z. B. Lieferhemmnis) gleichfalls nach Ankreuzen (z. B. vergriffen, noch nicht erschienen, vorgemerkt) direkt zurücksenden kann. Dieser Bücherzettel wurde weitgehend durch »elektronische Bücherzettel« abgelöst. Buchhändler, deren Läden mit den entsprechenden Terminals ausgerüstet sind, können über die Rechner des Zwischenbuchhandels (Barsortimente) oder des »Informationsverbunds Buchhandel« der BAG (BAG Buchhändler-Abrechnungs-Gesellschaft mbH) mit den ihrerseits ausgerüsteten Verlagen direkt kommunizieren und dadurch einen einfachen und direkten Datenaustausch ohne Medienbrüche durchführen. Besitzt der Verlag die passende Softwarelösung, können die Bestellungen noch am gleichen Tag fakturiert oder vorfakturiert sein.

Die Faktur (Rechnungsschreibung) erfolgte früher handschriftlich auf individuellen Rechnungsformularen und ist auch heute noch maschinenschriftlich auf den Rechnungen der Pressen und Kleinstverlage zu finden; normal ist heute die Übernahme einer in Analogie zum Bücherzettel vom Börsenverein entwickelten »Standard-Faktur«, die ein einheitliches systematisches Raster für alle generellen Elemente einer Verlagsrechnung vorgibt und deren Muster die Verlage nur noch geringfügig gemäß ihren eigenen Zwecken modifizieren. Sind die Verlage groß oder verfügen sie über branchenspezifische Softwarelösungen, entsteht die Faktur im Anschluss an die Erfassung der Bestellungen gleich automatisch und liegt am Abend (als »Stapelfakturierung«) vollständig vor, während eine Kopie dieses Datensatzes an die Auslieferung überspielt wird, wo es am Morgen elektronisch die Lagerentnahmen, also die physische Distribution, steuert. Wie stark Verlage mit branchenspezifischen Softwarelösungen ausgestattet sind, hängt von der Größe und dem Schwerpunkt der Unternehmen ab. Ein Verlag, der sich im eigentlichen Kerngeschäft außerhalb des Buchhandels bewegt und für den Bücher lediglich ein Nebensortiment darstellen, hat im Regelfall keinen Bedarf nach einer Professionalisierung seiner buchverlagsspezifischen Abläufe, während ein Verlag, für den Bücher das Kerngeschäft repräsentieren hier stärker fokussiert in IT-Systeme investieren wird. Bei kleineren Verlagen lässt die Gewinnentwicklung nicht immer eine ausreichende Investition in zeitgemäße Systeme zu, so dass in den kleineren und mittleren Verlagen eine Reihe von Systemen etabliert sind, die nicht dem heutigen Stand der Technik entsprechen. Noch im Jahr 2009 gibt es Kleinverlage, die ihre kaufmännischen Funktionen auf einer IBM AS 400 am Leben erhalten und damit selbst bei einfachen kaufmännischen Zusatzauswertungen hohen Zusatzaufwand für die Datenkonversion in Kauf nehmen müssen.

Diese Auswahl der Aufgaben des Innendiensts wurden als Anfangsbeispiele gewählt, weil die Eingangsverarbeitung mit der Faktur, die zur physischen Auslieferung führt, die typischen Funktionen des erwähnten Hineinnehmens und Herausschickens näher beschreiben. Obwohl sie alltägliche Verwaltungsaufgaben darstellen, belegen sie dennoch bereits deren Relevanz für das Marketing. Neben ihnen stehen verwaltungstechnische und oft maketingrelevante Strukturen. Zu den verwaltungstechnischen gehört eine so selbstverständliche wie die Teilnahme am BAG-Einzugsverfahren, weil der Großteil der mit traditionellen Bücherzetteln ordernden Kunden selbst BAG-Teilnehmer ist und die Teilnehmerschaften auch auf den Masken der »elektronischen Zettel« vermerkt sind: Die Verwaltung wird durch den BAG-Bündelungseffekt rationeller, der Zahlungsrückfluss sicherer, und Zahlungsfeststellung sowie ein Mahnzwang entfallen. Zu den marketingrelevanten Strukturen gehört z. B. die Hinzunahme von ergänzenden Distributionspartnern. In Deutschland wird zwar die erste Bestelladresse der Verlag selbst bleiben (auch wenn er nicht selber, sondern durch einen Kommissionär ausliefert), für das deutschsprachige Ausland jedoch sind österreichische oder schweizerische Kommissionäre erforderlich, bei Kunden in weiteren europäischen Ländern und Übersee Import- und Exportbuchhandelsfirmen: Ein einziger Verlag, z. B. ein Taschenbuchverlag benötigt daher bis zu fünf Bestelladressen und Lieferinstanzen.

Zu den rein marketingorientierten Aufgaben des Innendienstes, die sogar aktiv auf den Verkauf ausgerichtet sein können, gehört das sich seit Jahren verstärkende Telefonmarketing. Zu den Aufgaben eher verwaltungstechnischer Art zählt die Vergabe der ISBN (der »International Standard Book Number«), durch deren Angabe jeder Buchhändler weltweit sogar ohne Kenntnis des Autors und Titels die Bücher jedes Verlags bestellen kann und ohne die kein produziertes Buch die Auslieferung verlässt. Vor den weiteren Innenaufgaben, insbesondere der Führung des Außendienstes und der Mitverantwortung bei der

Programmgestaltung (Führung des Verlags »vom Vertrieb her«), soll deswegen die Behandlung der Auslieferung stehen.

6.2 Die Auslieferung

Anders als bei den Vertretern und Reisenden, die den echten Außendienst des Verlags ausmachen, gehören die Mitarbeiter der Auslieferung dem Innendienst an, und sofern der Verlag eine Eigenauslieferung hat, ist sie eine Abteilung des Verlags im Bereich Vertrieb. Daneben stehen aber als Auslieferungsformen die *Mitauslieferung* (durch einen anderen Verlag, der dafür als Kommissionär auftritt), die *Gemeinschaftsauslieferung* (mehrere Verlage betreiben zusammen eine gemeinsame Auslieferungsfirma), die wirkliche *Fremdauslieferung* (ein selbständiger Zwischenbuchhändler tritt als dienstleistender Kommissionär für den Verlag auf) und der Fall, dass die ausliefernde Firma eine selbständige Tochter des Verlages ist und ihm gegenüber zu berechnende Eigendienstleistungen sowie fremden Verlagen gegenüber Fremddienstleistungen erbringt – deswegen die von Innenaufgabe wie auch von Außendienst abgegrenzte eigenständige Position. Wegen der Vielfalt der beschriebenen Auslieferungssysteme ist es am sinnvollsten, die Aufgaben einer Auslieferung an einem umfassenden größeren Modell – im Folgenden am Muster einer verlagseigenen Tochterfirma für eigene und fremde Auslieferungsleistungen – zu beschreiben.

Eine solche (größere) Firma übernimmt nicht nur die physische Auslieferfunktion, den körperlichen Versand, sondern zuvor die gesamte Lagerhaltung und zusätzlich die vollständige administrative Betreuung: Sie bietet den »Full-Service« an. Ob Full-Service eines Dienstleisters oder Selbstdurchführung der Tätigkeit, die hier zu nennenden Prozesse des Einlagerns, der Auslieferung und des IT-Service sind so komplex, dass sie einer detaillierten Darstellung bedürfen.

Die **Einlagerung** beginnt im Prinzip mit folgenden Abläufen. Gemäß dem Abruf der Verlage liefern die Lastwagen die auf Euro-Paletten gestapelten lagerfertig verpackten Auflagen auf einer Eingangsrampe an. Nach Wareneingangskontrolle der Anlieferung und Größenkontrolle der Paletten durch Lichtschrankenmessung gelangen sie per Rollband an eine Steuerzentrale, wo ein Einlagerungscomputer mit speziellem Programm selbständig (off-line) die Positionierung im Lager vornimmt. Sofern die Umschlaghäufigkeit der Titel bereits bekannt ist (bei Neuauflagen durch die Vorbestellquote, bei Nachauflagen durch die Durchschnittsabsätze) ermittelt er den optimalen Lagerplatz im Hochregallager, wobei ein und dieselbe Auflage auf verschiedene Plätze verteilt werden kann (Prinzip der »Auflagenstreuung«), um später die Hol-Wege zu minimieren (Prinzip des »Doppelspiels«); unerprobte Titel werden ohne Ansehen ihrer Art willkürlich im je nach Verfügbarkeit möglichen Raum abgelegt. Nach diesem Verfahren richtet beispielsweise die verlagseigene Tochterfirma ihr eigenes umfangreiches Hauptlager ein. Das zugrundegelegte Prinzip, bei dem nur der Computer zum Lagerort findet, ist die »chaotische« Ordnung; sie wird bei allen Großlagern bevorzugt, weil sie die dichteste Raumnutzung mit den geringsten Transportwegen koppelt. Neben dem über zehn

Meter hohen Hochlager für die eigenen Verlagsprodukte steht für das Dienstleistungsgeschäft besonders bei der Arbeit für eine Vielzahl von Auftraggebern ein »konventionelles« zur Aufnahme der fremdauszuliefernden Titel; hier lagert man nach Verlagen geordnet und für deren Produktion alphabetisch oder nach den Verlagsnummern der Titel. Bis zu einem gewissen Umfang der Dienstleistungstätigkeit bleibt dieses Lager ein Nebenlager. Für die Eigen- und Fremdproduktion wird ferner ein Sonderlager gehalten, das Überformate und Mini-Bücher aufnimmt, die wegen ihrer Abmessung nicht palettiert werden können oder sich aus Gründen des Absatzes nicht für eine Aufnahme in die aktiven Lager eignen. Aus allen drei Lagern (Hauptlager, Nebenlager, Sonderlager), die Dauerlager darstellen, wird mit einem Anteil des Gängigsten noch das Kommissions- oder Handlager gebildet für den jeweiligen unmittelbaren Tagesbedarf.

Beim **Auslieferungsprozess** ist das auslösende Element z. B. der vom Vertrieb im Verlag erstellte Datensatz, der nun ausgedruckt wird und für die späteren Sendungen bereits die Rechnungen, Lieferscheine bzw. jeweiligen Versandpapiere vollständig mit Adressierung liefert, sowie die vom Computer der Auslieferung errechneten für die Zusammenstellung der Sendungen im Lager erforderlichen Arbeitspapiere. Die Arbeitspapiere erhalten sogenannte »Aussetzer/innen«, welche die gängigen Titel ihrem Kommissions- oder Handlager direkt entnehmen, oder das fahrende Personal, das für die in den großen Lagern befindlichen Titel einen Aussetzzettel mit Angabe der Lagerorte und vom Lagercomputer errechneten kürzesten Hol-Wege erhält. Die ausgesetzten Bücher einer Bestellung gelangen in Sammelbehältern über Rollbänder dann an die sogenannten Kommissioniertische, wo die Kontrolle und Verpackung erfolgt – die Kontrolle wird dabei nicht mehr »Titel-für-Titel«, sondern über das vom Computer errechnete Gesamtgewicht vorgenommen; die Verpackung geschieht durch sich auf die Größe der Versandstücke selbst einstellende Automaten. Für den Versand selbst hat der Rechner bereits die für die Bestellung günstigste Versandart bestimmt (z. B. Päckchen oder Paket, Post/DHL oder andere Dienstleister) oder übernimmt die angemeldeten Buchhändlerwünsche (z. B. kein Paket über 20 Kilogramm, Zustellung per Expressdienstleister u. a.). Das fertige Auslieferungsgut gelangt schließlich sortiert über Rollbahnen an die Ausgangsrampe, von der aus es den Fahrzeugen der Post, eigenen Lastkraftwagen bzw. den beauftragten Spediteuren und den Bücherwagen des Zwischenbuchhandels zugeführt wird. Der physische Durchlauf des Auslieferns inklusive der vorweggehenden Eingangsbearbeitung wird in einem Modell wie dem beschriebenen in bereits 16 Stunden bewältigt, über das Eintreffen beim Buchhändler entscheidet dann nur noch der gewählte Bezugsweg.

Als drittes sind die Leistungen zu nennen, die ein Verlag erhält, wenn er nicht nur lagern und ausliefern lässt, sondern sich einer Vertriebsfirma mit Full-Service und ihrer IT-Leistungen bedient.

Beim **Full-Service** übernimmt die Firma nicht nur wie oben den Datensatz des Verlags, auf denen die Order bereits vorerfasst sind, zur Weiterbehandlung, sondern erledigt auch selber die Annahme von Buchhandelsbestellungen. Dabei kommen die Bestellungen auf sehr unterschiedlichem Wege beim Dienstleister an (schriftlich, telefonisch, per Telefax, E-Mail oder auf Basis von standardisierten Bestelldatensätzen, den sogenannten EDI-FACT-Datenübertragungen). Ein Full-Service-Partner bearbeitet die Bestellungen nach Maßgabe mindestens der Kriterien, die zuvor der Verlag benutzt hat. Die Firma übernimmt also die vollständige Auftragsbearbeitung und erstellt anschließend analog die Faktur. Die Einlagerung und Auslieferung geschehen wie soeben beschrieben; hinzu kommen jetzt aber so wichtige Datenzusammenfassungen wie die aussagefähigen *Statistiken* über die Lagerbewegung, die sonst vom Vertrieb gemacht werden und die Grundlage für das Marketing der einzelnen Titel und den Verlag als Ganzen bedeuten. An den folgenden Stichworten in Auswahl kann man sich die Leistungen solcher Aufstellungen verdeutlichen.

Titel-Absatzliste: Bei Einführung einer Novität wird z. B. sofort das Ausbleiben von Frühkäufen ersichtlich (Reaktion: Meldung »schleppenden Absatzes«), so dass, falls dieser Titel als erfolgversprechend angesehen wurde, mit Werbung gegengesteuert werden kann; ist ein Titel der Backlist erfolgreich, muss die Statistik nach den Durchschnittsabsätzen ermitteln, wie lange der Vorrat noch reicht (»Knappmeldung«), damit der Verlag nicht mit einem erfolgreichen Titel in eine Lieferpause gerät.

Titel-Umsatzliste: Titel mit guten Absätzen müssen nicht die mit den besten Umsätzen sein – biedere, normal abgesetzte teure Monographien können mehr Umsatz erbringen als spektakuläre Taschenbuch»renner«; Verlage bekommen also Hinweise für die Bildung von Profit-Centern oder entdecken gegebenenfalls Defizit-Zonen.

Lager-Gesamtentwicklung: Schwillt das Lager zur Halde, während gleichzeitig die jährliche Titelanzahl der Novitäten konstant bleibt, waren die Auflagen nicht realistisch; der Verlag hat somit einen Indikator für seine Auflagenpolitik. Weitere wichtige Zusammenstellungen für den Vertrieb gehören zum Grundangebot des Full-Service oder können individuell gegen Gebühr bestellt werden: Absatz und Umsatz nach Themen, nach Kundengruppen (Einzelhändler, Kaufhäuser, Privatbestellungen), nach Vertretern, Preisgruppen, Rabattgruppen u. a., die alle in das Marketing einmünden; eine vollständige Check-Liste über die Abdeckung aller Leistungen eines Full-Service-Paketes würde durchaus hundert Positionen umfassen.

Die verlagswirtschaftlich wichtigste Dienstleistung liegt vor, wenn die Auslieferungsfirma zugleich das Delkredere trägt, d. h. die Vollhaftung gegenüber dem Verlag für die Forderungen an die bestellenden Buchhändler. Der Verlag hat dann nicht nur einen seinen sämtlichen Bestellungen entsprechenden zum vertraglich vereinbarten Termin eintreffenden Zahlungseingang – was ihm nie im direkten Verkehr mit dem Buchhandel gelänge –, sondern kann zusätzlich sogar auf das Mahnwesen und die Kundenbuchhaltung verzichten. Deshalb haben die Leistungen eines Full-Service-Pakets an einen Verlag zwar ihren Preis, verbessern ggf. aber seine Liquidität, entlasten in jedem Fall durch überlegene Abwicklungs- und IT-Techniken (nur Großverlage dürften gleichwertige oder bessere Möglichkeiten erreichen) und setzen dadurch die Kapazitäten des Vertriebs für die eigentlichen Marketingaufgaben frei. Mit der Entscheidung für das Auslieferungssystem werden dadurch die Weichen für einen Mehr- oder Mindererfolg des Verlags gestellt.

6.3 Der Außendienst

Dem Außendienst sind alle die Mitarbeiter zuzuordnen, die den Verlag im regelmäßigen Turnus beim Sortiments- oder Einzelbuchhändler, aber auch dem Groß- oder Zwischenbuchhandel, wie letztlich privaten und sonstigen Kunden, vertreten. Im Gegensatz zu den Lektoren, Herstellern, Werbern und übrigen Angestellten auch aus der Abteilung Vertrieb (Innendienst) gibt es für sie daher im Verlag keinen fest eingerichteten »Arbeitsplatz« – sie sind im Verlag nur zu ausgewählten Terminen präsent. Es hat sich eingebürgert, bei ihnen allgemein von »Vertretern« zu reden; dies ist jedoch falsch, weil im Außendienst eines Verlages mindestens drei Arten von Außendienstmitarbeitern vorkommen können und vorkommen. Nur der erste ist Vertreter im eigentlichen Sinn, nämlich Handelsvertreter, und zwar der »große« (früher der »reine« Provisionsvertreter). Dieser ist selbständig, vertritt mehrere Verlage, die aber nicht miteinander in Konkurrenz stehen dürfen, und wird auf Provisionsbasis (von bis zu 10 Prozent seines Umsatzes netto) entlohnt. Neben ihm steht der »kleine« Handelsvertreter, der nicht für mehrere Verlage, sondern exklusiv für einen einzigen reist (früher der »Vollvertreter«). Er erhält ebenfalls eine Provision, allerdings eine geringere (im Durchschnitt 7,5 Prozent), dafür aber zusätzlich ein Fixum für jeden Reisetag und eine monatliche Garantie. Erst der dritte Außendienstmitarbeiter ist der Reisende. Dieser ist beim Verlag fest angestellt, erhält als Fixum ein monatliches Gehalt und als Anreiz für seinen Verkaufseinsatz gleichfalls eine Erfolgsprovision, die wegen seines gesicherten Einkommens aber minimal ist. Alle Vertreter und Reisende genießen untereinander Gebietsschutz, d.h. einer ist beispielsweise für den Bereich Nord eingeteilt, ein zweiter für Süd, West, Mitte usw. Handelt es sich um einen Taschenbuchverlag, kann es einen eigenen Kaufhausvertreter für das gesamte Bundesgebiet geben. Handelt es sich um große Handelsvertreter, die dem Verlag aufgrund ihrer Beziehungen neue Kunden zuführen, kann neben den Gebietsschutz der Kundenschutz treten.

Für alle Tätigkeiten der Vertreter und Reisenden gilt ein Halbjahreszyklus. Zweimal im Jahr gibt es ein zentrales Zusammenkommen für alle, die Vertreterkonferenz. Sie tagt im Frühjahr zur Vorstellung des Herbstprogramms und im Herbst zur Präsentation des neuen Programms für das Frühjahr und ist die halbjährlich für Anbahnung und Durchführung des Absatzes wichtigste Konferenz des Verlags. An ihr nehmen nicht nur Lektorat und Vertrieb, sondern auch Herstellung, Werbung, Geschäftsführung, also alle Abteilungen teil. Die Aufgabe des Lektorates ist es, die neuen Titel zu präsentieren, d.h. den Inhalt und den Autor vorzustellen, dazu gibt es mindestens vorab zugesandte oder vor der Sitzung verteilte Informationsblätter der jeweiligen Lektoren sowie Kurzvorträge mit anschließender Diskussion. Auch die meist aufwendig gestaltete Programmvorschau liegt zu dieser Zeit bereits vor. Die Herstellung hilft mit Kopien von Fahnenabzügen, Umbruch oder Andrucken von Umschlägen. Die Werbung unterrichtet über geplante Anzeigen in den Händler- und Publikumszeitschriften, sowie über die speziellen Werbeaktionen. Insgesamt entsteht hier ein »Briefing« durch alle im Verlag an der geistigen und technischen Produktion sowie der Vorbereitung des Absatzes Beteiligten, das den für die Durchführung des Absatzes Verantwortlichen die Grundlagen für ein optimales Anbieten während der Reise schafft (schaffen soll). Einen Höhepunkt kann die Präsentation eines Buches durch einen eingeladenen Autor bilden, dies wird bisweilen für ausgewählte Schwerpunkttitel versucht. Besonders wenn eine Präsentation durch den Autor gelingt, hat sie eine unmittelbare Auswirkung auf die Motivation und damit die Effizienz der Vertreter bei ihrer Buchhandelsreise.

Die Präsentation des neuen Programms ist nicht der einzige Teil einer Vertretertagung, obwohl sich die Präsentation allein über Tage erstrecken kann. Die Gesamttagung gliedert sich vielmehr in drei logisch, psychologisch und chronologisch gestaffelte Phasen. In der ersten, meist am ersten Tag oder Abend, treffen sich nur Außendienst und Vertriebsleitung. Hier bekommen Vertreter und Reisende die Gelegenheit, Erfahrungen der zurückliegenden Saison auszutauschen und Ärgernisse sowohl mit dem Buchhandel wie auch mit dem Verlag anzusprechen und auszudiskutieren; neben Sachklärungen dient dieses Treffen also der atmosphärischen Bereinigung. Die zentrale Präsentation darf erst nach dieser Vorklärung erfolgen, denn nichts wäre schlimmer, als ein neues Programm vorzustellen, wenn alte Divergenzen noch nachwirken und zu Unwillen, Ablehnung, oder Verweigerung führen, vielmehr muss offene Aufnahmebereitschaft erreicht werden. Die dritte Phase ist wiederum ohne das Lektorat vorgesehen. Vertriebsleitung, Außendienst und der kaufmännische Stab bewerten das neue Programm nach ihrer eigenen Einschätzung, formulieren die ihnen realistisch erscheinenden Verkaufserwartungen und setzen die Absatz- und Umsatzziele.

Die Wochen nach der Verlagstagung dienen dem Außendienst zur Vorbereitung der Reise. Vom Verlag wird ihnen zusätzlich zu dem bereits auf der Sitzung gelieferten Material neues ergänzendes zugesandt, so dass aus z. B. kopierten Originalmanuskripten bis zu fertigen Buchumschlägen eine Ansichts-, Demonstrations- und Mustermappe (die »Reisemappe«) entsteht, die dem Vertreter hilft, indem sie durch Veranschaulichung dem Buchhändler seine Entscheidung erleichtert. Terminlich beginnt die Frühjahrsreise generell genau zu Jahresbeginn und endet nach Ostern, die Herbstreise beginnt im Juni mit Schluss im September bis Oktober direkt vor der Buchmesse. Die Tour in dem jeweiligen Vertretergebiet ist teils durch die Besuche und Routine der Vorsaison festgelegt, muss aber andererseits auch neue Kunden erschließen. Ein Vertreter oder Reisender schafft pro Tag im Schnitt zwischen fünf und sieben, maximal zehn Besuche von Buchhandlungen und pro Saison in seinem Verkaufsgebiet zwischen 250 bis 500. Große Verlage sind stolz darauf, wenn sie zu 1800 und mehr Buchhandlungen und Grossisten aktive Kontakte besitzen. Ein anderer Teil der Vertreter tätigt, statt zu reisen, seine Geschäfte sogar zu einem gewissen Umfang nur telefonisch (was nicht legitim ist). Das Normale jedoch ist der Weg in den Laden des Händlers und der Empfang durch diesen oder den stellvertretenden Einkäufer. Die auf der Reise gemachten Vorbestellungen gehen im Idealfall online an die Vertriebsleitung und ermöglichen im Verlag eine marktgerechte Veranschlagung oder Korrektur für die Auflagen der Novitäten. Manche Verlage veranschlagen hierfür mit ihrem Außendienst eigene Zwischen- oder Nachkonferenzen.

Welche und wieviele Außendienstmitarbeiter ein Verlag einsetzen will, ist von seiner Größe und seinen Zielen abhängig. Kleine und kleinste Verlage können sich den fest angestellten Reisenden nicht leisten, weil ein Monatsgehalt und zusätzlich die Spesen finanziert werden müssten; sie sind angewiesen auf den Handelsvertreter. Mittlere und große Verlage können sich Reisende leisten, doch ist für den Verlag bis zu einem gewissen Pro-Kopf-Umsatz der Handelsvertreter aufgrund seiner nur erfolgsabhängigen Provision günstiger. Oberhalb dieser Umsatzgrenze wird der Reisende billiger, so dass große Verlage mit entsprechenden Umsätzen als Außendienstmitarbeiterschaft ein Team von Reisenden anstreben müssten, zumal diese aufgrund der Weisungsbefugnis des Verlags für (nicht direkt verkaufbezogene) Marketingaktivitäten viel stärker einsetzbar sind als die selbständigen (von der Provision lebenden) Handelsvertreter. Die Anzahl der im Außendienst Beschäftigten pro Verlag und insgesamt ist relativ klein. Ein kleiner bis mittlerer Fachverlag operiert durchaus mit nur ein oder zwei Vertretern oder Reisenden für das gesamte Bundesgebiet oder den deutschen Sprachraum, ein Stab von zehn wäre bereits für einen größeren Taschenbuchverlag typisch, 40 oder mehr Mitarbeiter sind Ausnahmen für Sonderformen wie beispielsweise den Reisebuchhandel.

Die Verdienstmöglichkeiten im Außendienst liegen selbst für einen Reisenden oftmals über den in der Tarifgruppe IV der Tarifverträge möglichen Gehaltsstufen. Hier kommt vor allem die Provisionsregelung positiv zum Tragen. Waren früher reine Umsatzprovisionen üblich, so hat sich im Interesse der Vermeidung von Fehlsteuerungen eine Einbeziehung des Deckungsbeitrags durchgesetzt (vgl. Braun/Hillebrecht/Kok 2007, S. 20–22). Denn der Deckungsbeitrag gibt an, wieviel der Auftrag zum Betriebsergebnis beiträgt. Bei der bisherigen Praxis der alleinigen Umsatzorientierung der Provision bestand stets die Gefahr, dass der Außendienstmitarbeiter ein Geschäft mit einem hohen Umsatzniveau und schlechtem Deckungsbeitrag (beispielsweise hohe Liefermenge an Büchern zu schlechten Konditionen) gegenüber einem Geschäft mit niedrigem Umsatz und hohem Deckungsbeitrag bevorzugt (vgl. Breyer-Mayländer u.a. 2005, S. 353). Ein solches Vorgehen ist zwar aus Sicht des Außendienstes ökonomisch-rational, aber für den Verlag gefährlich, da es das Unternehmen zwar auslastet aber keine sinnvolle Wertschöpfung ermöglicht.

Der freie Handelsvertreter benötigt ein höheres Entgelt, da er als Selbständiger auch fixe Kosten hat, die beim Reisenden vom Arbeitgeber übernommen werden. Er kann daher nicht exklusiv nur für einen Verlag arbeiten, da sich die Provisionen aus dem Umsatz mit nur einem Verlag so gut wie niemals erreichen lassen, sondern er braucht fünf bis sieben Verlage mit einem Provisionsaufkommen von durchschnittlich je 15.000 bis 20.000 Euro. Die zwischen den Reisenden und den großen Handelsvertretern bestehenden »kleinen« liegen auch in ihrem Verdienst zwischen den großen Vertretern und Verlagsangestellten.

Berufsbilder und Ausbildungsgänge existieren auch für den Reisenden, die großen oder kleinen Handelsvertreter nicht. Alle sind in der Hauptsache ehemalige Buchhändler und Verlagskaufleute. Dabei besteht bei vielen Verlagen dennoch ein merkwürdiges Defizit. Denn während beim Lektorat oft die Gefahr der Überschätzung des neuen Programms besteht, besteht beim Außendienst und im Vertrieb oft die noch gravierendere Gefahr einer Unterschätzung. Zwar besteht die Mannschaft des Außendiensts aus markterfahrenen Mitarbeitern, die meist eine bessere Kenntnis des Buchhandels besitzen als die Programmleute im Verlag. Dennoch zeigt die Erfahrung auch, dass Inhaltswürdigung und Einschätzung der Verkaufbarkeit durch die Mannschaft fehlgehen können. Die Ursache liegt nicht selten in einem Mangel an Verständnis und Aufnahmebereitschaft. Fatalerweise resultieren daraus eine Demotivation für die neue Reise beim Außendienst, eine nicht adäquate Präsentation während dieser im Buchhandel, unterprognostizierte Vorbestellungen beim Vertrieb und eine sich anbahnende Konfrontation zwischen Vertrieb und Lektorat. Die Optimierung des Außendienstes ist daher die Voraussetzung zur Entfaltung des Potenzials eines guten Programms. Sie kann durch die Einstellung guter Verkäufer erreicht werden, durch ein intensiviertes und vor allem gutes Briefing seitens des Lektorats, durch Verkäuferschulung (s. Kap. VI.: Marketing) oder durch die Einführung von vorgebildeten Hochschulabsolventen in die Distribution, was angesichts der Verdienstchancen im Außendienst einerseits, sowie andererseits angesichts der Zahl der Hochschulabsolventen Perspektiven böte. Insgesamt hat im Außendienst seit den 1990er Jahren eine Qualifizierung stattgefunden, da Verkauf heute ohne solide Beratungsleistung kaum mehr möglich ist. Dies erfordert nicht nur verkaufsorientierte Persönlichkeiten, sondern auch ein solides Fachwissen, damit die Beratung auf Augenhöhe mit den Kunden erfolgen kann. Dieser Verkaufsansatz ist wiederum notwendig, um die gewünschte mittel- und langfristig erfolgreiche Kundenbeziehung erzielen zu können.

IV. Controlling, Kostenrechnung und die Kalkulation von Büchern

Im folgenden Kapitel soll keinesfalls eine umfassende und abschließende Betrachtung der Kostenrechnung und des Controllings in Buchverlagen gegeben werden. Hierfür existiert eine Reihe von Publikationen, die sich intensiv mit den praxisrelevanten Einzelfragen befassen (z. B. Wantzen 2002). Dieses Kapitel soll jedoch dazu dienen, ein Verständnis für das zentrale Thema der Buchkalkulation zu vermitteln und gleichzeitig den Zusammenhang zum Management eines Buchverlags aufzeigen. Denn entschieden wird über den Erfolg oder Misserfolg eines Buchprojekts (außer über seinen Autor, den Inhalt, die Ausstattung und sein Marketing) oder auch eines Verlags anhand der Zahlen der Kalkulation und des Rechnungswesens. Dabei wird zunächst die Notwendigkeit des Controllings für die Unternehmensführung im Buchverlag dargestellt, bevor nach der Kostenrechnung das grundsätzliche Wissen über die Modelle der Buchkalkulation erläutert wird. Dabei ist die Entscheidung für eine Variante der Buchkalkulation von der Gesamtausrichtung des Verlagscontrollings abhängig.

1. Controlling

1.1 Controlling als Teil der Unternehmensführung in Buchverlagen

Kosten sind bei Buchprojekten immer ein sensibles Thema, da anhand der Kostenstruktur und Erlöserwartung entschieden werden muss, welche Projekte und Produktbereiche im Verlagsprogramm ihren Platz haben. Im Zentrum der Verlagsüberlegungen steht zwar das Programm, und viele Verleger würden sich ungern in erster Linie als Controller ihres Verlags begreifen, dennoch müssen auch Lektoren, Verlagsleiter und Verleger, die sich in erster Linie den Lesern, Autoren und dem Programm verpflichtet sehen, damit zurecht kommen, dass die Ressourcen eines Verlags endlich sind und die Kostenspielräume über die Jahre hinweg in den meisten Segmenten sich verengt haben.

Was bedeutet nun aber Controlling von Projekten und Produkten? Weit verbreitet, aber falsch ist die Meinung, dass es sich hierbei schlicht um eine

Kontrolle handelt. Es wäre einer modernen und offenen Unternehmenskultur im Buchverlag nicht zuträglich, ein solches Prinzip der Unternehmensführung zugrundezulegen, und Controlling mit Kontrolle gleichzusetzen.

Sichten wir die Fachliteratur, wird uns für Controlling eine Reihe unterschiedlicher Definitionen angeboten. Ein nicht ganz untypisches Verständnis von Controlling im deutschsprachigen Raum geht auf Horváth zurück:

> »Controlling ist – funktional gesehen – ein Subsystem der Führung, das Planung und Kontrolle sowie Informationsversorgung systembildend und systemkoppelnd koordiniert und auf diese Weise die Adaption und Koordination des Gesamtsystems unterstützt.« (Horváth, nach Pausenberger 2001, S. 156)

Wir werden im Folgenden den systemorientierten Ansatz von Horváth als Hintergrund für die Überlegungen im Buchverlag nutzen. Controlling beinhaltet demnach zwar ein Kontrollelement, aber lediglich als Teil eines übergreifenden Steuerungsprozesses, wie er im sogenannten Management-Kreislauf zum Ausdruck kommt. Hier geht es im Sinne eines zyklischen Managementmodells darum, vor der neuerlichen Zieldiskussion zu prüfen, inwieweit die bisherigen gesetzten Ziele erreicht wurden. Die anschließende Analyse soll dann klären, ob die Zielabweichungen durch unrealistische Zielsetzungen (Zielanpassung notwendig), falsche Planungsansätze (Korrektur für Folgeplanungen), Fehlentscheidungen (Analyse der Entscheidungsbedingungen), Probleme bei der Realisation (Überarbeitung des Umsetzungsprozesses) entstanden sind.
Obwohl wir in unserer Darstellung das Controlling in das Kapitel der Kostenrechnung und Kalkulation eingereiht haben, umfasst das klassische Projekt-

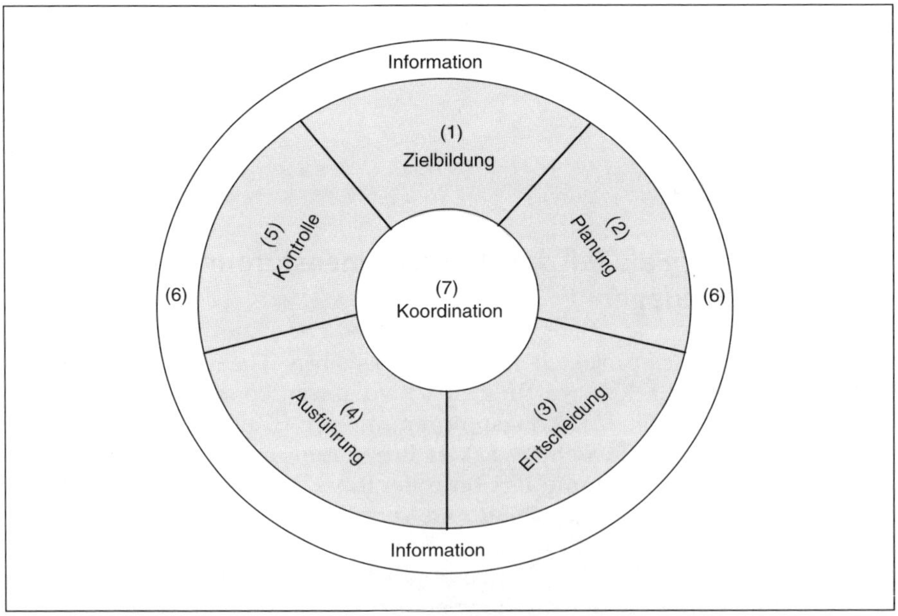

Managementprozess als Hintergrund für die Steuerung mit Controlling (Quelle: Darstellung angelehnt an Wöhe 2002, S. 86)

Controlling ausgehend von den besonderen Zielsetzungen eines Projekts, weit mehr als lediglich die Kostendimension. Es geht um konkrete Hilfestellungen zur Steuerung von Projekten.

Kriterien des Controllings	**Klassisches Controlling**	**Zusätzliche Aufgaben des Projekt-Controllings**
Ursprung der Basisdaten	Rechnungswesen	Leistungsdaten der Projekte
Rechengrößen	Kosten, Gewinn, Verlust	Nutzen, Qualität, Funktion
Planungshorizont	Kalendarisch	Projektlaufzeit
Planungszyklus	Monatlich	Phasen, Milestones
Zielgrößen	Gewinn, Produktivität, Cash-Flow, ROI	Erfolgsfaktoren, Nutzen, Opportunitäten
Gegenstand	Leistungsprozesse	Produkte und Projektprozesse
Sicherheit der Ergebnisse	Quantitativ bestimmt	Risiken, Eintrittswahrscheinlichkeiten
Methodik	Vergangenheitsorientiert	Prognostisch
Organisation	Zentralistisch	Multifunktional

Zusätzliche Aufgaben des Projekt-Controllings (Quelle: Koreimann 2005, S. 21)

In der Praxis ist man natürlich daran interessiert, möglichst frühzeitig über Abweichungen zwischen geplantem und tatsächlichem Ablauf bei einem Buchprojekt informiert zu werden. Wie bei der Analyse der Aufgaben des Controllings auf der Ebene des Gesamtunternehmens kommt auch beim Projekt-Controlling der Frühwarnung eine entscheidende Bedeutung zu. Hierfür wird im Regelfall ein Informations- und Kommunikationsfluss definiert, der in ein strukturiertes Berichtswesen mündet. So müssen die Instanzen der einzelnen Abteilungen (z. B. Herstellung, Vertrieb, Werbung) bzw. bei einer Matrix-Organisation die Produktmanager in regelmäßigen Abständen die Ergebnisse ihrer Arbeit und den aktuellen Zwischenstand bei den ihnen zugeordneten Führungskräften darstellen, so dass eine effektive Steuerung möglich wird. Damit die Kostensituation für die jeweiligen Verantwortlichen transparent wird, werden die anfallenden variablen Kosten möglichst exakt erfasst und den Projekten zugeordnet. Hierfür werden Stundenzettel in Form von (Online-)Formularen genutzt, auf denen die jeweiligen Projektaufwendungen dokumentiert werden. Auch wenn sich diese exakte Zuordnung der jeweiligen Arbeitszeit bei den Mitarbeitern nur begrenzter Beliebtheit erfreut, ist sie doch eine ganz wesentliche Voraussetzung für Transparenz über den Projekt- und langfristig den Unternehmenserfolg im gesamten Verlag. Gerade im Bereich der Auftragsproduktion von Büchern, ein Segment, das bei vielen Verlagen im Wachsen ist, gelten die gleichen Transparenzanforderungen wie im allgemeinen Agenturgeschäft. Hier hat sich gezeigt, dass eine solche Stundenerfassung eine notwendige Voraussetzung für eine betriebswirtschaftliche

Steuerung des Unternehmens darstellt (vgl. Jacob 2005, S. 29). Parallel zu den Kostenerfassungen und Zuordnungen, die erheblich zur Steuerungsfähigkeit der Kostenrechnung beitragen, erfordert ein Projekt-Controlling zudem eine Analyse des inhaltlichen Projektfortschritts durch Ermittlung der erreichten ›Meilensteine‹ und der Überprüfung der geplanten Termine und Aufwendungen.

Das strategische Controlling im Buchverlag bezieht sich auf die Analyse von langfristigen Entscheidungen wie z. B. Beteiligungen und Kooperationen. Im ersten Schritt sieht dies nicht gerade wie ein Themenfeld des Projekt-Controllings aus. Aber auch hier beginnt bereits die Trennung zwischen den Themenbereichen unscharf zu werden, wenn beispielsweise eine Beteiligung lediglich dadurch entstanden ist, dass man von Seiten des Verlags einen defizitären Prozess im Rahmen einer Make-or-Buy-Entscheidung ausgelagert hat. Outsourcing von Leistungen führt direkt zu einer Zunahme der formal gesehen strategischen Themen des Medien-Controllings. Weitere strategische Controllingthemen (vgl. Frey/Geisler 1999, S. 39 f.) sind im Bereich des übergeordneten Inhalte-Controllings zu sehen, wenn beispielsweise die Verschiebung von Zielgruppen und deren Erwartungen diskutiert werden. Damit verbunden ist im Regelfall eine Analyse des Publikums oder bei werbefinanzierten Fachzeitschriften die Analyse der Abnehmergruppen im Werbemarkt mit deren inhaltlichen Schwerpunkten. Weitere Projekte im Sinne unseres Ansatzes des Projektmanagements können bei strategischen Medienprojekten Großinvestitionen in Maschinen (z. B. Druckmaschinen) oder neue Produkte sein.

Das operative Controlling beschreibt diejenigen Controlling-Schritte, die dazu da sind, die Prozesse im Unternehmen zu begleiten und zu unterstützen. Die folgende Übersicht zeigt einige wesentliche operative Controlling-Felder im Buchverlag auf (vgl. ebd.).

Controlling-Feld	Eigenschaften
Leistungsentwicklung	Controlling der Innovation; hier geht es um die Vereinbarkeit der kreativen Prozesse im Verlag (insbesondere in Lektorat und Herstellung) mit den Vorgaben und Erwartungen der Unternehmensführung und Projektumgebung.
Beschaffungs-controlling	Was bei typischen Materialien wie Papier für den Laserdrucker Züge des industriellen Beschaffungsmanagements trägt, bekommt eine managementstrategische Bedeutung, wenn es beispielsweise um die kontinuierliche Zielerreichung bei beschafften Inhalten, z. B. der Akquise von Autoren, geht.
Produktions-controlling	Beispielhaft kann hier das Controlling des Druckprozesses als Beispiel für ein materialorientiertes Controlling herausgegriffen werden. Es geht hierbei um die kostenorientierte Analyse des Prozesses (Verfahren, Lagerung etc.). Darüber hinaus geht es bei der Produktion von Buchverlagen auch um das Controlling der inhaltlichen Position im Sinne der Programmstruktur.

Vertriebscontrolling Publikumsmarkt	Hier kommen sowohl die Kenngrößen des Marketing als auch der Vertriebslogistik zum Einsatz. Vor allem der Bereich der Preisdifferenzierung wird in vielen Fällen nochmals gesondert genutzt. So lassen sich Buchausgaben in unterschiedlichen Formen und Preislagen im Markt absetzen.
Vertriebscontrolling Werbekunden	Die Akquisition von Aufträgen unterliegt den typischen Anforderungen des Außendienstcontrollings, bei der auch die Analyse der Kundenwertigkeit eine entscheidende Rolle spielt, um einen effizienten Ressourceneinsatz zu gewährleisten. Dies spielt abgesehen von wenigen Ausnahmen im Buchverlag nur für die Sparte der Fachzeitschriften eine Rolle.
Sortimentscontrolling	Ob Medienkonzern oder mittelständischer Verlag – der Nutzen der einzelnen Produkte (Titel) muss überprüfbar sein, so dass gegenseitige Abhängigkeiten in der Sortimentsentwicklung genauso erkannt werden können, wie überfällige Portfoliobereinigungen, die z. B. zum Relaunch oder zur Einstellung von Produkten führen.

1.2 Was sind typische Projektziele im Buchverlag?

Damit der Managementzyklus im Sinne des Controlling-Kreislaufs funktionieren kann, muss man sich innerhalb eines Buchverlags grundsätzlich über die anstehenden Ziele einig werden. Dabei wird bereits nach kurzer Überlegung klar, dass die Festlegung von Zielen keineswegs ein trivialer Prozess ist. Das Vorgehen setzt hier im Bereich des normativen Managements an. Wenn die allgemeinen Zielsysteme des Verlags definiert sind und damit klar ist, ob Gewinnmaximierung oder die Präsenz bestimmter Themen und Inhalte künftig dominieren, dann können im Rahmen der Unternehmensplanung die Teilziele ausgearbeitet werden. Wie muss nun ein Ziel beschaffen sein, das im Controlling-Prozess genutzt werden kann?

Zunächst müssen die Ziele, die die einzelnen Mitarbeiter betreffen, ausreichend konkret gefasst sein. Die Stichworte hierfür liefert das Akronym SMART:

- **S** – Spezifisch: Die Ziele werden im Jahresgespräch der Mitarbeiter oder im Zielvereinbarungsgespräch entsprechend dokumentiert und müssen inhaltlich eindeutig definiert sein.
- **M** – Messbar: Es können nur messbare oder objektivierbare Ziele benutzt werden. Es muss für den einzelnen Mitarbeiter klar sein, welche Ergebnisse er bis zu welchem Zeitpunkt liefern muss und wie die Leistung gemessen und bewertet wird. Das erinnert an die Logik von »you can not manage what you can't measure«. Für die Zielvereinbarung im Rahmen der Jahresgespräche entsteht so jedoch für alle Seiten eine Transparenz und Verlässlichkeit. Dies wiederum ist die Voraussetzung dafür, dass Erfolge und Motivationserlebnisse möglich werden.
- **A** – Angemessene Ziele: Die Ziele müssen erreicht werden können, d. h. die notwendigen Ressourcen müssen beispielsweise unstrittig zur Verfügung stehen. Ein Vertriebsmitarbeiter im Außendienst wird sich nicht mit einem

Ziel identifizieren können, das in einem schwierigen Markt, z. B. hochpreisige Geschenkbücher, hohe Wachstumsraten vorsieht, ohne dass ihm hierfür neue Möglichkeiten aufgezeigt werden und zur Verfügung stehen.
- **R** – Relevant: Die Ziele müssen bedeutsam sein und einen Mehrwert für die Abteilung und das Unternehmen bringen. Es ist wenig sinnvoll, Nebenthemen in die Zielvereinbarung mit aufzunehmen.
- **T** – Terminiert: Wie alles im Rahmen des Managements bedürfen die Zielformulierungen einer klaren Terminvorgabe. Sonst ist es auch nicht möglich, steuernd im Sinne des Controlling-Kreislaufs einzugreifen.

Durch die Ausrichtung der Teilziele aller Mitarbeiter/innen am gesamten Abteilungs- und Verlagsziel entsteht die gewünschte Schlagkraft für das Team und die Unternehmung. Das sogenannte »Alignment« beschreibt die Ausrichtung der Arbeit des einzelnen Verlagsmitarbeiters. Die Arbeit mit ausreichendem Alignment stellt sicher, dass im Sinne des Projektziels »an einem Strang« gezogen wird und damit keine unnötigen Friktionen zwischen den einzelnen Teammitgliedern bestehen.

Zunächst kann bei den Zielen einzelner Buchprojekte festgehalten werden, dass – wie bei vielen betriebswirtschaftlichen Aufgabenstellungen – die Basisziele in einem Spannungsverhältnis zueinander stehen. Das Projekt soll termingerecht (»in time«), innerhalb des geplanten Kostenrahmens (»in budget«) die Sachziele in der entsprechenden Qualität (»in quality«) erreichen.

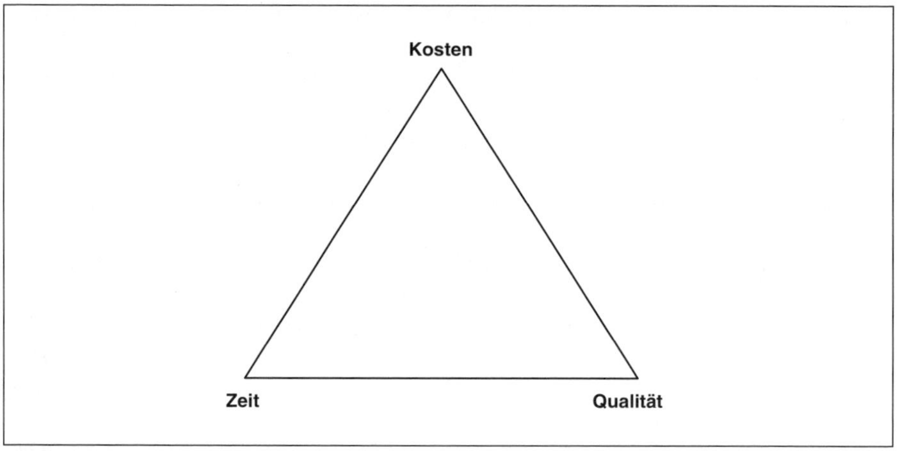

Magisches Dreieck des Projektmanagements

In der Phase der Festlegung des Projektziels werden im Regelfall auch die ersten Zielkonflikte sichtbar. Typisch bei Aufträgen, die dann beispielsweise zwischen Herstellung und Lektorat koordiniert werden müssen, sind Konflikte zwischen den Grunddimensionen des magischen Zieldreiecks, wenn knappe Termine mit hohen inhaltlichen Erwartungen gepaart auftreten oder knappe Ressourcen dem qualitativen Anspruch entgegenstehen. Hier liegt es in der

Verantwortung der Führungsebene, z. B. des Lektors als Produktmanager, unauflösbare Widersprüche zu thematisieren, so dass allen Beteiligten klar ist, was realistischerweise von diesem Projekt zu erwarten ist. Eine Reihe von Problemen, die in späteren Projektphasen oder beim Projektende, z. B. bei der Vermarktung eines Titels, auftreten, liegt in einer unklaren Definition der Projektziele.

Das Controlling beschreibt die Steuerung von Projekten anhand von vorgegebenen Zielgrößen, die aus unterschiedlichen Bereichen (Rechnungswesen, marktbezogenen Daten wie z. B. Abverkauf der einzelnen Titel, Deckungsbeitragsrechnung von Einzeltiteln etc.) stammen können. Es handelt sich dabei jedoch keineswegs um eine abschließende Stufe am Ende des Prozesses, sondern um eine permanente Entwicklung, die parallel zu den anderen Phasen durchgeführt werden muss.

1.3 Projektplanung

Bei der Abstimmung zwischen betriebswirtschaftlich geprägten Verlagsmitarbeitern und den Mitarbeitern und Führungskräften aus dem Umfeld der Verlagsinhalte befindet sich der Prozess der Planung am häufigsten in der Kritik. Zunächst beginnt es mit dem Unverständnis darüber, dass es Abweichungen zwischen dem Plan und dem erreichten Ist-Zustand gibt. »Planung ersetzt den Zufall durch den Irrtum« wird gerne gegen die Planung ins Feld geführt. Ohne fixierten Plan ist jedoch keine Kontrolle und Steuerung im Verlag möglich, so dass dieser Aufwand und auch der damit verbundene Zeitaufwand aller Beteiligten unumgänglich ist. In der Praxis sind die Führungskräfte mit vielen Teammitgliedern konfrontiert, die statt in langweiligen Planungsmeetings zu sitzen, lieber »was Richtiges arbeiten« möchten. Hier besteht eines der größten Projektrisiken, da die Kompetenz aller Beteiligten, z. B. aus Vertrieb, Herstellung, Werbung und Lektorat notwendig ist, um einen realistischen Plan zu entwickeln. Schlecht geplante Projekte und Produkte bedeuten meist Verluste am Ende eines mühsamen Prozesses. Die Planung umfasst dabei einzelne Schritte, die wieder voneinander abhängig sind (vgl. Gliederung nach Boy/Dudek/Kuschel, Projektmanagement 2001, S. 71).

Die Art der Prozesse und Vorgänge, die im Rahmen der Projektablaufplanung berücksichtigt werden, unterscheidet sich je nach Aufgabenstellung des Medienprojekts. Beispielhaft stellen wir im Folgenden die Ablaufplanung aus einem Fachverlag dar:

Ablaufschema einer Fachbuchproduktion	Verantwortung	Termin	Arbeitshilfen
Vorgaben zur Produktgestaltung			Projektpass
Vorgaben zur Produktvermarktung			
Wirtschaftlichkeitsbetrachtung			Kalkulationshilfen
Autorenakquise			
Absprachen zur Konzeption des Werks			Autorenfragebogen, Projektpass
Absprachen zur Manuskripterstellung			Hinweise zur Manuskripterstellung, Musterdokumente, Formatvorlagen
Terminplan abstimmen, Meilensteine festlegen			
Vertragsentwurf			Vertragsmuster
Wirtschaftlichkeitsbetrachtung			Kalkulationshilfen
Verlegerische Entscheidungsfindung mit vorläufiger Festlegung von Preis, Auflage und Erscheinungstermin			Projektpass, Verlagskonferenz
Vertragsabschluss			Vertragsmuster
ISBN zuordnen, Projektakte anlegen, Titel im Produktionsplan anlegen, ggf. Werktitel schützen			
Autorenführung			
Herstellungsbetreuung zuweisen			
Musterkapitel anfordern (Text, Abbildung etc.) und mit Manuskriptrichtlinien vergleichen: technische, formale und inhaltliche Qualität prüfen			Hinweise zur Manuskripterstellung, Projektpass, Checkliste
Bildrechte, Lizenzen, Abdruckgenehmigungen klären			Formulare
Anzeigenakquise initiieren			Anzeigenpreisliste
Zweitverwertung initiieren			
Weitere Unterstützung von Autor, Herausgeber durch Verlag zur Projektsicherung (z. B. durch Recherchen)			
Multiplikatorenadressen, Tipps für geeignete Medien zur Rezension, Messen, Kongresse abfragen, Autorenveranstaltung initiieren, Marketing-Event planen			Autorenfragebogen
Manuskriptabgabe: Prüfung auf technische, formale und inhaltliche Anforderungen gemäß Vorgaben			Hinweise zur Manuskripterstellung, Projektpass, Checklisten, vertragliche Vereinbarung
Manuskriptabnahme			
Produktionsplan aktualisieren			
Ankündigung des Werkes in Verlagsvorschauen			Projektpass
Manuskriptbearbeitung • inhaltliche und formale Bearbeitung • Vorbereitung für die Druckvorstufe			Vorgehensmodell für Lektorat und Korrektorat Corporate-Identity-Richtlinie

Ablaufschema einer Fachbuchproduktion (Quelle: Reichle 2003, S. 75)

1.4 Kostenplan/Budget

Die Projektbudgetierung als Teil der Projektplanung greift auf die Ergebnisse der vorausgehenden Schritte wie die Qualitäts- und Terminanforderungen und Ressourcenplanungen zurück. Im Rahmen des Projektbudgets werden die fixen und variablen Kosten auf der Ebene der Personal-, Sach- und Kapitalkosten aufgegliedert und dargestellt. Ziel ist ein Gesamtüberblick über die zu erwartenden Kosten, so dass im Einzelfall auf Veränderungen in der Kostenstruktur dadurch reagiert werden kann, dass entweder Anpassungen im laufenden Projekt vorgenommen werden (z. B. durch eine vereinfachte Ausstattung bestimmter Produktbereiche) oder eine Überarbeitung des Budgetansatzes erfolgt und auf die Bedürfnisse des Gesamtunternehmens abgestimmt wird.

Die Qualität als wichtige Zieldimension des Verlagsmanagements wurde bereits kurz genannt. Zur gezielten Planung der Qualität ist noch eine etwas intensivere Auseinandersetzung mit diesem Phänomen notwendig: Nehmen wir als Ausgangspunkt die Definition der Qualität nach DIN EN ISO 8402: »Qualität ist die Gesamtheit aller Merkmale und Eigenschaften eines Produktes oder einer Dienstleistung, die sich auf die Fähigkeit beziehen, festgelegte oder stillschweigend unterstellte Anforderungen zu erfüllen.« – Im Gegensatz zu Produkten, die – wie etwa Arzneimittel – einer staatlichen Kontrolle unterliegen, ist es Aufgabe des Verlags, die hier skizzierten Anforderungen als Maßstab der Qualität vorzugeben. Angesichts des Käufermarkts im Buchgeschäft haben sich die meisten Buchverlage zu einer Dominanz der Orientierung an Kundenbedürfnissen – entsprechend der Definition des Marketing (s. Kap. VI) entschlossen, so dass es bei diesen Anforderungen um die Abstimmung der Bücher auf die Bedürfnisse der Kunden geht. Qualität beschreibt bei diesem Ansatz die Übereinstimmung der erarbeiteten Lösung mit den Bedürfnissen und Vorstellungen des Kunden. Eine Auffassung, die sich seit Ende der 1980er Jahren im Qualitätsmanagement durchgesetzt hat (Haist/Fromm 1989, S. 5).

Allein die Tatsache, dass zwischen den Bedürfnissen des Kunden und den von ihm geäußerten Vorstellungen zum Teil erhebliche Abweichungen bestehen können zeigt, dass diese Form der Kundenorientierung keineswegs trivial ist. Wichtig ist zunächst für das Qualitätsmanagement die Klärung der Anforderungen. Bei Medien wird im alltäglichen Sprachgebrauch häufig Qualität mit Güte gleichgesetzt. Dies hat zur Folge, dass man unter höherer Qualität das bessere, anspruchvollere Produkt versteht. Dies kann dazu führen, dass hochwertige Lösungen am Bedarf des Marktes vorbei geplant werden. Um diesen Negativeffekt zu vermeiden, hilft eine Unterscheidung zwischen Niveau und Qualität von Medien. Niveau beschreibt die inhaltliche Ebene (z. B. publizistische Leistung) des Produkts, während Qualität die Erfüllung der Kundenerwartungen bedeutet. In diesem Sinne kann beispielsweise die *Bild*-Zeitung trotz umstrittener Einstufung des Niveaus als Produkt von hoher Qualität gekennzeichnet werden, da die Aspekte der Vereinfachung komplizierter Sachverhalte und der Kombination von Information und Unterhaltung für die angestrebte Zielgruppe die Kernkompetenz des Produkts ausmacht.

Analoges gilt z. B. für ein enzyklopädisches Projekt wie den Brockhaus. Dies ist keinesfalls eine rein theoretische Unterscheidung der Begriffe, sondern hat klare

Konsequenzen für die Praxis. Wenn der Kundennutzen bei der Qualitätsdiskussion im Projektmanagement im Vordergrund steht, werden keine aufwendigen, aber verzichtbaren Features in Produkte integriert, die am Ende zu marktfernen und überteuerten Produkten führen. Beispielhaft sind technische Produkte als Muster deutscher Ingenieurskunst und Langlebigkeit, die aufgrund zu hoher Preise keine Abnehmer finden. Ähnlich verhält es sich in anderen Bereichen der Buchproduktion, z. B. wenn ein kurzlebiges Trendthema für eine Zielgruppe zwischen 18 und 30 Jahren in aufwendige Hardcover-Produktionen führt. Analoges gilt, gleichfalls im Buchbereich, aber den Erwartungen einer anderen Zielgruppe entsprechend, für ein enzyklopädisches Projekt wie den *Brockhaus*.

Im Rahmen der unterschiedlichen Qualitätsmanagementbemühungen, die durch Total-Quality-Management (TQM) auf Basis der DIN/ISO-Normreihe oder durch die European Foundation for Quality Management (EFQM) festgelegt sind, kann sich ein Buchverlag eine Struktur geben, die es ermöglicht, die Kunden- und Qualitätsorientierung aller Prozesse und Unternehmenseinheiten sicherzustellen. Hier muss im Rahmen der Qualitätsplanung eine Festlegung von Qualitätskriterien und deren Messung erfolgen, die sowohl innerhalb der Fachabteilungen als auch im Dialog mit den Buchhändlern als Kunden abgesichert werden muss.

2. Datengrundlagen für Controlling und Kalkulation

Wer sich über die Kostenrechnung und Kalkulation von Unternehmen und Projekten Gedanken macht, steht zunächst vor der Frage, woher die Vielfalt der benötigten Informationen bezogen werden kann und nach welchen Vorgaben man mit den Informationen und Zahlen umgehen sollte. Wichtig ist hier zunächst die Trennung zwischen externem und internem Rechnungswesen als dem Hauptteil des betrieblichen Rechnungswesens.

Das **externe Rechnungswesen** beschreibt dabei die Buchhaltung, die von Außen in ihrer Struktur festgelegt ist und im Sinne des Steuer- und Handelsrechts eine Dokumentation der betrieblichen Finanzaktivitäten darstellt. Diese Pflichtdokumentation hilft im Verlag jedoch noch nicht, um gezielt einzugreifen. Entsprechend wird das externe Rechnungswesen durch das interne Rechnungswesen ergänzt.

Im **internen Rechnungswesen** gibt es keine staatlichen Vorschriften über die Ausgestaltung, sondern das Unternehmen ist frei, diesen Rechnungskreislauf so zu gestalten, dass sinnvolle Aussagen über das Unternehmen und einzelne Projekte möglich werden. Der Hauptnachteil des externen Rechnungswesens, die Dokumentation der Unternehmensvergangenheit mit entsprechendem Zeitversatz, wird beim internen Rechnungswesen dadurch ausgeglichen, dass gezielt Einzelkalkulationen als Vorkalkulation vor Projektbeginn, Kalkulation und Nachkalkulation nach Projektabschluss vorgenommen werden. Ein Verfahren, das im Buchverlag die enge Einbindung der Herstellung in das Kostenmanagement eines Verlags erklärt. Verbunden mit Prognoserechnungen entsteht somit ein umfassenderes Bild der Unternehmensrealität.

2.1 Kostenkategorien

Um sich über die Bedeutung der einzelnen Kostenbegriffe klar zu werden, ist zunächst eine klare Definition und inhaltliche Deutung der Begriffe notwendig.

Einzelkosten vs. Gemeinkosten: Kosten, die gezielt einem Kalkulationsobjekt (z. B. einem einzelnen Buchtitel) zugerechnet werden können, werden als Einzelkosten bezeichnet. Diese Kostenkategorie hat den Vorteil, dass sie eine eindeutige Zuordnung der Kostenverursachung ermöglicht, und ist daher von großer Bedeutung für die Steuerung von Projekten und Unternehmen. Wenn möglich, sollten die Kosten daher detailgetreu erfasst werden (z. B. über Projekt- und Stundenzettel), um diese Daten der höchsten Qualitätsstufe zu bekommen. Der Begriff »Gemeinkosten« bezeichnet die Kosten, die nur indirekt den Kalkulationsobjekten wie Projekten zugeordnet werden können. So werden beispielsweise allgemeine Kosten (z. B. Aufwendungen für die Geschäftsführung, Kosten für den Messeauftritt in Frankfurt) den einzelnen Projekten zugeordnet.

Fixe vs. variable Kosten: Eine weitere Unterscheidung betrifft die Abhängigkeit der Kosten vom Beschäftigungsvolumen. Die fixen Kosten fallen auch bei geringer Beschäftigung an (beispielsweise Gehälter und Mieten), sie können erst auf lange Sicht hin variabilisiert werden, indem beispielsweise Kündigungen von Arbeits- und Mietverträgen ausgesprochen werden. Variable Kosten sind in ihrer Höhe von vornherein von der Auslastung und damit von der Beschäftigung abhängig. Beim Buchverlag sind dies jedoch vor allem Kosten für Freelancer und Herstellkosten, die in diese Kategorie fallen. Ein großer Teil der Kosten ist jedoch zumindest mittelfristig fix. Die hier formulierten Definitionen von »fix« und »variabel« gelten dem Verlag als Ganzem. Für die Buchkalkulation ist die Definition andersartig (s. Kap. V.3: Kalkulationsmodelle).

Zurechenbarkeit auf Produkteinheiten	Einzelkosten	Gemeinkosten	
Veränderlichkeit bei Beschäftigungsänderung	Variable Kosten		Fixe Kosten
Beispiele bei Medienunternehmen	Kosten für Werkstoffe wie Papier, Verpackung, Vertriebsprovision	Kosten für Hilfsstoffe (Farbe) und Betriebsstoffe (Energie, Büromaterial)	Kosten der Produktart und Produktgruppe: Abschreibungen, Gehälter, Miete, Personalkosten, Zinsen, fremdbezogene redaktionelle Teile

Kostenkategorien bei Medienunternehmen (Quelle: Schumann/Hess 2009, S. 148)

2.2 Kostenartenrechnung

Mit der Aufgliederung der Kosten nach Kostenarten werden die Daten aus den vorgelagerten Rechnungskreisläufen der Buchhaltung (Finanzbuchhaltung, Lohnbuchhaltung, Material- und Anlagenbuchhaltung) gesondert gruppiert und überschneidungsfrei dargestellt, um eine Steuerung des Verlaufs der Gesamtkosten zu ermöglichen. Bei einer vollständigen Kostenrechnung im Verlag gehen die Daten anschließend in die Kostenstellen- und Kostenträgerrechnung ein. In Kleinverlagen wird jedoch häufig die Kostenartenrechnung zur internen Steuerung sehr intensiv eingesetzt, während in diesen Fällen die Kostenstellen- und Kostenträgerrechnung nur unvollständig Anwendung findet (s. Kap. IV.2.3 und IV.2.4).

2.2.1 Gliederung der Kostenarten

Primär- und Sekundärkosten: Im Rahmen der Kostenartenrechnung wird grundsätzlich zwischen primären und sekundären Kosten unterschieden. *Primär*kosten entstehen durch von Außen zugeführte Leistungen (Güter und Dienstleistungen), wie z. B. Gehälter fest angestellter Mitarbeiter oder Kosten für Dienstleistungen eines externen Grafikers. Die *Sekundär*kosten entstehen durch den Wiedereinsatz selbsterstellter Leistungen, wenn beispielsweise bei einem größeren Verlagsunternehmen Leistungen des hauseigenen IT-Services in Anspruch genommen werden. Die Kostenartenrechnung erfasst ausschließlich primäre Kosten. Dabei wird bei der Aufgliederung der Kostenarten im Sinne der klassischen betriebswirtschaftlichen Literatur nach fünf Produktionsfaktoren vorgenommen (vgl. Kalenberg 2004, S. 35).

Kostenarten im Überblick:

- Materialkosten (Roh-, Hilfs- und Betriebsstoffe)
- Personalkosten (Löhne, Gehälter etc.)
- Dienstleistungskosten (Steuerberatungskosten, Versicherungskosten, externe Medienproduktionskosten)
- Kosten durch öffentliche Abgaben (Gebühren, Steuern etc.)
- Kalkulatorische Kostenarten (Abschreibungen, kalkulatorische Zinsen, ggf. Miete etc.)

2.2.2 Erfassung der Kostenarten in der Praxis

1. Materialkosten: Materialkosten oder Werkstoffkosten sind vor allem für den fertigungsnahen Bereich der Medienbranche – und hierzu gehören auch die Buchverlage – von Bedeutung. Im Bereich der Produktion von gedruckten Büchern sind z. B. Papier, Platten, Farbe wichtige Kosten, die in diese Kostenart einfließen (vgl. Mittenhuber/Oechsle/Steinbach 1989). In der Praxis ist die Erfassung und Bewertung dieser Kosten ein entscheidendes Problem. Erfasst wird der Verbrauch über die sogenannte Inventur, bei der der vorhandene Bestand ermittelt wird. Daraus ergibt sich die Verbrauchsrechnung:

Verbrauch = Anfangsbestand (Inventur der Vorperiode) + Zugang ./. Endbestand (laut aktueller Inventur)

Um ungeplante Bestandsveränderungen, wie z. B. Schwund durch Diebstahl dokumentieren zu können, ist eine Fortschreibung des Bestands durch eine Dokumentation der Entnahme hilfreich. Damit ist auch gewährleistet, dass zwischen den Inventuren ein Überblick über den Materialverbrauch besteht. Da Materialkosten in die Gesamtkosten des Produkts einfließen, ist es wichtig, eine realistische Bewertung des Bestands vorzunehmen. Hierfür kommen grundsätzlich der tatsächlich bezahlte Preis (Anschaffungswert) oder der bei einem Ersatzkauf zu bezahlende Preis (Wiederbeschaffungsneuwert) in Frage. Für Material mit stark schwankenden Kosten gibt es die Möglichkeit, den aktuellen Tagespreis für die Kalkulation zu nutzen. Dies kann jedoch auch irrationale Schwankungen mit sich bringen, die entweder die betriebswirtschaftlichen Rahmenbedingungen kurzfristig verändern (Projekte kurzfristig beispielsweise unrentabel machen) oder eine kurzfristige Reaktion erfordern (z. B. ein kurzfristiger Wechsel in Produktionsverfahren und Material, wie z. B. Tausch des eingesetzten Papiers bei einem Hardcover). Um dies zu verhindern und den Aufwand der Verrechnung zu begrenzen, gibt es auch die Möglichkeit, feste Verrechnungspreise bei der Kalkulation zu Grunde zu legen. Dies ermöglicht eine größere Verlässlichkeit beim Marktangebot, da damit auch verlässliche Preisstrukturen der eigenen Produkte und Dienstleistungen möglich werden. Die Verrechnungspreise müssen jedoch von Zeit zu Zeit (z. B. jährlich oder vierteljährlich) daraufhin überprüft werden, ob sie noch der Realität entsprechen.

2. Personalkosten: In diese Kategorie fallen alle gesetzlich, vertraglich oder freiwillig gewährten Kosten wie z. B. (Löhne, Gehälter, gesetzliche und freiwillige Sozialkosten, sonstige Sozialkosten). Dabei entsteht für die Kostenrechnung das Problem, dass viele Kosten nicht direkt zurechenbar sind und aufgrund des unregelmäßigen Anfalls die Kalkulation erschweren. Sonstige Personalkosten, unter denen beispielsweise auch die Kosten für die Akquisition neuer Mitarbeiterinnen und Mitarbeiter, wie die Suche nach einem Lektor, verstanden wird, fallen ebenso wie Urlaubs- und Weihnachtsgeld unregelmäßig an. Es ist im Sinne einer exakten Kalkulation entscheidend, dass man hier nicht den Fehler begeht, diese Kosten zum Zeitpunkt des Auftretens zu berücksichtigten. Stattdessen müssen sie als Durchschnittswerte über die ganze Periode (z. B. Geschäftsjahr) berücksichtigt werden. Sonst wären die Neuerscheinungen je nach ihrer Position im Jahr sehr unregelmäßig mit unterschiedlichen Kosten belastet. Die Kostenart Personalkosten wird im Rahmen der Kostenplanung auf die einzelnen Kostenstellen aufgegliedert und mit Durchschnittswerten angegeben.

3. Dienstleistungskosten entstehen dann, wenn das eigene Unternehmen Leistungen eines anderen Unternehmens in Anspruch nimmt. Bei Verlagen, die sich in zahlreiche Tochterfirmen aufgegliedert haben, wie z. B. Georg von Holtzbrinck oder Bertelsmann (Random House), entstehen Dienstleistungskosten bereits dann, wenn die Leistungen anderer Konzernunternehmen in Anspruch genommen werden. Typische Dienstleistungskosten entstehen bei Rechts- und Steuerberatung, Versicherungen etc. Während diese Kosten nicht direkt einem Projekt als Kostenträger zugerechnet werden können, ist dies bei Dienstleistungskosten, wie der Inanspruchnahme externer (freier) Mitarbeiter meist kein Problem, da ein direkter Bezug zwischen Beauftragung und Projekt besteht.

Problematisch kann im Buchverlag die spätere Verrechnung von Dienstleistungskosten sein, wenn es etwa um die Kosten der Herstellung geht. Wenn beispielsweise Teile der Herstellung als Dienstleistung an Freelancer gegeben werden, sollte sichergestellt sein, dass sich dies bei der Kostenträgerrechnung (Kalkulation) am Ende nicht anders darstellt als bei einer Arbeitsweise, wo die selben Tätigkeiten im Verlag selbst durchgeführt werden. Es darf nicht sein, dass bei einer internen Lösung Personalkosten entstehen, die mangels Stundenabrechnung lediglich als Gemeinkosten verrechnet werden, während die Rechnung des Freelancers eben eindeutig dem jeweiligen Buch als Kostenträger zugerechnet werden kann. Auch die Abgrenzung zu Werbekosten kann in der Herstellung Schwierigkeiten machen, wenn etwa Covermuster nicht den Werbekosten, sondern den Herstellkosten zugerechnet werden, die dann genauso in die Höhe gehen, wie auch die Herstellstückkosten bei einer höheren Anzahl von Freiexemplaren für die Werbe- oder Pressearbeit steigen (vgl. Wantzen 2002, S. 37).

4. Kosten aus öffentlichen Abgaben: Hier zählen nur die Kosten, die nicht als durchlaufende Posten (wie z. B. die Mehrwertsteuer) oder als nachträgliche Reduktion des Bilanzgewinns (wie beispielsweise die Körperschaftssteuer) wirken, sondern direkt eine Kostenbelastung während der laufenden Periode darstellen. Dies sind insbesondere die Grundsteuer, Gewerbesteuer, KFZ-Steuer, sowie Abgaben und Gebühren (z. B. Pflichtbeiträge zur IHK). Wie freiwillige Beiträge für Interessenverbände behandelt werden, hängt von deren Zielsetzung ab. Wenn eine allgemeine Lobbyvertretung wie im Börsenverein des Deutschen Buchhandels vorgenommen wird, werden die Kosten meist an dieser Stelle berücksichtigt, während sich für die Wahrnehmung marktspezifischer Interessen, beispielsweise bei einem Zusammenschluss der Fachverlage zu einer Gattungsmarketingkampagne im Rahmen der deutschen Fachpresse eine Berücksichtigung im Rahmen der Marketingkosten als sachgerecht bewährt hat.

5. Kalkulatorische Kosten sind Kosten, die nicht auf einen im Rahmen der Finanzbuchhaltung erfassten betrieblichen Aufwand zurückgehen. D. h. es steht entweder kein betrieblicher Aufwand den Kosten gegenüber oder der Aufwand hat nicht die volle Höhe der Kosten. Die kalkulatorischen Kosten zu kennen, ist jedoch entscheidend, um ein realistisches Bild der wirtschaftlichen Situation des Unternehmens und der einzelnen Projekte zu bekommen. Leider führt der verlegerische Impetus bei einigen Buchverlagen dazu, dass in dieser Kostenkategorie nicht alle Kostenarten erfasst werden, um dem Wirtschaftsbetrieb Verlag vordergründig eine bessere wirtschaftliche Situation vorzuspiegeln, als dies in der Realität der Fall ist. Diese milde Form des Selbstbetrugs ist jedoch nicht hilfreich, wenn es darum geht, eine unvoreingenommene Beurteilung der Geschäftsfelder vorzunehmen, wie sie dann im Krisenfall erforderlich ist. Zu den kalkulatorischen Kosten gehören die Abschreibungen, die Zinsen, Miete, der Unternehmenslohn und die Wagnisse.

Kalkulatorische Abschreibungen beschreiben den wirtschaftlichen Wertverlust eines Abschreibungsobjekts. Im Unterschied zu den von den Finanzbehörden definierten Abschreibungsregeln geht es bei den IT-lastigen Abschreibungsgütern der meisten Medienproduktionen um eine möglichst rasche Refinanzierung der Kosten. Das bedeutet, dass statt einer linearen Abschreibungsmethode, bei der in jeder Periode (z. B. Geschäftsjahr) der selbe Betrag abgeschrieben wird, degressive Abschreibungsverfahren zum Einsatz kommen, so dass in den ersten Jahren wesentlich höhere Abschreibungen vorgenommen werden, als in den Folgejahren. Damit wird der Wertverlust im Rahmen der kalkulatorischen Abschreibungen berücksichtigt.

Beispiel:
Ein Rechnernetzwerk im Wert von 10.000 Euro soll abgeschrieben werden. Im Rahmen der Buchhaltung wird linear über vier Jahre abgeschrieben, so dass nach vier Jahren eine Ersatzinvestition möglich wird.

Abschreibung 1: 10.000 Euro/4 Jahre = 2.500 Euro Wertverlust pro Jahr
Dies bedeutet, jährlich werden 2.500 Euro abgeschrieben.

Im Rahmen der Kostenrechnung sollen die 10.000 Euro degressiv mit arithmetisch-degressiver Abschreibung über drei Jahre hinweg bis auf den Restwert von 500 Euro refinanziert werden.

Abschreibung 2: Degressionsbetrag = 2 · (10.000 Euro – 500 Euro)/3 · (3+1)
Degressionsbetrag = 19.000/12 = 1.583,33

Der Abschreibungsbetrag errechnet sich dabei wie folgt:
Abschreibungsbetrag in Periode t = Degressionsbetrag · (Nutzungsdauer +1 – t)
Abschreibung 1 = 1.583,33 · 3 = 4.750
Abschreibung 2 = 1.583,33 · 2 = 3.166,66
Abschreibung 3 = 1.583,33
Dieser Abschreibungsverlauf entspricht wesentlich eher dem tatsächlichen Werteverzehr des Wirtschaftsguts.

Kalkulatorische Zinsen werden nicht dazu benutzt, um tatsächlich Geld von einem Kreditinstitut aufzunehmen und diesen Vorteil mit Zahlungen an die Bank auszugleichen. Stattdessen dienen die kalkulatorischen Zinsen dazu, den tatsächlichen Wertverzehr zu dokumentieren. Wenn das Geld dem Unternehmen zur Verfügung steht, kann es nicht in andere (vielleicht lukrativere) Projekte investiert werden. Daher beschreibt der kalkulatorische Zins die Opportunitätskosten, d. h. die Verdienstmöglichkeit, die durch eine Investition in das Unternehmen entgangen ist. Wenn ein Verlag sein Geld in die Vorfinanzierung von Büchern steckt, so ist das Geld in den Projektkosten der Titel gebunden. Der Verlag hätte jedoch eine alternative Investitionsmöglichkeit suchen können.

Kalkulatorische Miete wird eingesetzt, wenn beispielsweise der Verlag in einer eigenen Immobilie der Gesellschafterfamilie betrieben wird. Hier muss berücksichtigt werden, dass statt des Unternehmens auch ein Fremdmieter die Immobilie nutzen könnte und damit Mieterträge möglich wären. Dies verhindert das Phänomen, dass ungünstige Immobilien, die beispielsweise viel zu groß dimensioniert sind, nur deshalb für ein Unternehmen genutzt werden, weil sie sich im Besitz der Gesellschafter des Unternehmens befindet. Hier ist sowohl bei Verlagen als auch Buchhandlungen im Familienbesitz mitunter ein Nachholbedarf an ehrlicher Bewertung (s. o.) festzustellen.

Kalkulatorischer Unternehmerlohn: Auch der Verleger als Unternehmer sollte seine Leistungen kalkulatorisch berücksichtigen, da es auch für einen Unternehmer andere Möglichkeiten gibt, seine Arbeitsleistung einzubringen. Sonst würde es von der Rechtsform des Unternehmens abhängen, ob – wie bei Kapitalgesellschaften (z. B. GmbH, AG) üblich – ein Unternehmerlohn berücksichtigt werden muss oder nicht.

Kalkulatorische Wagnisse: Die unternehmerische Tätigkeit umfasst auch Risiken, die beispielsweise durch Naturgewalten, Marktveränderungen oder andere externe Umstände verursacht werden. Dabei gibt es aus Unternehmensperspektive die Option, entweder eine Versicherung gegen den Eintritt solcher Risiken abzuschließen, oder regelmäßig im Rahmen der Kostenrechnung diese Risiken zu berücksichtigen.

Die Summe der unterschiedlichen Kostenarten wird in einem Kostenartenplan zusammengefasst, der genauso wie der jeweilige Kontenrahmen eines Unternehmens branchenspezifische und unternehmensspezifische Anpassungen besitzt.

2.3 Zusammenhang mit Kostenstellen- und Kostenträgerrechnung

Die Hauptfunktion der Kostenartenrechnung besteht darin, als vorgelagerte Rechnungsstufe die Kosten für die anschließende Kostenstellenrechnung so aufzubereiten, dass am Ende eine Abbildung der Kosten im Rahmen der Kalkulation als Kostenträgerrechnung möglich wird. Wird im Unternehmen oder im Projekt-Controlling der Buchkalkulation eine Vollkostenrechnung vorgenommen, bei der auch die Gemeinkosten entsprechend berücksichtigt werden sollen, so werden die Kostenträgereinzelkosten im Rahmen der Kalkulation direkt zugerechnet, während die Kostenträgergemeinkosten über die Kostenstellenrechnung möglichst verursachungsgerecht in die Kostenträgerrechnung einfließen sollen. Daher wird bei der Erfassung der Kostenarten im Regelfall auch gleich festgehalten, auf welcher Kostenstelle diese Kosten angefallen sind. Dies erleichtert das Controlling des gesamten Unternehmens und der kostenstellenspezifischen Einzelbereiche des Verlags. Einen Überblick über den Zusammenhang der einzelnen Rechnungsschritte zeigt die nachfolgende Abbildung.

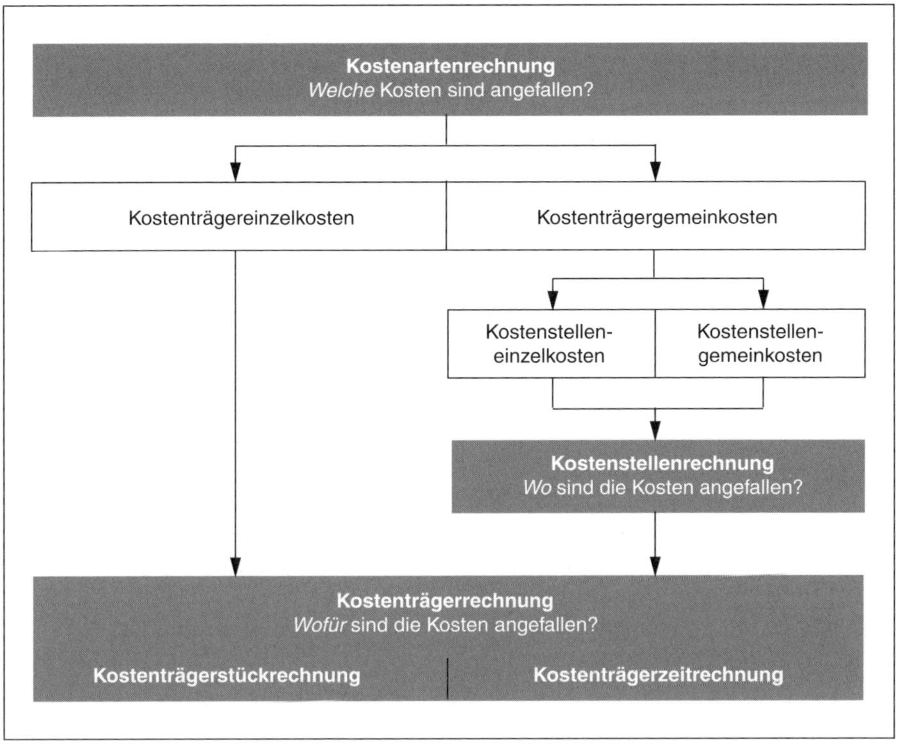

Zusammenhang zwischen Kostenarten-, -stellen- und Kostenträgerrechnung (Quelle: Schumann/Hess 2009, S. 149)

2.4 Kostenstellenrechnung

Wie oben bereits dargestellt, hat die Kostenstellenrechnung die Funktion, dass die Gemeinkosten, die nicht direkt den Kostenträgern zugerechnet werden können, über die Kostenstellen auf die Kostenträger verteilt werden. Die Kostenstellen sollen dabei organisatorisch und räumlich den Ort repräsentieren, an dem die Kosten angefallen sind.

Die Kostenstellenrechnung umfasst dabei vier Schritte (vgl. Kalenberg 2004, S. 70 ff.). Im ersten Schritt werden die sogenannten primären Gemeinkosten aus der Kostenartenrechnung auf die Kostenstellen verteilt. Kostenstelleneinzelkosten lassen sich dabei direkt und Kostenstellengemeinkosten über Zuschlüsselung verrechnen. Im zweiten Schritt findet die innerbetriebliche Leistungsverrechnung statt, bei der die Kosten für Leistungen zwischen Kostenstellen abgebildet werden. Im dritten Schritt werden Verrechnungssätze für die Kostenträgerrechnung als Kalkulation gebildet. Der letzte Schritt konzentriert sich nicht auf die Weiterverrechnung, sondern auf die Nutzung der Informationen der Kostenstellenrechnung für eine selbständige Kostenkontrolle und Steuerung.

Die Bildung der Kostenstellen hängt von der Verlagsgröße und den organisatorischen Voraussetzungen, wie beispielsweise dem Informationsbedürfnis ab. Dabei steht bei einer durchdachten Kostenstellenbildung ein enger Bezug zur Aufbauorganisation im Vordergrund. Die klar abgegrenzten Verantwortungsbereiche sind eine entscheidende Voraussetzung, damit eine sinnvolle Umsetzung der Ergebniskontrolle möglich wird. Wenn wir also von einem Verlag mit der klassischen horizontal-funktionalen Gliederung nach Verrichtungen ausgehen, ergeben sich getrennte Kostenstellenbereiche für Herstellung, Lektorat, Vertrieb und Werbung. Im Interesse der Kostenüberwachung wäre in vielen Fällen eine sehr detaillierte Gliederung wünschenswert. Die Grenze für die Aufgliederung der Kostenstellen wird von der Wirtschaftlichkeit vorgegeben, da eine zu detaillierte Auflistung zu Kostensteigerungen führt. Dabei wird zwischen zwei Kostenstellen unterschieden: *Hauptkostenstellen* (Endkostenstellen), deren Kosten direkt auf die Kostenträger verrechnet werden, und *Hilfskostenstellen* (Vorkostenstellen), die ihre Kosten auf die leistungsempfangenden Kostenstellen verrechnen. In der Praxis wird hierzu ein Betriebsabrechnungsbogen (BAB) eingesetzt, bei dem die Kostenstellen in einer Tabelle in den Spalten abgetragen werden.

Dabei geht es um die Kostenträgergemeinkosten, die als Kostenstelleneinzel- und -gemeinkosten weiterverrechnet werden. Grundsätzlich wäre es möglich, durch hohen Erfassungsaufwand alle Kostenträgergemeinkosten als Kostenstelleneinzelkosten zu erfassen. Aus Wirtschaftlichkeitsgründen werden sogenannte unechte Gemeinkosten akzeptiert, die dadurch entstehen, dass Kosten, wie z.B. der Stromverbrauch nicht getrennt erfasst und verbucht wird, sondern eine zentrale Erfassung und die anschließende Zuschlüsselung über die Quadratmeterzahl des beanspruchten Raumes vorgenommen wird. Wenn Mitarbeiter für unterschiedliche Kostenstellen tätig sind, wird aus den Kostenstelleneinzelkosten Gehalt ein Kostenstellengemeinkostenblock, der entsprechend der Aufteilung der Arbeitsbelastung aufgegliedert werden muss.

2.4.1 Innerbetriebliche Leistungsverrechnung

Der nächste Schritt ist die innerbetriebliche Leistungsverrechnung. Dieser Verrechnungsgang wird notwendig, wenn Leistungen nicht direkt für den Markt erbracht werden, sondern innerbetrieblich zum Einsatz kommen. Da dabei zwischen den einzelnen Kostenstellen wechselseitige Leistungsbeziehungen möglich sind, gibt es unterschiedliche Rechenverfahren, um eine verursachungsgerechte Darstellung der Kosten leisten zu können.

1. Anbauverfahren: Beim Anbauverfahren, das auch Blockumlageverfahren genannt wird, wird die Aufteilung der Gemeinkosten der Hilfskostenstellen in einem Schritt auf die Endkostenstellen vorgenommen. Dabei wird die Summe der primären Gemeinkosten einer Hilfskostenstelle auf die Summe der abgegebenen Leistungen der Hilfskostenstelle an alle Hauptkostestellen umgelegt, um daraus einen Verrechnungssatz zu ermitteln. Sofern keine maßgeblichen

Leistungsverflechtungen zwischen den Hilfskostenstellen bestehen, ist dies ein legitimes einfaches Verfahren der innerbetrieblichen Leistungsverrechnung.

Der innerbetriebliche Verrechnungssatz der Hilfskostenstelle V lautet daher wie folgt:

$$V = \frac{\text{Primäre Gemeinkosten der Hilfskostenstelle}}{\text{Summe der Leistungsabgabe an Hauptkostenstellen}}$$

Beispiel:
In dem unten stehenden Beispiel wäre dies folgender Verrechnungssatz für die Vorkostenstellen:
Kantine: V = 2.000 Euro/34 Mitarbeiter = 58,82 Euro/Mitarbeiter
IT-Service: V = 3.000 Euro/30 Stunden Wartung = 100 Euro pro Wartungsstunde

Kostenstellen:	Vorkostenstelle		Grafik	Programmierung
	Kantine	IT-Service		
Primärkosten:				
Einzelkosten: Bildlizenzkosten Personalkosten	 2.000	 3.000	 30.000 10.000	 20.000
Zwischensumme:	2.000	3.000	40.000	20.000
Sekundärkosten:				
Umlage der Kosten von: Kantine IT-Service			 1.176 2.000	 824 1.000
Summe: Gesamtsumme:			3.176 43.176	1.824 21.824

Daraus lassen sich im Blockumlageverfahren die sekundären Gemeinkosten der Hauptkostenstellen ermitteln. Für den Bereich Grafik wäre dies:

Sek. GK (Kantine) = 58,88 Euro/Mitarbeiter · 20 Mitarbeiter = 1.176 Euro
Sek. GK (IT-Service) = 100 Euro/Stunde · 20 Stunden = 2.000 Euro

Der Nachteil des Blockverfahrens besteht darin, dass Leistungsbeziehungen zwischen Hilfskostenstellen hier nicht transparent werden.

2. Stufenleiterverfahren: Das Stufenleiterverfahren stellt demgegenüber eine wesentlich differenziertere Form der Kostenverrechnung dar. Dabei wird in Art einer Treppe stufenweise eine Verrechnung der Gemeinkosten auf die Hilfskostenstellen vorgenommen. Dieses Verfahren ist jedoch nur dann anwendbar, wenn die Leistungsbeziehung zwischen den Hilfskostenstellen so aufgebaut ist, dass man daraus eine sinnvolle Reihenfolge der Hilfskostenstellen entwickeln kann, wonach zunächst die innerbetrieblichen Leistungen weiterverrechnet werden, die von den meisten Hilfskostenstellen in Anspruch genommen werden, bevor gegen Ende des Verfahrens nur noch auf wenige Hilfskostenstellen, bzw. danach nur noch auf Hauptkostenstellen weiterverrechnet wird.

Kostenstellen **Kostenarten**	**Hilfskostenstellen**				**Hauptkostenstellen**			
Primäre Gemeinkosten ➜	X	X	X	X	X	X	X	X
Innerbetriebliche	➜	X	X	X	X	X	X	X
Leistungsverrechnung		➜	X	X	X	X	X	X
(Sekundärskostenverrechnung)			➜	X	X	X	X	X
				➜	X	X	X	X
Gemeinkosten (primär und sekundär)					**X**	**X**	**X**	**X**

Stufenleiter-/Treppenverfahren (Quelle: Kalenberg 2004, S. 90)

Unter Berücksichtigung der Tatsache, dass auch IT-Service-Leute in der Kantine essen, ergibt sich damit eine neue Kostenstruktur.

$$V = \frac{\text{Primäre GK der HilfsKST} + \text{sek. GK aller vorgelagerten KST}}{\text{Summe der Leistungsabgabe der Hilfskostenstelle an alle nachgelagerten KST}}$$

Beispiel:
Kantine: V= 2.000 Euro/50 Mitarbeiter = 40 Euro/Mitarbeiter
IT-Services: V= (3.000 Euro + 40 · 16)/30 Stunden= 3.640 Euro/30 Stunden
= 121 Euro/Stunde

Die Kantinenkosten würden daher wie folgt verrechnet:
Sek. Gemeinkosten Kantine für IT-Service: 16 Mitarbeiter · 40 Euro/Mitarbeiter = 640 Euro
Sek. Gemeinkosten Kantine für Grafik: 20 · 40 = 800 Euro
Sek. Gemeinkosten Kantine für Programmierung: 14 · 40 = 560 Euro

Die anschließende Verrechnung des Bereichs IT-Service umfasst nun Kosten in Höhe von:
3.000 Euro + 640 Euro (anteilige Kosten aus der Vorkostenstelle Kantine). Dies ergibt den bereits zitierten Verrechnungssatz von 121 Euro/Stunde.

Für die Grafik entfallen daraus (ohne Rundung):
121 Euro/Stunde · 20 Stunden = 2.420 Euro
Für die Programmierung sind es entsprechend (ohne Rundung):
121 Euro/Stunde · 10 Stunden = 1.210 Euro

Kostenstellen:	**Vorkostenstelle**		**Grafik**	**Programmierung**
	Kantine	**IT-Service**		
Primärkosten:				
Einzelkosten:				
Bildlizenzkosten			30.000	
Personalkosten	2.000	3.000	10.000	20.000
Zwischensumme:	2.000	3.000	40.000	20.000
Sekundärkosten:				
Umlage der Kosten von:				
Kantine	2.000			
		↓ 640	↓ 800	↓ 560
IT-Service		3.640		
			↓ 2.426	↓ 1.214
Gesamtsumme:			43.226	21.774

3. Für Fälle, bei denen eine derartige Weiterverrechnung nicht möglich ist, gibt es das **Simultanverfahren**. Dies ist dann notwendig, wenn zwischen den einzelnen Hilfskostenstellen wechselseitiger Leistungsaustausch besteht, der so relevant ist, dass man ihn nicht im Rahmen der Leistungsverrechnung vernachlässigen kann. Beim Simultanverfahren wird ein lineares Gleichungssystem aufgebaut, das auch bei komplexen Leistungsbeziehungen durch geeignete Softwarelösungen gelöst werden kann.

2.4.2 Bildung von Kalkulationssätzen

Der im Rahmen der Buch- und Projektkalkulation interessanteste Teil der Kostenrechnung stellt neben den noch zu diskutierenden Themen Kostenträgerrechnung und Controlling die Bildung von Kalkulationssätzen dar. Wie bei der Verrechnung der Kosten der Hilfskostenstellen auf die Hauptkostenstellen ist bei der Bildung der Kalkulationssätze für die Kostenträgerrechnung eine entscheidende Schwierigkeit darin zu sehen, die passenden Bezugsgrößen zu wählen.

Häufig wird dabei ein Schlüssel aus Gemein- und Einzelkosten gebildet. Dies ist insbesondere dann problematisch, wenn der Anteil der Gemeinkosten sehr hoch ist, wie dies bei vielen Medien- und Agenturprojekten der Fall ist. Hier kann bei der Suche nach verursachungsgerechten Basisgrößen die Prozesskostenrechnung eine Hilfe sein, bei der eine Analyse der Arbeitsabläufe die Grundlage für die Ermittlung der Bezugsgrößen darstellt.

2.4.3 Kostenkontrolle

Die Kostenstellenrechnung trägt mit der differenzierten Darstellung der in den einzelnen Kostenstellen angefallenen Kosten auch zur Kontrolle und Steuerung der Kostenstruktur bei. Nur dann, wenn ein Ansteigen der Kosten in einigen Verlags- und Projektbereichen auch rasch dokumentiert und lokalisiert wird, kann man zeitnah die Kostenentwicklung analysieren und entsprechend reagieren. Hier ist wiederum entscheidend, dass auch im Rahmen der Organisationsstruktur klare Verantwortungsbereiche festgelegt sind, damit auch eine einfache Kommunikation mit den direkt verantwortlichen Mitarbeitern stattfinden kann.

Die Kostenstellenrechnung dient nicht nur der abteilungsübergreifenden Kontrolle von Kostenentwicklungen, sondern mit Hilfe der Kostenstellenrechnung können auch typische Managemententscheidungen in Buchverlagen vorbereitet und gestützt werden. Beispielsweise stellt sich für viele Verlage die Frage, ob Bücher künftig mit Hilfe einer eigenen Herstellungsabteilung komplett abgewickelt werden sollen, oder ob man lieber für Spitzenlasten externe Dienstleister in Herstellung und/oder Lektorat mit einbeziehen soll. Um hier eine faire Antwort geben zu können, sind Informationen über die Kosten eines internen Arbeitsplatzes in der jeweiligen Fachabteilung Personalkosten (Gehalt, gesetzliche Nebenkosten, freiwillige Sozialleistungen), Sachkosten (Raumkosten, Kommunikationskosten, Reisekosten, Büromaterial, IT-Kosten) notwendig, die durch die Kostenstellenrechnung transparent werden.

2.5 Kostenträgerrechnung

Die eigentliche Kalkulation, die die Grundstruktur für die nachher im Detail erläuterten Kalkulationsmethoden der Buchbranche darstellt, ist die Kostenträgerstückrechnung. Sie kann, unterteilt nach den unterschiedlichen Zeitpunkten, in Vor-, Zwischen- und Nachkalkulation unterschieden werden (s. Kap. IV.3.9). Wegen des hohen Stellenwerts dieses Teils der Kostenrechnung für das praktische Management von Verlagen und Buchprojekten werden wir zunächst die wesentlichen Verfahrensschritte allgemein vorstellen, bevor wir die Geschichte und die Verfahrensweisen einzelner Kalkulationen im Detail betrachten.

Bei der Kostenträgerstückrechnung stehen im Buchsektor die nachfolgenden Verfahren im Vordergrund:

1. Divisionskalkulation: Dieses Verfahren wird hauptsächlich in Einproduktunternehmen angewandt. Die Einzel- und Gemeinkosten werden aufsummiert und durch die Stückzahl der hergestellten Produkte geteilt. Damit entsteht bei einfachen Einproduktunternehmen ein einfacher Kostensatz pro hergestelltem Stück. In der Medienbranche und Buchverlagen mit unterschiedlichen Produkten kann dieses Verfahren aufgrund der Produktionsbedingungen im Normalfall nicht angewandt werden.

2. Zuschlagkalkulation: Bei heterogener Kostenverursachung, wenn etwa unterschiedliche Produkte oder Einzelfertigung das Betriebsgeschehen prägen, werden die einzelnen Kostenbereiche von den Produkten in sehr unterschiedlichem Maße in Anspruch genommen, so dass die einfache Kalkulationssystematik der Divisionskalkulation nicht mehr angewandt werden kann. Im Rahmen der Vollkostenrechnung erfolgt daher eine Trennung der Kosten einer Periode in Kostenträgereinzel- und -gemeinkosten. Während die Kostenträgereinzelkosten direkt zugerechnet werden können, ist die Weiterverrechnung der Kostenträgergemeinkosten nur über die Kalkulations- bzw. Zuschlagssätze aus der Kostenstellenrechnung möglich.

2.5.1 Divisionskalkulation

Die einfachste Form der Divisionskalkulation besteht aus der Bildung eines Quotienten aus Kosten und Produktions- bzw. Absatzmenge.

$$\text{Stückkosten} = \frac{\text{Gesamtkosten der Periode}}{\text{Produktions- und Absatzmenge}}$$

Damit diese Formel eingesetzt werden kann, muss jedoch ein Einproduktunternehmen ohne Lagerbestände und Halbfabrikate wirtschaften. Dies ist nur in wenigen Fällen tatsächlich machbar. Bei einer komplexeren Betrachtungsweise ergibt sich bereits folgendes Bild:

$$\text{Selbstkosten} = \frac{\text{Herstellkosten der Periode}}{\text{Produktionsmenge}} + \frac{\text{Verwaltungs- und Vertriebskosten}}{\text{Absatzmenge}}$$

Hier ergeben sich erste Abweichungen in den jeweiligen Perioden, wenn beispielsweise zunächst viel produziert wird, die Verwaltungs- und Vertriebskosten jedoch nur über ein geringes Volumen an abgesetzten Produkten refinanziert werden können.

Wird dann in den Folgeperioden der Verkauf ausgedehnt, ergibt sich meist nicht nur eine bessere Kostensituation. Das Verhältnis bei den Produktionskosten verbessert sich, da das Unternehmen von der Lernkurve profitiert, die beschreibt, dass mit zunehmender Routine bei den einzelnen Prozessen ein geringerer Ressourceneinsatz notwendig ist. Über diese Verbesserung bei den Produktionskosten hinaus ergeben sich in den Folgeperioden auch günstigere Vertriebsstückkosten. In der Folge können Unternehmen nach der recht kostspieligen Markteintrittsphase in einem zweiten Schritt ihre Produkte günstiger »kalkulieren« und damit zu einem günstigeren Preis im Markt anbieten, was wiederum zu einer Fixkostendegression führt, da mit dem günstigeren Preis auch größere Stückzahlen abgesetzt werden können. Diese Form der reinen Divisionskalkulation eignet sich jedoch, wie hervorgehoben, nur für die Massenfertigung ein und desselben Produkts.

Sobald dieses Produkt in unterschiedlichen Varianten produziert wird, empfiehlt sich die **Sortenkalkulation über Äquivalenzziffern**, die den unterschiedlichen Ressourcenverbrauch der einzelnen Kalkulationsobjekte berücksichtigen sollen. In einem ersten Rechenschritt werden die tatsächlichen Produktionsmengen mit Äquivalenzziffern umgerechnet, so dass anschließend die Divisionskalkulation angewandt werden kann.

Beispiel:
Es wird damit zunächst ein Standardprodukt ausgewählt, dessen Ressourcenverbrauch und damit verbunden dessen Äquivalenzziffer auf die Größe 1 gesetzt wird. Für alle weiteren Produkte und Produktvarianten werden entsprechend abweichende Äquivalenzziffern festgelegt. Wenn beispielsweise mehrere ähnliche Periodika (z.B. Fachzeitschriften) von einem Verlag produziert werden, die sich nur geringfügig unterscheiden, könnte folgende Aufteilung für eine Äquivalenzziffernkalkulation vorgenommen werden:

Periodika	Äquivalenzziffer	Auflage
Titel 1	0,8	20.000
Titel 2	1	30.000
Titel 3	1,4	25.000

Wenn nun feststeht, wie hoch die Gesamtkosten für die Produktion aller Periodika im Rahmen der abgelaufenen Periode waren, ergibt sich folgende Stückkostenkalkulation.

Die fiktive Produktionsmenge beträgt:
0,8 · 20.000 + 1 · 30.000 + 1,4 · 25.000 = 16.000 + 30.000 + 35.000 = 81.000 Stück
Die Stückkosten pro Einheitssorte betragen daher bei Gesamtkosten von 202.500 Euro:
Stückkosten pro Einheitssorte = 202.500 Euro/81.000 Stück = 2,50 Euro pro Stück

Die exakten Stückkosten der Einzeltitel sind daher:
Stückkosten Titel 1: = 0,8 · 2,50 Euro = 2,00 Euro
Stückkosten Titel 2: = 1,0 · 2,50 Euro = 2,50 Euro
Stückkosten Titel 3: = 1,4 · 2,50 Euro = 3,50 Euro

Auch hier unterliegt jedoch der Einsatz der Kalkulationsmethode sehr engen Restriktionen. Das Verfahren funktioniert nur bei artverwandten Produkten (Sortenfertigung), bei der keine Lagerbestandsveränderung an Halb- und Fertigfabrikaten berücksichtigt werden muss.

2.5.2 Zuschlagkalkulation

Im Buchverlag können häufig nicht die Voraussetzungen für Divisionskalkulation als auch Äquivalenzziffernkalkulation gewährleistet werden, da nicht nur gleiche oder herstellungstechnisch ähnliche Produkte gefertigt werden. Viele Buchprojekte sind aus kalkulatorischer Sicht typische serien- oder auftragsbezogene Einzelfertigungen. Hier kommen die unterschiedlichen Verfahren der Zuschlagkalkulation zur Anwendung.

1. Summarische Zuschlagkalkulation: Die summarische Zuschlagkalkulation ist ein eher grobes Kalkulationsschema, das aber den Vorteil hat, sehr wenig Verrechnungsaufwand zu verursachen. Es benötigt keine differenzierte Kostenstellenrechnung als Vorarbeit, sondern die Kalkulation erfolgt mit summarischen Zuschlagsätzen, da keine Differenzierung der Gemeinkosten vorgenommen wird. Bezugsgrößen für die summarische Verrechnung sind dabei häufig die Summe der Einzelkosten oder die Fertigungseinzelkosten.

$$\text{Summarischer Zuschlagsatz (SZ)} = \frac{\text{Summe der Gemeinkosten}}{\text{Bezugsgröße}} \times 100$$

Beispiel:
Wenn also ein Grafiker bei Einzelkosten von 30.000 Euro pro Periode Gemeinkosten von 20.000 Euro zu verzeichnen hat, ergibt sich ein Zuschlagsatz von 66,7 Prozent. Entsprechend erfolgt bei dieser sehr einfachen Kalkulationsweise eine rein summarische Aufschlagbildung:

Kostenart:	Kostenbetrag [Euro]
Materialeinzelkosten	100
Einzelkostenlohnanteil	230
Summe der Einzelkosten:	330
Gemeinkosten (66,7 %)	220
Gesamtkosten/Auftrag:	550

Im Regelfall ist dies keine angemessene verursachungsgerechte Berechnung der Gemeinkosten. Daher ist die Anwendung der summarischen Zuschlagkalkulation nur im Kleinstverlag ratsam. Gerade im Dienstleistungsbereich der Medienbranche entsteht zudem schnell das Problem, dass überwiegend Gemeinkosten anfallen und somit Zuschlagsätze entwickelt werden, die weit über 100 Prozent liegen und in Einzelfällen als Multiplikator (200–400 % etc.) Eingang finden. Dies birgt die Gefahr, dass nur ein sehr grober Eindruck über die tatsächliche Kostensituation entsteht, und das Unternehmen wird somit auch nur eingeschränkt steuerbar.

2. Differenzierende Zuschlagkalkulation: Hier wird eine mehr oder weniger detaillierte Kostenstellenrechnung vorausgesetzt, um sinnvolle Zuordnungen im Rahmen der Kalkulation leisten zu können. Die differenzierende Zuschlagkalkulation im engeren Sinne geht dabei von einer Gliederung der Kostenstellen aus (vgl. Kalenberg 2004, S. 122 ff.), die sich in der Regel nach Material, Fertigung, Verwaltung und Vertrieb gliedern lässt.

Dabei wird der Kalkulationssatz für jede Hauptkostenstelle aus folgender Formel abgeleitet:

$$\text{Kalkulationssatz der Hauptkostenstelle} = \frac{\text{Gemeinkosten der Stelle}}{\text{Bezugsgrößen der Stelle}}$$

Die Ermittlung der Selbstkosten läuft nach diesem Kalkulationsprinzip nach folgendem Schema ab:

Materialeinzelkosten
\+ Materialgemeinkosten
\+ Fertigungseinzelkosten
\+ Fertigungsgemeinkosten
\+ Sondereinzelkosten der Fertigung

= Herstellkosten
\+ Verwaltungsgemeinkosten
\+ Vertriebsgemeinkosten
\+ Sondereinzelkosten des Vertriebs

= Selbstkosten

2.6 Typische Controlling-Kennzahlen im Buchverlag

In den allgemeinen Darstellungen zum Controlling im Medienunternehmen wird auf ein grundlegendes Prinzip der Wirtschaftlichkeitskontrolle verwiesen, die Break-Even-Analyse. Sie beschreibt die Produktionsmenge, die erforderlich ist, damit die Erlöse gerade alle Kosten decken, d.h. der Punkt, ab dem eine »schwarze Null« geschrieben wird. Schumann und Hess beschreiben diesen Effekt nicht zufällig am Beispiel eines Buchverlags, bei dem sich ein Break-Even-Punkt bei einer Auflage von 1000 Exemplaren ergibt. Trotz der vereinfachten Darstellung wird hier deutlich, dass es sich um eine zentrale Betrachtungsweise für das Wirtschaften im Buchverlag handelt, weshalb wir diese Frage im Rahmen des Abschnitts zur Kalkulation (s. u. Kap. 3) noch ausführlicher behandeln.
Bevor wir die Einzelfragen der Kalkulation durchgehen, sollen noch kurz einige beispielhafte Controllingzahlen aus Buchverlagen dargestellt werden:

Bei den Auswertungen auf Verlagsebene geht es zunächst um eine Gliederung der gesamten Unternehmensaktivitäten in unterschiedliche Erlösbereiche wie etwa Buch, Zeitschriften, Auslieferungsgeschäft etc. Anschließend stellt sich die Frage, wie Führungskräfte eines Verlags innerhalb einer kurzen Zeit einen Überblick über die Rentabilität eines Verlagsprogramms bekommen können. Die Warenwirtschaftssysteme liefern bereits seit Jahren Aufstellungen, bei denen eine Aufgliederung pro Titel nach Druckauflage, Verkaufsauflage, verkaufter Auflage, Anteil verkaufte Auflage/Verkaufsauflage [%], Vertriebswege der verkauften Auflage (Reiseaufträge, Barsortiment, Grosso, Direktbestellung, Sonstige) möglich ist.

Da eine solche Aufstellung nach Einzeltiteln bei größeren Verlagen jedoch sehr unübersichtlich wird, werden sie meist nach Programmbereichen (Kinder-

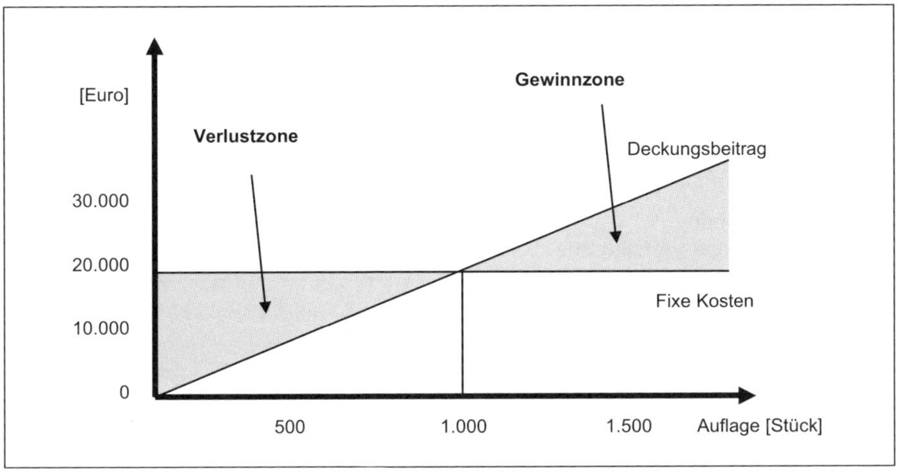

Bestimmung des Break-Even-Punkts für ein Buchprojekt (Quelle: nach Schumann/Hess 2009, S. 164)

buch, Ratgeber etc.) gruppiert. Zur vorausschauenden Planung ist jedoch eine weitere Darstellung sinnvoll:

Titel-nr.	Titel	Ersch. Jahr	1. Aufl.	Absatz-plan	Herstellk. 1. Jahr	Honorar 1. Jahr	Umsatz 1. Jahr	Rohertrag 1. Jahr abzgl. 15 %
4711	Vitalität im Alter	2009	2.000	800	4.000	1.750	7.000	200
4712	Überlebens-training	2009	4.000	2.000	1.100	400	3.000	1.050

Hier kann man bei einer Sortierung der Tabelle nach dem Rohertrag im ersten Jahr feststellen, welche Titel zumindest in der kurzfristigen Betrachtung problematisch sind, da sie z. B. nur mit Mühe die in dieser Tabelle vorgesehenen 15 Prozent Gemeinkostenbeitrag abdecken können. Ein Buchverlag verliert sein Geld letztlich immer mit den schlechtesten 20 Prozent der Titel. Das Geld verdient er hingegen mit den besten 20 Prozent der besten Titel, die 80 Prozent der Umsätze realisieren können. Damit folgt die Verteilung dem Pareto-Prinzip, das nach dem Ökonomen Vilfredo Pareto benannt ist, der die bekannte 80:20-Regel aufgestellt hat, wonach oftmals ein Mitteleinsatz von 20 Prozent ausreicht, um 80 Prozent der Probleme zu lösen. Vor dem Hintergrund dieser Annahme, die sich in vielen Buchverlagen vom Grundsatz her bestätigen lässt, ist es entscheidend, über die Positionierung der einzelnen Titel genau Bescheid zu wissen. Aus verlegerischer Sicht muss klar sein, auf welche Titel man gegebenenfalls in der Umsetzung verzichtet. Ebenso ist bei anstehenden Nachdrucken ein Bewusstsein über die Risiken auf Basis der oben dargestellten Vertriebsauswertung sinnvoll. Denn auch hier gilt: Das Geld verliert man immer beim letzten Nachdruck.

Allgemeine betriebswirtschaftliche Kennzahlen der Branche:

Remissionsquote [%] = Remissionsexemplare/ausgelieferte Exemplare x 100

Auslieferungskosten pro Exemplar = Auslieferungskosten/Exemplarmenge

Umschlagshäufigkeit = Wareneinsatz/durchschnittlicher Lagerbestand

Lagerabschreibung [%] =
bilanzierter Lagerwert/Summe aller Lagerexemplare zu Herstellkosten x 100

3. Die Kalkulationsmodelle

3.1 Die historische Drittelkalkulation

Für die Entwicklung der Verlagskalkulation in Deutschland wurden die wichtigsten Grundlagen bereits geliefert. Es wurde ja schon gezeigt, dass der Beginn des Buchhandels im heutigen Sinn im Übergang vom Tauschhandel zum Konditionensystem lag (s. S. 24). In ihm traten die Verleger als »Nettohändler« auf, die den Sortimentern als »Kondition« das prinzipielle Rückgaberecht einräumten sowie einen gegenüber dem »Ordinärpreis« für das Publikum einen 33⅓ Prozent hohen Rabatt. Dies war die Entwicklung zu der ersten systematischen Phase der Verlagskalkulation, der historischen oder klassischen sogenannten »Drittelkalkulation«.

In der Drittelkalkulation geht demnach das erste Drittel auf die Handelsfunktion (Verkauf, Sortiment), das zweite ist für die Produktion bestimmt (Satz, Druck, weitere Kosten der technischen Produktion), das verbleibende letzte sieht die Deckung der Verlagskosten (aus Gemeinkosten mit Werbung), des Autorenhonorars und eines Verlagsgewinns vor.

Buchhandelsrabatt 33⅓ %	= 1. Drittel
Technische Herstellung 33⅓ %	= 2. Drittel
Autorenhonorar 10 % Gemeinkosten mit Werbung 13⅓ % Verlagsanteil 10 %	= 3. Drittel

Schema der klassischen Drittelkalkulation

Die Drittelkalkulation hatte damit in einer sehr übersichtlichen Kalkulationsmathematik die ehemals zusammengefassten und dann wieder getrennten Funktionen Sortiment, Druck und Verlag wieder »vereinigt«. Sie gestattete den Verlegern vor allem ein sehr einfaches Verfahren zur Berechnung des Ladenpreises. Da alle Funktionen mit genau einem Drittel beanteiligt waren, ergab sich der Ladenpreis eines jeden Titels aus der Multiplikation des Herstellstückpreises eines Buches mit drei. Würde man dies mathematisch verdeutlichen wollen, ergäbe sich für den Ursprung der systematischen Verlagskalkulation in Deutschland die sehr einfache, aber vollständige Schreibweise:

Ladenpreis = Herstellstückkosten · 3

3.2 Die Multiplikator-Methode

Die Drittelkalkulation herrschte vom Anfang des Konditionensystems bis nach dem Ende des Ersten Weltkriegs. Ihre Langlebigkeit war neben dem »Rechnen mit drei« darin begründet, dass in ihr Autor und Verlag in einem fairen »fifty-fifty«-Verhältnis beanteiligt waren (aus den 33⅓ Prozent des letzten Drittels: 10 Prozent für den Autor, 10 Prozent für den Verlag). Wenn heute noch das »klassische« Autorenhonorar von 10 Prozent gezahlt wird, geht das auf diese Teilung zurück. Während aber das Honorar konstant blieb, kletterte der Buchhandelsrabatt nach oben, verlangten die verschiedenen Buchtypen individuelle Rabattsätze und stiegen die Gemeinkosten, weil die Verlage sich zu Firmen mit gegliederten Abteilungen und einer entsprechenden Anzahl von angestellten Mitarbeiter/innen entwickelten, fast auf das Doppelte. Die Kalkulation war dadurch komplexer geworden und musste vor allem für jeden Titel individuell durchgeführt werden. Auch ließ sich die gesamte Kalkulation zur Ermittlung des Ladenpreises (Lp) nicht mehr durch die Multiplikation des Herstellpreises (th) mit dem einheitlichen »Faktor drei« kontrahieren, sondern nur noch mit größerem Multiplikator (m), beispielsweise fünf, wenn der Autor ein höheres Honorar durchsetzte, sogar bis zehn – aber auch nicht-ganzzahligen Werten, je nach Individualität der Konditionen des jeweiligen Titels. Die Entwicklung dieses Systems bis zur Perfektion (die »vollständige Multiplikator-Methode«) und der vollständige Aufbau der Kalkulation nach der Staffelschreibweise (sie wird unten ausführlich dargestellt) wird nach dem Ort ihrer Herkunft als »Leipziger Schule« bezeichnet. Die Kalkulation nach der Leipziger Schule ist die zweite systematische Phase in der Entwicklung der Verlagskalkulation und bis heute das Muster aller sogenannten »traditionellen« Verlagskalkulationen. Die mathematische Kurzformel (Lp = m · th) verallgemeinert und differenziert also das alte Rechnen zu:

Ladenpreis = Multiplikator · Herstellkosten

3.3 Die traditionellen Staffel-Kalkulationen

Der Kalkulationsaufbau nach der Staffel-Methode folgt streng der Logik der Kosten. Am Anfang stehen die Produktions- oder Herstellkosten, weil sie zeitlich am frühesten und in der Form von Rechnungen anfallen. Wurde mit dem

Autor ein Pauschalhonorar vereinbart (wie in der frühen Zeit üblich), wurde es als nächstes veranschlagt, weil es für den Verleger gleichfalls eine unmittelbare Auslage bedeutete. Herstellkosten und Autorenpauschale ergeben zusammen die Einstandskosten. Als nächstes wurden die Kosten aufgeschlagen, die nicht mehr unmittelbar mit der Produktion des Werkes zusammenhängen, sondern durch das Betreiben des Verlags das Jahr hindurch entstehen: der umzulegende Gemeinkostenanteil. Da die Gemeinkosten die letzten echten anfallenden Kosten darstellen, werden durch ihre Addition mit den Einstandskosten die »Selbst«kosten erreicht. Von hier ab folgen nur noch Kalkulationselemente, die keine Kosten mehr sind: zunächst der vom Verlag selbst bestimmte Gewinnanteil. Diesen auf die Selbstkosten addiert, führt zum Nettopreis oder dem Abgabepreis gegenüber dem Buchhändler. Der Aufschlag des Buchhandelsrabatts führte früher zum Ladenpreis, heute – nach der Einführung der Mehrwertsteuer – erst zum Nettoladenpreis, auf welchen der Staat die neue Mehrwertsteuer schlägt, so dass mit der Ermittlung des Bruttoladenpreises die Kalkulation vollständig wird. Im nachfolgenden Schema ist dieser Rechengang dargestellt.

Eine Kalkulation solcher Art heißt in der Fachliteratur Zuschlagkalkulation. Böse Zungen im Verlag führen den Namen darauf zurück, dass der Verlag in dieser Kalkulation über seinen Plangewinn selber bestimmt, wie stark er »zuschlagen« will. Neutral hat sie ihren Namen vom permanenten Aufschlagen und heißt, wegen des dauernden Fortschreitens bzw. Höherrechnens von Glied zu Glied, auch »progressiv«. Die progressive Kalkulation errechnet also den Preis, den ein Buch rechnerisch haben müsste, wenn alle Kosten gedeckt sein sollen, und zusätzlich für den Verlag einen Plangewinn.

Liegt der errechnete Preis höher, als ihn der Markt akzeptiert, und will man ein Projekt andererseits dennoch realisieren, ist die progressive Methode zur Ladenpreisfestlegung natürlich ungeeignet. In einem solchen Fall wird vom Markt ausgegangen, d.h. der Preis wird als Datum des Marktes gesetzt, die Rechenmethodik aber nicht als Ganzes verworfen, sondern »umgekehrt« angewandt: Der Weg führt vom gesetzten Marktpreis zu einem errechneten Herstellstückpreis. Ihn muss der Hersteller erreichen, wenn der Marktpreis ohne Einbußen bei den übrigen Kalkulationselementen ausreichen soll.

Diese Methode, die mit Subtraktionsschritten arbeitet, heißt »retrograd«. Die retrograde Kalkulation ist aber nicht einfach nur die Umkehrung der progressiven. Denn während jene als Endergebnis immer nur zum Ladenpreis führt, egal, in welcher Reihenfolge man die einzelnen Kalkulationselemente addiert, führt die retrograde Kalkulation zu unterschiedlichen Endelementen als Rechenziel, nämlich je nach dem, in welcher Reihenfolge man welche Kalkulationselemente abzieht. Wenn ein Plangewinn subtrahiert wird (wie im Schema geschehen), ist das Endergebnis ein *Herstellstückwert*. Wird anstelle des Plangewinns ein durchschnittlicher bzw. der echte Herstellwert abgezogen, erhält man als Endergebnis einen *Verlagsgewinn*. Verrechnet man in der Subtraktion einen Durchschnittsgewinn und durchschnittliche Herstellkosten, kann man auf ein maximal mögliches Honorar für den Autor oder den möglichen Rabatt für den Buchhändler als Ergebnis zurückrechnen.

Die retrograde Methode ist vom Ergebnis her gegenüber der progressiven also nicht »mono«-, sondern »poly«valent. Da die meisten Verlage an einer Gewinnvoraussage für ihre Projekte interessiert sind, ist die retrograde Kalkulation vom gegebenen Ladenpreis zurück auf den verbleibenden Gewinn die gebräuchlichste. Da Verlage typische Vorkalkulationsbetriebe darstellen, wenden sie diese Kalkulation sogar zweimal an. Einmal in der Vorkalkulation zur Entscheidungsfindung und später im Fall einer positiven Entscheidung auch hauptkalkulatorisch, d.h. wenn die endgültigen Kosten der Drucklegung absehbar sind. Um den bisher abstrakten Prozess konkret darzustellen, folgt nach dem Schema ein Zahlenbeispielmit einem Ladenpreis von genau 10 Euro, um das Beispiel möglichst anschaulich zu machen (s. S. 172).

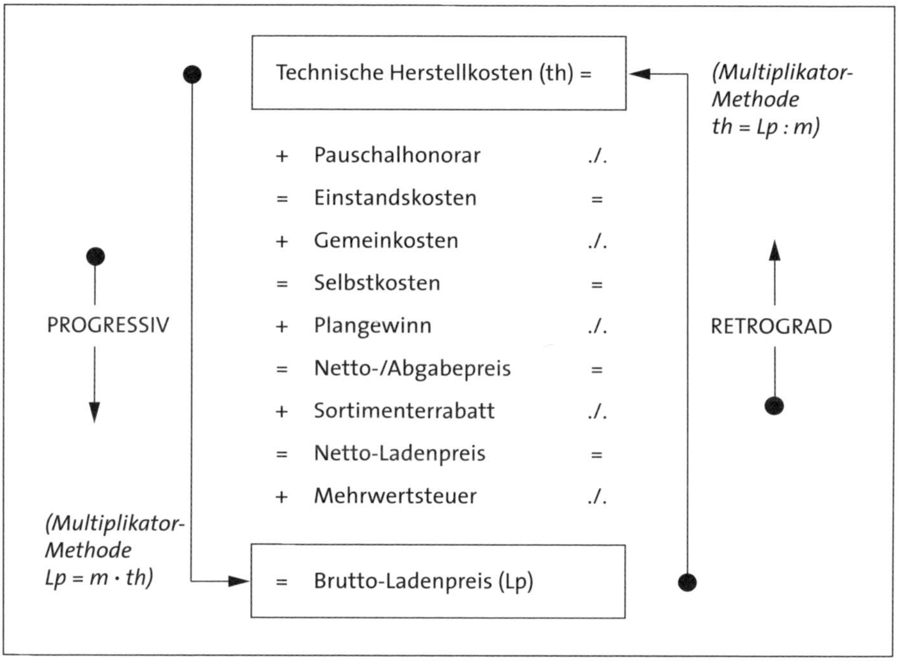

Rechenschema der Staffel-Kalkulation

Neben der Einzeltitel-Stückkalkulation (s. S. 172) steht die Auflagenkalkulation (s. S. 173), die nötig ist, weil man nur an ihr sehen kann, welche finanziellen Bewegungen sich insgesamt abspielen, z.B. 20.000,– Euro Herstellkosten plus 23.700,– Euro auf dem Gemeinkostensektor, was für ein einzelnes Buch eine nicht unerhebliche Investition bedeutet. Auch der Gewinn beim Verkauf der gesamten Auflage ist ablesbar, wobei man allerdings sieht, dass er, gemessen am Ladenpreis, deutlich geringer als die »klassischen« 10 Prozent ausfällt (im Beispiel 3,1 Prozent, und dieses vor Steuern). Bei der Auflagen- wie bei der Stückkalkulation ist der ausgewiesene Wert allerdings rein theoretischer Natur, da er nur entstehen kann, wenn die gesamte Auflage verkauft wird. Da nicht immer mit dem vollen Verkauf einer Auflage zu rechnen ist (im Durchschnitt erreichen drei von vier Titeln *keine* Nachauflage), steht neben der Prüfung, ob

»Traditionelle« Buchkalkulation
Projekt: Taschenbuch (Erstauflage: 10.000 Exemplare)

			Stück-Kalkulation
1.		Brutto-Ladenpreis	€ 10,00
2.	./.	Mehrwertsteuer (7 % von 3. oder 6,54 % von 1.)	€ 0,65
3.	=	Netto-Ladenpreis/Warenwert	€ 9,35
4.	./.	Durchschnittsrabatt (45 % von 3.)	€ 4,20
5.	=	Nettopreis	€ 5,15
6.	./.	Honorar/Lizenz (5 % von 3.)	€ 0,47
7.	./.	Gemeinkosten (46 % von 5.)	€ 2,37
		davon Vertreterprovision (8 % von 5.)	€ 0,41
		davon Auslieferung (12 % von 5.)	€ 0,62
8.	./.	Herstellkosten	€ 2,00
9.	=	Verlagsanteil (= theoretischer Gewinn pro Stück)	€ 0,31

Zahlenbeispiel für die traditionelle oder klassische Staffelkalkulation gemäß der »Leipziger Schule«

ein Objekt überhaupt Gewinn abwerfen kann und wie viel, die Frage, wann seine Kosten gedeckt sind und ob sich diese Deckungspunkte erreichen lassen.

3.4 Die Berechnung von Deckungsauflagen

Eine Verlagskalkulation wird daher erst vollständig durch die Deckungsauflagenberechnung. Von Deckungs»auflagen« zu sprechen, ist zwar im Prinzip falsch, da eine »Auflage« immer die in einem Druckvorgang hergestellte Gesamtzahl der Exemplare bedeutet, doch wird diese falsche Terminologie von der Branche traditionellerweise für die hier interessierenden Teilmengen verwendet. Der erste, für viele Verleger wichtigste Punkt ist der, an dem die Herstellkosten gedeckt sind. Er errechnet sich gemäß der Frage: »Wie oft muss ein Verlag ein Exemplar zum Nettopreis absetzen, bis durch die Einnahmen pro Stück die Summe der Herstellkosten erreicht wird?« – mathematisch also ausgedrückt durch die Gleichung für D (1):

»Traditionelle« Buchkalkulation
Projekt: Taschenbuch (Erstauflage: 10.000 Exemplare)

Auflagen-Kalkulation

1.		Brutto-Umsatz	€ 100.000,–
2.	./.	Mehrwertsteuer	€ 6.500,–
3.	=	Warenwert-Umsatz	€ 93.500,–
4.	./.	Rabatt	€ 42.000,–
5.	=	Netto-Umsatz	€ 51.500,–
6.	./.	Honorar/Lizenz	€ 4.700,–
7.	./.	Gemeinkosten	€ 23.700,–
		davon Vertreterprovision	€ 4.100,–
		davon Auslieferung	€ 6.200,–
8.	./.	Herstellkosten	€ 20.000,–
9.	=	Verlagsanteil (= bei Ausverkauf der ganzen Auflage)	€ 3.100,–

Es werden stets auch die Gemeinkosten veranschlagt, das Rechenziel ist die Ermittlung des Verlagsgewinns.

$$\text{Deckungsauflage (1)} = \frac{\text{Herstellkosten der Auflage}}{\text{Nettopreis}}$$

$$= \frac{20.000,–}{5,15}$$

$$= 3.883,5 \text{ Exemplare}$$

Das heißt vom 3.884. Exemplar an sind Satz, Druck, Bindung etc. bezahlt. Wird auch noch der Autor berücksichtigt und erhält er ein Absatzhonorar pro Stück, so ist es vom Nettopreis abzuziehen, erhielte er ein Pauschalhonorar für die gesamte Auflage im voraus, so wäre dies den Herstellkosten zuzuschlagen, also entweder

$$\text{Deckungsauflage (2)} = \frac{\text{Herstellkosten der Auflage}}{\text{Nettopreis ./. Stückhonorar}}$$

$$= \frac{20.000,–}{5,15 ./. 0,47}$$

$$= 4.273,5 \text{ Exemplare}$$

oder

$$\text{Deckungsauflage (3)} = \frac{\text{Herstellung} + \text{Pauschalhonorar}}{\text{Nettopreis}}$$

$$= \frac{20.000,- + 4.700,-}{5,15}$$

$$= 4.796 \text{ Exemplare}$$

Wie man sieht, liegen die Deckungspunkte jetzt höher, und zwar bei dem Pauschalhonorar höher als bei dem absatzbezogenen, weil das Honorar dann auf die ganze Auflage bezogen wurde.

Die drei bisherigen Gleichungen haben die Eigenschaft, noch keine Gemeinkosten zu berücksichtigen, d.h. sie errechnen jeweils eine *Teilkostendeckung*. Das Teilkostendenken ist aber die eine unternehmerische Denkart (»Philosophie«), in der *Vollkostenrechnung* wird auch noch der Gesamtbetrieb des Verlages veranschlagt. Für das Kalkulieren nach Vollkosten lassen sich starke Argumente ins Feld führen, wenn man bedenkt, dass die Gemeinkosten die Herstellkosten nicht nur erreichen, sondern, wie in dem obigen Beispiel ersichtlich, sogar übersteigen. Nach der Philosophie der vollen Verrechnung der Kosten wären also nur folgende Gleichungen möglich. Entweder gilt:

$$\text{Deckungsauflage (4)} = \frac{\text{Herstellkosten der Auflage (TH)}}{\text{Nettopreis ./. Honorar ./. Stückgemeinkosten}}$$

$$= \frac{20.000,-}{5,15 \text{ ./. } 0,47 \text{ ./. } 2,37}$$

$$= 8.658 \text{ Exemplare}$$

oder

$$\text{Deckungsauflage (5)} = \frac{\text{TH} + \text{Gemeinkosten der Auflage}}{\text{Nettopreis ./. Honorar}}$$

$$= \frac{20.000,- + 23.700,-}{5,15 \text{ ./. } 0,47}$$

$$= 9.338 \text{ Exemplare}$$

je nachdem, ob die Gemeinkosten nur bis zu dem errechneten Punkt (Ergebnis von 4) oder auch danach bis zum Verkauf der gesamten Auflage (Ergebnis von 5) berücksichtigt sein sollen.

Man kann diese Gleichungen nun fast beliebig weiterentwickeln: z.B. die (möglichen) Deckungsauflagen (6) und (7) für Vollkostendeckung bei Gewährung eines Pauschalhonorars usw. Dass diese Rechnungen zumindest in sich stimmig sind, zeigt die folgende Kalkulation zur Probe (8): Setzt man in der Vollkostengleichung im Zähler auch noch den Gewinn für den Verkauf der gesamten Auflage ein, ergibt sich als Absatzmenge genau 10.000!

$$\text{Deckungsauflage (8)} = \frac{\text{TH} + \text{Gemeinkosten} + \text{Gewinn der Auflage}}{\text{Nettopreis ./. Stückhonorar}}$$

$$= \frac{20.000,- + 23.700,- + 3.100,-}{5,15 \text{ ./. } 0,47}$$

$$= \text{10.000 Exemplare}$$

3.5 Das Problem der Gemeinkosten

Nach dem Prinzip der von den Leipzigern entwickelten progressiven oder retrograden Einzelstück- oder Auflagenkalkulation sowie der Teilkosten- und Vollkostenrechnung für Deckungsmengen und teilweise sogar nach der Multiplikatorenmethode arbeitet bis heute die traditionelle Verlagskalkulation. Sie hat jedoch einen gravierenden Nachteil, der gerade in dem Kalkulationselement steckt, das noch soeben als so »bedeutend« herausgestellt wurde, dem Gemeinkostenanteil. Die Gemeinkosten betrugen, um bei dem angefangenen Beispiel zu bleiben, pro Stück 2,37 Euro. Dieser Wert ergab sich dadurch, dass die Gemeinkosten zu 46 Prozent vom Nettopreis angesetzt waren (diesen Zahlenwert erhält man, indem man den betrieblichen Gemeinkostensatz auf die Einzeltitelkalkulation überträgt). Der Nettopreis seinerseits ist wieder vom Ladenpreis abhängig. Wäre der Ladenpreis höher als 10,– Euro gewählt worden, wäre ein höherer Wert als 2,37 Euro entstanden. Würde das Buch unter 10,– Euro verkauft, würde die Kalkulation geringere Gemeinkosten ausweisen. Und das alles, obwohl solche Kosten wie Mieten, Gehälter, Post u. a., aus denen die Gemeinkosten sich wesentlich bilden, gleichbleiben und weder ihre Erhöhung noch ihre Verminderung im Kalkulationsansatz rechtfertigen.

Genauso ist die Situation bei der Gesamtkalkulation. Würde die Auflage des Werkes erhöht, würde die Summe der Gemeinkosten steigen. Je mehr man mit der Auflage herunterginge, desto mehr würde sie schrumpfen. Bei beiden Kalkulationen kann ausgesagt werden: Es wird zwar ein bestimmter Wert ausgewiesen, aber bestimmt nicht der wirkliche. In beiden Fällen ist die Ursache die Art der Errechnung des Gemeinkostenbetrags. Es handelt sich um die prozentuale Schlüsselung, nach der die Gemeinkosten als Prozentsatz des Nettopreises ermittelt werden, und dann absolut je nach Wahl von Ladenpreis und Auflage nach oben und unten schwanken. Aus der Sicht der Wahrscheinlichkeitstheorie formuliert, ist für jeden Einzeltitel von allen möglichen Werten der in der Kalkulation verwendete nur bei Eintritt eines kaum denkbaren Zufalls der wahre: Die Hoffnung auf die Wahrheit liegt im statistischen Ausgleich. Diese Einsicht, die Gemeinkosten eines Einzeltitels nur fiktiv angeben zu können, hat fatale Auswirkungen gerade auf die als wesentlich erachteten Aussagen der traditionellen Verlagskalkulation. Die Deckungsauflagenberechnung nach der

Vollkostengleichung ist hinfällig, da in ihr die Gemeinkosten nach der obigen Schlüsselung berechnet werden. Die retrograde Kalkulation vom Ladenpreis zum Gewinn kann keine verbindliche Aussage machen, da der Gewinn vom veranschlagten (zuvor subtrahierten) Gemeinkostenbetrag abhängt. Genauso ist – was hier aber nicht weiter erläutert wird – bei der progressiven Zuschlagsmethode ein errechneter kalkulatorischer Ladenpreis fiktiv. Das heißt zusammenfassend: Überall, wo die traditionelle Verlagskalkulation Gemeinkosten verrechnet, kommt sie zu Fehlern, die auch nicht korrigiert werden können, weil sie sich aus der Art der gewählten Methode ergeben.

3.6 Der »Ausweg« oder die Deckungsbeitragsrechnung

Der Ausweg aus diesem Dilemma führt zur *dritten* systematischen Phase der Buchkalkulation, dem Übergang zur **Deckungsbeitragsrechnung**. Die Deckungsbeitragsrechnung vermeidet das Rechnen mit Gemeinkosten bzw. geht anders mit ihnen um. In der retrograden Staffelkalkulation war in dem Block der Gemeinkosten (46 Prozent) ja schon ein bestimmter Anteil für Vertreterpro-

Moderne Buchkalkulation
Projekt: obiges Taschenbuch/Auflage obige Erstauflage

			Stück-Kalkulation
1.		Brutto-Ladenpreis	€ 10,00
2.	./.	Mehrwertsteuer	€ 0,65
3.	=	Netto-Ladenpreis/Warenwert	€ 9,35
4.	./.	Durchschnittsrabatt (45 % von 3.)	€ 4,20
5.	=	Nettopreis	€ 5,15
6.	./.	Vertreterprovision	€ 0,47
7.	./.	Auslieferung (12 % von 5.)	€ 0,62
8.	=	Deckungsbeitrag I	€ 4,12
9.	./.	Honorar/Lizenz (5 % von 3.)	€ 0,47
10.	./.	Herstellkosten	€ 2,00
11.	=	Deckungsbeitrag II	€ 1,65
12.	./.	Werbung (10 % von 5.)	€ 0,52
13.	=	Deckungsbeitrag III (eigentlicher Deckungsbeitrag pro Stück)	€ 1,13

Vergleichskalkulation für dasselbe Projekt gemäß moderner »Deckungsbeitragsrechnung« (auf Teilkostenbasis) visionen und Auslieferung vermerkt worden (8 bzw. 12 Prozent). *Diese* Kosten sind *nicht* – wie die Mieten, Gehälter, Post etc. – von der Erhöhung oder Verminderung des Ladenpreises und der Auflage unabhängig, sondern wachsen und sinken mit ihm und der Auflage. Es existieren also innerhalb der Gemeinkosten Kosten, die als direkte Einzelkosten identifizierbar und über ihren prozentualen Ansatz auch exakt zu berechnen sind. Die Deckungsbeitragsrechnung geht nun so vor, dass sie sämtliche *unechten Gemeinkosten* als *direkte Einzelkosten* in die Kalkulation aufnimmt, während die echten Gemeinkosten, über die keine reelle Aussage gemacht werden kann, bewusst eliminiert werden. Die Kalkulation des bereits traditionell kalkulierten Titels könnte nach Gesichtspunkten der Deckungsbeitragsrechnung dann z. B. wie in dem unten stehenden Schema dargestellt aussehen.

Wenn man das Schema der Deckungsbeitragsrechnung mit dem der traditionellen Kalkulation vergleicht, erkennt man, dass sie am Anfang, bis zum Nettopreis oder Nettoumsatz (Zeilen 5), identisch sind. Danach werden, in der hier vorgestellten Variante, die Vertreterprovisionen und Auslieferungskosten als direkte Einzelkosten subtrahiert. Sie sind hier zusammengefasst worden, weil sie Kosten des Absatzes (und nicht z. B. der Produktion) darstellen, oder

Moderne Buchkalkulation
Auflage obige Erstauflage

Auflagen-Kalkulation

1.		Brutto-Umsatz	€ 100.000,–
2.	./.	Mehrwertsteuer	€ 6.500,–
3.	=	Warenwert-Umsatz	€ 93.500,–
4.	./.	Rabatt	€ 42.000,–
5.	=	Netto-Umsatz	€ 51.500,–
6.	./.	Vertreterprovision	€ 4.100,–
7.	./.	Auslieferung	€ 6.200,–
8.	=	Deckungsbeitrag I	€ 41.200,–
9.	./.	Honorar/Lizenz	€ 4.700,–
10.	./.	Herstellkosten	€ 20.000,–
11.	=	Deckungsbeitrag II	€ 16.500,–
12.	./.	Werbung	€ 5.150,–
13.	=	Deckungsbeitrag III (= »eigentlicher« Deckungsbeitrag der Auflage)	€ 11.350,–

Echte Gemeinkosten werden eliminiert, unechte werden als Einzelkosten verbucht, das Rechenziel ist die Ermittlung des »eigentlichen« Deckungsbeitrages auch Eigenkosten, wenn der Verlag einen eigenen Außendienst hat und selbst ausliefert. Der verbleibende »Deckungsbeitrag I« ist dasjenige Geld, das verbleibt oder übrigbleibt, um die restlichen Kosten zu decken. Die Herstellkosten und das Honorar wurden zusammengefasst, weil sie Kosten der Produktion oder produktionsbedingte Kosten (falls das Honorar nach Abgabe des Manuskriptes als Pauschale fällig wurde) darstellen oder Fremdkosten (Auftragsbetriebe und Autor sind nicht dem Verlag zugehörig). Auf diese Weise entsteht der »Deckungsbeitrag II«. Völlig neu gegenüber der alten Kalkulation ist der direkte Ansatz eines Werbeetats, der in der alten nicht erschien, weil er aus den Gemeinkosten bezahlt wurde; die hier angesetzten 10 Prozent entsprechen z. B. der Taschenbuchwerbung. Man könnte die Subtraktion auch in jeder beliebigen anderen Reihenfolge vornehmen, auch mit mehr Zwischenstufen. Das Ergebnis wäre jedoch immer ein Schlusswert wie hier der »Deckungsbeitrag III« oder der »eigentliche« Deckungsbeitrag, das Geld also, das ein Titel nach Berücksichtigung aller direkten Kosten einspielt. Die Deckungsbeitragsrechnung ist an dieser Stelle abgeschlossen, da alle direkt erfassbaren Kosten des Titels berücksichtigt sind. Gemeinkosten werden *nicht* erfasst – da nicht wirklich ermittelbar –, und genauso fehlt die Gewinnaussage – die nur *fiktiv* sein könnte –, dagegen erkennt der Verlag mit dem Deckungsbeitrag seine *tatsächliche* Einnahme zur Kompensation der echten Gemeinkosten bzw. den Beitrag des Titels zum Betriebsergebnis.

3.7 Die Deckungsauflagen

Da nur die Direktkosten gelten, ändert sich die Kalkulation des Verlages bei der Deckungsauflagenberechnung. Die Deckung nach Vollkosten (mit Gemeinkosten) wird bei dieser Betrachtungsweise nicht berücksichtigt, dagegen sind alle »unechten« als direkt identifizierbare Einzelkosten zu veranschlagen. Es ergibt sich also im Fall des hier behandelten Buchtyps für die Berechnung der Deckungsmenge die Formel (9):

$$\text{Deckungsauflage (9)} = \frac{\text{Herstellung} + \text{Werbekosten der Auflage}}{\text{Nettopreis ./. Provision ./. Auslieferung ./. Honorar}}$$

$$= \frac{20.000,- + 5.150,-}{5{,}15 \text{ ./. } 0{,}41 \text{ ./. } 0{,}62 \text{ ./. } 0{,}47}$$

$$= \text{6.891 Exemplare}$$

Kämen weitere Kosten für die Auflage hinzu (oder weitere Stückkosten beim Absatz), würden sie in den Zähler (sonst Nenner) noch aufgenommen. Eine Deckungsmenge nach einer Gleichung wie dieser kann man auch als *die* Deckungsauflage bezeichnen, da nach ca. 6.900 Stück oder etwa 70 Prozent der Auflage tatsächlich alle direkten Kosten gedeckt sind und der verbleibende Absatz entweder reine Deckungs- oder (je nach der Situation des Betriebes bereits:) Gewinnbeiträge liefert. Kämen tatsächlich noch weitere Direktkosten pro Stück oder für die Auflage hinzu, müsste man Gleichungen für einen Fall (10) und weitere entwickeln.

3.8 Die Programmkalkulation

Ausgehend von der Kalkulation eines einzelnen Titels, stellt sich für viele Unternehmen zunehmend die Frage, ob die Rentabilität nicht nur einzelner Titel, sondern auch des kompletten Programmbereichs sichergestellt ist. Wie bereits oben deutlich wurde, sind daher integrative Darstellungsformen für die Verlagsführung von großer Bedeutung.

Wenn ein Verlag diese Aussagen anstrebt, wird er zunächst für alle geplanten Titel eine Vorkalkulation beispielsweise nach der Deckungsbeitragsrechnung durchführen. Für die jeweiligen Deckungsbeitragsstufen wird sich der Verlag intern Sollgrößen als Prozentsätze vorgeben, die erfüllt sein müssen, um dieses Buchprojekt anzugehen. Der erste Schritt in der Planung besteht darin, die Vorkalkulationen durchzuführen und die Erfüllung der Mindestanforderungen in Bezug auf die Deckungsbeiträge zu überprüfen.

Im nächsten Schritt werden alle geplanten Titel des Frühjahrs- oder Herbstprogramms zusammengestellt, und es erfolgt eine gemeinsame Betrachtung der Deckungsbeiträge der Novitäten.

Titel	Netto-umsatz	Deckungs-beitrag 1	Hono-rare	Herstell-kosten	Deckungs-beitrag 2	Wer-bung	Deckungs-beitrag 3
A	51.500	41.200	4.700	10.000	16.500	5.150	11.350
B							
Gesamt							

Diese Übersicht kann bei mittelgroßen Verlagen zunächst als titelbezogene Tabelle aufgestellt werden. Um innerhalb der Verlagsführung und den entsprechenden Aufsichtsgremien (Beiräte und Aufsichtsräte) einen besseren Gesamtüberblick zu bekommen, werden die Titel meist zu Programmbereichen zusammengefasst, so dass z. B. Kinderbuch, Ratgeber etc. als Produktgruppen nochmals gesondert dargestellt werden. Für eine strategische Analyse des Verlags kann eine solche Rechnung auch in eine Portfolio- oder SWOT-Analyse des Verlags einfließen, wie wir sie im Kapitel V.4.2.4 noch darstellen werden.

3.9 Phasen der Kalkulation im Planungs- und Produktionsablauf

Wir haben in diesem Kapitel bereits mehrfach darauf hingewiesen, dass Controlling ein zyklischer Steuerungsprozess ist. Steuerungs- und Regelungsprozesse bedürfen jedoch, um als System wirken zu können einer regelmäßigen Überprüfung des Systemzustands. Diese Überprüfung der Wirtschaftlichkeit erfolgt im Rahmen einer kontinuierlichen Kostenträgerkalkulation, d. h. in unterschiedlichen Stufen der Kalkulation.

1. Vorkalkulation: Hier geht es um die Planung von Titel und Programm. Das Absatzpotenzial wird grob abgeschätzt und gegebenenfalls mit Erfahrungswerten des Vertriebs abgeglichen, und die Ausstattung des Buchs wird gemeinsam von Herstellung und Lektorat geplant. Dabei werden bei den technischen Herstellkosten und bei Übersetzungs- und Grafikkosten Erfahrungswerte als zu erwartende Kosten eingesetzt. Durch die Erfahrung eines bereits seit längerem agierenden Verlags können diese Werte sehr gut abgeschätzt werden. Am Ende der Vorkalkulation steht der zu erwartende Deckungsbeitrag des Titels, Programmbereichs bzw. Novitätenprogramms.

2. Hauptkalkulation: Sind die ersten Vorprüfungen für den Titel positiv verlaufen und ist der Titel von den jeweils entscheidungsbefugten Führungsebenen als Projekt freigegeben, holt die Herstellungsabteilung konkrete Angebote ein, das Lektorat verhandelt die Übersetzungskosten und Honorare etc., so dass sich das konkrete Kostengerüst ergibt. Dies ist die während der Umsetzung stattfindende Hauptkalkulation, die im Unterschied zur Vorkalkulation mit den realen Kosten arbeitet.

3. Nachkalkulation: Wer denkt, dass die realen Kosten der Hauptkalkulation weitere Berechnungen überflüssig machen, vergisst in seinen Überlegungen, dass auch bei der Hauptkalkulation noch ein wesentlicher Bereich nicht klar in Zahlen gefasst werden kann: Der Markterfolg. Nach bestimmten Zeitabschnitten ist es daher erforderlich, die realen Entwicklungen im Markt mit den prognostizierten Werten zu vergleichen. Nur so kann am Ende festgestellt werden, ob ein Titel für sich allein betrachtet wirtschaftlich erfolgreich oder problematisch war. Dass man aus Gründen der Programmpolitik den einzelnen defizitären Titel vielleicht dennoch auch im Nachhinein als richtiges Projekt bewertet, ist bei dieser Überlegung dennoch möglich. Zunächst geht es aber um die wirtschaftliche Bewertung im Lichte der Kalkulation.

4. Fazit zur Verlagskalkulation

Zieht man aus alledem Bilanz, stehen die Verlage bei der Kalkulation eines Einzeltitels also vor folgender Situation. Entweder sie kalkulieren den Titel traditionell, dann ist eine Kalkulation auf Vollkosten möglich und wird ein Gewinn errechenbar. Beide Werte (Gemeinkosten, Gewinn) können aber nicht richtig sein, genau wie bei der Errechnung der Vollkostendeckungsauflage. Oder die Verlage folgen der Deckungsbeitragsrechnung. Dann weist die Kalkulation den nach Deckung aller direkten Kosten tatsächlich verbleibenden Deckungsbeitrag auf und ist auch die errechnete Deckungsauflage korrekt, es wird aber keine Gewinnaussage gemacht. Da beide Verfahren allein nicht vollständig befriedigend sein können, werden sie in der Praxis oft miteinander kombiniert angewandt. Und zwar wird die traditionelle Kalkulation – aber als Zuschlagkalkulation – als erste verwendet, um nach dem Prinzip der Addition aller Kosten einen »kalkulatorischen« oder »Kostenpreis« zu ermitteln – der sich meistens über dem »Markt«preis befindet. Der auf diese Weise ermittelte Preis ist nur ein Anhaltspunkt und darf auch nicht mehr sein, weil auch bei der Zuschlagkalkulation Gemeinkosten nach irgendeiner Schlüsselung (von prozentualen zu absoluten Werten, oder absoluten geschätzten und damit willkürlichen Werten) eingesetzt werden. Der zweite Schritt besteht in der Hinzunahme der Deckungsbeitragsrechnung, wobei man diesmal vom Marktpreis ausgeht. Ist der errechnete Deckungsbeitrag positiv, kann das Buch im Prinzip realisiert werden. Die absolute Höhe des Deckungsbeitrages pro Stück und für die Auflage ist das Maß für den wirtschaftlichen Erfolg des Titels. Anhand der Deckungsauflage ist vor der Entscheidung noch zu prüfen, ob man sich mindestens diesen Absatz zutraut. Je höher der vermutete mindest erreichbare Absatz über der Deckungsauflage liegt, desto mehr trägt er zu einem positiven wirtschaftlichen Gesamtergebnis des Verlags bei.

Dies ist im Groben das Kalkulationsgerüst der Verlage (auch als Soll). Es zeigt die Möglichkeiten und Mängel, d. h. die Wichtigkeit der Kalkulation und zugleich ihre beschnittene Kompetenz. Im Marketing sind Kalkulationen Orientierungshilfen, das Marketing (der Einsatz des Verlages) und der Markt (sein oft nicht prognostizierbares Verhalten) zeigen die wahre Entwicklung. »Richtig kalkulierte« Bücher können genauso zu Flops werden wie »unkalkulierbare« zu Sellern: Über die Mathematik haben die Verbraucher die Marktfrage gestellt.

5. Buchfremde Kalkulationen im Rahmen der Verlagskalkulation: Multimedia-Kalkulation

Bevor wir uns im nächsten Kapitel im Rahmen des Verlagsmarketing mit der zitierten Marktfrage etwas näher befassen, sollen im Anschluss noch kurz einige Kalkulationsbereiche vorgestellt werden, die zwar in vielen Verlagen im Sinne einer Verlagskalkulation eine Rolle spielen, aber keine Buchkalkulation darstellen.

Nicht erst seit der Diskussion, ob für buchnahe Offline-Datenträger wie CDs und DVDs auch der ermäßigte Mehrwertsteuersatz gilt, ist klar, dass für viele Segmente des Buchgeschäfts auch multimediale Anwendungen zum Produktspektrum gehören. Dies bedeutet, dass neben der unter Marketinggesichtspunkten relevanten Investition in eigene Online- und Offline-Kommunikationsmittel für viele Buchverlage auch die Produktion von Multimedia-Produkten ansteht, die genauso wie die gedruckten Bücher im Markt angeboten werden.

Bei der Kalkulation von Multimedia-Produkten muss zunächst Klarheit über die jeweiligen Produktions- und Prozessschritte bestehen. Diese Anforderung gilt für alle Projektkalkulationen. Bei der Kalkulation von besonders innovativen Projekten und Produkten stellt es in der Praxis jedoch durchaus eine Schwierigkeit dar, die erforderlichen Arbeitsschritte und den damit verbundenen Ressourcenaufwand präzise abzuschätzen. Dies führt in der Praxis auch heute noch dazu, dass für ein ausgeschriebenes Multimedia-Projekt höchst unterschiedliche Preisvorstellungen der anbietenden Dienstleister genannt werden. Hier sind Abweichungen um den Faktor 10 keine Seltenheit. Eine Abweichung, die im Regelfall nicht allein über unterschiedliche inhaltliche Qualität und Kostenstrukturen erklärt werden kann.

Für Projektkalkulationen im Multimedia-Sektor empfiehlt sich eine prozessorientierte Kalkulation (vgl. Sommerfeld 2003, S. 502; Leidig 2004, S. 502). Dabei müssen die Prozesse nach ihrem Schwierigkeitsgrad unterteilt werden. Mit sogenannten Komplexitätsfaktoren werden die Probleme berücksichtigt, die erfahrungsgemäß dann auftreten, wenn ein Arbeitsschritt eher selten oder gar erstmalig auftritt. Aus der Perspektive der Vermarktung kann dies natürlich ein entscheidender Nachteil sein, wenn viele Projekte die Komplexitätsstufe III (individuelle oder erstmalige Realisierung) besitzen, da der etablierte und damit routinierte Wettbewerber einen Kostenvorteil besitzt. Nicht immer ist es daher möglich, diese Kosten inklusive der Renditeerwartung voll in die Kalkulation zu integrieren. Die Anwendung der Komplexitätsfaktoren zeigt sich bei der Detailrechnung der Kosten, die rechts beispielhaft für die Bereiche Projektmanagement und Produktion dargestellt sind.

[redacted]

Grunddaten		Bearbeiter:
Besteller:		
		Telefon:
		Fax:
Objekt:	Internet-Web-Banner	Anfrage vom:
Stückzahl:	4 Stück à 468 x 60 mm	Angebot am:
	(3 animierte und 1 HTML-Banner)	Projektbeginn:
Umfang:	4 Werbetexte (Slogans), 3 GIF-Animationen,	Projektende:
	1 Java-Script-Programmierung, Pretest	Liefertermin:

Zl.	Prozess/Betriebsmittel			Kosten Euro
1	Akquisitionsphase			285
2	Konzeptphase			156
3	Projektmanagement			33
4	Produktion			444
5	Testphase			1.545
6	Rechte/Lizenzen			0
7	Sa. Prozesskosten			2.463
8	Fremdleistungskosten			0
9	Sa. Prozess- und Fremdleistungskosten			2.463
10	Verwaltungskosten auf Zl. 9	[redacted] Euro	[redacted] %	779
11	Materialkosten			42
12	Materialgemeinkostenzuschlag	[redacted] Euro	[redacted] %	13
13	Sa. Herstellkosten			3.297
14	Vertriebskosten auf Zl. 9	[redacted] Euro	[redacted] %	461
15	Sa. Selbstkosten			3.758
16	+ Gewinn % i. H.		[redacted] %	418
17	Zwischensumme			4.176
18	Provision % i. H.		[redacted] %	85
19	Versandkosten			0
20	Sonstige Vertriebseinzelkosten			85
21	Zwischensumme			4.261
22	Erlösschmälerung % i. H.		[redacted] %	132
23	Zwischensumme			4.393
24	Gebühren: Rechte, Lizenzen i. H.		[redacted] %	488
25	Kalkulierte Preisvorgabe			4.881

Ermittlung von Deckungsbeitrag und Nettoergebnis des Angebots in Euro		
Auflage		4 Stück à 468 x 60 mm
Angebotspreisvorschlag		4.881
Bruttoverkaufspreis (realisierter Preis)		4.881
Gebühren: Rechte, Lizenzen	10 %	488
Zwischensumme		4.393
Erlösschmälerung	3,0 %	132
Zwischensumme		4.261
Provisionen	2,0 %	85
Versandkosten		0
Verkaufsüberschuss		4.176
Fremdleistungskosten		0
Materialeinzelkosten		42
Produktionsüberschuss		4.134
Hauptprozesskosten		2.463
Deckungsbeitrag		1.671
Sa. Gemeinkostenzuschläge		1.253
Nettoergebnis des Auftrags/Angebots		418

Beispiel Angebotskalkulation (Quelle: Leidig 2004, S. 505)

V. Der Buchmarkt als Teil des Medienmarkts: Rechtsrahmen, Strukturen, Besonderheiten, Bedingungen

Bevor wir im nächsten Kapitel die Facetten des Verlagsmarketing im Buchverlag darstellen, lohnt sich ein Blick auf den Buchmarkt aus der Metaebene als Beispiel eines Medienmarktes. Denn dieser Markt besitzt besondere Bedingungen, die wiederum für die Marketingaktivitäten der Verlage als Rahmenbedingungen relevant sind.

1. Rechtliche Besonderheiten des Buchmarkts

Damit die Besonderheiten im Buchmarkt nachvollziehbar sind, werden im folgenden Abschnitt die rechtlichen Besonderheiten dieses Wirtschaftszweigs kurz dargestellt.

1.1 Meinungs- und Medienfreiheit

Die Arbeitsgrundlage für Buchverlage sowie für alle Medienunternehmen stellt in Deutschland das in Artikel 5 des Grundgesetzes (GG) festgeschriebene Recht der freien Meinungsäußerung dar:

Artikel 5 Grundgesetz
(1) Jeder hat das Recht, seine Meinung in Wort, Schrift und Bild frei zu äußern und zu verbreiten und sich aus allgemein zugänglichen Quellen ungehindert zu unterrichten. Die Pressefreiheit und die Freiheit der Berichterstattung durch Rundfunk und Film werden gewährleistet. Eine Zensur findet nicht statt.
(2) Diese Rechte finden ihre Schranken in den Vorschriften der allgemeinen Gesetze, den gesetzlichen Bestimmungen zum Schutze der Jugend und in dem Recht der persönlichen Ehre.
(3) Kunst und Wissenschaft, Forschung und Lehre sind frei. Die Freiheit der Lehre entbindet nicht von der Treue zur Verfassung.

Mit dieser gesetzlichen Festlegung besteht eine Basis für die Arbeit auch im Buchsektor. Denn noch zu Zeiten des Kulturkampfs im 19. Jahrhundert, als erste grundsätzliche Überlegungen bürgerlicher Freiheiten auch im deutschen Rechtssystem Einzug gehalten hatten, musste sich der Verleger Schauenburg für den *Heiligen Antonius* seines Autors Wilhelm Busch vor einem Offenburger Gericht verantworten. Der Vorwurf lautete, dass das Werk des Autors, in dem auch Illustrationen enthalten waren, gegen die guten Sitten verstoße.

Was ergibt sich nun aus Artikel 5 GG für Buchverlage? Aufgrund der Erfahrungen in der Nazizeit hat man den Passus bewusst auf einem der vorderen Ränge der Grundrechte platziert (in der Weimarer Republik war das noch Platz 118), um die grundsätzliche Bedeutung freier Kommunikation herauszustellen. Der Staat darf dieser Festlegung zufolge nicht nur nicht eingreifen, sondern er muss nach der Rechtssprechung des Bundesverfassungsgerichts auch dafür sorgen, dass ein funktionsfähiges Medienwesen in Deutschland möglich ist. Es gibt daher das *subjektive Abwehrrecht* gegenüber dem Staat (keine Kontrolle, keine Zensur) und eine *Funktionsgarantie* des Staats für ein funktionsfähiges Medienwesen, zu dem auch die Buchbranche zählt.

In der Konsequenz bedeutet dies beispielsweise, dass der Beruf des Buchverlegers frei zugänglich sein muss. Es darf keine Einschränkung geben. Bezüglich der Inhalte von Büchern gibt es zunächst auch keine Beschränkungen, der Staat darf sich hier nicht als Kontrollinstanz gerieren. Da jedoch auch ein Missbrauch der Freiheitsrechte vermieden werden soll, gibt es nach Abwägung unterschiedlicher Rechtsgüter (Kommunikationsfreiheit, persönliche Würde und Integrität) Rechtsschranken, die das Freiheitsrecht einschränken können. Das Recht der persönlichen Ehre kann beispielsweise greifen, wenn jemand durch ein Buch verunglimpft wird. Vor diesem Hintergrund musste eine Autobiographie des bekannten Showstars und Musikers Dieter Bohlen *Hinter den Kulissen* im Jahr 2003 vom Verlag Random House geschwärzt werden, da einige der beschriebenen Prominenten sich in Bohlens Darstellung falsch wiedergegeben fühlten. Ohne eine Rücksichtnahme auf diese Einwände hätte ein Verkaufsverbot als Konsequenz gedroht. Dass diese aus Sicht der Meinungsfreiheit sehr drastische Konsequenz auch im literarischen Geschäft möglich ist, zeigt der Fall von Maxim Billers Roman *Esra*. Wegen zu großer Nähe einer negativ charakterisierten literarischen Figur zu einer früheren Partnerin des Autors wurde eine Verletzung der Persönlichkeitsrechte der Betroffenen festgestellt. Der Verlag Kiepenheuer & Witsch darf das Buch nach einem BGH-Urteil aus dem Jahr 2007 nicht verbreiten.

Auch der Jugendschutz kann bei Büchern eine Rolle spielen, wenngleich diese Rechtsschranke sehr viel häufiger bei Filmen und Videospielen als Begrenzung der Medienfreiheit auftritt. Das in Artikel 5 ebenfalls enthaltene Recht der freien Information durch die Bürger oder Kunden schafft die Grundlage für ein staatsfreies Verlagswesen.

1.2 Gewerbliches Schutzrecht und Urheber- und Verlagsrecht

Ob Bücher und Buchhandelsprodukte im wirtschaftlichen Sinne als Güter erfolgreich sind, hängt in vielen Fällen vom Schutz der Güter vor unbefugter Nutzung ab. Dem Urheberrecht kommt daher eine grundlegende Bedeutung für das Buchgeschäft zu. Nach §1 des deutschen Urheberrechtsgesetzes (UrhG) gilt: »Die Urheber von Werken der Literatur, Wissenschaft und Kunst genießen für ihre Werke Schutz nach Maßgabe dieses Gesetzes.« Das Recht steht somit den Urhebern zu, deren Werk zur Erlangung des Schutzes eine gewisse Schöpfungshöhe erreichen muss. Geschützt ist nach deutschem Recht nicht die Idee, sondern lediglich die Ausgestaltung der Idee. Ein Autor muss also seine Idee zu Papier bringen, ein Maler eine Skizze anfertigen etc. In Deutschland ist das Urheberrecht ein materielles Recht, das einem Autor mit der Schaffung des Werkes automatisch zusteht und das keiner formellen Eintragung oder Anmeldung bedarf. Dies unterscheidet sich vom formellen Copyright, nach dem vor allem die angelsächsischen Länder ihren Urheberrechtsschutz aufgebaut haben. Denn dort ist die formelle Registrierung ein wesentlicher Bestandteil des Rechts. Dies ist im deutschen Recht lediglich bei den allgemeinen gewerblichen Schutzrechten, wie dem Marken- und Patentrecht der Fall, wo eine Eintragung beim Marken- und Patentamt notwendig wird.

Da sich das Urheberrecht jedoch auf die Frage des Schutzes eines einzelnen Werkes konzentriert, kommt dem Begriff des Werks, auf das sich die Ansprüche des Urhebers stützen, eine entscheidende Bedeutung zu. Laut Gesetzestext geht es dabei um:

§2 Geschützte Werke

(1) Zu den geschützten Werken der Literatur, Wissenschaft und Kunst gehören insbesondere:
   1. Sprachwerke, wie Schriftwerke, Reden und Computerprogramme;
   2. Werke der Musik;
   3. pantomimische Werke einschließlich der Werke der Tanzkunst;
   4. Werke der bildenden Künste einschließlich der Werke der Baukunst und der angewandten Kunst und Entwürfe solcher Werke;
   5. Lichtbildwerke einschließlich der Werke, die ähnlich wie Lichtbildwerke geschaffen werden;
   6. Filmwerke einschließlich der Werke, die ähnlich wie Filmwerke geschaffen werden;
   7. Darstellungen wissenschaftlicher oder technischer Art, wie Zeichnungen, Pläne, Karten, Skizzen, Tabellen und plastische Darstellungen.

(2) Werke im Sinne dieses Gesetzes sind nur persönliche geistige Schöpfungen.

Diese beispielhafte Aufzählung im Gesetzestext liefert zwar bereits die Grundlage für einen Großteil der buchhändlerischen Waren, jedoch ist es keine abschließende Aufzählung, so dass weitere Entwicklungen berücksichtigt werden können. Das Recht schützt den Urheber vor Missbrauch seines Werks und liefert damit die Grundlage für eine ökonomische Nutzung. Nicht erst seit der Diskussion um urheberrechtliche Konsequenzen der Google-Buchsuche dürfte klar sein, dass ein faktischer Urheberrechtsschutz zentral ist für die Entwicklungsperspektiven der Buchverlage. Die Musikindustrie zeigt eindrücklich, welche Folgen es hat, wenn der formelle urheberrechtliche Schutz von Produkten in der Praxis nicht oder nur unzureichend durchgesetzt werden kann. Bücher können nur dann als Güter im ökonomischen Sinn vermarktet werden, wenn der »Free-Ride«, die kostenlose Nutzung durch Trittbrettfahrer, unterbunden werden kann. Mit der Verbreitung des Internets und der damit verbundenen »Open-Source«-Bewegung, wonach Software nicht als proprietäres Gut vermarktet, sondern frei zugänglich sein soll, hat sich auch eine »Open-Content«-Bewegung etabliert, die für Bücher den freien Zugang zu Wissen geltend machen möchte. Für urhebergeschützte Werke kann eine solche pauschale Freigabe der urheberrechtlichen Einschränkungen zu Gunsten einer möglichst großen Publizität über sogenannte »Creative-Commons« geregelt werden. Dort wird festgelegt, welche Nutzungen unentgeltlich möglich sind.

Zentral für das Verlagswesen sind die aus dem Urheberrecht stammenden Verwertungsrechte, die u. a. das Vervielfältigungsrecht, das Verbreitungsrecht und das Senderecht umfassen. Da Urheberrechte nach dem deutschen Rechtsverständnis Rechte des Urhebers sind, können lediglich die Nutzungsrechte in bestimmter zu definierender Form auf den Verlag übertragen werden. Das Verlagsrecht sieht hier Standards vor, die den meisten Autorenverträgen zu Grunde liegen. Diese Verträge bilden wiederum die Basis für das Lizenzgeschäft der Verlage, die beispielsweise die internationale Vermarktung eines nationalen Autors übernehmen und somit selbst im Literaturgeschäft als Agentur auftreten. Notwendige Inhalte eines Verlagsvertrags sind (Hardt 2008, S. 16):

- Dauer des Urheberrechts
- Ausschließlichkeit der Rechte
- räumliche Unbeschränktheit der Rechte
- Rechte für alle Ausgaben und Auflagen
- zum Vertragszeitpunkt wirksame Nebenrechte
- Rechte für alle Sprachen

1.3 Meritorische Güter und deren Förderung

Grundsätzlich werden Güter in unterschiedlicher Form von der Gesellschaft klassifiziert. Bücher und Verlagsprodukte gelten gemeinhin als *meritorische Güter.* Das sind verdienstvolle, unterstützenswerte und förderungswürdige materielle oder immaterielle »Güter«, bei denen die Gesellschaft bzw. der Staat bemüht ist, ihren »Konsum« durch Maßnahmen zu fördern (z. B. Schulpflicht, Bildung, Sozialversicherungspflicht, Impfzwang; vgl. Kiefer 2001, S. 82). Daher ist die Politik bei diesen Gütern aktiv, Rahmenbedingungen zu schaffen, die den Konsum dieser Güter erleichtern. Die Buch- und Verlagsbranche besitzt deswegen eine Reihe von Privilegien, die dazu beitragen sollen, dass möglichst viele Bücher produziert und möglichst flächendeckend angeboten werden.

Mehrwertsteuerprivileg: Ein Privileg, das für alle verlagstypischen Produkte in Deutschland gilt, ist das sogenannte Mehrwertsteuerprivileg. Verlagsprodukte werden nur mit einem ermäßigten Mehrwertsteuersatz von derzeit 7 Prozent belastet. Dadurch sind die Produkte preiswerter auf dem Markt erhältlich, und den Verbrauchern wird die Entscheidung für den Kauf eines Verlagsprodukts (Buch, Zeitschrift, Zeitung) erleichtert. Dies soll den Absatz von Presseprodukten und Büchern begünstigen und damit im Sinn des oben genannten Ansatzes der meritorischen Güter den Konsum von Büchern.

1.4 Buchpreisbindungsgesetz

Die Buchpreisbindung in Deutschland war seit dem 19. Jahrhundert eine Möglichkeit der Buchverlage, den Abgabepreis gegenüber den Endkunden festzulegen. Hintergrund war ein System aus »Sammelrevers«, mit denen sich Händler und Verlage zur Einhaltung bestimmter Spielregeln bei der Buchpreisbindung verpflichteten. Dieses System wurde mit Einführung des Buchpreisbindungsgesetzes (BuchPrG) am 1. Oktober 2002 abgelöst. Letztlich war das Gesetz eine Reaktion auf die Bedenken, die die Europäische Kommission gegenüber einem privatrechtlich organisierten System geltend gemacht hatte. War früher die privatrechtlich organisierte Preisbindung die Möglichkeit, vom grundsätzlichen Kartellverbot abzuweichen, sind die Verlage durch das neue Gesetz zur Festlegung von gebundenen Ladenpreisen verpflichtet. Ziel des Gesetzes ist es, das Kulturgut Buch zu schützen und mit Hilfe von vielen Verkaufsstellen dieses Produkt einer breiten Öffentlichkeit zugänglich zu machen. Damit sollen Konzentrationstendenzen, die beispielsweise im Textil- und Lebensmittel-Einzelhandel sehr stark ausgeprägt sind, im Buchsektor begrenzt werden.

Das Buchpreisbindungsgesetz umfasst im Wesentlichen Bücher als Regelungsgegenstand, wobei als Bücher Produkte mit festem Einband oder auch Paperback- oder Taschenbuch-Ausgaben zu verstehen sind. Folienmappen, Lernkarteien etc. unterliegen hingegen nicht der Preisbindung. Es geht um Werke, die als verlags- oder buchhandelstypisch anzusehen sind, d.h. typischerweise von Verlagen hergestellt und vor allem über den Buchhandel vertrieben werden. Sollte eine CD-ROM in erster Linie dazu geeignet sein, buchhandelstypische Produkte zu ersetzen, *kann* sie auch der Preisbindung unterliegen, sollten dabei in erster Linie lesbare Texte auf dem Datenträger enthalten sein und der Vertrieb vor allem über den Buchhandel stattfinden, *muss* die CD preisgebunden werden. Der Verlag ist in diesen Fällen verpflichtet, einen Ladenpreis festzulegen und über die gelben Seiten des Börsenblatts bekanntzugeben. Ein anschließendes Aufheben der Preisbindung mit »Verramschen« des Artikels soll im Regelfall frühestens 18 Monate nach Neuerscheinung möglich sein (vgl. Menche 2002). Der Buchhandel ist dazu verpflichtet, die Preisfestsetzungen des Verlags zu berücksichtigen (Preisbindung der zweiten Hand) und beim Verkauf an Letztabnehmer den festgesetzten Preis einzuhalten. Damit ist klar, dass es aus dem Gesetz heraus keine Festlegungen für den Zwischenbuchhandel gibt, da hier nur der Letztverkäufer und nicht der Letztabnehmer betroffen ist. Die Argumentation in der Öffentlichkeit stellt die Notwendigkeit der vielfältigen Titelproduktion und der stabilen Preise für eine breit gefächerte Verlags- und Buchhandelslandschaft nochmals in den Vordergrund. Menche und Russ (2007) argumentieren anhand des Preiskampfes bei den englischsprachigen *Harry Potter*-Bänden, wie ruinös das Verlags- und Buchhandelsgeschäft bei einem freien Wettbewerb aussehen könnte. Da englischsprachige Bücher nicht der Preisbindung unterliegen, hatten sich stationärer Handel und Internet-Handel einen Preiskampf geliefert, so dass statt der empfohlenen 28,90 Euro das Buch zu 18,90 Euro verkauft wurde und damit ein Verkauf nur noch knapp über Einkaufspreis möglich war (vgl. Menche/Russ 2007). Ein solcher Preiskampf könnte, übertragen auf den kompletten Buchmarkt, einschneidende Folgen für die Struktur des deutschen Buchhandels mit sich bringen.

1.5 Tendenzschutz

Verlage sind nach deutschem Recht Tendenzbetriebe. Unter »Tendenzbetrieben« versteht der Staat (gegründet auf den Artikel 5 über Meinungsfreiheit im Grundgesetz) solche, die geistig-ideelle Zielsetzungen verfolgen, d. h.

> »unmittelbar und überwiegend:
> 1. politischen, koalitionspolitischen, konfessionellen, karitativen, erzieherischen, wissenschaftlichen oder künstlerischen Bestimmungen [dienen (zu mehreren davon gehören die Buchverlage) oder]
> 2. Zwecken der Berichterstattung oder Meinungsäußerung« [dienen (dazu gehören die Presserverlage)].

Ausgeschlossen sind lediglich absolut tendenzlose Betriebe wie Formular- und Adressbuchverlage.

Der Schutz, den der Staat zur Wahrung der Tendenz gewährt, besteht in der Aufhebung wesentlicher Paragraphen, die er sonst in allen übrigen Betrieben der freien Marktwirtschaft vorsieht. Der Paragraph 118 des BVG (Betriebsverfassungsgesetzes) bestimmt, dass für den Verlag die Paragraphen 106–110 (Wirtschaftsangelegenheiten, z. B. Konkurs) vollständig und die Paragraphen 111–113 (Betriebsveränderungen, z. B. Verkauf) teilweise außer Kraft gesetzt sind, die sämtlich die Mitbestimmung durch die Arbeitnehmer betreffen. Demnach ist eine Einschränkung der Mitwirkung und Mitbestimmung in personellen, sozialen und wirtschaftlichen Angelegenheiten gegeben.

Zu den Einschränkungen im wirtschaftlichen Sektor gehören so wichtige wie:
- die Bildung und Tätigkeit eines Wirtschaftsausschusses,
- die Unterrichtung des Betriebsrates über die Lage und Entwicklung des Unternehmens,
- das Mitbestimmungsrecht des Betriebsrates in wirtschaftlichen Angelegenheiten sowie
- die Beteiligung der Arbeitnehmer im Aufsichtsrat des Unternehmens.

Zu den Einschränkungen im *personellen* Bereich gehört das sonst voll gewährte Mitbestimmungsrecht bei der Einstellung und Entlassung von Mitarbeitern im Fall von z. B. Lektoren und Redakteuren, da sie Tendenzträger darstellen, sowie allgemein bei sämtlichen tendenzbezogenen Maßnahmen gegenüber Tendenzträgern. Im *sozialen* Feld entfällt das Recht auf Ausgleich oder Sozialplan. Die Tendenzparagraphen, die das grundgesetzmäßige Recht des Verlegers schützen, lesen sich aus der Sicht des Arbeitnehmers wesentlich feindlicher.

1.6 Titelschutz

Wie bereits beim Urheberrecht deutlich wurde, sind die Schutzrechte des Urhebers im Wesentlichen materielles Recht. So ist es im deutschen Rechtssystem auch mit dem Titelschutz geregelt. Der Titel steht dem als geschütztes Element zu, der ihn als erster in Gebrauch genommen hat. Um keine Titelschutzverletzung zu riskieren, muss man vor der in Gebrauchnahme prüfen, ob nicht ein anderer diesen Titel bereits nutzt. Entsprechend recherchieren die Verlage bei der deutschen Nationalbibliothek (www.d-nb.de) oder im Titelschutzanzeiger (www.titelschutzanzeiger.de) und klären ab, ob bereits in der gesuchten oder verwandten Werkkategorie ein Schutzrecht eines Dritten besteht. Ist der Name noch frei, gilt das Prinzip, dass derjenige, der ihn als erstes in Gebrauch nimmt, Rechteinhaber ist. Damit man aber nicht bis zur Herausgabe des Buches warten muss und damit kurz vor Verkauf des Produkts das Problem erst erkennt, gibt es im deutschen Recht die Möglichkeit, durch eine Anzeige im Titelschutzanzeiger oder im *Börsenblatt* die in Gebrauchnahme vor Fertigstellung des Buches öffentlich bekannt zu geben. Damit dieses Recht nicht missbräuchlich ausgeübt wird, und um Wettbewerber an der kreativen Schaffenskraft zu hindern, gilt diese Vorwegnahme nur sechs Monate lang. Danach muss tatsächlich ein derartiges Werk auf den Markt gebracht werden, sonst verfällt der beantragte Titelschutz wieder.

2. Buchverlage als Teil des Medienmarkts

Grundsätzlich kann man die Strukturen und Bedingungen für Medienunternehmen nicht abstrakt beschreiben, da jeder der Teilmärkte starke Unterschiede aufweist und somit den Verallgemeinerungen Grenzen gesetzt sind. Dennoch ist es sinnvoll, sich über Medienmarketing allgemein Gedanken zu machen, bevor man nach Teildisziplinen wie dem Verlagsmarketing differenziert. Es gibt eine Reihe von Gemeinsamkeiten zwischen den unterschiedlichsten Mediengattungen, was deren Vermarktbarkeit, die Marktstruktur und auch die Marketingaufgaben in den einzelnen Unternehmen betrifft, so dass eine gemeinsame Betrachtung angebracht ist. In der Praxis zeigen auch die zahlreichen Kooperationen oder integrierten Unternehmen, dass hier Gemeinsamkeiten bestehen, die genutzt werden können. Wenn beispielsweise ein erfolgreiches Buch als Vorlage für einen Kinofilm dient, der wiederum in einer TV-Serie fortgeführt wird, die wiederum ein thematisch passendes Computerspiel mit vermarktet und all diese Produkte in der Begleitberichterstattung durch einzelne Zeitschriften unterstützt werden, zeigt dies das enge Zusammenspiel in der Praxis. So etwas kann über reine Dienstleistungsbeziehung unabhängiger Partner erfolgen oder zum größten Teil mit Tochterunternehmen von ein und demselben Konzern durchgeführt werden. Daher ist der Buchmarkt heute in den allgemeinen Medienmarkt integriert, eine Entwicklung, die durch die Medienkonvergenz mit dem Aufkommen des Internets und der Digitalisierung als verbindendes technisches Element noch verstärkt wird.

Eine typische Systematisierung von Medienunternehmen orientiert sich an den Produkten (vgl. Breyer-Mayländer/Werner 2003, S. 57–166). Soll dabei die komplette Branche berücksichtigt werden, müssen auch die vor- und nachgelagerten Branchensegmente integriert sein (vgl. auch Schuhmann/Hess 2000, S. 9), so dass sich folgende Systematik ergibt:

Dienstleister:	Medienunternehmen:	Handel/Distribution:
• *Literatur-Agenturen* • *Redaktionsbüros* • *Übersetzer* • *Druckereien* • Filmproduktionsfirmen • Online-Agenturen • Werbe-/PR-Agenturen • Nachrichtenagenturen • Werbevermarkter • Direktmarketing-Agenturen • Multimedia-Dienstleister	• *Buchverlage* • Presseverlage (Zeitung, Zeitschrift, Anzeigenblatt) • Musiklabel/Musikverlag • Rundfunksender (Hörfunk, Fernsehen) • Online-Dienste/Internet-Anbieter	• *Buchhandel* • *Pressehandel* • Pressedistribution • Musikalienhandel • Videotheken

Medienunternehmen und Mediendienstleister nach Hauptproduktart (Quelle: nach Breyer-Mayländer/Seeger 2006, S. 4)

2.1 Rezipienten- und Werbemarkt

Eine wichtige Aufgabe für die Analyse der Rahmenbedingungen des Verlagsmarketing ist die Bestimmung des relevanten Markts (vgl. Nieschlag/Dichtl/Hörschgen 1997, S. 37) für Buchverlage. Dies ist keinesfalls eine Trivialität. Im Medienmarkt gibt es zahlreiche Beispiele dafür, dass es problematisch sein kann, wenn ein Unternehmen, wie z. B. ein Buchverlag, seine Unternehmensaktivität und den damit verbundenen Markt nur am aktuellen Produkt, z. B. dem gedruckten Buch ausrichtet. Wenn sich ein Buchverlag in der Definition des relevanten Markts nur auf die derzeit produzierte Produkt- und Medienform (das Buch) beschränkt, liefert dies kein ausreichendes Konzept für die Zukunftssicherung. Wenn man wissen will, wie die Wettbewerbssituation eines bestimmten Verlags tatsächlich aussieht, liefert in vielen Fällen erst eine Auseinandersetzung mit potenziellen Wettbewerbern und Substitutionsprodukten, wie es in den »Five-Forces« von Michael E. Porter vorgesehen ist, eine Aussage über den relevanten Teilmarkt (vgl. Breyer-Mayländer 2004, S. 80 ff.). Beispielsweise kann ein Schulbuchverlag feststellen, dass es für seine Serie mit Lernhilfen für bestimmte Unterrichtsfächer sowie für Bände mit Abiturprüfungsaufgaben und Lösungshinweisen künftig keinen Markt mehr geben wird. Als Substitutionsprodukt sind hier Internet-Plattformen von verlagsfremden Anbietern, wie beispielsweise das von zwei Mathematik-Studenten gegründete »Mathe-LV« auf dem Markt. Konsequenterweise müssen die Buchverlage diese Veränderungen rechtzeitig antizipieren und die neuen Produkte und Geschäftsfelder mit in das Unternehmen integrieren.

2.2 Rezipientenmarkt

Der Rezipientenmarkt ist der primäre Zielmarkt der Mediennutzer, die sich als Hörer, Leser und Zuschauer bzw. User für ein einzelnes Medium entscheiden. Beim Zeitbudget der Nutzer kann beispielsweise Weiterbildung mit Unterhaltung konkurrieren. Dennoch ergibt es keinen Sinn, als Verlag für Fachbücher zur beruflichen Weiterbildung die eigenen Bücher vorrangig im Wettbewerb zum Fernsehen zu analysieren. Der Markt ist in der Regel bei Büchern sehr komplex. Nur selten ist im Nutzermarkt ein stabiler Preis als Ergebnis von Angebot und Nachfrage feststellbar (vgl. Breyer-Mayländer/Seeger 2006, S. 90).

Wann ist ein Nutzer nun dazu bereit, Geld für Mediengüter, wie z. B. Bücher, auszugeben? Diese kaufmännische Beurteilung des Inhalts kann in keinem Fall objektiv erfolgen. Es gibt nicht den absoluten Wert eines Buches, sondern lediglich den Wert, den ein Buch für die einzelne Person besitzt. Typische Kriterien, nach denen redaktionelle Inhalte bewertet werden können, sind beispielsweise Aktualität, Exklusivität oder Spezifität (vgl. Brandtweiner 2000, S. 41). Wie kann ein Käufer nun aber, bevor er die Inhalte gekauft hat, beurteilen, ob das Medium seine Erwartungen erfüllen wird? Bei sehr vielen Medien, v. a. informationsorientierten Medien, setzt eine sinnvolle Bewertung die Kenntnis des Inhalts und seiner Qualität voraus. Der Käufer hat jedoch diese Kenntnis erst nach dem Konsum. Daher spricht man hier von einem Informationsparadoxon.

Das Verlagsmarketing hat nun die Aufgabe, dieses Paradoxon aufzulösen und dem Konsumenten eine Entscheidungsgrundlage zu bieten. Eine erste Orientierungsfunktion haben hier Verlagsmarken (vgl. Siegert 2003), aber häufig wird versucht, durch zusätzlich bereitgestellte Informationen die Qualität des Produkts im Vorfeld des Konsums erfahrbar zu machen (vgl. Breyer-Mayländer/Seeger 2006, S. 91):

- Klappentext und Autoreninformation
- Buchrezensionen in Fremdmedien
- Auszüge aus dem Inhalt von Büchern im Internet (Teaserinfo, Suche im Buch etc.)
- Buchkritiken im Fernsehen

2.2.1 Mediennutzungsverhalten von Rezipienten

Wenn ein Verantwortlicher in einem Verlag im Sinne der Ausrichtung des ganzen Unternehmensprozesses am Kunden seine Medien erfolgreich positionieren möchte, muss er über die Kundenbedürfnisse Bescheid wissen. Das Nutzungsverhalten von Lesern ist jedoch unterschiedlich.

2.2.2 Zielgruppengliederungen

Die Problematik der Zielgruppenbeschreibung im Medienmarkt hat durch die Aktivitäten der Werbewirtschaft eine sehr lange Tradition. Die detaillierte Definition der jeweiligen Zielgruppen erfolgt über (Unger et al. 2004, S. 30f.):

- Soziodemografische Daten (Alter, Geschlecht, Einkommen, Beruf etc.)
- Psychologische Merkmale (Bedürfnisse, Einstellungen)
- Soziologische Merkmale (Gruppenmerkmale, Gruppennormen etc.)
- Konsumdaten (Ausstattung oder Bedarf an Gütern)

Die soziodemografische und die konsum- und verhaltensorientierte Zielgruppenbeschreibung sind häufig Grundlage vieler Werbeplanungen, so dass wir für die meisten Massenmedien (z. B. Publikumszeitschriften, Tageszeitungen, Radio, TV) über die gängigen Markt-Media-Studien sehr genaue Angaben darüber haben, wie alt z. B. die durchschnittlichen Leser sind und ob sie im Besitz von Versicherungen und Bausparverträgen sind, oder ob sie beabsichtigen, diese Produkte künftig anzuschaffen. Hier besteht jedoch das Problem, dass zwar Plausibilitätsüberlegungen vorhanden sind, was ein 50-Jähriger mit gutem Einkommen denkt, es gibt jedoch erhebliche Unterschiede in der Wertestruktur. Nicht umsonst wird immer wieder darauf verwiesen, dass beispielsweise Ozzy Osbourne und Prinz Charles zwar soziodemografisch sehr ähnlich zu beurteilen sind, ihre Wertvorstellungen und damit auch ihr Verhalten als Kunde jedoch heterogen sind.

Wer in Deutschland Daniel Cohn-Bendit, Franz Beckenbauer und den ehemaligen sächsischen Ministerpräsidenten Georg Milbradt vergleicht (vgl. Kalka/Allgayer 2006, S. 9), wird auch hier eine eher homogene soziodemografische Struktur feststellen können. Lebensstil, Werte und Konsumhaltung sind jedoch keineswegs einheitlich. Für die Konsumhaltung gegenüber Büchern sind die oben genannten Zielgruppenmerkmale mit Sicherheit nicht ausreichend.

Um die Lebenseinstellungen und Wertvorstellungen von Konsumentengruppen beschreiben zu können haben sich Milieu-Typologien in der Marktforschung durchgesetzt, wie sie etwa von Sigma oder Sinus-Sociovision angeboten werden. Die von Sinus selbst so benannte »Kartoffel-Grafik« zeigt die unterschiedlichen gesellschaftlichen Gruppierungen mit ihrer jeweiligen Schicht- und Wertorientierung an. So gehören z. B. Angehörige der mittleren und unteren Mittelschicht sowie der Unterschicht, die traditionelle Werte wie Ordnung und Pflichterfüllung verkörpern, zur Gruppe der Traditionsverwurzelten.

Für Verlage kann es attraktiv sein, das Buchprogramm auf diese Zielgruppen hin abzubilden und damit die strategische Konzeption des künftigen Programms an den gesamtgesellschaftlichen Entwicklungen auszurichten. Beispielhaft ist die Vorgehensweise eines kleinen Verlags mit einem Programmschwerpunkt im Bereich religiöse Literatur und Lebenshilfe. Dieser Verlag hatte in einer Phase der Neupositionierung des Programms damit begonnen, die Möglichkeiten auszuloten, neue Zielgruppen zu beschreiben und ein Buchprogramm für neue Zielgruppen zu entwickeln, mit dem jedoch die alte Markenstärke und inhaltliche Kompetenz genutzt werden kann.

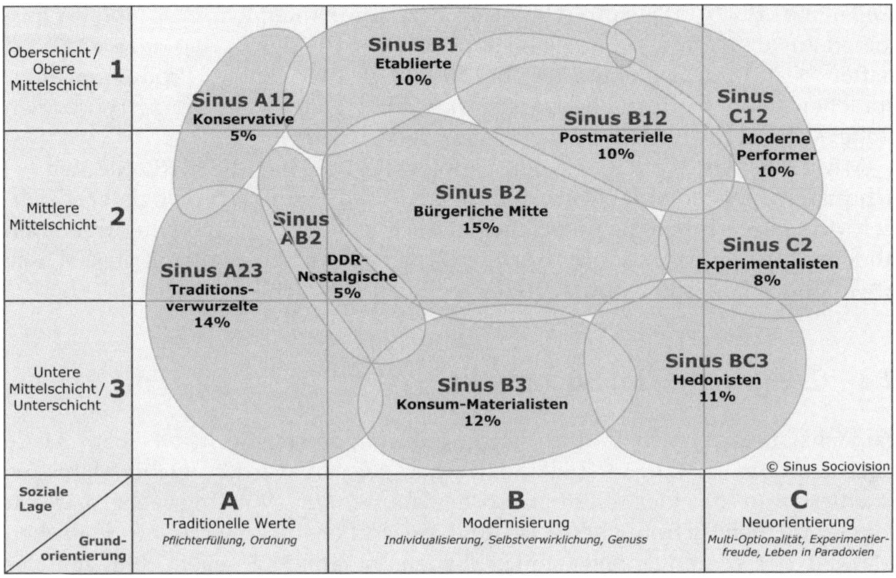

Übersicht über die Milieus in Deutschland (Sinus-Milieus®), Stand 2009: Soziale Lage und Grundorientierung (Quelle: Sinus Sociovision)

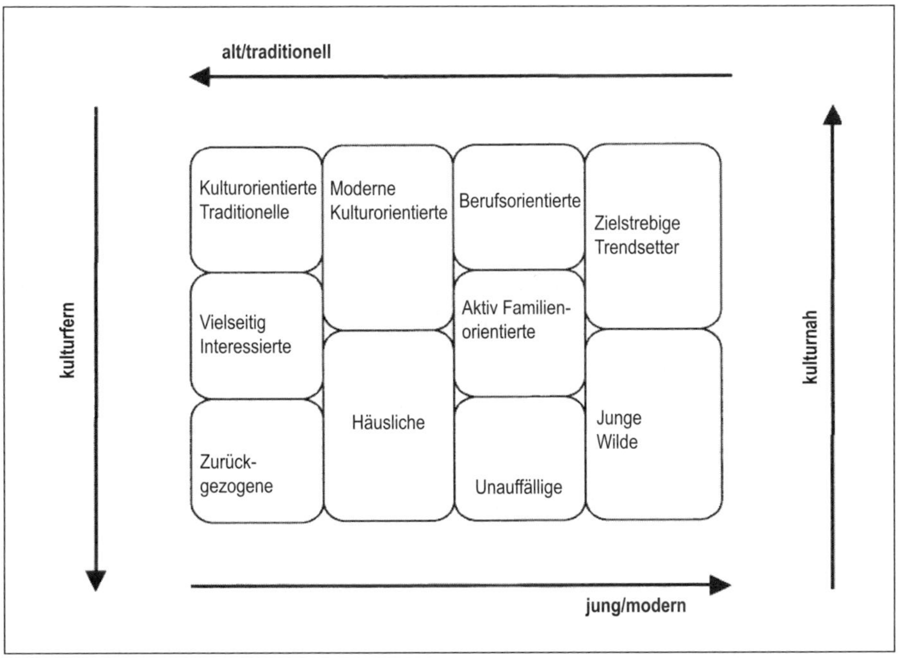

Mediennutzer 2.0 in einer schematischen Untergliederung nach Modernität und Kulturaffinität (Quelle: Hartmann/Höhne 2007, S. 238)

Im Fall des Buchverlags mit religiösem Programmanteil waren es Nutzertypologien aus dem Umfeld der Zielgruppe 50 Plus, die den Verlag dazu ermutigt hatten, bestimmte Segmente der über 50-Jährigen mit eigenen Produkten anzusprechen (eine ausführliche Darstellung unterschiedlicher Nutzertypologien findet sich bei Breyer-Mayländer/Seeger 2006, S. 93ff.).

Mit Hilfe des Werkzeugs der Typologisierung hat die ARD-Medienforschung eine Systematik entwickelt, die als »Mediennutzertypologie« bezeichnet wird. Diese Typologie unterscheidet die folgenden Nutzertypen für Medien allgemein, die aufgrund ihrer Beschreibung nach verschiedenen Kriterien, wie etwa Modernität und Kulturaffinität gegliedert werden können.

2.3 Zielgruppen im Buchmarkt

Zunächst müssen sich Verlage damit auseinandersetzen, in welchem Maße überhaupt im jeweiligen Zielland Bücher gelesen werden. Dabei steht das Buchlesen in direkter Wettbewerbsbeziehung zur Nutzung aller anderen Massenmedien. Erfreulicherweise sind wesentliche Kennwerte im deutschen Markt in der Vergangenheit stabil geblieben. Im Jahr 2008 geben 38 Prozent der im Rahmen der Media-Analyse befragten Personen ab 14 Jahren an, mehrmals die Woche Bücher zu lesen (Gerhards/Klingler 2007, S. 299).

Anlässlich einer Studie des Börsenvereins des Deutschen Buchhandels zum Thema E-Book wurden in den deutschsprachigen Hauptmärkten unterschiedliche Lesetypen als Mediennutzungstypen definiert.

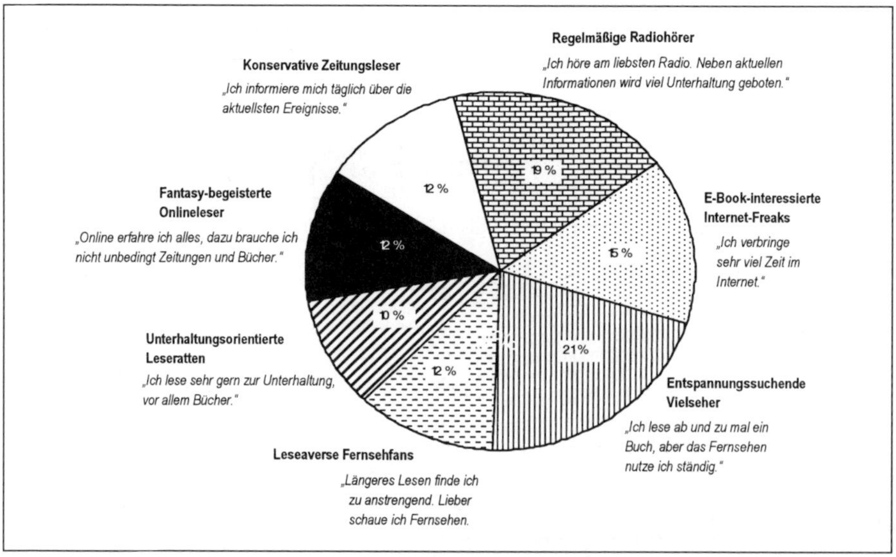

Mediennutzungstypen und deren Bezug zu Produkten des Buchhandels (Quelle: Umfrage des Börsenvereins des Deutschen Buchhandels e.V.; auf Basis der Befragung von 1.733 Personen, die repräsentativ sind für 73,85 Millionen deutschsprachige Personen in D, A, CH; vgl. Kochhan/Patzig 2009, S. 319)

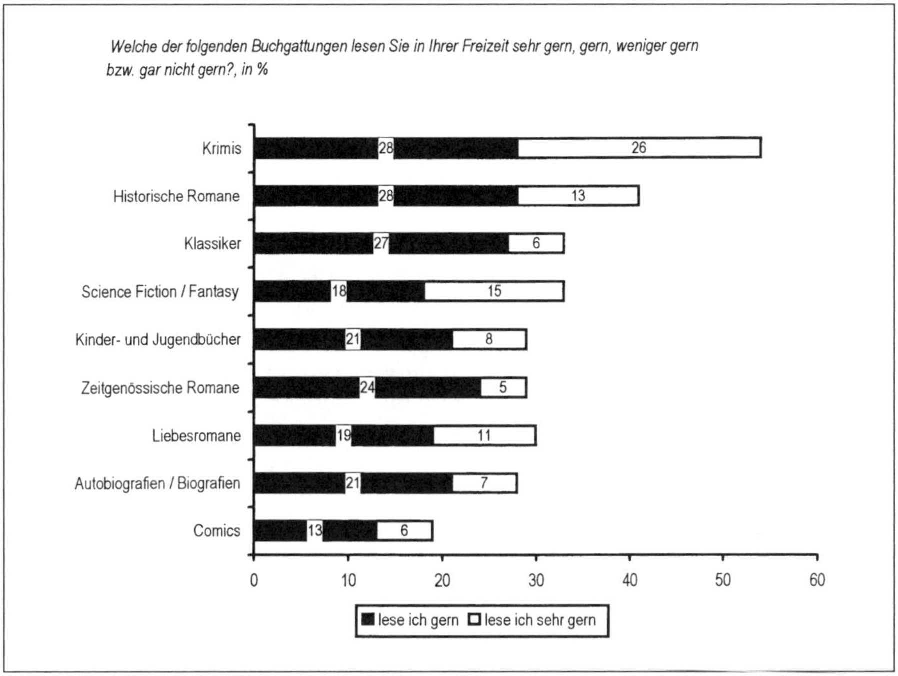

Unterhaltungsgenre und Interesse in den DACH-Märkten (Deutschland, Österreich, Schweiz) (Quelle: Kochhan/Patzig 2009, S. 314)

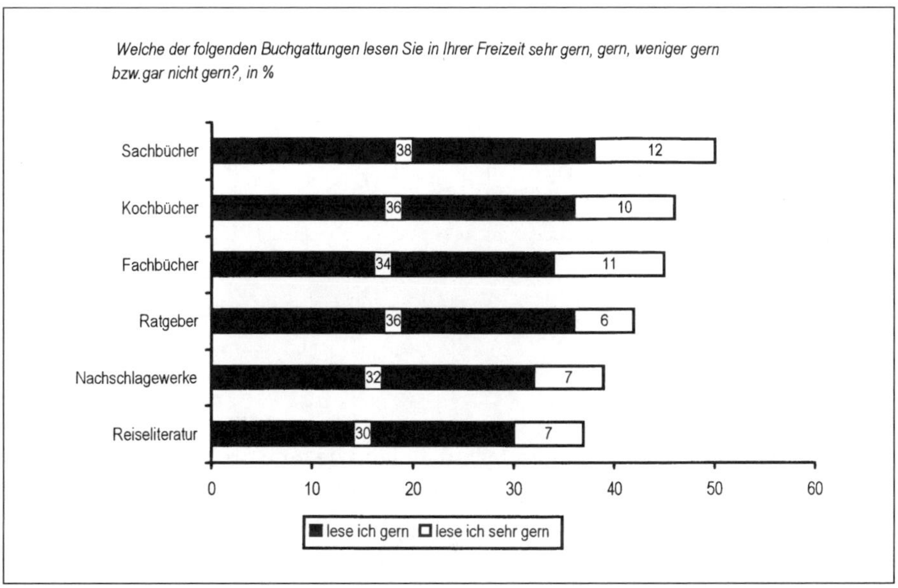

Informationsgenre und Interesse in den DACH-Märkten (Deutschland, Österreich, Schweiz) (Quelle: Kochhan/Patzig 2009, S. 315)

Derartige Analysen verdeutlichen nicht nur die unterschiedlichen Marktpotenziale (theoretisch erreichbares Marktvolumen) für die Produktformen Buch, Hörbuch und E-Book, sondern aus derartigen Analysen lassen sich auch die theoretisch denkbaren Volumina für einzelne Genres ableiten. Somit ist es für die Planung im Buchverlag entscheidend, auch diese Größe des Marktes und damit das Potenzial der Marken mit zu berücksichtigen.

3. Marktversagen, natürliche Monopole und publizistische Vielfalt

Buchverlage haben wie andere Medienunternehmen oft das Problem, dass Mediengüter nicht ohne Weiteres als Güter im klassischen Sinne vermarktbar sind. Mediengüter haben oftmals die Doppelfunktion von Redaktions- und Werbegütern (vgl. Breyer-Mayländer/Seeger 2006, S. 13ff.), bei Büchern hingegen ist ein Anzeigengeschäft eher die Ausnahme als die Regel. Neben historischen Beispielen wie der Werbung für Pfandbriefe und Kommunalobligationen in rororo-Romanen aus dem Hause Rowohlt, geht es bei Büchern im Anzeigensektor eher um fachspezifische Anzeigen. So haben Handbücher für den Jagdsektor oder Bücher über Segeln fachspezifische Anzeigen von Herstellern oder Fachversendern. Bücher sind jedoch im Kern Redaktionsgüter, deren Inhalte für den Rezipienten einen merkbaren Wert besitzen und für die sie auch bereit sind, Geld auszugeben. Typische Aufteilungen im Vergleich ergeben höchst unterschiedliche Positionierungen von Mediengütern.

	Redaktionsgut	Werbegut
Bücher	100 %	0 %
Zeitungen	33 %	66 %
Zeitschriften	50 %	50 %
Anzeigenblätter	0 %	100 %
Öffentliches TV/Rundfunk	90 %	10 %
Priv. Free-TV/priv. Rundfunk	0 %	100 %

Dominierender Einfluss der Redaktions- und Werbegüter auf unterschiedliche Mediengattungen (Quelle: Breyer-Mayländer/Seeger 2006, S. 14)

Dabei ist es schwierig, bei Medien im Allgemeinen und Büchern im Speziellen die typischen Gütereigenschaften festzustellen, die eine problemlose Vermarktung gestatten. Die sogenannten öffentlichen Güter, die keine Konsumrivalität besitzen, lassen sich nur schwer vermarkten. Während ein Stück Schokolade nur von einer Person gegessen werden kann, also eine maximale Konsumrivalität besitzt, sind bei anderen auch nicht-öffentlichen Gütern wie Büchern Mehrfachnutzungen von unterschiedlichen Konsumenten möglich. Diese Güter können parallel oder nacheinander von unterschiedlichen Personen genutzt werden, ohne dass die unterschiedlichen Verbraucher sich dabei stören. Wenn Bücher von unterschiedlichen Lesern nacheinander gelesen werden, ist dies ein Beispiel dafür, dass Medien mitunter Probleme in der Konsumrivalität aufweisen. Bei Gütern, die keine nennenswerte Konsumrivalität aufweisen, bei denen es unter Umständen auch keine Ausschlussmöglichkeit für Trittbrettfahrer gibt, die nicht bezahlen, kann dies sehr schnell zu Marktversagen führen. Sollte bei E-Books die illegale Verbreitung zum Problem werden, wäre beispielsweise die Gütereigenschaft des Buches aus Vermarktungsperspektive höchst fragwürdig.

Wenn man ein Produkt vermarkten möchte, ist es wichtig, dass all diejenigen, die nicht für das Produkt bezahlen wollen, auch von der Nutzung dieses Produktes ausgeschlossen sind. Dass man auch Bücher, die eigentlich – wie bereits erläutert – eine geringe Konsumrivalität besitzen, durch Marketingmaßnahmen mit einer hohen Konsumrivalität ausstatten kann, zeigt das Beispiel *Harry Potter.* Hier wurde bei den späteren Bänden eine künstliche Konsumrivalität erzeugt, die erstaunlich war. Im Grunde ist ein Fantasy-Roman, unabhängig davon, ob er für die Zielgruppe Kinder, Jugendliche, Erwachsene oder wie eben *Harry Potter* als Crossover-Produkt konzipiert ist, ein Gut, das nach dem Kauf von nahezu unbegrenzt vielen anderen Lesern genutzt werden kann. Mit der frühzeitigen Ankündigung des offiziellen Verkaufsstarts und der Etablierung von Vertriebsevents (Verkaufsparty in der nächtlichen Buchhandlung oder nächtliche Zustellung mit Sonderdienst) war es für viele (auch jüngere) Käufer wichtig, rechtzeitig ein eigenes Exemplar zu besitzen, um mitreden zu können. Um diesen Hype zu inszenieren, wurde das Marketing international über alle Lizenzverlage hinweg sehr stark ausgebaut, wie etwa in London, wo am Schauplatz King's Cross Garden eine Party veranstaltet wurde. Als Ergebnis dieser außerordentlichen Bemühungen wurden oftmals in Familien mehrere Exemplare angeschafft. Bei einer ganz »normalen« Veröffentlichung hätte man diese Mehrfachkäufe nicht erzielen können.

Wenn der Ausschluss von Konsumenten nicht oder nur eingeschränkt möglich ist, kann der Charakter eines öffentlichen Gutes entstehen. Informationen besitzen dabei Grundzüge eines öffentlichen Gutes zum Nachteil der Vermarktbarkeit. Informationen verbrauchen sich nicht durch den Konsumvorgang. Auch die Nutzenbewertung durch den Konsumenten und damit die Frage des Marktpreises ist bei Informationen schwierig. Medien sind in vielen Fällen ein Vertrauensgut, d.h. der Wert der Information für den Konsumenten kann erst nach dem Konsum des Medienguts beurteilt werden. Gerade beim Kauf von Büchern wird dieser Vertrauensaspekt sichtbar, der dazu führt, dass aus Autoren und Verlagsnamen Marken aufgebaut werden, um eine Vermarktung zu erleichtern. Mit Hilfe der Eigenschaften, die seitens der Mediennutzer dem Produkt bzw. dem Markt zugeschrieben werden, kann das Vertrauen in das Produkt aufgebaut bzw. gestärkt werden.

Die Medienmärkte sind Teil des allgemeinen Freizeitmarkts, so dass es für eine Analyse der Entwicklungsmöglichkeiten der Medienunternehmen sinnvoll ist, den allgemeinen Spielraum für finanzielle Aufwendungen auszuloten (vgl. *Media Perspektiven*, Basisdaten (2005), S. 87). Auch der Buchmarkt wird als Teil des allgemeinen Freizeitmarktes wahrgenommen, so dass der Börsenverein des Deutschen Buchhandels beispielsweise jahrelang für die statistischen Publikationen im Rahmen von *Buch und Buchhandel in Zahlen* auch die allgemeinen Daten über Medienbudget und Freizeitverhalten aufgeführt hatte. Hier zeigt sich, dass die Preisstruktur für Hardware (Abspielgeräte für den Medienempfang) durch die bekannten Preisdegressionseffekte seit dem Jahrtausendwechsel erheblich abgenommen hat. Neue Konsolengeräte (wie z. B. E-Book-Reader) und TV-Ausrüstungen werden dies jedoch in den nächsten Jahren wieder kompensieren. Print-Medien haben seit dem Jahr 2000 überdurchschnittlich im Preisniveau zugelegt. Neben dem finanziellen Spielraum für Mediennutzung muss auch berücksichtigt werden, welchen Anteil unterschiedliche Freizeit- und Beschäftigungsformen am Zeitbudget der Nutzer besitzen. Wer einen Tag in einem Freizeitpark verbringt, wird während dieser Zeit nur eingeschränkt die klassischen Medien nutzen.

Die Grenzen der Funktionsfähigkeit von Medienmärkten ergeben sich aus folgenden Problemfeldern:

- Verbund von Nutzer- und Werbemarkt
- Fixkostendegression
- Economies of Scale (Größenvorteile)
- Economies of Scope (Verbundvorteile)
- Synergien der crossmedialen Produktion und Vermarktung

Die Ziele, die Medienunternehmen als Machtzugewinn verfolgen, sind gleichzeitig auch die Ursachen der Medienkonzentration. Durch Zukäufe oder Intensivierungen von Kooperationen gehen viele Player im Markt gezielt den Schritt zur Unternehmenskonzentration durch Konzernbildung oder Fusion. Strategische Investments größerer Medienunternehmen in kleinere Unternehmen derselben oder verwandter Mediengattungen dienen dazu, Know-how auf schnelle Art und Weise dem Unternehmen zugänglich zu machen und für strategisch relevante Themen eine Entwicklungsperspektive zu erhalten. Der Holtzbrinck-Konzern hat hierfür beispielsweise mit »Holtzbrinck Ventures« eigene Beteiligungsmöglichkeiten geschaffen. Im Buchmarkt hat die Konzentration seit den 1990er Jahren eher zu- als abgenommen. Hierbei handelt es sich im Wesentlichen um eine horizontale Konzentration, bei der Buchverlage als Unternehmen auf derselben Wirtschaftsstufe in neue Konzernstrukturen eingebunden werden. Vertikale Konzentrationstendenzen haben sich beispielsweise bei Weltbild durchgesetzt, wo neben dem Verlags- und Versandgeschäft auch der klassische stationäre Buchhandel durch die Weltbild- und Weltbild Plus-Läden in den Gesamtverbund integriert wird.

3.1 Marktzutrittsbarrieren

Für viele Kreative der Medienbranche stellt sich die Frage, ob es ihnen gelingen wird, mit ihrer Produktidee im Medienmarkt Fuß zu fassen. Wer beispielsweise die Idee für eine neuartige Buchreihe entwickelt, kann noch keineswegs sicher sein, dass dies zu einem Markterfolg führen wird. Für die Analyse des Marktes insgesamt ist es dabei entscheidend, ob der Markt als abgeschlossenes System lediglich die etablierten (meist größeren) Unternehmen bevorzugt, oder ob auch kleine Anbieter von außen eine Chance haben. Im Mediensektor gibt es mehrere Faktoren, die die Entstehung von Marktzutrittsbarrieren begünstigen können, eine Entwicklung, die auch vor dem Buchmarkt nicht halt macht (eine ausführliche Darstellung der Marktzutrittsbarrieren findet sich bei Breyer-Mayländer/Seeger 2006, 22 f.):

- **Sunk costs:** Die Angst des Marktneulings, dass die Einstiegsinvestitionen im Falle eines Misserfolgs als Verlust angesehen werden müssen, dämpft den Elan beim Markteintritt. Im Mediensektor geht es dabei bei den meisten Markteintrittsszenarien weniger um Investitionen in spezielle Technik, die nicht weiter veräußerbar ist, als um Marketinginvestitionen (z. B. die Kampagne für eine neue Verlagsmarke oder eine neue Buchreihe), die beim Scheitern des Gesamtprojekts nicht weiter nutzbar sind.
- **Rechtliche Barrieren:** Ein typisches Beispiel sind hier die Lizenzen, die man als Voraussetzung für einen Markteinstieg im Rundfunksektor besitzen muss. Im Buchsektor ist hier kaum von Barrieren auszugehen.
- **Economies of Scale:** Wenn größere Anbieter deutlich mehr Vorteile haben als kleinere Wettbewerber, führt dies dazu, dass kleinere Wettbewerber, die noch keine starke Stellung im betreffenden Markt erringen konnten, am Eintritt in den Markt gehindert werden können. Beispielhaft sind die besseren Kostenstrukturen von Großverlagen gegenüber kleineren Verlagen mit Nischenprogramm.
- **Economies of Scope:** Verbundvorteile entstehen dann, wenn ein etablierter Anbieter unterschiedliche Produkte und Geschäftsfelder so kombinieren kann, dass er gegenüber dem Marktneuling Vorteile besitzt. Wenn ein Buchverlag mit einem Fachverlagsprogramm im Bereich der Bauwirtschaft zu diesem Thema eine Plattform im Internet etabliert, kann er auf den bislang bereits erzeugten Content zurückgreifen. Daher wird der etablierte Verlag als Marktpartner gegenüber einem Wettbewerber, der nicht über diese Startvoraussetzungen verfügt, einen Startvorteil besitzen. Für den Marktneuling ist dies wiederum ein Hindernis für einen Markteintritt.

Diese strukturellen Marktzutrittsbarrieren gehören unabhängig von den Maßnahmen der einzelnen Marktteilnehmer zu den Eigenschaften eines Marktes. Es liegt an dem jungen oder potenziellen Buchverlag als Marktneuling, die Barrieren rechtzeitig zu erkennen und sich auf die damit verbundenen Schwierigkeiten einzustellen. Darüber hinaus ist es eine wesentliche Aufgabe des Marketing von etablierten Anbietern im Markt, durch eigenes strategisches Marktverhalten zusätzliche Hürden für Marktneulinge aufzubauen (vgl. Breyer-Mayländer/Werner 2003, S. 24 f.). Ein häufig im Medienmarkt anzutreffendes Beispiel ist die **Preispolitik**. Mit einer Preislimitstrategie, bei der die etablierten Anbieter ihre Preise auf das gerade noch vertretbare Niveau absenken, werden Marktneulinge deutlich geschwächt. Denn der noch nicht im Markt etablierte Verlag hat meist höhere Verkaufspreise eingeplant, aber er kann für die neuen, noch nicht bewährten Produkte schlecht mehr verlangen als der etablierte Anbieter, so dass sein Preisspielraum schwindet.

3.2 Wertschöpfungsketten im Medien- und Buchsektor

In den klassischen Medienmärkten haben die meisten Wertschöpfungsketten und die damit verbundenen Geschäftsmodelle über längere Perioden hinweg Bestand gehabt. Allenfalls wurden im Rahmen der Prozessoptimierung neue Prozesstechnologien eingesetzt, so dass einzelne Zwischenschritte im Rahmen des Workflows, d.h. der Abfolge an Arbeitsschritten, verändert wurden oder gar komplett entfallen konnten. So wurde in den Buchverlagen das klassische Manuskript bzw. Typoskript durch Dateien aus der Textverarbeitung der PCs abgelöst. Als dann Ende der 1990er Jahre die nächste Stufe der Digitalisierung die Möglichkeit schuf, Grafik- und Layoutarbeiten durch vorgegebene Gestaltungsrahmen (Templates) in den Redaktionsprozess zu verlagern, wurden auch diese Arbeitsschritte eingespart. Etwa zur selben Zeit konnte man durch Direktbelichtung von Druckzylindern die Bereiche Belichtung und Plattenkopie in der Druckerei zusammenfassen. Durch dieses Beispiel wird deutlich, dass es durchaus möglich ist, im Rahmen bestehender Wertschöpfungsketten der klassischen Medienformen deutliche Straffungen des Workflows vorzunehmen und die Rentabilität auf Prozessebene zu steigern.

Im klassischen Print-Geschäft stellt sich die Wertschöpfungskette wie folgt dar:

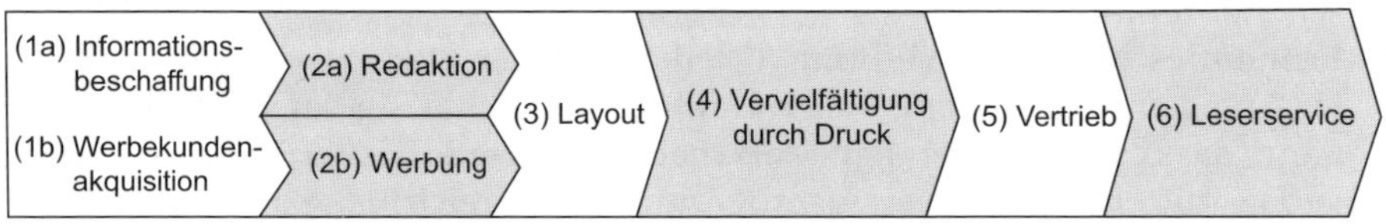

Klassische Wertschöpfungsketten Print (Quelle: Auszug aus Breyer-Mayländer/Werner 2003, S. 344; basierend auf der Idee von Zerdick u.a. 1999, S. 50 & 55)

Dabei zeigt sich, dass durch Optimierung des Workflows auch die Wertschöpfungskette im engeren Sinne betroffen sein kann. Durch die Digitalisierung der Datenbasis haben sich nicht nur die Prozesse im Buchverlag verändert, auch die Produkte und damit verbunden die Märkte und Wettbewerbsbeziehungen wurden beeinflusst. Die Marktstruktur hängt also auch von den Prozessen und Produkten ab. Die Produktionsprozesse bestimmen den Kostenrahmen, unter dem die Produkte in den Markt eingeführt werden können, und die Ausgestaltung der Produkte hängt wiederum an der sinnvollen Kombination neuer Technologien. Reisefachverlage wie Falk mussten Anfang des neuen Jahrtausends mit Marken wie Marco Polo die Entscheidung treffen, ob sie ausgehend von der kartographischen Kompetenz in den Markt der Navigation eintreten sollen. Hinter einem solchen zunächst kleinen Schritt im Hinblick auf die aktuelle Produktpalette stehen jedoch in Verbindung mit neuen Diensten auf Basis von kartographischen Informationen (*location based services*) neue Entwicklungsfelder, die über das eigentliche Kerngeschäft hinausgehen.

Die einzelnen Schritte zur Erzielung von Mehrwert innerhalb des klassischen Medienmarktes lassen sich auf einen ersten Prozessschritt der (Inhalte-) Beschaffung (Inhalte, Nachrichten, Rechte etc.), die anschließende Produktion und Konfektionierung von Content und den Schritt der Distribution und des Angebots zurückführen. In Verbindung mit den Innovationen, die im Bereich der Telekommunikation und Informationstechnologie erzielt wurden, entstand die Medienkonvergenz auf Prozessebene, die bereits kurz dargestellt wurde.

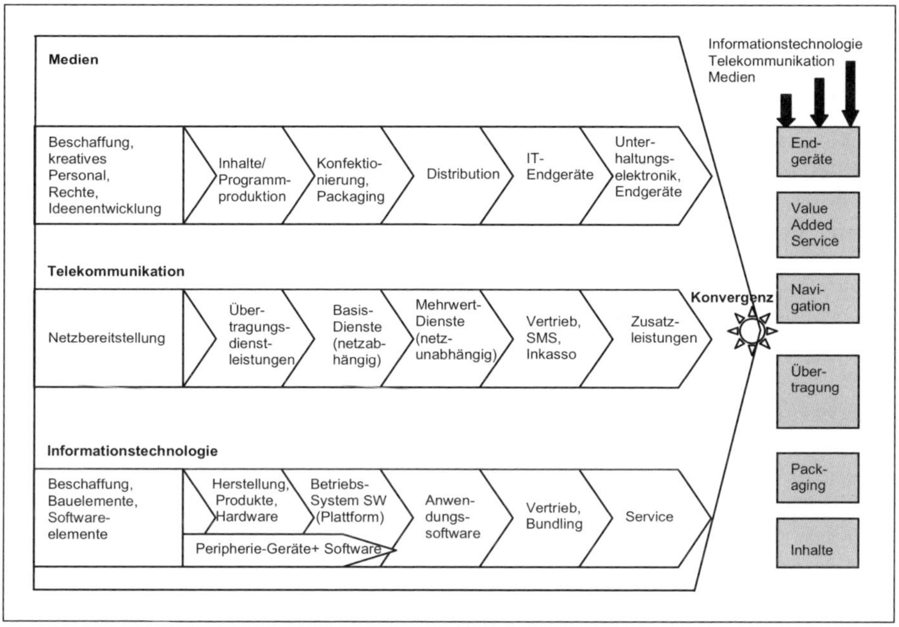

Veränderter Wertschöpfungsprozess im Rahmen der Medienkonvergenz (Quelle: Zerdick u.a. 1999, S. 134 nach Breyer-Mayländer/Werner 2003, S. 349)

3.3 Disintermediation in der Verlagsbranche

Die Verbreitung des Internets als neue Form der direkten Kontaktaufnahme von Konsument und Hersteller hat in vielen Bereichen des Medienmarktes zur sogenannten Disintermediation, d.h. der Einsparung von Zwischenstellen und Zwischenhandel geführt. Im Verlagssektor gibt es unterschiedliche Bereiche, in denen das Phänomen der Disintermediation sichtbar wird. Online-Ausgaben, oder reine PDF-Versionen sind hier z.T. schon etabliert (vgl. Riefler 2003) und führen damit zu einer Umgehung des Handels. Bei Büchern hat sich neben dem Online-Buchhandel auch für Fach- und Special Interest-Verlage der Direktvertrieb durchgesetzt, was eine typische Form der Disintermediation darstellt.

Das Urheberrecht ist in den meisten Fällen noch nicht direkt vom Übergang auf elektronische Handelsformen bedroht. Im Pressesektor waren die sogenannten »elektronischen Pressespiegel« nach §49 UrhG ein Problem, da die Gefahr bestand, dass weite Teile der Presseprodukte über Intranets von Großkunden weiter verbreitet werden. Im Buchsektor ist es noch offen, ob aus den Digitalisierungsprojekten der großen Online-Firmen wie Google, die in großem Stil Bücher scannen, um sie recherchierbar zu machen, Probleme bei der künftigen Vermarktung von Büchern entstehen können (s. Kap. I.4: Verlagswirtschaft im Umbruch). Die Probleme bei der Anpassung des Rechtsrahmens auf die neuen Gegebenheiten der Verlagsbranche zeigt auch die Diskussion über das Leistungsschutzrecht von Verlagen, das im Jahr 2009 vor allem von Seiten der Pressekollegen eingefordert wurde. Ein solches Leistungsschutzrecht könnte auch die Ansprüche der Buchverlage gegenüber Aggregatoren (wie z. B. Google), die keine eigenen Inhalte produzieren, sondern ihren wirtschaftlichen Wert über die Kombination fremder Inhalte bekommen, entscheidend stärken.

Die Disintermediation führt im Medienmarkt generell dazu, dass neue Wettbewerbsverhältnisse und auch Wettbewerbsverzerrungen entstehen. Besonders problematisch ist dabei der oft mangelhafte Rechtsschutz, der bei zahlreichen Branchen zu sehr hohen Umsatzausfällen aufgrund des Diebstahls urheberrechtlich geschützten geistigen Eigentums führt.

3.4 Management integrierter Medienunternehmen

Integrierte Medienunternehmen decken nicht nur einen großen Teil der Wertschöpfungskette im eigenen Haus ab, sondern haben auch eine ganze Reihe unterschiedlicher Mediengattungen im eigenen Haus im Angebot, um bei der Konzeption, Erstellung und Vermarktung der einzelnen Medien Verbundvorteile und Synergieeffekte zu nutzen. Dies erfordert von Seiten der Unternehmensleitung eine ausreichende Berücksichtigung der Bedürfnisse der Teilmärkte, so dass sich hier eine Reihe spezieller Organisationsformen ausgebildet haben.

Gibt es für den Leser, Hörer, Zuschauer oder User, kurzum für den Rezipienten im Medienmarkt Vorteile durch die Tatsache, dass ein Medienunternehmen mehrere Produktformen im eigenen Haus produziert? Oder muss er vielmehr vor allem mit dem Nachteil zurechtkommen, dass eine ganze Reihe seiner Medien aus einem Haus oder womöglich noch aus einer Redaktion mit Newsdesk stammen? Zunächst einmal besteht einer der Vorteile für den Konsumenten darin, dass er sich die jeweilige Medienform anhand seiner persönlichen Präferenzen (Wie viel möchte ich für das Produkt bezahlen? Wie und wo möchte ich das Produkt nutzen?) aussuchen kann, ob er mit einem Podcast, einem Online-Angebot oder einem Print-Produkt am besten seine Bedürfnisse erfüllen kann. Interessant ist in diesem Zusammenhang, dass die Überschneidungen der Nutzer von Online- und Print-Ausgaben oft weniger als ein Viertel der Nutzer betragen, so dass offensichtlich eine ganz klare Zuordnung von Medienpräferenzen besteht. Die echte Ergänzung schaffen viele Anbieter dadurch, dass sie neue Produktformen vor allem für spezialisierte Anwendungen (aktueller Nachrichtenticker auf das Handy etc.) konzipieren und damit einen medienspezifischen Zusatznutzen anbieten.

Die Herausforderung aus Sicht des Verlags besteht darin, die Redaktionen einerseits so eng miteinander zu vernetzen, dass Synergieeffekte möglich sind, gleichzeitig sollten jedoch die jeweiligen Programmleiter, Redakteure und Journalisten so viel Spielraum und Freiheit haben, dass sie eigenständige und wettbewerbsfähige Medien produzieren. Wenn die Online-Redaktion bei sämtlichen aktuellen Meldungen stets der Print-Redaktion den Vortritt lassen muss, wird ein Online-Portal einer Print-Marke nicht funktionieren. Bei einigen Buchverlagen ist diese Integration bereit sehr weit fortgeschritten. Falk produziert beispielsweise nicht nur Reiseführer, sondern engagiert sich in der Herstellung von hochwertigen Mehrwert-Navigationsgeräten oder im Aufbau von reisebezogenen Web 2.0-Communities.

4. Strategie und Strategische Marktentwicklung

Der Entwicklung geeigneter Strategien im Rahmen des strategischen Managements kommt für die Zukunftsfähigkeit eines Buchverlags eine entscheidende Bedeutung zu. Der Großteil der Krisen von Medienhäusern seit den 1990er Jahren fand in einer Kombination aus konjunkturellen und strukturellen Branchenkrisen statt und wäre durch ein vorausschauendes strategisches Management besser beherrschbar gewesen. – »Strategisches Management« im Buchverlag greift auf eine Idee zurück, mit der die Harvard Business School die Entwicklung von Unternehmensstrategien systematisiert hatte. Die dabei notwendigen Schritte bilden ein durchgängiges System von der Zielsetzung bis zur Erfolgsüberprüfung.

Strategisches Management ist vor allem dann von Bedeutung, wenn es darum geht, die Unternehmensumwelt zu analysieren und frühzeitig Schlussfolgerungen für das künftige Vorgehen zieht. Da es um künftige Entwicklungen geht, sind die Informationen über die Unternehmensumwelt oftmals nur als schwache Signale vorhanden und stellen meist noch keinen veritablen einfach wahrnehmbaren Trend dar. Sind diese Themen nun für die Verlage von besonderer Bedeutung? Beispielhaft für diese Fragestellung sind Verlage, deren Print-Erlöse durch Online-Angebote substituiert und angegriffen werden, wie dies beispielsweise im Bereich der Lexika und Sammelwerke, sowie teilweise im Segment der Loseblattwerke der Fall ist. Am deutlichsten kann man jedoch den Bedarf nach strategischem Medienmanagement anhand der Beispiele sehen, die zeigen, wie aufgrund von Strategiedefiziten Krisen entstehen.

In der Praxis der Beratung von Verlagen versucht man, den Verantwortlichen durch die Einteilung in Strategiekrise, Ergebniskrise und Liquiditätskrise ein Gefühl für die Wichtigkeit des strategischen Managements zu vermitteln. Denn wenn eine Krise von der Strategiekrise in die Ergebniskrise übergeht, dann ist bereits der finanzielle und zeitliche Handlungsspielraum deutlich reduziert, und bei der nächsten Eskalationsstufe, der Liquiditätskrise, geht es nur noch um die akute Sicherung des wirtschaftlichen Überlebens.

Für den Fortbestand eines Verlags ist es wichtig, Strategiekrisen zu verhindern oder deren Entstehung rechtzeitig zu begrenzen. Anbei ein konkretes Beispiel, das die direkten Auswirkungen auf Unternehmen und Märkte verdeutlicht.

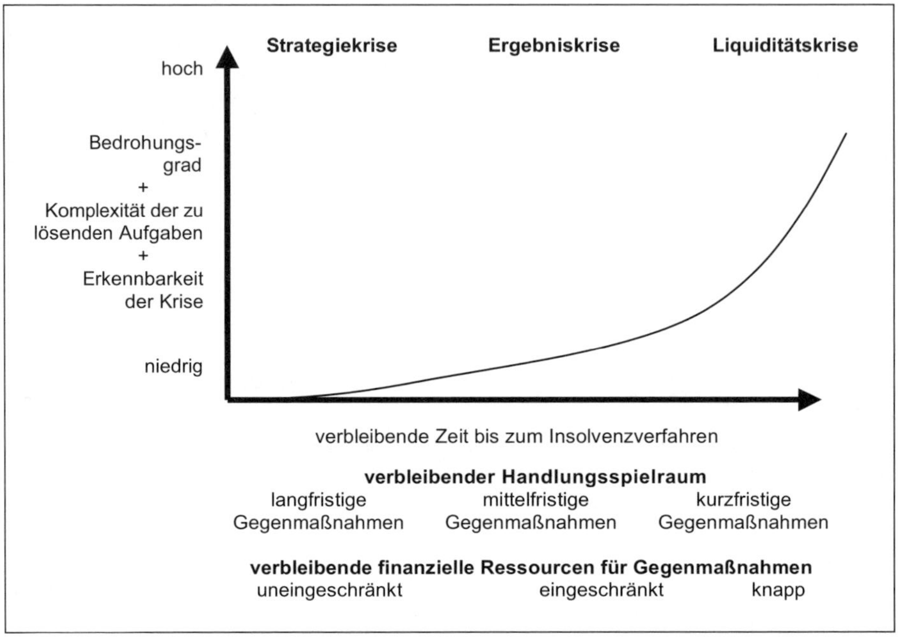

Phasen der Unternehmenskrisen (Quelle: Grüber 2001, S. 21)

Eine typische Strategiekrise hatte zur Jahrtausendwende die überregionalen Zeitungen in Deutschland getroffen. Die Substitutionseffekte im Markt der Rubrikanzeigen (insbesondere dem Geschäft mit Stellenanzeigen) waren seit Mitte der 1990er Jahre vorhergesagt worden, da die bessere Funktionalität des Internets bei der Suche nach Angeboten (mehrdimensionale Suche) zeigte, dass der gewünschte Kontakt von Käufer zu Verkäufer in diesem Falle ohne das Massenmedium Zeitung besser hergestellt werden kann (vgl. Riefler 1996). Dennoch hatten viele Verlage dieses Problem noch nicht in Neuformulierungen ihrer Strategie umgesetzt, da die gute konjunkturelle Entwicklung in der zweiten Hälfte der 1990er Jahre ihnen Umsatz- und Erlöszuwächse bescherte. Dies führte bei vielen Verlagen im Krisenjahr 2001 zu starken Erlös- und Ergebniseinbrüchen. Bei der *Süddeutschen Zeitung* musste in der Folge der Strategiekrise der Gesellschafterkreis um die Südwestdeutsche Medienholding erweitert werden, die heute Hauptgesellschafter des Verlages ist. Diese Krise der überregionalen Zeitungen hatte direkt Auswirkungen auf den deutschen Buchmarkt. Die *Süddeutsche Zeitung* hatte bei der Suche nach neuen Erlösquellen von der italienischen Zeitung *La Repubblica* gelernt, die eigene Buch- und CD-Kollektionen auf den Markt brachte. Das Prinzip wurde von vielen anderen Pressetiteln nachgeahmt, so dass der Buchmarkt mit einer ganzen Reihe von Sondereditionen überschwemmt wurde, die den Presseverlagen als Nebengeschäft schnell eine finanzielle Entlastung brachten, den Wettbewerb der Buchverlage um das Zeit- und Finanzbudget der deutschen Leser jedoch verschärften. Man sieht an diesem Beispiel, dass man nur mit vorausschauender Planung strukturellen Problemen begegnen kann, und gleichzeitig zeigt sich hier auch, wie eng die unterschiedlichen Märkte miteinander verbunden sind. Das Fehlen von Strategien führt zu Erlös- und dann zu Liquiditätsproblemen.

Eine Unternehmensstrategie steckt die Bandbreite für künftige Entscheidungen im Unternehmensprozess ab. Sie gibt im Sinne einer zielorientierten Unternehmensführung einen Richtungsentscheid im Sinne der Unternehmensziele und der Unternehmensidentität vor. Die Lenkung, die durch das strategische Management erfolgt, gibt die Richtung vor, die im anschließenden taktischen und operativen Prozess – in der Durchführung der Strategievorgaben – eingehalten werden muss. Für diesen zentralen Part des Managementprozesses kommen eine Reihe unterschiedlicher Verfahren zum Einsatz (vgl. Eschenbach/Eschenbach/Kunesch 2003).

4.1 Unternehmensziele im Buchverlag

Um die im Rahmen der Einführung in das Verlagsmarketing notwendige Diskussion über die Aufgabenstellung und organisatorische Einbettung des Marketing nachvollziehen zu können, muss eine grundsätzliche Klarheit über die Ziele des Marketingprozesses bestehen. Daher wird die Einpassung der Marketingziele in das gesamte Zielsystem der Unternehmung charakterisiert.

Die Zielsetzung des Verlags hängt zunächst davon ab, wer auf den Verlag, die Zielsetzung und Strategiebildung Einfluss nimmt. Im Rahmen des normativen Managements des St. Galler Modells zeigt sich, dass es für die Unternehmen zunächst darum geht zu klären, welche Wertvorstellungen und generellen Unternehmensziele im Vordergrund stehen. Hierzu wird zunächst die Grundhaltung der unterschiedlichen Anspruchsgruppen analysiert und gewichtet. Beim sogenannten Stakeholder-Management (vgl. Karmasin/Winter 2000) werden die einzelnen Bezugsgruppen der Märkte und der angrenzenden Bereiche mit ihren Wünschen und Ansprüchen gegenüber der Gesellschaft analysiert. Im St. Galler Management-Modell wird hierzu im Rahmen des normativen Managements die Unternehmenspolitik beansprucht. »Der Unternehmenspolitik fällt die prinzipielle Aufgabe zu, eine Harmonisierung externer zweckbestimmter Interessen der Unternehmung und intern verfolgter Ziele vorzunehmen, um über deren Harmonisierung ein Gleichgewicht zwischen Um- und Inwelt zu erreichen, das langfristig die Autonomie des Systems gewährleistet« (Bleicher 2002, S. 5). Dass gerade bei Buchverlagen neben den Gesellschaftern, Mitarbeitern und Kunden auch unterschiedliche Teilgruppen der Öffentlichkeit versuchen, auf die Verlagsentwicklung Einfluss zu nehmen, lässt sich durch die große öffentliche Bedeutung des Kulturguts »Buch« erklären. Beispielhaft sei hier auf die öffentliche Diskussion verwiesen, die entstand, als bei der Nachfolge des Suhrkamp-Verlegers Unseld unterschiedliche Parteien von Investoren auf den Plan traten. Auch die Tatsache, dass 2009 eine Klage von Verlegersohn Joachim Unseld gegen die Gesellschafter und damit indirekt gegen die Verleger-Witwe eingereicht wurde, um einen Umzug von Frankfurt nach Berlin und damit eine Ausrichtung an der aktuellen politischen Landschaft zu verhindern, zeigt die große öffentliche Bedeutung von Gesellschafterstrukturen und Strategien von Buchverlagen.

In der operativen Umsetzung findet die Harmonisierung zwischen In- und Umwelt im Rahmen der Strategiebildung statt. Die Umwelt findet dabei neben den Stakeholdern als Einflussgruppen auch über die Analyse der Umweltbedingungen Eingang in die grundlegenden Unternehmensziele.

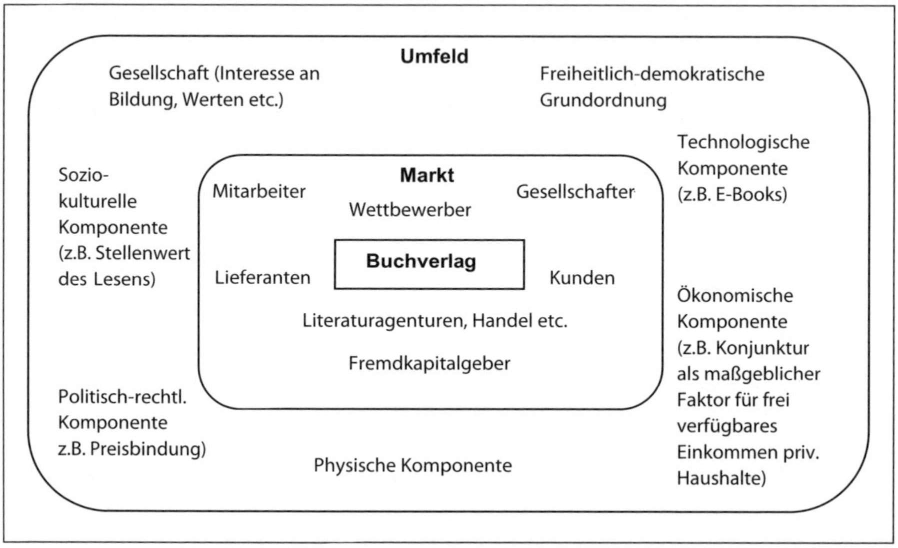

Einbindung eines Buchverlags in unterschiedliche gesellschaftliche Bereiche (Quelle: nach Breyer-Mayländer/Seeger 2006, S. 47 in Anlehnung an Hahn 1999, S. 38 und Hörschgen u. a. 1993, S. 23)

Der Grund, weshalb gerade Verlage besonders intensiv auf die Vorstellungen der Anspruchsgruppen im Sinn eines Stakeholder-Managements eingehen, liegt in der besonderen gesellschaftlichen Funktion der Bücher und Verlagsprodukte. Die Doppelrolle, einerseits Öffentlichkeit zu erzeugen, und andererseits selbst Gegenstand der öffentlichen Wahrnehmung zu sein, prädestiniert alle Medienunternehmen dazu, ein ausgedehntes Stakeholder-Management zu betreiben, und dabei auch die Anspruchsgruppen zu berücksichtigen, die nicht bereits wie Lieferanten, Kunden, Mitarbeiter oder Kapitalgeber durch Märkte mit dem Unternehmen verbunden sind. Diese Zielsetzung wird in vielen Managementsystemen wie z. B. dem Modell der European Foundation for Quality Management (EFQM) ohnehin für alle Branchen empfohlen (vgl. Breyer-Mayländer 2004, S. 63 ff.). Das heißt, der Ansatz ist besonders für die Darstellung und Analyse der Unternehmensziele von Verlagen geeignet, ohne jedoch auf Unternehmen der Medien- und Kommunikationsbranche beschränkt zu sein (vgl. Hahn/Taylor 1999, S. 38).

Gerade im Druck- und Verlagssektor zeigt sich immer wieder die Notwendigkeit einer Neudefinition der Geschäftsfelder auch im Mittelstand (vgl. Stetter

1999, S. 389 ff., sowie in einem eigenen Modell, Kreikebaum 1997, S. 38). Dieser Prozess der Zieldefinition als Teil der Unternehmensplanung nimmt zunächst auf die Unternehmenspolitik bzw. Unternehmensphilosophie Bezug (vgl. Breyer-Mayländer 2004, S. 75 ff.). In Abstimmung mit dem bereits kurz dargestellten Stakeholder-Management werden im Unternehmen die Wertvorstellungen und Bekenntnisse als Ausgangspunkt für die Zieldefinition benutzt.

Die dabei entstehende Zielhierarchie wird jedoch in der Marketing-Wissenschaft keineswegs einheitlich dargestellt. Nach Meffert bildet die auf den Wertvorstellungen beruhende »Business Mission« die Spitze der Zielhierarchie (vgl. Meffert 2000, S. 69 f.). Dieser unternehmerische Grundauftrag sollte auch im Buchsektor langfristig formuliert sein. Kotler/Bliemel weisen bei ihren allgemeinen Ausführungen darauf hin, dass statt einer produktorientierten Definition (»wir sind der führende Buchverlag im Segment Kinderbuch«) der eigentliche Kundennutzen in den Vordergrund gerückt werden sollte (»wir sind der führende Anbieter von Unterhaltungs- und Informationsprodukten für Kinder und Eltern«) (vgl. Kotler/Bliemel 1999, S. 96 ff.). Dies mag zunächst nach theoretischer Spitzfindigkeit klingen – schließlich weiß das Unternehmen selbst ja am besten, was es herstellt. Diese Herangehensweise hat jedoch direkte Konsequenzen für die strategische Ausrichtung und Zukunftsfähigkeit eines Verlags. Während im ersten Fall (produktorientierte Definition) die Weiterentwicklung des Verlags von der Zukunft des (Haupt-)Produkts abhängt, ist bei einem Medienhaus (das sich auch nicht mehr als reiner Buchverlag versteht), das die nutzerorientierte Definition einsetzt, die Integration neuer (konkurrierender) Medienformen in das Unternehmen selbstverständlich. Neben Veranstaltungen, Web 2.0-Plattformen für Kinder und Eltern sowie weiteren Online-Services schließt dies auch alle künftigen Geschäftsfelder ein, in denen die Kernkompetenz der Kundenbeziehung zu Kindern und Eltern genutzt wird (vgl. Meffert 2000, S. 71).

Beispiel: Unternehmensleitbild Holtzbrinck-Konzern

»Qualität, Dezentralität und Individualität sind die wichtigsten Prinzipien unseres unternehmerischen Handelns. Investitionen in die Qualität unserer Titel und Produkte sowie in das Potenzial unserer Mitarbeiter stehen am Anfang und im Zentrum unseres Handelns. Um die größtmögliche Nähe zu den Autoren, Lesern, Institutionen und Kunden zu erreichen, arbeiten die Unternehmen der Verlagsgruppe sehr autonom: Initiative und Verantwortung liegen bei den Einzelunternehmen, die Hierarchien sind flach, die Holdingstrukturen klein. [...] So ist es möglich, in jedem Tochterunternehmen eine individuelle und unterscheidbare Kultur zu entwickeln und zu fördern. Dies und die Konzentration auf die jeweiligen Stärken, welche mitunter auf langen Traditionen beruhen, ist Kern unserer Unternehmensphilosophie. Hinzu tritt im Zeitalter einer zunehmend globalisierten Medienwelt das Bekenntnis zur dynamischen Nutzung der Chancen des Internets sowie das Eingehen langfristiger, partnerschaftlicher Kooperationen. Zusammen garantieren diese Leitlinien das Wachstum und den Erfolg der Verlagsgruppe und sichern publizistische Leistung auf höchstmöglichem Niveau.

Im Kontext globaler Medienkonzentration ist für uns Größe allein nicht von ausschlaggebender Bedeutung. Unsere Ambition als Mittelstandsunternehmen besteht darin, in jeweils genau definierten Marktumfeldern eine der vorderen Positionen zu besetzen, wobei die Expertise und die Leidenschaft unserer Mitarbeiter Qualität und Leistung garantieren.«

Quelle: http://www.holtzbrinck.com/artikel/778436&s=de, April 2006)

Ein solches Mission-Statement, das von der Website der Verlagsgruppe Holtzbrinck stammt, legt bereits die grobe Zielrichtung der Unternehmensstrategie fest und liefert einen Beitrag zur Formulierung der Marketingziele. Beim Vergleich der Produktportfolios der großen deutschen Mediengruppen zeigt sich auch in Bezug auf das Niveau (nicht zu verwechseln mit der Qualität, vgl. Heinrich 1999, S. 23) und die inhaltliche Ausrichtung der Produkte ein Unterschied, der in den Werten des Unternehmens begründet liegt. Wer ein Beispiel für die Unterschiede sucht, sollte am besten das Programm eines populären Buchverlags wie der Bertelsmann-Tochter Random House Publishing mit einem Verlag wie Bastei vergleichen. Gerade im Verlagsbereich sind solche Festlegungen nicht nur ein Signal an den Kunden, dem die Gruppen- und Konzernzugehörigkeit ohnehin meist nicht klar ist, sondern es ist im Wesentlichen ein richtungsweisendes Element für (potenzielle) Mitarbeiter und Partner, wie z. B. Autoren.

Der nächste Themenkreis im Sinne der Darstellung von Meffert ist die Corporate Identity (CI), worunter er im weitesten Sinne die »Unternehmenspersönlichkeit« und »Unternehmensidentität« zusammenfasst (vgl. Meffert 2000, S. 70). Diese Identität ist nicht nur die Grundlage der Marketingarbeit, sie bildet gerade im Hinblick auf die Marketingkommunikation auch ein wesentliches Element zur Sicherung einer integrierten Darstellung des Verlags. Bei den im Rahmen des Marketing und der Unternehmenskommunikation notwendigen Detailschritten muss stets sichergestellt werden, dass die Corporate Identity als übergeordnetes Unternehmensziel ausreichend berücksichtigt wird. Daher spielt es für Buchverlage eine große Rolle, dass die unterschiedlichen Themenbereiche der Corporate Identity so aufeinander abgestimmt sind, dass im Rahmen der Kommunikationsarbeit eine klare Botschaft vermittelt werden kann. Die CI beschreibt alle Elemente, die mit eigenem Selbstverständnis oder zielgerichteter Kommunikation einhergehen. Als Strategie aufgefasst, geht es bei der Idee der CI darum, die einzelnen Kommunikationsaktivitäten und Verhaltensweisen zu koordinieren, und zu einem stimmigen Gesamtbild zusammenzufügen. Immer wieder gibt es in der Praxis dabei Schwierigkeiten. Beispielhaft sind Umstellungen von Unternehmen durch Neuausrichtung und Gesellschafterwechsel. Damit kann beispielsweise eine Änderung der unternehmerischen Grundwerte (s. o.) verbunden sein, die nicht nur in eine neue Ausrichtung der Kommunikationsarbeit mündet, sondern auch die Grundeinstellung der Mitarbeiterinnen und Mitarbeiter und deren Verhalten innerhalb der Organisation und gegenüber den Kunden erfasst. Dass bei dem Erfahrungs- und Vertrauensgut Buch alle Elemente der Marken- und Vertrauensbildung besonders relevant sind, wurde zu Beginn dieses Kapitels bereits dargestellt.

Die Besonderheiten der Verlagsbranche führen dazu, dass die Aufstellung der Unternehmensziele ein sehr komplexer Prozess ist, der den Rahmen für die Aufstellung der Marketingziele gibt. Diese Abstimmung zwischen Integration des Unternehmens in die Unternehmensumwelt, und die auf Basis der Wertvorstellungen und Grundüberzeugungen geführte Zieldefinition bekommt einen besonderen Stellenwert, wenn es darum geht, die Voraussetzungen für Marktaktivitäten zu klären. Auch die Gesellschafter, Verleger und Herausgeber besitzen im Buchverlag eine besondere Rolle, da es in diesen Rollen auf die Grundüberzeugungen ankommt.

Es ist für die Marketingkonzeption eines Verlags durchaus ein Unterschied, ob eine ausschließliche Marktorientierung im Rahmen der Unternehmensführung erwartet wird, d.h. ein klassischer Marketingansatz ratsam erscheint, da Renditeziele der Gesellschafter im Vordergrund stehen, oder ob andere Einflussfaktoren, z.B. im Rahmen von Regieverlagen eine größere Rolle spielen. Beispielhaft sei hier nur auf Verlage verwiesen, die einen publizistischen Auftrag ihrer Gesellschafter zu erfüllen haben. Die Kirchen in Deutschland sind in größerem Umfang als Verleger tätig und wollen durch diese Aktivitäten christliche Grundwerte stärker im gesellschaftlichen Bewusstsein verankern. Hier zeigt sich bereits, welche Wechselwirkungen zwischen unterschiedlichen Stakeholdern im Rahmen der Zieldefinition bei Medienunternehmen stattfinden, da beispielsweise nicht nur die Gesellschaft und das Publikum auf die Unternehmung und deren Gesellschafter einwirken, sondern die Eigentümer und Gesellschafter der Unternehmung durchaus auch Ambitionen haben können, bestimmte gesellschaftspolitische Ziele mit ihrer Unternehmertätigkeit zu erreichen.

Bei Verlegern kommt es sehr stark darauf an, ob es sich um eine Management-Unternehmung handelt oder um einen eigentümergeführten Verlag. Management-Unternehmen zeichnen sich in der publizistischen Konzeption häufig dadurch aus, dass von Seiten der Unternehmensführung versucht wird, die Vorgaben der Gesellschafter möglichst gut umzusetzen. Eigene publizistische Ambitionen bedürfen stets der Rückkopplung mit den Grundwerten der (Haupt-)Gesellschafter. Dennoch kann es gerade bei stark inhaltsdominierten Führungspositionen der entscheidende Faktor sein, der publizistischen und nicht nur der kaufmännischen Führungsrolle gerecht zu werden. In einem Buchverlag mit dem Schwerpunkt Belletristik ist dies beispielsweise ein entscheidender Erfolgsfaktor für die Unternehmensführung. Dies ist der Grund für den im Buchsektor wichtigen, bereits mehrfach in diesem Buch aufgeführten Tendenzschutz.

In Abwägung des Einflusses aller Interessensgruppen entwickelt ein Verlag das unternehmerische Oberziel, das sich bereits deutlich von denen des Wettbewerbs unterscheiden kann. Das mögliche Ziel nach publizistischem Einfluss und beispielsweise eines politisch oder religiös geprägten Verlags muss nicht direkt mit den ökonomischen Zielen der Gewinnmaximierung oder Rentabilitätssteigerung in Einklang stehen. Es kann ein eigenständiges Oberziel darstellen oder eines der abgeleiteten Nebenziele im Rahmen der Operationalisierung sein. Das Oberziel wird dabei auch nach den unterschiedlichen Dimensionen aufgegliedert (vgl. Pepels 2004, S. 1226f.).

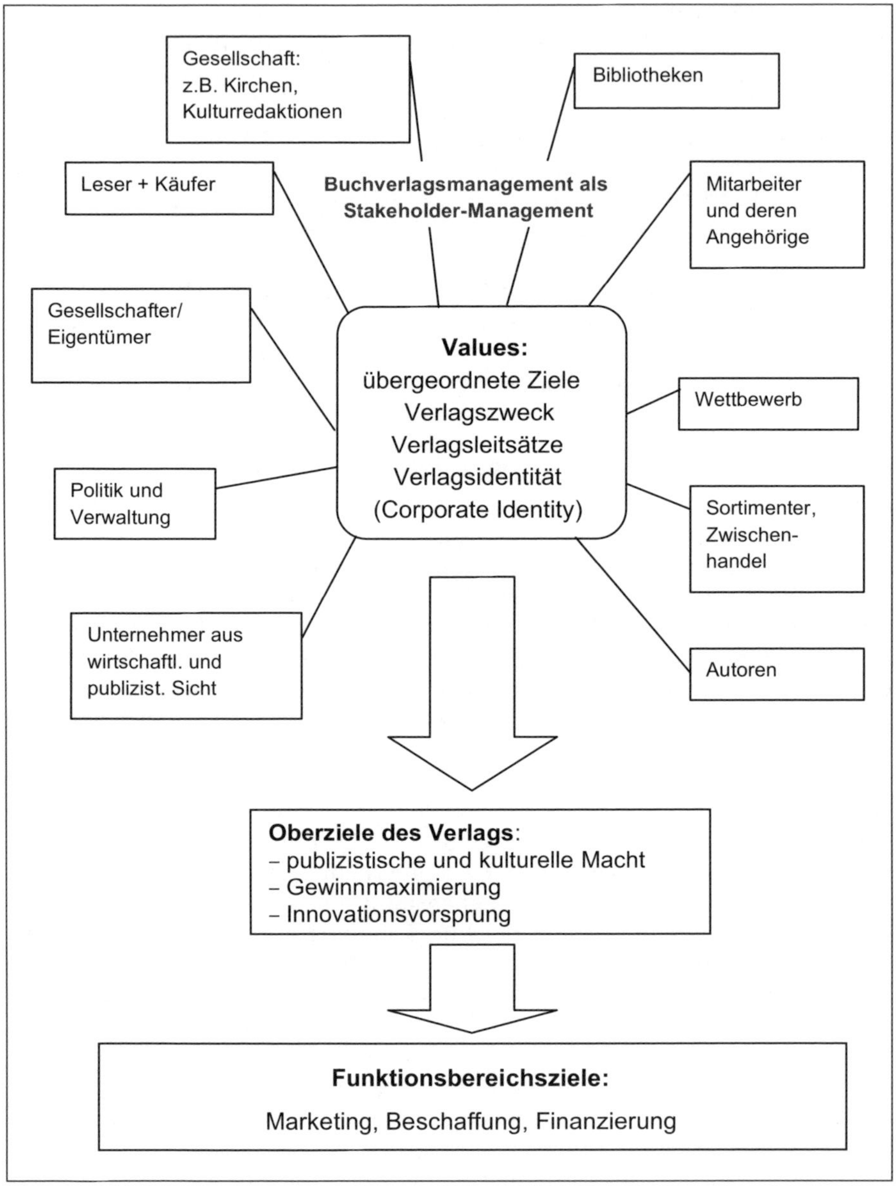

Unternehmensziele im Buchverlag

Die im Rahmen der Marketinganalyse von Seiten der Verlage eingesetzten Verfahren können nicht alle Facetten einer strategischen Analyse gleichermaßen abdecken. Einige Analysemethoden konzentrieren sich stärker auf die Märkte, andere auf die Situation im Verlag selbst, manche Analysemethoden dokumentieren ausschließlich den Ist-Zustand, während andere sehr stark die

Zukunftsprognose in den Vordergrund rücken. Im Folgenden wird eine Reihe von Methoden und deren Anwendungsbereiche und Grenzen anhand von Verlagsbeispielen dargestellt.

4.2 Unternehmensanalyse

Um klären zu können, wo künftig die Chancen für ein Unternehmen liegen, muss zunächst der Gesamtstatus des Verlags selbst geklärt sein. Wo liegen seine Kernkompetenzen? Wie beurteilt man die Position des Verlags, seiner Autoren und seiner Bücher und weiteren Produkte in den wesentlichen Feldern des Marketingmix? Voraussetzung für diese Analyse ist eine Klärung der Unternehmensphilosophie, der Unternehmensziele und der daraus abgeleiteten marketingrelevanten Vorstellungen. In der Praxis wird im Rahmen der Unternehmensanalyse meist ein Checklistenverfahren eingesetzt, das die wesentlichen Funktionsbereiche des Verlags charakterisiert und eine Bewertung der Hauptthemen des Marketingmix zulässt (vgl. Breyer-Mayländer u. a. 2005, S. 141).

Diese Bewertung des Ist-Zustands des Unternehmens kann neben Checklisten mit bipolaren Skalen auch betriebswirtschaftliche Kennzahlensysteme umfassen, wie sie etwa beim Kreditrating der Unternehmen durch Banken eingesetzt werden. In diesem Zusammenhang haben einige Verlage begonnen, das Verfahren der »Balanced Scorecard« einzusetzen, das gerade auch Führungskräften, die nicht aus der Betriebswirtschaft stammen, den Weg zur Arbeit mit Kennzahlen und Steuerungssystemen erleichtern soll. Als Ergänzung zu den marketingtypischen Themenbereichen und Funktionsbeschreibungen im Rahmen der Checklisten werden in einigen Fällen auch Checklisten eingesetzt, die gezielt kritische Bereiche, wie z. B. die Krisenanfälligkeit des Unternehmens klären sollen (vgl. Breyer-Mayländer/Seeger 2006, S. 7).

Die Analyse des Unternehmens selbst liefert aber im Rahmen der »Unternehmensdiagnostik« nur ein unvollständiges Bild. Die derzeitigen vitalen Funktionen sind zwar erkennbar, aber es fehlt die zentrale Wechselwirkung zwischen dem Unternehmen und seiner Umwelt im Sinne eines Gesamtsystems. Daher bedarf zunächst der Markt noch einer gesonderten Betrachtungsweise, da hier die Bedingungen für die Zukunft festgelegt sind. Bezogen auf das einzelne Unternehmen ergibt sich nach Abschluss der Unternehmensanalyse eine strategische Positionsbestimmung, die auch eine Positionierung im Unternehmensumfeld mit einschließt.

4.2.1 Marktanalyse

Die Marktanalyse dient dazu, das Marktpotenzial abzuschätzen (Wie groß wäre der Markt, wenn alle Teilnehmer unendlich große Marketingbemühungen vornehmen würden?) und anschließend das tatsächlich vorhandene Marktvolumen darzustellen. Die Marktanalyse kann jeweils für den kompletten Buchmarkt oder aber auch nur für Teilmärkte (z. B. Ratgebersektor) vorgenommen werden. Dabei werden in der Analyse qualitative und quantitative Kriterien kombiniert. Die Marktanalyse lässt sich auf nahezu alle funktionalen Märkte ausdehnen (Finanz-, Kapital-, Beschaffungs-, Absatzmarkt); der Schwerpunkt liegt jedoch meist im Bereich des Absatzes.

Marktanalyse für Jugendbücher (Schwerpunkt Mädchen zwischen 10 und 12 Jahren)	**Beurteilung** negativ					positiv
	❑	❑	❑	❑	❑	❑
Qualitative Marktdaten	negativ					positiv
a) Kundenwünsche aus:	❑	❑	❑	❑	❑	❑
• Markt-Media-Studien						
• Jugendstudien wie JIM						
• eigenen Befragungen						
• Kundenfeedback						
b) Innovationszyklen						
c) Themenkarrieren der Vergangenheit	❑	❑	❑	❑	❑	❑
d) Serialisierung der Produkte	❑	❑	❑	❑	❑	❑
e) Informationsverhalten der Kunden	❑	❑	❑	❑	❑	❑
f) Preissensibilität	❑	❑	❑	❑	❑	❑
g) Kaufentscheider (Eltern, Multiplikatoren, Kinder)	❑	❑	❑	❑	❑	❑
Quantitative Marktdaten						
• Soziodemografie der Kunden	❑	❑	❑	❑	❑	❑
• Marktvolumen	❑	❑	❑	❑	❑	❑
• Marktpotenzial (geschätzt)	❑	❑	❑	❑	❑	❑
• Marktwachstum	❑	❑	❑	❑	❑	❑
• Marktanteile der führenden Produkte	❑	❑	❑	❑	❑	❑
• Preisentwicklung	❑	❑	❑	❑	❑	❑
• Vertriebsstrukturen (Abhängigkeit vom Handel)	❑	❑	❑	❑	❑	❑

Marktanalyse am Beispiel eines Jugendbuchs (Quelle: Abwandlung des Beispiels von Breyer-Mayländer/Seeger 2006, S. 49)

Ein grundlegendes Problem bei der Marktanalyse ist auch hier wie bei der allgemeinen Strukturierung von Buchmärkten die Frage nach dem »relevanten Markt«. Dies klingt zunächst trivial, aber die Abgrenzung ist eines der Probleme, die in der Praxis nicht einfach gelöst werden können. Blendet man Wettbewerber zu früh als nicht relevant aus, da beispielsweise deren Produkte nicht identisch sind (TV-Sendung zum Thema Finanzen statt eines Ratgebers zum Thema Steuern), so kann dies zu Fehlschlüssen über die Attraktivität des Marktes führen. Auch hier zeigt sich schon die Notwendigkeit, mit Hilfe integrativer Ansätze die Gesamtsituation des Unternehmens und der Unternehmensumwelt zu analysieren.

4.2.2 Wettbewerbsanalyse

Die Informationsbeschaffung über Wettbewerber ist unter dem Stichwort »Competitive Intelligence« seit dem Jahr 2000 wieder stärker ins Blickfeld der Fachöffentlichkeit gerückt. In der Verlagspraxis ist dies auch ein wesentliches Element der Wettbewerbsanalyse, wobei es in vielen Fällen nicht systematisch betrieben wird. Denn bei vielen kleineren und mittelgroßen Buchverlagen fehlt schlichtweg die Kapazität, um kontinuierlich eine Wettbewerbsanalyse durchzuführen, so dass eher kurzfristig und projektbezogen, beispielsweise durch Abschlussarbeiten von Studierenden, derartige Daten erhoben werden. Ähnlich wie bei der Analyse des Potenzials des eigenen Verlags versucht man, dieselben Daten über die Konkurrenten zu ermitteln, zu strukturieren und aufzubereiten.

Beispielhaft sind Informationen zu folgenden Bereichen:

- Inhaber bzw. Gesellschafterstruktur
- Philosophie und Selbstverständnis (ist dieses öffentlich dokumentiert und bekannt?)
- daraus abgeleitete Verlagsziele und Strategien
- publizistische Grundorientierung und Qualitätsstrategie
- Umsatz- und Absatzzahlen der Vergangenheit bezogen auf die Hauptkonkurrenztitel
- Finanzkraft und ggf. Gläubigerstruktur
- personelle Besetzung
- besondere Fähigkeiten im inhaltlichen, technischen oder marktnahen Bereich
- Autorenstamm, Vertragsstrukturen, Marktwert der Backlist
- Rechte und Titel

Aus diesem Grund sind die Informationen über Kollegenbetriebe in den einschlägigen Fachzeitschriften wie etwa *Börsenblatt des Deutschen Buchhandels, Buchreport, Buchmarkt, Buchhändler heute* etc. sehr gefragt. Weitere Quellen sind öffentlich bekannte Daten wie z. B. aus dem GfK-Panel (Gesellschaft für Konsumforschung) oder von MediaControl, die als Basis für eine Einschätzung des Wettbewerbs dienen können. Über neue Projekte erfährt man aus dem Titelschutzanzeiger oder den einschlägigen Titelschutzanzeigen, wenn man die dahinterstehenden Anwaltskanzleien den betreffenden Verlagen zuordnen kann. Andernfalls bleibt zumindest die Erkenntnis, welche Themen künftig auf dem Markt virulent sein könnten. Man kann in der Praxis realistischerweise nicht alle Daten über alle gegenwärtigen und potenziellen Wettbewerber sammeln und strukturieren. Zum einen würde es zu viele personelle Ressourcen binden, zum andern sind einige Informationen auch bei hohem Aufwand nicht auf legalem Weg verfügbar. Es geht daher wie bei den meisten betrieblichen Informationsprozessen nicht um die Vollständigkeit der Information, sondern um eine ausreichende Genauigkeit. Porter schlägt hierfür ein Modell vor, das hilft, die entscheidenden Fragen zu berücksichtigten (vgl. dazu Hörschgen u. a. 1993, S. 35).

4.2.3 Umfeldanalyse

Wie bereits anhand des Ansatzes des Stakeholder-Managements deutlich wurde, ist das unternehmerische Umfeld gerade in der Buchbranche ein maßgeblicher Faktor für den Erfolg. Leichte Veränderungstendenzen im Umfeld können über Jahre hinweg Märkte intensiv beeinflussen, auch wenn die dahinterliegenden gesellschaftlichen Trends keine radikalen Kehrtwendungen, sondern nur langsame Entwicklungen repräsentieren. Dies kann man im Buchsektor sehr gut am Beispiel der Lernhilfen darstellen. Die Diskussion über den Zustand der deutschen Bildungslandschaft im Zusammenhang mit den PISA-Studien hat zu einer steigenden Nachfrage nach Lernhilfen geführt. Das Beispiel zeigt, dass es für einen Verlag wichtig ist, auch das Umfeld mit in die Analysen einzubeziehen.

4.2.4 Integrative Analyseformen

Wer eine möglichst umfassende Sichtweise auf seinen Verlag und die betroffenen Märkte anstrebt, sollte als Basis für die Festlegung der Marketingstrategie eine ganzheitliche Betrachtung anstreben. Eine Reihe von gängigen Analyseformen gehen dabei auf Michael E. Porter, einem der Gründer der strategischen Marktanalyse, zurück, wie etwa die »Five-Forces«. Bei diesem Verfahren wird bei den beiden Marktkräften der Substitutionsprodukte und der potenziellen Wettbewerber bereits deutlich, dass eine Marketingstrategie auch den Blick in die Zukunft richten sollte. Hierfür gibt es eigenständige Methoden:

1. Szenariotechnik: Die Szenariotechnik ist eine Prognoseform, die dazu dient, den für das strategische Management problematischen großen Zeithorizont in unterschiedlichen künftigen Ausprägungsformen der Markt- und Unternehmensentwicklung erfassbar zu machen. Der Begriff »Szenario« stammt ursprünglich aus der Theatersprache und wird in diesem Zusammenhang so angewandt, dass er eine Zukunftsbeschreibung liefert. Die Notwendigkeit für diese Planungsmethode wird mit der Änderungsdynamik (vgl. Geschka 1999, S. 518 ff.) begründet, die seit den 1990er Jahren auch im Buchmarkt immer stärker spürbar wurde.
Die Entwicklung der näheren Zukunft (2 bis 5 Jahre) ist durch die heutigen Entscheidungen des Verlagsmanagements bereits weitgehend festgelegt. Eine Aussage über diesen Zeitraum zu treffen, ist in vielen Fällen zwar schwierig, da man das Leser- und Nutzerverhalten in innovativen Bereichen schwer einschätzen kann, problematischer ist jedoch eine Prognose über längere Zeiträume (5 bis 10 Jahre). Hier werden aus dem engen Bereich des aktuellen Zustands einige mögliche Zukunftszustände abgeleitet. Wenn man den vorliegenden Trend extrapoliert und damit einen Zukunftszustand A vorhersagt, könnte jedoch ein Trendbruch auftreten (z. B. durch einen Technologiesprung, die massenhafte Nachfrage nach E-Books), der am Ende zu einem anderen Trendverlauf mit anderen Ergebnissen führen wird. Dabei zeigt sich, dass die möglichen Abweichungen vom Planszenario umso größer sind, je länger die Zeitachse

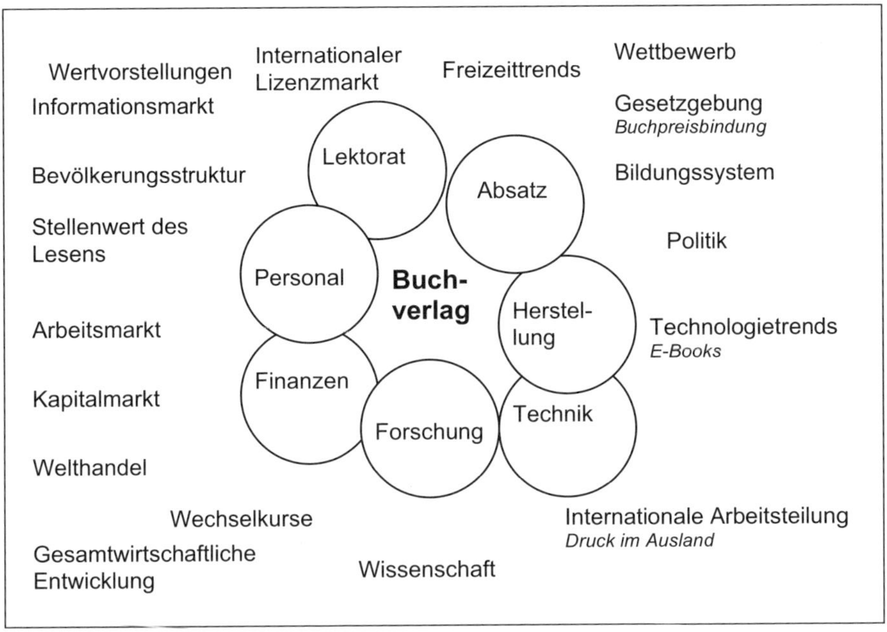

Informationsbedarf für die strategische Planung (Quelle: nach Breyer-Mayländer 2004, S. 93)

verläuft. Deshalb werden bei Prognosen über längere Zeiträume (jenseits der 5 Jahre) eigene Methoden notwendig. In dem in der nachfolgenden Abbildung beschriebenen Szenario (s. S. 218) wird die Prognose, die in einen Trichter möglicher Marktzustände mündet (A1 als Best-Case-, A2 als Worst-Case-Szenario) durch einen Trendbruch beeinflusst. Beispielhaft hierfür sind Szenarien des Verkaufs von E-Books unter Berücksichtigung des Einflusses von Raubkopien und illegalen Downloads im Internet. Das Beispiel wurde ursprünglich für den Musikmarkt dargestellt, es lässt sich jedoch durch die Entwicklung des Marktes auch als Buchbeispiel analysieren. Dies zeigt wiederum, dass es sich lohnt, im Mediensektor produktübergreifendes Medienmanagement und Medienmarketing zu betreiben. Aus den Erfahrungen der Musik- und Filmbranche hat die Buchbranche gelernt (vgl. Wieschowski 2009). Auf der Leipziger Buchmesse 2009 nahm der Hauptgeschäftsführer des Börsenvereins des Deutschen Buchhandels, Alexander Skipis, klar Stellung zur Diskussion um Raubkopien: »Wir werden in aller Schärfe gegen den illegalen Download, gegen den Diebstahl im Internet, vorgehen« und »die Gerichte mit Tausenden von Verfahren beschäftigen«, betonte er in seiner Eröffnungsrede. »Die Politik zwingt uns zu diesem Schritt.« Sie neige zur Bagatellisierung dieses »organisierten Verbrechens«.

Die Grundlagen für die Szenariobildung sind mathematische Simulationsmodelle, die in Verbindung mit Zukunftsstudien (beispielsweise in Form von Delphi-Befragungen von Experten) zum Einsatz kommen. Unter Delphi-Befragungen versteht man eine mehrstufige Befragungsmethode, bei der oftmals

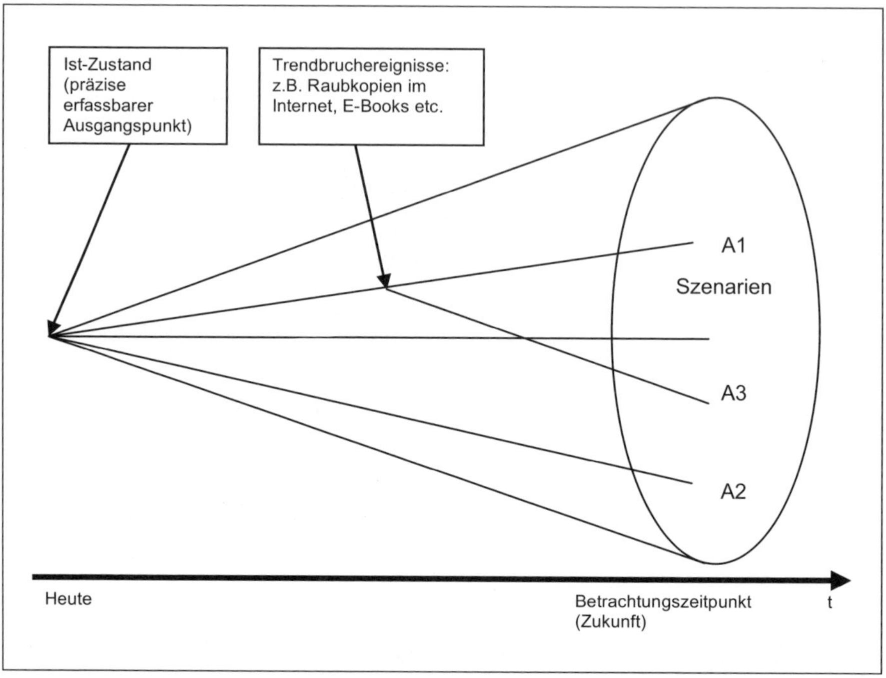

Szenarioablauf im Zeitverlauf – Rolle des Trendbruchs am Beispiel digitaler Raubkopien (Quelle: nach Breyer-Mayländer 2004, S. 94)

mals Experten in mehreren Runden um ihre Einschätzungen zu bestimmten Themen gebeten werden. In den weiteren Schritten werden die Ergebnisse der ersten Befragungsrunde den Befragten zugänglich gemacht, so dass diese die Chance haben, ihre Einschätzungen zu überarbeiten. Zu welchen Ergebnissen derartige Forschungsansätze in Bezug auf den Buchmarkt kommen können, wird in Kapitel VII anhand einer Studie der Ludwigs-Maximilians-Universität München deutlich.

2. Portfoliotechnik und strategische Geschäftseinheit: In allen Märkten, in denen der Absatzmarkt die entscheidende Engpassfunktion im betrieblichen Unternehmensprozess einnimmt, kommt dem Marketing-Management eine besondere Bedeutung zu. Da die Zahlen deutlich belegen, dass es sich im Buchgeschäft um einen Käufermarkt handelt, haben wir daher eine klassische Engpasssituation, für die Kotler/Bliemel (1999, S. 95) die marktorientierte strategischen Planung mit folgenden vier Schritten empfiehlt:
- Formulierung des unternehmerischen Grundauftrags
- Festlegung von strategischen Geschäftseinheiten (SGE) und Geschäftsfeldern (SGF)
- Ressourcenzuweisung für SGEs
- Planung von Wachstum und Neugeschäft

Kotler und Bliemel haben an strategische Geschäftseinheiten folgende Anforderungen geknüpft (ebd., S. 102):

- Die SGE umfasst ein einzelnes oder mehrere verwandte Geschäftsfelder, für die getrennt vom Rest des Unternehmens eine eigene Planung erstellt werden kann.
- Jede SGE hat einen eigenen Kreis von Konkurrenten, mit denen sie gleichziehen oder die sie ausstechen möchte.
- Die SGE wird von einem Manager geleitet, der für die strategische Planung und die Ergebnisse verantwortlich zeichnet, sowie die meisten relevanten Faktoren der SGE steuert.

Für das strategische Marketing-Management im Buchverlag ist die Entwicklung strategischer Geschäftseinheiten eine Voraussetzung für anschließende Analysen der Stärken und Schwächen, was wiederum eine wichtige Entscheidungsgrundlage für die Festlegung der Gesamtstrategie darstellt. Eines der bekanntesten Analyseverfahren ist die Bewertung von strategischen Geschäftseinheiten mit Hilfe der Portfoliotechnik. Diese Darstellungsweise, die ursprünglich aus der Wertpapieranalyse abgeleitet wurde, nutzt einfache Grafiken, um die strategische Grundausrichtungen eines Unternehmens transparent zu machen und somit eine Verbesserung der Entscheidungsgrundlage zu erreichen. Eine der bekanntesten Portfoliodarstellungen (s. Abb. unten) ist das Marktwachstums-Marktanteils-Portfolio der Boston Consulting Group (BCG).

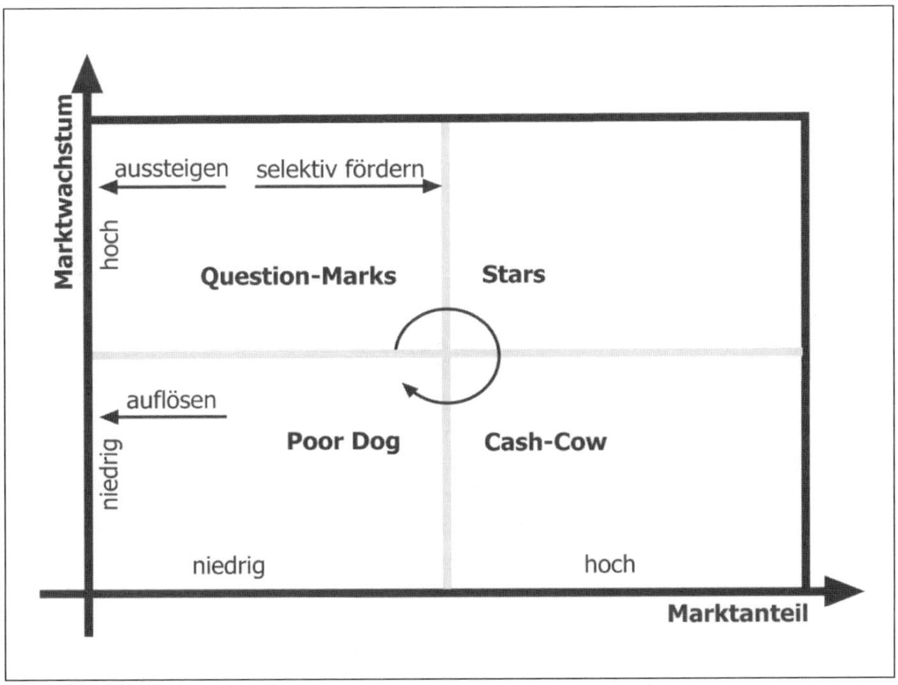

Portfolio-Methode der BCG (Quelle: Breyer-Mayländer/Werner 2003, S. 28)

Diese Art der Darstellung der einzelnen SGEs im Rahmen einer solchen Matrix gestattet es zu beurteilen, welche Position eine SGE entsprechend der üblichen Lebenszyklen von Produkten (siehe Abb. S. 297) einnimmt, und welche Strategie sich daraus ableiten lässt (vgl. Beispiel aus der Buchbranche Breyer-Mayländer u. a. 2001, S. 130 f.).

Im BCG-Portfolio gibt es vier unterschiedliche Basis-Positionen, die mit klaren Strategien verbunden sind.

Question-Mark (Fragezeichen): SGE im Wachstumsmarkt mit geringem relativen Marktanteil; klassische Position zu Beginn; erfordert Zuführung von Geldmitteln (Cash); ständige Überprüfung auf Erfolgsaussichten. Dies ist bei einer Neuerscheinung oder gar einer neu eingeführten Reihe oder eines neuen Programmbereichs die typische Startposition.

Star: Marktführer im Wachstumsmarkt; Cash-Flow noch nicht notwendigerweise positiv, meist mit Gewinn; auf dem Weg zur Cash-Cow. Wenn ein Titel sich gut im Markt entwickelt, wäre dies die konsequente Weiterentwicklung.

Cash-Cow: Wachstumsrate des Markts sinkt unter 10 Prozent; Marktanteil bleibt weiterhin hoch; Größenvorteil und Stückkostenvorteil ermöglichen Alimentierung der restlichen Positionen. Diese Situation ist typisch für gut eingeführte Titel. Dabei unterscheidet sich der zeitliche Verlauf der Lebenszyklen (s. u.) in den Bereichen Fachbuch und Belletristik.

Poor Dog: Geringer relativer Marktanteil in langsam wachsenden oder stagnierenden Märkten; Neupositionierung oder Eliminierung. Bei einem solchen Titel wird entweder eine Neuauflage mit substanziellen Veränderungen geplant oder der Titel wird eingestellt, ggf. durch Aufhebung des Ladenpreises »verramscht«.

Die Standard-Strategien im BCG-Portfolio lauten:

- **Ausbauen:** Marktanteil der SGE soll vergrößert werden trotz kurzfristigem Gewinnverzicht (z. B. Fragezeichen zu Star ausbauen durch verstärkte Werbung für den Autor oder den Titel).
- **Erhalten:** SGE soll Niveau beibehalten, z. B. bei Cash-Cows Verlängerung des Lebenszyklus durch Neupositionierung, wie beispielsweise Re-Design des Covers bei Neuauflagen.
- **Ernten:** Abzug liquider Mittel, d. h. mittel- oder langfristiger Rückzug aus dem Geschäftsfeld; keine Neuinvestitionen in Produktionsanlagen oder Vertriebsstruktur (Anwendung bei schwachen Cash-Cows, Question-Marks, Poor Dogs). Dies ist bei Backlisttiteln der Fall, wo keine weiteren Investitionen in Werbung etc. erfolgen.
- **Abstoßen:** Ressourcen können anderswo nutzbringender eingesetzt werden (häufig bei Dogs und Question-Marks). Rechtzeitiges Abstoßen z. B. von Cash-Cows ermöglicht guten Preis, bevor mit Ernte-Strategie »herabgewirtschaftet« wird. Im Buchsektor wird jedoch bei den Buchtiteln meist erst nach dem Abstieg zum Dog über die Aufhebung des Ladenpreises dieser Wechsel herbeigeführt. Lediglich beim Verkauf kompletter Programmbereiche und Reihen an einen anderen Verlag findet eine frühzeitige Deinvestition statt.

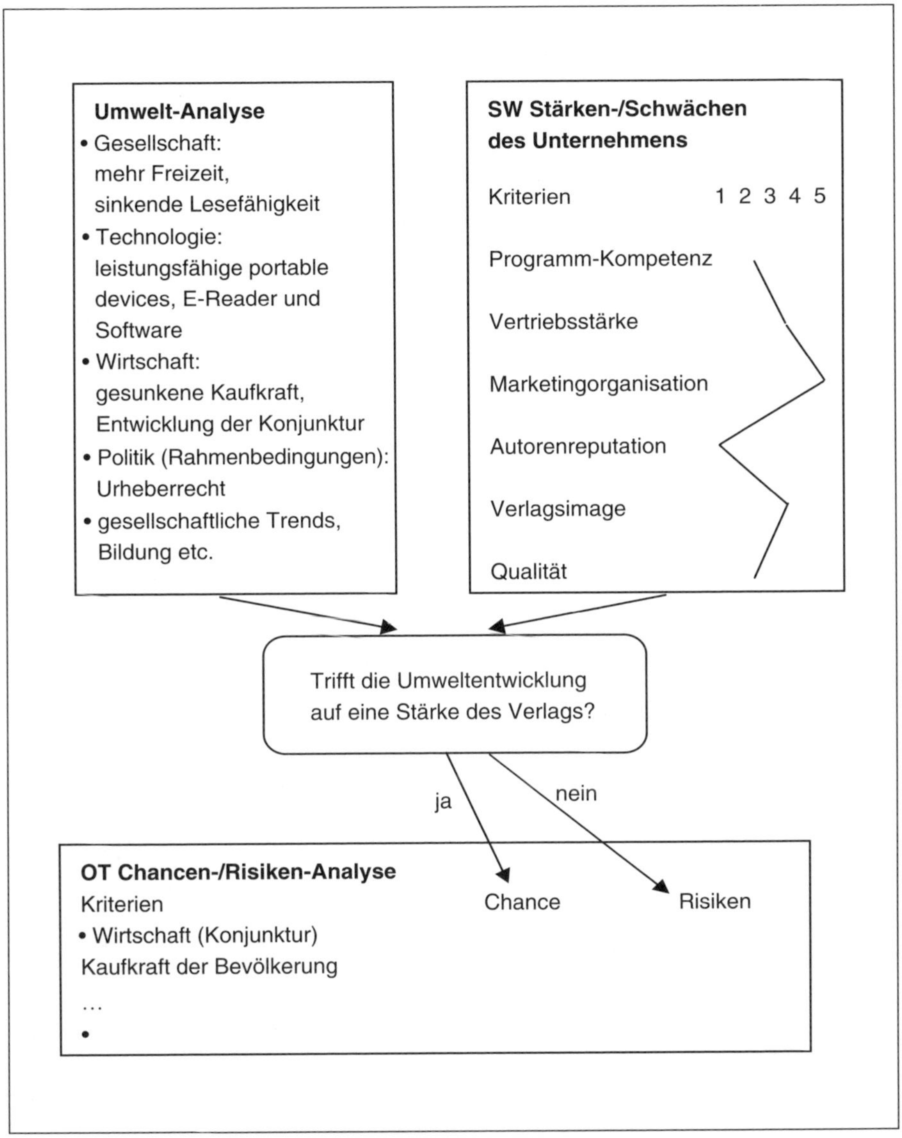

SWOT-Analyse (Quelle: eigene Darstellung, Abwandlung des Modells von Macharzina 1995, S. 256)

3. SWOT-Analyse: Das Zusammenführen von unternehmensinternem und -externem Blickwinkel ist eines der Hauptanliegen der integrativen Verfahren. Eine sinnvolle Bewertung der strategischen Ausrichtung des Verlags setzt voraus, dass die internen *Stärken* und die Chancen in der Umwelt ebenso bekannt sind, wie die *Schwächen* des Verlags und die damit verbundenen Risiken. In

Theorie und Praxis hat sich ein Verfahren etabliert, das unter dem Begriff der SWOT-Analyse beide Dimensionen vereint. SWOT steht dabei für »Strength« und »Weakness« als Dimension der unternehmensinternen Analyse und »Opportunities« und »Threats« zur Beschreibung der externen Situation. Bei diesem Verfahren werden zunächst Polaritätenprofile der internen und externen Situation erhoben. Dabei werden qualitative und quantitative Einschätzungen kombiniert. Ziel ist es, bei der zielstrategischen Analyse mit Hilfe der SWOT-Methode sicherzustellen, dass Stärken des Verlags sich mit Chancen im Markt verknüpfen lassen. Diese Analyse liefert damit einen wichtigen Beitrag für die Strategiebildung, es sollte jedoch darauf geachtet werden, dass hierbei nicht nur bereits bestehende Stärken ausgebaut werden. In der Praxis wird die Methode auch dazu verwendet, die derzeit noch nicht ausreichend vorhandenen Stärken in den Bereichen auszubauen, wo die Umweltanalyse nahelegt, dass künftig gute Chancen für eine positive Entwicklung des Unternehmens bestehen. Bei falscher Auslegung würde es zu einer Fehlbetonung bestehender Stärken und damit zu einem Verharren im »Status quo« führen.

4. Strategische Kontrolle: Unternehmensstrategien dienen dazu, die Bandbreite für das künftige verlegerische Handeln festzulegen. Für den taktischen und operativen Marketingprozess ist daher die Festlegung der Marketingstrategie die maßgebende Rahmenvorgabe. In der Analysephase müssen die Bedingungen des Verlags und der Teilmärkte des Buchgeschäfts überprüft werden. Die Kernkompetenzen des Verlags im Verhältnis zu den Entwicklungen der Märkte und den strategischen Ausrichtungen der Wettbewerber liefern dabei die Grundlage für die Definition der strategischen Geschäftsfelder und die im jeweiligen Geschäftsfeld notwendige Strategie. Dazu müssen unterschiedliche Analysemethoden, wie etwa Szenariotechnik oder Portfoliotechnik eingesetzt werden. Angesichts der unterschiedlich möglichen Basisstrategien, die sich der Theorie zufolge für Buchverlage anbieten, ist es für die Praxis entscheidend, eine sinnvolle Kombination der unterschiedlichen Ansätze vorzunehmen. Die Tatsache, dass der Zeithorizont strategischer Entscheidungen auf eine recht lange Zeit ausgerichtet ist, darf nicht dazu führen, dass im Unternehmen der Eindruck entsteht, die Zielerreichung sei nicht überprüfbar bzw. eine Kontrolle der Zielerreichung sei nicht notwendig. Im Sinne der zyklischen Controlling- und Managementmodelle ist eine permanente Kontrolle der Zielerreichung und im Sinne einer lernenden Organisation (vgl. Morgan 1998, S. 80; vgl. auch Klimecki/Probest/Eberl 1994, S. 69) zudem eine ständige Überprüfung der Zielsetzung notwendig. Strategisches Marketing in Verlagen setzt voraus, dass die hohe Umweltdynamik bei der Festsetzung und Modifikation der Marketingziele und der Marketingstrategien Berücksichtigung findet. Als Kommunikations- und Kontrollinstrument kann hierzu die Balanced Score Card (s. u.) genutzt werden, auch wenn Untersuchungen zeigen, dass in einzelnen Bereichen der Medienbranche diese Methode trotz intensiver Förderung durch Verbände und Beratungsunternehmen noch keine breite Anwendung gefunden hat. Die Kombination qualitativer und quantitativer Parameter ermöglicht eine Betrachtung im Sinne einer integrierten Marketingstrategie.

Dabei ist es für Buchverlage nicht nur wichtig, Führungsinformationssysteme einzuführen, sondern v.a. bei großen und mittleren Verlagen gewinnt der Aufbau von Marketing-Informationssystemen zunehmend an Bedeutung.

5. Balanced Scorecard (BSC): Für die meisten Buchverlage gilt neben der Orientierung an den Interessen der Kapitalgeber (Shareholder-Management) der Grundsatz des Stakeholder-Managements als zentrale Ergänzung (vgl. Karmasin 2003). Die beschleunigte Umweltveränderung führt zu einer Erschwerung des klassischen Planungsprozesses. Ein Forschungsprojekt der Harvard Business School, das sich mit integrierten Kennzahlensystemen befasste und von Robert S. Kaplan und David P. Norton betrieben wurde, führte zum Ansatz der Balanced Score Cards (BSC). Monetäre und nicht monetäre Größen werden bei dieser Methode als Zielparameter im Rahmen des strategischen Managements eingesetzt. Dabei werden auch Größen gesucht, mit denen die Leistung der Unternehmung oder Unternehmenseinheit aus interner (Prozesse, Mitarbeiter) und externer Perspektive (Kapitalgeber, Kunden) messbar wird. Auch soll sowohl die Vergangenheit als auch die Zukunft des Unternehmens mit einbezogen werden. Die Möglichkeit, Balanced Score Cards als Steuerungs- und Kommunikationsinstrument im Verlag zu nutzen, führt dazu, dass es teilweise als Management-System gesehen wird (vgl. Kaplan/Norton 1996, S. 8). Das Modell ist im Grundsatz für Unternehmen aller Branchen gleich (vgl. Horváth/Kaufmann 1999, S. 360). Für Medienunternehmen mit vorrangig publizistischen Interessen, wie Verlage, ist es ein attraktives Modell, da ein besonderes

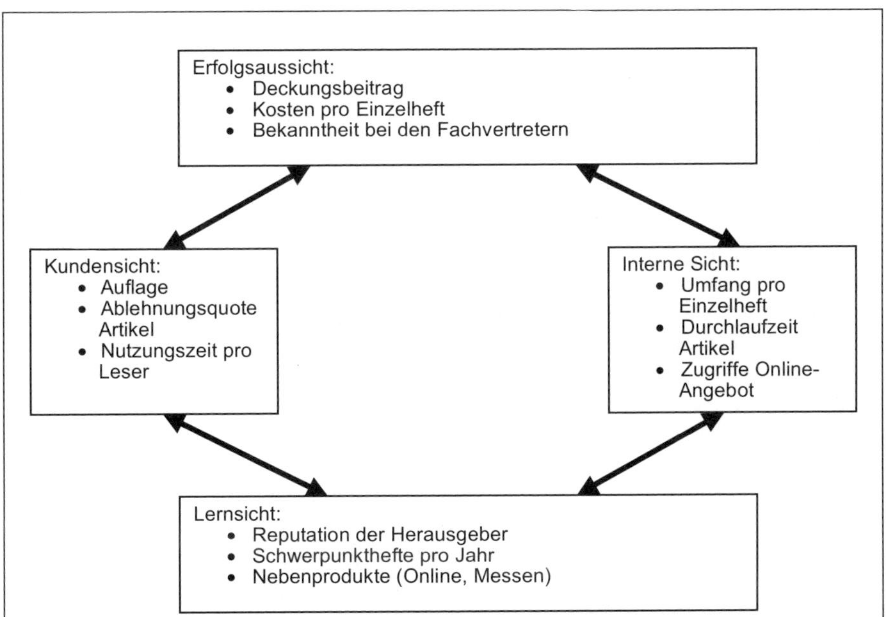

BSC für einen wissenschaftlichen Fachverlag (Quelle: nach Schumann/Hess 2000, S. 221)

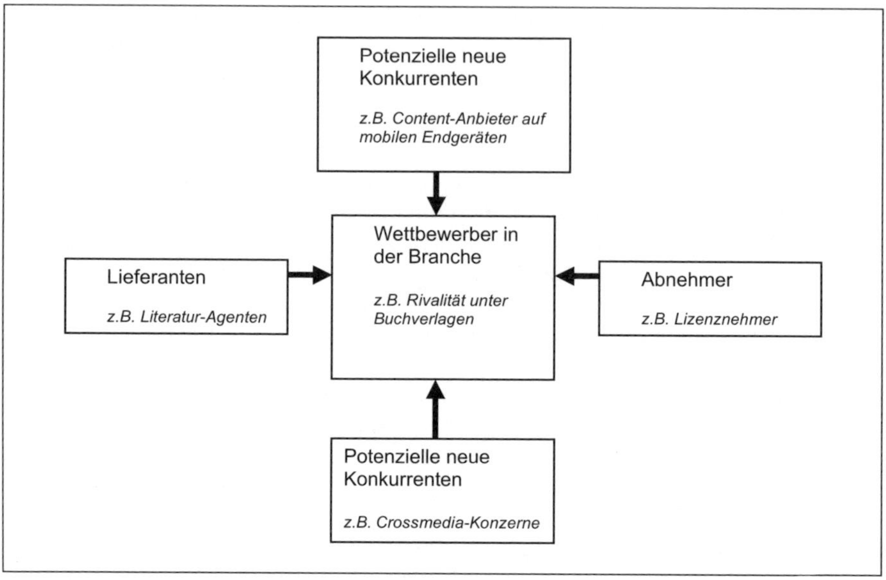

Five-Forces von M. E. Porter (Quelle: nach Porter 1999, S. 34)

Augenmerk auf qualitative Aspekte gerichtet ist (vgl. Sommerfeld 2002). Die Vorteile, die das Instrument BSC für Medienunternehmen besitzt, stellen Schumann/Hess anhand eines wissenschaftlichen Verlags dar, wo der Vorteil der Einbeziehung qualitativer Aspekte gut sichtbar wird.

5. Five-Forces: Bei der Darstellung der geschichtlichen Marktentwicklung im Buchgeschäft (s. Kap. I: Verlagsgeschichte) haben wir uns immer wieder mit der Frage befasst, wie sich die Marktmacht zwischen unterschiedlichen Partnern im Buchverlagsgeschäft darstellt und welche künftigen Entwicklungen hier absehbar sind. Da dies eine elementare Fragestellung für alle Marktteilnehmer ist, gibt es aus der Marketing- und Managementforschung und -praxis unterschiedliche Modelle, die helfen sollen, ein solches Kräftegleichgewicht zu analysieren und die damit verbundenen Chancen und Risiken zu ermitteln. Neben der SWOT-Analyse, bei der die internen Stärken und Schwächen (Strength and Weakness) gegenüber den externen Chancen und Risiken des Marktes (Opportunities and Threats) analysiert werden, sind die Five- Forces zur Analyse von Marktpositionen, die von dem amerikanischen Managementexperten Michael E. Porter entwickelt wurden, eines der bekanntesten Verfahren (vgl. Breyer-Mayländer 2004, S. 80 ff.).

Die einzelnen Wettbewerbskräfte lassen sich dabei wie folgt charakterisieren:

- **Wettbewerb innerhalb des Branchensegments:** Wenn man Unternehmenspraktiker der Buchbranche nach ihrer Wettbewerbssituation befragt, wird im Regelfall die aktuelle Rivalität unter den bestehenden Unternehmen beschrieben. Buchhändler erzählen dann über die neu eröffnete Filiale einer großen Buchhandelskette, und Buchverlage beschreiben die Zahl der Verlage mit ähnlichem Produktspektrum. In der Tat ist die Anzahl der Marktteilnehmer und deren Marktanteile ein erster Hinweis auf die Wettbewerbssituation. Für den Buchmarkt kann man hier in den meisten Segmenten von einem intensiven Wettbewerb unterschiedlichster Marktteilnehmer ausgehen.

- **Potenzielle Konkurrenten:** Der oben dargestellte Vergleich zwischen gleichartigen Unternehmenstypen im Wettbewerb reicht jedoch nicht aus, um die Marktsituation zu charakterisieren. Der alleinige Vergleich der Ratgeberverlage oder Geschenkbuchverlage untereinander liefert lediglich erste Indizien dafür, wie der Markt beschaffen ist. Wichtiger sind zukünftige Entwicklungen. Daher geht es bei der Zahl und Art der Wettbewerber auch darum zu klären, welche neuen potenziellen Wettbewerber relevant sein könnten. Die Gefahr des Markteintritts bisher unbeteiligter Unternehmen hängt zunächst einmal von der Attraktivität der Märkte ab. Wenn ein neues Segment erfolgreich von (häufig kleineren) Buchverlagen erschlossen wird, dann ziehen sehr oft große kapitalstarke Verlage nach. Aus Sicht des analysierenden Unternehmens muss daher festgestellt werden, welche anderen Unternehmen sich für diesen Markt interessieren könnten. Dies schließt auch Wettbewerber außerhalb der Buchbranche mit ein, die bei bestimmten Produkten und Themen den Einstieg in das Buchgeschäft planen können. Beispielhaft sind Eigenverlage von Handels- und Industrieunternehmen, die eigene Bücher produzieren und mit eigenen Vertriebsschienen am klassischen Sortimentsbuchhandel vorbei in den Markt bringen.
- **Substitutionsprodukte:** Eine weitere Gefahr aus der Perspektive der Verlage im etablierten zu analysierenden Markt sind Ersatzprodukte, die die bisherigen im Markt angebotenen Produkte und Dienstleistungen vom Markt verdrängen könnten. Fachbücher können durch Internetpublikationen in ihrer Kernfunktion substituiert werden, und auch im Bereich der Belletristik muss man sich bei der Analyse die Frage stellen, inwiefern andere Unterhaltungsmedien hier den Markt beeinflussen können. Um dies beantworten zu können, muss man mit einer Funktionsanalyse überprüfen, welche Hauptaufgaben die eigenen Produkte aus Sicht der Kunden erfüllen müssen.
- **Verhandlungsmacht der Abnehmer:** Wie bereits oben bei der Beschreibung des Buchhandels angeklungen, ist ein wesentliches Element der Marktanalyse die Frage, welche Position die Unternehmen in den vor- und nachgelagerten Marktbereichen einnehmen. Wie groß ist die Macht, die die Kunden- bzw. Abnehmerseite gegenüber den Herstellern besitzt? Je breiter die Kundschaft verteilt ist, desto geringer ist die Macht der Abnehmerseite. Im Buchsektor ist es für Verlage problematisch, dass der Handel als Abnehmer zunehmend konzentriert auftritt. Je nach Programmprofil des Verlags ist er ohnehin in seinem Umsatz sehr stark von einigen wenigen spezialisierten Händlern abhängig. Die zunehmende Konzentration im Bereich des Handels wirkt sich hier für die Buchverlage sehr negativ aus.
- **Verhandlungsstärke der Lieferanten:** Auch dann, wenn das Unternehmen sehr stark von Lieferanten abhängig ist, schwächt dieser Umstand seine Entwicklungsmöglichkeiten im Markt. Während Übersetzer beispielsweise für

Fachbücher und in der Wissenschaft keine knappe Ressource für die Buchbranche darstellen, da es nach wie vor ein sehr breites Angebot guter Übersetzerinnen und Übersetzer gibt, ist dies bei anderen »Lieferanten« nicht so einfach. Erfolgreiche Lizenzen und Autoren sind trotz der großen Zahl an Autoren ein knappes Gut, und die Verlage sehen sich hier immer wieder einem harten Wettbewerb ausgesetzt.

VI. Marketing für Buchverlage

1. Marketing als Unternehmenskonzeption

Unternehmen haben in einer arbeitsteiligen Gesellschaft die Aufgabe, Dritte mit Gütern zu versorgen. Dieser Ansatz der Fremdbedarfsdeckung beschreibt die Kernaufgabe erwerbswirtschaftlicher Organisationen. Selbst wenn wir im Buchmarkt Verlage haben, deren primäres Ziel nicht die Gewinnmaximierung darstellt, sind Buchverlage doch nach dem ökonomischen Prinzip orientiert und versuchen damit, ihre Organisationsstruktur so zu gestalten, dass eine sinnvolle Ressourcennutzung stattfindet. Dabei handelt es sich in unserer komplexen Wirtschaft um meist überbetriebliche Formen der Zusammenarbeit. In jeder Stufe des Prozesses der inner- und überbetrieblichen Zusammenarbeit findet eine Leistungserbringung statt, die den Wert des Wirtschaftsgutes erhöht, und somit eine weitere Stufe im Rahmen der Wertschöpfungskette repräsentiert (zu den Wertschöpfungsketten vgl. Nieschlag/Dichtl/Hörschgen 2002, S. 6; für die zugrundeliegenden Werte vgl. Breyer-Mayländer 2009). Porter hat 1999 seine grundsätzliche Unternehmensanalyse auf Grundlage dieser Gliederung in Wertschöpfungsketten erstellt. Dies ist mittlerweile nicht nur in der Analyse von Unternehmen der Medien- und Kommunikationsbranche Standard (vgl. Zerdick u. a. 2000, S. 53 ff.). Für Buchverlage ist die Welt in den vergangenen Jahren zunehmend komplexer geworden, da viele Prozessschritte innerhalb oder außerhalb des Unternehmens durchgeführt werden können. Von der Lektoratsarbeit bis hin zur Herstellung sind es unterschiedliche Teilschritte, die von eigenen Mitarbeitern oder von Freelancern erbracht werden können.

Um die entstandene Wertsteigerung der erzeugten Leistungen und Güter als Unternehmen realisieren zu können, müssen die Leistungen von Seiten der Abnehmer honoriert werden. Die betriebswirtschaftliche Funktion, die diese Umwandlung der erzeugten Leistung in wirtschaftlich messbaren Markterfolg sicherstellen soll, ist der Absatz. Solange die Märkte nur mit wenigen Anbietern besetzt waren, wie beispielsweise im Buchmarkt der Nachkriegszeit in Deutschland, war im Rahmen der Absatzfunktion keine besonders aufwendige Marktanalyse und damit auch kein Absatzmarketing im engeren Sinne erforderlich. Rowohlt konnte – wie bereits geschildert – zu dieser Zeit sogar auf Zeitungsrotationspapier gedruckte Belletristik absetzen (»rororo« für Rowohlts-Rotations-Romane). Dies zeigt bereits, dass die Frage, ob der Markt ein entscheidender Engpassfaktor ist und damit dem Marketing eine sehr hohe Relevanz zukommt, von der Markt- und Unternehmenssituation abhängt. Was versteht man nun aber in diesem Zusammenhang unter Marketing und welche Aufgaben innerhalb des Unternehmens verbergen sich dahinter?

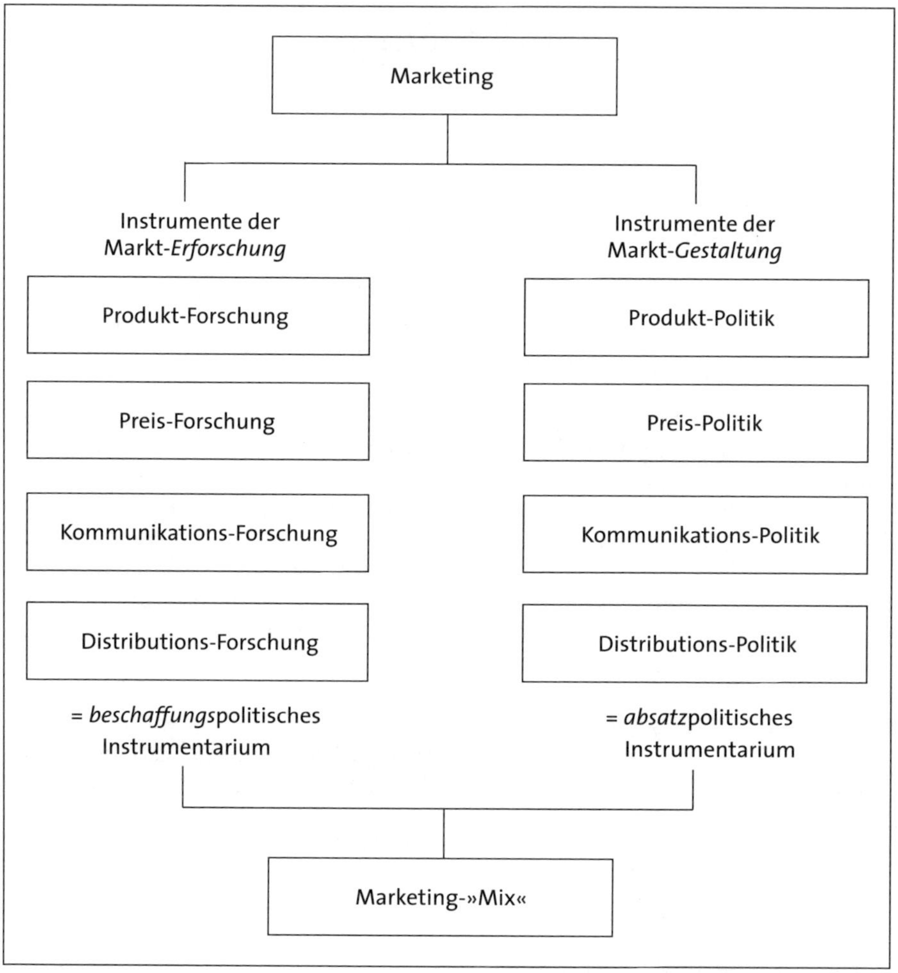

Gliederung des nach Beschaffung und Absatz organisierten Marketing mit Einmündung in ein Marketing-»Mix«

Unter Marketing wird bei den Praktikern oft lediglich die Gesamtzahl aller Aktivitäten verstanden, die ein Unternehmen zur Durchführung und Förderung seines *Absatzes* trifft, und darum wird das Zentrum des Marketing in der Abteilung Vertrieb gesehen. Diese Ansicht ist aber, wiewohl sie einen Aspekt von hervorragender Bedeutung ins Licht rückt, falsch, weil sie nur *eine* Komponente im Marketingprozess berücksichtigt – die als Absatzmarketing zu bezeichnende. Daneben steht das gerade für Verlage wichtige Beschaffungsmarketing – man denke nur an die Autoren – oder den Erwerb von Lizenzen (nicht nur den Verkauf), der durch das Lektorat oder sonst die Abteilung Rechte geschieht. Auch die allgemeine Marketinglehre konzentriert sich nicht auf den Vertrieb. Dieser bildet vielmehr, nach der Logik des chronologischen Ablaufs, als »Distributionspolitik« zeitlich das abschließende (davor stehen aber die Kommunikationspolitik, die Preis- und Produktpolitik, s. das obenstehende Schema), also letzte Glied im absatzbezogenen Marketinghandeln, und neben all diese absatzbezogenen Instrumente gehört noch die vorweggehende Marktforschung. Denn nach der durchgehenden Philosophie aller verbreiteten Marketinglehren bedeutet »Marketing« die Führung des Unternehmens »vom Markt her« und »vom Standpunkt des Verbrauchers aus«. Das heißt, im Gegensatz zum früheren Marketing oder der klassischen »Absatzlehre« steht heute nicht mehr das Produkt am Anfang der Aktivitäten: Nicht das (bereits vorhandene) Produkt ist der Unternehmenskern, nicht von dem Produkt geht alles aus – für das dann »nur noch« (und am Ende) der Absatz zu machen ist –, sondern die Produkte werden vom Markt her entwickelt – als Voraussetzung für den Absatz.

Am Anfang des modernen Marketing stehen daher Beschaffungsmaßnahmen (im Buchverlag die Akquisition von Autoren und die Findung geeigneter Ideen und Themen) im Rahmen einer vom Unternehmen (Verlag) gewählten Produktpolitik, an die sich die angeführten preis-, kommunikations- und distributionspolitischen Maßnahmen anschließen und »den« sogenannten Marketing-»Mix« bilden, in dem alle Aktivitäten aufeinander abgestimmt sein sollen. In der oben stehenden Skizze sind die Instrumente des Marketing schematisch dargestellt. In der nachfolgenden Darstellung wird die Abfolge gegenüber dem Modell allerdings rückläufig, sozusagen »von hinten« begonnen, zum einen, um an die Darstellung der Abteilung Vertrieb gleich mit deren Marketingaktivitäten anzuknüpfen und um andererseits mit dem Autorenmarketing als Abschluss auch eine Gewichtung zu setzen: Dieses Buch schließt mit dem, womit alles anfängt. Der Beginn mit dem Vertrieb entspricht aber auch dem pragmatischen Alltag, weil alle im Verlag am Marketing Beteiligten, d. h. Lektoren, Werber, Vertriebsleute u. a., zu oft nur den Absatz von Titeln besorgen, für deren Beschaffung nicht sie, sondern andere (z. B. Vorgänger) verantwortlich waren.

Der Marketingmix im Buchverlag lässt sich mit Hilfe der in der Marketing-Literatur häufig gewählten Einteilung in vier Abschnitte beschreiben. Diese vier »P« des Marketing, wie sie in der amerikanischen Literatur häufig anhand von »Product«, »Price«, »Promotion« und »Place« erläutert werden, werden in Kapitel 2–5 auf das absatzpolitische Instrumentarium bezogen und in Kapitel 6 auf das beschaffungspolitische.

Der Unterschied zwischen traditionellem Denken in Absatzfunktionen und dem modernen Marketingansatz als Ausrichtung des gesamten Verlags an den Bedürfnissen der Kunden und Märkte, lässt sich gut über die Wertschöpfungskette darstellen. Traditionelle Ansätze sehen im Absatzmarketing einen Teilaspekt des Absatzes, der als Endstufe im betrieblichen Wertschöpfungsprozess definiert wird.

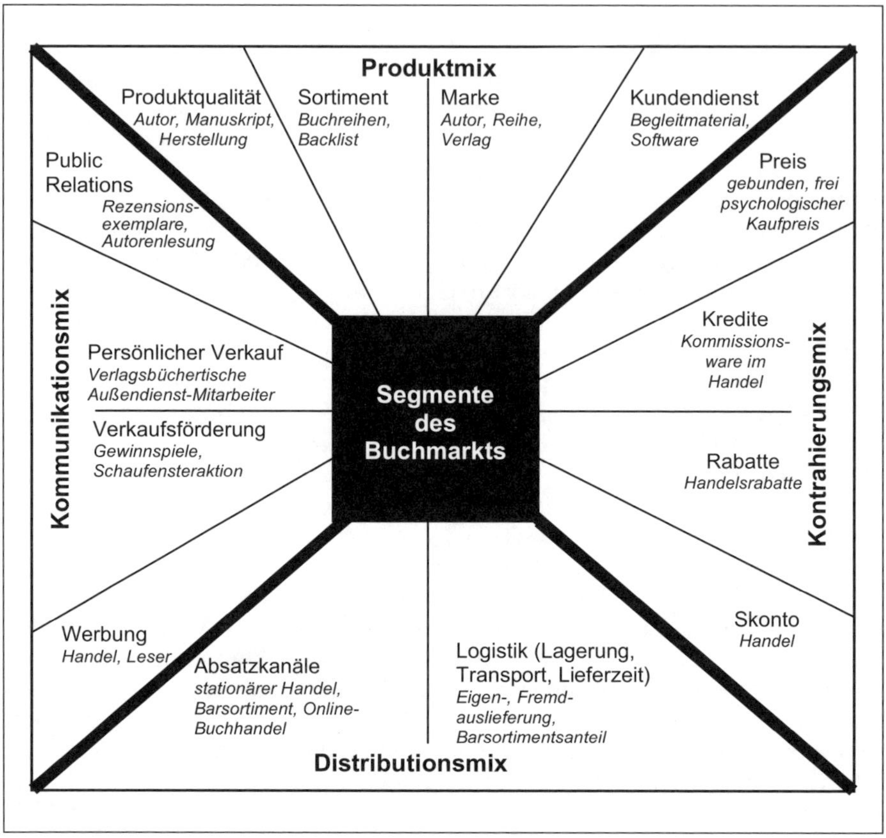

Klassische Gliederung der vier Felder des Marketingmixes bezogen auf den Buchmarkt (Quelle: nach Meffert 2000, S. 115)

Die Bücher wurden konzipiert und produziert und sollen nun dem Nachfrager zur Verfügung gestellt werden. Zugrundeliegt bei dieser Denkweise eine Unternehmenskonzeption, wonach erst am Ende des gesamten Betriebsablaufs die Vermarktung und damit der Kunde einbezogen wird (vgl. Kotler/ Bliemel 1999, S. 130). Dieser Ansatz ist wie aus der obigen Diskussion um Beschaffungs- und Absatzmarketing bereits deutlich wurde, sehr problematisch. Wenn beispielsweise ein Verlag eine Buchreihe konzipiert und in den Markt einführt, die Bedürfnisse des Publikums jedoch erst bei der Markteinführung wahrnimmt, ergibt sich ein hohes Verlustrisiko. Mit viel Aufwand wären in einem solchen Fall Ressourcen für Lizenzen, inhaltliches Lektorat, formale Redaktion, Herstellung und Gestaltung, Druck, Bindung sowie Distribution und Vermarktung eingesetzt worden, um im schlimmsten Fall hochwertig veredeltes Altpapier in Form von Ladenhütern zu produzieren. Dieses Risiko sollte eingeschränkt werden. Von Anfang an muss daher das Produkt am Publikum orientiert werden. Dies ist auch der Grund, weshalb sich Buchverlage

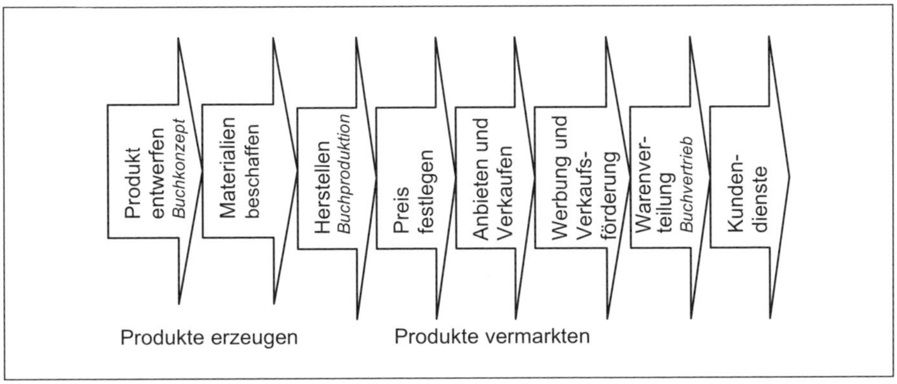

Herkömmlicher Prozess der betrieblichen Leistungserstellung (Quelle: nach Kotler/Bliemel 1999, S. 130)

zunehmend über ihre Zielgruppen, deren Zusammensetzung und Weiterentwicklung Gedanken machen. Nur dann, wenn ein Unternehmen im Markt analysiert, wie die Kernkompetenz des Unternehmens den Bedürfnissen der potenziellen Kunden dient, kann es den vollen Nutzen aus dem Wertschöpfungsprozess ziehen.

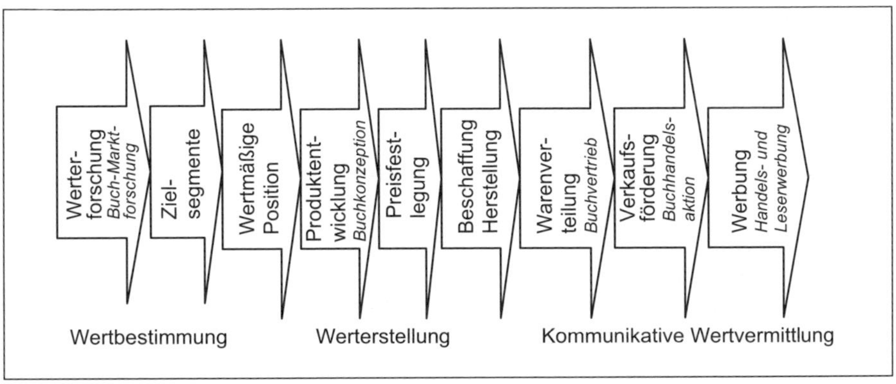

Wertorientierter Prozess unter Einbeziehung der Marktbedürfnisse (Quelle: nach Kotler/Bliemel 1999, S. 130)

Es geht darum, den kompletten Unternehmensprozess an den Bedürfnissen des Marktes auszurichten. Dies setzt voraus, dass es sich bei den Unternehmen um Organisationen handelt, bei denen die Absatzfunktion der entscheidende Engpass im Unternehmensprozess ist. Die Marktdaten aus Deutschland zeigen, dass mit 96.479 Neuerscheinungen im Jahr 2007 (vgl. Börsenverein 2008, S. 62) ein klarer Käufermarkt vorliegt. Mit diesem Schlagwort werden Märkte beschrieben, die durch viele miteinander in Wettbewerb stehende Anbieter gekennzeichnet sind, bei denen der Käufer die entscheidende Instanz ist, die durch Auswahl und Kauf eines Produkts den Markterfolg bestimmt. Im Buchgeschäft ist aufgrund des Käufermarkts Marketing nicht nur als betriebswirtschaftliche Funktion zu analysieren, sondern Marketing ist ein Managementansatz, der die Grundausrichtung des Unternehmens bestimmt. Es geht dabei entsprechend dem Management-Zyklus (vgl. Breyer-Mayländer 2004, S. 7 ff.) um die Planung, Organisation, Anweisung, Koordination und Kontrolle von Marketingaktivitäten. Daraus resultiert die Gliederung des Marketing in Zielfindung, Konzeption und Strategiebildung, an die wiederum die operative Umsetzung der Marketingkonzeption anknüpft. Das Marketing umfasst nun wiederum nach der klassischen betriebswirtschaftlichen Vorstellung die Marketinginstrumente Produktmix, Kontrahierungsmix (Preis-, Rabatt- und Konditionenpolitik), Distributionsmix und Kommunikationsmix (vgl. Meffert 2000). Die Kommunikation, die bei vielen Marketingdiskussionen besonders im Blickfeld steht, wäre demzufolge eine Teilfunktion des Marketingprozesses und würde die Bereiche Werbung und Öffentlichkeitsarbeit mit einschließen. Doch im Buchverlag, wie in anderen Medienunternehmen, ist gerade diese Funktion besonders empfindlich. Medienunternehmen müssen Marketing als eine unternehmensweite Strategie verstehen, da sie als Unternehmen eine Vielzahl von Bezugsgruppen ansprechen. Eine entscheidende Bezugsgruppe ist die Öffentlichkeit, die nicht nur als potenzieller Kunde gesehen werden darf. Buchverlage erzeugen mit ihren Produkten häufig eine Öffentlichkeit, die in der kulturellen, wissenschaftlichen oder politisch-gesellschaftlichen Diskussion relevant ist. Aus diesem Grund besitzen bei der Imagebildung einer Verlagsmarke die Faktoren »Glaubwürdigkeit«, »Zuverlässigkeit« und »Wahrhaftigkeit« eine besondere Bedeutung.

1.1 Spannungsfeld zwischen publizistischem Selbstverständnis und Kundenorientierung

Die Marketingfunktion im Verlag besitzt jedoch eine weitere Besonderheit. Ein Verlag strebt zwar häufig eine Orientierung am Markt und den vorhandenen Leserbedürfnissen an, dennoch besitzt der Verleger, der Lektor oder der einzelne Mitarbeiter auch eigene Vorstellungen über die anzustrebende Ausgestaltung der Produkte. So haben beispielsweise kirchlich dominierte Buchverlage von Seiten ihrer Gesellschafter die Aufgabe, Themen, die aus Sicht der Kirche gesellschaftlich unterrepräsentiert sind, in die öffentliche Diskussion einzubringen. Gerade bei der Schaffung von neuen Formaten im Mediensektor, wie etwa neuen Buchreihen und Zeitschriftentiteln, spielt neben der Markt- und Kundenorientierung, die häufig durch Pre-Tests im Rahmen der Marktforschung abgesichert wird, das journalistische und publizistische Gespür eine Rolle. Rein marktforschungsbasierte Innovationen hätten im Verlagsbereich den Nachteil, dass sie häufig nur »Me-too«-Produkte liefern und damit einen Verdrängungswettbewerb gleichartiger Mainstreamprodukte zur Folge haben. Bei der Diskussion um die Programmpolitik der großen Konzernverlage wird genau diese Haltung von Seiten der eigenständigen kleineren und mittleren

Verlage kritisiert. Die riskante Investition in neue inhaltliche Ideen werde vorrangig von den kleinen geleistet, während die großen Verlage dann auftauchen, wenn das Neue sich schon bewährt hat, um mit einer Scheckbuchpolitik die Autoren abzuwerben und dann hochauflagige Titel im Sinne der »Eonomies of Scale« im Markt zu platzieren.

1.2 Einbindung in die Unternehmensorganisation

Wenn man unterschiedliche Aufbauorganisationen von Buchverlagen unter die Lupe nimmt, sieht man recht schnell, dass es kein einheitliches Modell gibt, wie die Marketingfunktion integriert wird. Die einfachste und nach wie vor sehr gängige Variante sind funktional gegliederte Aufbauorganisationen, bei denen im Verlag die Funktionen Lektorat, Herstellung, Vertrieb und Werbung nebeneinander platziert sind (vgl. die Modelle in Kap. III). Doch schon hier tauchen die ersten Probleme und Mängel auf. Sollen Werbung und Vertrieb in eine einheitliche Abteilung »Absatz« münden, oder schließt man hier nicht die Produktplaner aus Herstellung und Lektorat aus? Die Öffentlichkeitsarbeit bleibt in allen Varianten meist als Stabsabteilung direkt der Verlagsführung unterstellt. Eine integrierte Produktentwicklung, bei der Vertrieb, Werbung, Herstellung und Lektorat eng zusammen arbeiten, ist im Rahmen einer funktionalen Gliederung eines Verlags nur schwer realisierbar.

1.3 Zielgruppen des Buchmarketing

Zunächst stellt sich im Zusammenhang mit dem Buchgeschäft in Deutschland die Frage, welche Zielgruppen bei den Marketingmaßnahmen der Buchverlage angesprochen werden.

Einzelhandel: Die Zielgruppe der Einzelhändler wird von den Buchverlagen sehr viel intensiver angesprochen als im Pressebereich, da ein Abverkauf in den Handel notwendig ist. Der Pressehändler kauft nicht aktiv ein, sondern muss auch die Platzierung von neuen Titeln unter der Vorgabe des »Koordinierten Vertriebsmarketing« akzeptieren. Der Buchhändler hingegen kauft unabhängig und selbständig seine Ware zu verschiedenen Konditionen ein. Dies gilt für die kleine Buchhandlung genauso wie für eine große Kette, die unter Umständen ihren Bucheinkauf in gewissem Maße zentralisiert hat. Die Buchhandlungen mit hohem Umsatzanteil werden entsprechend mehrfach besucht. Diese A-Kunden haben die höchste Priorität. Die Abhängigkeit des Verlags gegenüber diesen Häusern ist entsprechend ausgeprägt. Werblich werden ebenfalls die Händler direkt angesprochen. Dies erfolgt im Rahmen der Kommunikation über Fachzeitschriften, wie *Das Börsenblatt des deutschen Buchhandels, BuchMarkt, Buchreport, Buchhändler heute* etc. sowie über spezielle Programme im Rahmen der Verkaufsförderung und die damit verbundenen Anreize und Werbemittel (Plakate, Displays etc.). Eine weitere Aufgabe ist für die meisten

Verlage die Kooperation mit dem Zwischenbuchhandel. Mit Ausnahme spezialisierter Fachverlage und sehr kleiner Verlage, die nicht das notwendige Volumen für eine Bestellung über das Barsortiment mit sich bringen, ist für die meisten Verlage der Zwischenbuchhandel ein Vertriebsweg, der zwar einen höheren Rabatt in der Summe beansprucht, aber einen schnellen Zugang zum kompletten Markt bietet, da die eigenen Titel bequem auch für Laien recherchierbar sind. Um einen Erfolg wie *Harry Potter* zu ermöglichen, muss der Handel in besonderem Maße aktiviert werden, wie dies bei den Folgebänden durch Lesenächte etc. auch gelungen war.

Leser/innen als Endkonsumenten sind für alle Buch- und Verlagstypen wichtig. Ausnahmen hiervon sind Nischenmärkte, in denen die Leser nur eine abgeleitete Nachfrage vertreten, wie z. B. bei Schulbüchern, wo die Meinung der Verwender ähnlich wie bei Geschenkbüchern erst indirekt in das Urteil der Besteller/Käufer einfließen kann. Für die Leser selbst ist jedoch die Produktpolitik ein entscheidender Parameter, da das Produkt selbst funktionieren und auf Akzeptanz stoßen muss, um erfolgreich zu sein. Der Leser und der Käufer spielen daher bei den klassischen Zielgruppenüberlegungen der Buchbranche eine zentrale Rolle.

Multiplikatoren im Buchmarketing sind Personen, die für die Kaufentscheidung eine maßgebliche Rolle spielen. Dies können Kaufentscheider (z. B. Lehrer, Dozenten oder Eltern), Experten oder Journalisten sein. Bei der Gruppe der Kritiker zeigt sich deren Einfluss auf den Handel dadurch, dass dieser die besonders hervorgehobenen Titel entsprechend prominenter im Orderverhalten und der Platzierung stärker berücksichtigt, als dies bei nicht von Kritikern diskutierten Titeln der Fall ist. Bei der Analyse des Einflussverhaltens von Buchkritiken auf den Absatz zeigt sich, dass Titel von bekannten Autoren bevorzugt von Kritikern aufgegriffen werden. Aus Sicht der Produktpolitik kann somit eine Konzentration auf den Mainstream sinnvoll sein (vgl. Clement/Sambeth 2004, S. 113). Im Übrigen muss sich eine sehr kritische bis negative Kritik keineswegs zwangsläufig negativ auf den Abverkauf auswirken, da das Buch ja wenigstens im Gespräch bleibt.

Novitäten vs. Backlist: Auch bei den in den Marketingmaßnahmen angesprochenen Produkten gibt es eine »Zielgruppe«, die sich je nach Marketingmaßnahme unterscheiden kann. Wenn man die Berichterstattung über die Frühjahrs- oder Herbstbuchmesse wahrnimmt, geht es stets um die neuen Produkte, d. h. die Novitäten bzw. Neuerscheinungen (Rautenberg 2003, S. 374). Die Backlist-Titel hingegen sind bereits erschienene Titel, bei denen noch eine Chance auf Verkauf besteht, so dass sie nach wie vor angeboten werden. Novitäten stehen bei der Marketingplanung im Buchverlag immer im Vordergrund, und die Backlistwerbung wird meist in Verbindung mit der gezielten Werbung für passende Titel der Novitäten verbunden, um zu verhindern, dass aus der Backlist nur noch eine schwach verkaufbare »Back-Last« wird (vgl. Bramann/Kämpfe-Burghardt 2002, S. 33).

2. Distributionspolitik

Geschichte: Nicht immer haben Verlage eine Abteilung »Vertrieb« besessen – aber schon die frühesten Verleger brauchten ein Vertriebssystem. Auch so spektakuläre Verlagsprodukte wie die *Gantze Heilige Schrift* Martin Luthers – gedruckt zu Wittenberg – konnte nicht allein in Wittenberg abgesetzt werden. Der Verleger musste also von Beginn an Fernhändler werden und, sofern er diese Funktion nicht selbst wahrnehmen konnte, andere beauftragen. Schon Fust und Schöffer, die Gutenberg um seinen Erfolg gebracht hatten, erreichten den ihren nur durch das Ausschicken eines reisenden »Buchführers«, der auf den Handelsstraßen zu den Messezeiten den Fernhandel besorgte. Konrad Henliff war somit der erste Verlagsvertreter oder fest angestellte Verlagsreisende im heutigen Sinn in Deutschland. Schon kurze Zeit später erreichte die Angebotspraxis der reisenden Buchführer Formen, welche die modernen Verlagshistoriker unverblümt als Hausierhandel bezeichnen (als Beispiel etwa bei Hiller/Strauß 1975, S. 33 f.). Wenn das zutrifft, hat der Verlagsvertrieb bereits in der Frühdruckzeit den »Türdrücker« gekannt.

Gegenwart: Heute unterscheidet die Marketinglehre zunächst zwischen der »physischen« und der »akquisitorischen« Distribution. Für Laien wie Fachleute bedürfen beide Arten der Distribution der Erläuterung.

Begriff und Theorie der *physischen Distribution* kommen eigentlich von der Logistik her, also der Lehre von der (früher militärischen) Güterverteilung. Allgemein versteht man darunter für die Marktwirtschaft »die Gesamtheit aller Vorkehrungen, die zu treffen sind, damit die jeweiligen Absatzleistungen im richtigen Zustand, zur richtigen Zeit, und am gewünschten Ort in der jeweiligen Menge zur Verfügung stehen« (Behrens). Für die Verlage ist damit die Auslieferung gemeint. Bei der *akquisitorischen Distribution* geht es um das Einholen oder Erreichen von Vorbestellungen oder Verkäufen durch bestimmte Organe auf verschiedenen Kanälen. Die »Organe« sind dabei z. B. fest angestellte oder selbständig arbeitende Personen: »Die Gesamtheit der Personen, die mit der Beschaffung von Aufträgen für eine Unternehmung betraut ist, wird als Vertriebsorganisation definiert« (als Beispiel etwa bei Böcker/von Eckardstein/Hauzeneder u. a. 1990, S. 38). Konkret wird damit der Bogen vom einfachen Außendienstmitarbeiter bis zum verkaufenden Geschäftsführer gespannt. Die fest Angestellten oder Reisenden sowie die Selbständigen oder Vertreter werden allgemeiner auch als Absatzhelfer oder als Absatzmittler bezeichnet. Als Helfer oder Mittler können aber nicht nur Personen fungieren: Z. B. ist eine verlagseigene Auslieferungsfirma ein Helfer oder ein (fremder) Sortimentsbuchladen ein Mittler. Die »Kanäle« bezeichnen die Wege, auf denen die von den Organen beschafften Aufträge in Form von Waren an den Besteller und Letztkäufer fließen, beim Buch etwa den Großbuchhandel, die Sortimente oder den Warenhausbuchhandel. Wird über den Zwischenbuchhandel bezogen, heißt die Distribution »zweistufig«, wird an den Einzelhandel geliefert, spricht man von »Einstufigkeit«; beide Formen des Absatzes sind indirekt. Mit »indirekt« wird zum Ausdruck gebracht, dass der Handel in den Verkaufsprozess einbezogen ist und der Verlag beispielsweise nicht unter Umgehung des Handels per Mail-Order direkt an den Leser liefert. Wiewohl die Kanäle die Wege des physischen Absatzes darstellen, gehören sie dennoch auch zur akquisitorischen Distribution, da die Vorbestellungen bzw. Aufträge zuvor beim Großhandel, den Sortimenten, dem Warenhausbuchhandel usw. akquiriert worden sind. Im Verlagsmarketing haben die Verlage die Aufgabe, zu überprüfen, wie sie unter Markt-, aber auch unter Kostengesichtspunkten die physische Distribution einerseits und die akquisitorische Distribution andererseits optimieren können. Bei der physischen Distribution lautet die Frage, ob die Eigen- oder eine Fremdauslieferung sinnvoller ist. Bei der akquisitorischen Distribution geht es darum, ob Reisende oder Vertreter dem Marketing der Verlage mehr nützen (Organe), und schließlich darum, die Vielfalt der vorhandenen Vertriebswege (Kanäle) und darüber hinaus gegebenenfalls neue, die noch zu eruieren sind, in dem sogenannten Distributionsmix zu kombinieren.

2.1 Eigen- oder Fremdauslieferung?

Bei den kleinsten Verlagen steht das Problem im Grunde nicht zur Debatte, da sie aufgrund der erreichbaren Umsätze von den Fremdauslieferern nur zu Konditionen bedient werden, die ihnen zu teuer sind, so dass sie ohnehin bei der Selbstauslieferung bleiben. Für die größten ist das Problem durch die Praxis geklärt, da die Großen eigene Auslieferungen gegründet haben. Die Entscheidungsfrage entsteht also hauptsächlich für den (durchschnittlichen, typischen) mittelständischen Verlag, der noch eine eigene Auslieferung hat und sie vielleicht auslagern möchte oder ausgliedern könnte.

Das Hauptargument für den eigenen Vertrieb ist die größere Marktnähe. Abgesehen von den Besuchen des Außendienstes hat hier der Verlag den einzigen direkten Kontakt zum Sortiment. Insbesondere dort, wo der Kontakt auch telefonisch geführt wird, erhält der Verlag ständig Marktinformationen außerhalb der Besuchsreisen. Die Sortimente können nach einer individuellen flexiblen (statt generell statischen) Konditionenpolitik bedient, Sonderwünsche etwa beim Bezug ohne Umwege über den Großhändler behandelt oder Remissionsfragen sofort endgültig geklärt und entschieden werden. Insgesamt werden die Beziehungen zum Buchhandel gefördert. Hat ein Verlag auch private Kunden (das können im Schulbuchbereich durchaus 70% sein), entstünde mit Kommissionären sehr oft das Problem, dass sie nur an Buchhandlungen liefern oder bei der Lieferung an die privaten Bezieher vom Verlag eine höhere Kommissionsgebühr fordern.

Andererseits stehen neben den unübersehbaren Vorteilen gravierende Nachteile. Der schwerwiegendste ist die Langsamkeit des Systems. Die Kundenbelieferung erfolgt ja über die klassischen Versanddienstleister wie die Post oder die Bahn, und die Lastwagen des Büchersammelverkehrs, die alle Kommissionsfirmen täglich anfahren, nehmen Beischlüsse von Verlagen nur im halbwöchentlichen Turnus oder einmal pro Woche auf. Verschlimmert wird die Situation zusätzlich in Spitzenzeiten, d.h. für die Schulbuchverlage vor Schuljahresbeginn, für die Wissenschaftsverlage vor Semesterbeginn oder für Verlage allgemeiner Art beim Weihnachtsgeschäft, weil dann die vorhandene Kapazität der Selbstauslieferung nicht ausreicht, während Kommissionäre ihre Verlage so auswählen, dass das Jahr hindurch eine gleichmäßige Auslastung entsteht und sie in verbleibenden Spitzen »Springer« (zusätzliches Personal) einsetzen. Neben der für den Buchhandel unliebsamen längeren Lieferzeitdauer (im Laden führt sie nicht selten dazu, dass interessierte Leser wegen der Wartezeit von der Bestellung absehen) stehen aber für den Verlag die seit Jahren kontinuierlich wachsenden Kosten, die 1975 noch 8 Prozent (inklusive IT) ausmachten und im Jahr 2002 jedoch bereits bei ca. 20 Prozent liegen, während sie bei Großverlagen durchaus noch bei 8 Prozent liegen können (Wantzen 2002, S. 46). So gibt es gewichtige Gründe, die eigene Auslieferung zugunsten des externen Dienstleisters aufzugeben. Theoretisch und kostenmäßig müssten die Fremdauslieferer alle mittleren Verlage wirtschaftlicher ausliefern können. Marketingmäßig würde die kritische Lieferzeit überbrückt, der Vertrieb von administrativen Tätigkeiten entlastet, könnte sich mehr seinen (eigentlichen) Marketingaufgaben zuwenden und dies gegebenenfalls unter Ausnutzung der meist sehr viel effektiveren IT des dienstleistenden Partners. Dagegen stehen freilich der Verzicht auf den permanenten Direktkontakt mit dem Kundenstamm, der Verzicht auf den individuellen flexiblen Kundenumgang und – unternehmenspolitisch betrachtet –, da von den rund 30 überhaupt vorhandenen Auslieferern nur drei das Hauptgeschäft auf sich ziehen, eine nicht zu unterschätzende Marktkonzentration. So sind denn für kleine und mittlere Verlage auch die noch zusätzlich anzusprechenden Mit- und Gemeinschaftsauslieferungen alternative Modelle, auch, weil sie dort mehr Mitsprache- und Mitbestimmungsrecht haben.

2.2 Reisende oder Verlagsvertreter?

Dass in der Abteilung Vertrieb drei verschiedene Arten von Außendienstmitarbeitern eingesetzt werden können, nämlich der große, der kleine Handelsvertreter und der Reisende, ist aus dem Kapitel zum Vertrieb noch in Erinnerung.

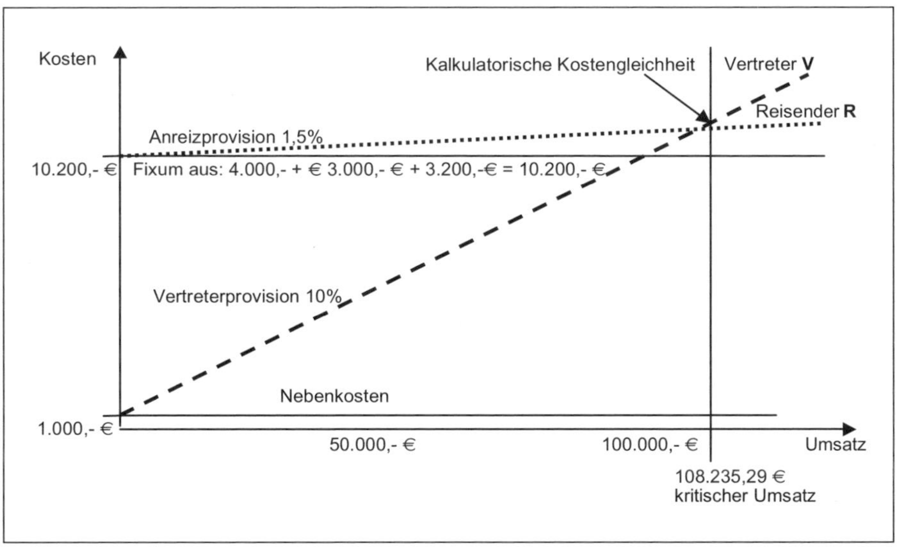

Kosten von Handelsvertretern (V) und Reisenden (R) in Abhängigkeit ihres Umsatzes

Desgleichen fanden sich bereits dort Hinweise darauf, dass sie aus Kosten- und Marketinggründen nicht gleichartig einsetzbar sind. Dem soll nun hier aus der Kosten- und Leistungsperspektive nachgegangen werden.

2.2.1 Kosten

Die Einsetzbarkeit in Bezug auf die Kosten lässt sich sehr anschaulich verdeutlichen, wenn man von dem »kleinen« Handelsvertreter absieht und den »großen« Handelsvertreter dem Reisenden direkt gegenüberstellt. Die folgende Vergleichsrechnung geht von Zahlen der Praxis aus, wie sie teils in der Fachliteratur veröffentlicht sind, und wurde, wo erforderlich, nach betriebswirtschaftlichen Gesichtspunkten ergänzt (vgl. Stiehl 1980, S. 328; vgl. auch Weiß 2005, S. 73 ff.). Danach erhält ein Vertreter sehr oft eine zehnprozentige Vertreterprovision des Nettoumsatzes aus seinen Verkäufen plus zusätzlich zur Abgeltung von Nebenkosten eine Monatspauschale von beispielsweise 1.000,- Euro. Der Reisende bekommt als Angestellter ein Grundgehalt von beispielsweise 4.000,- Euro, sowie eine Fahrtkostenpauschale von 3.000,- Euro plus zusätzlich eine anderthalbprozentige Anreizprovision zur Verkaufsstimulierung. Bei ihm ist aus Sicht des Verlags dann noch zu ergänzen, dass wegen seiner festen Anstellung bis zu 80 Prozent (als Lohnnebenkosten) auf das Grundgehalt aufzuschlagen sind (hier im Beispiel 3.200,- Euro). Tut man dies, dann lässt sich errechnen, bei welchem Umsatz der Vertreter oder der Reisende den Verlag dasselbe kosten; in dem Schaubild ist die Rechnung grafisch dargestellt.

Nur im kritischen Umsatzpunkt, wenn sich beide Kurven schneiden, sind die Kosten also gleich, darunter sind Handelsvertreter billiger, darüber die Reisenden. Der kritische Umsatz von hier im Beispiel rechnerisch genau 108.235 Euro muss als betriebsindividuelle Kennziffer betrachtet werden. Derzeit (2010) gilt als Faustregel etwa die Größenordnung von 1–1,5 Mio. Euro Jahresumsatz als Größenordnung für ein Vertretergebiet.

Ginge es nur um Kostengesichtspunkte, müsste der Verlag in jedem Fall mit Handelsvertretern starten. Das gilt übrigens nicht nur für Gründungs- und Kleinstverlage, weil der erwartete Pro-Kopf-Umsatz pro Außendienstgebiet im Jahr beispielsweise für einen Publikumsverlag im Bereich von 1 bis 1,5 Millionen Euro liegt (Stand 2009). Diese Schwelle ist jedoch bei sehr vielen Verlagen nicht erreichbar. Oberhalb des kritischen Umsatzes müsste der Verlag theoretisch seine Handelsvertreter kündigen, was jedoch rechtlich nicht einfach und gemeinhin mit hohen Entschädigungskosten verbunden wäre. So wird man, sobald diese Grenze erreicht ist, Reisende bei der Neueinstellung hinzuziehen, falls man aufgrund der mit ihnen erzielbaren Marketingleistungen (nicht direkt umsatzbezogener Art, s. u.) ihre höheren Kosten nicht schon vorher in Kauf nimmt.

2.2.2 Leistung

Entgegen den Kostengesichtspunkten die Leistungen von Reisenden in Anspruch zu nehmen, kann für die Verlage nämlich tatsächlich notwendig sein, wenn sie bestimmte **Marketingziele** erreichen wollen. Vertreter leben von ihrer Provision, d. h. dem Verkauf – also suchen sie bestimmte (kleine) Sortimente gar nicht erst auf. Schon in den Nachkriegsjahren hieß es, dass unter einem Umsatz von 500,– DM in einer Buchhandlung der Besuch sich für beide Seiten nicht lohne, und zum Ende der DM-Zeit war es bereits das Vielfache. Vertreter können ihren Umsatz auf die bestgehenden Titel des Verlags konzentrieren (und den »Rest« des Programms vernachlässigen), sie können, sobald sie mit dem Programm des betreffenden Verlags einen für sie befriedigenden Umsatz erzielt haben, den Besuch weiterer Buchhandlungen einschränken (und damit das vorhandene Marktpotenzial unausgeschöpft lassen). Da sie »freie« Vertreter sind, kann der Verlag ihnen kaum Weisungen geben: So entsteht für den Verlag unter Umständen sogar das Problem, seine eigene Vertriebsorganisation nicht steuern zu können. Dies trifft insbesondere kleinere und mittlere Verlage, die somit Schwierigkeiten haben, den notwendigen Zugang zum Buchhandel und damit zum Publikum und zum Markt zu bekommen.

Aus Gründen wie diesen ist nicht nur eine Ergänzung der Vertretermannschaft von einer kritischen Umsatzgröße ab richtig, sondern die aus Kostengründen nicht allein rechtfertigbare Hereinnahme von Reisenden geradezu notwendig. Reisende sind anweisbar. Sie müssen, wenn der Verlag es will, sich ausreichende Zeit für Service und Beratung des Buchhändlers nehmen (was sie auch können, weil sie aufgrund ihres Gehalts über ein sicheres Einkommen verfügen und nicht unter Verkaufszwang stehen), und nutzen damit dem Kunden. Sie können durch Ermittlung der Reaktion der Händler auf das neue und alte Programm sowie zu Werbekampagnen des Verlags (oder von Konkurrenten) verlagseigene Marktforschung leisten und damit Verlagszielen nützen. Der Verlag schließlich verfügt durch die Einflussnahme auf die Tourenpläne und die Besuchsfrequenzen über Steuerbarkeit, und durch die Tages- und Wochenberichte über Kontrollmöglichkeit. Auch die Erschließung zusätzlicher Buchhandlungen kann man bei Reisenden per Auftrag anzielen. Reisende schließen also mit Dienstleistungen, die der Verlag von ihnen verlangen kann, Lücken, die die Vertreter meist hinterlassen.

Vertriebsleiter sind deswegen gehalten, schon bei kleineren Außendienststäben Vertreter und Reisende nach einem sinnvollen Konzept zu *kombinieren*. Dies kann z. B. geschehen, indem die Reisenden die für die Vertreter nicht lukrativen kleineren und entlegeneren Sortimente alleine besuchen und in den größeren durch Zweitbesuche die Marketingarbeit der Vertreter ergänzen, deren eigentliche Aufgabe in der Präsentation der Novitäten besteht. In den sehr großen Literatur- und Wissenschaftsverlagen ist dies speziell für den Besuch der großen Buchhandlungen eine konfliktfreie Lösung, weil ein Handelsvertreter neben den Novitäten nicht auch noch z. B. 2000 bis 4000 Titel der Backlist betreuen kann; die mittleren Verlage müssen versuchen, die etwa auftretenden Konflikte intern zu lösen.

2.2.3 Die Steigerung der Vertreter- und Reisendenleistung

Um die Arbeit des Außendiensts effizient zu gestalten, bedarf es einer Reihe von Impulsen und Aktivitäten, die vom Verlag ausgehen. Da die Vertreter und Reisenden später bei ihren Besuchen im Laden auf sich alleine gestellt sein werden, können sie ihre Verhandlungen um so erfolgreicher führen, je mehr sie zuvor durch ein *Briefing* des Verlags sowie durch *Schulung und Training* dazu fähig gemacht wurden. Damit nicht mehr nur die Vertreter, sondern auch die Reisenden ein Maximum von Verkaufsabschlüssen anstreben, muss der Verlag durch ein *Anreizsystem* dazu die Motivationen schaffen. Schließlich bedarf ein Außendienst in weit stärkerem Maße als andere rein interne Abteilungen wie Werbung oder Herstellung der Führung, die bei der Zielsetzung anfängt und eine Kontrolle am Ende erfordert. Hinter den theoretischen Postulaten befinden sich konkrete Anwendungsmöglichkeiten.

1. Führung und Zielsetzung: Die Ziele bestehen im Erreichen oder Erhalten, meist der Erhöhung bestimmter Absätze und Umsätze. Sie beziehen sich nach den gängigen Kriterien als erstes auf die gesamte Buchproduktion allgemein (i. d. R. mit Backlist), danach speziell auf Programmteile (Belletristik, Ratgeber), auf Buchtypen (Hardcover, Taschenbuch), Regionen (Großstädte, Land), Kundentypen (Warenhaus, Sortiment) und Auftragsgrößen (durchschnittlicher Mindestab- oder -umsatz pro Buchhandlung) oder auch Besuchshäufigkeiten u. a. Es geht also im ersten Schritt um die Definition der Gesamtleistung, die gefordert wird, und im zweiten um die Art und Weise, in der sie erbracht werden soll. Vorstellungen darüber haben Vertriebsleitung und Verlagsführung schon vor jeder Halbjahreskonferenz des Außendienstes entwickelt, es wäre jedoch falsch, die Planungsvorgaben als Geschäftsleitungsbeschluss einfach »durchzusetzen«. Erfahrungen belegen immer wieder, dass sich Planungsvorstellungen nur dann ungestört durchsetzen und auch erfüllen lassen, wenn die Verkäufer sie akzeptieren. Es ist sogar sinnvoll, sie an der Bildung der Zielsetzungen zu beteiligen, weil dadurch Konsens entsteht (die Ziele werden dann für vernünftig und erreichbar gehalten) und durch die Mitwirkung des Außenstabes durchaus eine realistische Marktkomponente ins Spiel kommt (Planungen auf der höheren Ebene allein sind oft Sandkastenspiele).

2. Briefing und Training: Für das Briefing wäre es falsch, wenn die Festlegung der Verkaufsziele bereits im Vorfeld erfolgen würde, denn erst das Briefing ermöglicht die Einschätzung des neuen Programms und stünde unter schlechten Voraussetzungen, falls es bei der Zielsetzung zu Unstimmigkeiten käme. Richtig ist es, den Vortag der Vertretersitzung, wie erwähnt, zur Bereinigung von Diskrepanzen der zurückliegenden Reise zu nutzen, damit diese sich nicht auf die neue Saison übertragen und einen Misserfolg durch unwillige Teilnahme an der Präsentation präjudizieren.

Der Vertrieb hat für das Briefing selbst somit drei Hauptaufgaben. Die *erste* obliegt dem Leiter. Er hat dafür Sorge zu tragen, dass es nicht von Beginn an mit Relikten aus der Vergangenheit überschattet wird, sondern dass im Vertriebsteam innere Aufnahmebereitschaft besteht. Die *zweite* liegt bei den

Außendienstmitarbeitern. Sie müssen das Präsentierte auch wirklich wahrnehmen. Es darf nicht, wie oft berichtet, der Eindruck entstehen, dass der Außendienst nicht begreift, was er verkauft. Die *dritte* und vielleicht wichtigste Forderung wendet sich an das Lektorat. Es reicht nicht aus, einen Titel nur durch das Verlesen eines vorgefertigten vervielfältigten Texts vorzustellen (auch Referate erhöhen eher die Distanz zwischen Lektorat und Vertrieb). Es kommt vielmehr darauf an, eine direkte, lebendige Ansprache zu finden, die die Bedeutung des Autors und des Themas sowie den Inhalt verdeutlicht und dadurch gleichzeitig einen Eindruck von der Kompetenz des Lektorates vermittelt. Beides ist wichtig, nicht nur um eine Würdigung des neuen Programms zu erreichen, sondern auch, um eine Motivation herzustellen. Weitere Aktivitäten, die das Briefing und auch den Verkauf verbessern können, sind z. B. Schulungen beispielsweise für Lektoren. Wenn es stimmt, dass Lektorate immer wieder hervorragende Programme bilden, beim Außendienst aber eine andere Meinung entsteht, verweist dies auf Defizite in der lektoratsmäßigen Präsentationstechnik. Verlage müssten sich also überlegen, ob sie nicht durch rhetorische Seminare ihren Lektoren das Know-how einer optimalen Präsentation vermitteln, denn die Lektoren sind die ersten Verkäufer eines jeden Programms. Schulbar sind als zweites die echten Verkäufer, die Vertreter und Reisenden. Während eine Schulung von Lektoraten noch in den Kinderschuhen steckt und viel innovative Arbeit verlangt, kann man hier auf den Fundus an Literatur zur Verkäuferschulung und zum Verkaufstraining zurückgreifen, den beispielsweise Lexikonverlage längst adaptiert und umgesetzt haben. Zu unterscheiden ist hier zwischen der aktiven und passiven Methode. Während bei der *passiven* neben der Lektüre auch Vorträge, die Dia-Schau, die Tonbild-Schau und Filme zur Anwendung kommen, die aber alle nur der Verbesserung der Kenntnisse und des Wissens dienen, führt die *aktive* Methode zur Verbesserung und Optimierung der Fähigkeiten. Die verlagsbezogenen Anwendungen sind z. B. das Rollenspiel, das betreute Verkaufsgespräch, das Gruppenverkaufsgespräch und Videotraining.

3. Motivation und Anreizsystem: So, wie der Außendienst nicht demotiviert sein darf, wenn er ins Briefing hineingeht, muss er motiviert sein, wenn er die Verkaufsreise antritt: Wenig motivierte Verkäufer bleiben mit ihren Leistungen hinter dem Erreichbaren zurück – im schlimmsten Fall lancieren sie ein Programm in den Abgrund.

Motivation kann immer auf zwei Weisen erzeugt werden, nämlich durch ideelle oder materielle Anreize. Zur ideellen Motivation kann das besagte Briefing beitragen, wenn ein Buch oder ein gutes Programm nach einem guten Briefing als verkaufs»würdig« dasteht. Ein solcher Effekt kann auch entstehen, wenn nicht das Lektorat, sondern der Autor ein Briefing bzw. die Präsentation vornimmt. Wird das Programm außer für verkaufs»würdig« auch noch für verkaufs»fähig« gehalten, traut sich der Außendienst nicht selten gegenüber der Erwartung »das Doppelte« zu. Auch die Schulung trägt zur Motivation bei – in der Regel ist eine Motivationssteigerung direkt nach dem Abschluss von Schulungen festzustellen. Die Motivation ist hier in der Hauptsache bereits materiell gerichtet, denn der Verkäufer erwartet eine Steigerung seiner Leistung. Die reine materielle Motivation wird durch ein monetäres Anreizsystem geschaffen, d.h. durch Entgeltsysteme, die sowohl den Reisenden wie den Vertreter zu einer für den Verlag optimalen Ausübung seiner Tätigkeit motivieren. Zunächst haben beide eine Grund-Motivation, nämlich dadurch, dass man dem einen ein sicheres Monatsgehalt gibt und der andere über die Provision die Höhe seines monatlichen Einkommens praktisch selber bestimmt. Daneben werden Motivationen auf der Sub-Ebene gesetzt. Da der Reisende in keinem Fall so verkaufsmotiviert sein kann wie der Vertreter (er darf eine besuchte Buchhandlung ohne eine einzige Bestellung schadlos verlassen, ein optimaler Verkäufer würde bei einem reinen Gehalt sein Einkommen nicht steigern), erhält er eine – wenn auch vergleichsweise geringe – Anreizprovision, als Zusatz wie in der Grafik (s.S. 237) bereits verdeutlicht. Da sich der Provisionsvertreter von seiner eigenen Motivation her (er lebt vom Verkauf) auf die Titel mit hohem Umsatz pro Stück oder/und hoher Umschlaghäufigkeit konzentriert (sogenannte »Brocken«- und »Schnelldreher«-Motivation), sowie aber andererseits ab einem für ihn befriedigenden Umsatz für das Programm gegebenenfalls keine zusätzlichen Aktivitäten entwickelt, muss der Verlag versuchen, ihn mit einer gezielten Provisionspolitik zum Handeln im Sinn des Verlags zu bewegen. Als Beispiele seien das Mittel der »flexiblen Grundprovision« genannt (z.B. Grundprovision 10 Prozent vom Nettopreis, umsatzstarke Programmsparten bis 3 Prozent darunter, umsatzschwache bis 3 Prozent darüber), die »bezugsformenabhängige Provision« (RR-bestellte Titel werden geringer provisioniert als fest bestellte, für Festbestellung liegt die Provision höher) und die »bestellzahlabhängige Provisionsstaffelreihe« (z.B. ab 50 Verkäufe fest oder RR im Gebiet 7 Prozent, ab 100 Verkäufe 11 Prozent, bei Einzelstückprovision 5 Prozent). Ein Mittel, das auch für die Reisenden geeignet ist, sind die Prämien, etwa für den Gewinn zusätzlicher Kunden. Ein weiteres Mittel für beide besteht in einer direkten Beteiligung beider an dem Verlagsgewinn, indem eine zusätzliche Jahresausschüttung aus dem erzielten Gewinn gezahlt wird, wobei man beispielsweise die Tantieme an den durchschnittlichen Provisionssatz aus allen Programmarten bindet. Natürlich lassen sich nicht alle Beispiele in allen Verlagsformen verwirklichen, die in ihnen möglichen würden aber weitere Paradigmen setzen. Das materielle Anreizsystem ist das wichtigste Instrument zu der sonst sehr schwer realisierbaren Vertreterlenkung.

4. Kontrolle und Analyse: Die Planung und Zielsetzung für die Außendienstreisen wären sinnlos, wenn abschließend keine Kontrolle erfolgte. Kontrolle heißt in dieser Phase Auftragskontrolle, was über die an den Verlag gesandten Bestellformulare mit den Aufträgen oder elektronische Übermittlung leicht möglich ist. Sowohl für den einzelnen Titel wie für Programmsparten kann man verfolgen, ob die Vorbestellungen die prognostizierten Erwartungen erfüllen, darüberliegen oder dahinter zurückbleiben. Besonders wenn sich ein schlechterer Erfolg als erwartet einstellt, ist nach der Ursache zu fragen. Die erste Möglichkeit ist die Verkäuferbefragung. Als zweites erfolgt die Händlerbefragung, denn wenn die Verkäufer zu wenige Abschlüsse erreichen, besteht die Gefahr, dass sie sich durch andere Gründe als die wirklichen entlasten. Zum Dritten muss eine zweite, erneute Konkurrenzanalyse erfolgen, denn es kann sein, dass an sich gute und verkaufbare Titel durch nicht vorhergesehene bessere Publikationen, Novitäten der Konkurrenz, abgedrängt wurden. Schließlich können bei gesamtheitlichen Einbußen über das ganze Programm Branchen- und Wirtschaftstrends die Ursache sein. Wichtiger als die Kontrolle ist also die Analyse der Abweichungen, weil sonst die Orientierungswerte für die nächste Saison falsch liegen werden und man einem Außendienstmitarbeiter nicht klarmachen kann, dass ein gegenüber dem Ziel geringeres Ergebnis schon ein Optimum darstellte oder ein gutes noch verbesserbar war.

Bei der Steigerung der Absatzleistung des Verlags gibt es die Möglichkeit, im Rahmen der Kombination aus Kommunikations- und Distributionspolitik die Leistung der Verlagsorganisation zu erhöhen. Wenn neue Programmreihen oder Aktionspakete in den Handel hinein verkauft werden sollen, ist es aus Verlagssicht falsch, sich allein auf die Verkaufsleistung des Außendienstes zu verlassen. Entsprechend der Gliederung des Handels in A, B, und C-Kunden ist ohnehin klar, dass lediglich bei den umsatzstarken Händlern der Kategorie A ein Vertreterbesuch möglich ist. Hier zeigen sich die Vorteile des Telefonmarketing, wo unter Einbeziehung entsprechender Dienstleister ein Outbound-Callcenter oder die Vertriebsmannschaft des eigenen Hauses eingesetzt werden kann, um die Titel in den Handel zu bringen. Es gibt einige Verlage, die dieses Instrument sehr häufig oder gar regelmäßig parallel zur klassischen Außendienstarbeit einsetzen und nicht nur die B-Kunden, sondern auch die A- und B-Kunden auf diesem Weg betreuen. Andere Verlage fürchten bei einer zu häufigen Inanspruchnahme von Outbound-Telefonaten um die gute Beziehung zum Handel und setzen das Instrument bei den A-Buchhandlungen nur im Fall von Sonderaktionen ein.

2.2.4 Abgestufte Vertriebsbemühungen

Im Buchgeschäft hat sich der Trend zur gezielten Kundenbearbeitung verstärkt. Da man bei einer ABC-Analyse der Buchhandelskunden im Verlag sehr schnell feststellen kann, dass man mit rund 20 Prozent der A-Kunden oftmals entsprechend dem Pareto-Prinzip 80 Prozent des Umsatzes erzielen kann, muss eine gezielte Differenzierung in der Kundenbetreuung stattfinden. Für die Betreuung der Großkunden hat sich nicht nur in der Medienbranche, sondern auch in anderen Umfeldern des Business-to-Business (B2B)-Vertriebs das *Key-Account-Management* durchgesetzt. Der Key-Account ist in der Lage, die Kunden gezielter und individueller zu betreuen und sichert damit aus Sicht des Verlags den Erfolg in den entscheidenden Marktsegmenten. Ziel dieser Sonderbehandlung der guten Kunden ist es, die Kundenbindung zu erhöhen, Sonderwünsche der Kunden besser aufzunehmen, Anregungen für künftige Titelplanungen mit zu berücksichtigen, gemeinsame Sonderaktionen (Verkaufwettbewerb o.Ä.) zu planen und insgesamt eine langfristige gegenseitige Zusammenarbeit sicherzustellen. Ob man die Zuordnung eines Kunden zum Key-Account nur am Umsatz orientiert, hängt vom Produktspektrum und der Philosophie des Verlags ab. Es kann für einen Publikumsverlag auch sinnvoll sein, an prominenten Plätzen – trotz begrenztem Abverkauf – mit einer guten Platzierung präsent zu sein, so dass eine entsprechend sichtbare Buchhandlung sicherlich auch ohne

Erreichen von Umsatzschwellen interessant bleibt. Die Ausrichtung des Buchvertriebs in Key-Accounts auf der einen Seite und der zunehmend filialisierte Bucheinzelhandel mit einem zentralen Einkauf auf der anderen Seite begünstigen die Marktkonzentration im Handel. Für die lange Jahre prägenden mittelgroßen Sortimenter wird das Agieren am Markt dadurch noch schwieriger.

Im Rahmen der Darstellung der Vertriebsaktivitäten muss man bei der gezielten und abgestuften Behandlung des Sortiments auch das Thema Telefonmarketing mit einbeziehen. Bei einigen Verkaufsaktionen sowie bei der Betreuung der weniger umsatzträchtigen Partner hat das Telefonmarketing im Buchverlag in den vergangenen Jahren sehr stark an Bedeutung gewonnen. Es bleibt zu hoffen, dass bei den Geschäftspartnern nicht dieselben fatalen Sättigungseffekte auftreten, die dieses Marketinginstrumentarium beim Endverbraucher zunächst inhaltlich entwertet und später rechtlich erschwert haben.

2.3 Die Wahl der Vertriebskanäle

Ermittlung und Wahl der Kanäle bilden den zweiten Teilbereich der akquisitorischen Distribution. Zwar sind die Kanäle die Wege, auf denen die Ware zum Kunden ab- oder hinfließt, aber diese – ob Barsortiment oder Einzelbuchhandel oder Warenhaus – sind gleichzeitig die, auf denen vorher die Vorbestellungen akquiriert wurden, die anschließend zu Nachbestellungen führen und schließlich zur laufenden Beziehung. Insofern besteht die Zuweisung zur »akquisitorischen« Distribution zu Recht, zumal über die gewählten Kanäle (Sortimentsbuchhandel, Warenhaus) auch andere und neue Käufergruppen erreicht werden (vgl. im Englischen deswegen: *channel-policy*).

Viele Verlagspraktiker denken viel zu oft, dass der Vertrieb hier den geringsten Spielraum habe, da im Grunde nur die klassischen Vertriebsschienen Sortiment und Barsortiment blieben. Dabei gab es und gibt es immer wieder Beispiele erfolgreicher unkonventioneller Vertriebsformen, ist das Spektrum der konventionellen Formen in Wirklichkeit groß und entstehen innovative Vertriebsformen z. B. durch die Einbeziehung buchnaher oder die Adaption branchenfremder Vertriebsformen des Inlands und Auslands. Ein unkonventionelles Erfolgsbeispiel bietet ein walisischer Wirt, der sein Buch »stationär« über den Tresen seiner Kneipe verkaufte. Unkonventionell waren auch die Verkaufsautomaten des Reclam Verlags in seiner Leipziger Zeit, der die Bände seiner »Universal-Bibliothek« auch als »Reclams Automaten-Bücher« mittels über 2000 Automaten von den 1910er Jahren bis nach dem Ende des Zweiten Weltkriegs mit jährlich 1,5 Millionen Stück (zusätzlich!) verkaufte. Innovativ ist oder war auch die Erschließung des buchnahen Presse-Grosso als uns heute geläufigen Kanals für den Vertrieb von zunächst Taschenbüchern, dann aber auch Hardcovern. Innovativ war ferner die Kooperation der großen deutschen Buchgemeinschaften mit den branchenfremden Versandhäusern wie z. B. Otto, wodurch in dem für den konventionellen Vertrieb gesättigten Nationalmarkt ein neues Potenzial entstand. Weitere Innovationen werden nur kurz benannt: das Rack-Jobbing, Merchandising, das Franchising, Mail-Ordering, Tele-Ordering, Telefonmarketing etc., die in bestimmten Verlagssparten bereits adaptiert worden sind: Beispiele wie diese belegen die Fülle an alternativen und neuen Vertriebsideen, die bedacht werden können. Daneben müssen viele Verlage noch prüfen, ob sie bereits alles getan haben, um die scheinbaren »Nebenmärkte« zu öffnen.

Die Wahl der Kanäle ist also keineswegs eng (und wird auch nicht auf den Vertrieb über die »Kaffeeröstereien« hinauslaufen, wiewohl die Beispiele Eduscho und Tchibo gezeigt haben, dass die Wahl eines Vertriebswegs den Erfolg eines Buchs machen kann). Der Verlag muss in der Regel so vorgehen, dass er zunächst für sich analysiert, ob er stark oder wenig *buchhandelsabhängig* ist. Im Fall eines potenten Taschenbuchverlags etwa wäre die Buchhandelsabhängigkeit groß; er müsste in jedem Fall über das Barsortiment distribuieren und im Sortiment sogar einen maximalen Distributionsgrad anstreben. Im Fall eines kleinen spezialisierten Verlags etwa von höchstpreisigen Vollfaksimile-Editionen (mit Preisen von 1000 Euro, 3000 Euro, 10.000 Euro und mehr, wie z.B. die mittelalterlichen »Stundenbücher« oder das *Lorscher Evangeliar*) hingegen schiede ein Vertrieb über das Barsortiment von vornherein aus, würde schon ein Dutzend ausgewählter Buchhandlungen ausreichen und das Geschäft zu 90 Prozent neben dem Buchhandel direkt abgewickelt, denn für solche Produkte besteht eine extreme *Buchhandelsunabhängigkeit*. Die Wahl ist also derart zu treffen, dass durch die Kombination sowohl der notwendigen als auch der möglichen Kanäle der optimale »Distributionsmix« entsteht.

Wie im Zeitschriftenvertrieb ist im Buchbereich Distributionspolitik im Verlag häufig Channel-Policy, d.h. die Auswahl der Vertriebskanäle muss genau überlegt werden. Auch im Buchsektor gilt dabei das Prinzip, dass die Forcierung eines Kanals zulasten der Rentabilität der übrigen Kanäle geht (Channel-Conflict). Der Einstieg in den Online-Vertrieb wurde beispielsweise von Bertelsmann (Random House) sehr langsam und zögerlich umgesetzt. Bertelsmann war zur Startphase des Internetbuchhandels ein Konzernverbund, der unter seinen Töchtern und Geschäftsfeldern die Bereiche Buchverlag, Buchhandel, Buchclubgeschäft, Direktmarketing, sowie damals die Online-Agentur Pixelpark vereinte. Alles Kompetenzen, die man als wichtige Voraussetzung für den Online-Buchhandel nutzen könnte. Man hätte nun erwarten können, dass dieses Haus sich sehr früh und mit großem Elan in den Online-Buchhandel oder gar die Online-Direktvermarktung der Buchverlage stürzt und eine dominierende Rolle in dem neuen Geschäftsfeld spielt (vgl. Breyer-Mayländer 2004a, S. 61). Jedoch zeigte sich hier, dass die Furcht, im Rahmen des Channel-Conflicts den traditionellen Buchhandel zu schwächen und die Buchhändler als Feinde zu haben, zu einer wenig konsequenten Marktzutrittsstrategie geführt hatte.

Aus Marketingsicht kommt der Wahl der Vertriebskanäle eine große Bedeutung zu, da damit eine Entscheidung über die maximale Verbreitung des Buchs (Präsenz im Markt) und durch die unterschiedlichen Handelsspannen/Rabatte auch ein großer Einfluss auf die Gesamtrentabilität des Verlags genommen wird. Wenn man als Kunde ein Buch im Sortimentsbuchhandel, d.h. einer normalen Buchhandlung kauft, kann es aus dem einstufigen Vertrieb (Verlag-Buchhandel) oder aus dem zweistufigen Vertrieb (Verlag-Barsortiment-Buchhandel) stammen. Wenn die Käufer in der Buchhandlung einen Titel nicht finden und ihn bestellen, gibt es zwei Möglichkeiten. Ist der Titel auch über Barsortiment verfügbar, kann der Buchhändler ihn für den nächsten Tag zusagen. Liefert der Verlag jedoch nur direkt an den Handel, kann das mehrere Tage, sogar Wochen dauern. Diesem Nachteil der mangelhaften Marktpräsenz steht aus Sicht des Verlags der Vorteil gegenüber, dass der Verlag weniger Rabatte für den Handel einräumen muss. Bei gängigen Titeln, die in hoher Stückzahl vom Buchhandel geordert werden, wird daher dieser Weg bevorzugt.

Der Erfolg des Distributionsmixes lässt sich anhand der Abverkaufszahlen im Vergleich zu ähnlichen Segmenten und Titeln überprüfen. Das Mediacontrol-Panel ist bei Buchverlagen ein Instrument zur Abverkaufskontrolle, aus dem auch die Bestsellerlisten generiert werden. Diesen Listen kommt bei der Kommunikationspolitik eine wichtige Rolle zu, da damit Trends (Aufwärts- oder Abwärtstrends gleichermaßen) verstärkt werden, was man auch selbstkritisch als »Lemmingeffekt« bezeichnet (vgl. Lucius 2005, S. 218). Um im Markt präsent zu sein, muss sich ein Buchverlag in die Situation seiner Kunden versetzen und sich überlegen, wie er erreichen kann, dass sein Produkt für jeden seiner Kunden erreichbar ist. Für Bestseller mit populärem Profil wie etwa Autobiographien Prominenter aus Sport- und Show-Business oder gängige Taschenbücher können dies auch Märkte des Lebensmittel-Einzelhandels (LEH) sein (vgl. Vertriebskanäle im Buchmarkt, in Breyer-Mayländer u. a. 2005, S. 283).

Da man die Kanäle, wie bereits erläutert, nach den Kriterien *direkt* oder *indirekt* sowie *einstufig* oder *mehrstufig* ordnet, stehen im Prinzip folgende Kanäle zur Verfügung und können versuchsweise in der nachstehenden Reihenfolge im Sinn einer Check-Liste geprüft werden.

2.3.1 Direkte Distribution

1. Mail-Ordering: Hier beliefert der Verlag den Endabnehmer selbst, nachdem er zuvor beispielsweise aufgrund von Werbeanzeigen Bestellungen erhalten hat. Das eigentliche Mail-Ordering, das auch Angebote gezielt versendet (Mail-Order-Package), benötigt allerdings eine aktive Adressen-Datei. Der Pool kann selbst aufgebaut werden (bemerkenswert ist das Beispiel eines mineralogischen Verlages, der in einer überregionalen Wochenzeitung und in Fachmagazinen die Gratiszusendung von mineralogischen Postern – aus Überdruckbogen seiner Bücher – anbot) und hat dann den Vorteil der kostenlosen ständigen Wiederbenutzung, oder er wird durch Kauf erworben. Dabei werden im Regelfall die Adressbestände für konkrete Projekte gemietet, und deren Gebrauch wird vom Verkäufer (Adressbroker wie z. B. die Schober-Gruppe) mit Kontrolladressen geprüft, so dass eine unbezahlte Mehrfachverwendung ausgeschlossen ist. Der Verlag profitiert beim Mail-Order-Vertrieb dadurch, dass er den sonst dem Buchhandel zufließenden Sortimentsrabatt (plus eventuell einen Zwischenhandelsrabatt) einbehält und in der Hauptsache nur die Kosten für Versand und Verpackung trägt, so dass das Mail-Ordering bei fast allen höherpreisigen Büchern Profit bringt; der Verlag muss aber die Reaktion des Buchhandels bedenken. Mail-Ordering ist fallweise für einmalige Projekte denkbar, kann für eine turnusmäßige Wiederholung (z. B. bei Lexika) richtig sein oder zum ausschließlichen Mail-Order-Verlag fahren (Time-Life), der zusätzlich in den Buchhandel distribuiert (ADAC).

2. Telefonmarketing, Telefonverkauf: Auch hier kontaktet der Verlag den Endabnehmer, doch ist der Name Telefon»verkauf« irreführend, denn der Gesetzgeber gestattet in Europa keine sogenannte »Kaltakquise«, bei der potenzielle Kunden ohne deren ausdrückliches Einverständnis angerufen werden. Durch die Verschärfung des Rechtsrahmens (es drohen Sanktionen in einer Größenordnung von bis zu 50.000 Euro) lässt sich diese Marketingform nur noch dann einsetzen, wenn durch vorausgehende Kontakte eine formal gültige Einverständniserklärung des Angerufenen eingeholt wird. Dies wird derzeit vor allem durch Werbebriefe mit Befragungen und Gewinnspiele erreicht. Erst dann ist der telefonische Kontakt möglich. Dieser Anruf wird dann nach einem Gesprächsleitfaden sorgfältig vorbereitet und soll dazu führen, durch unterstützende Argumentation und Animation das brieflich gemachte Angebot (unverbindliche Ansichtssendung, Probe-Abonnement) wahrzunehmen, wodurch eine höhere Erfolgsrate als bei der nur schriftlichen Aussendung erreicht wird – der eigentliche Verkaufsabschluss vollzieht sich schriftlich wie beim Mail-Ordering, oder mündlich mit schriftlicher Auftragsbestätigung und Widerrufsrecht. Telefonmarketing im Verlag verlangt mindestens einen dafür freigestellten Innenverkäufer, sonst ein Team, für größere Aktionen ist die Beauftragung einer externen Agentur ratsam. Wegen des Aufwands kann sich das Telefonmarketing nicht auf gewöhnliche Bücher beziehen, aber z. B. auf Lexika, Enzyklopädien, Fortsetzungsreihen, Werkausgaben und Abonnements von Zeitschriften sowie allgemein auf Titelgruppen im Rahmen von Verkaufsförderungsaktionen. Die Motivation der Verlage besteht in der gegenüber dem Direct-Mailing größeren Effizienz, die durch den direkten Kontakt erreicht wird, und zum anderen in den gegenüber der durch alternative persönliche Besuche durch die Handelsvertreter oder Reisenden möglichen Kontaktnahme geringeren Kosten (ein Kundenbesuch durch einen Verkäufer kostet allgemein bis zu 250 Euro), der reduzierten Zeit und erheblich größeren möglichen Zahl von Kontakten. Das Telefonmarketing entwickelt sich deswegen immer mehr zu einer »Alternative zum Außendienst«, nicht nur gegenüber dem Endabnehmer, sondern genauso dem Buchhandel, wobei der Gesetzgeber hier wegen des Vorliegens von Gewerbebetrieben auch telefonische Verkäufe gestattet. Die starke Ausdehnung des Telefonmarketing und -verkaufs gegenüber Endabnehmern, die vor allem durch andere Branchen, wie beispielsweise Finanz- und Telekommunikationsdienstleister hervorgerufen wurde, hat zu steigenden Akzeptanzproblemen dieses Verkaufskanals beim Verbraucher geführt. Daher hat der Gesetzgeber seit 2000 in unterschiedlichen Reformwellen den Rechtsrahmen für das Telefonmarketing an Endverbraucher stark eingeschränkt. Im Buchverlag hat das Direktmarketing via Telefon daher in den letzten Jahren vor allem als Kommunikations- und Verkaufsinstrument zwischen Verlag und Buchhandel Zuwachsraten erzielen können. Statt des Business-to-Consumer-Markts (B2C) wurde der rechtlich weniger eng begrenzte Rahmen des Business-to-Business-Geschäfts (B2B) genutzt.

3. Reisenden- und Vertreterverkauf: Hier übernehmen die Außenverkäufer die Funktion, die beim Telefonmarketing der Innenverkäufer oder die Agentur wahrnimmt. Der Einsatz erfolgt für die gleiche Produktpalette und ist wegen der gegenüber dem Telefonmarketing größeren Kosten besonders bei hochpreisigen Objekten geraten sowie bei denen, die stärker beratungsintensiv oder präsentationsbedürftig sind. Wenn ein Verlag nicht sehr oft solche Objekte in seinem Programm konzentriert, ist der alternative Vertriebsweg besser der (externe) Reisebuchhandel, der solche Angebote verschiedener Verlage bündelt.

Außendienst und Reisebuchhandel haben in der Regel das Publikum, d.h. den Klein- oder Privatkunden zum Ziel und damit die Vielzahl der Einzelaufträge. Deswegen ist der logische Weg zur Ausschöpfung des Marktpotenzials der Verkauf durch die Geschäftsführung (s.u.).

4. Verkauf durch die Geschäftsführung: Ziel ist nun die Herbeiführung von Großaufträgen (»Bulks«, das sind Großmengen) mit Sonderkunden (wie Industrie, Behörden, Gewerkschaften, Parteien etc.) zu Sonderkonditionen neben dem eigentlichen Markt. Ein weiterer sehr effizienter Kanal für den Direktverkauf ist die eigens zu diesem Zweck gegründete verlagseigene Versandbuchhandlung.

5. Verlagseigene Versandbuchhandlung: Sie operiert nach dem gleichen postalischen Prinzip wie das Mail-Ordering, aber jetzt »von der Sortimentsseite aus«, wodurch (und dies ist das eigentliche Motiv von Verlagen für die Etablierung verlagseigener Verlagsversandbuchhandlungen) die Kritik des Buchhandels wegfällt (bzw. wegfallen muss) und lanciert sowie distribuiert nicht nur die vollständige eigene Produktion, sondern steigert gegebenenfalls durch die Hinzunahme passender gängiger Titel anderer Verlage noch ihre Wirtschaftlichkeit.

Auf die bisher genannten direkten Vertriebsformen (1) bis (5) (und die hier nicht aufgeführten weiteren direkten) entfallen derzeit (Stand 2007) 18 Prozent des buchhändlerischen Gesamtumsatzes (vgl. Börsenverein 2008, S. 6). Entscheidende Zuwachsraten bei der direkten Distribution haben die Versandbuchhandlungen in Form von verlagseigenen **Internet-Buchhandlungen** erzielen können. Hier vermarkten Fachverlage, wie z.B. der Vahlen Verlag in München, ihre Restbestände an alten Auflagen von Standardwerken oder andere Fach- und Special-Interest-Verlage, die nur in geringem Maße mit dem Sortimentsbuchhandel in Konkurrenz stehen, erhebliche Teile ihres Sortiments direkt über die eigene Internet-Plattform, die beispielsweise über Online-Banner und Suchmaschinen-Marketing beworben wird.

2.3.2 Einstufige indirekte Distribution

6. Sortiment: Die »klassische Schiene Sortiment« beschreibt den Verkauf über die inhaltlich unterschiedlich orientierten stationären Buchhandlungen. Ob das Sortiment auch künftig noch seine dominierende Rolle beibehalten wird, kann derzeit nicht prognostiziert werden. Seit 2007 werden nicht mehr wie früher üblich zwei Drittel, sondern nur etwas über 50 Prozent des Branchenumsatzes durch das Sortiment umgesetzt.

7. Kaufhaus- und Warenhausbuchhandel, Buchkaufhäuser: Soll der Kauf- und Warenhausmarkt erschlossen werden, so sind die entsprechenden Zentraleinkäufer der Konzerne mit Filialen bzw. Ketten und Anschlussbuchhandlungen anzusprechen (z. B. Karstadt und Kaufhof, wobei die Warenhauskonzerne derzeit – Stand 2010 – eine eher ungewisse Zukunft vor sich haben). Dieser Absatzkanal hat in den 1990er Jahren an Gewicht gewonnen, weil er sich nicht mehr, wie früher, nur für Taschenbücher eignet, sondern auch Hardcover und den gesamten Lebenszyklus von der Präsentation von Novitäten bis zum Verkauf von Restauflagen zu Sonderpreisen des Modernen Antiquariats umfasst. Auch die Sortimentsbreite und -tiefe wurde weiter ausgebaut, so dass das Angebot an echte Sortimentsbuchhandlungen heranreicht, mit »kaufhausfähigen« Titeln ein schnellerer Umschlag als im Sortiment erreicht werden konnte und für den Verlag gegenüber dem Sortiment neue, zusätzliche Käuferschichten erschlossen wurden. Für das Kaufhaus geeignet sind prinzipiell alle Verlagstitel populärer Natur; je mehr die Abteilungen wie echte Sortimente aufgebaut sind, auch vom Niveau höhere. Der Umsatzanteil dieses Absatzwegs ist geringer als der durch das Sortiment. Da er sich in der Hauptsache auf wenige Konzerne konzentriert, entsteht hier für die Verlage (anders als beim Absatz über das Sortiment) eine nicht zu unterschätzende Marktmacht, welche sie zügeln müssen (schon zu Anfang der 80er Jahre erhielt die Karstadt AG wegen »Missbrauchs der Nachfragemacht« von einem Verlag beim Bundeskartellamt eine Anzeige wegen wettbewerbsschädigendem Verhalten). Die Buchhandelsketten, die Buch- und Medienkaufhäuser führten ebenfalls zu weitergehender Konzentration im Buchhandel. Derzeit erwirtschaften Warenhäuser weniger als 4 Prozent des gesamten Umsatzes (2007), und die durch spektakuläre Pleiten wie die Insolvenz von Arcandor (Karstadt) geprägte Warenhausbranche muss sich zunächst als Handelsform insgesamt wieder als zukunftsfähig beweisen, bevor man über die künftige Bedeutung dieses Vertriebswegs nachdenken kann. Anfang des 21. Jahrhunderts scheint das Konzept des stationären Warenhauses als Kaufhaus mit höchst unterschiedlichem Angebot auch durch Vorteile wie Convenience- oder One-Stop-Shopping nicht in allen Fällen seine Existenzberechtigung im Markt zu besitzen. Im direkten Wettbewerb mit dem E-Commerce des Internets und dem stationären Fachhandel wird der Vertriebskanal Warenhaus für viele Warengattungen zunehmend problematisch.

8. Bahnhofsbuchhandel: Um die Bedeutung dieses Absatzkanals einschätzen zu können, empfiehlt sich ein Blick auf die Zahlen des Verbands. Derzeit (2008) sind 37 Firmen Verbandsmitglieder des direktbelieferten Bahnhofsbuchhandels in Deutschland. Der Bahnhofsbuchhandel setzte 2008 in rund 495 Verkaufsstellen an 366 Standorten in deutschen Bahnhöfen rund 350 Millionen Euro um. 75 Prozent des Umsatzes erzielen die Bahnhofsbuchhändler mit Presseerzeugnissen, rund 25 Prozent mit Büchern. Die Akquisition der Bestellungen wie auch die spätere Belieferung erfolgen über den Verlag direkt; es ist aber aufgrund der Kostensituation durch die verlängerten Öffnungszeiten ein Rabatt wie an Buchgroßhändler einzuräumen.

9. Internet-Buchhandel/Versandbuchhandlungen: Neben der eigenen Versandbuchhandlung kann im Bereich des modernen Antiquariats die fremde eingesetzt werden. Es bestehen 2009 wenige große Anbieter und eine weitaus größere Anzahl kleinerer, die mit enormem Werbeaufwand in den überregionalen Tages- und Wochenzeitungen regelmäßig ein breites Programm anbieten (z.B. »Jokers«, »Rhenania«, »Mail-Order Kaiser«, »Fröhlich & Kaufmann« und »Taubert«). Durchgängig werden Bücher zu günstigen Preisen angeboten, also Bücher mit aufgehobenen Ladenpreisen oder Sonderausgaben. Daneben ist der Versand aber für den Verkauf hochpreisiger und vielbändiger z.B. enzyklopädischer Werke geeignet und für verlagsneue Einzeltitel, die dem Versender geeignet scheinen. Durch die Breite des Programms wird in der Regel ein größeres Publikum angesprochen als durch die eigene Versandbuchhandlung. Die per Post kaufenden Kunden sind oftmals sortimentsfern, so dass zum Sortimentsmarkt keine intensive Konkurrenz entsteht, und da ein Verlag den Kreis der Versenderkunden, die auch mit Direct-Mailings bearbeitet werden, ohne größeren eigenen Aufwand niemals erreicht, besteht für ihn eine Markterweiterung. Für eine Geschäftsanbahnung sind die Versender anzusprechen, welche die Titel teils fest, teils bedingt, teils in Kommission übernehmen, teils treten sie aber auch von sich aus an die Verlage heran. Die oben genannten Versender wenden sich mit ihrem gemischten Programm an ein breites, undifferenziertes Publikum. Über die wissenschaftlichen Versandbuchhandlungen, die Versandbuchhandlungen für Fachliteratur, die zum jeweiligen Gebiet die Titel aus allen Verlagen bündeln, erreichen diese auch weitere Zielgruppen. Das Gemeinsame ist, dass die Verlage bei der Wahl dieses Absatzweges für ihr Marketing von den Werbemaßnahmen der Händler profitieren. Sie haben sich dann der ersten, nämlich »stationären« Form des sogenannten werbenden Buchhandels bedient, die durch den »ambulanten« Reisebuchhandel ergänzt wird.

Der gesamte Markt des Versandbuchhandels hat sich mit der Etablierung des Internets als Vertriebskanal im Ablauf stark verändert und eine neue Bedeutung erlangt. Im Jahr 2007 hat der Versandbuchhandel 12,6 Prozent des Branchenumsatzes auf sich vereinen können, was einem Umsatz von 1,2 Milliarden Euro entspricht. Dabei konnte das Internet den klassischen Versandbuchhandel weit überholen, da rund 853 Millionen Euro auf diesen Vertriebsweg entfielen (Börsenverein 2008, S. 7). Die in Deutschland am stärksten genutzten Shopping-Sites sind E-Bay und Amazon, die die Marktführer im Online-Buchhandel sind. Viele Buchhandelspartner haben eigene Unternehmen im Online-Handel etabliert, wie etwa die Weltbild-Gruppe mit dem Versandhandelsunternehmen »Jokers«.

Für den stationären Buchhandel spielt hingegen der Handel über Online-Plattformen nur eine untergeordnete Rolle. Die Umsatzquote lag 2007 durchschnittlich bei 1,3 Prozent. Größere Buchhandlungen profitieren dabei überdurchschnittlich vom Online-Handel, da sie komfortablere Plattformen bieten können. Die größeren Betriebe kommen mittlerweile auf eine Online-Quote von rund 3,2 Prozent (ebd., S. 45).

10. Reisebuchhandel: Historisch gesehen ging diese Vertriebsform aus dem sogenannten Kolportage-Buchhandel hervor. Die Firmen, die sich – wie die Versender – aus den Angeboten der Verlage ihr eigenes Verkaufsprogramm zusammenstellen oder als Dienstleistung den Reisenden- und Vertreterverkauf der Verlage übernehmen, konzentrieren sich meist auf besonders hochpreisige, durch Ratenzahlung zu finanzierende Produkte. Reise- und Versandbuchhandel liegen ohne den geschätzten Anteil des Internet-Handels bei einem Umsatz von knapp 360 Millionen Euro (Börsenverein 2008, S. 6 f.). Eine eigenständige Analyse der Auswirkungen des Internets auf den Buchmarkt erfolgt im letzten Kapital dieses Buchs.

2.3.3 Zweistufige indirekte Distribution

11. Barsortiment und Großbuchhandel: Die Barsortimente sind der erste der beiden Kanäle, über den die Bücher indirekt und zweistufig, nämlich durch die Zwischenschaltung des den Einzelhandel beliefernden Großhandels an den Letztkäufer kommen. Ein Barsortiment ist eine Großhandelsfirma, die in eigenem Namen, auf eigene Rechnung und auf eigenes Risiko Bücher von den Verlagen erwirbt, bereithält und weiterverkauft. Die größten von ihnen führen ein ständiges Angebot von bis zu 440.000 Titeln, die durchweg von dem einen Tag auf den anderen lieferbar sind. Der Sortimenter profitiert neben der enormen Lieferschnelligkeit, wie schon erwähnt, entscheidend davon, dass er die Titel aus vielen Verlagen bei einer Adresse zentral bezieht. Rund 35 Prozent aller Bestellungen fließen deswegen über diesen Kanal. Dabei beziehen vor allem die kleineren Buchhandlungen mit zwei bis drei Mitarbeitern deutlich mehr Bestellungen über das Barsortiment als Großbuchhandlungen. Die kleinen Buchhandlungen haben im Jahr 2007 nur noch 53 Prozent ihrer Ware direkt beim Verlag bestellt (Börsenverein 2008, S. 44). Großbuchhandlungen sind Barsortimente kleineren Umfangs.

Für die Verlage ist der Kanal Barsortiment sehr differenziert zu betrachten. Verlage müssen nicht den Weg über das Barsortiment nehmen, da sie das Sortiment ohnehin erreichen. Den Barsortimenten kommt auch keine Funktion einer Markterweiterung zu, da sie meist nicht, wie die Grossisten (wie unten gezeigt), auch an die sogenannten Nebenverkaufsstellen liefern, sondern nur an die Vollbuchhandlungen und vergleichbare (wie oben das Warenhaus). Jedoch kann im Wettbewerb unterschiedlichster Kaufsituationen, wie z. B. dem Geschenkekauf, die Schnelligkeit das schlagende Argument sein. Die Einbeziehung der Barsortimenter bedeutet eine Einbuße in der Verlagseinnahme pro Buch von 10 bis 15 Prozent, die als Zwischenhandelsspanne gewährt wird. Die Verlage sind deswegen aus kalkulatorischen Gründen bemüht, den Absatz über das Barsortiment zu minimieren. Aus Marktgründen ist andererseits der Weg wegen der schnellen Lieferzeit wieder wichtig, weil bei einem Bezug direkt vom Verlag (Wartezeit bis zu zwei Wochen) die Sortimenter viele Bestellungen verlören. Außerdem bestellt das Barsortiment meist in größeren Mengen und dies vom Prinzip her fest. So kommt es je nach Verlagsart und Verlagsgröße zu ganz unterschiedlichen Entscheidungen, ob man den Barsortimentskanal erschließen, ausbauen oder ihn reduzieren soll. Für kleinere Verlage ist die Aufnahme in den Barsortimentskatalog oft die Voraussetzung für die Verkaufbarkeit ihres Angebots über den Buchhandel, da dieser nur dann auch Entlegenes am nächsten Tag zur Verfügung hat; doch wollen die Barsortimente aufgrund des geringen Umsatzes mit solchen Titeln meist nicht auf die Aufnahme und Lagerhaltung eingehen. Mittlere Verlage mit z. B. einem nicht hochspezialisierten Fachbuchprogramm, das der Buchhandel schwach vorbestellt und durch den Barsortimentsbezug zu einem für den Verlag erhöhten Durchschnittsrabatt und der daraus resultierenden verminderten Ertragslage führt, müssen den zweistufigen Absatz durch die Erhöhung ihrer eigenen Lieferschnelligkeit (Selbstauslieferung oder der schnellere Kommissionär) reduzieren. Taschenbuchverlage dagegen sind, was schon gesagt wurde, barsortimentsbedürftig und -abhängig, da man vom Taschenbuch eine praktisch hundertprozentige Distribution und Greifbarkeit erwartet (was sich in der Verlagskalkulation mit 50 Prozent Durchschnittsrabatt niederschlägt). Hochspezialisierte Kleinverlage, aber auch internationale Wissenschaftsverlage sind wieder extrem unabhängig.

12. Grossisten: Die Grossisten bilden den zweiten Weg, um Verbraucher indirekt zweistufig zu erreichen. Der Grossist liefert dazu an diejenigen Firmen des Einzelbuchhandels, die das Barsortiment außer Acht lässt. Neben den Vollbuchhandlungen werden diese oft als »Neben-« oder »sonstige« Verkaufsstellen bezeichnet, haben aber vom Umsatz mit fast 10 Prozent einen Markt, der größer ist als der des Warenhausbuchhandels oder der Buchgemeinschaften. Bei den Grossisten ist zu unterscheiden zwischen den Buchgrossisten, den Buch- und Pressegrossisten sowie den Pressegrossisten, aber alle sind für den Vertrieb von Büchern nutzbar. Beispielhaft sind hier hochauflagige und massentaugliche Titel (Publikationen zu Sport- und Fußballevents oder einfache Romane). Gegenüber den Barsortimenten besteht für die Verlage hier die Chance der bereits angedeuteten Markterschließung und Markterweiterung. Da beispielsweise ein Pressegrossist durchschnittlich 1000 Verkaufsstellen beliefert, bedeutet die Auswahl der richtigen (»nur«) sechs Gebietsgrossisten in einem Bundesland de facto einen Zuwachs von 6000 Verkaufsstellen für Taschenbücher (inzwischen werden auch Hardcover geliefert). Da das Kaufpublikum nicht Kundschaft des Sortimentsbuchhandels ist, kann man die Käufe mit Recht gemeinhin als Zusatzkäufe betrachten. Über die Grossisten werden u. a. ferner folgende Einzelhandelsfirmen erschlossen, die auch Bücher verkaufen:

- **»PBS«-Läden:** Einzelhandelsgeschäfte mit »Papier-, Büro- und Schreibwarensortiment«, die auch Bücher verkaufen, erstrecken sich bis in die Orte, die noch nicht einmal ein Provinzialsortiment erreicht.
- **»Food«-Kettenläden:** Die großen Betreiber wie Edeka, Tengelmann u. a. halten in den Stadtzentren ein Sortiment nicht nur von Presse und Taschenbüchern, sondern, wenn auch in geringerem Umfang, Hardcovern vor.

Verbrauchermärkte, Supermärkte, Cash & Carry-Läden: Die meist vor den Toren der Städte liegenden eigentlichen Großmärkte für Verbraucher (wie Kaufland, Globus, Real, Migros), die – im Marketing-Deutsch – »grüne Wiese«, verkauft in eigenen Abteilungen Taschenbücher und Hardcover und erweitert

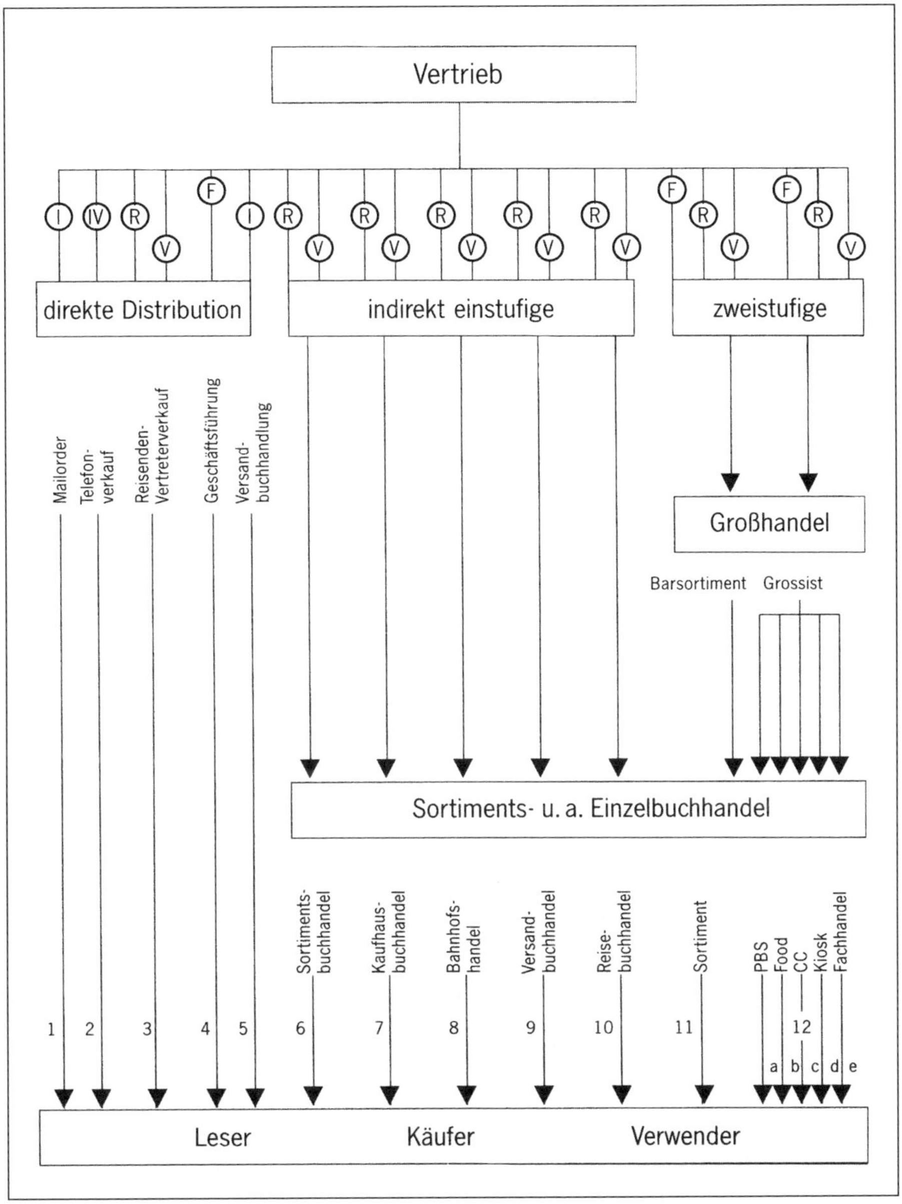

Auswahl ansteuerbarer Vertriebsmöglichkeiten zur Bildung eines Distributionsmix für die Vertriebskanäle (Schema). Organe in Kreisen: I = Innendienstmitarbeiter, IV = Innenverkäufer, R = Reisender, V = Handelsvertreter; F = Geschäftsführer oder Vertriebsleiter ihr Sortiment. Gerade durch die Krise der Großflächenmärkte des Lebensmitteleinzelhandels (LEH) im Kernsortiment gibt es immer mehr Bestrebungen, durch Sortimentserweiterungen zu punkten. Beispielhaft mag man dies an Real nachvollziehen. Während das zu Beginn des 21. Jahrhunderts eingesetzte Motto »Real: Besorg's Dir doch einfach!« keine sinnvolle Botschaft beinhaltete und damit auch dem Abschmelzen der Marktanteile nicht begegnet werden konnte, hatte die Folgekampagne »Real. Einmal hin – alles drin.« die Kernbotschaft verinnerlicht. Es gehört zum Vorteil des Großflächenmarktes, dass nicht nur der Lebensmittel- sondern auch der Nonfood-Sektor dem Kunden den Einkauf in der jeweiligen Situation erleichtert. Daher gehören zu einem solchen Sortiment auch in immer größerem Maße Bücher.

- **Kioske:** An die Kioske (und Food-Ketten) ließ sich vor Jahren sogar eine 36-bändige (vollständige) Taschenbuchausgabe der Werke Karl Mays lancieren, auch die gebundene »Chronik« (»... der Deutschen«, »... der Menschheit«) mit für damalige Verhältnisse teuren ca. 100,– DM Verkaufspreis. Die Grossisten, die Kioske beliefern, beliefern auch Flughäfen, Hotels, Tagungsstätten und Messen.
- **Buchfremder Facheinzelhandel:** Delikatessenläden, Zoohandel, Sportgeschäfte (etc. etc.) sind, falls nicht über das Verlagsgrosso, über deren Branchengroßhandel erreichbar.

Wenn diese Beispiele auch noch Lücken aufweisen (so wurde der Exportbuchhandel ausgelassen, sowohl für die Wissenschaftsliteratur, aber auch für die deutsche Belletristik oder sogar den Vertrieb von freizeitgeeigneter Lektüre in die deutschen Ferienmarktschwerpunkte des Auslands), wird doch die Palette der Möglichkeiten sichtbar, die den Verlagen bei der Auswahl der Kanäle zur Bildung eines Distributionsmix zur Verfügung stehen. In dem Schaubild oben wird versucht, das Spektrum potenzieller Vertriebskanäle durch Helfer und Mittler auf den direkten oder indirekten, einstufigen oder mehrstufigen Wegen der stationären oder ambulanten Formen des Einzel- und Großbuchhandels in ein Schema zu bringen.

	2005	Prognose 2017
Sortimentsbuchhandel	54,8 %	39,2 %
Verlage direkt	17,6 %	20,4 %
Online-Versandbuchhandel	6,9 %	19,0 %
Sonstige Verkaufsstellen	8,9 %	9,5 %
Warenhäuser	4,3 %	4,5 %
Offline-Versandbuchhandel	4,3 %	4,2 %
Buchgemeinschaften	3,2 %	3,0 %

Umsatzverteilung auf die verschiedenen Vertriebswege 2005 und Expertenprognose für 2017 (Quelle: nach Picot/Janello 2007, S. 27)

Im Anschluss an diese detaillierte Schilderung der Vertriebskanäle stellt sich die Frage, wie hier künftig die Gewichte verteilt werden könnten. In einer Delphi-Studie der Ludwig-Maximilians-Universität München wurden die unterschiedlichen Vertriebswege zum Stand des Jahres 2005 mit dem erwartbaren Stand im Jahr 2017 abgeglichen. Dabei kamen die befragten Experten zu folgender Einschätzung (vgl. Tabelle auf Seite 254).

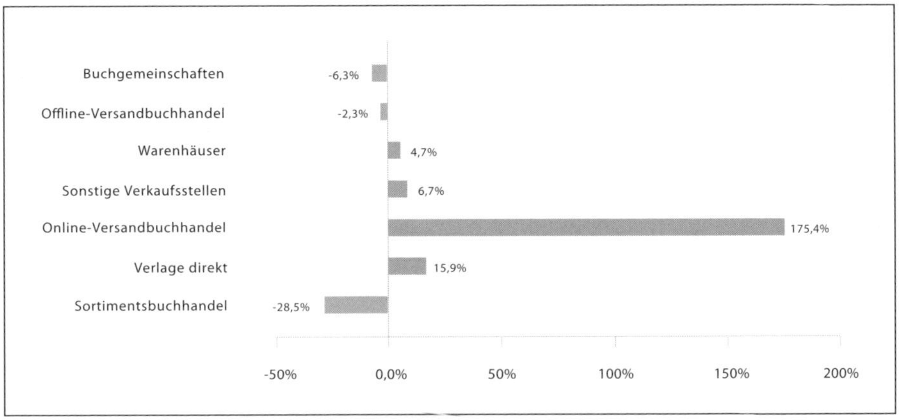

Relative Veränderungsraten zwischen der Umsatzverteilung im Jahr 2005 und der Prognose für 2017 (Quelle: Picot/Janello 2007, S. 27)

3. Kommunikationspolitik

Geschichte: Werbung für Bücher ist schon aus der Zeit vor den ersten gedruckten Büchern bekannt. Bereits der bei den Handschriften-Verlegern (s. S. 17) erwähnte Diebold Lauber verfertigte für die Produkte aus seiner Abschreibwerkstatt handschriftliche Anzeigen. Die Frühdrucker direkt im Gefolge Gutenbergs warben sofort mit gedruckten Werbezetteln in lateinischer Sprache, die ihre Buchführer als Zettelanschläge an Bäumen und Türen der Wirtshäuser anagelten: »Venditor librorum residuit est in hospicio ›Zum Wilden Mann‹« (»Der Verkäufer der Bücher ist in der Herberge ›Zum Wilden Mann‹ anzutreffen«; auf Dt. zitiert in Hiller/Strauß 1975, S. 28). Eine nächste Station, nach der allmählichen Herausbildung des Buchhandels, sind die von Sortimentern herausgegebenen »Famosschriften«, Kataloge der nach ihrem religiösen und politischen Geschmack zusammengestellten bei ihnen erhältlichen Bücher. Im 19. Jahrhundert lag die Entwicklung der Verlagswerbung so weit vor der von anderen Branchen, dass die Verlage Werbefachwörter wie etwa »Reklame« kreierten, die später auch in andere Sprachen übergingen: »reclames« beispielsweise waren ursprünglich von den Verlagen bezahlte Buchbesprechungen, die sich im unmittelbaren Anschluss an den redaktionellen Teil in den Tageszeitungen befanden.

Gegenwart: Heute gliedert die Marketinglehre die Kommunikationspolitik sehr einheitlich in die eigentliche (»klassische«) Werbung, die Öffentlichkeitsarbeit (»Public Relations«) und Verkaufsförderung (»Sales Promotion«). Im Kommunikationsmix sind also erheblich mehr Elemente enthalten als nur die Werbung. Größere Verlage haben deswegen neben der Abteilung Werbung eine eigene Abteilung Öffentlichkeitsarbeit oder Presse sowie Verkauf. Eine Gesamtabteilung müsste eigentlich den Namen »Markt- oder Marketingkommunikation« führen, weil die Ziele der Werbe- und Kommunikationspolitik heute längst nicht mehr nur den Absatz betreffen.

Die Verlage müssen, bevor sie sich für den Einsatz der Kommunikationsinstrumente entscheiden, also ihre absatz- oder umsatz- oder allgemein: ökonomischen sowie – dies kommt bei diesem Marketinginstrument neu hinzu – ihre außerökonomischen Ziele festlegen. Zu den außerökonomischen Zielen gehören beispielsweise die Erzielung eines Bekanntheitsgrades und die Etablierung eines Verlagsimages, zu den ökonomischen die Zielgruppenerweiterung, Erhöhung der Kauffrequenz, Anreiz zu aufwendigeren Käufen usw. Diese jeweiligen Teilziele werden mit verschiedenen Mitteln erreicht. Die Public Relations verfolgen in erster Linie die außerökonomischen Ziele, sie dienen dem Erscheinungsbild des Verlags als Ganzem in der Öffentlichkeit (zur PR gehört aber auch eine *Product Publicity* für das Buch sowie entsprechende Maßnahmen für Autoren). Die Werbung verfolgt primär den ökonomischen Erfolg des Produkts, indem sie beim Händler und Publikum zum Kauf hinlenkt (wobei Produktwerbung für ein ganzes Programm schon wieder PR darstellt). Die Verkaufsförderung als per Definition rein ökonomisches Instrument erzielt außerökonomische Kommunikationswirkungen höchstens als Nebeneffekt. Je nach der Zielsetzung des Verlags sind die einzelnen Instrumente zu einem Kommunikationsmix zu kombinieren, das dem Gesamtziel entspricht.

3.1 Die klassische Werbung

Für die ökonomisch orientierte Produktwerbung sind durch die Darstellung der Abteilung Werbung im Buchverlag schon wesentliche Marketinggrundlagen vertraut, etwa die Unterscheidungen zwischen Händler- und Leserwerbung, Werbung für den Backstock oder die Frontlist, Einzeltitel- bis Gesamtprogrammwerbung, umsatz- und werbezielorientierter Etat usw. (s. Kap. III.5). Nach einer in der Werbetheorie geläufigen Systematik kann man sie in eine Art Listing übertragen, das zur Prüfung der Aufnahme in den Werbemix nützlich ist. Die Werbekommunikation orientiert sich – nachdem die Zielsetzung vorweggegangen ist – demzufolge an den Werbesubjekten, den Werbeobjekten, den Werbemitteln und ihrer Gestaltung, den Werbeträgern und ihrer Auswahl, während die Werbekostenermittlung, die Werbeetatermittlung und die Werbeerfolgskontrolle sich als ökonomische Komponenten anschließen, welche die Kommunikationsplanung gegebenenfalls steuern. Zunächst zu den Gegenständen eines solchen Listings, die für den Kommunikationsprozess interessieren, hier gleich verlagsbezogen:

1. Werbesubjekte: Unter den Werbe»subjekten« werden die verlagsbezogenen Zielgruppen verstanden, mithin Zwischenhändler, Einzelhändler, Letztkäufer und Leser. Wir können also, wie im Distributionsmix, von einer Händler- und Verwenderansprache ausgehen und unterscheiden bei den Subjekten zwischen der Händler- und Publikumswerbung; gegenüber dem Publikum ist auch noch die Direktwerbung möglich.

Dass *Händlerwerbung* völlig anders als *Publikumswerbung* konzipiert sein muss, wurde bereits hervorgehoben. Es wäre z. B. falsch, ein und dieselbe Anzeige in der *ZEIT* und im *Börsenblatt* zu platzieren. Der Händler sucht seinen Händlernutzen, das ist (fast stets) sein Verkaufsnutzen. Der Verbraucher sucht einen Verwendernutzen, etwa als Schenk- oder Lesenutzen. Leser oder Verwender kaufen zudem nach dem Inhalt, also fast nur dem Produkt, und weniger nach dem Verlag, Händler hingegen kaufen zwar auch nach dem Inhalt der Einzeltitel, vor allem der Verkäuflichkeit von Programmen ein, mithin nach Verlagen. Publikumswerbung muss daher buchdominant, Händlerwerbung verlagsdominant sein. Mit *Direktwerbung* ist nicht die Publikums-, Verwender- oder Leserwerbung z. B. per Anzeige gemeint, sondern die postalische Werbung direkt in den Briefkasten. Das Verfahren ist bereits aus dem Mail-Ordering als distributionspolitische Maßnahme bekannt, kann aber auch ausschließlich als Direktwerbung eingesetzt werden, wenn der Verlag kein Mail-Ordering (Lieferversand) betreiben will, um nicht neben dem Buchhandel zu distribuieren (Bestellung beim Sortimenter, Verlag und Buchhandel teilen sich in die Kosten).

2. Werbeobjekte: Die Werbe»objekte« sind alle zum gegenwärtigen oder einem zukünftigen Zeitpunkt verkaufbaren Verlagsprodukte. Von dieser umfassenden Sicht aus ergibt sich zunächst das bereits bekannte Gegensatzpaar Novitäten- und Backlistwerbung, dann die von der Einzeltitel- bis zur Gesamtprogrammwerbung reichende Reihe, schließlich die Kollektivwerbung eines Verlags mit anderen Verlagen sowie mit dem Versandbuchhandel und Sortiment.

Novitätenwerbung (auch Frontlistwerbung) ist Einführungswerbung, sie orientiert sich am stärksten an der AIDA-Formel. Da der Einführungsaufwand für jeden Titel am größten ist, wird hier am meisten Werbegeld pro Saison ausgegeben. Von den Novitäten allein kann kaum ein Verlag leben, sein Potenzial ist die sehr viel größere Backlist, *Backlistwerbung* dient deren Reaktivierung. Ihr Kostenanteil für einen Titel ist pro Saison zwar geringer, wobei die permanente Aktivierung der Liste für Dauerseller sich doch beträchtlich summieren kann oder sogar dominiert, wenn der Verlag aus strategischen Gründen verstärkt Backstockwerbung betreibt. Praktisch werden Backlist- und Frontlistwerbung kombiniert angewandt, indem man in die Werbung der Novitäten die passenden Titel des Backstocks mit einbezieht, wodurch sich dann auch das Finanzierungsproblem löst (s. unten die Themenanzeigen).

Einzeltitelwerbung ist dann geraten, wenn sich ein Titel durch Autor und/oder Thema so sehr von anderen abhebt, dass er eine Alleinstellung gegenüber den anderen Novitäten oder innerhalb des Gesamtprogramms verlangt. Reihentitel- oder Serientitelwerbung sowie Themenwerbung sind *Titelgruppenwerbung*. Themenanzeigen z. B. sind geraten, wenn ein Einzeltitel weniger durch seine Individualität, sondern durch einen schon vorhandenen Programmkontext lebt, dasselbe gilt für den neu erscheinenden Band einer Reihe. Im Prinzip wird so vorgegangen, dass man die Novität in den Anzeigen einzeltitelartig stark in den Vordergrund rückt, während man mit Kontext- oder Reihentiteln des Backstocks auffüllt. Dabei entsteht ein positiver Werbeeffekt für beide, weil die Backlist dem »Neuen« einen Hintergrund schafft (der das Neuprodukt stützt und lanciert), während der »Neue« die Backlist programmatisch erweitert (und sie stützt durch Reaktivierung).

Die *Gesamtprogrammwerbung* betrifft entweder die Neuproduktion oder alles Produzierte, was lieferbar ist; die Kommunikation auf diesem Bereich trägt eindeutig auch Image- und Public-Relations-Züge. Sie erfolgt auch wie die der übrigen Werbeobjekte über die verschiedensten Werbemittel und Werbeträger (Medien). Dort wo bei der Gesamtwerbung die Werbetheorie und die vorhandenen Verlagslehrbücher mit ihren Darstellungen der Bewerbemöglichkeiten der Werbeobjekte enden – weil mit dem Erreichen der Unternehmensebene (Verlagsgesamtprogramm) ein logischer Abschluss erreicht ist –, ergeben sich für das praktische Verlagsmarketing noch übergreifende, offenbar zukunftsorientierte Perspektiven mit teils bereits erfolgreicher Gegenwartspraxis.

Kooperation von Verlagen mit Verlagen: Hier lässt jeder Verlag den Versuch der Nur-Eigenprofilierung hinter sich und erstrebt in der Werbekooperation mit seinen sonstigen Konkurrenten einen maximalen Verkaufs- und Beeindruckungserfolg. Beispiele sind etwa Anzeigen der großen Taschenbuchverlage in den überregionalen deutschen Tages- und Wochenzeitungen bzw. Magazinen wie *FAZ*, *Die ZEIT* bzw. *Spiegel*, *Focus* (ähnliche Werbekooperationen betreibt auch das Sortiment). Kooperation bedeutet hier nicht Imageverlust, sondern das Profil aller gewinnt an Stärke: Gemeinsam erreicht jeder mehr für alle als jeder für sich allein.

Kooperation von Verlagen mit Sortiments- und Versandbuchhandel: Hier bleiben die Verlage nicht unter sich, sondern kooperieren werbe- und finanzierungsmäßig mit ausgewählten Partnern der nachfolgenden Absatzstufe, wobei insbesondere mit den Versandbuchhandlungen Werbeauftritte wie von den Taschenbuch-Oligopolisten erreicht wurden. In dem sich abzeichnenden Strukturwandel des Buchmarkts mit seinen Konzentrationen dürften sich solche Kooperationsformen weiterentwickeln.

3. Werbemittel: Die Werbe»mittel« (als Sonderform der Kommunikationsmittel) sollen – in der Sprache der Kommunikationstheorie – die Werbesubjekte (z.B. Leser) über die Werbeobjekte (z.B. Bücher) mittels einer Werbebotschaft (z.B. Inhaltsbeschreibung) informieren, deren materielles Medium sie darstellen. Hiervon gibt es gerade für Verlage eine ganz besondere Vielfalt. Die einfachste Form ist der *Prospekt.* Er kann für (s.o.) Einzeltitel, Reihen, Themen oder sogar/und natürlich für ein Gesamtprogramm gemacht werden, und wird an das Publikum oder die Händler gebracht. Die nächst aufwendigere Form sind die *Kataloge*, z.B. der Frühjahrs-, der Herbst-, der Jahreskatalog und der jährlich zu erneuernde für das Gesamtprogramm, als rein bibliographischer Katalog, als kommentierter Katalog oder sogar bebilderter Katalog. Das nächste wichtige Werbemittel ist die *Anzeige,* wieder für Einzeltitel, Reihen und Themen, Programme, für Händler- oder Publikumswerbung, wieder nur bibliographisch oder mit Kommentar, oder als layoutete Anzeige aus Text- und Bildanteil. Sie zusammen konstituieren die konventionelle oder klassische Grundausstattung. Neben sie treten im Print-Bereich moderne Werbemittel: der Sticker, der Button, das Poster, das Plakat, das Display, die alle im Laden des Händlers verwendet werden können, im Nonprint-Bereich Audio-, Film- und Videospots für Radio, Kino, TV und Telekommunikation, die außerhalb der Buchhandlungen oder im Privathaushalt wirken, auf der Straße die eigens für die Außenwerbung entworfenen Affiches an den Plakatwänden und Litfasssäulen, sowie endlich die z. B. auf der Buchmesse verteilten originellen Werbemitbringsel.

Kritik an der skizzierten Vielfalt (die noch lange nicht vollzählig ist) ist sorgfältig zu überprüfen. Denn im Print-Bereich hilft der Einwand der Kritik nicht, dass von diesen »untypischen« Werbemaßnahmen (wie TV) noch nicht einmal ein Prozent aller Buchverlage Gebrauch macht, wenn sie für bestimmte Verlage höchst wirksam sind. Die attraktive Außenwerbung der Presseverlage ist (war) für Buchverlage nur deswegen außergewöhnlich, weil man sie für nicht finanzierbar hielt. Konventionalität darf die Kreativität nicht vorschnell blockieren. Die »konventionell klassische Grundausstattung« war, ist und wird auch noch der wichtigste Werbemix der Zukunft sein, doch verändert sie sich im Bereich Print bereits sehr kreativ (was man sehr auffällig am Stil der gegenwärtigen Anzeigen bemerkt), und es könnte sich mit dem Fortschritt der elektronischen Medien eine Revolutionierung im Nonprint-Sektor verbinden. Rund um die Internet-Werbung haben sich bereits unterschiedliche Kommunikationsformen etabliert, die auch für die Buchwerbung genutzt werden. Die Werbung für mobile Endgeräte (Handys, Smart-Phones, E-Book-Reader) knüpft an das Wachstum der Online-Werbung an.

4. Werbeträgerauswahl: Wichtiger als die Werbemittel sind die Werbe»träger«. Denn eine Anzeige z. B. könnte hervorragend formuliert und gestaltet sein, würde aber dennoch versagen, wenn nicht der richtige Träger (Medium, Kanal, Streuorgan) gewählt wurde, während eine noch nicht einmal durchschnittliche Anzeige bei Wahl des oder der richtigen Träger Erfolg hat. Das gilt schon für das Medium Buch, wenn mit einer Anzeige in einer passenden (oder nicht passenden) Zeitschrift geworben wird. Für ein Buch kann aber auch die Werbung in anderen Büchern richtig sein und in Zeitungen, in den elektronischen Medien, in der Außenwerbung inklusive Verkehrsmittelwerbung. Dabei ergeben sich von vornherein Kriterien für ihre Einsetzbarkeit. In der Zeitung ist die Information meistens nur tagesaktuell, in der Zeitschrift bleibt sie gemäß deren Erscheinungsweise nur oder auch schon eine Woche oder einen Monat präsent, aber im Buch auf Dauer – dafür ermöglichen die Pressemedien die Wiederholungsschaltung. In den Funkmedien wird die größte Kontaktzahl erreicht, doch ist die Verfügbarkeit (der öffentlichen Sender) durch die gesetzliche Begrenzung der Werbezeit eingeschränkt. Verkehrsmittelwerbung erlaubt gemeinhin überhaupt keine soziodemographische Selektion (Zielgruppen), kann aber im regionalen Einsatz genau richtig sein. Sofern die Werbeträger nicht durch die Erfahrungen der Verlage von vornherein bei der Einführung neuartiger Produkte sowie bei der Markterweiterung für ein vorhandenes Produktsortiment (Verlagsprogramm) festliegen, ist daher ein Intermediavergleich anzustellen. Dies gilt auch für Verlage mit langjährig unveränderten (oft verkrusteten) Werbegewohnheiten, da sie gegebenenfalls nur so erfahren, dass die Kosten für 1000 Kontakte im Fernsehen niedriger liegen können, als bei der Belegung von Zeitungen.

Bei der Werbeträgerauswahl muss jedoch neben dem reinen Preisvergleich bezogen auf die Reichweite innerhalb der Zielgruppe auch die qualitative Wirkung des einzelnen Mediums berücksichtigt werden. Die Glaubwürdigkeit und das Ansehen einer Mediengattung (z. B. Zeitungen) oder des einzelnen Mediums (z. B. *Die ZEIT*) spielen gerade für die Buchwerbung eine entscheidende Rolle. Darüber hinaus sind neben der Kostenanalyse des Tausend-Kontakt-Preises (TKP) auch die Kosten der Werbemittelerstellung (Anzeigengestaltung, Werbefilmerstellung etc.) zu berücksichtigen. Die Abrechnungsmodelle der Mediengattungen sind ebenfalls unterschiedlich. So gibt es bei den neuen Internetwerbeformen neben klassischer TKP-basierter Abrechnung vor allem response-orientierte Abrechnungsformen, die von den Clicks abhängen. Es ergibt sich daher eine durchaus komplexe Entscheidungssituation, in die man Fachleute aus dem Verlag oder externe Berater bzw. Agenturen mit einbezieht. Ausführliche Darstellungen zum Intermediavergleich finden sich in allen Werbe- und Marketinglehrbüchern.

5. Werbegestaltung: Die Werbemittel, egal welcher Art und über welche Träger verbreitet, bedürfen einer besonderen »Gestaltung«, um nicht als beliebig, sondern für den Verlag typisch zu gelten. Da die Prospekte und Anzeigen die heute meistverwendeten Mittel darstellen, muss die Gestaltung besonders auf sie konzentriert sein. Praktisch lassen sich die Erfordernisse in drei Maximen zusammenfassen: Die Werbung braucht einen Stil, es bedarf der Verwendung bestimmter Werbekonstanten, ein *Corporate Design* in der Werbung ist anzustreben. Der Stil hebt durch den Einsatz typographischer und bildhafter Merkmale (beispielsweise) die Anzeige als eine Gestaltung hervor. Die Konstanten verweisen auf eine bestimmte Verlagsherkunft. Das Corporate Design stiftet die notwendige Einheitlichkeit, hier in der Werbung, aber gegebenenfalls auch mit dem Design der Produkte und verweist auf eine bestehende *Corporate Identity* des gesamten Verlags. Stil ist alles, was prägt, zu Charakteristik und Individualität führt, egal, welche Gestaltungsmittel man mischt. Konstanten sind z. B. die Hausschrift (gegebenenfalls eine neu kreierte), der Verlagsname, das Verlagssignet (letztere beiden immer in einer charakteristischen Anordnung), bei Verwendung von Farben die Hausfarbe und die Signalfarben der Programmdisziplinen. Corporate Design in der Werbung heißt gestalterische Einheitlichkeit hinsichtlich des äußeren Erscheinungsbildes, nämlich der Werbemittel für die gesamte Verlagspalette. Es korrespondiert mit dem möglichen Design der Produktgestaltung und im Kommunikationsbereich z. B. mit den Corporate Communications, die alle zusammen Teilinstrumente im Rahmen des umfassenden Corporate-Identity-Konzepts darstellen. Alle diese Elemente sind keineswegs Hülsen einer Marketinglehre oder auf Großverlage beschränkt. Bezeichnend ist vielmehr, dass bei den Verlagen die »Großen« auf ihrem Weg dahin bis auf Ausnahmen früher oder später solche Konzeptionen für sich entwickelt haben und die Kleineren, die solche Konzepte heute verfolgen, in ihrem Segment zu den Marktführern gehören.

Wenn man damit die rein den Kommunikationsprozess betreffenden Punkte (Werbesubjekte, -objekte, -mittel mit Gestaltung, -träger und Auswahl) abschließt, bleiben die ökonomischen (Werbekosten, Werbeetats, Werbeerfolgskontrolle), die aber direkt an das Beschriebene anknüpfen:

6. Werbekosten: Werbe»kosten« umfassen natürlich das ganze vorher genannte Spektrum, d.h. sie entstehen als Produktionskosten (für die hergestellten Werbemittel), Schaltkosten (für die ausgewählten Träger oder Medien), Gestaltungskosten (für Grafiker und Agenturen etc.), aber auch als einzelnen Titeln oder Titelgruppen nicht mehr zuweisbare allgemeine Kosten wie etwa der Umlage von Kosten des Buchmessenstands. Statt auf sie alle einzugehen, wird hier beispielhaft ein spezielles Segment vorgeführt, das aber zentral ist, nämlich die Kosten für Anzeigenwerbung.

Auch bei der Anzeigenwerbung ist natürlich zu unterscheiden zwischen den Produktionskosten (wie Eigenkosten bis zum Vorliegen der Daten, Fremdkosten bei Auftragsvergabe an eine Agentur) und den Schaltkosten, da erstere aber eigentlich Werbemittelkosten darstellen, interessieren jetzt hier die Schaltkosten. Der erste Aspekt sind die Tausenderpreise. Danach werden die wesentlichsten Grundsätze für eine Wiederholungsschaltung in ein und demselben Medium skizziert, sowie für eine simultane Einfachbelegung in mehreren Medien.

Tausend-Kontakt-Preise: Kein Medium darf nur nach Maßgabe des absoluten Preises pro Seite belegt werden – das Mindestkriterium ist der »Tausend-Kontakt-Preis« (TKP). Der TKP gibt an, was 1000 Kontakte kosten, ist also von der Auflage abhängig und würde bei gleichem Seitenpreis mit der Erhöhung der Auflage sinken. Die Auflagenhöhe hat aber verschiedene Bezugsmöglichkeiten: die Druckauflage (welche die größte darstellt, s.u.), die verbreitete Auflage (die schon kleiner ist, aber die kostenlosen Probe-, Rezensions- und Freistücke einschließt) und die Verkaufsauflage (die remittierten Stücke sind herausgerechnet). Die Zahl der erreichten Kontakte kann sich verringern, wenn zwar gekauft, aber nicht auch gelesen wird, oder steigen, wenn ein Kaufexemplar mehrere Leser hat. Die Leserschaft pro Exemplar bzw. der Zeitschrift oder Zeitung kann zusätzlich noch heterogen zusammengesetzt sein, so dass nur ein Teil von ihr zu der Zielgruppe für die Werbung gehört. Die Auswahl einer Zeitschrift oder Zeitung erfordert also mindestens die Kenntnis des Tausenderpreises auf der Basis der Verkaufsauflage, danach der verbreiteten (alle Auflagen werden von der IVW [»Informationsgemeinschaft zur Feststellung der Verbreitung von Werbeträgern«], auf freiwilliger Basis kontrolliert und beglaubigt), besser der aller Leser pro Nummer (= quantitativer Tausenderpreis entsprechend der quantitativen Reichweite), am besten der mit den Lesern pro Nummer tatsächlich erreichten Zielgruppenpersonen (= qualitativer Tausenderpreis entsprechend zur qualitativen Reichweite). »Niedrige« Seitenpreise für Anzeigen können sich dadurch als teuer, »hohe« als preiswert herausstellen.

Der zweite Aspekt ist die Mehrfach-Schaltung in einem Medium, die notwendig werden kann, wenn sich absehen lässt, dass die Zielgruppe eine Zeitschrift nur unregelmäßig liest – mit der Wiederholung wird dieses Defizit ausgeglichen. Da sich die Zahl der Leser pro Nummer stets auf eine einzelne

Nummer bezieht, bewirken Wiederholungsschaltungen eine größere Anzahl von Kontakten, als die einfache Zahl der Leser pro Nummer angibt. Die Entwicklung dieses »kumulativen« Reichweitenzuwachses gegenüber der »einfachen« Reichweite ist dafür entscheidend, bei welchen Zeitschriften und wie oft in ihnen Wiederholungswerbung geraten ist. Bei Blättern mit einem hohen Anteil unregelmäßiger Leser ist der Reichweitenzuwachs enorm und die Wiederholungsschaltung ratsam, bei Blättern mit einem hohen Anteil regelmäßiger Leser ist er zwar zu verzeichnen, entwickelt sich aber bei weitem geringer; in beiden Fällen ist die Effizienz am Anfang am größten und flacht danach im Sinn einer Degressionskurve ab. Mehrfachschaltungen in einem Medium sind deswegen ein ausgezeichnetes Mittel zur Korrektur von Kontaktausfällen, das notwendig ist; wie sich zeigen lässt, genügen zur Ausschöpfung der Reichweite aber schon die ersten zwei bis drei Wiederholungsschaltungen.

Der dritte Aspekt ist die gleichzeitige Einfachbelegung in mehreren Medien: Sie ist vorzunehmen, wenn eine Zielgruppe außer durch die Kombination nicht vollständig zu erreichen ist, und stellt gegebenenfalls eine Alternative zum Ausgleich von Kontaktausfällen mit der Wiederholungsschaltung in einem Medium dar. Bei der Einfach- oder Mehrfachbelegung in mehreren Medien kommt es jedoch in der Regel zu Überlappungen, das heißt zu Doppelt-, Dreifach- oder Vielfachüberschneidungen, die zwar im Sinne von Mehrfachanstößen bei den Umworbenen wünschenswert sein können, aber nicht unbedingt die Anzahl der erreichten Subjekte erhöht. Man darf bei der Kombination der Medien deswegen nicht von dem Kombinationspreis ausgehen, der sich nach Maßgabe der Addition der jeweils einzelnen Medien ergibt (»Brutto«reichweite), da die unbereinigte Addition eine größere Anzahl erreichter Leser vortäuscht, als tatsächlich erreicht wird, sondern die günstigste Kombination ergibt sich aus der Addition der bereinigten »Netto«reichweiten. Die unter Werbekosten hier angeführten Beispiele betreffen Grundsatzkenntnisse, die allerdings in der Werbung vieler Buchverlage häufig keine Anwendung finden.

7. Werbeetats: Auch die Prinzipien der Bildung von Werbe»etats« wurden ja bereits angesprochen. Die nach dem umsatzproportionalen Prinzip vorgenommene Bemessung (je größer der Umsatz, desto größer der Werbeetat) ist zwar die übliche, jedoch marketingmäßig kaum vertretbar, weil rückläufiger Umsatz dann ja immer weniger Werbung erlaubt. Die am Gewinn orientierten Bemessungsmethoden unterliegen im Prinzip der gleichen Kritik. Als ein weiteres Kriterium kann das Verhalten der Konkurrenz angesehen werden, das zumindest im oligopolistischen Bereich zu Anpassungen provozieren kann (z. B.: »Wenn Rowohlt powert, muss man sich bei dtv überlegen, ob man nach dem alten Konzept weitermacht …«). Da die am Marktanteil orientierten Methoden für die Verlage nicht in Frage kommen dürften, bleibt vom Standpunkt des Marketing aus die erwähnte am Werbeziel orientierte Methode die richtige, in der man empirisch den für jedes einzelne Projekt erforderlichen Aufwand bestimmt und zum Gesamtwerbeetat hochrechnet, wobei man bei der späteren Steuerung nicht prozyklisch (bei höherem Umsatz wird noch mehr Werbung gemacht, bei niedrigerem wird sie zurückgeschraubt), sondern antizyklisch vorgeht (verstärkte Werbung bei nicht ausreichendem Umsatz, Konstanz oder relative Zurücknahme bei Zielerreichung bzw. Zielüberschreitung). Auch diese Grundsätze bedürfen in vielen Verlagen der Prüfung.

8. Werbeerfolgskontrolle: Wie die Wirkung der Werbung selbst ist die Werbe»erfolgskontrolle« auf den ökonomischen und den außerökonomischen Bereich gerichtet. Die Ermittlung des ökonomischen Erfolgs ist dabei außerordentlich kritisch, da ein Absatzerfolg selten allein auf die Werbung zurückführbar ist, sondern den kombinierten Einsatz aller Marketinginstrumente im Marketingmix und auch externe Faktoren wie Trends, Kaufkraftverschiebungen und politische Ereignisse den Absatzerfolg beeinflussen können. Die Werbewirkungsforschung konzentriert sich schon deswegen auf die Erforschung des außerökonomischen Erfolgs. Ihr Instrumentarium folgt logisch den Wirkungsstufen des in der AIDA-Formel (vgl. Attention, Interest, Desire, Action, s. S. 127) ausgedrückten Kommunikationsablaufs. Die bekanntesten sind das Recognition- und Recall-Verfahren. Das *Recognition-Verfahren* prüft z. B., ob Anzeigen Aufmerksamkeit und Interesse fanden. Dazu wird einem nach Marktforschungskriterien ausgewählten Personenkreis beispielsweise eine ihm bekannte Zeitschrift zur Durchsicht vorgelegt und bei allen Anzeigen gefragt, ob sie aus zurückliegenden Lektüren bekannt sind. Das Recognition-Verfahren ist damit eine sogenannte passive Methode, denn es handelt sich um eine reine Prüfung der Wiedererkennung. Ebenfalls dem Erkennen von Aufmerksamkeit und Interesse ist das *Recall-Verfahren* gewidmet. Bei ihm bekommt die Testgruppe nach der Lektüre eine Reihe von Karten mit Produktnamen und/oder Firmen vorgelegt und soll sagen, welche in der Zeitschrift beworben wurden. Das Recall-Verfahren ist damit eine aktivere Methode, denn statt der Wiedererkennung geht es hier um Erinnerung sowie Zuordnung aufgrund einer eigenen Leistung.

Neben dem Direkttest der Aufmerksamkeitswirkung kann man zusätzlich überprüfen, ob eine ausreichende Wahrnehmung des Werbeimpulses möglich war. Es gibt Brillen und apparative Einrichtungen (Augenkamera) zum Festhalten des Blickverlaufs der betrachteten Anzeigen und Werbemittel. Dieses sogenannte Eyetracking-Verfahren wird mittlerweile von mehreren Hochschulen und Forschungsinstituten in Deutschland angeboten. Als Ergebnis lässt sich die Wirkung des Werbemittels innerhalb des belegten Mediums nachweisen. Die apparative Untersuchung besitzt häufig ein qualitatives Untersuchungsdesign und wird mit einer anschließenden Nachbefragung verknüpft.

Die gefühlsmäßige Wirkung (Desire, die Stufe vor Action) kann durch Messung der Pulsfrequenz, der Hautfeuchtigkeit, der Muskelkontraktion und sogar Speichelentwicklung getestet werden oder, medizinisch gesprochen, durch sämtliche physiologischen Reaktionen des vegetativen Nervensystems auf Werbereize. Damit verfügt die außerökonomische Werbeerfolgskontrolle über eine Fülle teils psychischer, teils physischer Methoden. Das Instrumentarium zur Kontrolle des ökonomischen Werbeerfolgs ist weniger vielfältig, schwieriger und aufwendiger. Von den Methoden her sind nur kontrastive oder komparative Verfahren möglich, d. h. man startet etwa in einem Verkaufsgebiet eine Werbeaktion und in einem ähnlichen nicht und vergleicht die Umsatzentwicklungen. Auf der Auswertungsseite bestehen nur komplexe mathematische Verfahren mit, wenn man in der Wissenschaft bleibt, erheblich eingeschränkten Ergebnisaussagen. Die Kostenseite ist der praktische Riegel für die Kontrolle des ökonomischen Werbeerfolgs, da sie einen repräsentativen Markttest voraussetzt.

Im Bereich der Online-Werbung können, gerade beim Verkauf einfacher Güter wie normalpreisige Bücher, zahlreiche Glieder der Werbewirkungskette nachvollzogen werden. Wie viele Kunden reagieren auf die Werbung und klicken auf das Werbemittel, um auf der »Landing Page« zu landen? Wie viele davon kaufen direkt ein Buch? Aber selbst hier lässt sich nicht ohne Weiteres der Kommunikationserfolg feststellen, da es beides gibt: Menschen, die sich online informieren und offline kaufen und Menschen, die sich offline im stationären Buchhandel informieren und beraten lassen und zeitversetzt diesen Artikel online bestellen.

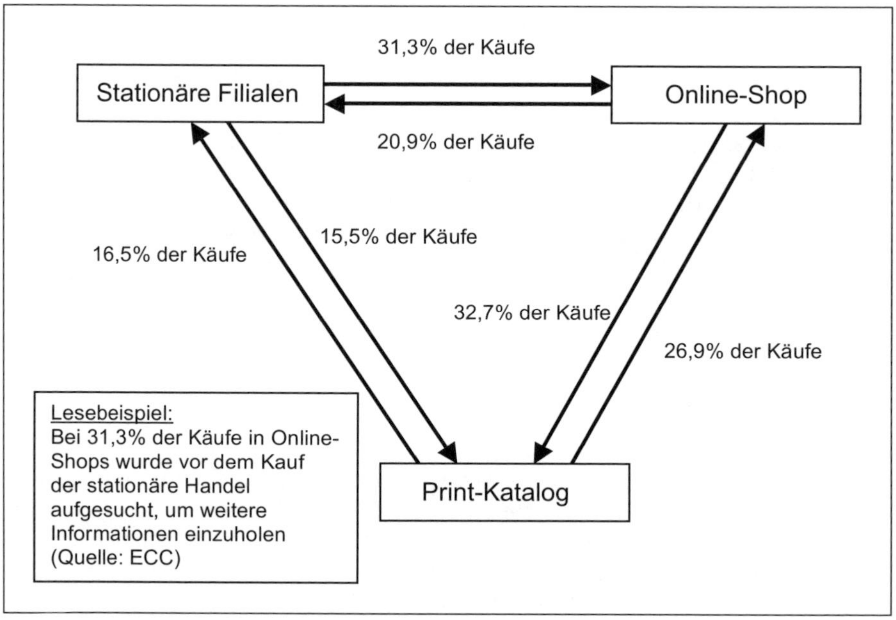

Wechselwirkungen zwischen stationärem Handel, E-Commerce und Print-Katalog (Quelle: Daten des ECC Handel 2006, nach: Kapke 2008)

Das Schaubild zeigt deutlich, dass ein großer Teil der Online-Käufe nach einem Besuch im stationären Handel erfolgt (über 30 Prozent). Damit wird klar, dass trotz guter Nachvollziehbarkeit der Werbewirkung im Internet durch Tracking-Tools und Targeting-Modelle, bei denen in der Werbeansprache bestimmte Zielgruppen ausgewählt werden, auch noch keine Eindeutigkeit bei der Werbeanalyse erreicht werden kann.

3.2 Öffentlichkeitsarbeit (PR)

Unter »Public Relations« – Öffentlichkeitsarbeit – versteht man in der klassischen Theorie die Kommunikation für das Unternehmen (also den Verlag) *als Ganzes*, daneben steht heute die »Product-Publicity« (Book-Publicity). Beide Formen sind Modifikationen der externen PR gegenüber der internen, mit der zusammen sie das Gesamtkonzept der PR darstellen. Alle PR-Formen gelten nicht direkt ökonomischen Zielen. Dies trifft insbesondere für die interne PR zu.

3.2.1 Externe PR

Das klassische Ziel der externen PR ist nach allgemeiner Auffassung die Gewinnung von Vertrauen und Verständnis in der Öffentlichkeit für die Ziele des Unternehmens und für das Unternehmen schlechthin – dieser für staatliche und privatwirtschaftliche meist Großunternehmen aus Handel und Industrie relevante Aspekt ist für Verlage eher sekundär, wichtig hingegen ist die Komponente der Imagebildung. Unter Image wird dabei die Schaffung eines Vorstellungsbildes – hier des Verlages – verstanden, bei dem der Leser, Käufer, Buchhändler sofort bestimmte Eigenschaften mit dem Verlag assoziiert, die er (gegebenenfalls) positiv auf das Produkt überträgt.

Ein solcher imagestiftender PR-Effekt kann schon mit den einfachsten Mitteln erreicht werden, beispielsweise mit der auffallenden Einbeziehung des Verlagssignets oder eines verlagstypischen Slogans in die Gestaltung aller Einzel- und Sammelanzeigen (zum Beispiel bei Hanser der Diagonalschnitt des Verlagsnamens oder das einprägsame Greif-Signet des Klett-Cotta-Verlags). Schaltet ein Verlag nach diesem Konzept seine monatlichen Programmanzeigen (»Verlagsprogramm«), geht auch von der Wiederholung ein PR-Effekt aus. Auch doppelseitige Anzeigen im *Börsenblatt*, mit denen Verlage unter einem dominierenden Verlagsnamensschriftzug ohne Rücksicht auf das Erscheinungsdatum vielleicht sogar alphabetisch in kleinstem Satz ihre gesamte Backlist dokumentieren, sind reine PR-Anzeigen. Zu reinen PR-Anzeigen gehören auch solche ohne eine einzige Titelangabe, wie etwa die nach dem klassischen Muster »G[=Goldmann]: das Zeichen für Lesen«. Verlage können dieses für sich allein tun, dann ist es PR für den eigenen Verlag. Sie können den PR-Effekt durch Kooperation mit ihren sonstigen Konkurrenten anstreben. Die übergreifendste Form war die allen Verlagen und Buchhandlungen gemeinsam geltende »Ein Buch ist ein Geschenk-Aktion« aus der PR-Abteilung des Dachverbandes der Branche, dem Börsenverein.

Alle PR-Maßnahmen sind in enger Anlehnung an die Zielgruppen zu planen. Die genannten Beispiele waren geeignet, sowohl ein Händler- wie ein Leserpublikum anzusprechen. Eine PR-Broschüre speziell für das Sortiment wird aber für diese Zielgruppe die Verkaufbarkeit der Autoren oder Titel eines Programms (z. B. den Vergangenheitserfolg, Händlernutzen) herausstellen und damit neben dem Imageeffekt auf die Vertrauenswirkung für den Verlag abzielen. Auf **Verbraucherebene** liegt ein Fachverlag dagegen richtig, wenn er beispielsweise in einer überregionalen Anzeigenserie in Deutschlands bekanntester Tageszeitung ohne die Nennung eines speziellen Titels nur die Nützlichkeit dieser Titel für das betroffene Fachpublikum und hierüber auch für die Verbraucher dokumentiert. Für die Zielgruppe der Autoren schließlich wird einleuchtenderweise nicht mit direkten PR-Maßnahmen gearbeitet. Autoren sind eher Mitwirkende von PR-Aktionen, fühlen sich aber durch sie in der Bindung an den Verlag gefestigt und führen dem Verlag durch die Publicity mit den alten Autoren neue zu. Zu den spektakulären externen Aktivitäten gehören auch die Presse- und Messeempfänge, bei denen die Zielgruppen Autoren, Buchhändler und Medienverleger (»Leser« sind oft ausgeschlossen) insgesamt avisiert werden und deren mögliche Resonanz in der Presse die vom Verlag selbst ausgehenden Impulse multipliziert.

Die **Product-Publicity** als weitere Form der externen PR kehrt den Grundgedanken der PR gleichsam um, denn sie setzt nicht bei der Werbung für die Unternehmung (Verlag), sondern für die Produkte speziell (Titel) oder generell (Buch) an. Zu den generellen Möglichkeiten gehören dann etwa die oben zitierten »Ein Buch ist ein Geschenk«- Maßnahmen des Börsenvereins, die damit einen gleitenden Übergang zwischen Firmen- und Product-Publicity herstellen, zu den speziellen etwa die, wenn ein Autor in einer Talk-Show gegen den Willen des Moderators sein neues Buch aus der Westentasche hervorzieht und vor die Kamera hält. Das eigentliche Prinzip der Produkt-Publicity besteht darin, dass nicht die Verlage selbst, sondern die Medien für sie die Produktwerbung übernehmen. Praktisch bereiten die daran interessierten Verlage dies so vor, dass sie statt der üblichen Waschzettel den Redaktionen einen nach deren Themen und Stil aufgemachten Basistext zusenden, der sich leicht in einen Artikel verwandeln lässt. Sogar solide Verlage haben auf diese Weise ganzseitige »Besprechungen« in nationalen Wochenzeitungen erreicht. Die Darstellung durch die Medien hat dann für den Leser eine erheblich größere Glaubwürdigkeit als eine Verlagsanzeige. Insofern ist in der modernen Product-Publicity-Technik eine Erweiterung des Repertoires der klassischen Pressearbeit zu sehen.

Das **Presse- und Rezensionswesen** eines Verlags bemüht sich, durch den Versand von Büchern an Redaktionen oder direkt an Rezensenten zu Besprechungen in den Medien Zeitung, Zeitschrift, Rundfunk oder auch Fernsehen zu kommen. Deren Aufnahmebereitschaft ist natürlich in Frage zu stellen, die Rezeption durch den Rezensenten offen, die Reaktion der Leser kann nach einem Verriss dennoch begeistert oder trotz eines öffentlichen Lobs sehr verhalten sein. In verschiedenen Untersuchungen populärer Verlage hieß das Fazit, dass Rezensionen den Wirtschaftserfolg von Büchern so gut wie gar nicht beeinflussen, Kleinverleger berichteten das Gegenteil, und einer der größten Markterfolge mit einem belletristischen Titel in der BRD wurde praktisch ohne eigene Verlagswerbung nur durch den Versand eines einzigen Rezensionsstückes an ein sehr populäres politisches Magazin für Nachrichten (*Der Spiegel*) erreicht. Das Presse- und Rezensionswesen kann damit das billigste sowie potenziell effizienteste Instrument im Kommunikations- und Marketingmix sein, insbesondere wenn für einen Kommunikationserfolg keine großen Werbeetats existieren. Kleinverlage benutzen es intuitiv mit den ihnen zur Verfügung stehenden Mitteln, Großverlage arbeiten systematisch mit EDV-gestützten Programmen.

3.2.2 Interne PR

Die interne PR schließlich, als nach innen gerichtete Kommunikation, verfolgt die Information der Mitarbeiter über die Aktivitäten des eigenen Unternehmens, etwa mit einer Werks- oder Hauszeitschrift. In Großverlagen mit angeschlossenen Druckereien und Auslieferungen oder gemischten Verlagskonzernen existieren solche Blätter und erfüllen dort eine berechtigte, oft wichtige Funktion, da sie den Mangel der im kleineren Verlag möglichen persönlichen Kommunikation ausgleichen helfen, sich wie die externe PR um die Gewinnung von Vertrauen, Wertschätzung etc. der Unternehmung bemühen und damit mindestens intentionell Motivation und innerbetrieblich gute Beziehungen (daher das Synonym: *Human Relations)* stiften. Die interne PR hat daher noch weniger als die externe einen direkten Absatzbezug, sie ist ein Instrument der Unternehmensführung. Für die direkt absatzbezogene Kommunikation sorgt neben der Werbung und/oder PR die Verkaufsförderung.

3.3 Verkaufsförderung

Ob die Verkaufsförderung wirklich zum Kommunikationsmix gehören soll, ist in der Literatur strittig. Manche behandeln sie dort, manche im Distributionsmix, manche widmen ihr ein vollständig eigenes Kapitel, wieder andere klammern sie sogar in Grundlagenbüchern vollständig aus. Der Streit ist jedoch genauso müßig wie der um die richtige Benennung, da alle Begriffe synonym gebraucht werden können. Einheitlichkeit herrscht dagegen in Bezug auf das, was gemeint ist. Nach einer inzwischen klassischen Auffassung ist die Verkaufsförderung die »Summe aller Aktivitäten« einer Unternehmung, also des Verlags, »zur Unterstützung ihrer Absatzhelfer und Absatzmittler«. Die Helfer und Mittler wurden bereits als sog. »Organe« des Absatzes zur Distributionspolitik dargestellt. Verkaufsförderung bedeutet deswegen verlagsbezogen nichts anderes als die Unterstützung der vom Verlag angestellten Reisenden (Helfer) sowie seiner selbständigen Handelsvertreter wie auch der selbständigen Händler (beide sind Mittler). Diese klassische Auffassung wird heute in der Regel mindestens theoretisch um die nachfolgende Stufe erweitert: verkaufsfördernde Maßnahmen, die sich nicht an den Außendienst, nicht an die Händler, sondern den Letztabnehmer richten. Man kann die Verkaufsförderung deswegen auch in drei Teile gliedern: die *Staff*-Promotions, die *Dealer*-Promotions und die *Consumer*-Promotions, wobei man die Einwirkung auf den eigenen Außendienst auch als *direkte* oder Verkaufsförderung »nach innen« bezeichnet und die übrigen als *indirekte* oder Verkaufsförderung »nach außen«. Unabhängig davon geht es darum, durch Aktivitäten gegenüber Außendienst, Händlern, Verbrauchern mehr Verkauf zu erreichen, als durch Werbung und Vertrieb bzw. die gewöhnlichen Absatzmaßnahmen alleine zustande kämen. Bevor diese Maßnahmen im Einzelnen aufgeführt werden, bedarf es aber noch einer genaueren Abgrenzung der Verkaufsförderung von den genannten Instrumenten des Kommunikationsmix, also der PR und besonders der Werbung, da sie alle unterschiedlichen Prinzipien gehorchen.

Die klassische PR verfolgt per Definition keine direkten ökonomischen Ziele und ist vom Prinzip her nicht auf kurzfristige Effekte angelegt. Die Verkaufsförderung setzt auf den direkten Kaufakt und hat als klassisches Mittel die vornehmlich zeitlich begrenzte Aktion. Der Vergleich mit der Werbung ist besonders aussagekräftig, da die Gegenüberstellung den Gegensatz beider hervorhebt. Während die Werbung nur mit Sachmitteln arbeitet, bedient sich die Verkaufsförderung, wie die obige Gliederung zeigt, auch von Personen (der Helfer und Mittler). Während die Werbung sich an die Käufer/innen richtet, um sie zum Kauf zu bewegen, richtet sich die Verkaufsförderung an die Verkäufer/innen, um ihre Leistung zu steigern. Der Kardinalunterschied besteht in der entgegengesetzten Richtung bzw. marktphilosophischen Basis, nach der die Werbung durch einen » Sog« die Nachfrager ins Sortiment und an das Buch *zieht*, während Verkaufsförderung entgegengesetzt das Buch in das Sortiment *drückt*, gemäß der amerikanischen Unterscheidung zwischen dem *Push-* oder *Pull*-System. Weitere als substantiell anzusehende Elemente kommen hinzu, so die Konzentration der Verkaufsförderung auf ein singuläres Produkt oder eine thematische Produktgruppe (statt eines ganzen Programms), die zeitliche Begrenzung auf die Dauer der Aktion (statt ganzjähriger Aktivität), der punktuelle Einsatz in Bezug auf den Ort und die Buchhandlung (anstelle gesamtheitlicher Streuung ohne Diskriminierung der ausgelassenen Sortimente).

Mit verkaufsfördernden Maßnahmen lassen sich also die Absätze regional, saisonal, für bestimmte Produkte oder Produktgruppen etc. steigern oder Rückgänge ausgleichen. Verkaufsförderung ist damit zusammenfassend ein taktisches Instrument, das flankierend neben die Werbung tritt (Pull- *und* Push-System!) – beide Instrumente ergänzen sich gegenseitig. Für den Einsatz der beiden Instrumente bestehen hingegen wieder unterschiedliche Voraussetzungen. Während Werbung, gerade für Bücher, quasi als Folge der Produktion automatisch gemacht wird, bedarf Verkaufsförderung eines Anlasses. Ein Anlass kann ein Verlagsjubiläum sein (»Fischer wird 100«; alle direkt nach dem Krieg gegründeten Taschenbuchverlage feierten ab 1995 ihren »Fünfzigsten«), ein aktuelles politisches, sportliches, gesellschaftliches Ereignis, ein sensationeller »Seller« etc. Gegenüber der in der Theorie betonten Singularität von Verkaufsförderungsaktionen ist nur hervorzuheben, dass sie im Verlagsmarketing nicht einmalig (unwiederholbar) sein müssen. Permanente Verkaufsförderung wäre nicht zu bezahlen und brächte sich selbst um ihren Effekt. Aber die turnusmäßige Wiederholung ist geraten bei Schulbuchverlagen vor dem Schuljahresbeginn, bei den wissenschaftlichen Verlagen vor Semesterbeginn, bei den Belletristikverlagen vor dem »Lesesommer«, sowie bei allen vor dem Weihnachtsgeschäft. Der Verlag muss dabei stets bedenken, dass er verkaufsfördernd auf alle Mitglieder der Absatzkette einwirken kann, also Vertreter, Reisende, Händler und Leser. Da hier nicht eine, sondern alle Handelsstufen angesprochen sind, ist sein Marketing nicht »horizontal« (etwa nur die Händler, nur die Leser betreffend) gerichtet, sondern »vertikales« Marketing ist hier eine Notwendigkeit. Für alle Stufen in diesem vertikalen Prozess kennt das allgemeine Marketing Maßnahmen, die sich auf den Verlag übertragen lassen. Demnach ist jeweils ein Instrumentarium von vier Elementen zur Beeinflussung und Unterstützung zu prüfen: die *Information*, die *Motivation*, die *Schulung* bzw. das *Training* sowie die *Sachunterstützung*. Eine Auswahl aus allen geht in den Verkaufsförderungsmix ein.

3.3.1 Maßnahmen gegenüber dem Außendienst (»Staff«-Promotions)

Die Reisenden sind vom Verlag leicht beeinflussbar, die Vertreter nur nach Maßgabe ihres Interesses (s. Kap. IV.2: Distributionspolitik). Die Methoden und Maßnahmen müssen an das beim Aufbau der Abteilung Vertrieb und der Distributionspolitik Skizzierte aber anknüpfen, da die Vertreter- und Reisendenaktivitäten vom Prinzip her ja auch ohne den Anlass einer Aktion verkaufsfördernd sein sollen, nur ist das Generelle spezifisch umzusetzen. Das Briefing hat intensiver zu sein (Information), die Setzung von Anreizen ist mit dem Erfolg der Aktion direkt zu koppeln (Motivation), die Vertriebsleitung sollte die in fremden Branchen längst akzeptierte Erkenntnis adaptieren, dass auch ein »Starverkäufer« noch optimierbar ist (Training und Schulung), die Unterstützung durch »Sachmittel« (Werbetexte, Manuskript-, Fahnen-, Umbruchseiten, Umschlagandrucke, Anzeigenmuster, Werbeplankopie, Aktionsplankopie, Musterstücke des Verkaufsförderungsmaterials) muss klarmachen, dass bei einem gleich großen Einsatz wie von Verlagsseite aus für den Buchhändler gegenüber dem Leser ein überdurchschnittlicher Erfolg greifbar wird. Alle Maßnahmen der Staff-Promotions zielen darauf ab, die Staff (die Mannschaft) zu fördern, Verkaufsförderung ist hier also zunächst Verkäuferförderung. Die Verkaufsförderung dient dem »Hineinverkauf« (in den Handel) entsprechend dem Push-Prinzip. Deswegen verbleiben auch die hier genannten Sachmittel im Besitz der Verkäufer, im Gegensatz zu dem eigentlichen, noch zu nennenden Verkaufsförderungsmaterial, das an den Händler weitergeht und ihm beim Verkaufen hilft (»Abverkauf« oder Verkäuferförderung auf der Handelsstufe).

3.3.2 Maßnahmen im Buchhandel (»Dealer«-Promotions)

Im Prinzip kann man das ganze Spektrum der im Distributionsmix gezeigten Kanäle ansteuern, doch haben sich bestimmte Formen besonders herausgebildet, von denen die Einzelbuchhandlung, also das Sortiment, die wichtigste ist. Im Groß- oder Zwischenbuchhandel sind die Barsortimente gegebenenfalls Partner, da sie im eigenen Namen auf eigene Rechnung arbeiten und folglich bereit sind, zum eigenen Nutzen verkaufsfördernde Materialien der Verlage im Rahmen ihres Sortimenterservice weiterzugeben; dies gilt besonders für die kleineren Barsortimente, die einen eigenen Vertreterstab zum Besuch der Sortimente unterhalten, und die Grossisten. Gewinnt man sie für Aktionen, lassen sich neben dem Vollbuchhandel in entlegenen Sortimenten, im Papier-Büro-Schreibwaren-Handel (PBS), am Kiosk, in SB-Läden, Food-Ladenketten etc. schon in einem einzigen Nielsen-Gebiet durchaus 4000 Buchverkaufsstellen neben dem Sortiment erschließen. Im Einzelhandel nehmen das Warenhaus und der Versandbuchhandel eine besondere Funktion ein. Das Warenhaus ist durch den in ihm nicht nur möglichen, sondern auch nötigen hohen Quadratmeterumsatz zu verkaufsfördernden Aktionen prädestiniert und gezwungen. Sensationalität des Titels, Preiswürdigkeit und kurzfristige Aktionsdauer sind die für die Entscheidung wichtigen Kaufhauskriterien. Der Versandbuchhandel akzeptiert neben dem Billigen die hochpreisigen vielbändigen Objekte. Beide Händler entfalten teils entgegengesetzte (die Signierstunde des Autors ist dem Warenhaus vorbehalten, das Direct-Mail den Versendern), teils gleichartige (Zeitungswerbung bis zur ganzseitigen Anzeige) Promotions in eigener Regie oder in Kooperation mit dem Verlag, beide erreichen ein von dem des Sortiments unterschiedenes Publikum und damit zusätzliche Märkte, beide bedürfen, wegen des Zentraleinkaufs bzw. des Versandprinzips, im Unterschied zum Sortiment fast überhaupt nicht einer Verkäuferförderung.

Die Verkaufsförderung über das Sortiment ist nicht nur der wichtigste, weil hauptsächliche Weg, sondern zugleich auch der schwierigste. Denn zwar nimmt alle Verkaufsförderung im Verlag ihren Anfang, doch geschieht und gelingt sie zum Ersten nur durch die Händler, mit Hilfe der Händler, in den Räumen der Händler und niemals gegen die Händler. Zum Zweiten befindet sich das Sortiment in einer grundsätzlich anderen Situation, weil es nicht nur einen oder eine begrenzte Anzahl von Titeln lanciert – wie der Verlag –, sondern das Nadelöhr darstellt, durch das die jährlich rund 100.000 Neuerscheinungen sollen. Wer also unter diesen Bedingungen als Verkaufsförderer nach der Push-Philosophie die Bücher in das Sortiment »drückt«, benötigt ein gutes Verhältnis zum Sortiment (Slogan eines Verlagsberaters: »Wer über Druck verkauft, braucht den Buchhändler als Freund«) und muss die Verkäufer/innen durch Förderungsmaßnahmen für den Abverkauf unterstützen.

Wie beim Hineinverkauf durch den Außendienst besteht das Instrumentarium wieder aus Information, Motivation, Schulung und Training sowie der Unterstützung durch Sachmittel. Die Information soll als Erstinformation schon während der Reise mündlich erfolgen, wobei Verkaufsförderungsmaterial durch den Außendienst, sofern es bereits vervielfältigt war, übergeben wird; die schriftliche Information folgt rechtzeitig vor der Aktion als Händlerrundschreiben, besser noch – weil billiger als eine solche Massenaussendung – durch einen E-Mail-Newsletter oder in einem der Branchenblätter gedruckten Verkaufsförderungsbrief, der zudem noch eine weitaus größere Zahl Sortimente erreicht. Die Motivation kann auf dem monetären Sektor über spezielle Rabatte (Aktionsrabatt statt Reiserabatt oder Normalrabatt, Partie, Reizpartie) sowie spezielle Konditionen (statt fest auch mit Remissionsrecht (RR) oder in Kommission (à.c.)) erreicht werden, durch Schaufenstervermietung und -wettbewerbe (ideelle Motivationen kommen auch vor, nicht selten entstehen sie durch ein gemeinsames Mittagessen der Buchhandelsangestellten mit dem Autor). Schulung und Training beinhalten auch von den Verlagen veranstaltete Buchhändlerseminare, entfallen damit für viele Verlage aus Kosten- und Themengründen, bzw. sind für andere Verlage allein oder für ihre Sparte von Nutzen (so für den Verkauf von Lexika). Die Sachmittelunterstützung ist wie bei der Förderung des Außendienstes das wichtigste Instrument, weil nirgendwo sonst ein nach Art, Gestaltung, Funktion und Kosten so breites Spektrum an

Mitteln besteht, das zudem ohne direkten Händlereinsatz auf den Verbraucher einwirkt. Der kostenlos überlassene Verlagsprospekt mit dem Firmeneindruck des Händlers zur Platzierung neben der Kasse ist nur ein Anfang. Konventionelle Beispiele im Bereich Druck sind heute der Sticker, der Aufsteller, das Plakat, das Transparent, also alle Displays. Darüber hinaus gehen dann Mittel mit Zusatznutzen, z. B. der Verkaufsständer oder die Drehsäule des Verlags X (die auch mit fremden Titeln gefüllt werden können) oder der Benzinkanister zur Dekorationshilfe und Blickfang für das Schaufenster (die der Buchhändler nachträglich privat für sich nutzt). Visuelle und audiovisuelle Mittel wie Filme oder AV-Shows sind möglich, sogar die 3D-Show im Schaufenster mit zum Laufpublikum gerichteter Außenbeschallung. Das Entscheidende ist stets das Vorhandensein am »POP« (Point of Purchase), indem das Mittel entweder in den Laden hineinführt oder die Aufmerksamkeit auf das Produkt hinlenkt bzw. den Verkäufer/innen das Verkaufen erleichtert.

3.3.3 Maßnahmen beim Endverbraucher (»Consumer«-Promotions)

Für das letzte Glied in der Absatzkette ist das theoretische Instrumentarium natürlich nicht voll realisierbar, so gibt es keine der Außendienst- oder Händlerstufe entsprechende »Verbraucherschulung« oder Unterstützung mit Sachmitteln. Daher sind informierende oder motivierende Mittel anzuwenden, die den Verbraucher im Laden des Händlers, aber auch vor seinem Geschäft, unterwegs oder zu Hause direkt erreichen. Die klassische – und deswegen nicht gerade modernste – Promotion im Laden des Händlers ist die Autorenlesung mit Autogramm- oder Signiermöglichkeit. Im Laden selbst können – kombiniert damit wie auch unabhängig von solchen Gelegenheiten und etwas moderner – zum Buch (Promotionsobjekt, Verlag) passende Buttons, Sticker oder auch Lesezeichen verteilt oder ausgelegt werden, generell alle denkbaren Sachmittel, von denen als Zugabe ein ideeller oder materieller Reiz ausgeht und die als »geringwertige Reklamegegenstände« nach der Zugabenverordnung erlaubt sind. Erfolgt die Verteilung nicht durch den Händler, sondern durch Verkaufsförderer, hat der Verlag neben den sachlichen bereits – zusätzlich – personelle Mittel eingesetzt, kann aber die neue Kapazität dazu nutzen, die Promotion aus dem Innern vor die Tür zu verlegen, so vor allem unterstützt durch Plakate, Verkaufsgondeln und mobile Displays, wodurch sich die Aufmerksamkeit der sonst vorbeiströmenden Laufkundschaft anziehen lässt. Die Aufmerksamkeit auch fern von den Läden – wo sich gar keine Buchhandlungen befinden – wird durch Plakatierung erreicht, wo sie auch einem buchhandelsuntypischen Publikum auffällt und, wenn gezielt eingesetzt (zum Intermediavergleich s. o. 3.1), auch für kleinere Verlage finanzierbar ist. Bis direkt ins Haus oder in den privaten Briefkasten gelangen die folgenden Verkaufsförderungsmaterialien: natürlich das Direct-Mail als Brief oder E-Mail (aber hier werden nur die eigenen Adressdateien aktiviert), die Prospektbeilage in Zeitungen (eine zusätzliche, aber noch demographisch strukturierte Kundschaft wird angesprochen), die

E-Mail-Werbung und die Hauswurfsendung (breiteste Streuung überhaupt ohne jegliche soziodemographische Zielung). Die einsetzbaren Maßnahmen, die hier nur als Beispiele stehen, sind unvoreingenommen unter Kostengesichtspunkten und verlagstypisch zu prüfen, um den Mix für die Consumer-Promotions zu finden, der mit dem für die Händler und das Verkaufspersonal den gesamten Verkaufsförderungsmix bildet und durch die Kombination mit Public Relations und Werbung erst abschließend den vollständigen Kommunikationsmix des Verlags etabliert.

3.4 Abgrenzungen zwischen den Elementen der Kommunikationspolitik und organisatorische Lösungen im Buchverlag

Eine Frage bleibt nach der Darstellung der unterschiedlichen Elemente der Kommunikationspolitik jedoch übrig: Wie können die Arbeitsbereiche als betriebliche Funktionen abgegrenzt werden und welche organisatorischen Lösungen gibt es dafür im Buchverlag?

Es ist kein modernes Unternehmen vorstellbar, das sich nicht in der einen oder anderen Form mit der Positionierung seines Unternehmens in der Öffentlichkeit und der Kommunikation mit den Mitarbeiter/innen auseinandersetzt. Obwohl die Bedeutung des Themas gerade bei öffentlichen Statements von Unternehmern und Managern immer wieder bestätigt wird, gibt es doch viele Beispiele, bei denen man berechtigterweise die abgestimmte Kommunikation innerhalb und außerhalb des Unternehmens in Frage stellen kann. Für einen Buchverlag wäre eine derartige Situation in hohem Maße gefährlich. Äußerungen eines Autors, wie beispielsweise von Martin Walser über Marcel Reich-Ranicki können eine hohe Brisanz besitzen und erfordern eine rasche aktuelle Reaktionsfähigkeit des Verlags. Für den Verlag stellt sich bei den von den Massenmedien gerne aufgegriffenen Streitigkeiten eine ganze Reihe von Fragen: Ist es lediglich eine persönliche Auseinandersetzung? Wird der Absatz des Buches positiv oder negativ betroffen sein? Kann die mediale Aufmerksamkeit positiv genutzt werden? Wird vom Verlag eine (innere) Haltung zu diesem Streit erwartet? Kann das gesamte Verlagsimage in Mitleidenschaft gezogen werden? Dabei müssen die unterschiedlichen Abteilungen und Funktionsbereiche, die sich mit Kommunikationsarbeit im Buchverlag befassen, koordiniert werden. Liefert der Rückgriff auf bereits erfolgte Definitionen hier bereits eine Lösung? In der Praxis haben eine ganze Reihe von Abteilungen und Funktionen im Unternehmen Einfluss auf die interne und externe Kommunikation:

Marketing: Da wäre zunächst der Aufgabenbereich des Verlagsmarketing, der sehr stark mit der betrieblichen Kommunikation in Verbindung steht. Marketing ist eine der beliebtesten betriebswirtschaftlichen Funktionen; entsprechend gibt es zur Aufgabenstellung des Marketing zahlreiche Beschreibungen aus Sicht der Theoretiker, Praktiker und auch eine Vorstellung der »Normalbürger«. Das Marketing umfasst nach der klassischen betriebswirtschaftlichen Vorstellung die Marketinginstrumente Produktmix, Kontrahierungsmix, Distributionsmix und Kommunikationsmix. Die Kommunikation ist demzufolge eine Teilfunktion des Marketingprozesses und würde die Bereiche Werbung und Öffentlichkeitsarbeit mit einschließen. Liefert uns das bereits die Lösung, wie diese Aufgaben im Verlag aufgegliedert werden sollen? Wie ist dann die Werbung eingebunden?

Werbung: Werbung umfasst die nicht persönliche Vorstellung und Förderung von Ideen, Waren oder Dienstleistungen eines eindeutig identifizierbaren Auftraggebers durch den Einsatz bezahlter Medien (vgl. Kotler/Bliemel 1999, S. 973). Werbung hat daher die Aufgabe, gezielt Kunden (sowohl die Leser als auch den Buchhandel) als Kernzielgruppe der Kommunikation und andere Gruppen, wie beispielsweise Meinungsführer (Buchkritiker oder bei Schulbüchern Lehrer) zu beeinflussen. Sie ist die direkteste Form der Kommunikation im Sinne der Absatzfunktion, und die Notwendigkeit der Werbemaßnahmen ergibt sich direkt aus der Marktsituation des Käufermarktes heraus, wo die Notwendigkeit besteht, gezielt über eigene Produkte und Leistungen zu informieren. Die Werbung muss dabei nicht ausschließlich abverkaufsorientiert und produktbezogen arbeiten, sondern kann im Sinne einer Imagewerbung auch Themen des Unternehmens insgesamt in das öffentliche Bewusstsein rücken.

Public Relations (PR): In der Marketingliteratur findet eine Gleichsetzung von PR und Öffentlichkeitsarbeit statt. PR hat dabei das Ziel, in der Öffentlichkeit für eine »wohlwollende Atmosphäre« (vgl. Nieschlag/Dichtl/Hörschgen 2002, S. 537) gegenüber dem Unternehmen zu sorgen. Dabei kommen im Sinne des Stakeholder-Ansatzes grundsätzlich alle Gruppen, die mit dem Unternehmen in Beziehung stehen, als Zielgruppe der PR-Arbeit in Frage (vgl. Kotler/Bliemel 1999, S. 1039; Meffert 2000, S. 724).

In der Praxis gibt es immer wieder Streitsituationen, in denen deutlich wird, wie kompliziert der Umgang mit Unternehmenskommunikation im Verlag sein kann. Dabei muss geklärt werden: Ist das Marketing die ausschlaggebende Funktion, die die beiden anderen Themenbereiche umschließt? Welche Rolle spielt der Bereich Öffentlichkeitsarbeit/PR? Wie ist die Verlagsgeschäftsführung bzw. der Stabsapparat im Hintergrund eingebunden?

Der Streit um die Dominanz der Unternehmenskommunikation währt schon jahrelang, er hat seit der Jahrtausendwende in Praxis und Theorie zunehmend an Bedeutung gewonnen. Wer hat Vorrang bei der Festlegung von Kommunikationszielen und Budgets, der Marketingsektor oder der Bereich Öffentlichkeitsarbeit? Nicht zuletzt aufgrund der zunehmenden Aktualität dieser Auseinandersetzung zwischen Public Relations (PR) und Marketing hat sich das Fachmagazin *Pressesprecher* 2004 mit einer Titelgeschichte dieses Themas angenommen (Gutzmer 2004; vgl. Breyer-Mayländer 2006). Dabei war aus der Marketingtheorie die Antwort jahrzehntelang eindeutig. Im Rahmen des Marketingmix gäbe es den Kommunikationsmix und dieser (vgl. Meffert 2000, S. 11 ff.) gliedert sich – wie bereits dargestellt – nach diesem Ansatz in folgende vier Unterbereiche: Public Relations, persönlicher Verkauf, Verkaufsförderung und Werbung.

Verfolgt man die Vorgaben der Marketingtheorie, wäre die Streitfrage um die Integration der Unternehmenskommunikation in das Marketing von

Buchverlagen gelöst. Die Öffentlichkeitsarbeit wäre nach diesem Ansatz eine Teilfunktion des Marketing, und damit wäre die Dominanz des Marketingbereichs sichergestellt. In der Unternehmenspraxis hat sich die PR-Abteilung jedoch keineswegs als Unterabteilung der Marketingabteilung etabliert (vgl. Beutele 2004). Meist gibt es auf Vorstandsebene oder der Unternehmensführung zugeordnet einen Bereich Kommunikation, der die PR-Arbeit und teilweise auch den Marketingpart umfasst. Wie lässt sich diese Integration der unterschiedlichen Kommunikationsfunktionen, die sich offensichtlich entgegen der Marketingtheorie in der Praxis entwickelt und bewährt hat, theoretisch begründen? Die Lösung liegt im Managementansatz des Bezugsgruppen-Managements (vgl. Kirchner 2002, S. 43). Dieser sogenannte »Stakeholder Value«-Ansatz bezieht alle relevanten Bezugsgruppen der Unternehmensumwelt wie Arbeitnehmer, Gläubiger, Kunden, Lieferanten, Staat und Gesellschafter mit ein (vgl. Grabatin 1991, S. 111 ff.). Im Rahmen des Bezugsgruppen-Managements werden die Bezugsgruppen in Abhängigkeit von der jeweiligen Lage der Unternehmensumwelt (Marktsituation, politische Einflussnahme etc.) in eine Reihenfolge gebracht. Eine besondere Rolle spielen im Rahmen der Unternehmenskommunikation die Kunden als Bezugsgruppe. Daher ist es im Rahmen des Marketing entscheidend, die Kundenbeziehungen zu analysieren und daraus resultierend den Kommunikationsbedarf abzuklären. Hierbei findet im Rahmen der Unternehmenskommunikation eine Abstimmung zwischen Unternehmensstrategie und Unternehmenskommunikation statt. Es geht damit nicht nur um die innerbetriebliche Kommunikation zwischen Mitarbeitern und Führungskräften, sondern um ein Gesamtverständnis, wie ein Unternehmen intern und extern durch Kommunikation in Erscheinung tritt. Zerfaß unterscheidet in diesem Zusammenhang die drei Teilbereiche Organisationskommunikation, Marktkommunikation und Public Relations (vgl. Zerfaß 2004, S. 287 f.).

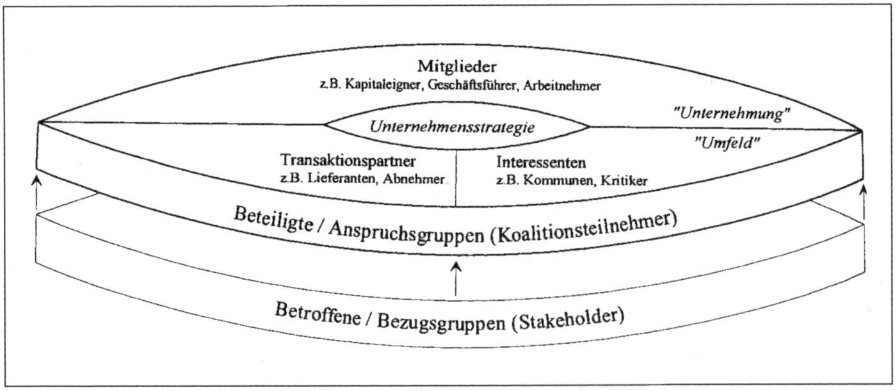

Anspruchsgruppen der Unternehmenskommunikation (Quelle: Zerfaß 2004, S. 252)

4. Preispolitik

Geschichte: Preispolitik konnte in der Verlagswirtschaft eigentlich mehr in der Geschichte stattfinden als in der Gegenwart, denn der Preis für Bücher war ja über Jahrhunderte frei. Dabei ging es nicht nur um uneinheitliche Preise für ein einzelnes Werk je nach Kunde oder dem Kaufort, schon in der Frühdruckzeit bot ein Buchführer beispielsweise drei Exemplare ein und desselben Titels, ohne dass dies ein Sonderangebot gewesen wäre (heute »Paketpreis«) zum Preis von achteinhalb Gulden (Stückpreis 8,5 : 3 = 2,8333 Gulden) an. Den ersten, noch in Latein verfassten Bücheranzeigen ist zu entnehmen, dass ein Käufer mit einem »wohlwollenden Verkäufer« zu tun hätte, und noch das 19. Jahrhundert ist von der massenhaften sogenannten »Buchschleuderey« mit den Nachlässen durch buchhändlerische Verkäufer geprägt. Erst 1888 entstand mit der *Krönerschen Reform* der feste, gebundene Ladenpreis, den der Gesetzgeber bis heute als Privileg nur dem Buchhandel und dem pharmazeutischen Handel gewährt und der aufgrund der Diskussionen im Rahmen der Deregulierung der Märkte innerhalb der EU in einem eigenen Buchpreisbindungsgesetz geschützt wurde.

Gegenwart: Die Preispolitik ist in der heutigen Marketinglehre in der Regel in drei Bereiche gegliedert, nämlich die eigentliche Preispolitik mit dem Ladenpreis gegenüber dem Verbraucher, die Abgabepreispolitik gegenüber dem Händler (Rabatte) und schließlich, wiederum gegenüber dem Händler, die Konditionenpolitik (für die Zahlungsbedingungen und die Lieferformen). In der Literatur taucht hierfür auch zusammenfassend der Begriff »Entgeltpolitik« auf oder auch »Kontrahierungspolitik«. Obwohl der Verlag mit seinem gebundenen Ladenpreis eine Ausnahme darstellt, kann die Gliederung nach drei Bereichen von Verlagen übernommen werden.

4.1 Ladenpreispolitik

4.1.1 Ladenpreisarten

Da Verlag und Sortiment stets unter dem Privileg des gebundenen Preises gesehen werden, bedarf es zunächst einiger Bemerkungen über die insgesamt möglichen Ladenpreisarten. Der feste oder gebundene Preis, präzis die »vertikale« Preisbindung oder »Preisbindung zweiter Hand« ist das Relikt und Verdienst der Krönerschen Reform, nach der die erste Hand (der Verlag) den Preis festlegt, zu dem die zweite Hand (der Buchhändler) die Ware an die dritte verkaufen darf, damals zum »Ordinärpreis«. Die Motive sind, abgesehen von einer Art Präventivschlag gegen eine Wiederholung der historischen Preis- und Buchschleuderei, auch heute die durch die Preiseinheitlichkeit garantierte maximale Distribution des Kulturträgers Buch bis in die kleinsten wie entlegensten Sortimente, kulturpolitisch zum Nutzen der Verbraucher, wirtschaftlich aber vor allem zum gemeinsamen Nutzen von Verlag und Buchhandel. Der Gesetzgeber hatte früher an dieses Privileg die Forderung nach der »Vollständigkeit und Lückenlosigkeit« geknüpft, d.h. jeder Wiederverkäufer (Buchhändler) musste die Preisbindung ausnahmslos einhalten. Die Teilnahme war keine gesetzliche Vorschrift, sondern geschah nach dem freiwilligen »Revers«-System, das der Rechtsanwalt Franzen für den Börsenverein treuhänderisch in Form eines Sammelrevers vorgelegt hatte. Seit 2002 unterliegen die Bücher nach dem Buchpreisbindungsgesetz der Preisbindung, und der Markt besitzt somit ein klares Regelwerk. Die früher eingeräumte Möglichkeit, unverbindliche Preisempfehlungen festzulegen, ist mit dieser Gesetzesänderung nach §5 Abs. 1 zunächst grundsätzlich entfallen. Es gibt damit keine freien oder empfohlenen Ladenpreise mehr. Statt eines komplexen Systems privatrechtlicher (lückenloser) Regelungen ist jetzt eine gesetzliche Regelung die Grundlage.

Wie auch früher üblich, können die Ladenpreise nach dem Buchpreisbindungsgesetz aufgehoben werden, wenn die Titel im Verkauf nachlassen und »verramscht« werden. Die Ladenpreisaufhebung betrifft den festen Ladenpreis des Verlags, mit ihr verbunden ist der Rückruf des Titels aus dem Sortiment mit dem Ziel, entweder durch die Weitergabe der Restauflage an das Moderne Antiquariat noch einen Ramscherlös zu erzielen, sonst einen Makulaturerlös, oder den Sortimenter die Restexemplare zum eigenen reduzierten Preis ausverkaufen zu lassen. Die Anpassung von festen Preisen gilt hingegen nicht Ausverkäufen, sondern Veränderungen, die aus der marktwirtschaftlichen oder betriebswirtschaftlichen Situation erforderlich werden: Ein Schulbuchverlag kann so nach Erwerb eines Programmteils eines anderen Schulbuchverlags dessen Preise senken (*marktliche* Anpassung) und damit Erfolg haben – für die *wirtschaftliche* Anpassung rät sogar ein Landesverband in einer Schrift »Krisenvorsorge« den Verlagen bei der Preispolitik: »Wer Preisanhebungen unterläßt [...] riskiert auf Sicht Verluste und damit Verlust des Eigenkapitals und der Kreditierwürdigkeit« (Kossack 1987, S. 16).

4.1.2 Ermittlungsverfahren

Wenn mit diesen Bemerkungen Ladenpreisarten und ihre Anwendbarkeit skizziert worden sind, geht es im nächsten Schritt um die Arten der Ladenpreisermittlung. Ein ganzes Spektrum von Methoden hat sich hierbei herausgebildet, die teils kosten-, aber überwiegend markt-, also marketingorientiert sind. Zusammengefasst handelt es sich im Wesentlichen um Verfahren unter folgenden Entscheidungskriterien.

Kalkulationspreis: Der Preis wird unter Berücksichtigung aller technischen Kosten, der Gemeinkosten, des Autorenhonorars, eines Gewinnzuschlags und des Sortimenterrabatts sowie der Mehrwertsteuer errechnet. Die Kenntnis dieses Preises ist ein Soll, muss aber keineswegs zu dem späteren Ladenpreis führen; für die endgültige Festlegung geeignet ist er praktisch nur im monopolistischen Markt.

Psychologischer Preis: Der Preis gehorcht intuitiv erkannten oder marktforschungsmäßig belegten Kriterien wie z. B. 9,80 Euro (weil unter 10,– Euro), 14,80 Euro (weil unter 15,– Euro) oder 19,80 Euro (weil unter 20,– Euro), um nicht auf psychologische Barrieren zu stoßen.

Reale Kaufkraft: Die Zielgruppe wird an ihrem Budget gemessen. Während das Stichwort beim Kriterium »psychologischer« Preis psychische Akzeptanz heißt, lautet es hier monetäre Potenz.

Konkurrenzpreis: Alles ist hinfällig, wenn die Konkurrenz unterbietet, alles ist möglich, wenn der Kalkulationspreis, der psychologische Preis, der Kaufpreis unter ihm liegen.

Umgebungspreis: Ein Exot, der meist vom Vertrieb neben dem Sortiment ausgeht und dem die Philosophie zugrundeliegt, dass die Preisumgebung die »Entreicherungsbereitschaft« des Individuums maßgeblich beeinflusst (ein Buch zu 58,– Euro wird beim Verkauf am Kiosk oder im Supermarkt als zu teuer empfunden, wäre es ein Buch über Pelze, das im Pelzgeschäft verkauft wird, ist der Preis hingegen keine Hinderungsschwelle).

Der politische Preis: Der Verlag kalkuliert einen Einzeltitel aus Imagegründen unter dem Kostenpreis; er setzt, weil er durch den niedrigen Preis einen Markteinstieg und mit einem hohen Preis nicht erreichbaren Absatzerfolg erhofft, das Preisniveau für ein ganzes Programm so an, dass Gewinne erst in der zweiten Auflage entstehen; der Verlag ist – so etwa im Schulbuchbereich – gezwungen, zur Erzielung eines dem Niveau der Konkurrenz angepassten Preises seine Erstkosten auf zwei und mehr Nachauflagen zu verteilen.

Wie man an den Beispielen sieht, haben die Preisermittlungsverfahren nicht nur mit der Verlagskalkulation zu tun, sondern stellen echte Preispolitik dar: also den aktiven Umgang mit Preisen zum Erreichen von Zielen. Die *Ziele* können, wie in der Werbung, ökonomischer oder außerökonomischer Art sein. Zu den nichtökonomischen gehören z. B. die Verbreitungsabsicht von Inhalten bzw. einer bestimmten Art von Literatur etwa auf dem religiösen, politischen oder allgemein ideologischen Sektor (vgl. Verlag als Tendenzbetrieb), aber auch die Schaffung eines Images für den Verlag, etwa als verbraucherfreundlicher preisgünstiger Billiganbieter oder als seine Preise werter Nobelverlag. Zu den ökonomischen Zielen gehört natürlich die Erzielung eines Gewinns, aber in den Spielarten des optimalen Gewinns, des befriedigenden Gewinns oder nur die Kostendeckung, kurzfristig für den einzelnen Titel oder langfristig für das Überleben des Unternehmens gedacht.

Für das Erreichen der Ziele existiert neben dem Einsatz des beschriebenen Instrumentariums vom Kalkulations- bis zum politischen Preis bei der Ladenpreisfindung ein zusätzliches, das hier als dynamisches preispolitisches Instrumentarium bezeichnet wird, weil es statt mit statischen Preisen mit beweglichen Preisen operiert und gleichfalls Ermittlungsverfahren und Strategien verwendet.

Bei diesen Ermittlungsverfahren sollte am Anfang die Bildung einer Nachfragekurve stehen. Die Nachfragekurve ist eine Preis-Absatz-Funktion, die davon ausgeht, dass bei der Erhöhung von Preisen weniger, bei der Reduzierung mehr Absatz entsteht; Ausnahmen bestehen nur bei dem Snob-Verhalten, dem Veblen-Effekt u. a. Ein Verleger, der die Auswirkung von Preiserhöhungen oder -nachlässen auf den Absatz reflektiert, kann sich dabei eine persönliche Nachfragekurve bilden (nur die eigene Einschätzung gibt den Ausschlag), die auf das Lektorat und den Vertrieb (die Abteilungen) oder auf echte Marktforschung (durch beispielsweise Institute) gestützt ist: In allen Fällen ist ablesbar, zu welchen Preisen und bei welcher Auflage der größte Umsatz erreicht wird.

Ein nächster Schritt ist die Beobachtung der *Nachfrageelastizität.* Unter der Elastizität wird verstanden, wie ein Verbraucher bei der Veränderung eines Preises seine Nachfrage quantitativ ändert. Reagiert er auf eine relative Preiserhöhung überproportional stark (kauft er also im Verhältnis viel weniger), ist seine Elastizität groß; bleibt der Mengenrückgang hinter der Preiserhöhung zurück, ist die Elastizität klein. Ist die Elastizität der Verbraucher groß, und der Verlag erhöht die Preise, erzielt er ein schlechtes Ergebnis. Ist sie klein, und er erhöht, sahnt er ab. Für die Darstellung hier ist ersichtlich geworden, dass Preiserhöhung oder Reduzierung je nach der Elastizität der Nachfrager eine Umsatzsteigerung oder Einbuße zur Folge haben – was wichtig wird, wenn man aus kalkulatorischen Gründen eine Abweichung von einem psychologischen Marktpreis bedenkt. Der dritte Schritt und letztlich der entscheidende ist das Vorgehen nach dem Cournotschen Prinzip, das bei seiner optimalen Preis-Mengen-Kombination neben dem Absatz bzw. Umsatz auch die Kosten berücksichtigt. Alle Verfahren dieses dynamischen preispolitischen Instrumentariums für die Preisfestlegung sind allerdings auf die Nachfragekurve gestützt und damit abhängig von deren Gesichertheit und Zuverlässigkeit.

Die dynamischen Strategien zielen nicht auf das Finden und Setzen, sondern Verändern und Splitten von Preisen. Ihre Techniken werden daher als Prinzipien der Preisdifferenzierung zusammengefasst. Das Gemeinsame besteht in allen Fällen darin, dass man einer Käuferschaft, deren Elastizität klein ist, auch einen höheren Preis abfordern kann; preistheoretisch wird dieser Vorgang als »Abschöpfung der Konsumentenrente« bezeichnet. Preisdifferenzierungen nach den allgemeinen Theorien des Marketing sind auch im Buchmarkt *räumlich,* nach der *Zeit,* mit dem *Produkt* selbst und gegenüber dem *Publikum* möglich.

Räumliche Preisdifferenzierung liegt vor, wenn man ein und dasselbe Produkt in regional getrennten Gebieten zu verschiedenen Preisen anbietet. Eine räumliche Differenzierung kommt innerhalb der deutschsprachigen Länder aufgrund der dortigen Preisbindung natürlich nicht vor, doch könnte z. B. im europäischen Binnenmarkt auf englisch verfasste Fachliteratur aus EG-Ländern in der Bundesrepublik teurer sein als in Ländern ohne gebundenen Ladenpreis, desgleichen z. B. mehrsprachig gedruckte Bildbände.

Bei der *zeitlichen* Differenzierung ist zwischen den Strategien der Abschöpfung und der Durchdringung zu unterscheiden. Für die »Abschöpfung« wird das Produkt mit einem politisch heraufgesetzten Preis im Markt eingeführt, zu dem dasjenige Publikum kauft, dessen Elastizität aus sachlichen oder emotionalen Gründen klein ist und der dessen Rendite abschöpft; nachträglich wird der Preis spürbar gemindert, so dass durch die Animation derer, denen das Buch vorher zu teuer war, der Ausverkauf stattfindet. Mit der »Durchdringung« wird das gleiche Ziel in genau umgekehrter Richtung verfolgt. Die Marktbeschreitung erfolgt zum *niedrigsten* bzw. normalen Preis, der die breite Durchdringung gestattet; wenn die Verkäufe nachlassen und absehbar wird, dass für den Rest nur der Kern der ernsthaft Interessierten verbleibt, erfolgt die spürbare Preisanhebung. Beide zeitlichen Preisdifferenzierungen beinhalten jedoch noch keine Produktvariation.

Die Differenzierung mit Hilfe der *Produktvariation* ist die am häufigsten praktizierte oder geläufige, verlangt aber die Produktion einer zusätzlichen

Ausgabe des Werkes, so etwa des Paperbacks oder Taschenbuchs neben der Hardcover-Ausgabe. Auch hier besteht die Möglichkeit einer zeitlichen Staffelung. Am Anfang kann das Original als Hardcover stehen, und zeitlich versetzt folgen die billigen Ausgaben. Dieses Verfahren entspricht dem jeweiligen Anfangsgedanken der gerade zuvor beschriebenen Strategien, da das teure Original die Kaufkraft der Begüterten abschöpft, während mit dem Paperback oder Taschenbuch die Durchdringung erreicht wird. Die Produktion der zusätzlichen Ausgabe kann entweder durch einen Nach- oder Neudruck oder durch das Herstellen zweier verschiedener Ausgaben aus einer einzigen Auflage geschehen. Druckt man die Bögen für beide Ausgaben aus einer Gesamtauflage, wobei die Bindequote zunächst nur die Hardcover umfasst, während die übrigen Bögen auf Lager bleiben, spricht man vom *chronologischen*, weil zeitlich versetzten Split. Ihm steht der Synchronsplit oder *simultane* Split gegenüber, bei dem aus einer Auflage zwei Ausgaben parallel, also zeitgleich entstehen.

Der Simultansplit ist nur dann dienlich, wenn für beide Ausgaben von Anfang an gesicherte Märkte bestehen – vom Standpunkt der Markttheorie aus formuliert muss der Gesamtmarkt deutlich in Teilmärkte gespalten sein. Im Bereich der Wissenschaft ist das gleichzeitige Angebot von fester und kartonierter Ausgabe nebeneinander möglich und typisch, weil die Bibliotheken und Begüterten die gebundene teure Ausgabe erwerben, während Studierende das Paperback kaufen; in der Belletristik kauft ein Teilpublikum gleichfalls immer nur die gebundene Ausgabe – und allgemein lässt sich sogar zeigen, dass bei Vorliegen erkennbarer Teilmärkte (Markt»spaltung«) deren Bedienung mit den Einzelausgaben gewinnbringender ist als das Angebot einer Einheitsausgabe – womit das Splitting nicht nur möglich, sondern unter dem Aspekt einer Gewinnoptimierung nötig wird.

Als weiteres Mittel der Preisdifferenzierung wurde noch die gegenüber dem Publikum erwähnt. Die allgemeine Theorie spricht hier von der Bildung »privilegierter Käufergruppen«. War es früher im Rahmen der Preisbindung noch möglich, Bücher mit Hörerscheinen an Studierende auszugeben, so ist dieser Bereich der Sonderrabatte und Vergünstigungen mit der Neuregelung der Buchpreisbindung für preisgebundene Waren nicht mehr zugänglich. Die rechnerische Überprüfung aller preispolitischen Entscheidungen erfolgt über die Verlagskalkulation (vgl. Gewinn, Deckungsbeitrag, Deckungsauflage).

4.2 Rabattpolitik

Ein Verlag macht seine Preispolitik nicht nur einmal, sondern mindestens zweimal: Neben der endverbraucherbezogenen Festlegung der Ladenpreise bestimmt er die Abgabepreise gegenüber dem Händler. Erfolgt der Vertrieb auch über den Zwischenhandel, ist die Preispolitik gleich dreimal zu machen. In allen drei Fällen ist es der Verlag, der die Festlegung trifft; das ihm gewährte Privileg der Preisbindung zweiter Hand führt jedoch dazu, dass der Gesetzgeber das Rabattgebaren beobachtet. Die Rabatte des Buchhandels unterliegen der Kontrolle und Aufsicht des Bundeskartellamts, das nicht nur auf die ungerechtfertigte unterschiedliche Behandlung der Buchhandlungen achtet, sondern insbesondere auf die Gewährung überhöhter Rabatte, weil diese einen überhöhten gebundenen Ladenpreis zur Folge hätten, sowie andererseits auf die Gewährung eines Mindestrabatts, um die Kostendeckung der Händler zu sichern – Vergehen dagegen haben als Wettbewerbsverzerrung eine Ahndung zur Folge. Als dritter Beteiligter wirkt, bei genügender Marktmacht, auch der Groß- oder Einzelhandel auf die Rabattpolitik ein. Verlag, Großhandel und Einzelhandel verhalten sich hierbei äußerst empfindlich, da von der Spanne das Betriebsergebnis für alle abhängt. Die Verlage haben deswegen ein flexibles Instrumentarium entwickelt, das die Rabatte nach Arten und Höhe festlegt und das sie nach taktischen und strategischen Zielen einsetzen können.

4.2.1 Arten und Höhe

Bei der Auswahl der Arten und Höhe ist es geraten, mit der Bestimmung der *Höhe* zu beginnen. Dabei geht man am besten vom Schema der Verlagskalkulation aus: Subtrahiert man vom Ladenpreis (als 100 Prozent) den Satz für die Mehrwertsteuer, das Autorenhonorar, die Gemein- und die Herstellkosten sowie einen geplanten Gewinn, verbleibt als Rest der Satz für den möglichen Buchhandelsrabatt (s. Kap. IV.3: Verlagskalkulation). Für die Bundesrepublik und »das« Buch gemittelt, ergäbe sich hier ein Wert von etwa 40 Prozent, für den speziellen Verlag ein seinen Zahlen entsprechender. Um diesen Orientierungswert herum, also teils höher, teils niedriger, liegen die tatsächlichen Sätze, die der Verlag entsprechend zu den Rabattarten auswählt. Geht es um die Bestellung eines einzigen Exemplars eines einzigen Werkes, wird der *Grundrabatt* dafür tiefer angesetzt sein, beispielsweise 35 Prozent, aber beim Bezug von zehn oder fünfzig Exemplaren auf 40 oder 45 Prozent steigen. Diese Art des *Mengenrabatts* mit Rabattstaffel ködert den Händler zur Mengenabnahme und honoriert gleichzeitig sein größer gewordenes Risiko. Nicht zu den eigentlichen Mengenrabatten gehört der sogenannte *Partiebezug,* bei dem der Händler zu den gekauften Exemplaren zusätzliche gratis erhält (und statt eines Rabatts praktisch den ganzen Ladenpreis der Zusatzexemplare bei sich behält außer der Mehrwertsteuer, daher ist eine »Partie« stets eine »gute Partie« – im Grunde ist sie ein Naturalrabatt). Eine klassische Partie ist vor allem die Partie 11/10, eine Reizpartie macht man heute im Bestsellerhandel zu 130/100 oder ähnlichen größeren Mengen, eine ihr entsprechende für kleine Absätze etwa zu 4/3, womit der Buchhändler im Fall von 35 Prozent Grundrabatt diesen im letzten Beispiel (wenn man umrechnet) auf einen effektiven Rabatt von fast 50 Prozent steigert. Für den Verlag ist die Partie ein Mittel des Hineinverkaufs, also Verkaufsförderung, und zahlt sich nur aus, wenn durch die Mehrverkäufe mehr Einnahmen entstehen als durch die Einbuße bei den Rabatten. Dennoch oder auch deswegen wird auch noch die *Partieergänzung* gestattet, bei der die Partiehöhe durch sukzessives Bestellen eines Titels erreicht wird, und schließlich sogar die *gemischte Partie.*

Ein weiterer Anreiz für den Mengenbezug bzw. für den Einsatz für einen Verlag besteht in der Verabredung eines *Bonus,* den die Buchhandlung nach Ablauf eines Jahres rückwirkend erhält, wenn sie ein mit dem Verlag vereinbartes

Umsatzziel erreicht oder darüber hinauskommt. Je nach dem erzielten Umsatz kann der Verlag auch die Buchhandlung für das Folgejahr in eine gegenüber dem Grundrabatt günstigere Rabattklasse einstufen. Bereits unter dem Kriterium Mengenbezug kennt die Rabattpolitik also ein vielfältiges Instrumentarium, es kann durch zeitlich differenzierte Rabatte noch ergänzt werden:

- Der **Einführungsrabatt** ist die zeitlich begrenzte Erhöhung, die der schnellen Präsenz und der breiten Distribution spezieller Neuheiten gilt;
- der **Reiserabatt** gestattet die Bestellungen der Novitäten wie auch der Backlist direkt beim Vertreter zu 5 (früher bis 10) Prozent über dem Grundrabatt;
- der **Messerabatt** erlaubt die Bestellung zu den gleichen (früher höheren) Konditionen auch nach Abschluss der Reisen.

Damit hat der Verlag nicht unbeträchtliche Möglichkeiten, nachdem der Grundrabatt einmal festgelegt ist, den Handel durch aktive rabattpolitische Maßnahmen zu beeinflussen, zumal diese auch miteinander kombiniert werden können (beispielsweise Partie, aber auf der Grundlage des Reiserabatts). Die *Grundrabatte* können sich sehr unterscheiden, sie sind von der Verlagsart oder der vom Verlag vertriebenen Buchart abhängig. Schulbuchverlage haben das geringste Niveau, bei ihnen sind 20 bis 25 Prozent üblich. Sie stehen damit den Verlagen von Wissenschaft und Fachliteratur nahe, die zu 25 bis 30 Prozent rabattieren. Schöngeistige Literatur hat 35 bis 40 Prozent Grundrabatt, im Taschenbuch fallen 40 bis 50 Prozent an, bei Kinder- und Kunstbüchern sind bis zu 65 Prozent möglich.

Diese unterschiedlichen Zahlen belegen, dass ein Grundrabatt nur selten, wie eingangs dargelegt, allein auf der Grundlage der Kosten festgelegt wird, sondern dass zusätzliche Komponenten des Markts ihn beeinflussen. Ein Schulbuch ist kaum oder gar nicht substituierbar, deswegen können die Schulbuchrabatte so gering angesetzt sein, Ähnliches gilt für die Wissenschaft. An Taschenbüchern verdient der Händler wegen ihres niedrigen Ladenpreises wenig pro Stück, zudem sind sie aufgrund des Titelangebots leichter austauschbar, also kommt der Verlag mit einem hohen relativen Rabatt dem Händler entgegen. Kinder- und Kunstbücher haben den höchsten Substitutionsgrad. Soll der Händler statt eines Konkurrenztitels den des eigenen Verlags anbieten, hat der Verleger den höchsten relativen und absoluten Rabatt anzusetzen, wodurch sich zum Teil der Verkaufspreis erklärt. Die Rabattbasis ergibt sich dann nicht aus der Verlagskalkulation, sondern aus der Marktmacht der Partner und geht als solche Determinante in die Verlagskalkulation ein.

Das Problem wiederholt sich tendenziell noch ein zweites Mal, da ja nicht nur der Grundrabatt für den Einzelhandel, sondern auch für den Großhandel zu berücksichtigen ist. Aus systematischer Sicht ist also die Unterscheidung nach den buchhändlerischen Betriebsformen (hier: Sortiment, Barsortiment) einzuführen. Das Barsortiment erhält einen Zwischenhandelsrabatt von traditionell 10 bis 15 Prozent über dem Grundrabatt und beliefert den Sortimentseinzelhandel allgemein mit dem Originalrabatt des Verlags für ein einzelnes Stück, also zum Grundrabatt, unabhängig von der Bestellmenge. Der Verlag kann hierbei nicht nur seinen Abgabepreis an das Barsortiment, sondern auch den des Barsortiments gegenüber dem Einzelhändler bestimmen und es sogar an die Einräumung von Mengenrabatten binden, wodurch er praktisch die gesamte Spanne definiert, die dem Barsortiment zur Finanzierung seiner Leistungen und eines Gewinns zur Verfügung steht. Das Machtgefüge zwischen Barsortiment und Verlagen lässt sich gut anhand des Modells der »Five-Forces« von M. Porter analysieren, so dass es nicht überraschend ist, dass die Oligopolisten ihre Nachfragemacht nutzen, um, wenn möglich, einen erhöhten Zwischenhandelsrabatt durchzusetzen, der in die Verlagskalkulation eingeht und die Bücher schwerer kalkulierbar macht. Alternativ muss der Verlag mit einem noch engeren Kalkulationsrahmen und Erlöseinbußen zurecht kommen.

4.2.2 Taktische und strategische Ziele

Gerade die Probleme beim Barsortiment zeigen, dass die Rabattpolitik nach strategischen und taktischen Zielen erfolgen muss. Die rabattpolitischen Ziele auf dem taktischen Sektor wurden bereits dargestellt: Die Gewährung des Staffelrabatts zielt auf den Mengen- statt den Einzelbezug, die der Partie auf den Hineinverkauf, der Einführungs- und Aktionsrabatt auf die Marktbeschreitung und Marktausschöpfung, der Reiserabatt auf das Einholen von Vorbestellungen vor Druckbeginn, der Messerabatt auf die Animation zur Nachorder nach Reiseabschluss und Vororder für das Weihnachtsgeschäft etc.; dabei war für die Festlegung der Rabatthöhen teils aggressiv (Machtausspielung im Schulbuchbereich), teils defensiv vorzugehen (Anpassung im Kunst- und im Kinderbuch), aber eine Situation wie im Barsortiment zwingt bereits zu strategischem Verhalten.

Die strategischen Ziele sind den taktischen übergeordnet: Alle Animationen zu größeren Mengenabnahmen dienen unter diesem Aspekt der Vertriebsrationalisierung, da sich die auftragsfixen Kosten einer Bestellung auf einen jeweils größeren Umsatz verteilen und damit den Verlagsgewinn verbessern. Strategisch ist auch zu überdenken, in welchem Umfang der Absatz einstufig oder zweistufig erfolgen soll, denn je mehr über das Barsortiment abgeht, desto mehr reduziert sich der Gewinn durch die Erhöhung des Durchschnittsrabatts und ist zu prüfen, ob der Verlag nicht einen Teil der ja hohen Spanne für den Zwischenhandel in eine Verbesserung des einzelhändlerischen Grundrabatts investiert, wovon eine höhere Bestellwirkung ausgehen kann. Ein weiteres Beispiel für eine buchhändlerische Strategie wäre die Bildung von Depot-, Vorzugs- und Treuebuchhandlungen mit entsprechender Rabattierung, auch hierbei würde die Bindung zwischen Sortiment und Verlag gekräftigt. Eine der wichtigsten Strategien ist die Erhaltung der Marktmacht. Denn sogar der kleine Verlag wird gegenüber seinen vielfältigen Sortimenten stets autonom bleiben, während er gegenüber den Barsortimenten in eine teilweise gefährliche Abhängigkeit kommt.

4.3 Konditionenpolitik

Auch bei den Konditionen kann es nicht darum gehen, einfach die Bezugsformen und Zahlungsbedingungen zu schildern, sondern den Einsatz gewährbarer Konditionen als aktive Konditionenpolitik im Sinne des Marketing. Die Konditionenpolitik knüpft dann mit ihren Maßnahmen direkt an die Rabattpolitik an. Ein Verlag, der als **Grundrabatt** eines Titels 35 Prozent angesetzt hat, könnte bei der Bezugsform z. B. Folgendes offerieren:

- 30 % bei Bestellung à. c.
- 32,5 % bei Bestellung RR oder UR
- 35 % bei Bestellung fest

Der Verlag hat dem Buchhändler damit neben dem festen auch den bedingten Bezug ermöglicht.

Die Abkürzung **»à. c.«** steht für »à condition«, sie beinhaltet das reine Kommissionsgeschäft. Der Händler bestellt, hält bereit, verkauft (eventuell), remittiert alles nicht Verkaufte und bezahlt alles Abgesetzte erst nach Ablauf der Kommissionszeit. Diese Bedingtform ist die händlerfreundlichste, denn sie gestattet ihm ein breites Sortiment bei unstrapazierter Liquidität. Hieraus ergibt sich bereits das Ziel der à. c.-Politik für den Verlag: Es geht darum, mit möglichst vielen Titeln präsent zu sein, besonders dann, wenn der Sortimenter zu festen Konditionen nicht ordern würde. Mit Hilfe des Kommissionsprinzips schaffen sich z. B. die Wissenschaftsverlage die oben erwähnten Depotbuchhandlungen.

»**RR**« ist das Kürzel für Remissions- oder Rückgaberecht und steht für die vollständige Formulierung »fest mit RR«. Hier erhält der Händler nicht wie bei à. c. die Ware nur mit Lieferschein, sondern mit Rechnung, die er auch bis spätestens zum Ende der Remissionsfrist bezahlt, kann aber bis dahin gegen Gutschrift für zukünftige Bestellungen zurücksenden. Die Festbestellung mit Rückgaberecht ist die zweitfreundlichste Form für den Handel. Sie hat zum Ziel, über vergünstigte Bezugsformen in den Handel zu kommen, aber der Buchhändler bekommt bereits eine schlechtere, der Verlag eine bessere Liquidität. Für den Buchhandel ist es das probate Mittel, sich risikolos die alltäglichen Ansichtsexemplare für die Einzelkunden sowie den Bedarf für Tagungen, Kongresse und Ausstellungen zu besorgen.

»**UR**« (Umtauschrecht) ist die feste Bestellform, bei der Titel nicht zurückgegeben und verrechnet, sondern gegen andere in der Höhe des gleichen Rechnungsbetrags umgetauscht werden. Der Buchhändler aktualisiert hiermit vor allem sein Taschenbuchsortiment. Da es sich bei beiden Formen um Festbestellungen handelt, werden beide mit einem gegenüber à. c. erhöhten Rabatt honoriert.

Der uneingeschränkte Festbezug ist spätestens dann anzusetzen, wenn sich eine sichere Verkaufbarkeit im Lesermarkt abzeichnet und ein Entgegenkommen gegenüber dem Händler nicht nötig ist. Er trägt dann das Risiko voll, hat die schlechteste und der Verlag seine beste Liquidität, honoriert dies aber mit dem höchsten Rabattsatz.

Schon diese vier bzw. drei Grundformen zeigen, dass mit Konditionen aktiv operiert werden kann und dass eine gezielte Konditionenpolitik die Titel nach Maßgabe ihrer Verkaufbarkeit geschickt in den Buchhandel lanciert, zumal sie mit den rabattpolitischen Maßnahmen kombiniert werden kann; ein Beispiel ist die Rabattstaffel zum bevorzugten Reiserabatt plus zusätzlich RR. Sonderformen ergänzen das Grundinstrumentarium, etwa die Standing Order für Taschenbücher. Hier wird das Sortiment automatisch mit mindestens einem Exemplar aller Novitäten beliefert, so dass im Laden ständig ein Gesamtprogramm präsent ist, wofür der Verlag einen überdurchschnittlichen Rabatt gewährt und zur Minderung des Risikos mit UR oder RR kombiniert. Finessen können das System noch verfeinern. So kann ein Buchhändler ein à. c. bezogenes Buch nach Ablauf des Jahres nicht nur zurückgeben oder zu à. c.-Konditionen bezahlen, er kann es auch für ein weiteres Jahr zur Disposition setzen oder im Fall des Nachbezugs eines verkauften Stücks dies zum Rabatt der festen Bestellung erhalten. Des Weiteren gestaltet der Verlag die buchhändlerische Praxis oft pfleglicher als die rechtlichen und formalen Vereinbarungen, so z. B. wenn zwar fest bestellt, aber trotzdem zurückgegeben wurde. Von Verlagsseite ist aber im Gegenzug zu bedenken, dass jede Remission sich mit einem außerordentlich hohen Verwaltungsaufwand verbindet. Hart kalkulierende Verlage berechnen deswegen pro Remission eine bis zu zehnprozentige Bearbeitungsgebühr.

Zur Konditionenpolitik gehören ferner noch die *Zahlungsbedingungen* und das Gebaren auf dem *Versandkostensektor.* Die Zahlungen erfolgen nach den üblichen Gepflogenheiten des Buchhandels (Skonti) oder speziell dem BAG-Einzugsverfahren, sortimentsferne Verkaufshandlungen (wie Computerläden für Computer-Bücher) können allerdings eine Vorausrechnung erhalten, und für unseriöse Sortimente besteht sogar eine vertrauliche Schwarze-Schafe-Liste. Die Portokosten kann der Verlag unter wirtschaftlichen Gesichtspunkten von einem bestimmten Bestellmindestbetrag ab übernehmen, je nach der marketingpolitischen Einschätzung dieses Mittels und zwar anteilig oder voll, er kann sie, was eine gehörige Marktmacht verlangt, aber auch voll dem Händler berechnen.

5. Produktpolitik

Geschichte: Das Produkt »Buch« selbst blieb – abgesehen von den Varianten, in denen es in seiner Geschichte physisch realisiert wurde – natürlich über die gesamte historische Distanz dasselbe. Umso erstaunter kann man deswegen sein, wenn man sich die im historischen Teil angeführten Definitionen vergegenwärtigt, die von moderner Sicht aus versuchen, das Allgemeine und Durchgängige herauszuarbeiten und das Buch exakt zu bestimmen, also etwa:

> »Eine in einem Umschlag oder durch Heftung zusammengefaßte, meist größere Anzahl von leeren, beschriebenen oder bedruckten einzelnen Papierblättern oder Lagen beziehungsweise Bogen«, oder »a nonperiodical printed publication of at least 49 pages« etc.

Denn alle diese modernen »umfassenden« Definitionen beschreiben nur *eine* Seite des Buches – seine physische. Für das moderne Buchmarketing sind diese Definitionen nicht brauchbar. Es sieht das Buch sehr viel komplexer. Die physischen, materiellen Eigenschaften gehören zwar zu ihm, sind sogar ein unabdingbarer Bestandteil, bilden jedoch nicht seinen »Kern«, da dieser im Geistigen/Inhalt liegt – und dies ist das Produkt, das verkauft wird. Insofern haben bereits die Verleger von Handschriften mit Marketinggespür eine »richtige« Produktpolitik betrieben, indem sie sich an den Inhalten orientierten, und es war im Anschluss an Gutenbergs Erfindung richtig, die Bibel als erstes gedrucktes Produkt auszuwählen, und ebenso als erste größere Programmtätigkeit die griechischen und römischen Klassiker zu verlegen. Dies alles um so mehr, als die Verleger selbst sich über Jahrhunderte um die in der Produktpolitik auch wichtige Gestaltung des Äußeren gar nicht kümmern durften, da die dafür mit ihrem Zunftprivileg ausgestatteten Binder dies für den Letztabnehmer allgemein oder aber mit dem »Privateinband« individuell besorgten und der »Verlegereinband« erst etwa ab 1890 mit der Erfindung und Einführung der industriellen Bindemaschinen aufkam.

Gegenwart: Die heutigen Gebiete der Produktpolitik setzen sich in der Regel zusammen aus dem Finden von Ideen zu neuen Produkten (Produktinnovation), ihrer Gestaltung, der Markteinführung, der sich anschließenden Variation, Differenzierung, Diversifizierung und schließlich Eliminierung. Sie folgen damit der zeitlichen Logik, denn der Weg von der bewussten Kreation eines Produkts bis zu seiner bewussten Herausnahme aus dem Programm folgt dem Produkt-Lebenszyklus zugrundeliegenden chronologischen Ablauf.

5.1 Innovation neuer Produkte

Innovation ist für Verlage deswegen wichtig, weil kaum ein Verlagsprodukt existiert, das nicht veraltet. »Das« Buch allgemein hat in der Bundesrepublik eine geschätzte Lebenszeit von etwa fünf Jahren. Verlage sind also, weil die Lebenskurve fällt, ständig zum Ausgleich der Absatz- und Umsatzausfälle auf neue Produkte verwiesen: Sie stehen praktisch unter Innovationszwang. Die Innovation kann jedoch nicht darin bestehen, nur einfach »Bücher« ausfindig zu machen, denn im Komplex »Buch« kommen immer *drei* Produkteigenschaften zusammen, die sich entweder alleine oder kombiniert, nicht oder besonders verkaufen lassen bzw. das Verkaufbare erst ausmachen.

Die ersten sind die physischen, materiellen Eigenschaften, sie führen für den Besitzer auch nur zu einem »materiellen« Wert. Ein im Sinn obiger Definitionen physisch vollständiges Buch, das auf den gebundenen Seiten zwischen den Deckeln sogar bedruckt sein könnte, wäre unverkaufbar, wenn es in einer unbekannten oder einer Phantasiesprache vorläge, denn es fehlte die geistige Mitteilung, der eigentliche Inhalt.

Die zweiten beziehen sich auf solche wie die geistige Mitteilung, es handelt sich um die erste der beiden immateriellen Bucheigenschaften. Die reine Information ist dabei der nüchterne Grundwert, auch als »Grundnutzen« bezeichnet. Der Grundnutzen besteht in der Information, der Kenntnisanreicherung, Entwicklung von Fähigkeiten, wenn etwa Wissenschaft, Sachbuch und Ratgeber gemeint sind, aber auch Lachen (Witzbücher) oder Genuss (Literatur). Das Buch leistet hier einen Service, um dessentwillen es auch gekauft wird.

Neben dem nüchternen Grundnutzen wirkt sich die zweite immaterielle Bucheigenschaft aus oder sein immaterieller Wert: das vom Besitz des Produkts Buch ausgehende Prestige oder Image. Die vielbändigen Lexika und Enzyklopädien, die Werkausgaben von Philosophen und Dichtern, aber auch die Einzelbände, die schließlich zum Aufbau ganzer (privater) Bibliotheken führen, demonstrieren, dass neben dem Grundnutzen ein Zusatznutzen existiert und dass wegen dieses Nutzens oder Services oder Werts teilweise auch – oder manchmal auch überwiegend – gekauft wird.

Diese drei Komponenten sind im Marketing zu bedenken. Übrigens gilt dies für die Produkte und die Produktpolitik ganz allgemein: Ein Auto hat die physische oder materielle Eigenschaft, aus Blech, Gummi, Glas etc. zu bestehen; dies macht aber nicht seinen Wert aus und es wird auch nicht darum gekauft. Den Kaufreiz stiftet der Grundnutzen Fortbewegung und – je nach Typ – auch das Image. Dabei kann eine einzelne Nutzenkomponente stark im Vordergrund stehen. So wird eine Uhr der Marke *Rolex* wohl kaum aus dem Bedürfnis heraus gekauft, nur die Uhrzeit ablesen zu können. Es kommt also bei der Innovation darauf an, »Nutzen« zu *finden*, nämlich als Gebrauchs- oder Grundnutzen, als Image- oder Zusatznutzen und, sofern auch die materiellen Eigenschaften betroffen sein sollen, als ein Nutzen, der von der Gestaltung und Ausstattung ausgeht. Dieser Nutzen ist anschließend zu produzieren, kommunizieren und distribuieren (daher Produkt-, Kommunikations-, Distributions- und auch Preispolitik, s. o.), nachdem er zuvor nach professionellen oder semiprofessionellen Methoden (Marktforschung, Ideenmarketing, Autorenmarketing, s. u.) *kreiert* worden ist. Die dafür in Frage kommenden Kreativitätstechniken für Verlage haben ein eigenes Kapitel erhalten (s. Kap. VI.6.2).

5.2 Gestaltung neuer Produkte

Im allgemeinen Marketing finden sich übereinstimmend folgende Ansatzpunkte zur Produktgestaltung, die für eine Übertragung auf das Verlagsmarketing sehr fruchtbar gemacht werden können. Es geht um den materiellen Produktkern bzw. die stoffliche Substanz, dann um die Produktform oder das Design, um die Produktfarbe, den Produktnamen (sofern vorhanden) und schließlich die Produktverpackung bzw. seine sonstige Umhüllung. Dabei lautet die Philosophie für das Verlagsmarketing wie auch für andere Produktpolitik allgemein: Es geht nicht um die Erzielung eines ästhetischen Selbstzwecks, das Produkt muss auch über die Gestaltung verkauft werden. Alle fünf Ansatzpunkte einschließlich ihrer dahinterstehenden Philosophie lassen sich im Prinzip stets und teils mit großem Erfolg auf das Buchmarketing anwenden:

5.2.1 Materieller Produktkern, d.h. die stoffliche Substanz

Zwar ist eine direkte Übernahme aus dem allgemeinen Marketing bei diesem Punkt nicht möglich, da beim Produkt »Buch« nicht die stoffliche, sondern die geistige Substanz den Kern darstellt, und deren Gestaltung obliegt dem Autor. Aber die stoffliche, materielle Substanz kann sekundär Einfluss nehmen, etwa wenn der Leser wegen des Papiers die »Dünndruck«-Ausgabe bevorzugt, anstelle einer weniger haltbaren gelumbeckten die fadengeheftete Bindung, beim Einband eine Ausgabe in Leinen, Halbleder, aber auch lederne Einbände mit Goldprägung können bei der Kaufentscheidung mitwirken.

5.2.2 Produktform bzw. Design

Kein Produkt außer Gasen und Flüssigkeiten ist ohne Form, da es von Natur aus schon eine Form hat oder man sie ihm künstlich verleiht. Bücher sind solche künstlich gestaltbaren Produkte, und das Marketing mit der Produktform fängt bereits mit der Formatgebung an. Ein klassisches Beispiel zum Einstieg sind etwa die nur handtellergroßen gebundenen Bände der »Manesse-Bibliothek der Weltliteratur und Weltgeschichte«, dabei unterliegen die Formate im Buchsektor immer wieder zeitlichen Modeströmungen. Boomten zunächst die Mini-Formate, so haben die Taschenbuchverlage das schmale, hohe Format der Nachkriegsjahrzehnte durch das heutige sogenannte (breitere, funktionellere) Taschenbuch-Großformat ersetzt und durch Magnum- und Überformate ergänzt. In allen Fällen wird versucht, das Produkt bevorzugt oder auch über das *Format* zu verkaufen. Der nächste Schritt ist die Form. Ein Buch muss nicht die Form der abgeflachten hochkant gestellten Zigarrenkiste besitzen, man kann auch versuchen, durch die Formgebung den Inhalt widerzuspiegeln. Aus dem Sortiment im Kaufhaus bekannte, aber zu Unrecht belächelte Beispiele sind etwa das Tee-Buch in Teekannen- oder das Pizza-Backbuch in Pizzaform. Frappierend ist aber schon ein Bildband über Kacheln aus Delft, der genau in deren quadratischem Format, der Original-Kacheldicke und mit einem blauweißen Faksimile einer Kachel auf dem lackierten Umschlag gemacht ist – praktisch die greifbare Kachel – oder auch ein (spezielles) Paperback aus der Insel Taschenbuchreihe, das bei normaler Grundbreite im doppelten Hochformat erscheint, weil es sich um einen Dokumentationsband über die Obelisken der Welt handelt, der solche architektonischen »Nadeln« nur auf diese Art als aufrechte Großfotografien ohne störendes Randwerk formatfüllend ins Bild setzen kann. Die vielen hervorragenden Inhalt-Form-Übertragungen, die bereits realisiert sind, könnten einen eigenen Dokumentationsband füllen. Auch aus der schönen Literatur sind viele solcher Beispiele bekannt. In all diesen Fällen wird vielfach überhaupt nicht wegen des Inhalts, sondern nur wegen der Form gekauft.

Das Book-Design ist der dritte Schritt. Es hat auch hier keinen Sinn, spezielle Beispiele anzuführen, wohl aber die großen Linien von Verlagen mit ihren inzwischen klassischen Book-Designern, so die von Suhrkamp mit Willy Fleckhaus (Erfinder des Suhrkamp-»Regenbogens«), von dtv mit Celestino

Piatti (Erfinder des »dtv-weiß« für das Cover) oder Klett-Cotta früher mit Heinz Edelmann (dem Avantgardisten). In all diesen Fällen hat ein Künstler das Gesicht der Bücher, der Reihen oder des Programmes geprägt und trägt über die Prägnanz seiner Handschrift zu Ansehen und Verkauf des Programms, der Reihe oder des Titels bei. Äußeres und inneres Design von Büchern sind auch heute ein Trend, weil es an der Grenze der Marksättigung auf die Abgrenzung gegen Konkurrenten ankommt.

5.2.3 Produktfarbe

Farbe kann ein Signal geben, das auf den Verlag hinweist. So funktionierte jahrelang das »schreiende« Orange der relativ wenigen, aber dadurch auffallenden Titel des Beltz-Gelberg Verlags. So das gerade genannte »Piatti-Weiß«, mit dem dieser das gesamte Programm des neu gegründeten dtv 1965 gegen die knallbunten Cover der Taschenbuchkonkurrenz abhob. So der »Regenbogen« der Edition Suhrkamp, der das gesamte Spektrum durchläuft, in das ein Prisma die Farben zerlegt, oder aber auch das monotone Rot oder Blau von UTB (Uni-Taschenbücher) für sämtliche Disziplinen des vielfältigen Programms, wo die Signalfarbe zwar auf die gemeinsame Herkunft verweist, aber der Leser nicht weiß, ob er vor dem geisteswissenschaftlichen oder dem medizinischen Programm steht. In all solchen Fällen soll die Farbe zusätzlich der Indikator für ein Programm, für Preiswürdigkeit oder für beides sein, mithin die Herkunft aus einem Verlag, aber auch mehr angeben – und zum Kauf hinführen.

5.2.4 Markenname

Wenn »Farbe« für Qualität steht, dann erst recht der »Marken«name. »Marken« gibt es in der Verlagswirtschaft selten – so etwa bei der Etablierung des »Schneider-Buchs« für Kinder oder dem Duden mit seinem eingetragenen Warenzeichen –, aber die Verlage versuchen eine markenähnliche Verquickung ihres Namens mit ihren Produkten – »dtv-Wissenschaft«, »rororo-studium«, »Reihe Hanser«, »edition suhrkamp«, »Serie Piper« – um nur einige zu nennen. Das Marketingprinzip besteht in der Ausnutzung des Prinzips der Markenartikelwirtschaft, nach dem der Hersteller quasi für die Qualität seines Produktes bürgt (qualitative Höherbewertung), und in dem sich durch die Mitverwendung des Namens ergebenden Abgrenzungseffekt, wobei letzterer sich sowohl auf die »namenlosen« Produkte allgemein wie auf die Namensartikel der Konkurrenz bezieht. Dabei beginnt der Einsatz des Verlagsnamens als Marketingmittel keineswegs erst bei der Verquickung nach dem Muster obiger Beispiele, sondern muss auch bei jedem Einzeltitel geprüft werden. Denn sicher vergibt ein Verlag, der einen guten Ruf hat, aber seinen Namen auf dem Cover oder Umschlag nicht nennt, sich Verkaufschancen und verpasst umgekehrt ein noch nicht renommierter Verlag, der einen ausgezeichneten Titel bringt, ohne sich auch selber entsprechend optisch zu präsentieren, Chancen der Profilierung.

5.2.5 Verpackung, d. h. die äußere Umhüllung

Diese Komponenten werden zwar als letzte genannt, bieten aber die vielfältigsten Möglichkeiten. In der Markenartikelwirtschaft, so bei Konsumenten- und Verbrauchsgütern, ist die Verpackung oft fast wichtiger als der Inhalt, dort wird über die Verpackung verkauft. In der Verlagswirtschaft sind für das Verlagsmarketing die beiden Komponenten Verpackung und Umhüllung ein Desiderat, es kommt nur darauf an, was man unter ihnen versteht und wie man sich auf dieses Instrumentarium einlässt. Für das Buch bestehen mindestens sechs verschiedene Ebenen, auf denen man jeweils unterschiedliche Lösungen suchen kann und die hier von unten nach oben, vom Einfachsten zum Aufwendigsten, mit Beispielen skizziert werden sollen.

1. Die unterste Ebene ist der **Buchdeckel** selbst. Der »nackte« Deckel kann fest oder biegsam sein und entscheidet darüber, ob das Buch starr oder flexibel sein wird. Die flexiblen wie auch starren Einbände können je nach Art und Behandlung des ausgewählten Materials (wie etwa porösen Kartons, lackierten Kartons, traditioneller sogenannter »Elefantenhaut« oder modernen Kunststoffs) schmutz-(wie Tinte)aufnehmend oder voll abwaschbar sein und damit einen unterschiedlichen Gebrauchsnutzen erhalten. Bei den starren Deckeln dient die Einkleidung in Leinen dazu, den geistigen Produkt»kern« über eine Gestaltung höheren Images zu verkaufen; seit Anfang der 80er Jahre gilt dies mit steigender Tendenz für die ledernen Deckel. Neben solchen konservativen Varianten sind für den starren wie auch flexiblen Einband avantgardistische möglich, etwa das spiegelnde Cover, das mit dem dreidimensionalen Umschlagsbild im traditionellen 3-D-Druck oder seit 1988 dem Hologramm, die durch ihren innovatorischen und originellen Charakter zum Kauf anregen. Alle Gestaltungen galten bis hier nur den Deckeln, das Buch kommt noch ohne Umschlag aus.

2. Der **Schutzumschlag** ist in Wahrheit kein Schutzumschlag, sondern ein Schmuckumschlag, der akquisitorischen Zwecken und der Werbung dient. Dem Schutz dient er vor allem dauerhaft nicht, da er viel zu oft vor dem Einstellen der Bücher in die Regale entfernt worden ist und zumal er leicht selbst beschädigt wird, hingegen ist sein Schmuck- und sein Werbecharakter bis zum Verkauf, also sein Einsatz als Marketingmittel unverkennbar. Gewöhnlich benutzen die Verlage für die Gestaltung nur die Cover, den Rücken sowie die Klappen, sie bedrucken den aufwendigen Umschlag dann nur auf der Vorderseite. Der gesamte bedruckbare Innenteil des teuren Produktes, der zum Reden gebracht werden könnte, ist dann »gähnende Leere«. Zur Innovation bei der Umschlaggestaltung könnte also gehören, ob man nicht auch die – innere – freie Rückseite nutzt (vereinzelte Beispiele dazu sind auch bekannt). Auf ihr hätte ein ganzes Verlagsprogramm Platz oder eine Auswahl von zum gekauften Titel passenden Büchern. Anstelle von Werbung lässt sich auch der Eindruck von funktionalen Elementen denken, die den Inhalt des Buches ergänzen (beispielsweise zu einem Band über ein Land dessen gegenüber dem Buch größerformatige Landkarte); verschiedentlich wurden schon Umschläge gedruckt, die sich auseinandergeklappt zu einem doppeltformatigen Poster

entfalten (sozusagen das »Buch mit Plakat«/»Plakat zum Buch« via Schutzumschlag).

3. Die dritte Ebene ist der Einsatz **durchsichtiger Schutzfolien**, da sie die zusätzliche Umhüllung für Bücher mit oder ohne Schutzumschlag darstellt. Das konventionelle Verfahren besteht in der Verwendung von Schrumpffolie. Es ist einerseits nützlich, weil es die Ware Buch tatsächlich vor mechanischen Schäden und auch vor der Vergilbung durch Sonneneinstrahlung schützt und dadurch zur Werterhaltung und Minderung der Remissionen beiträgt, hat aber andererseits gravierende Nachteile im Handling und auf dem verkaufspsychologischen Sektor: Das »Aufknibbeln« eingeschweißter Bücher gestaltet sich schon manuell äußerst schwierig, mechanische Beschädigung von Schutzumschlag oder Buchdeckel (Kratzer) sind nicht ausgeschlossen. Vor allem aber muss die Folie zur Ansicht des Buches zerstört werden, worin ein psychologisches Hemmnis besteht, da der Händler nicht jedes verschweißte Buch in mehreren Exemplaren bestellt hat oder immer eines aufschlagfertig bereithält. Der daraus resultierende verkaufshemmende Effekt ist noch nicht statistisch gemessen, aber sicher beträchtlich.

4. Mehr Kosten und Aufwand werden auf der nächsten möglichen Ebene verursacht, der Ausstattung des Titels mit einem **Schuber**. Auch der Schuber hat als ursprüngliches Ziel eine Schutzfunktion: Er ist ein den Buchkörper umgebender Karton, in den man das Buch hineinschiebt, so dass nur der Buchrücken offenbleibt. Schon früher wurde er vorzugsweise zum Schutz teurer und bibliophiler Werke verwendet, an deren Gestaltung man sich auch bei der Gestaltung des Schubers selber annäherte, so dass nicht nur ein Schutz-, sondern auch ein Schmuckelement entstand, das mit dem Buch eine Einheit bildet und damit quasi zu einem Bestandteil des Buches verschmolz. Auch heute steht neben dem bloßen Schutzschuber der Schmuckschuber, in der Regel von dem Designer des Buches gestaltet, und wird von den Verlagen auch nicht zum Schutz hergestellt, sondern wegen der durch die von der Kombination von gestaltetem Buch und gestaltetem Schuber ausgelösten akquisitorischen Wirkung – Heinz Edelmanns Produktionen bis in die 1990er Jahre bei Klett-Cotta sind ein Beispiel dafür. Sind solche künstlerisch ambitionierten Designer-Schuber ein Extrem auf der einen Seite, lassen sie sich auch rein kommerziell, nüchtern und funktional gestalten. Der Schuber der über sechs Pfund schweren, voluminösen, großformatigen, sofort nach ihrem Erscheinen massenhaft verkauften *Chronik der Deutschen* hatte weder eine Schutzfunktion noch eine Schmuckfunktion (da diese der Schutzumschlag übernahm), sondern eine vornehmliche Transportfunktion (mittels eines mitgelieferten Plastikgurts, der nachträglich abgeknüpft werden konnte), war also ein »Trage«-schuber, der das Problem der Überbrückung der Distanz für die sechs Pfund zwischen dem Laden des Händlers und der Wohnung des Käufers löste.

5. Genau diese Problemlösung wird wieder auftauchen, wenn es auf der fünften Ebene um Kassetten geht. **Kassetten** beinhalten nicht wie der Schuber ein in der Regel einzelnes, sondern mehrere Werke. Diese müssen nicht vom Verlag

zum ersten Mal produziert sein, es kann sich auch um eine Zusammenstellung bereits erschienener Werke in einer Konstellation handeln, die sich aus inhaltlichen oder programmatischen Gründen nahelegt, so etwa nach dem sukzessiven Erscheinen der lyrischen und prosaischen Schriften eines Autors die Kassette »Das literarische Werk«, entsprechend »Das theoretische Werk«, später die Gesamtausgabe oder Auswahl unter bestimmten Aspekten. Die Kassette ist damit nicht nur die physische, sondern vor allem die inhaltliche Klammer, die die Bände zusammenhält, und im Verbund mit dem günstigen Preis entsteht daraus ihre besondere Eignung als Marketingmittel. Von einer gewissen Anzahl von Bänden aufwärts jedoch wird die Kassette für den Produzenten wie den Abnehmer hingegen immer überwiegender auch ein physischer Faktor, wenn es nämlich um den Transport durch den Kunden nach Hause oder um den Versand der Kassetten an ihn oder den Händler geht. Es handelt sich dann weniger bzw. nicht mehr um die Stiftung der geistigen Einheit, sondern um die Gewährleistung des physischen Zusammenhalts, die Kassette fungiert als Verpackung. Diese am Nutzen orientierten Mehrzweck-Verpackungen werden heute durchgehend marketingmäßig mit einer attraktiven werblichen Gestaltung versehen, nämlich einmal auf dem festen Körper der die Bände haltenden Kassette und zweitens auf dem offen zu sehenden Rücken der Bücher, so dass sie zusammen z. B. ein zum Inhalt passendes Bild ergeben und ein verkaufsfördernder Effekt entsteht. Die meisten Bücher, die unter der Bezeichnung »im Schuber« im deutschsprachigen Markt angeboten werden, sind in »Kassetten« verpackte Bände und Kombinationen.

Manches der Probleme bei Kassetten mit einer Vielzahl von Büchern lässt sich bei entsprechendem Inhalt auf originelle Weise lösen, so versahen gleich mehrere verschiedene Verlage von Taschenbüchern ihre 20-bändigen Lexika-Kassetten gleichfalls mit einem Gurtband zum Tragen. Kassetten können also wie Schuber unter Schutz-, Schmuck- oder Transportaspekten konstruiert werden, doch wird bei ihnen noch ein weiterer Aspekt wichtig, wenn es sich, wie bei den Taschenbuch-Lexika, um vielbenutzte Werke mit großer Substituierbarkeit handelt. Ein Teil der Anbieter (z. B. Meyer) verpackte seine Ausgaben in einen Karton, der die Bücher wie ein Schuber von allen Seiten ummantelte und nur ihren Rücken freiließ, zudem bestand wegen des festen Zusammenhalts durch die enge Verpackung zwischen den Bänden kein Spielraum; beides bewirkt zusammen, dass sich aus solchen Kassetten ein Einzelband kaum herausziehen lässt. Ein einzelner anderer Anbieter (dtv) verpackte seine Ausgabe in eine Kassette aus dauerhaftem, durchsichtigen Acrylglas, das an den äußeren Seiten Schrägschnitte zum Greifen besaß, auch die Oberseite nach vorn offenließ und zudem durch lockere Anordnung ein leichtes Herausnehmen und wieder Zurückschieben gestattete. Unter dem Benutzungsaspekt war die zweite Variante erheblich gebrauchsfreundlicher. Bei preislich gleichliegenden Werken substituierbaren Inhalts ist die Einbeziehung einer spürbaren Benutzungshilfe bei der Gestaltung dann beim Verkauf vielleicht das Entscheidende. Die Idee, die Verpackung als Mittel im Marketing einzusetzen, hat mit der Kassette einen Abschluss erreicht, doch immer noch nur einen »konventionellen«.

6. Denn schon lange gibt es ausgefallenere Lösungen und kühnere Dimensionen. Für diese sechste Ebene kann man bei der zitierten Acrylglaskassette

ansetzen, die mit ihrem Inhalt (mittels auf der Rückseite durch das Acryl gebohrter Löcher) ja auch an der Wand angebracht werden konnte und damit im Bücherschrank Regalmeter sparte – weil sie selbst schon Regal war. Ein Münchener Verlagshaus von Klassikern ging diesen Weg noch weiter, indem es eine ganze Bibliothek deutscher Klassiker gleich mit dem maßgeschreinerten Regal präsentierte, und die aus der obigen »Chronik« abgeleiteten Jahresbände der seinerzeit im Aufbau begriffenen »Chronik-Bibliothek«, die für 1900 bis zum Jahr 2000 je einen Band anbieten sollte, um mit dem 101. Band dann im Jahr 2001 abzuschließen, sind in einem gestalterisch ganz auf die schon vorliegenden Bände abgestimmten Chronik-Designschrank zu sehen. Sofern es nicht die Inhalte sind, die verkauft werden, ist es hier also die Präsentation. Auf dem verpackungspolitischen Sektor wiederholt sich in der Praxis die eingangs erwähnte allgemeine Philosophie für die gestaltungsbezogenen Maßnahmen, nach der das Produkt hier über die Gestaltung verkauft wird, indem sie entweder zum Verkauf hinführt oder den Verkauf fördert, oder so stark ist, dass um der Gestaltung willen gekauft wird.

5.3 Einführung neuer Produkte

Nach dem Marketing allgemein sind hier zwei verschiedene Einführungsprozesse relevant, der *subjektive* direkt gegenüber dem einzelnen Individuum und der *statistische* für die Aufnahme des neuen Produkts bei der Masse. Sie gehören zusammen und bilden den Einstieg in die Theorie der Lebenskurve, die im nachfolgenden Kapitel alle Bereiche der Produktpolitik überspannt, also von der Markteinführung bis zur gezielten Produkteliminierung reicht.

Beim subjektiven Einführungsprozess geht es um die Abfolge der psychischen Prozesse, die im Innern eines Individuums durchlaufen werden, bevor es ein neues Produkt annimmt, er wird deswegen auch als *Produktadoption* bezeichnet. Sie wird in der Regel nach der AIDA-Formel beschrieben (Attention-Interest-Desire-Action, vgl. den Abschnitt Verlagswerbung), welche qualitative Aussagen über den jeweiligen Wirkungsgrad macht. Nach verfeinerten Untersuchungen (seit Rogers 1962) ist sie besser durch AIDTA (mit T für Test) zu ersetzen, da die Individuen den Wunsch haben, vor den endgültigen Kauf einen Versuch zu schalten. Das einfache AIDA-Modell war auf das Verlagsmarketing leicht zu übertragen. Die neue Formel ist für das Verlagsmarketing nicht nur deswegen interessant, weil auf den vorweggehenden Stufen (Attention – Interest – Desire) alles durch Werbung hervorgebracht wurde, sondern weil mit dem Test ein neues Marketinginstrument hinzukommt, das zusätzliche Käufe anregen kann. Im Folgenden wird deswegen speziell der Einsatz von Tests angezielt. Für die Verlage gehört der Test sozusagen zum klassischen Repertoire, sofern es sich um die Zeitungs- und Zeitschriftenverlage mit ihren Null-Nummern, Probenummern und Testabonnements handelt; aufgrund ihrer periodischen Produktionsweise sind die Schaffung und das Angebot eines Tests dort einfach.

Beim Buchverlag ist die Situation wegen der Einmaligkeit (Nicht-Periodizität) des Produkts Buch schwieriger und auch, weil der Versuchs- oder Probekauf offensichtlich vollkommen ausfällt. Der typische Test für den Käufer des Buchs ist bislang die Probelektüre im Laden, bei dem aber die begrenzte Lesezeit, das umgebende Publikum oder der Verkaufswille des Händlers stören. Auch scheitert ein solcher Test oft daran, dass der Titel nicht vorrätig ist und erst bestellt werden müsste (was viele Buchhändler verweigern). Das hauptsächliche Hemmnis aber ist, dass der Kunde erst einmal in den Laden des Händlers, also zum Buch *kommen* muss. Die geläufigen Tests im Buchhandel, wenn die Verlage den Wunsch des Verbrauchers nach einem echten Test akzeptieren, sind also durch andere Formen zu ergänzen, die auch das Recht haben, den Rahmen des Konventionellen zu sprengen. Als eklatantes Beispiel gab es den realen »Kauf auf Probe«, wie ihn der mit dem Erdöl-Konzern SHELL verbundene Stuttgarter Mair Verlag (heute MairDuMont) für seinen Auto-Atlas in den 1980er Jahren verkündete: »Wenn Sie sich mit diesem Atlas verfahren, erhalten Sie Ihr Geld zurück!« Ein Test dieses Ausmaßes war bis dahin in Buchhandlungen (und an den Tankstellen) von den Verlagen noch nicht praktiziert worden. Häufiger findet diese Art des Marketing auf der Ebene zwischen Sortimentsbuchhandel und Kunde statt, wo nicht nur die Bücher der guten Kunden ohne lange Diskussionen zurückgenommen werden.

Als konventionelles Beispiel gilt auch der »In-Home-Test« der Versender für Bücher, die dann mindestens zehn Tage in der eigenen Wohnung ohne Störung und ohne Verbindlichkeiten einzugehen, kostenlos geprüft und retourniert werden können. Neue Formen sind denkbar. Wenn beispielsweise Verlage (wie etwa C. Hanser) es sich leisten konnten, durch den Versand 16-seitiger »Einlesehefte« den Buchhändlern einen Test ihrer halbjährlichen Produktion zu gestatten, müssten auch »Bücherzeitungen« (wie sie schon Buchhändler allein produzierten) mit Leseproben finanzierbar sein, die an der Kasse für die Kunden bereitliegen oder als Hauswurfsendung zu einem bis dahin nicht erreichten Leserpublikum kommen – schon lokal begrenzte Verbrauchermärkte mittlerer Größe schaffen in ihrer Branche solche Zeitungen für Innovitäten fast regelmäßig. Verlage, die argumentieren, dass Initiativen wie diese an ihren Kosten notwendig scheitern, sollten ins Brainstorming gehen, auch in Bezug auf die Wirkung. Mit Innovation durch Adaption lässt sich das Testinstrumentarium sicher vergrößern. Die Möglichkeiten, über die Verlage, Online-Buchhändler oder gar Suchmaschinen Textproben im Internet zu nutzen, schaffen hier weitere Übergangsformen, um die Schwelle beim Verkauf des Produkts abzusenken. In Verbindung mit den gesetzlichen Rücknahmepflichten des Fernabsatzgesetzes entsteht somit ein breiter Spielraum für Test- und Inspektionsmöglichkeiten (s. Kap. VII.2.2.1) durch den Käufer oder Leser.

5.3.1 Standardlebenszyklus

Wenn mit der AID(T)A-Formel der Phasenablauf der Produkteinführung aus der Psychologie der Subjekte charakterisiert ist, geht es im nächsten Schritt um die *quantitative* Analyse, denn die Formel selbst macht nur qualitative und keine quantitativen Aussagen. Der *statistische* Phasenablauf für die Einführung neuer Produkte gegenüber der Masse wird in der Regel wie folgt beschrieben:

- 2,5 Prozent der Masse sind »Neuerer« (in der Sprache des Marketing auch Innovatoren, Neophile, Konsumpioniere),
- 13,5 Prozent folgen als »frühe Abnehmer« oder »frühe aufgeschlossene Mehrheit«,
- die »einfache frühe Mehrheit« macht mit 34 Prozent die erste wirkliche Hauptmasse aus,
- nach ihr kauft als zweite Hauptmasse mit gleichfalls genau 34 Prozent die »späte Mehrheit«, und
- 16 Prozent verbleiben als die »späten Abnehmer« oder »Nachzügler«.

Da dann der ganze Markt durchdrungen ist, bezeichnet man die quantitativen Phasen als die der Produktdiffusion. In die unten stehende Graphik (a) übertragen, ergibt sich aus diesem Verhalten die Glockenkurve der Gaußschen Normalverteilung, wie sie für den Idealfall abgebildet ist.

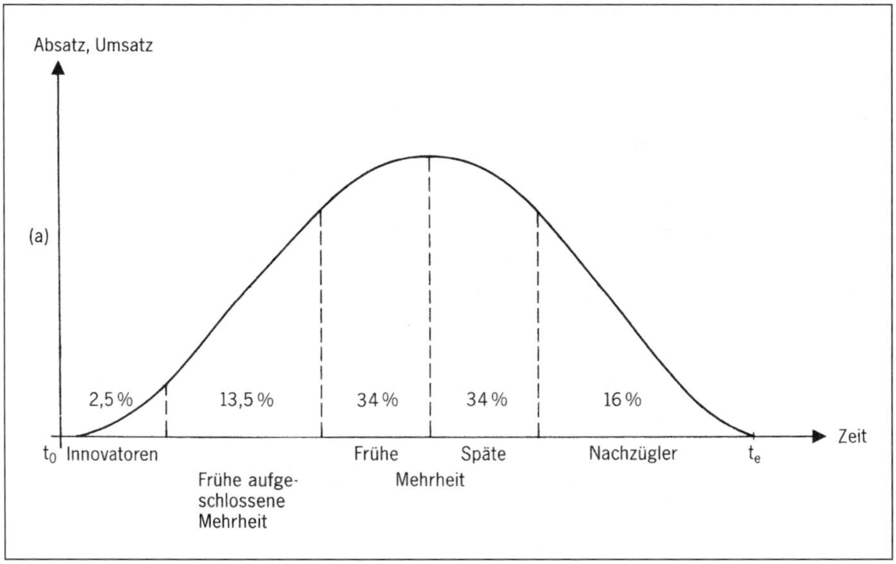

Modellverlauf des Diffusionsprozesses eines allgemeinen Produkts, in Anlehnung an Böcker u. a. 1976 (Gaußsche Normalkurve) t_0 = Start der Markteinführung, t_e = Ende

Während sich aber beim Test die Übernahme aus dem allgemeinen Marketing als nützlich erwies, ist sie hier fraglich. Denn eine belletristische Novität beispielsweise wird eine weit größere Anzahl von Innovatoren und frühen Abnehmern finden, die auch schneller kauft, weil ein Kern echter Leser besteht, die bei Erscheinen des Buchs auch sofort zugreifen (Grafik b). Im belletristischen Fall würden die Phasen vorne gestaucht und begänne die Kurve mit einer erheblich größeren Steigung; über den weiteren Verlauf der Kurve entscheidet, ob das Buch über den engeren Kreis hinaus ein breites Publikum findet oder versandet. Autoren belegen diesen Sachverhalt oft indirekt, indem sie klagen, dass die Honorarabrechnungen im ersten Halbjahr in Ordnung seien, sich danach aber nichts mehr tue. Bei einem neuen wissenschaftlichen Lehrbuch dagegen kaufen zunächst die Lehrenden und Bibliotheken, und zwar nur einzelne Exemplare. Dies bleibt so über die ersten Semester. In diesem Fall würden die

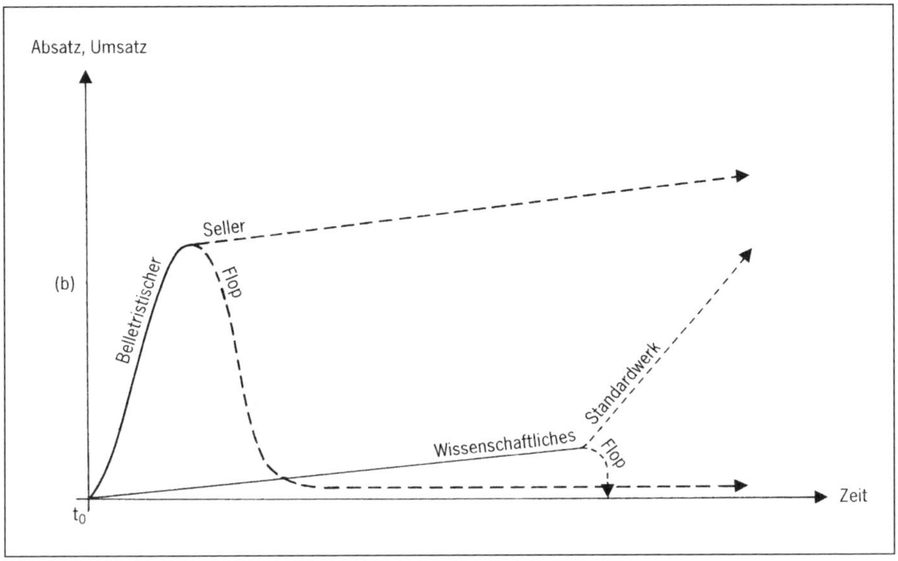

Modellverlauf für ein belletristisches/wissenschaftliches Buch

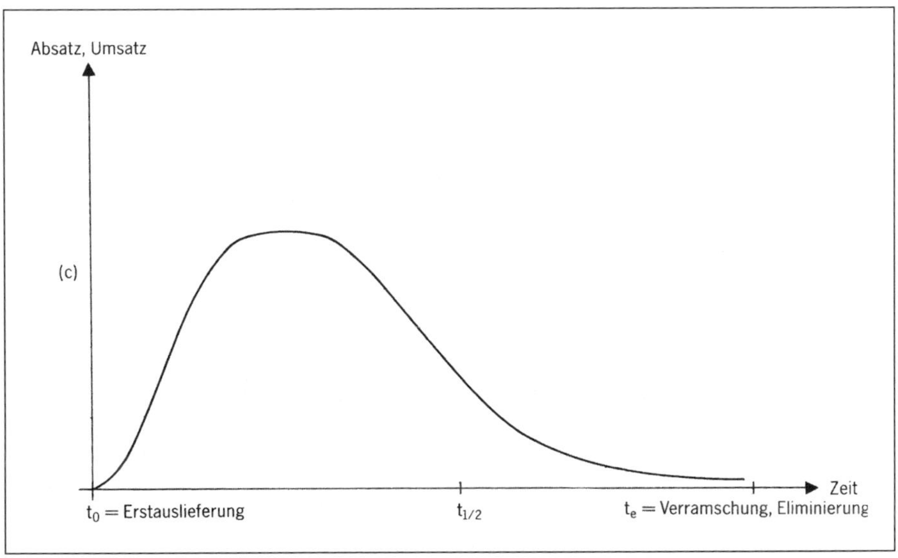

Vermutete Lebenskurve »des« Buches im deutschen Buchmarkt, vermutete durchschnittliche Lebenszeit: 5 Jahre

Phasen vorne gedehnt und begänne die Kurve erheblich flacher; über ihren weiteren Verlauf entscheidet, ob das Buch von der Lehre akzeptiert wurde und für die Vorlesungen empfohlen oder zugrundegelegt wird, wodurch es zum Standardwerk werden könnte, oder als nicht akzeptiert oder nicht empfohlen noch unter das bisherige Niveau abgleitet. Je nach der Buchart entstehen also gegenüber dem Gaußschen Allgemeinbild für den Einführungsprozess unterschiedliche Abläufe; man kann sogar zeigen, dass sie für die einzelnen Bucharten relativ typisch sind (s. u. 5.3.2). Entsprechendes gilt auch für die übrigen Phasen und damit für den ganzen Lebenszyklus. Würde man aus der Überlagerung aller Bücher und aller Bucharten die idealtypische Lebenskurve »des« Buches bilden wollen, so erhielte man etwa den von Gauß abweichenden, in Abbildung (c) dargestellten Verlauf mit ihren jetzt nach dem Lebenszyklus bezeichneten vier Phasen.

Die Beobachtung der Lebenskurven ist für das Buchmarketing wichtig und mit Vorteilen verbunden. Sie verzeichnen nämlich viel anschaulicher und dadurch auch deutlicher das tatsächliche Verhalten der Titel auf dem Markt als die bloßen Titelabsatzstatistiken – diese sind oft nur Zahlenfriedhöfe. Erfolg oder Misserfolg werden anhand der Kurven sofort sichtbar. Verzeichnet ein Titel stagnierenden Absatz und befindet er sich in einer Phase, in der eigentlich ein Wachstum erwartet wird (z. B. die Novität in der Einführung), ist marketingmäßig Alarm zu schlagen und mit Werbung gegenzusteuern, da man den Titel sonst nie mehr reaktivieren kann. Sind die Absätze stagnierend, aber der Titel befindet sich in der Phase des Niedergangs, geht er seinem natürlichen Ende entgegen, und verstärkte Werbung wäre – Ausnahmen bestätigen die Regel – falsch ausgegebenes Geld. Die Produktlebenskurve ist aber nicht nur ein Orientierungs- und Steuerungsmittel für z. B. Werbemaßnahmen, aus ihr leiten sich vielmehr auch die möglichen Produktstrategien ab, die nach der Einführung der neuen Produkte verfolgt werden müssen. Bevor auf die produktpolitischen Strategien eingegangen wird, folgt hier noch eine Erweiterung des allgemein Gesagten durch konkrete Beispiele aus Theorie und Praxis zur Vertiefung.

5.3.2 Lebenszyklen unterschiedlicher Buchtypen

Die Diskussion der Bedingungen, unter denen bestimmte Lebenszyklen zu erwarten sind, hat die Management- und Marketingwissenschaft seit Jahrzehnten beschäftigt, und ausgehend von dem klassischen Modell, das v. a. von Ansoff in den 1970er Jahren benutzt wurde (vgl. Ansoff/Declerck/Hayes 1999, S. 119), wurde eine Reihe von Varianten entwickelt. Weitere Varianten an Lebenszyklen sind beispielsweise Zyklen, die aufgrund unterschiedlicher Nachfrage und Bedarfssituation oder auch unterschiedlicher Wettbewerbsbedingungen (Aufkommen weiterer Wettbewerber im Rahmen der Boomphase des aufstrebenden Marktsegments) den klassischen Bogen mit unterschiedlicher Intensität aneinanderreihen (Kotler/Bliemel 1999, S. 567).

Bei der Analyse von Buchlebenszyklen geht es nicht um die typische Entwicklungsperspektive von Technologielebenszyklen, da das zu untersuchende Produkt sich nicht in der technologischen Ausgestaltung im Markt behaupten-

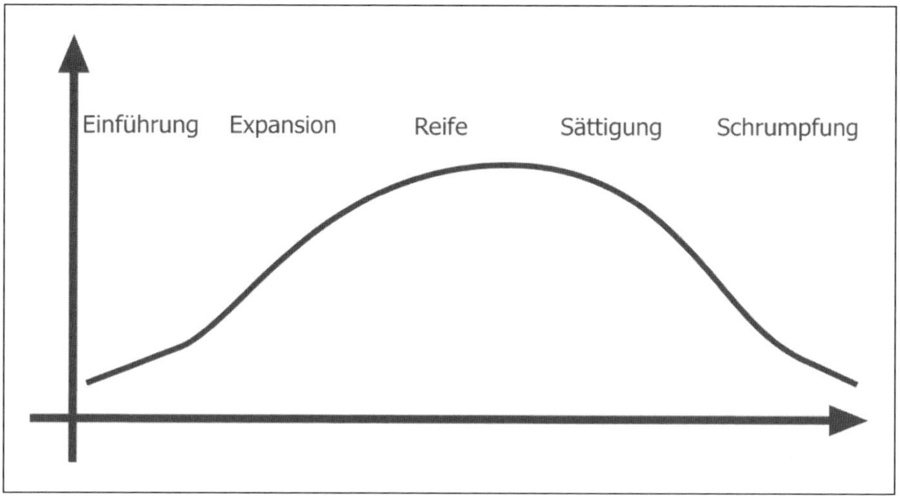

Standard Lebenszyklen für Medienprodukte (Quelle: Breyer-Mayländer/Werner 2003, S. 27)

muss, sondern entsprechend den typischen Marktbedingungen der Medienbranche über die inhaltliche Ausgestaltung differenziert.

Die für Medienprodukte unterstellte Standard-Zykluskurve hängt davon ab, ob im Rahmen des Wettbewerbs neue Produkte zu einer Bedeutungsverlagerung des alten ursprünglichen Wettbewerbsprodukts geführt haben (vgl. Breyer-Mayländer/Werner 2003, S. 28 f.). Beispielsweise sind gedruckte Lexika durch Online-Faktensammlungen wie Wikipedia in ihrer Bedeutung eingeschränkt worden. Diese Änderung des Produktnutzens aus Sicht der Käufer und Leser bezieht sich nicht nur auf neue Mediengattungen, sondern auch auf weitere Wettbewerbsprodukte. Im Rahmen des Medienmarketing kann dieser Produktlebenszyklus noch durch die entsprechenden Marketingmaßnahmen des Medienproduzenten verändert werden (vgl. Breyer-Mayländer/Seeger 2006, S. 28). Hier können je nach Medienform ganz erhebliche Unterschiede zu den Standardformen der Lebenszyklen auftreten (vgl. Wirtz 2005, S. 505, 528).

Um beispielhaft eine qualifizierte Beurteilung des Lebenszyklus eines Ratgebers aus dem Bereich Lebensführung (Flirt-Ratgeber) treffen zu können, muss anhand des Inhalts eine Zuordnung zu typischen Büchergattungen erfolgen, also entweder zum Ratgeber-Charakter oder anhand des gewählten Stils (unterhaltsame Schreibweise, aktuelles Trendthema) die Zuordnung zum Bereich der Life-Style-Literatur. Dabei ergeben sich unterschiedliche Schlussfolgerungen auf die Standardlebenszyklen.

Im ersten Fall hängt es davon ab, ob aus dem Ratgeber ein erfolgreiches Produkt, also ein Longseller wird oder nicht. Hierzu gibt es ausgehend von der allgemeinen Lebenszykluskurve der Fachbücher auch für den Ratgeberbereich klare Erfahrungswerte, wonach ein eher erfolgloser Ratgeber nach langsamer Entwicklung auf der Zeitachse in den Verkaufszahlen rasch absinkt, während erfolgreiche Ratgeber, ausgehend von der im Regelfall ebenfalls nur begrenzt dynamischen Einführungsphase, sich dann als Standardwerk etablieren können.

Nun stellt sich jedoch im zweiten Fall, bei einem dem Zeitgeist verpflichteten Werk, die Frage, ob die Vermarktung aufgrund des Inhalts nicht in einer engeren zeitlichen Dimension stattfinden muss, als bei einem allgemeinen Ratgeber zu einem Thema, das nahezu trendunabhängig mit einer Nachfrage rechnen kann.

Ausgehend von allgemeinen Produkten wird hier gemeinhin eine Differenzierung vorgenommen, wie sie aus den Darstellungen von Kotler/Bliemel hervorgeht:

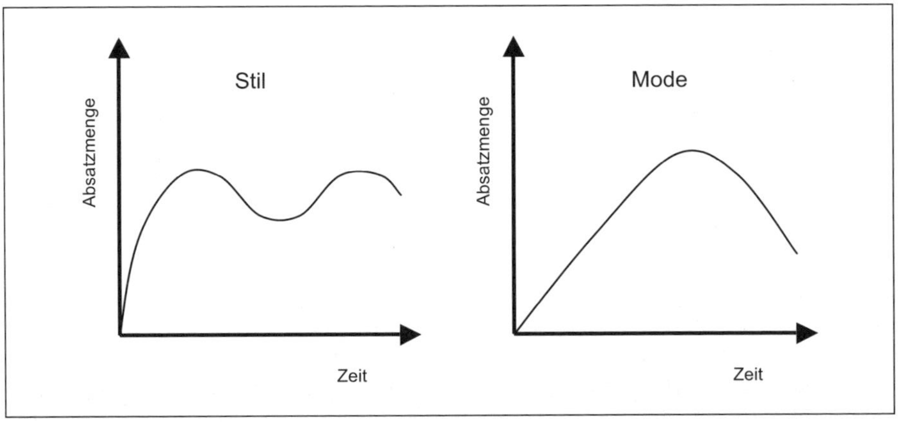

Differenzierung zwischen langfristigerem Stil und kurzfristiger Mode (Quelle: nach Kotler/Bliemel 1999, S. 570)

Bezogen auf Bücher führen diese zitierten branchenunabhängigen Überlegungen der Marketingtheorie von Kotler und Bliemel zu einer sehr unterschiedlichen Beurteilung von Longsellern und Modebüchern (vgl. Abb. S. 299). Entscheidend ist bei Büchern, dass auch bei einem Trendthema nach kurzer Aufschwungphase das Interesse der Öffentlichkeit abflauen kann, bzw. der Titel, der zu Beginn der Trendbewegung das Genre geprägt hat, häufig durch Metoo-Produkte durch Wettbewerber unter Druck gerät. Weiteren Marktdruck schafft die häufig stattfindende Serialisierung von Erfolgstiteln, wie es bei *Harry Potter* in bis dahin nie gekanntem Ausmaß zu beobachten war.

5.4 Produktpolitische Strategien

Das Marketing kennt zur Bildung von Produktstrategien vier Möglichkeiten, die *Variation*, die *Differenzierung*, die *Diversifikation* und die *Eliminierung*. Sie alle setzen bei der Analyse an, wie sich ein Produkt nach seiner Innovation und Einführung auf dem Markt bewegt, und stellen produktpolitische Maßnahmen dar, die dem Wirtschaftserfolg des Produkts oder der Unternehmung gelten. Ihre gemeinsame Erkenntnisgrundlage ist die Lebenskurve.

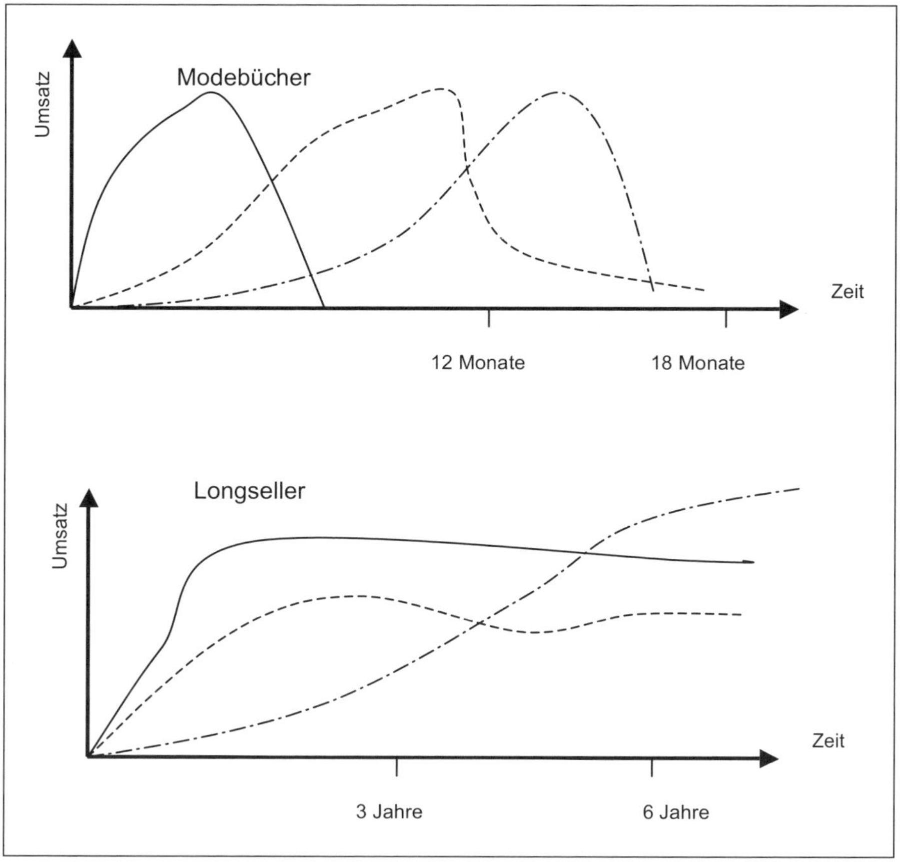

Lebenszyklen von Modebüchern und Longsellern (Quelle: nach Bramann/Merzbach/Münch 1995, S. 170)

5.4.1 Variation

Kein neues Produkt wird ewig »jung« bleiben, sondern sterben und vorher veralten – die Variation ist die Strategie der Verjüngung, die diesen Prozess aufhält oder das Produkt durch Modifikation wieder »neu« macht. *Neu* bedeutet dabei nicht, dass ein wirklich neues Produkt entsteht, es reicht eine Veränderung bis zu dem Punkt hin, an dem es von den Verbrauchern als neu akzeptiert wird.

Beispiele aus der allgemeinen Wirtschaft belegen, dass diese die Grundsätze der allgemeinen Definition sehr gut befolgt hat bzw. dass die Theorie die gängige Praxis sehr gut beschreibt: das »neue« Spee, Persil, die »neue« Rama, Sanella, die »neue« Marlboro, der »neue« Golf, Passat, Polo etc. Alle Beispiele belegen aber auch gleichzeitig, dass eine wirklich absolute Erneuerung keinen Sinn hätte, der Kern des Produkts muss bei allen Veränderungen als Konstante durchstrahlen, nur, dass es sich durch die Modifikationen bis zur Neuheit verjüngt – dies gilt auch für alle Verlagsprodukte. Beispiele aus der Verlagsbranche sind natürlich vergleichsweise weniger spektakulär, aber der Einsatz der Variation ist im Verlag nicht weniger zwingend, da Verlagsprodukte meist mehr als in anderen Branchen und meist grundsätzlich der Alterung unterliegen. Die einzigen Ausnahmen wären vielleicht die sogenannten »ewigen« Bücher wie etwa die Bibel, die Klassiker, bis vor kurzem der Duden etc., aber auch diese Beispiele zeigen, dass sie der Variation bedürfen. Verlage benötigen deswegen Auskunft über die *Arten der Produkte*, bei denen Variation möglich, zwingend nötig oder unsinnig sind, über die *Arten der Variation* selbst und schließlich über den *Zeitpunkt* ihres Einsatzes, um sie nach Maßgabe eines variationspolitischen Instrumentariums einzusetzen.

Der richtige Zeitpunkt ist aus der Betrachtung der Lebenskurve direkt ersichtlich. Die Variation ist zu planen, wenn sich nach der Durchdringung die Sättigung bzw. nach der Wachstumsphase die Stagnation und ein tendenzieller Niedergang abzeichnen. Die Arten der Variation gliedern sich im Buchverlag mindestens in folgende drei Möglichkeiten.

- **Inhaltliche Variation:** Hier wird der inhaltlichen Alterung vorgebeugt. So entstehen der »neue« Duden, der »neue« Grundgesetzkommentar oder das »neue« Dr. Oetker Grundkochbuch.
- **Optische Variation:** Hier wird dem äußeren Aussehen des Verlagsprodukts ein modernes Gesicht verliehen; im Zeitschriftenwesen wird diese besonders für das Cover wichtige Modernisierung oft als »Face-Lifting« bezeichnet.
- **Physische Variation:** Hier werden neuartige materielle Ausstattungen eingesetzt, falls die alte nicht mehr zeitgemäß war.

Die Praxis zeigt, dass die größte Verjüngung erreicht wird, wenn die drei Instrumente kombiniert werden. Ein Beispiel aus der Belletristik liefert Tolkiens *Der Herr der Ringe*, wo die inhaltliche Variation durch eine neue Übersetzung, optische und physische Variationen durch kartonierte, bebilderte oder in Leder gebundene Ausgaben entstanden.

Bei den Arten der Produkte schließlich (es geht hier nicht um Gattungen) kommen der Einzeltitel, die Reihe und das Gesamtprogramm für die Variation in Betracht. Ginge es um das Gesamtprogramm, wäre das Ziel eine Programmverjüngung, zu erreichen durch Modifikationen auf dem inhaltlichen, dem optischen und dem Ausstattungssektor. Geht es um Reihen, stehen theoretisch wieder die drei genannten Ansatzpunkte zur Verfügung; die Erfahrungen haben jedoch gezeigt, dass die Verlage oft besser daran tun, nur eine der Komponenten zu modernisieren (so in der Kinderkrimireihe *Die drei Fragezeichen* des Franckh-Kosmos Verlags die Veränderung und Fortführung der Inhalte sowie einer Ausdehnung auf jüngere Zielgruppen) bei Beibehaltung des Coverdesigns, oder umgekehrt bei anderen Klassikern des selben Genres bei dem *Fünf Freunde*- Zyklus des Schneider Verlags, bei dem die Inhalte beibehalten wurden.

Auch in anderen Sparten findet sich diese Strategie der Konzentration auf einzelne Veränderungen, wie bei den wissenschaftlichen Publikationen der Verlage Oldenbourg und Vahlen, wo jeweils eine Modernisierung des Covers ohne Bruch der Programmpolitik vorgenommen wurde. Prüft man den Einzeltitel auf seine Variationsmöglichkeit oder -bedürftigkeit, steht man wieder am Ausgangspunkt und im Zentrum der Variationspolitik, denn für Einzeltitel mit der Chance nur einer einzigen Auflage erübrigt sich die Diskussion (sofern die tatsächliche Lebenskurve nicht eines Besseren belehrt), im Fall von Erfolgstiteln, die Nachauflagen vielleicht über Jahrzehnte ermöglichen, rückt die optische Anpassung an die moderne Gestaltung in den Brennpunkt. Die Rückkehr zum Einzeltitel erfolgte an dieser Stelle noch aus einem anderen Grund. Sie zeigt, dass die Variation die einzige produktpolitische Strategie darstellt, bei der das Sortiment bzw. die Produktpalette konstant bleibt. Sie ist eine Verjüngungsstrategie zur Absatzerhaltung oder -ausweitung ohne Programmerweiterung. Das »alte« Produkt wird einfach aus dem Verkehr gezogen, indem das »neue« (verjüngte) es ablöst. Hierdurch grenzt sich die Variation gegenüber allen anderen Produktstrategien ab.

5.4.2 Differenzierung

Während hinsichtlich der Variation die Meinungen im allgemeinen Marketing einheitlich sind, gibt es für die Differenzierung höchst unterschiedliche Auffassungen. Nachfolgend erscheint hier deswegen auf der Basis des wissenschaftlichen Diskurses eine eigene Darstellung.

Produktdifferenzierung liegt vor bzw. empfiehlt sich als produktpolitische Maßnahme, wenn die Lebenskurve sich so unerwartet positiv entwickelt, bzw. der Markterfolg so überragend erfolgreich ist, dass sich von dem Erfolg des Ursprungsprodukts Nachfolgeprodukte ableiten lassen, die den Erfolg des Ursprungsprodukts wiederholen. Es geht bei der Differenzierung also nicht um die Abgrenzung gegen (eigene oder fremde) andere Produkte, das Verfahren ist vielmehr wie in der Mathematik zu verstehen, wo Differenzieren das Ableiten aus einer Ursprungsfunktion bedeutet. Differenzierte Produkte bilden Verlage sehr leicht intuitiv, weil die mögliche Wiederholbarkeit des Erfolgs mit dem eines Anfangstitels zur Bildung von Nachfolgebänden anfeuert. So entsteht oder entstand aus dem zitierten Klassiker *Der Herr der Ringe* auch ein Set an Folgeprodukten wie unterschiedliche Sprachführer für *Elbisch*. Aus den zuvor zitierten Produkten der Serie *Die drei Fragezeichen* entwickelte sich neben den Büchern zunächst eine sehr erfolgreiche Hörspielreihe, die heute durch Detektivkasten, Brettspiele und Web 2.0-Communities ergänzt wird.

Das letzte Beispiel zeigt, dass die Differenzierung auch systematisch und professionell angewandt werden kann. Einem »Brockhaus« folgt dann ein *Kunst-Brockhaus* und *Gesundheits-Brockhaus*, der *Brockhaus für Kinder* etc., dem Ursprungsband der »Chronik« (*Die Chronik des 20. Jahrhunderts*) die *Chronik der Menschheit* (s. o.) der Deutschen, Österreichs, der Schweiz, Bayerns, des Ruhrgebiets, Berlins, Wiens usw. Insbesondere im Bereich der Comics für Jugendliche (*Mickey Mouse*) hat das Ausgehen von einem Ersterfolg, zu einem perfekten System differenzierter Produkte geführt. Produktdifferenzierung, das zeigen die Beispiele auch, ist eine Strategie, die, anders als die der Variation, das Sortiment nicht konstant hält, sie ist das – erste – Beispiel einer Produkterweiterungsstrategie.

5.4.3 Diversifikation

Die Diversifikation hat mit der Differenzierung gemeinsam, dass ein neues, zusätzliches Produkt entsteht, und bildet damit die zweite Erweiterungsstrategie der Produktpolitik, allgemein wird sie als »bewußte, gezielte Ausweitung des Leistungsprogramms […] auf solche Leistungsbereiche« definiert, »die für das Unternehmen grundsätzlich neu sind« (Gablers Wirtschaftslexikon [10]1980, S. 1067). Sie steht damit im Gegensatz zur sogenannten *Simplifikation*, bei der das Unternehmen seine Leistungen reduziert oder zurücknimmt. Für die Diversifikation bestehen in der Regel drei Motive:

Erstens kann es sein, dass nicht nur für ein Produkt, sondern für sehr viele oder für alle die Lebenskurve immer mehr abfällt, der Markt also immer mehr schrumpft und vielleicht vor dem Zusammenbruch steht, während ein fremder, neuer Markt sich entwickelt. Dies könnte, überspitzt, für die Buchverlage etwa das Motiv für die Diversifikation aus dem Print- in den Nonprint-Bereich der elektronischen Medien sein.

Zum Zweiten besteht für die Diversifikation auch ein betriebswirtschaftliches Motiv. Nach betriebswirtschaftlichen Theorien ist ein optimaler Gewinn- und Umsatzzuwachs mit einem feststehenden Produktionsprogramm auf längere Sicht prinzipiell nicht erreichbar. Verlage mit vorgegebenen Gewinnsteigerungen müssen daher, wenn die notwendigen Umsatzsteigerungen nicht mehr im eigenen Markt erreicht werden können, diversifizieren.

Ein drittes Motiv besteht in der Vermeidung kartellrechtlicher Schwierigkeiten, wenn das Unternehmen so groß wird, dass die Gewinne und Investitionen nur noch im Ausland anlegbar sind. Für die Buchverlage der Bundesrepublik hat dieses Problem bis jetzt kaum bestanden, doch umgekehrt bereits dazu geführt, dass branchenfremde Konzerne des Auslandes in den bundesrepublikanischen Buchmarkt diversifizierten.

Für die Diversifikation unterscheidet man ferner drei Arten, die horizontale, die vertikale und die laterale Diversifikation.

Bei der **horizontalen Diversifikation** geht es allgemein um »neue Aktivitäten auf der angestammten Produktions- oder Handelsstufe«; ein Beispiel aus der allgemeinen Wirtschaft wäre etwa die horizontale Diversifikation einer Brauerei konventioneller Biersorten in den Markt von Altbier, Weißbier oder alkoholfreiem Bier. Bei solchen Diversifikationen ist das Risiko gering, denn das Unternehmen operiert im angestammten Bereich und profitiert von seinem bereits dort gewonnenen Know-how. Verlage können auf vielfältige Weise horizontal diversifizieren, etwa: die Diversifikation eines Wissenschaftsverlags in den Schulbuchbereich (Markterweiterung), die Diversifikation eines Schulbuchverlags in den Markt der Erwachsenen (Marktausgleich), die Diversifikation von Comic-Heften zu Comic-Books oder von populären Publikumszeitschriften zu Büchern (Marktausschöpfung) u. a.

Bei der **vertikalen Diversifikation** operiert das Unternehmen nicht mehr im angestammten Bereich, sondern in der ihm vorgeschalteten oder nachgeschalteten Produktions- oder Handelsstufe. Allgemein wird dies oft getan, um sich auf der vorgeschalteten Stufe den Rohstoff oder auf der nachgeschalteten den Vertrieb und die Preise zu sichern. Verlage beschaffen sich bei der vertikalen

Diversifikation entweder Setzerei-, Druck- und Bindebetriebe oder Firmen des Zwischen- oder Sortimentsbuchhandels. In die Verlage hinein können vertikal Druckereien oder andererseits Buchhandlungen diversifizieren. Da das Know-how dann immer bereits eingeschränkt ist, ist das Risiko größer. Die Diversifikation der Verlage in die vorgelagerte Technik hat sehr oft zu Problemen und beinahe Verlagsauflösungen geführt, offenbar ist die Kooperation mit Dienstleistern oder das einfache Beauftragungsgeschäft ökonomischer. Die Diversifikation in den nachgeschalteten Buchhandel hat unter eigenem oder fremdem Namen zumindest im Sortiment immer zu sicheren Depotbuchhandlungen ohne offenbare Existenzkrisen geführt. Im Zwischen- und Versandbuchhandel entdecken und testen die Verlage die Möglichkeiten für das eigene Programm und als Dienstleister.

Bei der **lateralen Diversifikation** schließlich erfolgt die Ausweitung oder Umverlagerung der Aktivitäten des Unternehmens auf einen absolut branchenfremden Bereich. Hier bestehen weder verwandte Produkte noch verwandte Märkte, und das Risiko ist am größten. Für Verlage waren laterale Diversifikationen eher selten, sie fanden z. B. statt, wenn ein Verlag mit Buchclub für seine Mitglieder auch Buchmöbel anbot. Die laterale Diversifikation stellt die strategischen Weichenstellungen für die Zukunft, indem beispielsweise Verlagskonzerne neben Buchverlag und Buchclub unterschiedlichste Rundfunkmedien, Internet-Portale oder Beteiligungen an Sendern oder neuen Mediendiensten betreiben (Medienverbund). Die Buchverlagsbranche ihrerseits ist Objekt lateraler Diversifikationen von branchenfremden Unternehmen des In- und Auslandes. Presseverlage im In- und Ausland sind seit der Jahrtausend-Wende mit der Stärke ihrer Marken in das Buchgeschäft eingestiegen und haben eigene Buchreihen auf den Markt gebracht. Softwarehäuser wie Microsoft bieten zu ihren zum Teil höchst erklärungsbedürftigen Produkten eine eigene Buchreihe an, bei erfolgreichen Spielen und TV-Serien wird auch ein eigenes Buch entweder in Lizenz oder im Eigenverlag angeboten, so dass bei Unternehmen der Medien- und Entertainmentbranche im weitesten Sinne die Schwelle zum Einstieg ins Buchgeschäft eher als niedrig eingestuft werden muss. Gerade im Zusammenhang mit crossmedialen Vermarktungsstrategien wird das Buch eben als einer der möglichen Kanäle in die Unternehmensstrategie integriert. Die laterale Diversifikation aus den Verlagen heraus oder in die Verlagsbranche hinein wird im Zuge der Globalisierung und Konvergenz mit Sicherheit zunehmen.

5.4.4 Eliminierung

Die Eliminierung wurde unter dem Begriff »Simplifikation« bereits indirekt als Umkehrung der Diversifikation angesprochen; sie beinhaltet als produktpolitische Maßnahme die bewusste und gezielte Ausschaltung von Produkten. Ausgeschaltet werden können Produkte unter ökonomischen und nicht-ökonomischen Kriterien. Ökonomische Kriterien können sein: gar keine Absätze und Umsätze, zu geringe Absätze und Umsätze, so dass der Titel noch nicht einmal seine jährlichen Lagerkosten deckt – beide Formen sind defizitär –, so dass kein Deckungsbeitrag entsteht. Nicht-ökonomische Kriterien können sein: Der Titel trägt zu der Profilierung des Programms nicht mehr bei, der Titel passt aufgrund einer geänderten Programmpolitik nicht mehr in das Programm. Das Stichwort aus dem allgemeinen Marketing ist die »Programmbereinigung«. Sie kann konstruktiv durchgeführt werden. Aktiv durchgeführt bedeutet Programmbereinigung den zeitgerechten Verkauf an das moderne Antiquariat (also Ramsch) oder Freigabe zur Makulatur, passiv besteht sie nur im ungesteuerten Auslaufenlassen. Mit der Größe der Verlage und dem Anwachsen der jährlichen Produktionen wird eine aktive Eliminierungspolitik schon aus Lagergründen unabdingbar (daher die vielen unechten Remittenden von Taschenbüchern im Warenhausbuchhandel). Das Wesentliche besteht darin, beim Aussondern und Beibehalten nicht nur nach der Philosophie kommerziellen Erfolgs zu verfahren, sondern »Brotartikel« mit auch weniger gängigen, aber das Programm und Profil des Verlags prägenden Titeln so zu verbinden, dass der Backstock auf Dauer einen Substanzfaktor darstellt. Eliminierung und Beibehaltung sind daher die wichtigen Varianten der letzten Stufe einer jeglichen Produktpolitik.

5.4.5 Qualitätskriterien als Ausgangspunkt für die Produkt- und Programmpolitik

Die unterschiedlichen Anpassungsvorgänge im Rahmen der Produkt- und Programmpolitik des Buchmarkts haben wir bei der Darstellung der Portfoliomethode bereits skizziert. Dabei gilt bei der kompletten Planung und Beurteilung der Produktqualität von Büchern eine Reihe von Merkmalen, die sowohl bei der Innovation als auch bei der Eliminierung als Gradmesser herangezogen werden können. Für eine ganze Reihe von Buchkategorien wie Kinder- und Jugendliteratur, Reiseführer, Kochbücher, Nachschlagewerke und Romane gibt es Checklisten zur Beurteilung der inhaltlichen Produktqualität. Für die Bewertung der formalen Kriterien haben Bramann u. a. das folgende Schema entwickelt (vgl. Beurteilungskriterien für Romane in Bramann/Hoffmann 2004, S. 100; Beurteilungskriterien für die übrigen Genres in Dorner/Abels 1999; sowie die Kriterienliste allgemein in Bramann/Münch 2000, S. 90; Programmpolitik nach Schickerling/Menche 2008, S. 21):

- Fakten des Titels (Umfang, Erscheinungsjahr, Auflagenzahl, Auflagenhöhe, Aktualisierungszyklus, Vorwort, Register, Literaturverzeichnis, Anzahl der Abbildungen, Preis)
- Fakten über den Autor (Anzahl der veröffentlichten Titel, Medienresonanz, Schreibstil, Preise, Kulturkreis)
- Herstellung (Papier-, Binde-, Druckqualität; Einbandart, Ausstattung, Umschlag/Schuber)
- Künstlerische Kriterien (Typographie, Layout, Übersichtlichkeit, Cover, Bildauswahl)
- Medienresonanz (Rezensionen, Bestsellerplatzierung, Vorstellung in Talk-Shows, Medien-Präsenz)
- Marktakzeptanz (Markenname Verlag, Bekanntheit Autor, Wert der Reihe, Höhe verkaufter Auflagen)

Die Produktpolitik eines Buchverlags ist in wesentlichen Teilen nicht nur titelbezogen zu verstehen, sondern muss, wie bereits in der obigen Darstellung deutlich wurde, auch vom Gesamtwert der Reihe und des Programms eines Verlags aus beurteilt werden. Hierfür lässt sich auch das Prinzip des BCG-Portfolios einsetzen (s. Kap. V.4.2.4). Die einzelnen Programmsegmente können in dieses Schema eingeordnet werden und zeigen dem Verlag sehr schnell, wo akuter Handlungsbedarf besteht. Nur im Kontext der Programmentscheidung kann letztlich endgültig über die Beurteilung des einzelnen Titels nach dem Prinzip der Lebenszyklusanalyse entschieden werden.

6. Das beschaffungspolitische Instrumentarium

Mit den bisherigen Ausführungen zur Distributionspolitik, zur Kommunikations-, Preis- und Produktpolitik dürfte die absatzpolitische Seite des Marketing in ihren zentralen Punkten behandelt sein – wenn die beschaffungspolitische hinzukommt, wird die Darstellung des Marketing vollständig. Im Prinzip wäre ein Vorgehen wie im Absatzbereich möglich, also nach den einzelnen Instrumenten, doch sind die verlagsbezogene Distributionsforschung, Preisforschung, Produktforschung etc. noch begrenzt, so dass eine andere Gliederung sinnvoll erscheint. Das beschaffungspolitische Instrumentarium wird deswegen unter den Aspekten Marktforschung, Kreation neuer Ideen und Autorenmarketing behandelt.

6.1 Marktforschung für Buchverlage

Die Marktforschung hat sich gegen eine Fülle teils deckungsgleicher, aber auch unterschiedlicher Termini und Disziplinen begrifflich und inhaltlich abzugrenzen (etwa Absatzforschung und Marketingforschung, Absatzmarktforschung und Beschaffungsmarktforschung). Sie wird ihrerseits in der Literatur so unterschiedlich dargestellt, dass wir hier vom Grundsätzlichen und Gemeinsamen ausgehen und dieses mit Verlagsbeispielen anreichern.

6.1.1 Professionelle oder gewerbliche Marktforschung

Marktforschung bezeichnet wissenschaftliche professionelle Marktforschung von Seiten der Universitäten und Hochschulen sowie die professionelle Marktforschung von Seiten der gewerblichen Institute. Dies unterscheidet sie von der später zu besprechenden »Marketing-Intelligence« in den Firmen. Beide werden primär oder sekundär betrieben, beide bedienen sich des gleichen methodischen Instrumentariums.

1. Primärforschung (»Field-Research«): Primärforschung bedeutet Direkterhebung von Daten, nämlich als Ersterhebung. Alle empirischen oder Primärerhebungen haben eine Gemeinsamkeit: Sie sind entweder eine *Befragung* oder eine *Beobachtung* oder ein *Test*. Die drei möglichen Arten der Erhebung haben jeweils ein eigenes Instrumentarium, mit dem der Anwender sie strukturieren muss.

Bei der **Befragung** muss entschieden werden, ob nur qualitative oder auch quantitative Ergebnisse gewünscht sind, ob eine nichtrepräsentative Aussage schon reicht oder die Erhebung repräsentativ sein soll, ob diese Befragung allgemein durchgeführt werden muss oder speziell durchgeführt werden kann, ob sie durch eine Einfacherhebung erledigt oder durch eine Wiederholungserhebung (Panel) erst möglich ist, ob man im »Omnibus« mitfahren kann, d.h. an einer Mehrthemenbefragung teilnimmt, bei der unterschiedliche Auftraggeber Fragen beisteuern können, oder exklusiv die Erhebung allein finanziert – speziell im Fall der Befragung käme dann noch die Wahl der schriftlichen oder mündlichen Durchführung hinzu. Das Ergebnis wäre dann beispielsweise eine mündliche repräsentative Allgemeinbefragung, die einmalig im »Omnibus«verfahren durchgeführt wird und zur Erhebung qualitativer und quantitativer Daten führt. Je nach der gewählten Struktur entstehen dann unterschiedliche Kosten. Würde man die Befragung mit einem Interviewerstab mündlich durchführen mit einer Stichprobe von 1000 Probanden und liegen die Interviewkosten für ein einzelnes Interview von höchstens 30 Minuten bei einer persönlich mündlichen Befragung bei rund 30.000 Euro an Feldkosten (Beispielpreise Stand 2010). Die Institutskosten unterscheiden sich je nach Auswertungstiefe und -umfang. Oftmals sind jedoch schon für rund 2000 bis 5000 Euro einfache Berichte und Präsentationen verfügbar. Das »Omnibus«verfahren ist deswegen für mittlere Betriebe geeigneter. Die Teilnahme mit nur einer einzigen Frage mit sechs Antwortvorgaben deutschlandweit durchgeführt und in 14 Tagen geliefert ist mit Auswertung z.B. für wenige Hundert Euro zu erhalten. Ein Buchverlag könnte damit beispielsweise eine repräsentative Erhebung über sein Image durchführen.

Bei der **Beobachtung** wiederholen sich zum Teil die genannten Komponenten und kommen die speziellen hinzu: Neben der Beobachtung im Feld (Markt) steht die im Labor (Institut); neben der teilnehmenden die nichtteilnehmende, neben der biotischen (unwissentliche Beobachtung: Der Beobachtete hat keine Kenntnis über die Tatsache des Beobachtetwerdens) die nichtbiotische (wissentliche), um nur einige zu nennen. Bei der Beobachtung sind keine 1000er- oder 10.000er-Erhebungen nötig, noch sind sie möglich. Ein typisches Beispiel für eine biotische, nichtteilnehmende Beobachtung im Feld ist etwa der Greiftest zu Packungen, von denen man unterschiedliche Varianten im Regal platziert, um das Verhalten der Verbraucher/innen zu erforschen, das man gewöhnlich durch halbdurchlässige Spiegel oder Videokameras beobachtet: Verlage könnten auf diese Weise im Buchladen die Wirkung von Buchrücken und Umschlägen testen. Ein Beispiel für eine nichtbiotische Beobachtung im Labor ist die Aufzeichnung des Blickverlaufs eines Probanden im Institut, bei der die Aufmerksamkeit von Verlagswerbung in Zeitschriften gemessen wird. Die Beobachtung der Wirkung ihrer Cover, Buchrücken und Werbung auf Rezipienten haben Verlage von Büchern bisher höchstens ausnahmsweise verfolgt, obwohl dies marketingmäßig für viele ein Desiderat darstellen dürfte. Am Beispiel der Schaufenstergestaltung lässt sich zeigen, wie mit relativ wenigen Mitteln eine Beobachtung aufgebaut werden kann, wie sie abläuft und auswertbar ist. Angemietet wurden in einem realen Test die Fenster dreier Sortimenter im Teilmarkt Berlin, in die die Varianten platziert wurden. Die Beobachtung erfolgte durch drei Mitarbeiter, die nur das folgende Verhalten der Laufkundschaft registrierten: erstens: Der Passant geht am Fenster vorbei, es wird überhaupt nicht beachtet, zweitens: Das Fenster wird beachtet, aber der Passant geht weiter, drittens: Der Passant bleibt stehen, betritt den Laden aber noch nicht, viertens: Er hält an, geht in den Laden und wird vielleicht Kunde. Die Auswertung von nur wenigen Tagen dürfte die Versager und die vom Publikum (nicht dem Verlag) präferierten Varianten sehr deutlich scheiden. Der Verlag investierte in dem Beispiel das Geld in dem Testmarkt Berlin, bevor er mit dem ausgewählten Konzept den bundesrepublikanischen Gesamtmarkt beschritt. Es handelte sich um einen bis dahin Branchenfremden, aber mit dem dortigen Marketing-Know-how, der seine Diversifikation in den Buchmarkt vorbereitete.

Beim **Test** oder **Experiment** sind die wichtigsten Arten: der Pre-Test (im Labor oder Versuchsmarkt), der Post-Test, wenn man nach Zeit und Raum unterscheidet, der Preis-, Konzeptions- und Gestaltungstest, wenn man vom Ziel ausgeht, sowie der Beobachtungs- bzw. Befragungstest, wenn man nach der angewandten Erhebungsart gliedert. Somit sind Tests eigentlich nur Spezialfälle der allgemeinen Erhebungsformen. Tests sind in vielen Teilen in der allgemeinen Wirtschaft stark verbreitet. SB-Warenhäuser beispielsweise bieten ihre Filialen dem Handel als Neuheiten-Testmärkte an, wo die neuen Produkte als »Dummies« in den Regalen neben den echten Produkten auf Preisakzeptanz, Mengenakzeptanz und Gestaltungsakzeptanz geprüft werden. Verlage, die nach ihrer eigenen Aussage Bücher wie Markenartikel mit Marketingmethoden vermarkten (»Das beste Dr. Oetker-Buch«-Reihe) investieren bis zu fünfstellige Beträge in Titelfoto-, Titel- und Konzeptionstests. Verlage mit hoher Marketing- und Marktforschungskompetenz durch das Know-how des Direktmarketing, wie der Verlag »Das Beste« von Readers Digest entwickeln ihre Buchprojekte hinsichtlich Preis, Konzeption und sogar Sprachführung teils sogar auf der Grundlage einer testenden allgemeinen Bevölkerungsumfrage. Mittelgroße Verlage nutzen für ihre Tests häufig unterschiedliche Distributionsschienen. So können Spezialisten, wie z. B. der Markgrafen Verlag als Experte für den Kindergartenvertrieb dazu benutzt werden, Teilauflagen mit Test-Covern zu untersuchen, bevor die Version für den stationären Buchhandel gefertigt wird.

Wie die Beispiele ahnen lassen, ist primäre Marktforschung mit professionellen Tests im Buchverlag nur bei Großprojekten oder bei der Planung von Serien möglich, bzw. dann aber wichtig. In Zeitschriftenverlagen ist sie hingegen das Übliche und wegen des periodischen Erscheinens auch finanzierbar, zumal der Zeitschriftenverlag in der Regel eine professionelle Abteilung Marktforschung besitzt. Finanzierbar auch für den kleinen Verlag ist in jedem Fall aber die Sekundärforschung.

2. Sekundärforschung (»Desk-Research«): Die Sekundärforschung basiert auf der Auswertung von bereits direkt erhobenem Primärmaterial. Oft ist die Lage sogar so, dass sich aufgrund des Umfangs des vorhandenen Sekundärmaterials eine zusätzliche empirische Erhebung erübrigt. Die Untersuchungen im Buchsektor sind entweder Auftragsstudien großer Verlage oder Medienkonzerne. Hier besteht einer der Nachteile darin, dass lediglich Ausschnitte der Daten für Dritte zur Verfügung stehen. Etwas einfacher ist es, wenn es um Studien und Erhebungen im Auftrag des Börsenvereins geht, da diese Daten in der Regel für die Mitgliedsverlage nutzbar sind. Hochschulen und Marktforschungsinstitute führen oftmals in Eigenregie Untersuchungen ohne Auftraggeber aus dem Verlagssektor durch. Auch diese Daten sind (meist gegen Entgelt) als Basis für eigene Forschungen nutzbar. Der aktive Umgang mit dem Sekundärmaterial beginnt aber weit vor der Hinzunahme der Marktuntersuchungen.

Geht es um die Planung von neuen Titeln, ist der trivialste, aber zugleich wichtigste Kontrollschritt der über das *VLB* (*Verzeichnis Lieferbarer Bücher*); ist der geplante Band etwa ein Bildband über Schleswig-Holstein, könnte man anhand der rund 1700 (!) verzeichneten Einträge unter diesem Stichwort und der knapp 70 Einträge als Titelstichwort überprüfen, ob die Idee nicht schon realisiert ist. Zur Vermeidung von Doubletten in Bezug auf nicht schon lieferbare, sondern erst noch erscheinende Titel dient die Konkurrenzanalyse anhand der Verlagsvorschauen, denn sie enthalten auch die in der Planung begriffenen Werke. Am besten geht ein Verlag systematisch vor, um Vollständigkeit zu erlangen: Taschenbuchverlage führen deswegen eine nach dem Prinzip des Up-Dating aktualisierte vollständige Sammlung der Ankündigungen aller Hardcoververlage, hier allerdings nicht als Marktforschungsmittel, um Doubletten zu vermeiden, sondern um frühzeitig zur Lizenz geeignete Originaltitel aufzuspüren. Zur Verfolgung von Trends dient die Lektüre der entsprechenden Fachzeitschriften sowie Artikel in *Börsenblatt*, *BuchMarkt* und *Buchreport* für den deutschen, im *Bookseller*, *Publishers Weekly* etc. für den ausländischen Markt. Zu weiteren sekundären Quellen gehören Statistiken des Bundes, der Länder, von Wirtschaftsverbänden etc., hieraus ging beispielsweise die Gründung erfolgreicher Zeitschriften hervor, gestalten die Schulbuchverlage ihre Langzeit-Strategien usw. Unternehmensinterne Quellen konkurrierender Unternehmen können gegebenenfalls noch hinzukommen. Insgesamt liegt also eine Fülle sekundären Informationsmaterials vor, es kommt nur darauf an, es intelligent zu benutzen.

6.1.2 Marktbeobachtung oder »Marketing-Intelligence«

Nicht mit Marktforschung identisch, wiewohl in der Zielsetzung gleich, ist die *Marketing-Intelligence*. Der Begriff ist nicht als »Intelligenz« zu verstehen, sondern so, wie man ihn für den amerikanischen Geheimdienst in »CIA« übersetzt. Nach dem lateinischen »intellegere« (etwas einsehen) könnte man sie als »marketingorientierte Einblicknahme« bezeichnen. Auf das gleichnamige Buch von W. Kelly (1968) zurückgehend, fußt sie auf folgendem Kontrast. Während bei der wissenschaftlich oder gewerblich beauftragten professionellen Marktforschung der gesamte Markt oder das betreffende Segment mit *einem* Mal (dies gilt auch bei Panels) schlagartig und vollständig wie von einem Blitzlicht erhellt wird (»Flash«), arbeitet die Intelligence sozusagen mit kleinerer Kerze (»Candle«), die kontinuierlich und Stück für Stück die einzelnen Segmente ableuchtet, bis ein Gesamtbild entsteht. Sie ist nicht, wie die Marktforschungsaktion, zeitpunktbezogen und kommt mit weniger Energie aus, also mit weniger Kosten. Gerade im Zeitalter der digitalen Informationssammlung seit der Jahrtausendwende haben Ansätze der Marketing- und Business-Intelligence an Bedeutung gewonnen, aber auch die Abwehr dieser Ansätze durch betroffene Unternehmen, die ihre Unternehmensdaten nicht preisgeben wollen. Dies sieht man beispielsweise anhand der neu geschaffenen Studiengänge an deutschen Hochschulen, die sich gezielt mit diesen Themen befassen.

Die kontinuierliche marketingorientierte Einblicknahme – ohne große Kosten, aber eben dauerhaft – ist das Hauptinstrument zur Gewinnung primärer Daten für die Verlage, die sich keine Forschung in dem oben genannten Sinn leisten können. Sie lassen sich beinahe schon gratis gewinnen, indem man im Berichtswesen der Vertreter (falls nicht längst praktiziert) ein »Marktforschungsfeld« einrichtet, wodurch während der beiden Reisen direkte Informationen an den Vertrieb gelangen. Lektoren (sofern sie es nicht schon von sich aus tun) sollten veranlasst werden, sich über die Präsenz des eigenen Programms und der direkten Konkurrenz im Buchhandel sowie über die allgemeinen Entwicklungen in Sortiment, Warenhaus sowie in den Food-Ketten zu informieren und ihre Autorenreisen gezielt mit dem Besuch von Buchhandlungen zu verbinden. Direktinformationen durch Autoren sind eine weitere Primärquelle. Neben Lektorat und Vertrieb steuern Verleger zur Datenakquisition bei. Die primäre Marketing-Intelligence als praktikable Dauermethode läuft, intuitiv oder systematisch gehandhabt, aus eigenem Impuls oder per Auftrag betrieben, im Grunde fast automatisch. Empfehlenswert ist, zumindest auf den standardmäßigen Lektorats- und Vertriebskonferenzen, die Erfahrungen der einzelnen Abteilungen auszutauschen. Die Effizienz wird für alle gesteigert, wenn es zu einer nachträglichen Sekundäranalyse des eigenen primären Materials kommt. Für die permanente Schreibtischbeobachtung ist die gängige (und gangbare) Praxis die bei dem »Desk-Research« bereits beschriebene.

6.2 Kreation neuer Ideen oder »Ideenmarketing«

Dass der Verlag ständig neue Ideen finden muss, bedeutet konkret die Suche nach neuen Autoren und neuen Themen; da er permanent suchen muss, ist er angewiesen auf systematisches Vorgehen. Sofern die Autoren den Anfang bilden, geht das Kapitel Autorenmarketing darauf ein. Im Teil »Themen« oder – aus der Sicht des allgemeinen Marketing formuliert – der Findung von Ideen zu neuen Produkten, kommt es zunächst darauf an, möglichst viele Ideen zu kreieren, und danach eine möglichst gute Selektion zu treffen. Dabei sind am Anfang die *Quellen* für neue Ideen zu sichten, und danach die *Methoden*. Der Begriff »Ideenmarketing« bei der Suche nach Quellen und Methoden soll verdeutlichen, dass das systematische Finden von neuen Ideen über den Bereich von Themen für Bücher auch auf die Werbung, Gestaltung, Preispolitik und andere Elemente des Marketingmix angewandt werden kann, wo sein systematisches Vorgehen sicherlich gleichfalls den Erfolg steigert.

6.2.1 Quellen für neue Ideen

Bei den Quellen für neue Ideen kommen zwei Bereiche in Frage, der Markt und die eigene Unternehmung. Allgemein wird deswegen in die unternehmensinternen und unternehmensexternen Quellen gegliedert.

1. Interne Quellen: Zum Instrumentarium der unternehmensinternen Innovation gehören, vom Marketing generell aus vorgeschlagen, die Einrichtung oder die Förderung des betrieblichen Vorschlagswesens, eigener Forschungs- und Entwicklungsabteilungen, der Rückgriff auf das Potenzial kreativer Mitarbeiter/innen sowie die Bildung und der Einsatz von ständigen Kreativ-Teams. Dabei haben sich in vielen Fällen funktionsübergreifende Projektteams bewährt, die beispielsweise mit Vertretern aus Vertrieb, Marketing, Lektorat und Herstellung gebildet werden. Im Unterschied zu Unternehmen anderer Industriebranchen haben Verlage keine Abteilung für »Forschung und Entwicklung«, sondern Teile dieser Aufgaben werden vom Lektorat übernommen, wobei die systematische Produktneuentwicklung auch die Einbeziehung der klassischen Marketingfunktionen wie z. B. der Marktforschung erfordert. Bei dem Rückgriff auf die Kreativität der übrigen Mitarbeiter haben die Verlage in der Werbung, in Verkauf und Vertrieb und dem Außendienst sicher ein Potenzial, das die Ideen von Redaktion und Lektorat ergänzt und vielleicht sogar korrigiert. Funktionsübergreifende Projektgruppen werden in den Verlagen nicht nur für die Marketingplanungen der Ideenfindung benutzt, sondern neue Herausforderungen wie etwa die Marktveränderungen durch das Internet und mobile Medien und deren Auswirkungen auf die Titel- und Programmstruktur werden in größeren Verlagen und Buchkonzernen wie etwa Bonnier in Projektteams analysiert. Die Übertragung der Ratschläge des allgemeinen Marketing auf die Buchbranche führt zu sehr unterschiedlichen Ergebnissen. Hervorragend geeignete Methoden aus anderen Wirtschaftszweigen können sich als unbrauchbar erweisen, andere, auf Anhieb unmöglich erscheinende, entfalten überraschende Möglichkeiten; zumindest ist eine Reflexion immer geraten, um im Sinn einer Selbstprüfung zu testen, welche internen Quellen ein Verlag (nicht) nutzt und welche im Prinzip noch zu prüfen wären.

2. Externe Quellen: Analog verhält es sich bei der Analyse der externen Quellen. Bei den externen Quellen zählen hauptsächlich die Befragung der Letztkäufer, der Händler und des Außendienstes, die Beauftragung fremder Forschungs- und Entwicklungsabteilungen, der Ideenaustausch mit Auslandsvertretungen, die Beobachtung des Produktangebots der Konkurrenz speziell auf den Messen des Auslandes.

Bei den Verlagen bedeutet dies eine Leser-, Buchhändler- oder Vertreterbefragung – erstere im einfachsten Fall über Coupons, die dem Buch beigelegt werden – doch sind die größten externen Ideenlieferanten für Verlage immer noch die Autoren, Herausgeber und, falls vorhanden, Beiräte etc. Bei der Beauftragung externer Forschungs- und Entwicklungsunternehmen hat sich eine neue Dimension eröffnet, seit nach dem amerikanischen Vorbild des »Book-Packagers« diese Firmen nicht nur die vollständige Produktion extern übernehmen, sondern sogar außer Haus im Auftrag Ideen entwickeln (und damit besteht die Möglichkeit, auch »denken zu lassen«). Der Ideenaustausch mit der Auslandsvertretung ist für den Verlag das klassische Agenturgeschäft oder Geschäft mit dem Scout. Die Messebeobachtung der Verlage des Auslands bietet in Bezug auf die Vielfalt, den Umfang und die Suchzeit das größte Potenzial; Beispiele würden den Rahmen sprengen. Die genannten vier Formen hier sind, genau wie bei den internen Quellen, nur eine Auswahl. Die Aufgabe des Managements wie auch des Lektorats besteht darin, alle denkbaren Quellen zu erschließen und die richtigen zu wählen.

6.2.2 Methoden für neue Ideen oder Kreativtechniken im Verlag

Wie bereits bei der Darstellung von Lebenszyklen und den damit verknüpften Portfoliobetrachtungen deutlich wurde, müssen Verlage in der Lage sein, neue Produkte zu entwickeln und damit kontinuierlich neue Ideen generieren und deren Verwertbarkeit überprüfen. Spätestens an dieser Stelle müssen Verlage in der Lage sein, Kreativität zu fördern und den kreativen Output zu managen. Kreativität und der mit den Kreativitätstechniken eingeschlagene strukturierte Prozess bei der Suche nach neuen Lösungen ist dabei keinesfalls ein Thema, das auf den gestalterischen oder inhaltlichen Bereich begrenzt werden darf. Ob Organisationsformen oder Vermarktungsideen, der geschäftliche Erfolg eines Verlags ist stets sehr eng mit der Fähigkeit verbunden, neue Lösungen zu suchen und umzusetzen. Hierfür ist stets ein gewisses Maß an Kreativität nötig, also die Suche nach gestalterischen, technischen oder wirtschaftlichen Lösungen. Unter kreativen Arbeiten und Lösungen wird im Allgemeinen eine Vorgehensweise oder ein Ergebnis zusammengefasst, das neuartig und positiv ist. Es geht also vereinfacht gesprochen darum, etwas Neues zu schaffen. Was im technischen Umfeld beim Innovationsmanagement bereits eine gewisse Tradition in Forschung und Praxis besitzt, ist bei Veränderungsprozessen und Projekten in Verlagen noch nicht überall etabliert. In anderen Segmenten der Kommunikationsbranche ist man hier schon weiter. Wer in einer Werbeagentur Kommunikationslösungen für Kunden erarbeitet, hat meist wenig Mühe, den wirtschaftlichen Sinn von Kreativität zu erkennen. Die Neuartigkeit und Einzigartigkeit der gefundenen Lösung kann entscheidend zum Erfolg der Werbekampagne beitragen und damit unmittelbar den wirtschaftlichen Wert des Produkts Werbedienstleistung beeinflussen.

Die Konzepterstellung ist bei den meisten Aufgabenstellungen im Verlagssektor ein entscheidender Schritt für den anschließenden Produkterfolg. Dabei unterscheidet sich die Ausgestaltung naturgemäß nach der Aufgabenstellung des jeweiligen Projekts. Dennoch lassen sich einige allgemeingültige Schritte festhalten (Oltman 1999, S. 150 ff.):

- **Situationsanalyse:** Beschreibung der Ausgangssituation, die deutlich macht, wo die Probleme des gegenwärtigen Ist-Zustands liegen, bzw. welche Marktchancen sich ergeben, die darauf hindeuten, dass im gegenwärtigen Produktspektrum noch ein wichtiger Baustein fehlt.
- **Zielvorstellungen:** Wie kann das Problem behoben werden, bzw. welchen Nutzen soll das neu zu entwickelnde Produkt stiften?
- **Verantwortlichkeiten:** Wer hat innerhalb des Unternehmens hierzu bis zu welchem Zeitpunkt Entscheidungen zu treffen oder die notwendigen Voraussetzungen zu schaffen?
- **Pflichtenheft:** Die Erwartungen an das neue Produkt können anschließend in einem Pflichtenheft dokumentiert werden, so dass für die unterschiedlichen Lösungsansätze, die möglich sind, ein verbindlicher Rahmen gesteckt ist.

Für die Planung von neuen Büchern sind dann noch zusätzlich die folgenden konzeptionellen Schritte typisch:

1. Zielgruppe: Am Anfang der konzeptionellen Überlegungen stehen grundsätzliche Überlegungen zur Zielgruppe, die das Produkt nutzen und verwenden soll. Dies gilt für Einzeltitel ebenso wie für Buchreihen. Woher stammen allerdings die Informationen, die die Grundlage für die Zielgruppenfixierung bilden? Hier spielt im Regelfall die Marktforschung als Basis für Produktkonzepte eine entscheidende Rolle. Bei größeren Projekten kann auf eigene Untersuchungen zurückgegriffen werden, wenn die Verlage ihre eigenen Fragen im Rahmen einer eigens beauftragten Studie untersuchen lassen. Manchmal sind die Fragen, die gestellt werden müssen, um eine Zielgruppenbeschreibung zu bekommen, auch nicht so spezifisch, dass hierfür eine eigene Forschung notwendig ist. Wenn man für einen neuen »Führer durch die Finanz- und Wirtschaftskrise« wissen möchte, wer sich für Wirtschaftsnachrichten interessiert, da ein neues Produkt für diese Zielgruppe entwickelt werden soll, reicht als Einstieg die Information aus, wie die Zielgruppen der etablierten Wirtschaftsmagazine in Print und TV beschaffen ist.

2. Inhalt: Aufgrund der Erwartungshaltungen der Zielgruppe und der Ziele, die auf Basis der Analyse mit dem Produkt verbunden sind, ergeben sich bei Medienprodukten die inhaltlichen Ziele. Am Anfang der inhaltlichen Konzeption steht zunächst die kurze Beschreibung der nötigen Hauptinhalte. Häufig geht es dabei auch um die Wirkung, die die Inhalte haben sollen. Soll unterhalten oder informiert werden? Wie ist dabei die Ansprache der Zielgruppe geplant?

3. Medienart/Technik: Erst nach der grundsätzlichen Klärung der Inhalte erfolgt in der Regel die Festlegung über die einzusetzende Technik und die mediale Ausgestaltung. Viele Projekte leiden darunter, dass beispielsweise bereits sehr früh technische Details festgelegt werden, die dann den inhaltlichen Rahmen einschränken. Beispielhaft sind Paperbackproduktionen mit engen Formatvorgaben. Hier muss zuerst die inhaltlich konzeptionelle Entscheidung getroffen werden, bevor die konkrete Ausgestaltung der Produkte relevant wird.

4. Inhaltliche Struktur: Die inhaltliche Struktur ist die Weiterentwicklung des Inhaltsgedankens. Wenn die Inhalte festgelegt sind und die Produktform definiert ist, dann beschreibt der nächste konzeptionelle Schritt die inhaltliche Detailausgestaltung des Produkts.

Kreativität innerhalb von Unternehmungen hat zunächst etwas mit dem Führungsstil und den organisatorischen und zeitlichen Freiräumen zu tun. Wenn ein insgesamt eher autoritär geprägter Führungsstil im Verlag dominiert, ist es nicht zu erwarten, dass ein Großteil der Mitarbeiter/innen in der Lage ist, selbständig und mit hoher intrinsischer Motivation kreative neuartige Lösungen zu präsentieren. Nur ein kooperatives Klima kann die Selbständigkeit der Mitarbeiter fördern und unterstützen. Gleichzeitig ist eine gemeinsame Zielorientierung der Organisation förderlich, um möglichst rasch die Ergebnisse erzielen zu können, die mit den vorhandenen Ressourcen möglich sind. Dies führt wiederum zu einer höheren Motivation der Mitarbeiter/innen, da Erfolge erzielbar und erlebbar sind.

Eine weitere Voraussetzung sind die Freiheitsgrade bei der thematischen, zeitlichen und teilweise auch räumlichen Ausübung der Arbeit. Aus dem Werbegeschäft ist bekannt, wie schwer es ist, kreative Lösungen auf Kommando zu erzeugen. Es ist notwendig, ein möglichst inspirierendes Umfeld zu schaffen und den Mitarbeiterinnen und Mitarbeitern die notwendigen Freiheiten einzuräumen. In stark innovationsorientierten Verlagen gibt es für Mitarbeiter die Möglichkeit, außerhalb der normalen Arbeitsaufgaben eigene Innovationsprojekte voranzutreiben. Dies bedeutet, dass auch eine Kultur im Unternehmen vorhanden sein muss, die Neues begünstigt und Experimentieren gestattet. Diese positive Einstellung gegenüber Neuerungen ist eine wesentliche Voraussetzung von Seiten der Organisation, um Kreativität zu ermöglichen.

Wenn die externen Umfeldbedingungen (Arbeitsplatzgestaltung, akustische und zeitliche Ruhe etc.) den Voraussetzungen für kreatives Arbeiten entsprechen, ist es wichtig, dass die personellen Kreativitätsblockaden vermieden werden. Hierzu gehören negative Rückmeldungen von Außen, wie die Absprache der notwendigen Kompetenz (»Das ist zu schwer für Sie«) genauso wie fehlende Motivation oder Selbstvertrauen.

6.2.3 Systematisierung von kreativen Prozessen im Verlag

Bei den Quellen ging es um das Erschließen und die Optimierung hinsichtlich Anzahl und Auswahl. Wichtig für den Erfolg der Innovationsarbeit im Verlag ist jedoch die oben bereits erwähnte Stärkung des kreativen Potenzials der Mitarbeiterinnen und Mitarbeiter. Hierfür sind die Methoden oder Techniken des Kreativitätstrainings relevant, die dafür sorgen, dass auch nur durchschnittlich Begabte die Fähigkeit erhalten, mehr Ideen zu schöpfen und gefundene Ideen weiterzuentwickeln. Je nach der Teilnehmerzahl in den jeweiligen Kreativteams gibt es hier Einzel- und Gruppentechniken, die oft wie folgt systematisiert werden: Zunächst zählen die einfachen Kreativitätsübungen, dann die strengen *logisch-systematischen* Verfahren, ferner die *intuitiv-kreativen* und schließlich die Kreativität fördernde oder erschließende Anwendung von *stimulierenden Hilfsmitteln.* Alle sind bei richtiger Anwendung auch Kreativitätshilfen für Buchverlage.

1. Einfache Übungen: Wegen der Fülle von Möglichkeiten werden hier nur drei Anwendungen herausgegriffen: der Rollenwechsel, die Wahrheitsbezweiflung und die Sensibilitätsschulung.

Im **Rollenspiel** besteht die verlagsbezogene Anwendung darin, sich aus der Rolle des Anbieters (des Verlags) zu entfernen und sich in die des Käufers als potenziellen Nachfragers zu versetzen. Dadurch werden typische Probleme erkannt, die bestimmte Verbraucher- oder soziologische Gruppen haben und gegebenenfalls durch ein Literaturangebot gelöst werden können. Der demografische Wandel, der uns für die Zeit bis 2030 ein finanziell attraktives Segment der »Best Ager«, der über 50-Jährigen beschert, zieht bei einer genauen Analyse aus Kundensicht einige zusätzliche Anforderungen nach sich. Die Produktion von Großdruckbüchern ist hier nur eine formale Antwort der Produktgestaltung, das Aufgreifen bestimmter Themen wie z. B . Sinn- und Partnersuche für »die zweite Lebenshälfte« ist ein Lösungsansatz auf inhaltlicher Ebene.

Eine zweite Übung, die **Wahrheitsbezweiflung**, negiert testweise sogenannte »Unternehmenswahrheiten«. Jedes Unternehmen lebt mit im Lauf seiner Entwicklung gewonnenen»Wahrheiten«, die es für bleibend hält. Dies gilt besonders, wo sich mit gutem Recht positive Selbsteinschätzungen bildeten und die Gegenwart prägen. Wahrheiten haben aber oft die Eigenart, dass sie veralten, und oft sind sie nur die halbe Wahrheit. Man soll deswegen turnusmäßig, was bewährt ist, in Frage stellen. »Verlagswahrheiten«, die zu bezweifeln sind, sind etwa die folgenden: »Unsere Autoren gehören zur Crème« (wenn sie vor fünfzehn Jahren die Crème bildeten); »unsere verlagstypischen, schon klassischen Cover mit ihrem hohen Erkennungswert sind werbewirksame Markenzeichen« (wenn sie schon über fünfzehn Jahre erprobt sind); »das Verlagssignet ist gut und bleibt, wie es ist« (wenn es genauso lange nicht modernisiert wurde) – in Fällen wie diesen hat die Zeit die überkommenen Wahrheiten stets überrollt. Hier können auch klassische Kreativitätstechniken der Ideen-Findung Anwendung finden. Beispielhaft wären die Impulsfragen von Osborn, wo mit Hilfe von neun Basisfragen bestehende Lösungen hinterfragt und verfremdet werden, oder das Verfahren der Synektik, bei dem über Analogien aus bestimmten Themenumfeldern ein Problem bewusst verfremdet wird (vgl. Neumann 2003, S. 115). Die Zufriedenheit darüber, dass der Vertrieb »funktioniert«, muss als Alarmzeichen gelten, da man mit Sicherheit nur Routine betreibt und nicht eine Optimierung auf allen Distributionswegen anstrebt, geschweige denn sie kennt. Wahrheitsbezweiflung dient also der Überprüfung oder Aufweichung verkrusteter Auffassungen und der Wiederherstellung der alten Dynamik.

Bei der **Sensibilitätsschulung** (nicht zu verwechseln mit dem Sensitivity Training) geht es darum, die eigene Person für das Gewinnen von Ideen sensibel zu machen. Jeder Mensch hat im Lauf eines Tages, einer Woche, eines Monats eine Menge von teils guten, teils schlechten Ideen zu den verschiedensten Gegenständen, die aber verschwinden, weil man sie für Augenblicksideen hält oder, auch wenn man sie für bedenkenswert hielt, im Lauf des Tages etc. aus dem Gedächtnis verschwinden. Experten empfehlen daher als Einstieg in die Sensibilitätsschulung die Anlage einer sogenannten »Ideenkartei«, die nichts anderes verlangt, als die Ideen, die einen durchblitzen, notizartig festzuhalten, um sie später zu ordnen, zu prüfen und auszuwerten. Diese Ideenkartei kann als Kreativitätsmethode der Ideen-Vorentwicklung auch weiter ausgebaut und systematisiert werden, indem bei kreativen Projektteams diese Einzelnotizbücher miteinander verknüpft werden und somit im Sinne eines gemeinsamen Wissens- und Kreativitätsmanagements die einzelnen Ideen zugänglich gemacht werden. Hierzu sind keine speziellen Softwaretools notwendig, sondern mit einfachen Wikis (Texte, die von unterschiedlichen Nutzern bearbeitet und gelesen werden können), wie sie etwa in Freewaresystemen wie *moodle* verfügbar sind, können Projektmitglieder aus Herstellung, Lektorat und Marketing problemlos den Stand ihrer (noch unsystematischen) Vorüberlegungen miteinander austauschen.

Die Beobachtung von Verkehrswerbung in städtischen Verkehrsmitteln etwa kann zu der Überlegung führen, das Segment der Out-of-Home-Medien auch für Verlagswerbung einzusetzen, ein Zufallsgespräch mit dem Vertriebsleiter aus einer fremden Branche zur Prüfung dortiger Praktiken für den eigenen Vertrieb. Die Außenwelt, die Medien, die Gesprächspartner usw. werden so zu Ideenlieferanten, und die Aufgeschlossenheit, eigene Ideen zu entwickeln, wird verstärkt. Genauer gesagt, ist die Sensibilisierung durch externe Impulse also die Voraussetzung und das Stimulans für die Ausnützung des in jedem angelegten kreativen Potenzials. Im Marketing sollte sie selbstverständlich sein, denn nicht ständig nach neuen Ideen zu suchen, legt das kreative Potenzial lahm.

2. Systematisch-logische Verfahren: Zusammen mit den intuitiv-kreativen Verfahren schließen diese sich als oft so benannte kreative »Techniken« den Übungen an, weil sie in der Regel mehr methodischen Aufwand und in den Gruppentechniken für die Sitzungen sogar die Einhaltung von Ablaufplänen verlangen. Die Übergänge sind aber fließend. Angeführt werden hier als Beispiel gegenwartsbezogener Produktfindungstechniken die Success-Isomorphie, und als Beispiel für die zukunftsbezogene »futurologische« Marktforschung die Trend-Extrapolation und das Delphi-Verfahren sowie allgemein das Hauptverfahren, die morphologische Methode.

Die in der Literatur noch wenig behandelte **Success-Isomorphie** fußt auf dem Phänomen, dass sich Erfolg (*success*) aus einer (nämlich der angestammten oder ursprünglichen) Branche mit einem analogen Produkt (isomorph = gleichgestaltig, strukturgleich) in einer anderen Branche wiederholen lässt. Dasselbe lässt sich, auch mit einem gleichen Produkt, als Erfolgswiederholung eines Inlandsprodukts im Ausland und umgekehrt zeigen. Besonders das letzte Modell klingt für die Verlagsbranche sehr vertraut, denn es erinnert an die vielen erfolgreichen (aber auch geplatzten) Geschäfte mit lizenzierten Bestsellern beispielsweise des amerikanischen Marktes. Derartige punktuelle Geschäfte sind hier jedoch gar nicht gemeint. Es geht vielmehr um Tendenzen, die sich im fremden Markt abspielen und im eigenen nationalen wiederholt werden können, also in der Regel um die Übertragung von ganzen Produktlinien. Da der

»Medienverbund« immer wichtiger wurde, hat die Success-Isomorphie an Bedeutung gewonnen. In der Verlagswirtschaft kam und kommt dieses Verfahren häufig vor, besonders im Buchbereich, da die Verlage sowohl als Initiierende (nämlich Erfolgssetzer) als auch als Adaptierende (also Verwerter) auftreten können. Der Erfolgsgrund liegt darin, dass man im Grunde ein und dasselbe (geistige) Produkt vermarktet. Die historisch klassische Form ist die Übertragung des Erfolgs vom Medium Print auf Nonprint, vornehmlich also vom Buch auf den Film (als Kinofilm). Die Beispiele reichen von Thomas Manns *Tod in Venedig* über Tolkiens *Der Herr der Ringe* bis zu Ecos *Der Name der Rose* etc., bei dem jeweils der Bucherfolg den Anfang bildete. Der Erfolg in dem fremden Medium zahlt sich für die Verlage in zusätzlichen Buchverkäufen aus und (wenn der Vertrag auch das Recht zur Verfilmung enthielt) in Lizenzgeld.

Schließlich gibt es auch die Übertragung eines Filmerfolgs auf das Buch; auch hier verkaufen Verlage gegenüber normalen Produkten normalerweise das Zehnfache. Heute ist im Mediengeschäft jede Art von Kombination denkbar. Erfolgreiche Brettspiele wie *Die Siedler von Catan* ziehen eine Buchproduktion nach sich. Videospiele wie *Tomb Raider* führen zu Kinoproduktionen mit anschließender Buchreihe, und Bücher können sowohl die Vorlage für TV- und Kinofilme sein als auch umgekehrt. Verleger und Book-Packager haben den Typ der »media conglomerates« eingeführt, in denen die Medien Fernsehen, Film und Buch ein Gesamtpaket abgeben. Der Verleger oder Packager initiiert und betreut im »packaging of multi-media deals« das Projekt hierbei nur noch bis zum Abschluss der Konzeption, während ein Autor mit der Erstellung des Drehbuchs, ein zweiter mit der Abfassung des Romans (der »noveliziation of movies«) beauftragt wird und hinterher die simultan oder zeitlich gestaffelte Auswertung erfolgt.

Mit den Verfahren der **Trend-Extrapolation** wird die »futurologische« Marktforschung beschritten. In ihr wird nicht wie bei den vorherigen Verfahren auf gegenwärtige Bedürfnisse geantwortet, sondern auf Trends für die Zukunft geachtet. Einfache unwissenschaftliche, aber nützliche Verfahren sind die Reisen von Verlegern und Lektoren in ausländische Märkte und zu ausländischen Buchmessen, um die Trends zu erkennen, die mit der Verzögerung eines »Time-Lags« auf dem eigenen Markt einsetzen können. Dies ist jedoch keine systematische Entwicklungsarbeit, wie man sie bei der Produktweiterentwicklung in anderen Branchen kennt, sondern eher der individuell-kreative Zufallsfund. Große Mediengruppen engagieren hier zwar Trend-Scouts, die aus besonders relevanten Regionen und Märkten (wie z. B. Silicon Valley) berichten, dennoch fehlt in den meisten Fällen eine stringente Systematik für diese Aktivitäten. Echte wissenschaftliche Verfahren versuchen, qualitative Vermutungen zu quantifizieren; die eigentliche Trend-Extrapolation tut dies, indem sie statistische Zahlen prognostisch hochrechnet. Schulbuchverlage wussten auf diese Weise, dass sie wegen des »Pillenknicks« bis zum Ende des Jahrhunderts in Deutschland mit dem Rückgang eines Drittels ihres Markts rechnen mussten. Ähnliches gilt, zeitlich versetzt, für die Wissenschaftsverlage (Studenten) und die Buchproduktion allgemein (Bevölkerung), während die Senioren einen Wachstumsmarkt darstellen. Jedoch fehlt in solchen rein quantitativen Trend-Extrapolationen auf Basis von Sekundärdaten die inhaltliche Bewertung mit

Hilfe einer qualitativen Analyse. Der Trend zur Ausdehnung des Marktes an Lehr- und Lernhilfen im Zuge der PISA-Diskussion konnte so nicht anhand der Daten vorhergesehen werden. Auch qualitative Entwicklungen im Bereich der Wissenschaftsverlage, wie etwa die E-Books mit neuen Lizenzmodellen für Hochschulen lassen sich nicht mit Hilfe solcher Verfahren transparent machen. Damit wird bereits an diesen beiden Beispielen der Buchbranche deutlich, dass der künftige Zustand nicht sehr präzise mit Hilfe einer schlichten Trend-Extrapolation beschrieben werden kann. Um die im Rahmen des strategischen Marketing notwendigen Analysen beispielsweise der Szenario-Technik umsetzen zu können, sind daher weitere Quellen notwendig.

Ein geeignetes Verfahren ist die **Delphi-Methode:** Bei diesem Verfahren wird eine qualitativ/quantitative Wiederholungsbefragung einer engen Zielgruppe (meist Experten und Multiplikatoren) durchgeführt. Dabei wird in einer ersten Befragungsrunde ein Grundgerüst an Einschätzungen abgefragt. Die Ergebnisse dieser ersten Befragungsrunde werden dann ausgewertet und verdichtet, bevor im Rahmen der zweiten Befragung die Experten gebeten werden zu klären, ob sie bei ihrer originären Einschätzung bleiben (auch wenn diese beispielsweise eklatant von der der Kolleginnen und Kollegen abweicht). Die Ergebnisse dieser wissenschaftlich sehr häufig eingesetzten Methode sind im Regelfall wesentlich besser, als die des Namensgebers, des Orakels von Delphi. Ein »Ideen-Delphi« lässt sich in Verlagen nicht für individuelle Themen anwenden, jedoch lassen sich gesellschaftliche Trends oder gar Trends der Branche (z. B. die Haltung gegenüber E-Books und weiteren Branchenherausforderungen) recht präzise ermitteln.

Das Musterverfahren der systematisch-logischen Verfahren ist die **morphologische Methode** von Fritz Zwicky, vorgestellt in seinem Buch *Entdecken, Erfinden, Forschen im morphologischen Weltbild* von 1966 und verdichtet in dessen »morphologischem Kasten«. Der morphologische Kasten basiert auf dem Prinzip, zunächst einmal den fraglichen Gegenstand, für den ein Problem zu lösen oder eine Idee zu finden ist, in seine (allgemeinen) Parameter zu zerlegen, d. h. in die Anzahl aller einzelnen Komponenten, aus denen er im Prinzip zusammengesetzt ist. Anschließend werden für die Parameter die dafür bekannten (speziellen) Erscheinungsmöglichkeiten oder Lösungen gesucht und die untereinandergeschriebenen Parameter mit den horizontal geschriebenen Varianten zu einer Matrix zusammengefasst.

Die Effizienz dieser Methode besteht darin, dass man durch die Kombination der Elemente eine außerordentliche Anzahl von Lösungen erhält: Enthielte der Kasten nur fünf Parameter mit jeweils fünf Varianten, betrüge die Zahl der theoretisch bildbaren Kombinationen (gemäß »5 Fakultät«) 3125! Unter diesen dürften dann auch solche enthalten sein, die teils oder völlig neuartige Produkte ergeben. Zu mit Sicherheit neuen Produkten gelangt man, wenn man die Varianten um bisher unbekannte Lösungen ergänzt (beim Buch etwa »unzerreißbare Seiten«) oder um neue, unkonventionelle Parameter (schon realisiert ist für Kinder das Liederbuch »mit Klavier«). Das Verfahren an sich geht auf die Antike zurück (bei den Römern: »ars combinatoria«) und hat heute bei Softwareunterstützung Platz für Hunderte von Parametern und Tausende von Variablen. Logisch-systematisch lassen sich so auch Zukunftsprodukte entwickeln, womit das Verfahren auch den Anschluss an das futurologische Denken findet. Häufig soll der morphologische Kasten durch ein stark strukturiertes Vorgehen helfen, Auswahlentscheidungen zu treffen und bereits ausgearbeiteten Lösungsansätzen den letzten Schliff zu geben. Der Ansatz kann sowohl einzeln als auch als Gruppenarbeit genutzt werden. Das Vorgehen lässt sich am besten anhand eines Beispiels darstellen. Nachfolgend wird mit dieser Methode die äußere Gestalt/Ausstattung eines Buchs analysiert.

Ein Buch kann bei der äußeren Gestalt die Kategorien Farbe, Einbandart, Format, Dicke, Heftung besitzen. Diese Kategorien besitzen unterschiedliche Ausprägungen, die nun jeweils benannt und in eine Tabelle eingebracht werden:

Kategorie	Ausprägung 1	Ausprägung 2	Ausprägung 3
Farbe	Rot	Grün	Blau
Einbandart	Hardcover	Taschenbuch	
Format	Kleines Rechteck	Quadrat	Großes Rechteck
Dicke	1 cm	2 cm	3 cm
Heftung	Klebebindung	Fadenheftung	

Die Kombinationen der einzelnen Ausprägungen werden nun auf ihre Sinnhaftigkeit hin untersucht, und die beste Variante ausgewählt. So könnte man sich dafür entscheiden, ein rotes, quadratisches, dünnes Buch zu gestalten, dessen Seiten mit Fadenheftung geheftet sind und das sich als Bilderbuch eignet.

3. Intuitiv-kreative Verfahren: Das bekannteste Verfahren ist das Brainstorming; ihm verwandt ist das Brainwriting; als kreativste Methode wird von der allgemeinen Marketinglehre die Synektik genannt. Alle sind im Gegensatz zu den meisten obigen Verfahren Gruppentechniken.

Für das **Brainstorming** existieren einzuhaltende Regeln sowohl hinsichtlich der Zusammensetzung der Gruppe wie den Ablauf der Sitzung. Die optimale Gruppe soll sieben bis zwölf Personen enthalten: beispielsweise den Leiter, einen Stellvertreter, fünf ständige Mitglieder aus dem eigenen Kreis sowie fünf Gäste, dazu kommt für das Protokoll ein Schriftführer. Als optimale Zeit wird eine Mindestdauer von 15 und Höchstzeit von 30 Minuten angesetzt. Am Anfang steht die Einführungsphase, in der das zu lösende Problem ausführlich erklärt wird; ihr folgt die Diskussions- oder Lösungsphase, sie ist die eigentlich kreative. In ihr werden spontan Ideen entwickelt, die alle Teilnehmer/innen aufnehmen, um sie fortzuspinnen. In dieser, der Kreativ-Phase, ist es verboten, Kritik zu üben, egal, wie merkwürdig die Ideen erscheinen mögen. Die Philosophie lautet vielmehr: »Je mehr Ideen, desto besser!« und »Je ausgefallener die Ideen, um so erstaunlicher die Lösungen!« Deswegen werden auch Gäste eingeladen, weil sie sich nicht in den eingefahrenen Bahnen der Branche bewegen und mit ihrer Kenntnis aus fremden Bereichen das Potenzial der eigenen Gruppe erweitern. Kritik erfolgt erst in der nachkreativen Phase, wo entweder die Gruppe in der Form einer Nachsitzung oder eine andere Gruppe (total anders zusammengesetzt, z. B. mit der Firmenleitung) auf der Grundlage der Protokolles die Auswertung vornimmt. Das klassische Brainstorming in der Form des Gesprächs (Diskussionen) wird teilweise durch den Einsatz von PCs und einem gemeinsamen Beamerbild erweitert, das die eingehenden Beiträge nach einer vorgegebenen Maske strukturiert aufzeigt und mit einem Programm durch die Sitzung führt. In beiden Verfahren des Brainstorming befinden sich die Teilnehmer am selben Ort.

Das muss nicht so sein beim **Brainwriting**, wo sie räumlich und auch geographisch getrennt sein können. Beim Brainwriting, am bekanntesten durch die »Methode 635« von Bernd Rohrbach, werden die Problemaufrisse schriftlich verteilt, wobei (gemäß der Zahlenangabe) sechs Personen dazu jeweils drei schriftliche Lösungen innerhalb einer Frist von fünf Minuten entwickeln und anschließend an das nächste Teammitglied weitergeben. Dieses nächste hat dabei die Aufgabe, zu den erhaltenen drei Lösungen wieder drei Vorschläge zu machen, die aber die vorgelegte Idee aufnehmen und sie ihrerseits weiterentwickeln. Man erhält dann von sechs Mitgliedern 18 Grundsatz- bzw. Einzelideen, die fünfmal von anderen Köpfen überdacht wurden in einer sehr komprimierten Zeit, wenn das Brainwriting gemeinsam am Ort durchgeführt wurde bzw. mit entsprechend längerer Dauer, wenn die Mitglieder des Teams geographisch getrennt sind. Wenn nach der Methode 635 nicht die Erstideen vertieft, sondern auf ihrer Grundlage weitere entwickelt werden sollen, würde sich ihre Zahl auf theoretisch 108 (das Sechsfache) erhöhen. Ein Vorteil der Methode besteht darin, dass jeder sich in die Lösungssuche einbringen muss, ein »Ausklinken« ist nicht möglich. Das Verfahren lässt sich auch leicht anschaulich darstellen, so dass keine große Unsicherheiten bei den Teilnehmern zu erwarten sind. Auf eine Moderation kann daher häufig verzichtet werden. Als nachteilig ist von Anwendern beschrieben worden, dass sich einzelne Teilnehmer zu sehr unter Druck gesetzt fühlen, da sie bei dieser Methode nicht »ausweichen« können und in kurzer Zeit Ergebnisse erwartet werden. Nachfolgend wird als Beispiel der Ansatz bei der Suche eines neuen Reihentitels innerhalb einer dreiköpfigen Projektgruppe skizziert (s. S. 320).

Brainstorming und Brainwriting sind im Verlag leicht anwendbare Methoden. Die *Synektik*, die nach der allgemeinen Auffassung effizienteste Technik, ist etwas komplexer, sie liefert jedoch mit der verwandten Methode der *Bionik* auch im Verlagssektor sehr gute Ergebnisse.

Titelvariante 1	**Titelvariante 2**	**Titelvariante 3**
Guter Rechtsrat	Recht in allen Lebenslagen	Alles was Recht ist
Nie mehr ratlos in Rechtsfragen	Immer Recht haben und behalten	Advoadvice
...	...	...

Beispiel »Namensfindung für eine Ratgeberreihe«

Das Hauptziel der **Synektik** ist es, Vertrautes zu verfremden und Fremdes vertraut zu machen. Es soll eine Verbindung zwischen Dingen entstehen, die scheinbar keinen Zusammenhang haben. Die Technik selbst stammt aus den 1960er Jahren und wird heute in unterschiedlichsten Varianten in der Praxis angewandt. Häufig kommt das Verfahren in kleinen Gruppen von 4 bis 8 Personen zum Einsatz, wenn es darum geht, eine gewisse Eingefahrenheit und Betriebsblindheit bei der Lösungssuche zu vermeiden.

In der Praxis gibt es unterschiedliche Ablaufempfehlungen für Synektik. Eine Gliederung mit vier Unterpunkten stellt sich wie folgt dar (vgl. Neumann 2003, S. 115, nach einem Modell von Schlicksupp):

- Vorbereitung: Intensive Beschäftigung mit dem Problem
- Inkubation: Entfernung vom Problem (Gewinnung von Distanz)
- Illumination: Herstellung von Denkverbindungen
- Verifikation: Spontane Lösungsideen/Verifikation

Andere Empfehlungen sehen feingliedrigere Unterteilungen vor. Bewährt hat sich in der Praxis eine strukturierte Anleitung zur stufenweisen Problementfernung:

- **Problemformulierung:** Ein (meist externer) Moderator stellt das Problem vor. Dabei muss gewährleistet sein, dass alle Teilnehmer das Problem genau verstehen und möglichst vollständige Informationen vorliegen haben.
- **Spontane Vorschläge:** In einer Brainstormingphase werden spontane Assoziationen und Lösungsvorschläge genannt und ohne Bewertung gesammelt. Hierfür sind Pinnwände oder Magnettafeln besonders geeignet.
- **Neuformulierung des Problems:** Durch die spontanen Rückmeldungen im Rahmen der vorausgehenden Phase kann die Problembeschreibung noch ergänzt werden.
- **Direkte Analogie (1):** Der Moderator schlägt einen fremden Themenbereich (Geschichte, Theater, Film, Natur, Musik, Sport etc.) vor, der vordergründig nichts mit der Problemstellung zu tun hat, aus dessen Umfeld Analogien gesucht werden sollen. Die Gruppe wählt eine Analogie aus.
- **Persönliche Analogie:** Aus dieser Analogie wird abgeleitet, was jeder Teilnehmer für sich als Lösung anstreben würde (»Ich persönlich würde…«). Aus diesen persönlichen Vorschlägen wird für die weitere Arbeit der Gruppe ein Vorschlag ausgewählt.
- **Symbolische Analogie:** Die Gruppe sucht nach ungewöhnlichen Vergleichen, um das Problem zu verfremden und einen spielerischen Zugang sicherzustellen. Auch hier wird ein Vorschlag der Teilnehmer ausgewählt.
- **Direkte Analogie (2):** Der Moderator gibt erneut einen fremden Themenbereich (s.o.) vor, und die Teilnehmer suchen Vergleiche, von denen 2 bis 4 ausgewählt werden.
- **Lösungsanalyse:** Für alle Lösungen aus der direkten Analogie werden die Details (Grundprinzip, Vorgehensweise etc.) aufgelistet.
- **Force Fit:** Das Ergebnis aus dem vorausgehenden Arbeitschritt wird nun auf das eigentliche Problem übertragen. Hierfür muss sich die Gruppe zwingen, aus dem spielerischen Ansatz eine Rückübertragung auf die Realität zu leisten.
- **Lösungsansatz:** Die Gruppe beginnt, Lösungsansätze auszuformulieren, die das Ergebnis des Synektik-Prozesses darstellen.

Die Bionik ist ein Verfahren, das sowohl als Kreativitätstechnik für Einzelpersonen als auch für Teams geeignet ist. Dabei geht man in vier Schritten dazu über, neue Zusammenhänge zwischen Mensch und Natur aufzuzeigen. Es dient insbesondere dazu, komplexe Probleme mit neuen Sichtweisen anzugehen, so dass neue Lösungsmöglichkeiten entstehen.

- **Problemdefinition:** Dahinter verbirgt sich eine intensive Beschäftigung mit dem Problem, um eine genaue Formulierung für die Problemstellung zu finden. Dies ist insbesondere bei Gruppenlösungen entscheidend, um ein gemeinsames Problemverständnis zu erreichen.
- **Analogiensuche:** In dieser Phase werden Analogien zu bekannten Phänomenen aus der Natur herangezogen, die helfen das Problem aus einem anderen Blickwinkel zu betrachten. Das Problem wird verfremdet, es entsteht eine Entfernung vom Problem.
- **Analogieanalyse:** Die in der Natur vorhandenen Lösungen des Problems werden näher analysiert, so dass gedankliche Verbindungen zwischen der Problemdefinition aus Schritt 1 und der Verfremdung durch Analogien in Schritt 2 bestehen.
- **Problemlösung:** Die Analogien werden dazu benutzt, eine neue Lösungsmöglichkeit aufzubauen, die sich den Lösungsansatz aus der Natur zu nutze macht.

Die Wirksamkeit dieses Verfahrens kann am besten an einem Beispiel aus dem Segment der Spieleverlage verdeutlicht werden. Ein Hersteller von Brettspielen musste feststellen, dass seine Produktinnovationen zügig von einem Wettbewerber übernommen wurden, der keine Entwicklungskosten zu verzeichnen hatte und durch eine Imitationsstrategie versuchte, einen Großteil des Marktvolumens durch den preiswerteren Nachbau abzuschöpfen. Der Versuch, dieses Problem auf Basis des Urheberrechts oder anderer Rechte des gewerblichen Rechtsschutzes zu lösen scheiterte, da nicht die Idee, sondern nur deren Ausgestaltung als schutzfähig gilt. Daraufhin beschloss das betroffene Unternehmen, die Bionik als Methode anzuwenden, um neue Lösungen zu finden. Nach der Problemdefinition wurden Merkmale gesucht, wie beispielsweise Tiere in solchen Konkurrenzsituationen reagieren. Dabei wurden die unterschiedlichen Verhaltensmuster (Kämpfen, Weglaufen etc.) analysiert. Als Ergebnis wurde entdeckt, dass in der Natur alle Tiere eine Schwachstelle besitzen, auf die sich die dominierende Spezies eingestellt hat, um die Schwachstellen der Konkurrenz-Spezies zu nutzen. So wurde auch im vorliegenden Beispiel die Schwachstelle des Wettbewerbers genutzt. Es war bekannt, dass der Imitator nur über eine geringe Kapitaldecke verfügt. Der Spielehersteller entschloss sich daher, ein Spiel anzukündigen, dass von der Grundidee her mangelhaft war. Nachdem der auf Imitationen spezialisierte Wettbewerber dieses Spiel selbst rasch auf den Markt brachte, zog man den eigenen Entwicklungsprozess zurück, so dass der Imitator aufgrund der Fehlinvestition in ein nicht funktionsfähiges Spiel finanziell vor dem Aus stand. Das Beispiel demonstriert erneut, dass Kreativität nicht nur eine Frage des klassischen Gestaltens ist, sondern für alle Unternehmensprozesse eine wichtige Grundlage darstellt.

6.3 Autorenmarketing

Der Begriff »Marketing« in der hier vorliegenden Kombination bezieht sich auf die Tatsache, dass genau wie für andere Güter ein »Markt« an Autoren besteht, und dieser ist dadurch gekennzeichnet, dass die wertvollsten Güter »knapp« sind. Knappheit an Autoren meint dabei nicht, dass es überhaupt zu wenig Autoren gäbe, sondern zu wenige, die in der Lage sind, Bücher zu schreiben, die zugleich qualitativ gut und gut absetzbar sind. Verlage leben hiervon nicht nur für den Augenblick, sondern auf Dauer. Derjenige Verlag, der viele und gute Autoren hat und sie auch hält, gewinnt einen »Stamm« von Autoren. Der Autorenstamm ist die Substanz des Verlags, denn nur durch sie kommt der Verlag zu immer neuen, genügend guten Werken. Hieraus ergeben sich bereits die ersten Maximen für ein Marketing mit den Autoren: Der Verlag muss stets einen **Autorenstamm** anstreben, dazu muss er stets die richtigen *neuen* Autoren finden können, er muss seine Autoren halten können und sie binden! Werden die richtigen neuen nicht gefunden, werden die gefundenen nicht gehalten, sondern wandern zur Konkurrenz, wird die Substanz zerstört. Daraus ergeben sich die Hauptgebiete für das Marketing der Autoren, nämlich ihre Akquisition und Verlagsbindung. Insgesamt wird unter Autorenmarketing verstanden: Die Summe aller Ideen und Praktiken zur Beschaffung eines Autorenstamms, zu seiner Erhaltung und – was erforderlich werden kann – gegebenenfalls auch der Eliminierung.

Zum Abschluss wird deswegen gezeigt, welche Ansatzpunkte es geben kann, um zu einem systematischen Autorenmarketing im obigen Sinn und der im Marketing üblichen Bildung eines Mixes zu kommen.

6.3.1 Autorenmarketing durch die Person des Verlegers

Durch die Person des Verlegers wurden nahezu alle Programme der bedeutenden Verlage geschaffen; da die Zahl echter Verlegerpersönlichkeiten begrenzt ist, muss man ein akquisitorisches Defizit oder eine fehlende autorenbindende Fähigkeit des Verlegers zum Beispiel über das Lektorat ausgleichen (Bindung des Autors an den Verlag durch den Lektor).

6.3.2 Autorenmarketing durch Lektoratszusammensetzung

Hier kommt es darauf an, ein genügend großes akquisitorisches Potenzial aufzubauen und andererseits dafür Sorge zu tragen, dass vom Lektorat die nötige Bindekraft ausgeht. Es darf nicht der Fall eintreten können, dass – wie (wahrscheinlich nicht nur einmal) geschehen – ein Lektor drei Jahre lang nur redigiert, ohne für den Verlag ein einziges Projekt zu gewinnen; und umgekehrt nicht, dass er nur akquiriert, jedoch die Arbeit am Manuskript und die Langzeitbetreuung vernachlässigt. Eigentlich wäre für Lektoratsarbeit eine Funktionsteilung in einen dynamischen Außen- und einen gründlichen Innenlektor geraten, sofern sich nicht beides in einer Person vereinigen lässt. Anforderungen an eine Person, die für ein Agieren auf dem **akquisitorischen Sektor** gestellt werden müssen, sind:

- große Fachkompetenz im betreuten Programmbereich, denn ohne diese wird man vielleicht einen, aber nicht einen Stamm von Autoren gewinnen,
- große kommunikative Kompetenz, ein Lektor muss im Konkurrenzfall einen Autor überzeugen und im Zweifelsfall überreden können, warum er bei seinem und nicht einem anderen Verlag veröffentlichen soll,
- eine entsprechende psychische Konstitution, denn Akquisition erfordert Nachvornegehen. Akquisitionslektoren müssen auf die Kommunikation, die Menschengewinnung und den Programmaufbau Lust haben!

Diesen stehen Faktoren lektoratsmäßiger Innenarbeit gegenüber, die Autoren besonders binden – oder im Negativfall abspringen lassen:

- fachwissenschaftliche Manuskriptbetreuung, denn Autoren spüren die Qualifikation der Redaktionsarbeit, fühlen sich in guten Händen und sagen dies anderen Autoren weiter. Gute Zusammenarbeit »bindet« also nicht nur, sondern wirkt akquisitorisch,
- »Titelvertretung«, das ist die Förderung und Kontrolle der buchbezogenen Promotion bis zum Erscheinungstermin (wird ebenfalls als Qualitätsindikator gewertet),
- Interessenvertretung, d. h. zuverlässige und gründliche Verfolgung der sich aus der Publikation noch ergebenden, aber im Verwaltungsprozess oft untergehenden Leistungen des Verlags für den Autor (von der Honorarabrechnung bis zum Belegstückversand), denn in der Regel ist der Lektor für den Autor der einzige Ansprechpartner,
- Autorenbetreuung und insbesondere »-pflege« nicht nur während der Manuskript-Entstehungszeit, sondern auch hinterher ist von grundsätzlicher Bedeutung, damit gute alte Autoren mit guten neuen Plänen nicht von anderen Verlagen akquiriert werden, die wachsamer sind.

6.3.3 Autorenmarketing über die Konditionen

Ein Lektorat kann noch so gut besetzt sein, es wird kaum Autoren gewinnen, wenn die Honorare nicht stimmen. Honorare können die Zugkraft eines Verlages für Autoren beträchtlich erhöhen oder unattraktiv machen; richtiges Agieren hier ist eine Beschaffungsmaßnahme. Ein vieldiskutiertes Beispiel war ein Honorar im Gegenwert eines italienischen Sportwagens der Spitzenklasse, andere Autoren erhalten Vorauspauschalen, die auch im Fall ausbleibenden Absatzes nicht zurückzahlbar sind. Wenn es nicht um pauschale Zuweisungen geht, liegt das Absatzhonorar bei Prominenten statt bei zehn (oder weniger) bei 15, 17, 18, ja 20 Prozent. Aber auch die kleinen Verlage können auf ihrem Gebiet mitmischen – wie die folgenden Beispiele zeigen. Ist ein Verlag z. B. noch klein und will attraktiv für die gemeinhin bei der bereits etablierten Konkurrenz schreibenden Autoren werden, kann er ein höheres Absatzhonorar (»Kampfhonorar«) bieten: böte er 12,5 statt der üblichen 10 Prozent und wäre bei jedem

Verlag eine Auflage von 5000 Stück und zum Ladenpreis von 19,80 Euro geplant, stünden bei vollem Ausverkauf entweder 9900,– Euro oder 12.400,– Euro und damit 2500,– Euro mehr zur Verfügung – absolut viel für den Autor, eher wenig für den Verlag – und fällig allein mit dem Absatz. In der Regel können sich Kleinverlage diese Politik leisten, weil und solange ihre Gemeinkosten klein sind; später kann man mit der Begründung der gestiegenen Gemeinkosten das Honorar normalisieren. Will ein Verlag bei prozentual gleich hohem Honorar sich im scharfen Autorenmarkt einen Autorenstamm schaffen, kann er das Honorar anstelle des eines unsicheren Absatzhonorars im voraus als Pauschale anbieten, in den üblichen Dritteln bei Abgabe des Manuskripts, bei Beginn der Drucklegung und bei Erscheinen, im schärfsten Fall zu 100 Prozent bei Vertragsunterschrift. Auch die Kombination aller Maßnahmen ist denkbar. Betreibt ein Verlag aggressive – autorenfreundliche – Honorarpolitik, verbreitet sich dies in der Autorenschaft wie ein Gerücht, und ein Autor zieht oft den anderen nach sich. Wer in dem Ruf steht, gute Honorare zu bezahlen, bekommt die Autoren in der Regel exklusiv – muss aber verstärkt auf seine Liquidität achtgeben.

Neben den Honoraren lassen sich über weitere Vertragskonditionen autorenbeeinflussende Maßnahmen ergreifen. Früher enthielten Verlagsverträge oft einen Passus, nach dem sich der Autor verpflichtete, auch sein nächstes Manuskript dem Verlag anzubieten. Das Motiv dabei war, dass ein Autor, den ein Verlag über seine Erstveröffentlichungen eingeführt hatte, mit seinen erfolgreichen Werken nicht zu einem fremden Verlag wechseln sollte, der dann die Früchte der Aufbauarbeit erntet. Eine solche Knebelung ist heute nicht mehr gestattet; es besteht aber die Möglichkeit, in den Vertrag eine Option aufzunehmen, wobei der Optionsparagraph festlegt, dass bei zukünftigen Werken dem Verlag das Manuskript zuerst vorgelegt wird, oder im Fall des gleichzeitigen Angebots an mehrere Verlage die erste Wahl bei dem eigenen liegt. Dieses Verfahren wird besonders erfolgreich, wenn man die Optionsklausel zugleich mit einer Optionsvergütung verbindet, vielleicht einem Bonus von 1000,– Euro oder/und ein Absatzhonorar 2 Prozent über dem Durchschnitt.

Eine dritte Möglichkeit auf dem Konditionensektor betrifft die finanziell gar nicht gravierende Frage der Freiexemplare. Gibt man die üblichen 15 pro Tausend, oder zehn, oder fünf, oder 50? Knickerigkeit spricht sich unter Autoren noch schneller herum, als Großzügigkeit. Ein Problem, wenn man den Konzentrationsgrad der Buchbranche analysiert, stellt sich durch die »Economies of Scale« ein, die Betriebsgrößenvorteile, die durch die Fixkostendegression bei Print-Produkten noch verstärkt werden. Durch diese Kombination sind große Buchverlage stets gegenüber kleineren Buchverlagen im Vorteil. Dies bedeutet, dass sie beim Kampf um Erfolgsautoren auch größere Honorarsummen anbieten können. Ähnlich wie in der Musikbranche, wo oftmals die kleineren Labels Musiker groß machen und dann zuschauen müssen, wie diese zum großen Wettbewerber als Star davonziehen, geht es auch vielen kleineren und mittleren Verlagen, die dann oftmals beim zweiten oder dritten Manuskript eines neuen Trend-Autors im Bereich der Honorarkonditionen nicht mehr mithalten können.

Weitere Komponenten, die bei der Gewinnung und Bindung von Autoren wichtig sein können, nun in Stichworten:

Autorenmarketing über Programmkontext: Profilierte Programme und klare Tendenzen ziehen Autoren an. Ihnen ist wichtig, in welchem Kontext sie stehen. Ein Programm ist möglichst so aufzubauen, dass alle Autoren die übrigen Verfasser (auch, wenn sie ihre Feinde sind) achten!

Autorenmarketing über die Ausstattungsqualität: Autoren bevorzugen bestimmte Verlage oder gehen zu anderen nicht (!), weil die hergestellten Produkte sie vom Material her und vom Design anziehen oder abstoßen. Wer selbst einmal als Autor erlebt hat, wie der erste Titel noch in einer »normalen« Version durch die Herstellung gebracht wurde, während ein Folgetitel nur noch als kostengünstige »Sparversion« auf den Markt kam, bei der beispielsweise der Satzspiegel mit einer verkleinerten Schrift für geringere Umfänge sorgen sollte, der weiß, wie stark sich die Ausstattungsqualität im positiven wie negativen Sinne auf die Autorenbindung auswirken kann.

Autorenmarketing über Autoreninformationen: Der Stamm von Autoren wird von der Arbeit des Verlages wesentlich mehr überzeugt, wenn er regelmäßige Informationen über den Programmfortschritt und weitere Aktivitäten erhält. Über die Tatsache der Information selbst hinaus entsteht hier ein Effekt, der die Autoren an »ihren« Verlag bindet.

Autorenmarketing durch Integration: Der Verlag versteht sich nicht nur als Wirtschaftsbetrieb (der er zwar immer ist) mit ihm zugeordneten Betriebsangehörigen, sondern bindet die Autorenschaft sowohl als individuelle einzelne, wie auch als Stamm mit einer inhaltlich-geistigen Gemeinsamkeit in das Verlagsleben ein. Voraussetzung hierfür ist ein klar definiertes Selbstverständnis des Verlags, was nicht nur durch Leitbilder, sondern auch durch das authentische Handeln der maßgeblichen Repräsentanten des Verlags dokumentiert wird. Für die Einbindung der Autoren bedarf es nicht auf der Frankfurter Buchmesse gefeierter öffentlicher Autorenempfänge (samt deren Aufwand). Es gelingt im kleinen Rahmen, besonders im eigenen Verlagshaus (»Autoreneinladung«, »Autorenfest«) oft wesentlich besser. Und es zeigt sich im individuellen Fall etwa in der Aufmerksamkeit eines Glückwunschbriefs der Verlagsleitung zu einem Geburtstag oder dem Bücherpaket mit von den betreuenden Lektoren speziell ausgesuchten verlagseigenen Titeln als Weihnachtsgabe.

Diese genannten Ansätze sind nicht vollständige, aber mögliche Komponenten für ein aktives Instrumentarium, in dem die einzelnen Elemente kombiniert werden können. Wie im übrigen Marketing auch müssen die Verlage im Autorenmarketing, ihrer speziellen Situation und den Anforderungen angepasst, sich also ihren »Mix« daraus machen.

VII. Online-Marketing für Bücher

1. Online-Marketing

1.1 Internet im Marketingmix

Wie bereits bei der Darstellung der unterschiedlichen Vertriebskanäle deutlich wurde, hat das Internet einen bedeutenden Platz in der Liste der möglichen Vertriebswege einnehmen können, und die überdurchschnittlichen Wachstumsraten führen dazu, dass die Bedeutung dieser Distributionsmöglichkeit auch weiterhin wachsen wird.

Im Rahmen der Kommunikationspolitik hat das Internet für viele Branchen eine große Bedeutung bekommen, da es bei crossmedialer Kommunikation ein elementares Werbe- und PR-Medium darstellt. Die vielfältigen Möglichkeiten mit Hilfe des WWW Zielgruppen anzusprechen, wurden seit der Kommerzialisierung Mitte der 1990er Jahre erprobt, getestet und verfeinert. Es gibt seit einiger Zeit dazu auch eine stetig wachsende Zahl von Fachpublikationen, die für Praktiker und Wissenschaftler die bereits erworbenen Erfahrungen transparent macht (einige Beispiele hierfür sind: Schwarz 2008; Bauer/Große-Leege/Rösger 2008; Lammenett 2009; für die neuen Trends der Buchbranche vgl. Clark/Phillips 2008). Wir konzentrieren uns daher auf einige wesentliche Aspekte.

Zunächst muss man sich darüber im Klaren sein, dass das Internet als Marketinginstrument nicht nur neue Kommunikationsmöglichkeiten mit sich bringt, sondern dass die Auswirkungen in allen Feldern des Marketingmixes spürbar sind. Beispielhaft sollen hier nur einige angeführt werden, da die für die Buchbranche bedeutenden Veränderungen im Anschluss noch detaillierter ausgeführt werden. Im Rahmen der Produktpolitik gibt es die Möglichkeit, Produkte in den Markt zu bringen, mit denen, ausgehend vom Produkt des klassischen Buchs, eine Online-Nutzung der Inhalte möglich ist, so dass man nicht mehr auf das gedruckte Werk zurückgreifen muss. Im Rahmen der Konditionenpolitik zeigt sich, dass der Internetvertrieb bei nicht-preisgebundenen Produkten (z. B. Werken aus dem Ausland) zu einer höheren Preistransparenz und damit zu einem intensiveren Preiswettbewerb führt. Dies hatte beispielsweise beim Verkauf der englischsprachigen *Harry Potter*-Ausgaben dazu geführt, dass selbst der stationäre Handel und der klassische Versandhandel auf die Wettbewerbsangebote des Internethandels reagierte, eine regelrechte Preisschlacht in Gang kam und sich somit der Verkaufspreis nach unten nivellierte. Damit wird auch schon deutlich, dass der Handel im Internet selbst, d.h. eine mögliche Variante im Rahmen der Distributionspolitik der Verlage, im Buchsektor eine große Rolle spielt. Der Einfluss des Online-Marketing auf die Distributionspolitik ist daher stark im Bewusstsein der Marktakteure und der öffentlichen Diskussion. In anderen Branchen hingegen ist das Internet im Rahmen des Marketing oftmals nur Teil der Kommunikationspolitik.

1.2 Marketingeignung des Internets

Wo liegen nun die spezifischen Vorzüge des Internets, die dazu geführt haben, dass dieses Medium in der Buchbranche eine so rasche Verbreitung gefunden hat und auch zunehmend verschiedene Lebensbereiche bestimmt (vgl. Breyer-Mayländer 2004)?

Multimedialität: Die Kombination von Bild, Text und Ton ist keine Alleinstellung des Internets. Die zunehmend problemlose Integration von Bewegtbild als Realfilm und Animation in Kombination mit den weiteren Eigenschaften des Mediums geben dem Internet jedoch eine hohe Durchschlagskraft, da intuitive Bedienung und hohe Emotionalisierung durch die Multisensualität möglich sind.

Interaktivität: Die Multimedialität verbindet sich mit der Möglichkeit für den Nutzer, in das Geschehen einzugreifen und den Ablauf der Nutzung zu bestimmen. Damit steht das Internet zwischen Massenmedium und Individualmedium, da der Nutzer durch gezieltes Feedback und die Preisgabe von Detailinformationen bis hin zu Profilen Teil einer eng gefassten Gruppe werden kann.

Individualisierbarkeit: Aus den Möglichkeiten der Interaktivität heraus haben sich Internetdienste entwickelt, die in der Produktpolitik (z.B. Sortimentsangebot) oder in der Distributions- oder Kommunikationspolitik den Kunden einen individuellen Zugang zu einem kundenspezifischen Produkt ermöglichen.

Integrierbarkeit: Das multimediale Internet lässt die Integration unterschiedlichster Medienformen in ein aufeinander abgestimmtes Angebot zu. Darüber hinaus können unterschiedliche Anwendungen und Themenfelder (Marktforschung und Vertrieb etc.) miteinander verbunden werden. Somit erfüllen die aus kommerzieller Sicht erfolgreichen Websites im Regelfall nicht nur eine Marketingfunktion, sondern mehrere.

Automatisierung: Viele Varianten der Kundenbetreuung sind aufgrund des hohen Zeit- und Personalaufwands nur in den Fällen wirtschaftlich sinnvoll, in denen ein Kunde bereit und in der Lage ist, den Zusatzaufwand angemessen zu vergüten. Im Internet lassen sich aufgrund der zugrundeliegenden Rechnertechnologie viele Prozesse automatisieren, so dass dennoch beispielsweise eine Individualisierung möglich wird. Durch die Anbindung an Auswertungstools können somit Marktforschungsauswertungen genauso automatisch realisiert werden wie der automatische Einkauf.

Transaktion: Der angesprochene Einkauf ist einer der Vorzüge des Internets, da ein durchgängiger Verkaufsprozess möglich ist. Entsprechend der bereits mehrfach zitierten einfachen Actio-Reactio-Kette nach dem AIDA-Prinzip lassen sich Attention, Interest, Desire und Action problemlos ohne Medienbruch im Internet umsetzen. Selbstverständlich gilt dies nicht für alle Produktgruppen gleichermaßen.

Verfügbarkeit: Das Internet ist an 365 Tagen im Jahr rund um die Uhr verfügbar. Dies ist im E-Commerce-Sektor ein Vorteil gegenüber dem stationären Handel; gleichzeitig erfordert es eine hohe Systemsicherheit und entsprechende Notdienste auf Seiten der Technologiepartner.

Aktualität bzw. Aktualisierbarkeit: Das Internet bietet die Chance, die Daten auch kurzfristig zu aktualisieren. Dies wird nicht nur bei Inhalten und inhaltlichen Schwerpunkten, z. B. der Themenauswahl oder der Produktauswahl genutzt, sondern gestattet auch die laufende Anpassung an die Bedürfnisse der Nutzer, indem man darauf reagiert, wenn Artikel unterdurchschnittlich genutzt und Produkte wider Erwarten zu selten gekauft werden.

Permissivität: Wir haben bereits betont, dass der Nutzer im Internet bestimmt, was er haben möchte und was nicht. Entsprechend kann Push-Werbung, die der Nutzer einfach ungefragt erhält, in der Wirkung vernachlässigt werden. Inhalte und Angebote haben sich an der Erlaubnis des Nutzers zur Kontaktaufnahme zu orientieren. Pull-Werbung, bei der der Nutzer freiwillig für ihn interessante Informationen (z. B. bei Suchmaschinenwerbung) anfragt, ist im Netz wesentlich erfolgreicher.

Emotionalität: Früher war das Internet nicht gerade als emotionales Medium bekannt, da es als technisches Medium eher enge Gestaltungsmöglichkeiten bot. Aber selbst zu dieser Zeit waren Multi-User-Dungeons möglich, die für die Szene der Nutzer sehr hohe Emotionalität entwickeln konnten. Die zunehmende Multimedia-Ausstattung im Netz und bei den Nutzern hat die Zahl der emotional mit dem Netz verbundenen Personen erhöht und emotional aufgeladene Angebote begünstigt. Eine besonders hohe Emotionalität wird den Plattformen zugebilligt, die Kontakte zwischen Menschen bzw. zwischen den virtuellen Identitäten im Netz zulassen. Verbunden mit eigenen Profilen, eigenem Inhalt (*user generated content*) entsteht somit ein emotional dicht am eigenen Profil der tatsächlichen oder gewünschten Persönlichkeit orientiertes Muster, das emotional relevante Aktionen und Kontakte gestattet. Inwiefern diese Emotionalität des Mediums oder der Plattform sich im Sinne einer Emotionalisierung positiv auf die Werbe- und Kommunikationsmöglichkeiten des Mediums auswirkt, ist jedoch umstritten. Gerade die Probleme bei der Kommerzialisierung von Communities, die für Verlage sehr geeignet wären, wie etwa die Studenten-Community »StudiVZ« aus dem Hause Holtzbrinck, zeigen die Probleme der Umsetzung der Emotionalisierung in ein Geschäftsmodell (vgl. Kolbrück 2009).

1.3 Kommunikationspolitik im Internet

Die Kommunikationspolitik umfasst entsprechend der bereits mehrfach zitierten Gliederung des Marketingmixes im Wesentlichen die beiden Aufgabengebiete Werbung und Öffentlichkeitsarbeit/PR. Daher soll in diesem Abschnitt erläutert werden, welche Chancen es für die Buchbranche gibt, beide Themenbereiche mit Hilfe des Marketinginstruments Internet zu unterstützen.

	Publikumszeit-schriften	Tageszeitungen	Fernsehen	Radio	Außenwerbung	Online
Impact	visuell/Detail-informationen	visuell, aktuell und »seriöse« Infos	audio-visuell/ Emotionen	Ton ohne Bild/ schnelle Info	visuell/flüchtiger Kontakt	intensiv/audio-visuell/mit Responsemöglich-keiten
Zielgruppen	alle denkbaren Zielgruppen verfügbar/ präzise Ansprache	eher breit/ schwach bei jüngeren Zielgruppen	eher breit/ be-grenzte Zielgrup-penansprache	breit/Alters-gruppen durch Senderfarben gut aussteuerbar	sehr breit/ eher jünger und mobil, aber schlecht auszusteuern	eher jung/ individuell ansprechbar
Reichweiten-aufbau/ Aktualität	bestimmt durch Erscheinungs-intervall	schnell/auf täglicher Basis	sehr schnell/ ständig aktuell	sehr schnell/ mobiles Medium/ hohe Aktualität	schnell/ Aktualität steuerbar	eher langsam (in Ab-hängigkeit von der Größe der Website)/ ständig aktuell
Verbreitung	national	national/ regional/lokal	national (z. T. regional/lokal)	regional	lokal	national (global verfügbar)
Leistungs-nachweis	Nutzung erfragt (Erinnerung), nicht gemessen, IVW-Auflagen	Nutzung erfragt (Erinnerung), nicht gemessen, IVW-Auflagen	Nutzung sekundengenau gemessen	Nutzung erfragt (Erinnerung), nicht gemessen	basiert auf Erinnerung (erfragt, wird sich für Plakat demnächst ändern u. d. gemessen)	Bruttonutzung gemessen (IVW), z. Zt. noch erfragte Nutzung über versch. Erhe-bungen

Einsatzbereiche von Medien als Werbeträger (Quelle: nach AGOF – Arbeitsgemeinschaft Online-Forschung)

	Publikumszeitschriften	Tageszeitungen	Fernsehen	Radio	Außenwerbung	Online
Kreativer Spielraum	große/zahlreiche Sonderwerbeformen	kaum vorhanden	groß/zahlreiche Sonderwerbeformen	sehr wenige	viele, Tendenz steigend	sehr groß/zahlreiche Sonderwerbeformen
Produktionskosten	unterschiedlich/grundsätzlich auch für kleinere Etats geeignet	niedrig	hoch, durch Sonderwerbeformen auch für kleinere Etats geeignet	niedrig	von niedrig bis hoch	von sehr niedrig bis höher
Planungsaufwand	hoch/keine Optimierungsmöglichkeiten	sehr hoch (Titelvielfalt)/keine Optimierungsmöglichkeiten	sehr hoch, viele Detailinformationen/Optimierung	relativ gering	weniger hoch (meistens Planung durch Spezialmittler)	relativ hoch (Angebotsvielfalt)/laufende Optimierung möglich
Einsatzempfehlung	*Reichweite generieren bei möglichst geringem Streuverlust; nachhaltige Verankerung von Image und Informationen*	*regionale Schwerpunkte setzen, glaubwürdige und aktuelle Informationen vermitteln, Promotion*	*Emotionen transportieren, schneller Reichweitenaufbau, aktuelle Informationen vermitteln*	*Begleitmedium – Verstärkung der Botschaft durch Visual Transfer, Promotion/»letzter Kontakt vor dem POS«*	*schneller Kontaktaufbau, breite und aufmerksamkeitsstarke Vermittlung »plakativer« Key-Visuals*	*interaktiver Kontakt, Vermittlung von Detailinformationen, optimale Cross-Media-Verlängerung von Kampagnen*

Einsatzbereiche von Medien als Werbeträger (Quelle: nach AGOF – Arbeitsgemeinschaft Online-Forschung) (Forts.)

1.3.1 Werbung im Internet

Werbung bezieht sich auf die Veröffentlichung von kommerziellen Botschaften eines Werbetreibenden (meist ein Wirtschaftsunternehmen), der dieses Instrument oft für produkt- oder abverkaufsorientierte Kampagnen nutzt.

Jedes Medium besitzt als Werbeträger seine spezifischen Vor- und Nachteile. Da jedes Medium auch gewissermaßen als Verpackung zur Werbebotschaft passen muss, ist hier bereits klar, dass bei unterschiedlichen Kampagnen nicht unbedingt ein und dasselbe Medium das richtige sein muss. Daher müssen Verlage vor der detaillierten Planung eines Internet-Auftritts zunächst abklären, ob für die diskutierte Zielsetzung das Internet überhaupt ein geeignetes Medium darstellt.

Um nun zum einen die richtige Mediengattung auszuwählen und zum anderen im Rahmen der Media-Planung auch den richtigen Werbeträger einzusetzen, benötigt man eine klare Zieldefinition für die Kampagne. Die Zielsetzung ist auch für das spätere Kampagnen-Controlling entscheidend. Denn den Erfolg der Kampagne kann man nur anhand der erreichten Ziele beurteilen. Im Online-Marketing wird man andere Erfolgskriterien ansetzen, je nachdem, ob der Image-Gewinn für den Verlag oder der direkte Abverkauf von Büchern das Ziel ist.

1.3.2 Werbeformen im Internet

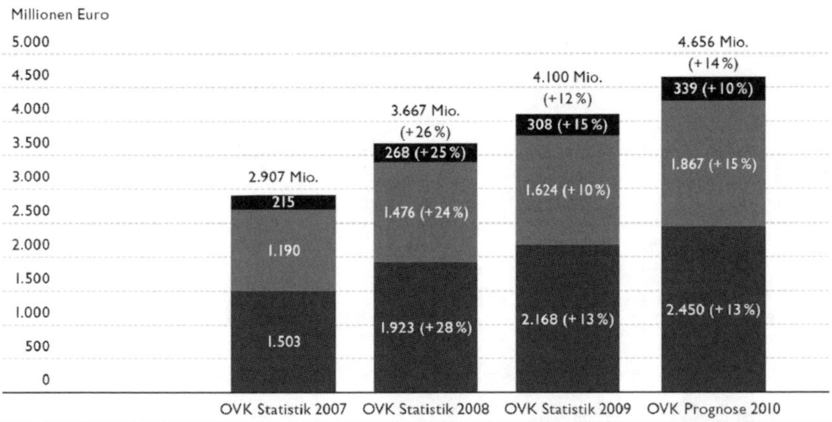

	OVK Statistik 2007	OVK Statistik 2008	OVK Statistik 2009	OVK Prognose 2010	
■ Affiliate-Netzwerke	215	268	308	339	Mio.
■ Suchwortvermarktung	1.190	1.476	1.624	1.867	Mio.
■ Klassische Online-Werbung	1.503	1.923	2.168	2.450	Mio.

Online-Werbeerlöse in Deutschland nach Werbeformen (Quelle: OVK Statistik 2009)

Die Daten des Online-Vermarkter-Kreises (OVK) im Bundesverband Digitale Wirtschaft zeigen, dass es neben der klassischen Online-Werbung noch zwei weitere maßgebliche Segmente (die Suchmaschinenwerbung und die Affiliates) gibt, die nicht nur für die Online-Werbebranche, sondern insbesondere auch für die Buchbranche relevant sind. Starten wir zunächst mit einer Analyse der Online-Werbung mit statischen oder animierten Werbemitteln.

1. Klassische Online-Werbung: Diese klassische Online-Werbung funktioniert wie die Buchung von Anzeigen oder Rundfunkspots nach dem Prinzip, dass Werbefläche gemietet wird und damit im Rahmen der Mediennutzung den Rezipienten eine Werbebotschaft »verordnet« wird. Klassischerweise ist dies ein Werbebanner auf einer redaktionellen Website. Das bedeutet beispielsweise, dass der Nutzer sich über die lokalen Sportergebnisse informieren möchte und auf der Website seines regionalen Zeitungsverlags ein Angebot über die neueste Sommerkollektion eines Warenhauses präsentiert bekommt. Für diese Art der Push-Werbung, bei der nicht der Nutzungsansatz des Users im Vordergrund steht, sondern die Werbebotschaft mitten in den Nutzungsvorgang als unterbrechendes Element eingesetzt wird, gibt es unterschiedliche Werbemittel. Das klassische Banner ist die Anzeige des Internets. Sie kann über animierte Versionen bis hin zum Werbefilm variiert werden. Je nach Einsatzbereich der Werbung werden Pop-ups, Unterbrecherwerbung in Form von Interstitials oder andere dominierende Varianten als Werbeform eingesetzt. Dabei ist allen klassischen Online-Werbeformen gemein, dass sie über außerordentlich geringe Klickraten verfügen. Oftmals werden sie von weniger als einem Prozent der Nutzer angeklickt. Die Aufmerksamkeit und Sympathiewerte der Werbeformen sind dabei schwankend. Es gibt jedoch einen Zusammenhang zwischen Aufmerksamkeit und Sympathie, der im Rahmen von zahlreichen Studien belegt werden konnte. Aufmerksamkeitsstarke Werbeformen werden meist als sehr unsympathisch und störend wahrgenommen. Dies liegt am Push-Ansatz der Werbung, bei der der normale Nutzungsvorgang störend unterbrochen wird.

2. Suchmaschinen-Werbung: Bei der immer stärker genutzten Suchmaschinen-Werbung verhält es sich anders. Hier werden die Suchergebnisse des Nutzungsvorgangs durch kommerzielle Anzeigen ergänzt, die jedoch inhaltlich einen Bezug zur Suche haben. Während man bei Telefonauskunftsuchen manchmal bei der Suche nach einem Zahnarzt ein Zeitungsabonnement angeboten bekommt, d.h. eine Werbung, die in keinem sinnvollen Bezug zum Problem des Nutzers steht, ist dies bei Suchmaschinen-Werbung im Regelfall besser gelöst. In Deutschland ist diese Werbung sehr stark auf den dominierenden Anbieter Google fixiert, der mit über 90 Prozent Marktanteil klar führt. Bei Google befinden sich die bezahlten Suchtreffer/Suchanzeigen über und rechts neben den normalen Suchergebnissen.

Hier werden im Regelfall die besseren Klickraten erzielt. Der Werbungtreibende kann über die Auswahl der Suchworte steuern, in welchem Kontext er seine Werbung präsentiert haben möchte. Es besteht daher eine einfache Optimierungsmöglichkeit. Die Tatsache, dass diese Werbeform mittlerweile mit der klassischen Online-Werbung gleichgezogen hat, zeigt, dass es aus Sicht der

Nutzer eine erfolgreiche Werbeform ist. Auch für Buchverlage kann diese Werbeform sehr attraktiv sein, beispielsweise bei Fachbüchern, die sich an Zielgruppen mit sehr spezifischen Themeninteressen richtet.

Eine andere Möglichkeit, Suchmaschinen im Internet für die eigene Kommunikationspolitik zu nutzen, ist die Suchmaschinen-Optimierung (SEO: Search Engine Optimization). Hierbei wird die eigene Website inhaltlich und formal so aufbereit, dass Suchmaschinen sie gut durchsuchen und indexieren können. Ziel ist es, dass die eigene Website bei den relevanten Suchbegriffen (z.B. die Bücher des Autors Jacques Berndorf bei den Schlagworten »Krimi« und »Eifel«) unter den ersten Suchtreffern bei Google gelistet wird. Da Google jedoch seinen Such-Algorithmus ständig überarbeitet, ist SEO eine Aufgabe, die ständige Aufmerksamkeit verlangt und den Einsatz von Spezialisten erfordert. Für kleinere und mittelgroße Buchverlage, in denen dieses Fachwissen meist nicht vorhanden ist, empfiehlt sich die Kooperation mit entsprechenden Dienstleistern.

3. Affiliate-Werbung: Eine Extra-Kategorie bildet die Affiliate-Werbung. Es handelt sich dabei – wie der Name bereits nahelegt – um eine Kooperationswerbung. Der Affiliate-Partner stellt seine Media-Leistung zur Verfügung, abgerechnet wird jedoch nicht wie bei den klassischen Medien üblich nach Werbeträgerleistung, sondern der weitergeleitete Kontakt wird vergütet. Der Affiliate, der dem Händler/Werbekunden (»Merchant«) seine Leistung zur Verfügung stellt, kann nach unterschiedlichen Erfolgskriterien bezahlt werden. Abrechnungsmodalitäten sind beispielsweise:

- Cost per Click: Hier bekommt der Affiliate für jeden Klick eines Kunden eine Gebühr.
- Cost per Lead: Die Generierung von Adressen und Kontaktinformationen wird honoriert.
- Cost per Order: Anteilige Provision beim Kauf der Produkte.

Die prozentuale Provision für die Käufervermittlung steht dabei bei vielen Affiliate-Programmen im Vordergrund. Mit einem Provisionsschlüssel von 2,5 bis 10 Prozent kann dieses Modell für beide Partner attraktiv sein. Eine klassische Anwendung im Buchsektor ist die Integration einer Online-Buchhandlung auf passende redaktionelle Seiten, die entweder das selbe Themen- oder Fachgebiet abdecken – wie die Buchhandlung mit ihrem Sortiment – oder die Integration einer Buchhandlung im Umfeld von Buch-Kritiken auf einer Online-Plattform. Damit hier eine für alle Beteiligten sinnvolle und dauerhafte Partnerschaft entsteht, muss sorgfältig geprüft werden, welche Shops in welche Themengebiete integriert werden. Wie beim Co-Branding von Verlagskooperationen muss auch hier darauf geachtet werden, dass die Marken der Unternehmen zusammenpassen.

4. E-Mail/Newsletter: Weitere sehr intensiv eingesetzte Werbeformen sind die E-Mail- und Newsletter-Werbung. Nachdem sich die E-Mail sehr früh im Rahmen der Kommerzialisierung des Internets einer großen Beliebtheit bei einzelnen Werbeversendern erfreute, die Mail-Nutzer aber über die unerwünschten Spam-Mails keineswegs glücklich waren, wurden in vielen Ländern gesetzliche Regelungen definiert, die analog zur Telefon- und Telefax-Werbung den

Rahmen für derartige Werbeaktionen vorgeben. So können in Deutschland Mail-Newsletter nur dann an die Nutzer versandt werden, wenn diese dem zweifach zugestimmt haben. Nach der ersten Registrierung erhalten die Nutzer eine Bestätigungsmail und erneuern dann durch den Klick auf den mitgeschickten Link ihr Einverständnis mit der Werbemaßnahme. Für die Anwender ist dieses »double-opt-in«-Verfahren zwar aufwendiger, es hat jedoch den Vorteil, dass man davon ausgehen kann, dass die Werbemaßnahmen dann auf eine hohe Akzeptanz bei den Adressaten stoßen.

Im Buchsektor nutzen viele Verlage diese Möglichkeit, um direkt mit ihren Zielgruppen in Kontakt zu treten. Fachverlage informieren auf diesem Weg die Fach-Community über neue thematische Entwicklungen, und Publikumsverlage präsentieren via Mail-Newsletter neue Titel oder Autoren bzw. Werbemaßnahmen rund um ihr Programm. Viele Verlage haben diese Kommunikationsmöglichkeit auch als Weg zur Information des Buchhandels entdeckt.

1.3.3 PR via Internet

Die Abgrenzung zwischen Aufgaben der Öffentlichkeitsarbeit und der klassischen Werbung fällt nicht in allen Fällen leicht. So kann man auch im Internet nicht immer klar die Grenze zwischen Werbung und PR-Maßnahmen ziehen. Die beiden nachfolgend skizzierten Maßnahmen tragen zwar auch Züge von klassischer Werbung, sie haben jedoch – je nach Ausprägung – auch engen Kontakt zum Themenfeld der PR.

1. Klassische PR-Arbeit: Das Internet ist vielen Studien zufolge mittlerweile das Recherche-Medium Nummer eins der deutschen Journalisten. Dementsprechend steigt die Bedeutung der Informationen, die ein Buchverlag im Netz bereitstellt. Wer möchte, dass die eigenen Informationen den Journalisten und Multiplikatoren rasch zur Verfügung stehen, kommt an einer professionellen Website, die auch die Zielgruppe der Kommunikationsfachleute berücksichtigt, nicht vorbei. Hier geht es vor allem um die Bereitstellung der erwarteten Informationen über Autoren, Titel, Programm und Arbeitsweise des Verlags.

Damit ein Journalist gut arbeiten kann, müssen Ansprechpartner, Zuständigkeitsgebiete und Kontaktmöglichkeiten der Verlagsmitarbeiter leicht auffindbar sein. Um möglichst geringe Hürden aufzubauen, was die Nutzung von PR-Material angeht, sollte man Pressetexte, Artikel, Fotos, Inhaltsverzeichnisse, Grafiken, Trailer, O-Töne für die Hörfunk-PR zum Download bereit halten. Auch die Bereitstellung von kurzen Video-Ausschnitten von Autorenlesungen gehört zum Aufgabengebiet der internetbasierten Verlags-PR, die sich an die Kernelemente der klassischen Verlags-PR anschließt.

Ein Beispiel dafür, wie nicht nur die Verlagswebsite für die Zielgruppe der Journalisten genutzt werden kann, sondern wie im Rahmen der integrierten Unternehmenskommunikation im Buchverlag auch ein Werbeeffekt über PR-Maßnahmen entstehen kann, zeigt das neu diskutierte Format der »Buch-Trailer«: Auf der Leipziger Buchmesse 2009 wurde über neue Einsatzbereiche von Werbetrailern diskutiert. War es früher traditionell so, dass Werbefilme für die

Buchbranche dann interessant waren, wenn die Verfilmung eines Buchs im Kino anstand, haben sich heute die Einsatzmöglichkeiten von Werbetrailern jenseits der Kino- und TV-Werbung wesentlich erweitert, da kurze Clips auf den unterschiedlichen Videoplattformen wie Youtube präsent sein können. Gerade dann, wenn es um Autoren geht, deren Zielgruppe auch stark auf den entsprechenden Internetplattformen aktiv ist, lohnt sich unter Umständen die Produktion eines Spots für eine virale Kampagne. Ein Beispiel hierfür wurde auf der Leipziger Buchmesse diskutiert (vgl. Mathias 2009). Christian Krachts Roman *Ich werde hier sein im Sonnenschein und im Schatten*, der 2008 bei KiWi erschienen ist, wurde mit einem gesonderten Videospot beworben. Statt andere Mediengattungen zu nutzen, wurde das Budget für einen aufwendigen Spot eingesetzt. Das Video wurde von der Internetgemeinde sehr positiv aufgenommen, häufig abgerufen und über unterschiedliche Kanäle und Plattformen verbreitet.

2. Virales Marketing: Ein Weg, auf dem im Internet eine Kommunikationsbotschaft sehr viel weiter verbreitet wird, als dies über das klassische Budget möglich wäre, ist das sogenannte »virale Marketing«. Hier werden Nutzer gezielt angeregt, die Botschaft freiwillig weiterzugeben, so dass sie sich wie ein Virus ausbreiten kann. Ein bekanntes Beispiel ist das »Moorhuhn-Spiel«, mit dem ein Spirituosenhersteller seine Marke populär gemacht hatte. Bei erfolgreichen viralen Kampagnen berichten die Massenmedien darüber, so dass neben dem viralen Effekt der Weiterverbreitung über das Internet auch noch ein Guerilla-Effekt entsteht.

3. Guerilla-Marketing: Unter dem Schlagwort »Guerilla-Marketing« werden Marketing-Maßnahmen zusammengefasst, die aufgrund ihrer ungewöhnlichen Vorgehensweise aus dem klassischen Schema fallen. Ein Friseur, der in derselben Straße einen neuen Konkurrenten bekommt, der Billig-Haarschnitte für 10 Euro anbietet, muss sich beispielsweise sehr genau überlegen, wie er auf diese Konkurrenz reagiert. Sich hier auf einen Preiskampf einzulassen, wäre aus Marketingsicht sicherlich sehr bedenklich. Eine Variante, die als typisches Beispiel für Guerilla-Marketing gilt, besteht in einem Schaufenster-Schild mit der Aufschrift »Wir korrigieren Ihren 10-Euro-Haarschnitt kompetent und kostengünstig«. Im Zusammenhang mit Online-Marketing werden Guerilla-Methoden immer wieder diskutiert, da man hier sehr schnell und einfach unkonventionelle Kommunikationskonzepte testen kann. Für Buchverlage sind solche Methoden für alle Medienkanäle interessant, da es ein Grundprinzip dieses Marketing-Ansatzes ist, einen Breiteneffekt unabhängig vom Werbebudget zu ermöglichen. Gerade im Verlagssektor ist das zu knappe Budget mitunter ein Thema. Denn gerade im Bereich der Belletristik gilt es oftmals, ein über ganz Deutschland verstreutes Publikum anzusprechen. Dies lässt sich jedoch bei vielen Themen kaum über Selektionsmechanismen der klassischen Media-Planung auswählen und gezielt ansprechen. Möglichkeiten, hier einen größeren Effekt zu erzielen, als das Budget ursprünglich zulässt, sind daher von besonderer Bedeutung. Viele Guerilla-Ansätze bestehen darin, eine mediale Aufmerksamkeit auf das eigene Produkt zu lenken, daher besteht hier eine Nähe zur PR. Die Reichweite der Massenmedien wird zwar genutzt, aber man versucht, den Sprung in den redaktionellen Teil zu schaffen, da man sich die bezahlte Werbung nicht leisten kann.

1.4 E-Commerce mit Büchern als Teil der Distributionspolitik

Im Internet wird eine Zielgruppe erreicht, die grundsätzlich sehr stark am Produkt »Buch« interessiert ist. Die Daten der in Deutschland maßgeblichen Marktforschungsstudien (AGOF und ARD/ZDF-Online-Studie) belegen dies seit Jahren stabil und glaubwürdig.

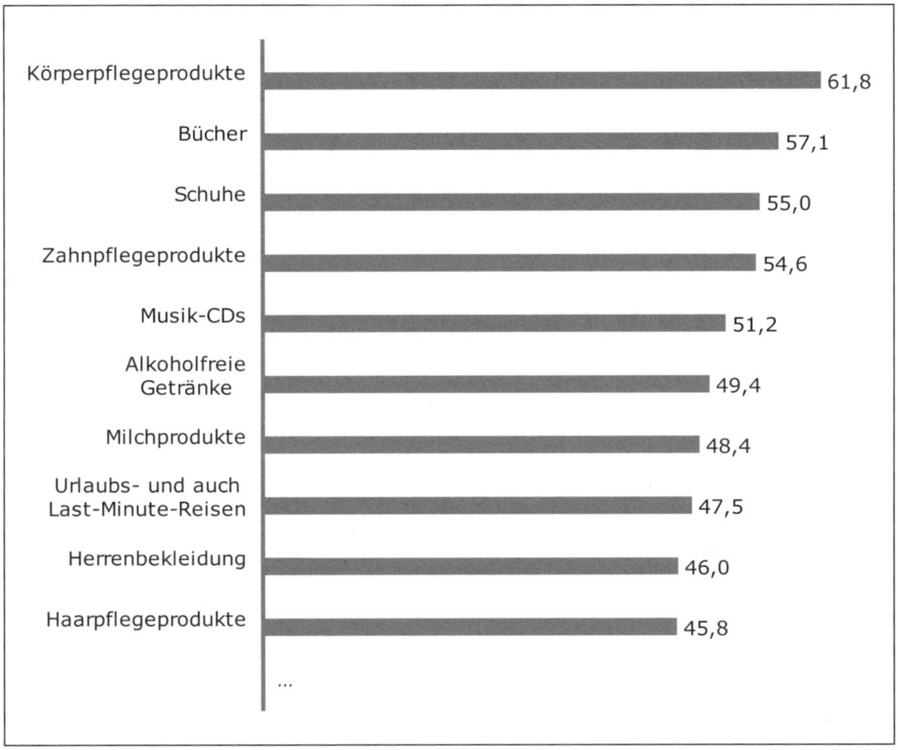

Produktinteresse von Internetnutzern, Top 10 (Quelle: AGOF. Internet Facts 2009-III, S. 20)

Der elektronische Handel bietet sich grundsätzlich für alle Artikel an, die von der Kundenzielgruppe auch im Netz gesucht und gekauft werden. Dabei wird im Sinne des Distributionsmixes E-Commerce im Regelfall als eine Möglichkeit verstanden, die Waren zu verkaufen, die jedoch in das Gesamtspektrum der möglichen Vertriebswege eingepasst werden muss. Das bedeutet, dass Verlage mit der Online-Direktvermarktung vorsichtig sind, wenn dies von Seiten des stationären Handels als Angriff verstanden würde. Zwar gibt es bereits seit langem Versandbuchhandlungen der Verlage neben dem klassischen Buchhandelsgeschäft. Durch den Wettbewerb des stationären Handels mit dem allgemeinen Buchhandel im Internet ist die Sensibilität des stationären Buchhandels zunächst gewachsen. Eine wesentliche Funktion von E-Commerce-Aktivitäten ist im Regelfall die »Disintermediation«, d. h. das Reduzieren oder gar Ausschalten von unterschiedlichen Zwischengliedern in der Wertschöpfungskette. Doch genau dieses Ziel kann in der Buchbranche – wie in vielen anderen Branchen auch – nicht ohne Gefahr für die klassischen Vertriebswege angegangen werden, so dass es für die meisten Verlage darum geht, E-Commerce und klassische Vertriebswege zu verbinden. Für einen Fachverlag, der vom klassischen Sortimentsbuchhandel aufgrund der speziellen Produkte kaum aktiv unterstützt werden kann, ist es unproblematisch, die sehr spezielle Zielgruppe durch eigene E-Commerce-Aktivitäten anzusprechen, bei einem Publikumsverlag wird man stattdessen stärker auf die Belebung der etablierten Vertriebswege setzen.

Typische Motive für E-Commerce-Aktivitäten sind (vgl. Breyer-Mayländer 2004):

1. Reduktion der Vertriebskosten: durch Ausschaltung von Stufen des Zwischenhandels (s. o.) und Nutzung von effizienten und kostengünstigen Abläufen.

2. Ausschöpfung des Marktes: durch das Angebot in Bereichen, die mit teuren, personalintensiven Vertriebssystemen betreut werden müssten. Im Zusammenhang mit Web 2.0-Angeboten wurde auch darauf verwiesen, dass man im Internet das Geschäft mit den weniger absatzstarken Artikeln in Gang setzen kann. Dieser Effekt wird unter dem Begriff des »Long-Tail« zusammengefasst. Denn die Nischenprodukte ergeben bei geringem Umsatz pro Stück ein in der Summe doch beträchtliches Umsatzvolumen. Wenn die Bücher, statt

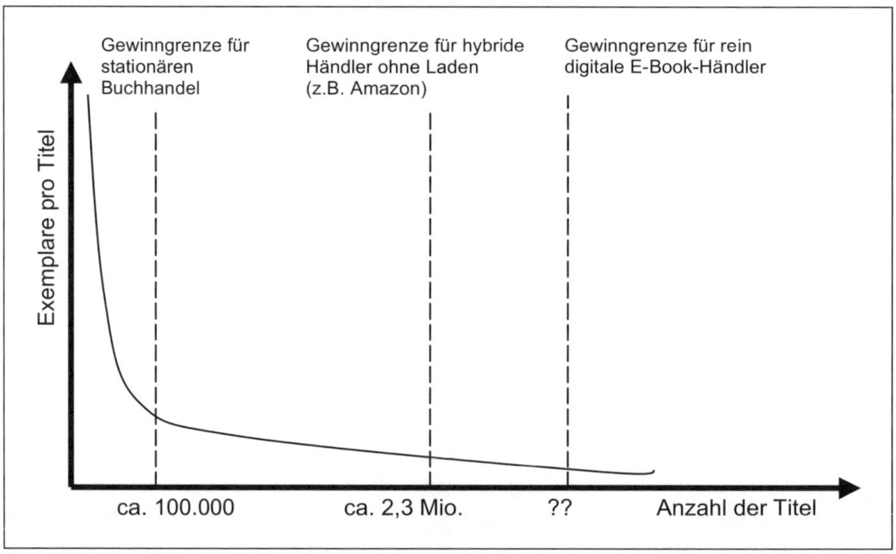

Long-Tail in der Buchbranche (Quelle: nach Künzel 2009)

fertig gedruckt zu lagern, nun auch noch »on-Demand« erst dann fertig produziert werden, wenn ein Kauf ansteht, kann man selbst kleinste Nischen mit Produkten versorgen.

Auch individualisierte Produkte sind im Online-Markt möglich. Die Buchbranche macht hiervon mit Sondercovern und der optionalen Auswahl unterschiedlicher Schlussszenarien von Büchern zwar davon schon Gebrauch, künftig sind hier jedoch auch weitere Aktionen denkbar.

3. Erweiterung der Verfügbarkeit: Die Tatsache, dass ein Produkt 24 Stunden am Tag an sieben Tagen die Woche verfügbar ist (24/7) erhöht die grundsätzliche Marktpräsenz. Früher wurde eine solche Verfügbarkeit durch Verkaufsautomaten umgesetzt, heute leistet dies das Versandgeschäft via Internet.

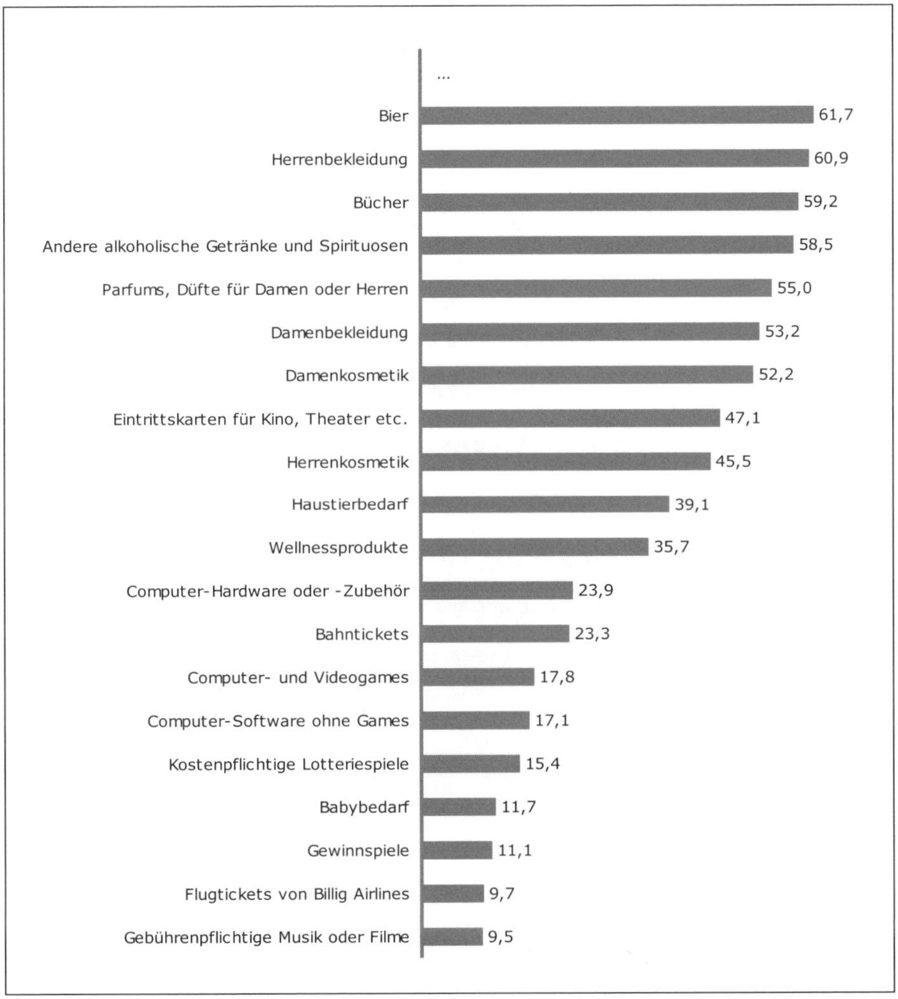

Produktkäufe in den letzten 3 Monaten, Platz 11–30 (Quelle: AGOF; Internet Facts 2009-III, S. 27)

4. Reduktion von Personalressourcen: Durch eine Reduktion des Beratungsaufwands durch den Verweis auf Listen mit den am häufigsten gestellten Fragen (FAQs), allgemeine Produktbeschreibungen und die gegenseitige Beratung der Käufer und Nutzer kann im E-Commerce-Sektor der Personaleinsatz stark reduziert werden. Entscheidend ist jedoch, dass die für den Nutzer maßgeblichen Funktionen, wie etwa eine Orientierung über das Angebot, dann von technischen Features übernommen werden.

Trotz des großen Interesses der Internetnutzer am Produkt »Buch« sind Bücher bei den tatsächlich gekauften Produkten im Internet nicht unter den TOP 10 platziert.

Dies bedeutet, dass Bücher zwar im Internet oft Gegenstand der Recherche, nicht immer aber Gegenstand des Internetkaufs im Sinne einer direkten Wirkungskette nach dem AIDA-Prinzip sind, stattdessen wird ein Medienbruch von den Nutzern akzeptiert, und der Kaufvorgang findet dann offline statt. Entsprechendes ergibt sich dann bei Produktrecherchen:

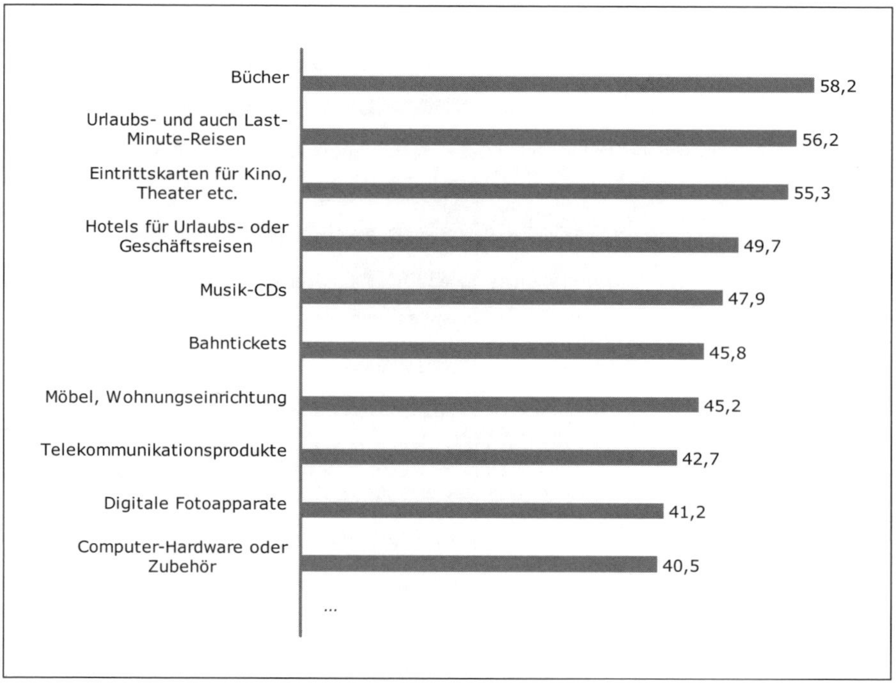

Die TOP 10-Produkte zu denen Infos im Netz gesucht werden (Quelle: AGOF; Internet Facts 2009-III, S. 28)

Bücher sind die Produktkategorie, nach der am häufigsten im Internet gesucht wird. Dies zeigt, wo angesichts des sehr unübersichtlichen Marktes ein Bedürfnis der Kunden vorherrscht, das auch von Verlagen und dem klassischen Buchhandel mit abgedeckt werden muss.

2. Das Internet als Instrument für Autoren, Verlage, Handel und Branchenfremde

Das Internet eröffnet den meisten Akteuren im Buchmarkt eine Fülle neuer Möglichkeiten. Gleichzeitig besteht die Gefahr, dass durch Dritte, die bislang nicht in der Branche aktiv waren, die Wettbewerbsbedingungen zu Lasten der etablierten Akteure verschlechtert werden.

2.1 Autoren im Internet

Das Internet eröffnete für die vielen weniger prominenten Autoren erstmals die Möglichkeit, direkt mit der tatsächlichen oder potenziellen Zielgruppe zu kommunizieren und damit eine größere Unabhängigkeit vom Verlag zu bekommen. Gleichwohl zeigt der Alltag in der Marktkommunikation, dass die theoretische Chance, ein Millionenpublikum zu erreichen, noch keineswegs dazu führt, dass man diese Aufmerksamkeit erhält. Stattdessen sind nach wie vor die gezielten Marketingaktionen von Verlagen notwendig, um eine Grundaufmerksamkeit für einen Autor zu schaffen.

Autorenselbstvermarktung: Autoren nutzen das Internet in vielen Fällen gezielt zur Selbstvermarktung. Eine solche Präsenz eines bekannten Autors im Internet kann die Bemühungen des Verlags unterstützen, bei dem er unter Vertrag ist. Die Selbstvermarktung ist meist eine Darstellung der Vita und Persönlichkeit des Autors. Im Zeitalter von Blogs kann auch diese Form des stets aktuellen Tagebuchs das Interesse für einen Autor wecken oder am Leben erhalten.

Direktvermarktung: Es gibt jedoch auch Fälle, in denen das Internet ausgehend von der Selbstvermarktung zu einer kompletten Direktvermarktung eines Autors benutzt wird, der damit seine Online-Inhalte publik machen möchte oder seine direkt vertriebenen Bücher mit größerer Aufmerksamkeit im Markt ausstatten will. Auch wenn hier kleinere Erfolgsgeschichten im Markt die Runde machen, ist es für unbekannte Autoren sehr schwierig, auf diesem Weg erfolgreich zu sein. Der direkte Vertrieb über die Autorenwebsite ist zwar sehr preiswert, da Zwischenhandelsstufen ausgeschaltet werden, die Reichweite und die damit erzielbaren Auflagen sind jedoch begrenzt.

Autor mit Online-Buch: Eine früh bereits experimentell genutzte Form, sich als Autor im Internet zu präsentieren, bestand darin, Werke ganz oder teilweise im Internet zu veröffentlichen. Dabei haben auch berühmte Autoren wie Steven King diesen Trend genutzt, um ihre Popularität weiter zu steigern. Eine weitere Möglichkeit zur Schaffung von Online-Produkten besteht darin, das Buch live im Internet zu schreiben und die Nutzer über mögliche Handlungsalternativen abstimmen zu lassen. Ebenso gibt es die Möglichkeit, die Nutzer weiterschreiben zu lassen und damit am Ende eine kollektive Autorschaft zu erzeugen. Solche Projekte wurden von deutschen Computerzeitschriften bereits 2001 unterstützt.

Wettbewerbe: Eine weitere Möglichkeit, als Verlag besondere Aufmerksamkeit auf Autoren oder ein Buchgenre zu lenken, besteht in der Organisation von Online-Veranstaltungen und -Wettbewerben. Die Verlagsgruppe Droemer-Knaur ließ beispielsweise im Jahr 2009 acht bekannte Krimiautoren im Rahmen eines Online-Wettbewerbs gegeneinander »anschreiben«. Dadurch wird die Bekanntheit der Autoren erhöht, die dann auch den Lesern bekannt sind, die bislang nur Werke der Kollegen gelesen haben.

Die bisherigen Projekte waren meist auf wenige Akteure begrenzt. Bekannte Online-Projekte waren »Null« oder »Forum der Dreizehn«. Aber auch bei diesen Projekten, die eigene Online-Versionen des Literaturbetriebs bilden sollten, zeigte sich, dass man nur begrenzte Reichweiten erzielen kann. Daher wird das Netz meist vor allem von jungen, noch weniger bekannten Autoren genutzt. Für viele etablierte Autoren ist das Internet hingegen wegen seiner »Kostenloskultur« nicht die Plattform ihrer Wahl. Durch zahlreiche Publikationstools im Rahmen der Etablierung von Content Management Systemen (CMS) und einfacher Tools für User Generated Content im Rahmen der Entwicklung des Web 2.0 sind die organisatorischen und technischen Hürden für Internet-Autoren gesunken. Dennoch haben die meisten Aktionen eher einen Marketingwert für die klassische Markenbildung, bei der man von Seiten des Verlags wichtige Autoren wie eigene Marken pflegt. Verlage können diese Effekte unterstützen und Fan-Communities aufbauen.

2.2 Verlage

Buchverlage haben sehr früh begonnen, das Internet für die eigenen kommerziellen Interessen zu nutzen. Ausschlaggebend war hier die Tatsache, dass in der Pionierzeit des Internets in den 1990er Jahren die Zielgruppe der frühen Internetnutzer oftmals identisch war mit der Zielgruppe vieler Fachverlage, und auch für belletristische Verlage war diese Zielgruppe besonders interessant.

2.2.1 Generelle Anforderungen an Verlagsauftritte im Internet

Es gibt mittlerweile eine Reihe von Ausarbeitungen zur Internetpräsenz von unterschiedlichen Verlagen (vgl. Breyer-Mayländer 2004, S. 59 ff.; Dingemann 2008). Nachfolgend werden einige grundsätzliche Funktionen von Verlagspräsenzen im Internet dargestellt, bevor in den folgenden Abschnitten die jeweiligen Besonderheiten der einzelnen Verlagstypen zusätzlich herausgearbeitet werden.

Grundsätzlich sollen Internetangebote von Buchverlagen über deren Programm informieren. Diese Funktion ist angesichts des sehr heterogenen Buchmarktes zentral. Dabei richtet sich das Internetangebot eines Verlags an unterschiedliche Zielgruppen:

1. Leserinnen/Leser: Die Leserschaft interessiert sich in erster Linie für das Programm. Im Marketingsinne ist ein Buch ein Vertrauensgut (der Kunde vertraut auf das Image eines Verlages, einer Buchreihe oder eines Autors) oder bestenfalls ein Erfahrungsgut (der Kunde hat bereits ein Buch eines Erfolgsautors gelesen und geht davon aus, dass sich die positive Erfahrung auch beim neuen Titel dieses Autors wiederholt). Beide Güterkategorien sind jedoch mit einer hohen Hemmschwelle für den potenziellen Käufer ausgestattet, da er zuerst das Produkt kennen und schätzen lernen muss. Ziel des Marketing ist es daher, dass das Buch zum *Inspektionsgut* verändert wird, bei dem man mit Hilfe einer kurzen Inspektion die Qualität des gesamten Produkts vor dem Kauf überprüfen kann. Diese Senkung der Kaufschwelle erreicht man im Regelfall durch die Möglichkeit des »Probelesens«, d.h. durch einige ausgewählte Seiten, die ein »Reinschnuppern« in den jeweiligen Titel gestatten. Wenn es um die Präsentation des kompletten Verlagsprogramms geht, müssen auch die Buchverlage – ähnlich wie der Buchhandel – Suchfunktionen anbieten. Diese sind jedoch bei den Verlags-Websites nicht ganz so zentral wie beim Online-Buchhandel. Stattdessen sind unterschiedliche Themen- und Kompetenzfelder ausschlaggebend, um dem Leser eine strukturierte Übersicht über das Programm zu ermöglichen. Zusätzlich geht es um die detaillierte Information zu einzelnen Titeln, d.h. im Unterschied zu Online-Buchhandelsplattformen besteht beim Verlag die Möglichkeit, Hintergrundinformationen zu Büchern oder Autoren bereitzustellen, die weit über das hinausgehen, was gewöhnlich auf dem Markt verfügbar ist. Rund um die Autoren können hierbei auch eigene Fan-Communities aufgebaut werden, die nicht erst seit dem Schlagwort »Web 2.0« für die Verlage von besonderem Interesse sind. Es ist eine gute Möglichkeit, auch über ein eigentlich distanziertes Medium eine emotionale Bindung an Marken und Autoren zu schaffen. Eine weitere Erwartung des Publikums ist die Kauf- und Bestellmöglichkeit. Aufgrund des vielzitierten »Channel-Conflicts« zwischen traditionellem klassisch stationärem Buchhandel und den unterschiedlichen Formen der Direktvermarktung sind hier nicht alle denkbaren Bestellwege in der Praxis umgesetzt worden. Meist werden derzeit jedoch unkomplizierte Bestellmöglichkeiten für die Leserschaft angeboten, die jedoch nicht immer forciert werden, um den Buchhandel nicht zu verärgern. Langfristig ist der Erfolg dieses Segments jedoch nicht aufzuhalten.

2. Buchhandel: Buchhändler haben zunächst prinzipiell dasselbe Basis-Interesse an einem Verlag wie das Lesepublikum. Es geht um Informationen über das Programm, die Titel und die Autoren. Hier können vor allem informationsorientierte Angebote der Verlage eine Doppelfunktion für die Leserschaft und den Handel erfüllen. Neben dieser inhaltlichen Information ist es für den Handel interessant, über Konditionen und Vertriebsaktionen informiert zu werden. In anderen Segmenten der Medienbranche haben sich daher neben den »B2C« (Business-to-Consumer)-Plattformen für den Rezipienten auch »B2B« (Business-to-Business)-Plattformen für gewerbliche Partner etabliert. Für Buchverlage gilt, dass der Handel weniger an Pull-Informationen interessiert ist und daher nicht ohne Weiteres selbst in einem geschlossenen Bereich solcher Plattformen aktiv recherchiert. Daher muss ein Anreiz für die zusätzliche Informationssuche auf der Website geschaffen werden. Eine Möglichkeit hierfür ist die Kombination von Push-Information im Rahmen von Fachkampagnen (z.B. Anzeigen im *Börsenblatt des deutschen Buchhandels*) und Pull-Informationen auf der Verlags-Website. Das heißt im Rahmen einer Crossmedia-Kampagne weisen die klassischen Werbemittel (Anzeige, Direct-Mail) auf die Informationen und Möglichkeiten auf der Verlags-Website hin. Hier können dann beispielsweise Pakete für Schaufenster-Aktionen oder Verkaufswettbewerbe etc. über das Internet bestellt bzw. abgewickelt werden.

3. Autoren: Potenzielle Autoren sind darauf angewiesen, dass sie bei der Kontaktaufnahme mit einem Verlag sowohl dessen inhaltliches Profil als auch die interne Organisationsstruktur nachvollziehen können. Dies bedeutet, dass die Ansprechpartner bzw. die Kontaktmöglichkeiten in den einzelnen Fachabteilungen klar erkennbar sein sollten. Für belletristische Verlage geht es hier eher um das Filtern der unaufgefordert (und teilweise auch unerwünscht) eingesandten Manuskripte. Für Fachverlage kann es jedoch entscheidend sein, fachlich ambitionierte und versierte Autoren zu gewinnen.

4. Multiplikatoren: Multiplikatoren benötigen einen Überblick über die Historie, Tradition und das Selbstverständnis des Verlags. Darüber hinaus geht es wie bei den vorherigen Zielgruppen um die Programmstruktur, einzelne Titel und auch die Autoren des Verlags. Hier sind für die Journalisten zudem fertige Hintergrundinformationen und vor allem vorgefertigtes Material (Texte, Grafiken, Fotos, Audioaufnahmen, Filme) wichtig. Denn je niedriger die Schwelle für eine Berichterstattung ist, desto größer ist die Chance, dass das eigene Verlagsprogramm, die Neuerscheinung oder der Autor des eigenen Verlags zum Gegenstand einer größeren Öffentlichkeit wird. Auch hier muss wie bei den Angeboten für den Handel die Kombination aus »Push« und »Pull« zum Einsatz kommen. Über Pressemeldungen, Pressekonferenzen, Newsletter und Mailings werden die Journalisten auf Themen aufmerksam gemacht, und im B2B-Bereich für Multiplikatoren findet sich dann Hintergrundmaterial. Ebenso wie bei den Autoren ist auch hier eine gewisse Transparenz der internen Organisation notwendig. Die Journalisten sollten es also möglichst leicht haben, über die Presseabteilung an die notwendigen Ansprechpartner zu kommen.

Rüdiger Dingemann macht am Beispiel der Online-Präsenz des Zürcher Verlages *Kein & Aber* ein paar Grundsätze für Verlagswebsites deutlich:

I. Übersichtlichkeit
Das A & O einer jeden Site: Das Nutzer-Auge will nicht lange umherirren. Zwei, drei Blicke müssen die wesentlichen Elemente erfassen können und dürfen nicht durch nachrangige Elemente abgelenkt werden - das ist bei unserem Beispiel gelungen.

II. Layout
Das Layout und die Hintergrundfarbe müssen dem Verlagsimage entsprechen. Gibt es ein Logo, hat dieses immer oben auf jeder Seite zu stehen. Keine Seite darf ohne Bild sein. Auch, wenn es ein Gemeinplatz ist: Die grafische Gestaltung muss eine moderne Anmutung haben und darf auch ruhig etwas ausgefallener sein.

III. Die Home
- *Unabdingbar* ist eine gut funktionierende Suche, sie steht immer im oberen Bereich einer Seite.

- *Navigation*: Horizontal die Hauptrubriken: Produkte (Bücher, CDs, Kalender etc.), Autoren, Shop, Presse und Verlag sollten immer oben wie unten auf der Seite stehen. Es gilt: Nicht viele Wege führen nach Rom, sondern nur einer. (Bei unserem Beispiel fehlt leider der Button »Home« in der oberen Leiste.)
- *Hilfreich* sind dann in der Vertikalen, ob links oder rechts ist gleichgültig, Termine und News kurz angeteasert; aber auch Pressestimmen könnten hier angerissen werden.
- *Funktion*: Über die Teaser öffnet sich ein »Mehr«- Fenster mit weiteren detaillierten Infos. In der rechten Navi-Leiste unseres Beispiel gibt es dann die Buttons »Warenkorb – zur Kasse«, »E-Cards«, die hauseigenen »Bestseller« - jeweils die ersten drei und mit direktem »Mehr«-Link auf die Seite, auf der der Titel ausführlicher vorgestellt wird.
- *Fehlen sollten* auf gar keinen Fall die Buttons für RSS-Feeds und Newsletter.
- Im Mittelteil der Home finden die Neuerscheinungen ihren prominenten Platz.
- *Nicht vergessen werden sollten* Buttons zum »Weiterempfehlen« der Site und zum Ausdrucken, und zwar auf jeder Seite!

IV. Unterseiten in den Rubriken

- *Bücher*: Jeder Titel hat eine eigene Seite. Auf Sammelseiten findet man das Gesamtprogramm (Katalog), Neuerscheinungen, Frühjahr/Herbst-Vorankündigungen, Gesamtausgaben.
- *Autoren*: Von A-Z (Kurz-Biografien mit Foto + allen Titeln, Preisen), Termine, Jahrestage.
- *Titel-Seite*: Hier gehören neben dem Schutzumschlag und den obligatorischen bibliographischen Angaben, Rezensionsauszüge, ein Bild des Autors. Selbstverständlich (!) ergänzt durch eine angebotene Lese- bzw. Hörprobe, weitere Buttons führen zur Presse, zum Bestellen und mehr zum Autor (durchaus auch mit verschiedenen Fotos – vor allem für die Presse).
- *Shop*: Bestellbuttons für Bücher, CDs, Sonderangebote, Kataloge/Prospekte.
- *Presse*: Kontakt, Pressemeldungen, Downloads, Termine, Jahrestage.
- *Verlag*: Ansprechpartner = Kontakt, Manuskript-Einsendungen, Vertriebsangaben, Impressum.
- *Verlagsangaben*: Genaue Anschrift mit interaktiver Anfahrtskarte; Telefonnummern mit Durchwahl bei den »Kontakt«-Personen mit Foto (die leider bei unserem Beispiel fehlen) + E-Mail-Adresse.
- *Bei jeder Unterseite* tauchen alle Seiten auch immer wieder als Button auf der linken Navigations-Leiste auf.
- *Keine Seite* darf eine Sackgasse sein!

V. Multimedia

- *Es sollte immer* auch etwas auf der Seite passieren, nicht aufdringlich, nicht störend, aber abwechslungsreich: Interaktive oder animierte Bilder sollten in kurzen Zeitabständen wechseln. Ziel muss es sein, die Nutzer häufiger auf die Site zu locken.
- *Audios bzw. Podcast*: Bei Kein & Aber gibt es neuerdings ein »Internet-Radio« (24 Stunden täglich ein endloses Band mit Auszügen aus dem Hörbuch-Programm) und eine »Online-Signierstunde« (Reservierung von Signierexemplaren). - Nachahmenswert für die, die Hörbücher im Programm haben; für alle anderen ist der Service für Widmungsexemplare überlegenswert.

- *WebTV*: Ist relativ einfach machbar: z.B. eine Lesung auf Video aufzeichnen oder Autoren-Videos und/oder Audios erstellen.
- *Hintergrund-Links*: Weiterführende Links zu Sachthemen sind hilfreich. Dazu gehören gerade auch Hinweise auf Radio- und Fernsehsendungen.

VI. Web 2.0
- *Die Leser-mit-mach-Site*: Leser und Nutzer sollten zur Beteiligung an der Site aufgefordert werden. Ein kontrolliertes Forum erleichtert die Leser-Verlags-Bindung. Leser-Rezensionen sind wünschenswert - aber auch der Hinweis, dass man sich eine Auswahl vorbehält. Der Verlagsauftritt darf nicht zu einem »Blog« verkommen.

VII. Verlagsvertreter
- Selbstverständlich sollten die Verlags-Vertreter ihren Platz auf der Site finden, nicht nur mit Name, Adresse, Tel/Fax und E-Mail, sondern auf einer eigenen Unterseite.

VIII. Aktualität
- Hat oberste Priorität. Nicht nur, dass jede neue Besprechung auf die Site und zum jeweiligen Titel gehört, nicht nur, dass neue Lesetermine, Lesungen im Rundfunk oder Vorstellungen im Fernsehen angezeigt werden. Auf der Home muss täglich etwas passieren!

IX. Sites speziell nur für den Buchhandel, den Leser oder die Presse
- Solche Unterseiten sollten für jeden zugänglich sein.

X. Relaunch
- Alle 2-3 Jahre sollte die Site einem Relaunch unterzogen werden; der Umfang hängt von der technischen Entwicklung ab.

Fazit

Häufig scheitert ein gelungener Internet-Auftritt - wie so vieles - an mangelndem Budget und Zeit. Dem muss nicht so sein. Für kleinere Verlage bieten sich z.B. diverse »Blog-Softwares« an, bevor man größer einsteigt. Wichtig ist darüber hinaus - ob großer oder kleiner Verlag -, dass die Site nicht »irgendwie nebenbei« betrieben wird. Je nach Umfang ist das ein Fulltime-Job, ideal für Freelancer. Der Verlags-Webmaster muss aktiv »bedient« werden, und er muss aber auch von sich aus nachfassen.

Mit geschickter Onlinewerbung für das eigene Programm auf geeigneten Portalen sind mehr Leser auf die Verlags-Site zu ziehen - und mehr Umsatz zu erzielen.

Der Internet-Auftritt eines Verlages wird zur Schaubühne des gesamten Unternehmens: Neben dem Image ist er wichtig fürs Marketing, für die Leserbindung und vor allem für den Vertrieb. Darüber hinaus bringt das Internet Verlage dazu, »sich auf ihre Stärken zu besinnen«, wie es kürzlich **Torsten Hilt** - Marketing- und Vertriebsleiter des Humboldt Verlags und der Schlüterschen Verlagsgesellschaft - in einem Beitrag über Ratgeber-Reihen im boersenblatt.net betonte. Also: Worauf warten ?

Text von Rüdiger Dingemann (www.perlentaucher.de/teletaucher), www.buch-pr.de (Thema vom 03.03.2008)

Daneben gibt es eine Reihe allgemeiner Kriterien, die man für die Beurteilung von Marken-Websites (vgl. Bauer/Grether 2002) und für die Beurteilung von Websites im Bereich des herstellenden und verbreitenden Buchhandels einsetzen kann (vgl. Breyer-Mayländer 2004, S. 53 ff.; Riehm/Orwat/Wingert 2001).

2.2.2 Fachverlage

Bei den Angeboten der Fachverlage geht es um die gezielte Adressierung eines hochspezialisierten Publikums. Dabei gibt es noch mehr Teilzielgruppen als bei den Verlagen allgemein. Allen ist jedoch gemein, dass die Partner dem Verlag im Sinne des B2B-Marktes gegenübertreten.

Zielgruppen der Fachverlags-Websites (vgl. Breyer-Mayländer 2004, S. 62):
- Autoren
- Buchhändler
- Journalisten
- Anzeigenkunden und Agenturen
- Bibliotheken
- Dozenten

Die letzten drei Gruppen sind nur im Umfeld von Fachverlagen relevant. Dabei ist die Rolle der Dozenten eng verwandt mit der Rolle der Journalisten. Beide gehören zum Pool der Multiplikatoren. Diese spielen wiederum in der Kommunikation von fachspezifischen Märkten eine sehr große Rolle, da es sich hier um eine eng vernetzte Gemeinschaft handelt. Entsprechend ist es üblich, in diesem Umfeld Communities aufzubauen, die auf Basis von Newslettern sowohl mit Push-Information aus dem Verlag versorgt werden, als auch einen fachspezifischen Austausch auf der Online-Plattform pflegen.

Fachverlage verbinden in diesem Umfeld meist so unterschiedliche Produkte wie Fachzeitschriften und Veranstaltungen (Seminare, Kongresse), mit deren Hilfe sie die Online-Plattformen genauso stärken wie das gesamte Fachbuchgeschäft. Themenspezifische Online-Fachbuchhandlungen können für die Fachverlage aus einem bestimmten Themensegment zu den hoch relevanten Kooperationspartnern gehören. Während einige Möglichkeiten des Publikumsverlags dem Fachverlag im Regelfall nicht zur Verfügung stehen, wie z. B. breit angelegte Publikumskampagnen, gibt es einige Maßnahmen, die nur im Fachverlag möglich sind, wie beispielsweise die Online-Direktvermarktung durch den Verlag selbst. Da die meisten Fachverlag keine große Abhängigkeit vom stationären Buchhandel haben und auch deutlich ist, dass die Beratungskompetenz der Buchhändler in vielen Fällen für diese Produkte nicht ausreicht, wird ein Online-Geschäft der Fachverlage von Seiten des Handels einfacher akzeptiert als im Bereich der Belletristik.

Auch die Autorenakquisition ist ein Thema, das theoretisch von belletristischen Verlagen im Internet betrieben werden kann. Im Segment der Fachmedien ist es jedoch klarer, über welche Qualitäten ein Autor verfügen muss. Entsprechend kann hier das unabdingbare Kennenlernen von Lektor und Autor bereits über die Internetpräsenz des Verlags systematisiert und angebahnt werden.

2.2.3 Belletristische Verlage

Publikumsverlage im Internet haben von Beginn an ihre Möglichkeiten der Direktvermarktung zurückgestellt, um den Handel, auf den sie im Regelfall angewiesen sind, nicht zu verärgern. Dennoch hat sich hier im Mix der unterschiedlichen Vertriebskanäle seit dem Jahr 2000 die Furcht vor großen Nachteilen etwas verringert. Gerade in spezifischen Segmenten wie dem Kinder- und Jugendbuch werden verlagseigene Direktvermarkter, die eigene Sortimente aus unterschiedlichen Kollegenverlagen und dem eigenen Programm zusammenstellen, auch von Seiten des stationären Handels akzeptiert. Dennoch zeigt sich bei den Online-Aktivitäten, dass der Schwerpunkt der Verlags-Websites nicht auf dem Bereich Handel/Transaktionen liegt.

Autorenmarketing: Zur besseren Präsentation der Autoren werden Porträts erstellt, die durch einen interaktiven Prozess unterstützt werden können. Beispielhaft sind Websites von Verlagen, die den Autoren die Möglichkeit geben, gemeinsam mit den Lesern und Fans eine Geschichte weiterzuentwickeln. Damit wurde bereits vor der Etablierung des Modewortes »Web 2.0« eine intensive Einbeziehung der aktiven Nutzer möglich und damit die Grundanforderung an eine Community als virtuelle Gemeinschaft erfüllt.

Programmmarketing: Die Darstellung des Gesamtprogramms bei Publikumsverlagen zeigt, welche Themenfelder im Hause abgedeckt werden. Dies führt im Sinne der Markenbildung für den Gesamtverlag zu einer Zuschreibung von Kompetenzen, die das Markenimage prägen. Das Internet bietet hier durch Zusatzinformationen einen Mehrwert, der bei der Orientierung über das gesamte Angebotsspektrum hilft. Dabei können Suchmechanismen beispielsweise zur Kombination der Angebote aus Neuerscheinungen und Backlist benutzt werden. Letztlich muss die Orientierungsfunktion auf der Verlagswebsite für den Nutzer einen Mehrwert gegenüber den gleichartigen Funktionen der großen Online-Buchhändler bieten. Hier können Zusatzinfos oder eine detailliertere Aufbereitung der Titel zum Einsatz kommen. Leseproben und spezifische Themensites (z. B. zu Krimis) haben für viele Verlage inzwischen einen festen Platz im Kommunikationsmix einnehmen können. An diesen Ansatz können sich dann bei geeigneten Themen entsprechende Themen-Communities anschließen. Ähnlich wie im Online-Ansatz der Fachverlage lassen sich in diesem Kontext die detaillierte Information für Buchhändler (inklusive Informationen über Handels- und Abverkaufsaktionen) sowie die Information für Multiplikatoren (v. a. Journalisten) integrieren.

2.3 Handel

Die Position des Handels lässt sich im Online-Geschäft nicht mit einfachen Schlagworten beschreiben. Er wird daher im Folgengen nochmals gesondert untersucht. Dennoch gelten für den Buchhandel im Bereich des Online-Marketing einige Grundsätze, die alle Handelsformen im Buchgeschäft gleichermaßen betreffen.

Bücher sind eines der am meisten im Online-Markt gehandelten Produkte. Dies liegt daran, dass das Buch gut beschreibbar ist und in der erwartbaren und berechenbaren Qualität gut lager- und lieferfähig ist und sich somit für das Versandhandelsgeschäft eignet.

Daher haben alle Handelsformen des Buchmarkts damit begonnen, eigene Online-Aktivitäten zu starten, was zu einer Vielzahl von Anbietern allein im deutschsprachigen Markt geführt hat. Die Hauptfunktionen, nämlich einen Überblick über das Sortiment zu geben und zu beraten, lassen sich mittlerweile auch sehr gut online abwickeln, so dass die Kernfunktion des Handels möglich ist. Im Rahmen der Analyse erfolgreicher Plattformen konnten nachfolgende Erfolgsfaktoren ermittelt werden (vgl. Breyer-Mayländer 2004, S. 70):

- Auswahl aus einer möglichst umfassenden Datenbasis (hohe Titelzahl),
- tiefergehende Titelinformation (Abbildungen, Klappentexte, Rezensionen, Leseproben, Search-Inside),
- Informationen über den Autor und weitere Bücher des Autors,
- Empfehlung von Büchern zu ähnlichen Themen aufgrund der Kaufhistorie und des Such- und Bestellverhaltens,
- Bewertungen und Rezensionen ehemaliger Käufer (abhängig von der Seriosität der Beiträge),
- Informationen über die Sicherheit des Bestellprozesses,
- unterschiedliche Bezahlweisen,
- transparente Lieferbedingungen (versandkostenfrei, Aufpreis bei Expresslieferung),
- Agentenfunktion (aktive Information auf Basis eines einmalig hinterlegten Interessenprofils).

2.4 Branchenfremde

Ein typisches Merkmal der Marketingmöglichkeiten im Internet ist in allen Märkten die Absenkung der sogenannten Markteintrittsbarrieren. Typischerweise sind für Marktneulinge insbesondere dann, wenn sie keinen spezifischen Branchenhintergrund haben, die ersten Schritte in einem neuen Markt sehr aufwendig und risikobehaftet. Das Internet gestattet hier in allen Branchen für Dritte einen einfacheren Marktzugang, da beispielsweise Bestellwesen und Vertrieb im Versandhandel auch für kleinere Newcomer eine effektive Vermarktung gestatten.

Im Medienmarkt hat dies dazu geführt, dass in vielen Segmenten eine ganze Reihe von Branchenfremden Fuß fassen und teilweise die Märkte dominieren konnten. Das bekannteste Beispiel sind die Rubrikanzeigenmärkte (z. B. Stellen-, Immobilien-, KFZ-Anzeigen). Diese Märkte sind in einem Zeitraum von wenigen Jahren komplett an Anbieter aus dem Internet gegangen, die ursprünglich keine feste Verankerung im Mediengeschäft hatten. Auch im Buchmarkt zeigen einzelne Unternehmen, dass es für branchenfremde Akteure hier möglich ist, sich zu etablieren und den einen oder anderen Zweig des Buchmarktes zumindest stark zu beeinflussen, wenn nicht gar zu dominieren.

2.4.1 Fachvereinigungen

Zunächst hat die Möglichkeit der einfachen Direktvermarktung von Produkten im Buchsektor einzelne Kooperationspartner der Buchverlage dazu ermutigt, eigene Produkte ohne Einbeziehung eines Verlagspartners zu erstellen und zu vermarkten. Ein einfaches Beispiel aus dem Markt der Fachbuchpublikationen sind Verbände und Fachvereinigungen, die nicht mehr in Verlagskooperation, sondern in Eigenregie publizieren. Statt der bisherigen Fachpublikation gibt es oftmals nur noch Informationen im Internet. Ebenso gibt es in Teilbereichen Unternehmen oder Unternehmensberatungen, die in das Verlagsgeschäft eingestiegen sind. Die Marktbedeutung dieser Initiativen ist jedoch im Regelfall begrenzt. Die Auswirkungen auf die Buchverlage sind überschaubar.

2.4.2 Suchmaschinen

Wesentlich intensiver werden die Auswirkungen der Aktivitäten der Suchmaschinenbetreiber diskutiert. Suchmaschinen haben sich in der Phase der Professionalisierung des Internets von 1995 bis 2005 als Gatekeeper etabliert, die als Ausgangsbasis einer Recherche sehr stark darüber entscheiden, was wo genutzt wird. Im deutschen Markt herrscht dabei die Sondersituation, dass Google nach Angaben der Fachzeitschrift *Internet World* im Dezember 2008 auf einen Marktanteil von über 90 Prozent kam. Daher ist es für Verlage wie auch für andere Unternehmen von großer Bedeutung, dass die eigenen Produkte und Angebote von Google gefunden werden.

Google hat sich jedoch nicht damit begnügt, die kommerzielle Such-Startrampe für Internetsurfer in Deutschland zu sein, sondern hat damit begonnen, nicht die Referenz auf das Produkt »Buch«, sondern gleich den Inhalt des Produkts Buch anzubieten. Mit großem organisatorischen und finanziellen Aufwand hat Google begonnen, Bücher zu scannen und den Inhalt digital verfügbar und damit recherchierbar und nutzbar zu machen. Suche, Selektion, Lesen und Nutzung gehen in diesem Modell ineinander über. Da hier ein direkter Substitutionseffekt besteht – das online abgerufene Buch muss nicht mehr gekauft werden – und die Urheberrechtslage keine derartige freie Nutzung gestattet, wurde eine weltweite Sammelklage gegen Google gestartet, die im Frühjahr 2009 mit dem Angebot eines Vergleichs ihren vorläufigen Abschluss gefunden hat, deren Bewertung auf Seiten der Verlage und der Politik jedoch noch andauert.

Dieses Beispiel zeigt das neue Machtgefüge, das durch das Internet zwischen den Marktakteuren geschaffen wurde. Die Buchverlage sind auf Google einerseits angewiesen, wenn es um die Auffindbarkeit des eigenen Produkts geht, andererseits greift die Suchmaschine ohne rechtliche Skrupel tief in die Wertschöpfungskette der Verlage ein. Die Argumentation, dass diese online verfügbaren Inhalte gerade im Bereich der Belletristik keinesfalls als Substitut zu sehen seien, da man das Buch ja nicht am Rechner lesen wolle, greift dabei als Gegenargument zu kurz. Es ist derzeit zwar in vielen Fällen so, dass der digitalisierte und recherchierbare Inhalt gewissermaßen die werbliche Teaser-Info für die Belletristik-Verlage darstellt, das heißt die Nutzer kommen in Kontakt mit dem Werk und können sich dann fundiert für den Kauf entscheiden. Mit dem Aufkommen von E-Book-Readern der neuen Generation wächst jedoch die Gefahr, dass der Einfluss von elektronischen Produkten und der ausschließlich elektronischen Nutzung im Markt steigt. Wie problematisch dies sein kann, zeigen die Erfahrungen der Musik- und Filmindustrie, wo die Nutzung nicht autorisierter Inhalte das konventionelle Geschäft entscheidend geschwächt hat.

2.4.3 Auktionsplattformen

Ein typischer weiterer neuer Online-Akteur, der in das Buchgeschäft einwirkt, ist der Auktionsanbieter. Auktionsplattformen wie E-Bay haben mittlerweile zwar den ersten Hype hinter sich, sie sind jedoch sehr stark diversifiziert und bieten neben der klassischen Auktion auch den Direktkauf von neuen oder gebrauchten Waren an. In den meisten Segmenten sind noch keine signifikanten Umsatzverschiebungen messbar gewesen, jedoch ist es ein Wettbewerb, dessen Potenzial noch unklar ist.

3. Internet-Buchhandel

Aus dem Datenmaterial zum elektronischen Versandhandel und den Nutzerbefragungen der großen Internetstudien weiß man, dass viele Online-Nutzer bei der Frage, welche Produkte sich ihrer Meinung nach für den Online-Handel besonders gut eignen, das Buch an vorderster Stelle aufführen. Handelt es sich doch dabei um ein Produkt, das gut beschreibbar ist und dessen Wert durch verkürzte Inhaltsangaben (Abstracts) und weitere Angaben gut beschrieben werden kann. Die Möglichkeit, diese Waren 24 Stunden am Tag an sieben Tagen pro Woche auch von dem kleinsten Dorf aus bestellen zu können, rundet die Liste der gängigen Vorzüge des Online-Buchhandels ab.

Angesichts der Titelfülle im Buchmarkt spielt aber für den Verbraucher die Markttransparenz zunehmend eine Rolle. Denn es ist bei der Vielzahl unterschiedlicher Bücher zu einem Thema für den Konsumenten schwierig, einen Überblick zu bekommen. Diese Orientierung und Transparenz sprechen etwa jüngere Verbraucher/innen eher dem Internet als dem stationären Buchhandel zu. Es konkurriert somit eine klassische Verkaufsberatung mit ausgebildetem Fachpersonal im Fachhandel mit der Eigenrecherche im Internet. Um hier wenigstens im Rahmen der Recherche eine Funktionalität bieten zu können, die dem Beratungsbedürfnis der Zielgruppe nahekommt, wurden zahlreiche Funktionen bei Online-Buchshops erprobt (vgl. Breyer-Mayländer 2004, S. 70):

- Suchfunktionen, die eine mehrdimensionale Suche nach z. B. Autor, Titelstichwort, Sachschlagwort, Jahreszahl etc. gestatten,
- Zusatzinformationen zu den Titeln (Coverabbildung, Leseproben wie bei Search-Inside, Volltextsuche im Buchtext selbst, Klappentexte, Rezensionen etc.),

- Buchempfehlungen auf Basis des »collaborative filtering«: Käufer dieses Titels haben auch folgende Titel gekauft; dieses Instrument kann nur bei hohen Verkaufszahlen sinnvoll eingesetzt werden,
- Bewertungen und Rezensionen ehemaliger Käufer,
- die Nutzung von Suchagenten, die sich nach einem vorgegebenen Profil melden, sobald ein passendes Buch auf dem Markt ist.

Je nach Marktposition innerhalb der Wertschöpfungskette der Buchbranche werden beim Online-Buchhandel unterschiedlich offensive Strategien von den Händlern als klassischen Verlagspartnern verfolgt.

3.1 Internet-Versandbuchhandel

Die Wahrnehmung des Online-Buchhandels in der (Fach-)Öffentlichkeit wird stark durch die Informationen geprägt, die über den Internet-Versandbuchhandel vorliegen. In den Statistiken über die unterschiedlichen Absatzwege von Büchern werden die Segmente Versandbuchhandel und Internethandel zusammengefasst, was eine gewisse Nähe der Geschäftsfelder zeigt. Im Jahr 2007 entfielen auf diesen Vertriebskanal 12,6 Prozent der Umsätze (vgl. Börsenverein 2008, S. 6).

Das Geschäft der bestehenden Versandbuchhändler wurde durch das Internet auf eine neue technologische Basis gestellt, ohne dass sich ihr Kerngeschäft dadurch komplett verändert hat. Der Mediamix zur Ansprache der Kunden und zur Information über das eigene Sortiment hat sich durch das Internet zwar erweitert, dennoch ist damit keine ausschließliche Fokussierung auf Mail-Newsletter und Bannerwerbung verbunden. Anzeigenwerbung und klassische Mailings haben hier im Mediamix nach wie vor ihre Berechtigung. Die Internetplattformen dienen der Bestellorganisation und werden darüber hinaus dazu benutzt, das Interesse der durch unterschiedliche Medien aktivierten Käufer gezielt zu steuern. Daher werden die Abruf- und Verkaufszahlen der großen Online-Buchhändler ständig überprüft. Sollte beispielsweise auf der Startseite des Online-Buchhändlers Booxtra ein Buch beworben werden, dessen Absatz in den ersten Stunden des Tages nicht den Erwartungen entspricht, wird zunächst der Werbeartikel (Teaser-Information) verändert und anschließend, sollte das keine entsprechende Wirkung gezeigt haben, der Titel durch ein anderes Angebot ersetzt.

Der Versandbuchhandel im Internet wird bei Büchern zunächst durch den allgemeinen Versandhandel (beispielsweise den Otto-Versand) ergänzt, der unter anderem auch Bücher anbietet. Da der allgemeine Versandhandel, ob mit oder ohne Internetunterstützung, ohnehin mehr und mehr Schwierigkeiten hat, sein Leistungsspektrum anzubieten, da viele Menschen eher bei Spezialisten einkaufen, sind die Anteile des Online-Versandbuchhandels, den die allgemeinen Versandhändler auf sich vereinen können, eher überschaubar.

Diese Aussage gilt jedoch für den deutschen Markt nur, wenn man Amazon der Kategorie des reinen Internet-Versandhandels zuordnet. Amazon, Booxtra etc. sind Online-Buchhändler, die im deutschen Markt die führenden Marktanteile erringen konnten. Dies geschah bei Amazon durch eine konsequente Ausrichtung auf die Bedürfnisse des Buchmarkts. Gleichzeitig mutierte jedoch ausgerechnet der Vorzeige-Online-Buchhändler Amazon durch weitere Expansionsschritte zu einem großen Online-Versandhändler, der auch andere Konsumgüter anbietet. Hier zeigt sich, dass für junge Zielgruppen das moderne Markenimage für die Bewertung eines Versenders entscheidend ist. In einem nicht unproblematischen Marktumfeld (man denke an die Insolvenz des Traditionshauses Quelle 2009) ist es gelungen, sich in der Wahrnehmung der Kunden als vertrauenswürdiger Anbieter im Internet zu etablieren. Die Logik des Marktes bedeutet jedoch auch, dass man für ein gutes Angebot im Online-Handel nicht unbedingt viele konkurrierende Anbieter benötigt. Die Konzentrationstendenzen, die allgemein im Handel spürbar sind, haben auch vor dem Buchhandel – und hier auch vor dem Online-Buchhandel – nicht halt gemacht.

3.2 Sortimenter als Online-Versandhändler

Die vielen kleinen und mittleren Buchhandlungen in Deutschland haben sich inzwischen meist bereits auf den Weg ins Internet gemacht. Dabei kooperieren viele Buchhändler mit den Barsortimentern, um Bestellabwicklung, Plattformaufbau etc. nicht allein bewältigen zu müssen. Die Buchhändler bieten den Online-Buchhandel als zusätzlichen Service für ihre Kunden an, um den Anspruch, den Kunden vor Ort bei allen Fragen des Buchkaufs zur Seite zu stehen, einlösen zu können. Meist ist der Umsatzeffekt begrenzt. Kleinere Buchhandlungen setzen sehr wenig über den Online-Kanal ab, während größeren Buchhandlungen mit mehr als 50 Mitarbeiterinnen und Mitarbeitern ein größeres Augenmerk auf die Online-Aktivitäten richten können, wenngleich der Umsatzanteil des Online-Kanals noch im einstelligen Prozentbereich liegt (vgl. Börsenverein 2008, S. 45). Sollten die Bestellungen zudem über eine Kooperationslösung mit dem Zwischenbuchhandel abgewickelt werden, so ist der Anteil am Gesamtumsatz so begrenzt, dass auch die Entwicklungsfähigkeit des Geschäftsfelds leidet. Für die Sortimentsbuchhandlung ist es gerade angesichts des ungewissen Trends der E-Books eine strategische Entscheidung, auf den Online-Buchhandel als weiteres aktives Standbein zu setzen, das derzeit vor allem zur Image- und Markenbildung beiträgt.

Eine Besonderheit bildet der Fachbuchhandel im Internet. Hier geht es um eine Verknüpfung von fachlicher Profilierung mit der Möglichkeit der Online-Recherche. Der Nutzen des Fachbuchhandels liegt bereits beim stationären Handel nicht in der Sortimentsbreite, sondern in der Sortimentstiefe, indem beispielsweise eine Konzentration auf juristische, theologische oder medizinische Themen stattfindet. Mit J. F. Lehmanns Fachbuchhandlung startete Mitte der 1990er Jahre der Fachbuchhandel bereits sehr früh im Netz. Für die Zielgruppe geht es dabei um die bequeme Recherche und Verfügbarkeit der Titel (auch der Fachzeitschriften) und um eine möglichst gute Themennavigation im jeweiligen Fachgebiet, was den ursprünglichen Beratungsansatz im E-Commerce repräsentiert. Damit steht der Fachbuchhandel im partnerschaftlichen

Wettbewerb zu Fachzeitschriften, Fachinformationsdatenbanken und Fachbibliotheken, die ähnliche Bedürfnisse abdecken, im Regelfall jedoch mit ihrer Dienstleistung eine Ergänzung zum Handel darstellen.

3.3 Antiquariate

Um den Antiquariaten im Netz gerecht zu werden, muss man zunächst klären, was man unter »Antiquariat« versteht. Im Regelfall ist es das klassische Antiquariat, das mit bibliophilen Gegenständen des Buchhandels wie beispielsweise vergriffenen Auflagen von Büchern, Druckerzeugnissen (Karten, Lithographien etc.), Handschriften und Ähnlichem handelt. Dies ist ein Spezialistenmarkt, bei dem auch viel kleinere und mittlere Betriebe als Nebenerwerbsquelle der Inhaber im Markt aktiv sind und der sich, da international sehr breit gestreut, geradezu für eine Vernetzung anbietet. Folgerichtig gibt es unter www.zvab.de (Zentrales Verzeichnis antiquarischer Bücher) Recherchemöglichkeiten bei mehr als 4000 eingetragenen Antiquaren aus 27 Ländern. Schon vor dem Internet-Zeitalter war das Versandgeschäft ein starkes Standbein im Handel mit gebrauchten und alten Büchern, so dass die Eignung des Geschäfts für den Internet-Handel unbestritten ist.

Eine klare Abgrenzung zwischen dem klassischen Antiquariat und anderen Antiquariats- oder Buchhandelsfunktionen im Internet ist schwierig. Die bekannte Buchhandelsplattform Amazon, die ausgehend vom Buchgeschäft mehr und mehr diversifizierte und somit zum »Gemischtwarenladen« wurde, integriert in ihre Suche auch die Möglichkeit zum Erwerb gebrauchter Bücher. Damit verschwimmt die Grenze zwischen dem Handel mit neuen Büchern zum gebundenen Ladenpreis und dem Handel mit gebrauchten, aber nicht sehr alten Büchern. Eine weitere Variante ist das sogenannte »moderne Antiquariat«, der Handel mit Büchern, deren Preisbindung aufgehoben wurde, die also verramscht werden. Diese Restauflagen werden auch im stationären Handel parallel zu den neuen Büchern vermarktet und haben in einigen Programmsegmenten (z. B. Kochbücher und früher hochpreisige Bildbände) eine große Bedeutung. Auch hier interessieren sich die Versandhändler zunehmend für Restauflagen, so dass neben dem kataloggestützten Versandhandel mit crossmedialer Bewerbung durch Anzeigen in Zeitungen und Zeitschriften ein Internet-Handel geführt wird. Beispielhaft hierfür ist Jokers (www.jokers.de), eine Plattform der Weltbild-Gruppe.

Neben dem normalen Handel mit gebrauchten Büchern gibt es auch die Möglichkeit des Handels zwischen unterschiedlichen (z. T. privaten) Anbietern bzw. der Auktion. Diese Handelsformen sind nicht nur auf die allgemeinen Auktionsplattformen wie etwa E-Bay beschränkt, sondern hierfür gibt es auch teilweise branchenspezifische Plattformen, wie etwa www.abebooks.de oder www.justbooks.de. Hier findet zum Teil eine weitergehende Vernetzung unterschiedlicher Handelsplattformen statt, wenn Bücher beispielsweise über eine andere Handelsplattform in Justbooks recherchierbar und bestellbar sind. Die Möglichkeiten der Vernetzung, die das Internet bietet, werden dabei ausgeschöpft.

3.4 Zwischenbuchhandel im Netz

Eigentlich ist der Zwischenbuchhandel das Bindeglied zwischen Sortimentsbuchhandel und Verlag. Er erfüllt damit eine wichtige logistische Aufgabe. Insbesondere wenn es um die rasche Versorgung (Lieferung innerhalb von 24 Stunden) mit einem sehr breiten Sortiment geht, kommen die Vorzüge des Barsortiments zur Geltung. Nachteilig sind aus Sicht des Verlags die Zwischenhandelsrabatte, die diesen Vertriebsweg sehr »teuer« machen. Für viele kleinere und mittlere Buchhandlungen ist das Barsortiment jedoch ein guter Weg, um am Markt präsent zu bleiben, obwohl das Ladengeschäft nur eine sehr begrenzte Sortimentsauswahl gestattet. Das Bestell- und Besorgungsgeschäft des Buchhandels ist stark vom Barsortiment abhängig, und genau diese Art von Bestellungen sind natürlich auch ein Marktsegment, das gut über das Internet abgedeckt werden kann, so dass ein Substitutionseffekt bei diesen Bestellungen naheliegend ist.

Um keine Konflikte mit den eigentlichen Kunden, den Sortimentsbuchhändlern, zu fördern, haben die deutschen Zwischenbuchhändler ihre Online-Aktivitäten so aufgebaut, dass der Verkauf an den Endkunden nicht im Vordergrund steht. Stattdessen wird versucht, über die Online-Plattformen zumindest eine Bestellung zu realisieren, bei der die dazugehörigen Sortimentsbuchhandlungen noch einen gewissen Anteil am Bestellerlös bekommen. Dieser Anteil ist wesentlich geringer als der sonst erzielbare Handelsrabatt, weshalb sich diese Bestellformen beim Sortimentsbuchhandel nur begrenzter Beliebtheit erfreuen.

Um die Kernkundschaft aus dem Business-to-Business-Markt in das Internetgeschäft einzubinden, bieten die unterschiedlichen Partner des Zwischenbuchhandels Dienstleistungen für Sortimentsbuchhandlungen an, bei denen in unterschiedlicher Form der Online-Auftritt des Sortimentsbuchhändler mit dem Katalog des Zwischenbuchhändlers verbunden wird. Für kleinere Buchhandlungen gibt es die Möglichkeit, das komplette Online-Angebot vom Zwischenbuchhändler realisieren zu lassen, der dafür sorgt, dass das Logo und die Hausfarben der Buchhandlung im Online-Markt eingesetzt werden, das »look-and-feel« also dem Corporate Design der Sortimentsbuchhandlung entspricht. Hinter dieser individuellen sortimenterspezifischen Fassade befindet sich in diesen Fällen jedoch ein einheitliches Buchhandelssystem, das auf dieselbe Datenbank des Zwischenbuchhändlers zugreift.

Ausblick

Der Buchmarkt ist durch die Veränderungen des Medienmarktes in einer Umbruchphase, die sich von vorhergehenden Situationen grundlegend unterscheidet. Die Rolle des Lesens in der Gesellschaft hat sich – insbesondere bei jüngeren Zielgruppen – dramatisch verändert. Gleichzeitig geht mit neuen Mediennutzungs- und Lesegewohnheiten auch eine Veränderung des Stellenwerts des Buches einher. Ähnlich wie in der Musikindustrie können die neuen Formen von elektronischen Büchern, insbesondere auf freizeitorientierten Abspielplattformen wie beispielsweise Apples I-Pad dazu führen, dass sich die Rolle der Verlage erneut wandeln wird. In der Musikbranche waren es neue Vermarktungsansätze der Künstler selbst (ohne Plattenlabel) sowie gleichzeitig eine Belebung der Szene der kleineren (Independent) Labels.

Auch im Buchmarkt bringen die neuen technischen Möglichkeiten des Publishing-On-Demand, sowie der Online-Verbreitung von E-Books einige neue Rollenmodelle für die Verlagslandschaft mit sich. Logistische Funktionen treten in den Hintergrund. Autor/innen versuchen, sich selbst zu vermarkten. Kleine Verlage werden bei ausreichender Schnelligkeit auch im Buchmarkt (ähnlich wie die Independent-Labels im Musikgeschäft) von den Veränderungen profitieren, während sich große Verlage und Buchhandelsketten auf den Wandel einstellen müssen, um ihre Marktmacht zu erhalten.

Im Gegensatz zur Musikbranche repräsentieren jedoch die unterschiedlichen Produktformen des gedruckten Buchs, des Hörbuchs oder des elektronischen E-Books auch unterschiedliche Produktnutzen und damit auch Zielgruppen und Kaufanlässe. Der Bedarf an gedruckten Büchern wird trotz neuer Abspielgeräte und Anwendungsbereiche von E-Books auf absehbare Zeit nicht komplett durch elektronische Varianten ersetzt. Daher werden die strukturellen Veränderungen der Angebote und der Branche insgesamt trotz allen Wandels hoffentlich nicht zu einem Kahlschlag, sondern zu einer neuen Variation zum Thema »Vielfalt in der Buchbranche« führen. Es entstehen jedoch ganz sicher neue Wettbewerbssituationen für Buchverlage als Teil der Medien- und Unterhaltungsindustrie und dies begünstigt auch wieder inter- und intramediale Kooperationen der einzelnen Marktpartner bis hin zur Konzentration im Rahmen der Konzernbildung.

VIII. Anhang

1. Fachadressen für die Aus- und Weiterbildung

Verlagsnahe Studien- und Fortbildungsprogramme:

Akademie des Deutschen Buchhandels
www.buchakademie.de

Hochschule der Medien, Stuttgart
www.hdm-stuttgart.de

Hochschule für Technik, Wirtschaft und Kultur, Leipzig
www.htwk-leipzig.de

Schulen des Deutschen Buchhandels
www.mediacampus-frankfurt.de

Buchwissenschaft:

Friedrich-Alexander-Universität Erlangen-Nürnberg
www.uni-erlangen.de

Johannes-Gutenberg-Universität, Mainz
www.uni-mainz.de

Ludwig-Maximilians-Universität, München
www.uni-muenchen.de

Westfälische-Wilhelms-Universität Münster
www.uni-muenster.de

2. Literaturverzeichnis

ABC Alternatives Börsen-Communique. Sondernummer zur 4. Frankfurter Gegenbuchmesse 1980. Trier: editions trèves e. V. 1980.

AGOF (Hrsg.): Arbeitsgemeinschaft Online-Forschung: Internet Facts 2008-IV.

Allert-Wybranietz, Kristiane: Wie finde ich den richtigen Verlag? Anregungen, Tips, Adressen für Autoren. München: Heyne 1988.

Anonymus [= Friedrich Perthes]: Der deutsche Buchhandel als Bedingung des Daseins einer deutschen Literatur. Hamburg: Perthes 1816 (Diplomatische Ausgabe Stuttgart: Reclam 1967).

Anonymus [=August Prinz] : Stand, Bildung und Wesen des Buchhandels. Von dem Verfasser der »Bausteine zur Geschichte des deutschen Buchhandels«. Altona: [anonymes] Verlagsbureau 1856 (Unveränderter Nachdruck [Reprint, Jahresgabe 1978/79]. Heidelberg: Carl Winters Universitätsverlag 1978).

Ansoff, Harry Igor/Declerck, Roger P./Hayes, Robert L.: From Strategic Planning to Strategic Management. In: Dietger Hahn/Bernard Taylor: Strategische Unternehmensplanung – Strategische Unternehmensführung: Heidelberg: Physica 1999, S. 119 (fußend auf einem Artikel aus dem Jahr 1976).

Arnold, Heinz Ludwig (Hg.): Literaturbetrieb in d er Bundesrepublik Deutschland. Ein kritisches Handbuch. München u. a. 1971.

Aufermann, Jörg/Heilmann, Peter u. a. (Hg.): Pressekonzentration: Eine kritische Materialsichtung und Systematisierung. München/Berlin 1971.

Baier, Hans (Hg): Verlagswesen und Buchhandel in der Deutschen Demokratischen Republik. Eine Dokumentation des Börsenvereins der Deutschen Buchhändler zu Leipzig. Leipzig 1986.

Banaschewski, Edmund J. A.: Theorie des Verlags. Ein Beitrag zur Typo-Soziologie des Verlagswesens. Leipzig: Voigtländer 1933.

Bauer, Hans/Grether, Mark: Ein umfassender Kriterienkatalog zur Bewertung von Internet-Auftritten nach markenpolitischen Zielen. Institut für Marktorientierte Unternehmensführung Universität Mannheim. Wiss. Arbeitspapier Nr. W56 (2002).

Bauer, Hans/Große-Leege, Dirk/Rösger, Jürgen: Interactive Marketing im Web 2.0+. München: Vahlen 2008.

BDZV (Hg.): Kostenrechnung für Zeitungsverlage. Bonn: Festland 1986.

Becker, Jochen: Marketing-Konzeption: Grundlagen des zielstrategischen und operativen Marketing-Managements. München: Vahlen 2002.

Beger Rudolf/Gärtner, Hans-Dieter/Mathes, Rainer: Unternehmenskommunikation: Grundlagen, Strategien, Instrumente. Wiesbaden: Gabler 1989.

Beinsen-Ruf, Hans-Ludwig: Kalkulation der Buchgemeinschaft, dargestellt an den Clubs des Bertelsmann-Konzerns. Diplomarbeit an der Fachhochschule für Druck Stuttgart im Studiengang Verlagswirtschaft und Verlagsherstellung im WS 1979/80.

Benzing, Josef: Die deutschen Verleger des 16. und 17 Jahrhunderts. Eine Neubearbeitung. Frankfurt a. M.: Buchhändler-Vereinigung 1977.

Bergmann, Hans: Autorenhonorare und Verlegergewinne. Dissertation. Frankfurt a. M. 1833.

Best, Rüdiger/Hattensperger, Christian/Hillebrecht, Steffen u. a.: Verlagsratgeber Personalwesen. Basiswissen und Expertentipps. Hamburg: Input-Verlag 2009.

Beutele, Günter: Das öffentliche bleibt. Interview. In: Pressesprecher 6 (2004), S. 18.

Bez, Thomas: Der deutschsprachige Buchmarkt. Unter Berücksichtigung der Branchenrationalisierung aus der Sicht eines Barsortimenters. Frankfurt a. M.: Buchhändler-Vereinigung 1978.

Bez, Thomas: Die Barsortimente – Gefahren und Chancen. In: Börsenblatt für den Deutschen Buchhandel 75 (1988), S. 2719.

Bibelhandschriften, Bibeldrucke. Gutenbergbibel in Offenburg. Offenburg: Selbstverlag der Stadt Offenburg 1980.

Bidlingmaier, Johannes: Marketing. 2 Bde. Reinbek bei Hamburg: Rowohlt ^{7}1978; Opladen: Westdeutscher Verlag ^{9}1981.

Biermann, Wolf: s. Stein, Hannes

Birkenfeld, Günther: Die Schwarze Kunst. Ein Gutenberg-Roman. Berlin: Büchergilde Gutenberg 1936.

Birkigt, Klaus: Angewandte Verkaufsförderung. Hamburg: Marketing Journal 1983.

Blana, Hubert: Die Herstellung. Ein Handbuch für die Gestaltung, Technik und Kalkulation von Buch, Zeitschrift und Zeitung. München: K. G. Saur ^{1}1986; ^{2}1991.

Bleicher, Knut: Integriertes Management als Herausforderung. In: Stefanie Schwendt/Dirk Funck (Hg.): Integrierte Managementsysteme: Konzept, Werkzeuge, Erfahrungen. Heidelberg: Physica 2002, S. 1–23.

Böcker, Franz u. a.: Grundzüge des Marketing. München: Verlag Dokumentation ^{3}1976.

Böcker, Franz/von Eckardstein, Dudo/Hauzeneder, Rainer u. a.: Grundzüge des Marketing. München: UTB 1990.

Bologna, Giulia: Handschriften und Miniaturen. Das Buch vor Gutenberg. München: Südwest 1989.

Börsenverein des Deutschen Buchhandels (Hg.): Media-Begriffe Fachzeitschriften. Frankfurt a. M.: Buchhändler-Vereinigung ^{2}1982.

Börsenverein des Deutschen Buchhandels (Hg.): Buch und Buchhandel in Zahlen. Frankfurt a. M. 2008.

Boy, Jacques/Dudek, Christian/Kuschel, Sabine: Projektmanagement. Offenbach: Gabal ^{11}2003.

Bramann, Klaus W./Hoffmann, C. Daniel: Wirtschaftsunternehmen Sortiment. Frankfurt a. M.: Bramann 2004.

Bramann, Klaus W./Kämpfe-Burghardt, Klaus: Backlist. In: Klaus Bramann/Ralf Plenz (Hg.): Verlagslexikon. Hamburg/Frankfurt a. M.: Input/Bramann 2002, S. 33.

Bramann, Klaus W./Münch, Roger: Wirtschaftsunternehmen Sortiment. Frankfurt a. M.: Bramann 2000.

Bramann, Klaus W./Plenz, Ralf (Hg.): Verlagslexikon. Hamburg/Frankfurt a. M.: Input/Bramann 2002.

Brandtweiner, Roman: Differenzierung und elektronischer Vertrieb digitaler Informationsgüter. Düsseldorf: Symposion Publishing 2000.

Branz, Petra: Effizienz und Effektivität von Marketingkooperationen. Offenburger Schriftenreihe Medienmanagement. Köln/Lohmar: Eul 2009

Braun, Ellen/Hillebrecht, Steffen/Kok, Ulrike: Flügel verleihen. In: Börsenblatt 23 (2007), S. 20–22.

Brawand, Leo: Die SPIEGEL-Story. Wie alles anfing. Düsseldorf: Econ 1987.

Breyer-Mayländer, Thomas: Auswirkungen der Digitaltechnik auf die technische Weiterentwicklung von Zeitungen und Zeitschriften. In: Joachim-Felix Leonhard/Hans-Werner Ludwig/Dietrich Schwarze/Erich Straßner (Hg.): Medienwissenschaft: Ein Handbuch zur Entwicklung der Medien und Kommunikationsformen. Berlin/New York: Walter de Gruyter 2001, S. 1751 ff.

Breyer-Mayländer, Thomas: Einführung in das Medienmanagement. München: Oldenbourg 2004.

Breyer-Mayländer, Thomas: Online-Marketing für Buchprofis. Frankfurt a. M.: Bramann 2004 [2004a].

Breyer-Mayländer, Thomas u. a.: Wirtschaftsunternehmen Verlag. Frankfurt a. M.: Bramann ^{3}2005.

Breyer-Mayländer, Thomas: Eventmanagement als Baustein der integrierten Unternehmenskommunikation. In: Frank Haase/Walter Mäcken (Hg.): Handbuch Event-Management. München: kopaed 2005, S. 107–110.

Breyer-Mayländer, Thomas: Managementaufgabe integrierte Unternehmenskommunikation. Renningen: expert 2006.

Breyer-Mayländer, Thomas: Aktives Wertemanagement: Basis der Unternehmenskommunikation. Renningen: expert 2009.

Breyer-Mayländer, Thomas/Seeger, Christof: Medienmarketing. München: Vahlen 2006.

Breyer-Mayländer, Thomas/Werner, Andreas: Handbuch der Medienbetriebslehre. München: Oldenbourg 2003.

Brockhaus knickt vor Wikipedia und Google ein. In: Welt Online 17. Dezember 2008.

Buch und Buchhandel in Zahlen. Hg. vom Börsenverein des Deutschen Buchhandels e. V. Frankfurt a. M.: Buchhändler-Vereinigung (alle Ausgaben, s. o. Börsenverein).

Buchhändlerische Fachliteratur. Hg. vom Börsenverein des Deutschen Buchhandels e. V. (Sortimenterausschuss). Frankfurt a. M.: Buchhändler-Vereinigung [jährlich].

Bücher, Karl: Die gewerblichen Betriebssysteme in ihrer geschichtlichen Entwicklung. Aus der Vortragsreihe: Die Entstehung der Volkswirtschaft. Tübingen ^{1}1893; Tübingen ^{16}1922.

Bücher, Karl: Der deutsche Buchhandel und die Wissenschaft. Denkschrift im Auftrag des Akademischen Schutzvereins. Leipzig: Teubner 1933.

Büchner, Rudolf (u. a.): Bücher und Menschen. Vom Buch und seinen Wirkungen in Geschichte und Gegenwart. Gütersloh: Bertelsmann 1976.

Bücking, Helmut: Verlag, Verlagsbuchhandel und Unternehmer. Dissertation. Jena: Gustav Fischer 1931.

Carter, John/Muir, Percy H. (Hg.): Bücher, die die Welt verändern. Hg. von Kurt Busse (dt. Ausgabe). Darmstadt: Wissenschaftliche Buchgesellschaft 1969.

Clark, Giles N.: Inside Book Publishing. A Career Builder's Guide. London: Blueprint Publishing/Book House Training Centre 1988.

Clark, Giles/Phillips, Angus: Inside Book Publishing. London/New York: Routledge 2008.

Clement, Michael/Sambeth, Frank: Buchkritiker und Bucherfolg: Wie ist der Einfluss wirklich? In: Medienwirtschaft 3 (2004), S. 105–114.

Corsten, Severin von/Pflug, Günther/Schmidt-Kunsemüller, Friedrich Adolf (Hg.): Lexikon des gesamten Buchwesens. Stuttgart: Hiersemann 1985 ff.

Czerwensky, Claudia: Die Auflagenhöhe als betriebswirtschaftliches Problem im Verlagsbuchhandel. Frankfurt a. M.: Buchhändler-Vereinigung 1979.

Daft, Richard L.: Management. Fort Worth: Dryden 1999.

Daiber, Hans (Hg): Wie ich anfing. 24 Autoren berichten von ihren Anfängen. Düsseldorf: Claassen 1979.

Daum, Thomas: Die 2. Kultur. Alternativliteratur in der Bundesrepublik. Gutenberg-Syndrom 2. Mainz: NewLit 1981.

Delius, Peter: Grundprobleme bei Gründung und Aufbau von Buchverlagen. Diplomarbeit an der Fachhochschule für Druck Stuttgart im Studiengang Verlagswirtschaft und Verlagsherstellung im SS 1988.

Dessauer, John P.: Book Publishing. What It Is, What It Does. A Comprehensive and Provocative Introduction to the Structure and Operation of the Book Publishing Industry. New York/London: Bowker ^{2}1981.

Deutsches Bucharchiv München (Hg.): Das Verlagswesen der Bundesrepublik Deutschland. Rastatt: Verlag für zeitgeschichtliche Dokumentation 1971.

Dietze, Klaus/Schulte, Hans: Verlagskunde. Beiträge zur Geschichte des deutschen Verlagsbuchhandels. Köln: Der Jungbuchhandel 1952.
Dilba, Eberhard: Typographie-Lexikon- ein Lesebuch für alle. Norderstedt: Books on Demand ²2008.
Dingemann, Rüdiger: Teil 1: Der Verlags-Auftritt im Internet (www.buch-pr.de, Thema vom 3.3.2008).
Dingemann, Rüdiger: Medienticker + Teletaucher (www.perlentaucher.de; www.buch-pr.de, Thema vom 3.3.2008).
Diverse [ohne Hg.]: Der deutsche Buchhandel in unserer Zeit. Mit Beiträgen von Heinrich Cronstei (Vertriebsformen des Buches), Herbert G. Göpfert (Das deutsche Verlagswesen der Gegenwart; Bemerkungen zum Taschenbuch), Hans Ferdinand Schulz (Von Beruf und Berufung des Sortimenters), Ernst Hauswedell (Das Antiquariat) und Helmut Hiller (Die Buchgemeinschaften). Göttingen: Vandenhoeck & Ruprecht 1961.
Döbler, Hannsferdinand: Döblers Kultur- und Sittengeschichte der Welt. Handwerk Handel, Industrie. München: Goldmann 1978.
Dorner, Rainer/Abels, Norbert: Literatur im Buchhandel. Frankfurt a. M.: Bramann 1999.
Duffner Andreas/Henn, Harald: CRM verstehen, nutzen, anwenden – Ein Leitfaden für kundenorientierte Unternehmen. Würzburg: Max Schimmel 2001.
EFQM (Hg.): Das EFQM-Modell für Excellence. Brüssel: EFQM 1999.
Engelmann Bernt (Hg.): Bestandsaufnahme. V. Schriftstellerkongreß VS. München: Goldmann 1980 (darin: Eduard Schönstedt: Das gerächte Honorar. Über das Honorar in der Verlagskalkulation).
Escarpit, Robert: Die Revolution des Buches. Gütersloh: Bertelsmann 1967.
Eschenbach, Rolf/Eschenbach, Sebaastian/Kunesch, Hermann: Strategische Konzepte: Management-Ansätze von Ansoff bis Ulrich. Stuttgart: Schäffer-Poeschel 2003.
Eschenbach, Rolf/Plasonig, Gerhard (Hg.): Planung und Kontrolle. Unternehmerische Entscheidungsgrundlagen in einem Buchverlag. Wien: Service-Fachverlag an der Wirtschaftsuniversität 1986.
Estermann, Alfred/Koch, Hans-Albrecht: Deutsche Literatur in Titelblättern. Reproduktionen aus Büchern der Stadt- und Universitätsbibliothek Frankfurt am Main. München: Verlag Dokumentation 1986.
Evers, Marco/Müller, Martin U.: Die eVolution. In: Der Speiegel 11 (2009), S. 102 f.
Faulmann, Carl: Das Buch der Schrift. Enthaltend die Schriftzeichen und Alphabete aller Zeichen und aller Völker des Erdkreises. Reprint der Wiener Ausgabe von 1880. Nördlingen: Greno 1985.
Fey, Antje: Das Buch fürs Ohr wird populär. In: Media Perspektiven 5 (2003).
Filipp, Ulf-Dieter: FOCUS im Spiegel der Marktforschung – Die Erfolgsgeschichte einer Zeitschrift. In: Karin Böhme-Dürr/Gerhard Graf: Auf der Suche nach dem Publikum. Konstanz: UVK 1995, S. 21–43.
Fischer, Gustav: Grundzüge der Organisation des deutschen Buchhandels. Dissertation. Jena: Gustav Fischer 1903.
Földes-Papp, Käroly: Vom Felsbild zum Alphabet. Die Geschichte der Schrift. Stuttgart: Belser 1984.
Flemmer, Walter: Verlage in Bayern. Geschichte und Geschichten. Mit einem einführenden Kapitel über die Frühgeschichte des bayerischen Verlagswesens von Fritz Schmitt-Carl. Pullach: Verlag Dokumentation 1974.
Fohrbeck, Karla/Wiesand, Andreas J.: Der Autorenreport. Mit einem Vorwort von Rudolf Augstein. Hamburg: Rowohlt 1972.
Frey, Beatrix/Geisler, Rainer: Funktionen und Instrumente des Controllings. In: Beate Schneider/Silvia Knobloch: Controlling-Praxis in Medienunternehmen. Neuwied: Luchterhand 1999, S. 21–46.

Friedrich, Heinz: Aufräumarbeiten. Berichte, Kommentare, Reden, Gedichte und Glossen aus vierzig Jahren. Hg. von Lutz-W. Wolff. München: dtv 1987.
Frieling, Wilhelm Ruprecht: »Autor sucht Verleger«. Der direkte Weg zum eigenen Buch. Berlin: Frieling & Partner o. J.
Friese, Franz: So entsteht ein Buch. Vom Schreibtisch des Verfassers bis ins Schaufenster des Buchhändlers. Frankfurt a. M.: Reinhardt 1948.
Geck, Elisabeth: Grundzüge der Geschichte der Buchillustration. Darmstadt: Wissenschaftliche Buchgesellschaft 1982.
Gent, Sigrid: Die Taschenbuch-Fibel. Frankfurt a. M.: Verlag Buchhändler-Vereinigung GmbH 1992.
Gerhards, M./Klingler, W.: Mediennutzung in der Zukunft. In: Media Perspektiven 6(2007), S. 295–309.
Geschka, Horst: Die Szenariotechnik in der strategischen Unternehmensplanung. In: Dietger Hahn/Bernard Taylor (Hg.): Strategische Unternehmensplanung – Strategische Unternehmensführung. Heidelberg: Physica 1999, S. 518–545.
Göhler, Wolfgang: Kaufmännisches Rechnen, Statistik. München: K. G. Saur ^{2}1983.
Goldfriedrich, Johann: Geschichte des Deutschen Buchhandels. 2. Bd.: Geschichte des Deutschen Buchhandels vom Westfälischen Frieden bis zum Beginn der klassischen Literaturperiode (1648–1740). Leipzig: Verlag des Börsenvereins 1908. (s. auch Kapp, Friedrich).
Gööck, Roland: Bücher für Millionen. Gütersloh: Bertelsmann 1968.
Göpfert, Herbert G.: Vom Autor zum Leser. Beiträge zur Geschichte des Buchwesens. München: Hanser 1977.
Görtz, Franz Josef: Innenansichten. Über Literatur als Geschäft. Frankfurt a. M.: Athenäum 1987.
Götze, Dietrich: Die Rolle des Verlags. In: Gesellschaft für das Buch (Hg.): Die unendliche Bibliothek. Digitale Informationen in Wissenschaft, Verlag und Bibliothek. Wiesbaden: Harassowitz 1996, S. 68–72.
Grabatin, Günther: Effizienz von Organisationen. Berlin: de Gruyter 1991.
Greenfeld, Howard: Bücher wachsen nicht auf Bäumen. Vom Bücherschreiben und Büchermachen. München: Elleimann 1979.
Gregor-Dellin, Martin (Hg.): PEN Bundesrepublik Deutschland. Seine Mitglieder, seine Geschichte, seine Aufgaben. München: Goldmann 1978.
Große Sowjet-Enzyklopädie: Das Verlagswesen. Das Buch. Berlin (Ost): Verlag Die Wirtschaft 1955.
Großekämper, Werner: Marketing für wissenschaftliche Bücher. Eine empirisch fundierte Grundlagenbildung am Beispiel wirtschafts- und sozialwissenschaftlicher Literatur. Dissertation. Frankfurt a. M.: Peter Lang 1982.
Grüber, Bernd: Schnellkurs Krisenmanagement. Würzburg: Lexika 2001.
Guojun, Liu/Rusi, Zheng: Die Geschichte des chinesischen Buches. Beijing: Verlag für fremdsprachige Literatur ^{1}1988.
Gutenberg-Jahrbuch. Mainz: Verlag der Gutenberg-Gesellschaft (Selbstverlag).
Gutzmer, Alexander: Der Bruderzwist. In: Pressesprecher 6 (2004), S. 12–14.
Haberstumpf, Helmut/Hintermeier, Jürgen: Einführung in das Verlagsrecht. Darmstadt: Wissenschaftliche Buchgesellschaft 1985.
Hahn, Dietger/Taylor, Bernard (Hg.): Strategische Unternehmensplanung – Strategische Unternehmensführung. Heidelberg: Physica 1999.
Haist, Fritz/Fromm, Hansjörg: Qualität im Unternehmen. Prinzipien, Methoden, Techniken. München: Hanser 1989.
Halbey, Hans Adolf (Hg.): Museum der Bücher. Dortmund: Harenberg Kommunikation 1986.

Hardt, Petra Christine: Buying, Protecting and Selling Rights. Frankfurt a. M.: Bramann 2008.

Hauptfeld, Georg/Hillebrecht, Steffen/Scheer, Thomas: Verlagsratgeber Marketing. Marktforschung und Direktmarketing. Hamburg: Input-Verlag 2009.

Heimeran, Ernst: Der Verlagsvertreter. Windeck: Windecker Winkelpresse 1987.

Heinold, Erhardt: Bücher und Büchermacher. Was man von Verlagen und Verlegern wissen sollte. Heidelberg: Decker & Müller [1]1987; [2]1988.

Heinold, Wolfgang E. (Hg.): Handbuch des Buchhandels. Bd. 2: Verlagsbuchhandel. Hamburg: Verlag für Buchmarkt-Forschung 1975.

Heinold, Wolfgang E.: Bücher und Büchermacher. Frankfurt a. M.: Bramann Verlag 2009.

Heinrich, Jürgen: Medienökonomie. Bd. 2: Hörfunk und Fernsehen. Wiesbaden: Westdeutscher Verlag 1999.

Henrich, Andreas: Management von Multimediaprojekten. In: Klaus Bruns/Klaus Meyer-Wegener: Taschenbuch der Medieninformatik. Leipzig: Fachbuchverlag Leipzig 2005, S. 298–317.

Henze, Eberhard: Kleine Geschichte des deutschen Buchwesens. Düsseldorf: »Buchhändler heute« 1983.

Hiller, Helmut: Zur Sozialgeschichte von Buch und Buchhandel. Bonn: Bouvier 1966.

Hiller, Helmut/Füssel, Stefan: Wörterbuch des Buches. Frankfurt: Klostermann [5]1991; [7]2006.

Hiller, Helmut/Strauß, Wolfgang (Hg.): Der deutsche Buchhandel. Wesen, Gestalt, Aufgabe. 5., verbesserte und vollständig überarbeitete Auflage. Gütersloh: C. Bertelsmann/Verlag für Buchmarkt-Forschung 1975 ([1]1961).

Hoffmann, Gerd E. (Hg.): P. E. N. International. München: Bertelsmann 1986.

Hofsäss, Michael/Engel, Dirk: Mediaplanung: Forschung, Studium und Werbewirkung, Mediaagenturen und Planungsprozess, Mediagattungen und Werbeträger. Berlin: Cornelsen 2003.

Hömberg, Walter: Lektor im Buchverlag. Repräsentative Studie über einen unbekannten Kommunikationsberuf. Konstanz: UVK 2010.

Horváth, Péter/Kaufmann, Lutz: Beschleunigung und Ausgewogenheit im strategischen Managementprozess – Strategieumsetzung mit Balanced Scorcards: In: Dietger Hahn/Bernard Taylor (Hg.): Strategische Unternehmensplanung – Strategische Unternehmensführung. Heidelberg: Physica 1999, S. 354–370.

Hummel, Siegfried/Männel, Wolfgang: Kostenrechnung: Bd. 1: Grundlagen, Aufbau und Anwendung. Wiesbaden: Gabler 1986.

Jacob, Elke: Wie man Zeit zu Geld macht. In: Horizont 44 (2005), S. 29.

Jahrbuch '89, '90. Hg. vom Börsenverein des Deutschen Buchhandels e. V. Frankfurt (Buchhändler-Vereinigung). Alle Ausgaben seit Erstausgabe 1989.

Jeremias, Günther: Das billige Buch. Entwicklungs- und Erscheinungsformen. Dissertation. Berlin 1938.

Jordan, Hans (Hg.): Auf Verlegers Rappen. Vom Büchermachen und Buchverkäufern. München: Ehrenwirth 1986.

Jovanovich, William: Barrabas war ein Verleger. München: Droemer Knaur 1965.

Jung, Hans: Allgemeine Betriebswirtschaftslehre. München: Oldenbourg 2000.

Kalenberg, Frank: Grundlagen der Kostenrechnung. München: Oldenbourg 2004.

Kalka, Jochen/Allgayer, Florian (Hg.): Zielgruppen. Wie sie leben, was sie kaufen, woran sie glauben. Landsberg/Lech: mi-Fachverlag/Redlline 2006.

Kapke, Andreas: Planerische Abstimmung zwischen Kommunen zur Entwicklung eines gemeinsamen Einzelhandelskonzeptes. Hennigsdorf, 13. November 2008.

Kaplan, Robert S./Norton, David P.: The Balanced Scorecard: Translating Strategy into Action. Boston, Mass.: Harvard Business School Press 1996 (dt.: Balanced Scorecard. Strategien erfolgreich umsetzen. Stuttgart: Schäffer-Poeschel 1997).

Kapp, Friedrich/Goldfriedrich, Johann: Geschichte des Deutschen Buchhandels. Leipzig: Verlag des Börsenvereins 1886–1913. Bd. I: Friedrich Kapp: Geschichte des Deutschen Buchhandels bis in das siebzehnte Jahrhundert. Aus dem Nachlaß herausgegeben 1886; Bd. II: Johann Goldfriedrich: Vom Westfälischen Frieden bis zum Beginn der klassischen Literaturperiode (1648–1749). 1908; Bd. III: Johann Goldfriedrich: Vom Beginn der klassischen Literaturperiode bis zum Beginn der Fremdherrschaft (1740–1804). 1909; Bd. IV: Vom Beginn der Fremdherrschaft bis zur Reform des Börsenverein im Deutschen Reich (1805–1889).

Kapr, Albert: Stationen der Buchkunst. Rückblick und Umblick von der Internationalen Buchkunst-Ausstellung Leipzig 1982. Leipzig: VEB Fachbuchverlag 1985.

Kapr, Albert: Johannes Gutenberg. Persönlichkeit und Leistung. München: C.H. Beck ^{2}1988.

Karmasin, Matthias: Medienmanagement als Stakeholder Management. In: Gerrit Brösel/Frank Keuper: Medienmanagement: Aufgaben und Lösungen. München: Oldenbourg 2003, S. 413–431.

Karmasin, Matthias/Winter, Carsten: Grundlagen des Medienmanagements. München: Fink 2000.

Karrasch, Isabel: Verlagswesen und Buchhandel in der DDR. Diplomarbeit an der Fachhochschule für Druck Stuttgart im Studiengang Verlagswirtschaft und Verlagsherstellung im WS 1988/89.

Kästing, Friederike/Klock, Franz-Joachim (Hg.): Beiträge zur Ökonomie des Verlagsbuchhandels. Baden-Baden: Nomos 1990.

Kehr, Christian: »Rabatt habe ich nie gegeben«. Aus der Selbstbiographie von Ludwig Christian Kehr, Buchhändler in Kreuznach anno 1843. Reprint Windeck: Windecker Winkelpresse – Günther Weiss-Margis 1980.

Keuchen, Gernot: Karriere im Verlag. Prinzipien der Arbeit in Lektorat und Redaktion. Hardebek: Eulenhof 1982.

Keuchen, Gernot: Berufspraxis in Verlagen. Grundwissen, Berufspolitik, Aus- und Fortbildung, Checkliste, Kontakte, Bibliographie. Hardebek: Eulenhof ^{2}1986.

Keuchen, Gernot: Kalkulation im Buch- und Zeitschriftenverlag. Deckungsbeitragsrechnung, Buchkalkulation, Zeitschriftenkalkulation, Controlling, Planung, Dokumente. Hardebek: Eulenhof 1988.

Kiefer, Marie Luise: Medienökonomik: Einführung in eine ökonomische Theorie der Meiden. München: Oldenbourg 2001.

Kirchner, Joachim (Hg.): Lexikon des Buchwesens. Bände I bis IV. Stuttgart: Hiersemann 1952 ff.

Kirchner, Karin: Integrierte Unternehmenskommunikation. Wiesbaden: Westdeutscher Verlag 2002.

Klameth, Hans: Das Kommissionsgeschäft im Buchhandel. Rechtsstellung und wirtschaftliche Bedeutung des Buchhändler-Kommissionärs. Dissertation. Bern 1930.

Klett, Christian/Pivernetz, Michael/Hauke, Dirk: Controlling-Praxis für kleine und mittlere Unternehmen: Auswertungen auf der Grundlage der eigenen Finanzbuchhaltung. Herne/Berlin: Neue Wirtschafts-Briefe 1996.

Kliemann, Horst: Stundenbuch für Letternfreunde. Besinnliches und Spitziges über Schreiber und Schrift, Leser und Buch. Nachdruck. Dortmund: Harenberg Kommunikation 1984.

Kliemann, Horst/Meyer-Dohm, Peter: Buchhandel. Eine Bibliographie. Hamburg: Verlag für Buchmarkt-Forschung 1963.

Klimecki, Rüdiger/Probest, Gilbert/Eberl, Peter: Entwicklungsorientiertes Management. Stuttgart: Schäffer-Poeschel 1994.

Köcher, Anette: Medienmanagement als Kostenmanagement und Controlling. In: Matthias Karmasin/Carsten Winter: Grundlagen des Medienmanagements. München: Wilhelm Fink 2000, S. 219–243.

Kochhan, Christoph/Patzig, Grit: Buch und E-Book aus Nutzersicht. In: Media Perspektiven 6 (2009), S. 309–324.

Kohlhammer, Walter W.: Der Kommissionär im Buchhandel. Dissertation. Stuttgart: Kohlhammer 1904.

Kolbrück, Olaf: Populär aber nicht profitabel. In: Horizont 15 (2009), S. 4.

Köppl, Wolfgang: Zeitungsverlag. In: Beate Schneider/Silvia Knobloch: Controlling-Praxis in Medienunternehmen. Neuwied: Luchterhand 1999, S. 143–156.

Koreimann, Dieter S: Projekt-Controlling: Methoden der Sicherung des Projekterfolgs. Weinheim: Wiley-VCH 2005.

Koschnick, Wolfgang J.: Standard-Lexikon für Werbung, Verkaufsförderung, Öffentlichkeitsarbeit. Bd. 1. München: K.G. Saur 1996.

Kossack, Eberhard: Bericht über eine betriebswirtschaftliche Reihenuntersuchung bei mittelständischen Verlagen in Baden-Württemberg. Stuttgart: Verband der Verlage und Buchhandlungen in Baden-Württemberg e.V. 1977.

Kossack Eberhard: Kalkulation, Planung, Kontrolle. Ein Informationssystem für den Verlag. Stuttgart: Verband der Verlage und Buchhandlungen in Baden-Württemberg e.V. 1979.

Kossack, Eberhard: Krisenvorsorge. Frühwarnsystem für Verlage. Stuttgart: Verband der Verlage und Buchhandlungen in Baden-Württemberg e.V. 1987.

Koszyk, Kurt: Presse unter alliierter Besatzung. In: Jürgen Wilke (Hg.): Mediengeschichte in der Bundesrepublik Deutschland (Schriftenreihe Nr. 361). Berlin: Bundeszentrale für politische Bildung 1999, S. 31–58.

Koszyk Kurt/Pruys, Karl H.: Wörterbuch zur Publizistik. München: dtv 1969.

Kotler, Philip/Bliemel, Freidhelm: Marketing Management: Analyse, Planung, Umsetzung und Steuerung. Stuttgart: Schäffer-Poeschel 1999.

Krämer, Petra: Projekte steuern – Nerven behalten: Termine sicher einhalten und Ziele souverän erreichen. Weinheim: Beltz 2004.

Kraus, Hans P.: Die Saga von den kostbaren Büchern. Zürich: SV international/Schweizer Verlagshaus 1982.

Krause, Joachim: Der deutsche Buchhandel. Kurze Geschichte und Organisation. Düsseldorf: »Buchhändler heute« 1975.

Kreikebaum, Hartmut: Strategische Unternehmensplanung. Stuttgart: Kohlhammer 1997.

Krüger, W.: Implementierung als Kernaufgabe des Wandlungsmanagements. In: Dietger Hahn/Bernard Taylor (Hg.): Strategische Unternehmensplanung – Strategische Unternehmensführung. Heidelberg: Physica 1999, S. 863–891.

Kühn, Bodo: Meister Gutenberg [Ein Roman]. Berlin (Ost): Union 1961.

Kunze, Horst: Das große Buch vom Buch. Eine Geschichte des Buches und Buchgewerbes von den Anfängen bis heute. Berlin (Ost): Der Kinderbuchverlag 1983.

Künzel, Friederike: Neue Möglichkeiten für Bibliotheken durch Print on Demand. Präsentation dbv 2./3. März 2009.

Kurzer, Michael: Vertriebsanalyse und Entwicklung einer vertrieblichen Marketing-Strategie im Carl Ernst Poeschel Verlag. Diplomarbeit an der Fachhochschule für Druck Stuttgart im Studiengang Verlagswirtschaft und Verlagsherstellung im WS 1988/89.

Lammenett, Erwin: Praxiswissen Online-Marketing. Wiesbaden: Betriebswirtschaftlicher Verlag 2009.

Lauterbach, Burkhart R.: Bestseller. Produktions- und Verkaufsstrategien. Tübingen: Tübinger Vereinigung für Volkskunde e.V. 1979.

Leidig, Guido: Personal-Risikomanagement. bvdm-Informationen III/2001 Wiesbaden: BVDM 2001.

Leidig, Guido: Kalkulation multimedialer Produkte. In: WiST (Wirtschaftswissenschaftliches Studium) 8 (2004), S. 502.

Lengenfelder, Helga/Hausen, Gitta (Hg.): Fachliteratur zum Buch- und Bibliothekswesen. Teil 1: Europa. München: Verlag Dokumentation/K.G. Saur) [10]1973; [12]1981.

Lernkartei für den Buchhandel. Stuttgart: Klett 1986 (enthält die wichtigsten Tatsachen, Begriffe und Fachausdrücke aus dem umfangreichen Lernfach Buchhandel, die Texte schrieben Dozenten an den Schulen des Deutschen Buchhandels in Frankfurt am Main).

Link, Ernst: Ideenfindungstechniken. Grundlagen und ihre Anwendungsmöglichkeiten im Verlag. Diplomarbeit an der Fachhochschule für Druck Stuttgart im Studiengang Verlagswirtschaft und Verlagsherstellung im SS 1988.

Lucius, Wulf D. v.: Verlagswirtschaft. Konstanz: UVK 2005.

Ludwig, Karl: Kurze Geschichte des Buchhandels in Deutschland. Düsseldorf: Der Jungbuchhandel [2]1955. Lülfling, Hans/Teigte, Hans-Erich: Handschriften und alte Drucke. Kostbarkeiten aus Bibliotheken der DDR. Wiesbaden: Reichert 1981.

Macharzina, Klaus: Unternehmensführung – Das internationale Managementwissen. Wiesbaden: Gabler 1995.

Mathias, Nikita: Wenn Worte Gestalt annehmen (www.buch-pr.de, Thema vom 05.04.2009).

Mauser, Tilman: Werbe- und PR-Agentur. In: Beate Schneider/Silvia Knobloch: Controlling-Praxis in Medienunternehmen, Neuwied: Luchterhand 1999, S. 223–239.

Mazal, Otto: Europäische Buchkunst. Von der Romantik bis Gutenberg. Graz: Akademische Verlagsanstalt 1978.

McLuhan, Marshall: Die Gutenberg-Galaxis. Das Ende des Buchzeitalters. Düsseldorf: Econ [1]1968.

Meffert, Heribert: Marketing: Grundlagen marktorientierter Unternehmensführung. Wiesbaden: Gabler 2000.

Menche, Birgit: Das neue Buchpreisbindungsgesetz: Leitfaden für Verlage und den verbreitenden Buchhandel. Frankfurt a.M.: Börsenverein des Deutschen Buchhandels 2002.

Menche, Birgit/Russ, Christian: Preisbindung für Dummies. Weinheim: WILEY-VCH 2007.

Menschen & Medien: ARD mit Geld, aber ohne Plan: Wo läuft sonntags Bundesliga? In: Welt online, 30. November 2008, 02:12 Uhr.

Menz, Gerhard: Was weißt du vom Buch? Prien: Anthropos 1924.

Menz, Gerhard: Der deutsche Buchhandel. Gotha: Perthes [1]1924; [2]1942.

Menz, Gerhard: Die Gutenberg-Fibel. Potsdam: Rütten & Loening 1949.

Mettmann, Birgit: Zur Struktur des Buchmarktes in den USA. Diplomarbeit an der Fachhochschule für Druck Stuttgart im Studiengang Verlagswirtschaft und Verlagsherstellung im WS 1988/89.

Meyer, Friedrich/Stopp, Udo: Betriebliche Organisation. Renningen: expert 1991.

Meyer-Dohm, Peter: Der westdeutsche Büchermarkt. Eine Untersuchung der Marktstruktur, zugleich ein Beitrag zur Analyse der vertikalen Preisbindung. Dissertation. Stuttgart: Gustav Fischer 1957.

Meyer-Dohm, Peter: Buchhandel als kulturwissenschaftliche Aufgabe. Gütersloh: Bertelsmann 1967.

Meyer-Dohm, Peter/Strauß, Wolfgang (Hg.): Handbuch des Buchhandels in vier Bänden. Band I: Allgemeines. Hg. von Horst Machill. 1974; Band II: Verlagsbuchhandel.

Hg. v. Erhardt Heinold. 1975; Band III: Sortimentsbuchhandel. Hg. v. Franz Hinze. 1971; Band IV: Übrige Formen des Bucheinzelhandels – Zwischenbuchhandel und Buchgemeinschaft. Hg. v. Friedrich-Wilhelm Schaper. 1977.

Mittenhuber, Peter/Oechsle, Gerhard/Steinbach, Wulf-Dietrich: Handbuch zur Ergebnissteuerung. Wiesbaden: Bundesverband Druck 1989.

Molden, Fritz: Der Konkurs. Aufstieg und Fall eines Verlegers. Hamburg: Hoffmann & Campe ^{1}1984.

Mora, Imre (Hg.): Wörterbuch des Verlagswesens in 20 Sprachen. Pullach bei München: Verlag Dokumentation ^{2}1977.

Morgan, Gareth: Images of Organization – The Executive Edition. London: Sage 1998.

Müller-Wieland, Horst: Verleg dich doch selbst! Praxisorientierte Anleitung zum erfolgreichen Gründen und Betreiben eines Kleinverlages. Hamburg: Tiplit-Verlag 1984.

Mundhenke, Reinhard: Der Verlagskaufmann. Berufsfachkunde für den Kaufmann im Zeitungs-, Zeitschriften- und Buchverlag. Frankfurt a. M.: Societäts-Verlag ^{1}1977 bis ^{5}1988.

Nadolski, Dieter: Kleines Lexikon der Schwartzen Kunst. Spracheigentümlichkeiten und Brauchtum des Buchdruckerhandwerkes von A–Z. Leipzig: VEB Bibliographisches Institut und Frankfurt a. M.: Büchergilde Gutenberg 1990.

Naissance de l'écriture. Cunéiformes et Hiéroglyphes. Paris: Ministère de la Culture/Éditions de la Réunion des musées nationaux ^{1}1982.

Neue Lehrbriefe für den Buchhandel [NLB]. Hg. vom Verband der Verlage und Buchhandlungen in Baden-Württemberg e. V. Loseblattwerk (Fernkurs), neue Edition 1988 ff.

Neumann, Lars: Ideenfindung in der inhaltlichen Konzeption interaktiver Projekte. Offenburger Schriftenreihe Medienmanagement. Köln/Lohmar: Eul 2003.

Neven Du Mont, Reinhard: Die Kollektivierung des literarischen Konsums in der modernen Gesellschaft durch die Arbeit der Buchgemeinschaften. Dissertation. Köln: Du Mont 1961.

Nieschlag, Robert/Dichtl, Erwin/Hörschgen, Hans: Marketing. Berlin: Duncker & Humblot ^{19}2002.

Olbrich, Wilhelm: Einführung in die Verlagskunde. Stuttgart: Hiersemann ^{1}1932; ^{3}1955.

Olfert, Klaus: Projektmanagement. Ludwigshafen: Kiehl 1998.

Oltman, Iris: Projektmanagement: Zielorientiert denken, erfolgreich zusammenarbeiten. Hamburg: Rohwolt 1999.

Otten, Klaus W.: Wissenschaftliche und technische Informationsvermittlung: Neue Perspektiven für Verlagswesen und Buchhandel. Frankfurt a. M.: Buchhändler-Vereinigung 1979.

Pape, Helmut: Klopstocks Autorenhonorare und Selbstverlagsgewinne. Frankfurt a. M.: Buchhändler-Vereinigung 1969.

Paschke, Max/Rath, Philipp: Lehrbuch des Deutschen Buchhandels. 2 Bde. Leipzig: Börsenverein ^{4}1918 und 1919.

Pauker, Manuela: Spielzeug mit Potenzial. In: W&V 20 (2009), S. 46.

Pausenberger, Ehrenfried: Controlling. In: Rolf Bühner (Hg.): Management-Lexikon. München: Oldenbourg 2001.

Pepels, Werner: Marketing. München: Oldenbourg 2004.

Pfeiffer, Hermann: Der deutsche Buchhandel, seine Organisation und seine Einrichtungen. Dessau: C. Dünnhaupt 1928.

Pflug, Günther (Hg.): Der deutsche PEN-Club im Exil. Eine Ausstellung der Deutschen Bibliothek Frankfurt am Main. Frankfurt a. M.: Buchhändler-Vereinigung 1980.

Philippi Hans: Die betriebswirtschaftliche Situation des Sortimentsbuchhandels 1976 im Spiegel des Betriebsvergleiches. Frankfurt a. M.: Buchhändler-Vereinigung 1978.

Piatti, Celestino: s. Weber, Bruno
Picot, Arnold/Janello, Christoph: Delphi-Studie: Implikationen innovativer Internetdienste für Geschäftsmodelle und Struktur der Buchbranche. Institut für Information, Organisation und Management der Ludwig-Maximilians-Universität München, vorläufiger Ergebnisbericht. o. J.
Picot, Arnold/Janello, Christoph: Wie das Internet die Buchbranche verändert. Berlin: Publikation der Friedrich-Ebert-Stiftung 2007.
Piontek Heinz: Das Handbuch des Lesens. Erfahrungen mit Büchern und Autoren. Frankfurt a. M./Berlin/Wien: Ullstein 1982.
Plenz, Ralf: Wie mache ich mich mit einem Verlag selbständig? Grundlagen und Praxistips für die Herstellung und den Vertrieb von Zeitschriften und Büchern. Bonn: Rentrop 1989.
Popper, Karl Raimund: Auf der Suche nach einer besseren Welt. Vorträge und Aufsätze aus 30 Jahren. München: Piper 1984.
Porten, Uwe: General Interest Zeitschriftenverlag. In: Beate Schneider/Silvia Knobloch (Hg.): Controlling-Praxis in Medien-Unternehmen. Neuwied: Luchterhand 1999, S. 129–142.
Porter, Michael E.: Wettbewerbsstrategie. Frankfurt a. M.: Campus 1999.
Powell, Walter W.: Getting into Print. Chicago/London: University of Chicago Press 1985.
Presser, Helmut: Johannes Gutenberg. Mit Selbstzeugnissen und Bilddokumenten. Hamburg: Rowohlt Taschenbuch [1]1967 ff.
Prinz, August [anonym] : Stand, Bildung und Wesen des Buchhandels. Von dem Verfasser der »Bausteine zur Geschichte des deutschen Buchhandels«, Altona: [anonymes] Verlagsbureau 1856. Unveränderter Nachdruck [Reprint, Jahresgabe 1978/79]. Heidelberg: Carl Winters Universitätsverlag 1978.
Prosi, Gerhard: Ökonomische Theorie des Buches. Volkswirtschaftliche Aspekte des Urheber- und Verlagsschutzes. Düsseldorf: Bertelsmann Universitätsverlag 1971.
Raschwitz, Jochen: Die Finanzierung von Verlagsgründungen und Verlagsprogrammen. Hardebek: Heinold Personal- und Unternehmensberatung 1990.
Rautenberg, Ursula (Hg.): Reclams Sachlexikon des Buchs. Stuttgart: Reclam 2003.
Reichle, Gregor: Produktmanagement von Fachmedien: Produktmarketing – Informationsmanagement – Projektmanagement. Frankfurt a. M.: Bramann 2003.
Reuß, Roland: Auf dem Weg ins digitale Niemandsland? Interview in: »Forschung & Lehre« 9. September 2009 (http://www.forschung-und-lehre.de/wordpress/?p=2421) Stand: 23.1.2010.
Riedl, Thorsten: Ein Gutenberg der digitalen Ära. In: Süddeutsche Zeitung 11. März 2009, S. 18.
Riefler, Katja: Tanz auf dem Vulkan – Sollen sich Zeitungsverlage online engagieren? In: BDZV (Hg.): Zeitungen '96. Bonn: ZV 1996, S. 157–179.
Riefler, Katja: Neues Geschäftsfeld E-Paper. In: BDZV (Hg.): Zeitungen 2003. Berlin: ZV GmbH 2003.
Riehm, Ulrich/Orwat, Carsten/Wingert, Bernd: Online-Buchhandel in Deutschland: Die Buchhandelsbranche vor der Herausforderung des Internet. Karlsruhe: Forschungszentrum Karlsruhe 2001.
Roessler-Graichen, Michael: »Es sind Zeiten des Umbruchs«. Interview mit Cornelsen-Geschäftsführer Alexander Bob. In: Börsenblatt.net 21. März 2009.
Rogers, Everett M.: Diffusion of Innovations. New York: The Free Press 1962.
Rogge, Klaus J.: Das System des vertikalen Marketings auf dem »wissenschaftlichen Kommunikationsmarkt«. Frankfurt a. M.: Buchhändler-Vereinigung 1976.
Röhring, Hans-Helmut: Wie ein Buch entsteht. Eine Einführung in den modernen Buchverlag. Darmstadt: Wissenschaftliche Buchgesellschaft [1]1983; [5]1992.

Roos, Peter (Hg.): Exil. Die Ausbürgerung Wolf Biermanns aus der DDR. Eine Dokumentation. Mit einem Vorwort von Günter Wallraff. Köln: Kiepenheuer & Witsch 1977.

Roth, Paul: Leipzig, der Mittelpunkt des Buchhandels. Leipzig: Verein der Buchhändler zu Leipzig 1914.

Rühle, Günther: Die Büchermacher. Von Autoren, Verlegern, Buchhändlern, Messen und Konzerten. Frankfurt a. M.: Suhrkamp 1985.

Salberg-Steinhard, Barbara: Die Schrift. Geschichte, Gestaltung, Anwendung. Ein Lehr- und Lernbuch. Köln: DuMont 1983.

Sarkowski, Heinz: Von der Entstehung und vom Wandel des Herstellerberufs. Dielsdorf: Domur 1988; auch »Buchhandelsgeschichte«. Frankfurt a. M.: Buchhändler-Vereinigung Heft 3 (1988).

Schatz, Hans J.: Verbotene Bücher. Eine Geschichte der Zensur von Homer bis Henry Miller. München: C. H. Beck 1990.

Schauer, Georg Kurt (Hg.): Eine Fachbibliothek für Buchhändler. Frankfurt a. M.: Buchhändler-Vereinigung ^{4} 1969.

Scheer, Thomas: Marktforschung für kleine und mittlere Verlage. Hardebek: Heinold Personal- und Unternehmensberatung 1990.

Scheider, Adolf: Der Monopolcharakter des Buches. Dissertation. Leipzig: Noske 1936.

Scherer, Erich: Das Unternehmertum des deutschen Verlagsbuchhandels. Dissertation. Göttingen: Scherer 1926.

Schickerling, Michael/Menche, Birgit: Bücher machen: Ein Handbuch für Lektoren und Redakteure. Frankfurt a. M.: Bramann 2008.

Schiffrin, André: Verlage ohne Verleger. Berlin: Klaus Wagenbach 2000.

Schmidt, Helmut: Außer Dienst. München: Siedler 2008.

Schneider, Beate/Knobloch, Silvia: Besonderheiten von Medien als Wirtschaftsunternehmen. In: Dies.: Controlling-Praxis in Medienunternehmen. Neuwied: Luchterhand 1999, S. 3–17.

Schnell, Ralf: Die Literatur der Bundesrepublik. Autoren, Geschichte, Literaturbetrieb. Stuttgart/Weimar: J. B. Metzler 1986.

Schönstedt, Eduard: Das gerächte Honorar. Über das Autorenhonorar in der Verlagskalkulation. In: Bernt Engelmann (Hg.): Bestandsaufnahme. V. Schriftstellerkongress VS. München: Wilhelm Goldmann Verlag 1980, S. 197–210.

Schönstedt, Eduard: Der Buchverlag. Geschichte, Aufbau, Wirtschaftprinzipien, Kalkulation und Marketing. Stuttgart: Verlag J. B. Metzler. 1. Auflage 1991; 2. Auflage 1999.

Schönstedt, Eduard: Grundlagen des Verlags als Wirtschaftsbetrieb. In: Buchhandels-Kompendium für Ausbildung und Praxis, Zweiter Band. Stuttgart: Verband der Verlage und Buchhandlungen in Baden-Württemberg e.V. 1996-1998, Teil D, III, S. 1–16.

Schönstedt, Eduard: Verlagsmarketing. In: Detlef Jürgen Brauner/Martin M. Weigert (Hg.): Lexikon des Verlagswesens. München/Wien: R. Oldenbourg Verlag 1997, S. 199–205.

Schönstedt, Eduard: Geschichte des Buchverlags. (...) Die verlagswirtschaftlichen Systeme im Nationalsozialismus (...). In: Joachim-Felix Leonhard/Hans-Werner Ludwig/Dietrich Schwarze/Erich Straßner (Hg.): Medienwissenschaft. Ein Handbuch zur Entwicklung der Medien und Kommunikationsformen. Berlin/New York: Walter de Gruyter 1999, S. 458–467.

Schönstedt, Eduard/Gent, Sigrid: Kalkulation (Verlag). In: Sigrid Gent: Die Taschenbuch-Fibel. Frankfurt a. M.: Verlag Buchhändler-Vereinigung GmbH 1992, S. 107–111.

Schottenloher, Karl: Bücher bewegten die Welt. Eine Kulturgeschichte des Buches. 2 Bde. Stuttgart: Hiersemann ^{2}1968.

Schramm, Albert: Deutschlands Verlagsbuchhandel. Leipzig: Tondeur & Säuberlich 1925.

Schröder, Fritz: Die Herstellung von Büchern und Zeitschriften. Stuttgart: Schäffer-Poeschel 1930.

Schroeder, Wemer: Der optimale Außendienst. Von der Alternative Handelsvertreter oder Reisende zum Entlohnungssystem. Hardebek: Eulenhof 1981.

Schulz, Gerd: Buchhandels-Ploetz. Abriß der Geschichte des deutschsprachigen Buchhandels von Gutenberg bis zur Gegenwart. Freiburg: Ploetz [4] 1989.

Schulz, Rolf S.: Die soziale und rechtliche Verpflichtung des Verlegers. Pescha am Starnberger See: R. S. Schulz 1972.

Schulze, Friedrich: Der deutsche Buchhandel und die geistigen Strömungen der letzten hundert Jahre. Leipzig: Verlag des Börsenvereins der Deutschen Buchhändler 1925.

Schulze, Volker: Der Bundesverband Deutscher Zeitungsverleger. In: Fischer, H-D.: Positionen und Strukturen bei Druckmedien. Econ-Verlag Düsseldorf 1987.

Schumann, Matthias/Hess, Thomas: Grundfragen der Medienwirtschaft. Berlin: Springer 2000.

Schwarz, Torsten: Erfolgreiches Online-Marketing. Freiburg: Haufe 2008.

Schweizer, Günther: Die Bedeutung von Leistungsanreizen für das Innovationsmanagement wissenschaftlicher Fachverlage. Dissertation. Göttingen 1990.

Seeger, Christof: Verantwortung was nun? Berlin: ZV GmbH 2005.

Seele, Heide: Alte Bücher. München: Battenberg 1982.

Siebeck, Hans: Hat der wissenschaftliche Privatverlag noch Daseinsberechtigung? Dissertation. Tübingen: Mohr 1951.

Siegert, Gabriele: Medienmarken-Management. Relevanz, Spezifika und Implikationen einer medienökonomischen Profilierungsstrategie. München: Fischer 2003. Sommerfeld, Rita: Kalkulations-Management bei Multimedia-Produkten. In: Guido Leidig/ Thomas Mayer (Hg.): Betriebswirtschaft und Mediengesellschaft im Wandel. Wiesbaden: BVDM 2002.

Sprang, Christian: Justiziar des Börsenvereins in einem Kommentar zur Nachricht von Schüssel, Sandra: »Die Kritik an Open Access kann kaum nachvollzogen werden«. Auf: boersenblatt.net: 31. Juli 2007 0:30 Uhr (http://www.boersenblatt.net) Stand: 23.1.2010.

Staehle, Wolfgang H.: Management. München: Vahlen 1991.

Statistisches Bundesamt: Kostenstruktur im Großhandel bei Buch- u. ä. Verlagen. Stuttgart: Kohlhammer 1980 ff.

Stein, Hannes/Biermann, Wolf (Hg.): Klartexte im Getümmel. 13 Jahre im Westen. Von der Ausbürgerung bis zur November-Revolution. Köln: Kiepenheuer & Witsch 1990.

Steinberg, Michael: Gesponserte Literatur. Auswahl, Werbung, Vertrieb und Kalkulation am Beispiel neuartiger Reiseführer. Diplomarbeit an der Fachhochschule für Druck Stuttgart im Studiengang Verlagswirtschaft und Verlagsherstellung im SS 1980.

Steinberg, S. H.: Die Schwarze Kunst. 500 Jahre Buchwesen. München: Prestel 1961.

Steinberg, S. H.: Five Hundred Years of Printing. London: Pinguin [3]1977.

Stetter, Ulrich: Druck- Multimedia – Crossmedia: Entwicklungstendenzen beim Mediendienstleister. In: Norbert Szyperski (Hg.): Perspektiven der Medienwirtschaft: Kompetenzen, Akzeptanz, Geschäftsfelder. Köln/Lohmar: Eul 1999, S. 385–392.

Stiehl, Ulrich: Satzwörterbuch des Buch- und Verlagswesens. Deutsch – Englisch. München: Verlag Dokumentation 1977.

Stiehl, Ulrich: Der Verlagsbuchhändler. Ein Lehr- und Nachschlagewerk. Mit einem deutsch-englischen Wörterbuch für Verlagsbuchhändler. Hamburg: Hauswedell 1980.

Stiehl, Ulrich: Die Buchkalkulation. Ein Lehr- und Übungsbuch. Mit zahlreichen Musterkalkulationen und einem PC-Kalkulationsprogramm. Wiesbaden: Harrassowitz [1]1980 bis [4]1989.

Stockem, Anno: Vermarktung von Büchern. Eine Analyse aus der Sicht der Verlage. Wiesbaden: Harrassowitz 1988.
Stöckle, Werner: ABC des Buchhandels. Wirtschaftliche, technische und rechtliche Grundbegriffe. Weil der Stadt: Lexika Verlag [5]1982; [6]1986.
Teufel, Nadja: Strategische Herausforderungen für deutsche Verlage bei der Einführung von elektronischen Büchern. Diplomarbeit im Department Betriebswirtschaft der Ludwigs-Maximilians-Universität München 2009.
Theling, Thomas/Loos, Peter: Determinanten und Formen von Unternehmenskooperationen. ISYM – Information Systems & Management. Johannes Gutenberg Universität Mainz, Working Papers. Paper 18 (2004).
Thielmann, Michael Freiherr von: Taschenbuch der Betriebswirtschaft. München: Humboldt 1978.
Thieme, Eberhard: Verlagskunde in Einzeldarstellungen. 2 Bde. Düsseldorf: Buchhändler heute [3]1979.
Uenk Renate: Die deutsche Medienlandschaft. Daten, Fakten, Analysen. München: Thiemig 1977. [Für Medien außer dem Buch.]
Uhlig, Friedrich: Geschichte des Buches und des Buchhandels. Stuttgart: Schäffer-Poeschel 1953.
Uhlig, Friedrich: Der Verlags-Lehrling. Ein Lehrbuch für den Verlagsbuchhandel. Hamburg: Hauswedell [5]1953; [9]1972.
Ulmer, Roland u. a.: Verlegerische Betätigung der öffentlichen Hand. Hg. vom Börsenverein des Deutschen Buchhandels e. V. (Verleger-Ausschuss). Frankfurt a. M.: Buchhändler-Vereinigung) 1984.
Umlauff, Ernst: Der Wiederaufbau des Buchhandels. Beiträge zur Geschichte des Büchermarktes in Westdeutschland nach 1945. Frankfurt a. M.: Buchhändler-Vereinigung 1978.
Unger, Fritz u. a.: Mediaplanung: Methodische Grundlagen und praktische Anwendungen. Berlin/Heidelberg: Springer 2004.
Unseld, Siegfried: Der Autor und sein Verleger. Vorlesungen in Mainz und Austin. Frankfurt a. M.: Suhrkamp [2]1982.
Unwin, Sir Stanley: Das wahre Gesicht des Verlagsbuchhandels. Stuttgart: Schäffer-Poeschel [1]1927; Zürich: Atlantis [2]1950; Stuttgart: Schäffer-Poeschel [3]1965 (engl: The Truth about Publishing. London: Allan and Unwin [1]1926).
Urban, Peter: Das Buch vom Verlag der Autoren 1969–1989. Beschreibung eines Modells und seiner Entwicklung. Frankfurt a. M.: Verlag der Autoren 1989.
Urheber- und Verlagsrecht. Urheberrechtsgesetz, Verlagsgesetz, Recht der urheberrechtlichen Verwertungsgesellschaften. Internationales Urheberrecht. Textausgabe mit einer ausführlichen Einführung etc. von Hans-Peter Hillig. München: Deutscher Taschenbuch Verlag [12]2008.
Uschtrin, Sandra (Hg.): Handbuch für Autoren. Informationen und Adressen aus dem deutschsprachigen Literaturbetrieb. München: Grafenstein 1985.
Vollmuth, Hilmar: Controlling-Instrumente von A–Z. Planegg bei München: WRS 1994.
Von Büchern und Menschen (Almanach). Frankfurt a. M.: Frankfurter Verlagsanstalt 1987 ff.
Wantzen, Stephan: Betriebswirtschaft für Verlagspraktiker: Jahresabschluss, Kalkulation, Erfolgssteuerung. Frankfurt a. M.: Bramann 2002.
Weber, Bruno (Hg.): Meister des graphischen Sinnbilds. Mit 7 s/w- und 67 Farbabb. München: dtv 1987.
Website: Redaktion sucht neue Herausforderung (www.was-spricht-dagegen.de) Stand: 22.3.2009.
Wehrle, Friedrich/Busch, Holger: Entwicklungen und Perspektiven im Markt der Publikumszeitschriften. In: Andreas Vogel/Christina Holtz-Bacha (Hg.): Zeitschriften

und Zeitschriftenforschung. Publizistik Vierteljahreshefte für Kommunikationsforschung. Sonderheft 3 (2002).

Weigner, Felix: Ausgelesen? Das Buch im Umfeld von Kultur und Kulturindustrie. Münsingen-Bern: Fischer 1989.

Weigel, Christoff: Abbildung der gemeinnützlichen Hauptstände. Von denen Regenten und ihren so in Friedens- als Kriegszeiten zugeordneten Bedienten biß auf alle Künstler und Handwerker noch Amts- und Berufsverrichtungen gezeichnet und in Kupfer gebracht [...]. Regensburg (ohne Verlagsangabe) 1698. Unveränderter Nachdruck [Reprint]. Dortmund: Harenberg Kommunikation ²1977.

Weiß, Tobias: Konzentration der Barsortimente. Stuttgart. Diplomarbeit Hochschule der Medien 2005.

Wicher, Hans: Projektorganisation. In: Michael Bernecker/Klaus Eckrich: Handbuch Projektmanagement. München: Oldenbourg 2003, S. 69–84.

Widmann, Hans: Buchformen, Buchherstellung und Buchvertrieb im alten Griechenland und Rom. München (als Manuskript gedruckt [= Oberammergauer Vorträge 16. Arbeitstagung der Herstellungsleiter]) 1966.

Widmann, Hans: Vom Nutzen und Nachteil der Erfindung des Buchdrucks – aus der Sicht der Zeitgenossen des Erfinders. Mainz: Gutenberg Gesellschaft 1973.

Widmann, Hans: Geschichte des Buchhandels vom Altertum bis zur Gegenwart. Teil 1: Bis zur Erfindung des Buchdrucks, sowie: Geschichte des deutschen Buchhandels. Wiesbaden: Harrassowitz ¹1952; ²1975.

Widmann, Hans u. a.: Der deutsche Buchhandel in Urkunden und Quellen. Hg. von Hans Widmann unter Mitwirkung von Horst Kliemann und Bernhardt Wendt. 2 Bde. Hamburg: Hauswedell 1965.

Wiener, Markus: Verlagsorganisation und Buchprogramme. Produktinnovationen in Buchverlagen. Frankfurt a. M.: Buchhändler-Vereinigung 1977.

Wieschowski, Sebastian: Buchhandel setzt auf Einschüchterung. Spiegel Online 12.3.2009 (http://www.spiegel.de/netzwelt/web/0,1518,612915,00.html).

Wirtz, Bernd: Medien- und Internetmanagement. Wiesbaden: Gabler 2005.

Wittlin, Jerzy: Lesen ist Silber, Schreiben ist Gold. Jerzy Wittlins satirisches ABC des Literaturbetriebes. Düsseldorf: Claassen 1971.

Wöhe, Günter: Einführung in die Allgemeine Betriebswirtschaftslehre. München: Vahlen 2002.

Woll, Arthur: Wirtschaftslexikon. München: Oldenbourg ¹⁰2008.

Wömer, Jochen: Die Verlagsauslieferung. Selbst ausliefern? Fremd Ausliefern? Optimal ausliefern! Hardebek: Eulenhof 1985.

Zeidler, Johann Gottfried: Buchbinder-Philosophie oder Einleitung in die Buchbinderkunst. Unveränderter Nachdruck [Reprint] der Ausgabe von 1708. Hannover: Schlütersche Verlagsanstalt 1978.

Zerdick, Axel u. a.: E-Conomics: Strategies for the Digital Marketplace. Berlin/Heidelberg: Springer 2000.

Zerfaß, Ansgar: Unternehmensführung und Öffentlichkeitsarbeit: Grundlagen einer Theorie der Unternehmenskommunikation und Public Relations. Opladen: Westdeutscher Verlag 2004.

3. Sachregister

Neben den Stichworten wurden auch einige Schlagworte gebildet. Neben den Substantiven wurden auch wichtige Adjektive berücksichtigt. Namen von *Personen* erscheinen *kursiv.* Wo es für das Verständnis förderlich schien, wurden (in Klammern) Ergänzungen gemacht.